〔第六版〕

國際關係總論
International Relations

張亞中、張登及◎主編

六版序

自2003年《國際關係總論》推出第一版以來，二十年間已經歷五個版本。這段時間裡，無論是學理研究還是國際情勢，都經歷了許多重大變化。這些變化對學者和政治家來說，又構成了重要的挑戰。本書各版次的編者與作者團隊可以欣慰地說，面對這些快速、巨大的變革，我們的努力符合了密切觀察、廣泛參酌、深切省思、及時更新的要求，負責任地為讀者們提出簡明、新穎的分析介紹，也非常感謝各界的指導和支持。

自2020年出版第五版問世迄今，也已經三年有餘。這三年之間國際情勢的轉變比前面十幾年不僅速度更快，而且對人類的挑戰也更為鉅大。諸如後新冠時期的供應鏈重組、俄烏戰爭與中東危機接連爆發、美中競爭向所有國際建制各領域擴散、極端氣候與虛假訊息問題都更形嚴重，可以說國際經貿、國際組織、國際規範、國際傳播等所有領域的變動都在加速，而且既有的制度與規則加速改組，不穩定因素也在相互加強。疫情之後，雖然包括G7、G20、QUAD四方架構、金磚集團（BRICS）等正式與非正式外交十分活躍，影響決策的因素也更多元，但國際衝突的威脅和規模都在升高和擴大，這些新趨勢已經引起全球性的重視和辯論。面對這樣的發展，第五版已有所不足。所以我們在取得寫作團隊的共識後，決定推出第六版。

《國際關係總論》第六版經過若干合併與新增，共計十七章。第一章延續第五版的「理解國際關係」主題，但對十六世紀前歐亞各地的國際關係演進，新增了詳盡的介紹，使讀者對國際關係歷史上各類不同行為者的背景知識更加完整。第二章之後仍分成三大部分，第一部分是第二章至第六章，遵循國際關係理論的傳統，分別介紹「現實主義」、「新自由主義」、「後實證主義與建構主義」、「規範論述」，以及「國際關係研究的知識論與方法論」。現實主義與自由主義爭辯起於1980年代末，當時屬於後實證的批判理論與新現實、新自由鼎足而三，但包括女性主義等後實

證新潮流已異軍突起，繼而有建構主義承襲社會學和英國學派元素而崛起於90年代。規範論述在實證主義主宰下，往往被歸類到政治哲學與思想的領域。但冷戰結束後實證理論未能解決更加紛亂的政策困境，使得從規範性的角度重新檢討所有理論的聲浪日益高漲。第六版特別新增了知識論與方法論章節的討論，總整不同知識論立場分歧，才是理論辯論的根源，以使讀者對前述各章各派有豁然開朗之感。

本書第二部分繼續探討國際關係學科各個重要議題領域，從第七章開始，分別包括「外交決策」、「國際衝突與國際安全」、「民族主義與恐怖主義」、「國際組織與國際公法」和「國際貿易與金融」共五章。儘管章節結構與前版相同，但因應新局勢與學界新成果，各章都有相當多新的探討。例如國際組織影響力開始讓步於大國競爭、後新冠時期的供應鏈韌性、俄烏衝突的敵意合理化危機問題等，第六版都做了探討。

本書第三部分自第十二章開始，銜接第二部分諸議題，但將焦點放在全球與區域的層次，分別包括「全球不平等與國政經理論」、「理解全球化」、「國際整合與區域主義」、「全球環境政治」、「認知作戰、網路平台與國際傳播」以及「國際秩序」共六章。國際關係的議題領域出現的新趨勢，也都在全球、區域各層面全面擴散。例如全球財富分配的更加集中與不平等；人工智慧（AI）興起對全球國家與個人隱私、就業、道德的衝擊；經濟危機在南美各國重新點燃南北對抗與政權更迭的角力；俄烏衝突加重「非核」與「能源安全」的兩難；深偽技術（deep fake）與演算法對傳播帶來的挑戰，這些都是全球與區域局勢值得觀察的新重點。所有這些全球與區域議題，都可以回歸到我們對國際秩序未來前景的展望——我們是否又回到「無政府狀態」，還是從來沒有離開過？這是本書最後一章的主題。

第六版仍延續第五版的寫作精神，希望兼顧大學與碩士班程度讀者課程上的需要，也能同時作為研究相關議題的入門手冊。各章仍以粗楷體標示重要概念，以「問題與討論」指引讀者進一步省思每個單元的重要問題，並提供基礎和延伸性的書目，給有意探究的讀者繼續深化思考。新版

完成，感謝所有作者繼續結伴同行、彼此鼓舞；感謝臺灣大學政治學研究所邱佑寧細心協助編務；也向長期支持本書各版更新的揚智文化公司深致謝意。

當前國際局勢波詭雲譎，理論與政策的轉變亦復如斯。作者與編者們專業觀察，也會有疏漏與不足。也期盼讀者們不僅繼續給我們支持，也對疏漏不足之處給予雅正，使我們能持續進步。

張亞中、張登及 謹識

2023年10月25日於台大社科院

目　錄

Chapter 1

理解國際關係

張亞中（Yachung Chang）
前台灣大學政治學系教授
德國漢堡大學哲學暨社會學院哲學博士
政治大學政治學博士

唐欣偉（Hsin-wei Tang）
台灣大學政治學系副教授
美國克萊蒙研究大學政治學博士

　　爲何要瞭解國際關係？爲何要學習國際關係？答案其實很簡單，作爲一個現代公民，我們不可能不認識國際關係。如果對國際關係不瞭解，我們其實也不過是一個新時代的「文盲」而已。國際關係與我們的生活已完全融合，是一個現代人的必備知識，也是大學生或現代青年應有的「通識」。

　　由於科技的發展，全球往來與互動越加頻繁，使每一個人都處在國際關係中。國際政治的穩定或衝突會影響到全球經濟發展，也影響到大學生步出校門後的就業機會。全球油價高低難免受到國際政治影響，也連動著每個家庭的生活支出。恐怖主義活動不僅會影響區域安全，也使我們在外出旅行時增加不確定的風險。美元漲跌不僅是美國的經濟表現，也是美國如何行使其金融權力的展現。資源爭奪有可能引發國際衝突，族群與宗教的衝突更是難解，其結果是幾乎永無止境的戰爭與讓人鼻酸的難民問題。國際環境問題愈來愈嚴重，已不是單一國家所能解決。如果國際社會不能合作處理，每一個國家或個人都會受影響。自己國家與周邊地區的戰爭一旦爆發，人們都會被牽涉其中，個人命運甚而會發生不可知的改變。

　　全球化影響了人們的日常生活方式，通訊與運輸技術的進步不斷提升一般人與外界接觸的能力。有人認爲國際關係僅少數人才有權處理，這看法不完全正確。雖然國際政治領袖的確在國際事務上扮演重要角色，但其他人也有參與機會。例如大學生參與政治活動，可以影響選舉或公共政策；同學們也可能與跨國青年在網路上串聯，共同陳述對國際事務的意見，以期對當事國產生影響或壓力。

一、國際關係的研究領域

　　國際關係具有跨學科特質。作爲政治學的一部分，國際關係討論國際政治。傳統國際政治聚焦在各國政府間的互動，然而隨著跨國公司、政府間國際組織與國際非政府組織等行爲者的加入，現今的國際關係已不全然專注在各國政府間的互動，而擴大研究對象至多種國際行爲者。這些國

際行為者的互動牽涉多重面向的議題領域，包括歷史、社會、經濟、環境、科技等其他學科。因此國際關係具有跨學科特質，它的研究範圍不是僵固的，而是十分多元且複雜。

國家間的政治關係牽涉廣泛的活動，例如外交、戰爭、貿易、聯盟、文化交流、國際組織參與乃至於國際環境和性別議題等。而每項活動中，又包括許多學者或外交決策者關注的議題領域（issue areas），例如全球貿易談判、種族衝突等。在特定議題領域，或是多項議題領域上，國家決策者可以決定要對其他國家採取合作或衝突的手段，而國際關係學者則是關注國家間衝突與合作的各種互動關係。

國際關係的研究範圍可以由其討論的子領域來定義。傳統上，國際關係研究專注於戰爭與和平，也就是「國際安全」。自1970年代以來，經濟議題成為國際關係核心議題，因此「國際政治經濟學」的研究也成為重點。隨著對全球暖化和氣候變遷的重視，自上個世紀末以來，「國際環境政治」也成為國際關係的子領域之一。

在國際安全方面，國際關係討論的議題有軍事能力的部署和戰略議題，以及外交的操作、條約或聯盟的建立，這些在1950到1960年代是國際關係最重視的主題。然而隨著冷戰結束，自1990年代以來，國際安全的關心範圍擴大，已不僅限於傳統對於軍武發展和軍備競賽的研究，而納入了恐怖主義以及其他非傳統安全議題。

在國際政治經濟學方面，學者研究國際間的金融往來和貿易關係，並試圖解釋國家間的政治合作如何創造或維持制度，來規範國際經濟以及金融交易秩序。以上研究議題主要與富國有關。然而自1970年代以來，學者開始對窮國與富國間的差距，也就是南北問題有所關注，包括經濟依賴、主權債務、國際援助、人類的「全球不平等」、科技轉移等議題。此外，全球化議題也是國際政治經濟學的焦點之一。

在國際環境政治方面，隨著高度工業化以及科技發展，人類注意到全球暖化以及氣候變遷將對全體人類的未來帶來共同威脅，因此自1990年代以來，國際環境政治逐漸受到重視，探討國家應如何合作處理能源和環

境困境。

最後，上述研究領域還會涉及追求和平與發展之類的規範性價值。

二、國際關係的行為者

顧名思義，國際關係的主要行為者當然是國家。不過，隨著時代進步，國際關係的參與者愈來愈多，除了國家以外，還包括非國家行為者，例如國際政府間組織、非政府組織、跨國公司、公民運動與國際媒體。這些行為者與政府的決策密不可分。雖然國家在國際舞台上扮演要角，但其他行為者的角色亦日益重要。

(一)國家行為者

國家是國際關係中最主要的行為者，應具備四項客觀條件：固定的人民、確定的領土、有效的政府、與它國交往及維持外交關係的能力。不過，一個政治實體是否被認同為國家，還需具備其他國家是否願意對其做國家承認的主觀要件。如果全世界絕大多數國家不對其做國家承認，該國國際人格的正當性就會不足。一個國家是否能為其他國家承認，基本上都是政治考慮，這也正是國際政治的現實所在。

國家享有主權，不需對更高權威負責，而領土是國家行使主權的範圍。國家在領土內建立政府，政府制定、執行法律，並向人民徵稅。透過外交往來，國家主權得到他國承認。居住在國家領土內的人民建構起對國家的集體認同，並組成公民社會。

所謂固定的人民，是將「人民」以及「領土」要素結合，以構成一個固定的社會。若沒有固定的人民，便沒有組織的社會，國家就不穩定。

確定的領土意義在於，為建立一個合理穩定的政治社會，必須要有一定面積的領土為基礎，才能行使獨占性的管轄權。然而確定的領土並非指一個國家必須完全無邊界爭議。現今許多國家仍面臨與鄰國的領土糾紛，但領土糾紛並無損其在國際法上行使的主權。此外，國家的領土也不

一定要完全連結在一起。

一個具有中央行政、立法、司法機關的有效政府是穩定社會存在的證據。若沒有政府，國家無法保證內部穩定，也無法有效行使國際權利義務。此外，與他國交往並維持外交關係的能力，是國家不可缺的要素。若一個政治實體無法和他國交往，即使擁有一定的領土、人民、政府，也不必然是法律意義上的國家。例如聯邦國內的各邦，即使擁有領土、人民、政府，也不被視爲國家。

在眾多國家行爲者中，中華民國可說是一個特例。1911年革命推翻滿清，中華民國政府成立於1912年，繼承清政府所代表的中國國家人格。1945年抗日戰爭勝利後，不幸陷入內戰。1949年中華人民共和國政府成立，中華民國政府播遷至台灣。雖然領土縮小，但依照國際法，中華民國具備國家構成的所有要件，其政府在國際間仍代表整個中國。由於國際政治權力因素，中華民國政府從1971年被迫退出聯合國，其原有席位由中華人民共和國政府取代，因而不再被聯合國組織視爲符合完整國際法國家人格的政治實體，無法再參與聯合國相關政府間組織。在參與世界貿易組織（World Trade Organization, WTO）及亞太經合會（Asia-Pacific Economic Cooperation, APEC）時，中華民國政府均是以經濟體的名義加入。在參與奧林匹克運動會時，也不是以國家名稱，而是以中華台北（Chinese Taipei）的名稱參與。但是中華民國政府至2023年8月底，仍與全世界十三國擁有外交關係，其護照也在全世界一百餘個國家與地區享有免簽證待遇。與中華民國政府沒有外交關係的外國政府，也大多將中華民國視同爲國家的政治實體，尊重中華民國政府的相關治權，有的國家並在外交上給予中華民國政府駐外人員實質外交禮遇，所簽署協定的效力也等同於國家間的條約。

另一個特殊國家是梵蒂岡城國（教廷）。羅馬天主教教廷（Holy See）原先在義大利半島上擁有領土，稱爲教皇國。教皇國在1870年被義大利合併，教皇退居梵蒂岡。1929年的拉特朗條約（Lateran Treaty）確立了梵蒂岡城國爲主權獨立國家，教皇享有統治權，並可派遣和接受

外交代表。梵蒂岡是被廣泛接受和承認的國際法主體，在全球從事多方面活動，例如爲萬國郵政聯盟（Universal Postal Union, UPU）、國際電信聯盟（International Telecommunication Union, ITU）等國際組織的會員（Bymes, 2017）。但由於梵蒂岡並不願意在國際議題上被迫表態，擔心影響其神聖及客觀性，因而不申請成爲聯合國會員國，目前只在聯合國享有觀察員身分。

還有一個特殊類國家實體，就是歐洲聯盟（European Union, EU）。歐盟不是聯邦，也不是邦聯，而是二戰結束後，歐洲國家爲了確保和平與經濟發展所創造出來的一種新政治聯合實體。歐盟有權與他國簽署協定、條約，除了接受會員國的常駐代表團外，也接受非會員國之常駐代表。歐盟也向非會員國或其他國際組織派遣外交代表。歐盟在某些重要的國際組織中爲正式會員。例如在世界貿易組織中，歐盟代表團代表全體歐盟國家與其他國家交涉。因此，歐盟雖不能算是一個國家，但它的若干行爲已與國家無異，有自己的旗、歌、貨幣、內部統一的政策、官僚、議會、駐外代表，其影響力遠大於多數國家。

雖然各國在名義上都享有主權，可是只有少數能獨立自保的「大國」或「強權」（great power）才能眞正自主。最強的大國被稱作「主導國」（dominant power or dominant nation），可依據自身利益制定國際規則。假如沒有任何其他國家有能力與主導國對抗，那麼該國就能被稱爲「霸權國」或「霸主」（hegemon）。自1990年代以來，美國廣被視爲全球霸主，爲時約二十餘年。在2003年，美國無視中、俄、法、德等多數國家的反對，入侵伊拉克並迅速取勝，就凸顯出其無可與抗的力量。至於2010年代以降的中國大陸，逐漸被視爲美國之外的另一個大國。

由一個霸權支配的國際體系可被稱爲單極體系（uni-polar system）；只有兩個大國的是兩極體系（bi-polar system）；大國數目在三個以上，則是多極體系（multi-polar system）。大國之外的所有國家都是小國（small power），但有時其中某些較強大者，例如曾經被視爲大國的日本與義大利，以及加拿大、澳大利亞、韓國，會被稱爲中等國（middle power），在主導國容許的範圍內或可發揮些許影響力。

除了依照力量大小來對進行分類之外，也可以依照經濟發展程度將各國區分為少數較先進的已開發國家（developed countries）以及多數較落後的發展中國家（developing countries）。前者主要包括北大西洋兩岸的歐美以及西太平洋沿岸的日韓星澳紐，而其他大部分國家都屬於發展中國家。前者大多屬於西方、北方國家，後者大多屬於東方、南方國家。已開發國家中的最強者是作為主導國的美國，而發展中國家中最強的則是中國大陸。

(二)非國家行為者

非國家行為者會影響各國政府，因此非國家行為者仍在國際關係中受到廣泛重視。非國家行為者可分為以下幾類：

◆政府間國際組織

政府間國際組織（Intergovernmental Organizations, IGOs）顧名思義是由政府組成，其成員為各國政府。官方組織有許多不同類型，有專為軍事成立，如北大西洋公約組織（North Atlantic Treaty Organization, NATO）；有專為經濟成立，如世界貿易組織；也有為區域間的政治或經濟議題服務的區域組織，如歐盟、東南亞國協（Association of Southeast Asian Nations, ASEAN，簡稱東協，中國大陸稱之為東盟）等。

◆國際非政府組織

國際非政府組織（International Nongovernmental Organizations, INGO）是另一類的跨國行為者，例如人權觀察（Human Rights Watch）。不同國際非政府組織有不同目的，例如政治、人道、經濟、宗教、科技等。雖然它們的力量通常還不足以和國家對抗，但已有足夠正當性和國家往來。

◆跨國公司

隨著全球化的發展，跨國公司（Multinational Corporations, MNCs）已成為國際關係中的重要行為者。像蘋果（Apple）、微軟（Microsoft）這樣的大企業在全球市場得到可觀利益，比多數小國更有實力。為了公司利益，跨國公司對各國政府遊說，甚至可提供窮國需要的外資和稅收，以影響各國政府制定符合其利益的政策。

除了前述行為者之外，還有許多非國家行為者，例如國際傳媒甚至個人，均可能影響國際關係。在2023年2月，在其個人網站上報導美國如何摧毀連接俄國與德國的北溪天然氣管的普立茲新聞獎得主西摩·赫什（Seymour Hersh），就是晚近的重要例子。

三、國際關係分析層次

由於國際關係的參與者眾，變數也多，因此，在討論或研究國際議題時，如果能夠透過「分析層次」（levels of analysis）進行分析，將有助於我們系統性的瞭解國際議題。

國際關係領域有關「分析層次」的探討，主要起源於華茲（Kenneth Waltz）1959年的經典著作《人、國家與戰爭》（*Man, the State and War*）。在該書中，華茲檢視歷來針對「戰爭起源」的分析，並將思維所得勾稽整理為三個「層次」（華茲當時將其稱為「觀察層面」images）的論證，分別為：「個人層次」（first image或individual level）、「國家層次」（second image或state level）、「國際層次」（third image或system level）。

一般國際關係理論的教材，在華茲影響下將國際關係研究區分出四項「分析層次」，以下即對此「四層次框架」作一介紹。

第一，「個人層次」（individual level）的分析。此乃以「個人」，尤其是決策者，作為探討焦點，分析其在面對國家內部變遷或國際事件時

的行為。所謂「個人層次」因素，包括決策者的人格特質、出身訓練、決策風格，甚至決策時的心理狀態，以及當下所掌握的訊息等，皆可含括在內，但重點仍在「個人因素」如何影響涉外決策的形成。除決策者之外，一般民眾、思想家、軍人與選民也能夠創造歷史。如果多一些選民投給尼克森而非甘迺迪，則古巴飛彈危機的歷史或許會改寫；如果不是戈巴契夫，蘇聯可能不會瓦解。

　　值得注意的是，在以「個人層次」作為分析單元時，通常會凸顯行為者偏離「**理性行為者**」（rational actor）的部分，也就是討論其「非理性行為」由來的原因及影響。因為決策者如果是以完全「理性」作反應或決策，那麼其行為應該是受到外來刺激後的理性反應，如此，就沒有必要再關注「個人」的研究，而必須轉移至其他分析層次的探究。因此，心理因素在此層次中有重要的地位。另外，「個人層次」分析也不盡然侷限於「個人」。如果主政精英團體成員間可以統一利害、分享訊息、凝聚共識，那麼，我們也可將「精英團體」作為分析的「個人層次」。

　　第二，「**國內層次**」（domestic level）的分析。「國內層次」主要是分析國家「內政層面」的各種因素如何影響國家在國際社會中的作為。討論重點包括國家政體形式、政府決策過程、官僚機構互動、執政政黨政綱等（屬「政府部門」，決策的內環境），以及國家／社會關係、國內政局形勢、政經團體需求、社會勢力消長，甚至整體政經結構等（屬「社會部門」，決策的外環境）。

　　除上述「內／外環境」的架構外，亦可自「制度／行為者」角度觀察「國家層次」的各類因素。前者如政體形式、決策過程等，而後者則包括政黨、官僚、利益團體、各種社會勢力等。其分析焦點在於，持不同利益、立場的團體，如何在制度、規範下互動，並依照既定的決策程序，參與國家對外政策的形成。

　　第三，「**國際層次**」（interstate level）的分析。這個層次暫時拋開國家與個人考量，主要關注的是國際體系的權力結構，包括政治、經濟，甚至象徵層面等。這樣的權力結構，就其「宏觀／整體面」理解，通常表現

爲「權力的分配形態」，例如單極體系、兩極體系、多極體系等。但如果就「微觀／個別面」觀察，則將表現爲國家彼此間的互動關係，如大國／小國、區域內強權／區域外強權之類。因此，所謂「國際層次」的分析，主要的探討焦點爲「體系結構」或「國家身分」如何影響國家間的關係及其互動所造成的國際事件。

第四個層次爲「全球層次」（global level）。這個層次試圖以超越國家互動的全球發展趨勢來分析當前的國際問題，例如，全球的南北發展差距、資訊科技發展、恐怖主義、環境生態、普世價值、歐洲帝國主義對於一些曾經被殖民地區的影響力等超越國家互動的全球趨勢，都會影響到國際問題的發展。

全球層次之下的每個層次都可被表述爲更大體系內的一個單位。不同層次的分析會對國際事件有不同的解釋，在特定議題上，分析層次可幫助研究者從不同角度找出可能的理由。運用分析層次的目的在於使研究者可以從不同角度看問題，應該要選擇哪個層次分析問題沒有標準答案，有時也可以從多個層次來分析同一議題（**表1-1**）。

表1-1 分析層次議題舉例說明

全球層次 （global level）	南北差距、地區差異、歐洲殖民主義、聯合國、地球生態、恐怖主義、技術變革、資訊革命、全球化的電子通訊、全球性的科學與產業社群
國際層次 （interstate level）	權力、權力平衡、同盟的建構與解組、戰爭、條約、貿易協定、政府間國際組織、外交、高峰會議、談判、相互原則
國內層次 （domestic level）	民族主義、種族衝突、政府形態、民主、獨裁、國內的政黨結盟、政黨與選舉、民意、性別問題、經濟部門與產業、軍工複合體、外交決策官僚體系
個人層次 （individual level）	偉大領袖、瘋狂領袖、危機決策、認知與決策心理、學習、暗殺行動、歷史性的突發事件、公民參與（投票、叛亂與發動戰爭等）

資料來源：Joshua S. Goldstein & Jon C. Pevehouse (2013: 12).

四、中華文明的朝貢體系

在討論當代國際體系形成以前，本章先介紹東亞國際關係史中，至關重要的中華文明與其朝貢體系。中華文明生成於一個封閉的地理環境，早期的歷史經驗，使中華民族專注於內部政治發展，涉外事務並不是中國關切的重心，配合特殊的發展環境，使中國發展出一套迥異於西方主權國家體系的涉外概念。中國的政治組織從早期的部落逐步發展至周代的封建王朝，環顧四境，其他民族仍處於部落狀態，未能組建出高度精密的政治組織與中國王朝匹敵，故而幾乎完全不需處理涉外事務，政治領導人最關注的重點，是處理王朝內部的問題。

一直到春秋戰國時期，封建的中央王權衰敗，內部不同王國（以中國史觀及現代政治學的概念而言是各個分治的「政府」）開始運用外交與軍事手段，為本國的生存掙扎，並且意圖擴大本身的影響力，取得在中國的霸主或王權地位。春秋戰國時期的國家互動環境，激發當時的知識份子開始提出不同的策略，思考富國強兵之道，擴大國家的影響力與威勢，還有君主尋求霸業所應採行的治國原則。但是中國當時並沒有發展出類似主權國家相互平等的涉外互動規範，因為所有的政治思想及領導人，並不滿足於一個多國平等並存的狀態，而是以建立統一的帝國或是霸業作為最終目標。

《春秋》與《戰國策》敘述了該時期國家之間的互動關係，《墨子》敘述戰爭對國家發展的負面影響，認為和平才是人類的最大公益，勸說決策者放棄以戰爭手段保障國家利益的思維。《孟子》與《韓非子》是儒家與法家的代表性著作，雖則兩者的訴求策略不同，但是處理當時諸國關係的目標卻是一致的，也就是統一中國，根除國家與國家之間的關係，回歸到帝國內部的權威統治。軍事問題與用兵之道成為各家學說關切的重點，中國的軍事思想與戰略及戰術作為，由《孫子兵法》集大成，至今仍為全球軍事學的重要經典。西元前221年秦始皇統一中國建立帝國之後，

中國內部的政治鼎革不斷，但一統帝國的形式並沒有劇烈的變化，涉外關係主要在因應中華帝國與周邊落後國家之間的互動。相對於西歐的發展，不同的歷史與環境背景，使中國發展出朝貢體系（tributary system，1842年中英南京條約前，中國處理涉外事務的一種世界觀及互動規範。主要特徵是中國為世界的政治、軍事、經濟、文化核心，邊陲國家透過對中國的朝貢，向中國表達臣服，中國則給予經貿通商的利益，並且施予該國領導人的統治正當性。朝貢體系是一個差序式的國際體系，並不承認國家間相互平等）處理對外關係。

朝貢體系是19世紀中葉前中國處理與其他國家間關係的重要指導原則。朝貢體系的根源是儒家文化中的禮治及秩序思想，以及中華帝國在政治制度、經濟、軍事及文化上的長期優勢與隨之而生的優越感。儒家的世界秩序是一種以中國為中心的差序（hierarchy）關係結構，強調文化與道德高低所賦予統治者的優勢地位正當性。此種國際秩序強調，在中華文化圈以及東亞國際政治中的地位，乃是以接受中華文化的同化程度而決定（Fairbank, 1968: 20-22）。

華夏統治者自稱為「中國」，而把周邊的其他國家統稱為「蠻夷」。這套世界觀認為，統治的正當性來自於道德的優劣，各地區只有文明及野蠻的區別，中國具有遠超過其他蠻夷國家的道德地位，所以擁有世界中心的特殊地位，是「天下」共主，其他國家依據接受中華文化的程度，決定與中國政治關係的親密等級。此種不對等國際關係之所以能夠長期維續，主要源自於中國在東亞地區的政治、經濟、軍事及文化優勢地位，由於地理的阻隔與環境的限制，中國很少受到有力的外來挑戰。尤其在文化層次上，周邊民族或許能以武力征服中國本土，卻亦毫不猶豫地接受中華文化，更轉而以中華文化的正統傳人自居，以中國的政治與道德地位，要求其他國家的順從。朝貢體系更透過一套繁瑣細緻的朝貢儀式及典章規範，強化並彰顯朝貢國與中國之間的政治從屬關係（Fairbank, 1968: 36-46）。

朝貢除了向中國表達政治上的順從之外，更是與中國貿易關係的一

種變形。朝貢體系之下，他國與中國的貿易交往，取決於是否順從中國的上國地位，只有在政治上接受中國的優越地位，才能夠取得與中國貿易的權利，但中國擁有此種貿易之週期、數量及規模的最終決定權（Fairbank, 1968: 75-84）。

　　朝貢制度規範的是中國與他國之間的從屬關係，中國是「天下」的政治、經濟，社會與文化中心，朝貢國依附在中國之下，換取中國對其提供安全的保證與貿易往來的通暢管道，朝貢國通常無力亦缺乏意願，去改變中華文化所帶來的區域穩定與秩序，以及朝貢體系帶來的豐厚利益。在朝貢體系之下，國家之間的政治關係被披上一層文化與道德的外衣，作為朝貢體系運作及互動角色的規範，中國作為朝貢體系的核心，更運用經貿關係強化與周邊朝貢國的政治從屬關係。雖然並不見得所有的東亞國家都被納入朝貢體系，中國亦沒有用武力將所有的東亞國家納入從屬中國的朝貢體系之內，例如日本自明代起就長期獨立於中國的朝貢體制之外，但是東亞地區諸國大多採取閉關自守的孤立政策，並未採用武力或經貿力量作為國家擴張的工具，無形中亦維持了朝貢體系的長久運作。

　　中華文明所創建的朝貢體系，雖有強大的內聚力維持其存在，卻未能抵擋西歐國家的挑戰。19世紀末葉，歷經多次涉外戰爭與外交挫折，中國的朝貢體系在未能有效因應外來的挑戰後宣告終結，目前有學者重新從春秋戰國時期尋找處理涉外事務的線索，發現合縱連橫策略與西方運用的權力平衡有異曲同工之處，思索國家之間的權力關係與策略應對，但大多未能超出西方的權力平衡及中國的合縱連橫思路。20世紀初葉，國際互動環境不再有兩套以上的規範標準，西伐利亞體系揭示的主權國家平等原則，成為世界所有國家奉行的涉外基本理念。不過當時眾人思索的主要問題仍是軍事爭戰及外交應對策略，並未能有系統地探索國際關係的本質、內涵及基本運做法則，更無心建立國際關係理論（陳欣之，2011）。

五、國際體系的演進

(一)從隊群到國家

舊石器時代人類已組成隊群（band）過團體生活，並擴散至世界各地。雖然居無定所，也沒有國家或政府，但並非生活在霍布斯（Thomas Hobbes）設想的悲慘「自然狀態」中。一個隊群約有十餘人至數十人，包含幾個緊密聯繫的家庭，其內成人地位大致平等，以採集、狩獵維生（Buzan & Little, 2000: 111, 116, 122; Duiker & Spielvogel, 2013, 3-4）。

持續移動覓食的隊群間可能有衝突，也會通婚、交換物品。通婚有助於在隊群間建立聯繫，必要時可互相幫助。透過直接間接交往，史前人類能將物品從原產地運到數百公里外。因此，隊群並非孤立單位，而是交織在鬆散網絡中（Buzan & Little, 2000: 123, 125-130）。

大約從公元前10000年起，西亞等少數氣候適宜地區的人類無須四處移動便可採獵到充足食物。少數人開始定居並儲存食物，但存糧也可能被他人覬覦。較充裕的糧食正好可供養更多人，組成比隊群更大的部落（tribe），定居在設防村莊以強化安全。早期西亞村落擁有數十人甚至數百人。有人開始嘗試以種植取代採集、以畜牧取代狩獵。農牧業使人擁有更穩定的糧食來源，也更難放棄定居（Buzan & Little, 2000: 134-138; Stiebing, 2009: 11, 13-14; Duiker & Spielvogel, 2013, 5）。

部落村人口持續增長後，部分村民可能移出並獨立建村，也可能讓原有村落持續擴大，或讓數個村落維持在一個部落中。不過人口愈多，愈難維持平等，而且社會分工需求也愈明顯。於是某些部落開始變為人口成千上萬的酋邦（chiefdom），由酋長掌握政治權力（Buzan & Little, 2000: 139-140）。某些需要大規模捕獵巨獸的隊群也可能演變成酋邦，以利酋長更有效地組織狩獵。

人口密度提升後，部落、酋邦比先前的隊群更易陷入衝突。酋長可

能為擴大權力或疆域而開戰。為強化自身領導地位、消除分離主義或追求平等之傾向，酋長往往會壟斷糧食儲備、壟斷對外交涉權。部落村之間可能交換彼此特產，而某些特產有助於提升持有者聲望，讓酋長與群眾的差異更明顯。於是對外戰爭與貿易都有助於酋長鞏固自身權力，將原本不穩定的酋邦轉變成穩定而制度化的國家（state）（Buzan & Little, 2000: 145-158）。

儘管許多被稱為原住民的人群，直到21世紀仍維持傳統隊群、部落或酋邦組織，國家卻在誕生後逐漸成為體系主導單位。由國家組成的國際體系出現在原本較大的前國際體系網絡中，並逐漸成長。

(二)從城邦到帝國

原以血緣關係為主要凝聚基礎的隊群、部落，變成愈來愈重視地緣關係的國家。公元前35世紀左右，在幼發拉底河與底格里斯河下游，今日伊拉克南部之地，蘇美城邦（Sumerian city-states）已出現。

◆早期城邦到帝國：約至公元前5世紀[1]

1.兩河流域的分合：從烏魯克城邦到巴比倫王國

起初，人口數萬的烏魯克（Uruk）一枝獨秀，規模遠超過其他聚落。隨後烏爾（Ur）、烏瑪（Umma）、拉格什（Lagash）、基什（Kish）等也發展為數十個城邦中的大國。這些城邦彼此密切互動，例如拉格什與烏瑪間有持續一個半世紀的邊界衝突。國家之間的結盟、王室之間的通婚與互贈禮品等外交活動也很常見。後來烏瑪王征服了烏爾與烏魯克，又擊敗拉格什，支配全蘇美。但他被定都於北方基什附近、後來統一兩河流域的閃族（Semites）阿卡德帝國（Akkadian Empire）建立者擊敗。

阿卡德帝國內的許多城市一直有強烈分離傾向，外部又有異族威

---

[1]參見Van De Mieroop (2007: 17-299); Stiebing (2009: 31-325).

脅。該帝國雖常以強大武力重創敵人，仍在約一個半世紀後崩解。近半世紀後，烏魯克王重新統一蘇美，而其繼承者遷都烏爾，建立了比阿卡德帝國略小，內部組織更完善的國家。不過該國僅持續約一世紀，而後被興起於東側的依蘭（Elam）所滅。兩河流域重回列邦分立之局約兩個半世紀。幾個新興強大城邦迫使較弱者成爲附庸。其中巴比倫（Babylon）充分運用外交與軍事手段，逐步擊敗強敵，第三度統一兩河流域。

2.兩河流域及其周邊之較大國家：從諸強並立到波斯統一

在兩河流域諸國進入分立與統一的循環時，其西的尼羅河中下游與東側的依蘭，也分別在相近的時間進入同樣循環。位於現今伊朗西部的依蘭較早與兩河流域併入同一國際體系，而更東的印度河谷文明也與兩河流域有經貿往來。約在公元前16世紀中興起於安納托利亞高原的古西台（Old Hittite），在將近一甲子後南下攻入巴比倫，打破兩河流域約一個半世紀的穩定局面，而西亞進入約一世紀的黑暗時代。

古西台國在攻入巴比倫不到一世紀後覆滅，而曾侵擾該國的人群在兩河流域北部建立米坦尼（Mitanni），成爲公元前15世紀中的西亞首強。埃及（Egypt）約在同時建立第三度統一尼羅河中下游的新王國，勢力伸入西亞沿地中海東岸一帶，與米坦尼角力。然後由新移民建立的巴比倫王朝在兩河流域南部崛起爲第三個強權。

約在公元前15世紀末，埃及與米坦尼化敵爲友。但後者王室約在公元前14世紀中分裂。其中一支尋求埃及協助，另一支求助於在古西台國領地崛起的新強權哈梯（Hatti，亦稱爲新西台）。該國取代米坦尼，成爲與埃及爭奪敘利亞的勁敵。原在米坦尼轄下的亞述（Assyria）也崛起爲第五個強權，開始奪取米坦尼東部。

這些強權規模都遠大於城邦。它們彼此互動，締造規模逾百萬方公里的多極國際體系。其間不乏征戰，但王室之間會結親、贈禮，國王以兄弟相稱。至於小邦君主則對大國國王稱臣。

該體系中有多國都在公元前12世紀左右衰亡，整個地區又進入約兩世紀的黑暗期。後來亞述復興，幾乎統一了先前的整個國際體系。但就在

國勢巔峰的公元前6世紀後期，王室間的分裂使該國迅速崩解。最後在公元前5世紀末，來自伊朗高原的新興國波斯（Persia），征服了原亞述帝國領土，還囊括安納托利亞高原與伊朗高原，大致將整個西亞北非文明世界統一在一國之內（謝家柔譯，2019：76-85）。

波斯帝國東緣抵達印度河流域。在更遠的東亞，華夏諸邦與非華夏邦國或部落共同型塑的體系也已歷經了千年以上的演變。商王國與周王國都有可與埃及、西台、米坦尼或巴比倫王國相提並論的領土規模，並持續數百年。西周末年王室間的鬥爭引致外族攻破首都鎬京。遷到洛陽的周王不再能實際統治諸侯，於是黃河中下游及其周邊地區進入無政府狀態（楊軍、張乃和，2006：49-56）。

◆傳統帝國主導期：公元前5世紀至公元16世紀

在波斯統一西亞到尼羅河中下游後，南亞、歐洲與東亞也出現大一統帝國。從公元前500年左右起的兩千年，歐洲、西亞、南亞與東亞各有興衰起伏。起初前三區間互動較頻繁，東亞則略為孤立。來自原文明邊緣區的人群，幾度成為新興強權，甚至建立了比波斯帝國更遼闊的帝國。

1.波斯帝國及其他重要國家：公元前500年至前200年

波斯帝國西疆抵達小亞細亞與東南歐，而在愛琴海地區被希臘城邦擊敗。獲勝的希臘諸邦又分裂為雅典（Athens）與斯巴達（Sparta）兩陣營繼續交戰，結果後者在伯羅奔尼撒戰爭（Peloponnesian War）中獲勝。但原在文明邊緣的馬其頓（Macedonia）後發制人，不僅擊敗希臘城邦，更征服整個波斯帝國，兵鋒及於印度河。

印度河東的恆河流域原處於列國並立局面。在波斯帝國逼近後，摩揭陀（Magadha）開始逐步擴張，兼併鄰國（O'Brien, 2007: 46）。在歐亞大陸東側，原在中原文明邊緣的秦國，於徹底推動社會政治改革後成為體系首強。秦國推動連橫政策，瓦解楚、齊、趙、魏、韓、燕等對手的合縱聯盟後，更逐步予以兼併，在東亞建立帝國（楊軍、張乃和，2006：57-60）。

南亞、東亞的帝國與橫跨歐亞非的馬其頓帝國，都在創立者過世後不久就瓦解。可是後繼的孔雀帝國（Mauryan Empire）、漢帝國與羅馬（Rome），卻比其前輩面積更廣、壽命更長。

2.漢朝與羅馬興盛期：公元前200年至公元200年

公元前202年，羅馬在北非札馬（Zama）擊敗迦太基（Carthage），奠定在地中海西側的霸權。同年，垓下之戰的勝利者也在東亞建立漢朝。此後不到二十年，孔雀帝國滅亡，而漢朝與羅馬則逐漸成為歐亞東西兩端的主導國。後來領有原孔雀帝國西北部的貴霜（Kushan）興起，再加上承繼古波斯的安息（Arsacid Parthia, 247BC-224），在公元1世紀的歐亞北非形成羅馬、安息、貴霜與漢朝四強的線型國際體系，面積逾千萬方公里。其中東西兩端國家最強，而且西方對東亞貨品需求甚殷（O'Brien, 2007: 52-53）。但漢朝與羅馬卻受阻於中轉貨品的安息，僅能透過絲路間接交易，很難直接互動（楊軍、張乃和，2006：175-177）。

原在歐亞文明區外的部落民，很快建立大型政治體。例如匈奴在秦朝獨霸東亞時就開始建國，而後甚至壓制漢朝超過一甲子（楊軍、張乃和，2006：96, 124）；高盧（Gaul）也曾是羅馬勁敵。不過匈奴與高盧最後分別敗於其南方的漢朝與羅馬，而東亞與歐洲分別由一國獨霸約三個世紀。至公元2世紀末，漢朝開始分裂瓦解，羅馬也由盛轉衰。

3.薩珊波斯（224-651）與笈多印度（320-540）興盛期

公元3世紀初，取代了安息地位的薩珊波斯（Sassanian Persia）在建國後就向其東的貴霜與其西的羅馬擴張，在公元260年擊敗羅馬軍團並將皇帝俘虜，而羅馬帝國西部與東部都有人趁機建立短暫的獨立政權（Cline & Graham, 2011: 270-274）。羅馬在公元3世紀末穩住局勢，於戰勝薩珊波斯後與之締結了維持四十年的和約。但即使是比較能幹的羅馬皇帝也難憑一人之力治國，於是帝國分為東西兩部，分別由一位皇帝及一位副手治理（Cline & Graham, 2011: 270-274, 284, 307-308）。

公元4世紀初，以恆河流域為核心的笈多帝國（Gupta Empire）崛

起，取代了衰落的貴霜成為南亞強權。但亞洲內陸遊牧民不斷對其南側的農耕文明區施壓，導致笈多王朝覆滅（O'Brien, 2007: 46; Stearns et al., 2015: Ch.8）。遊牧民族使東亞、南亞持續分裂，又推動日耳曼人（Germans）進入羅馬帝國，使歐洲也陷入無政府狀態。西羅馬皇帝便於公元476年為日耳曼人罷黜。

4.阿拉伯帝國及其周邊重要國家

當笈多王朝衰亡時，東羅馬帝國（又名拜占庭帝國，Byzantine Empire）再與勁敵薩珊波斯於公元532年締和，並在次年派兵收復西側的帝國失土。此舉所費不貲，但成果並不持久（Cline & Graham, 2011: 304-30; Stearns et al., 2015: 314）。公元6世紀中崛起的遊牧強權突厥（Turk），像先前的匈奴一樣從中國取得大量絲綢，並嘗試銷往西方。然而薩珊波斯也像先前的安息一樣加以阻撓，於是突厥與東羅馬結盟對抗波斯（楊軍、張乃和，2006：87、179-180）。

稍後，唐帝國（618-907）在東亞成為不亞於漢朝的大國。唐朝興盛百年以上，取代突厥的主導地位，並與西南的吐蕃、南詔，東北的高句麗、新羅、百濟、日本等國互動（楊軍、張乃和，2006：86、92、130、132）。

在唐代盛世巔峰時，新興的伊斯蘭教迅速將阿拉伯部落民轉變成空前的強權，擊敗因持續纏鬥而耗竭的東羅馬和薩珊波斯（Cline & Graham, 2011: 322）。阿拉伯軍向東消滅試圖向唐帝國求助的波斯，向西奪取東羅馬從敘利亞到埃及的領地。公元711年，阿拉伯帝國（Arab Empire，古稱大食）同時攻入印度與伊比利半島，直到732年才在西歐被法蘭克王國（Frankish Kingdom）阻止（O'Brien, 2007: 68-69; Stearns et al., 2015: 254-255, 280）。

儘管阿拉伯穆斯林內鬥不斷，先分裂成居多數的遜尼（Sunnis）與占少數的什葉（Shi'a）這兩個主要派別，又在750年爆發改朝換代戰爭（Stearns et al., 2015: 255, 259），但仍於公元751年在怛羅斯河（Talas River）戰役擊敗唐帝國。後者於公元755年起又陷入嚴重內亂而衰落。

曾阻止阿拉伯軍的法蘭克王國，是歐洲日耳曼諸國中的首強。其國王於公元800年獲羅馬教皇加冕，意圖重建羅馬帝國。然而皇帝的三個孫子在843年相約將帝國三分：西部大致相當於後來的法蘭西（France），東部約當於二戰結束後的西德（West Germany），中部則包括義大利（Italy）北部以及在17至20世紀間為法德雙方爭奪的亞爾薩斯（Alsace）和洛林（Lorraine）等地（Stearns et al., 2015: 331-332）。

與西方的兩個羅馬繼承國，或東方曾短暫中興的唐朝相比，公元9世紀初到達盛世巔峰的阿拉伯帝國更有實力。不過它因領導權之爭而被削弱，疆土日蹙，終於在1258年被蒙古人消滅（Stearns et al., 2015: 270-271, 278）。

5.蒙古帝國及其他重要國家

在公元12世紀末，另一支崛起於亞洲內陸乾旱地區的部族興起，數十年內就擴張成比阿拉伯帝國更大的蒙古帝國（Mongol Empire）。蒙古人征服了東亞與西亞大部分土地，擊敗歐洲軍隊，只在拓展到距本土極遠的敘利亞、越南，以及海外的日本、爪哇等地時受挫。這個空前的大陸帝國後來分為以大都（北京）為中樞的元帝國，以及西側的四大汗國（楊軍、張乃和，2006：201-206、265-280；Stearns et al., 2015: 418-430）。

在蒙古多次擊敗俄羅斯等東歐軍隊後，日耳曼人的神聖羅馬皇帝試圖與法蘭西、英格蘭（England）共組歐洲聯軍對抗蒙古，但歐洲人遵照羅馬教皇旨意，遣使與蒙古交往，而蒙古則要求教皇與歐洲君王臣服（楊軍、張乃和，2006：260）。

不過大蒙古國為時不久就因內部領導權紛爭而分裂。14世紀中，漢人起兵反抗蒙古，並於1368年建立明帝國（Black, 2008: 32; Stearns et al., 2015: 434），進而成為東亞首強。明朝持續與蒙古鬥爭，並與東北亞的朝鮮、日本、琉球，東南亞的真臘、占城、蘇門答臘、爪哇等國和平往來。儘管明初曾派規模空前的艦隊進入印度洋而抵達東非，不過蒙古仍是明朝需集中資源應付的強敵──明帝甚至曾在1449年在北京城外被蒙古軍俘虜（楊軍、張乃和，2006：289-306；Stearns et al., 2015: 440-441）。

在西亞，信仰伊斯蘭教的突厥人（後譯為土耳其人）取代了阿拉伯人與蒙古人的主導地位。新興的土耳其帝國（Turkish Empire）於1453年消滅東羅馬帝國，讓歐洲人恐懼（Stearns et al., 2015: 576）。哈布斯堡家（House of Habsburg）的奧地利（Austria）公爵在該年晉封為大公（王曾才，2008: 65）。該家族日後成為歐洲對抗教土耳其的主力。西歐英法百年戰爭也在同一年結束。長年戰爭不僅使這兩國的軍事技術提升，更即將凝聚成新型態的民族國家（nation-state），實力更為強大。

在英法南方的伊比利半島，幾個基督教小國也在與伊斯蘭勢力交戰過程中逐漸變成民族國家。其中位於西南的葡萄牙（Portugal）為了因應隔阻西歐與東亞的強大伊斯蘭勢力而先發展海上力量，透過在非洲與亞洲的貿易獲得豐厚利潤（Black, 2008: 45）；半島上的其他國家則透過聯姻統一成比葡萄牙更大的西班牙（Spain）。後者在1492年不僅將半島上最後的伊斯蘭國家消滅，更贊助航海家西航，而後使歐洲大西洋沿岸國家得以支配美洲，終於凌駕亞洲大國。

21世紀初的西方經濟學者估計，明代中國經濟規模在1500年時將近全球總量四分之一，略高於印度諸邦或歐洲各國總和，居世界各國首位，到1600年時占比更上升到將近三分之一（Bolt & Zanden, 2014: 627-651）。15、16世紀之交的明朝曾短暫中興，但日後漸趨腐化。同一時期的日本進入戰國時代，許多脫離中央支配者與漢人海盜共同搶掠明帝國沿海；蒙古則持續侵擾北疆。此外，葡萄牙也進占澳門。不過明朝仍能抵禦這些外敵，並在1624年擊敗占領澎湖並侵擾福建的尼德蘭（Nederland，常被稱作荷蘭）。日本在16世紀末統一本土後攻打朝鮮，北京也派兵協助後者退敵。但龐大軍費使明朝財政惡化，終於被不堪重稅的農民推翻。同時關外滿人也發起挑戰，而東亞大陸在17世紀陷入戰亂之中（楊軍、張乃和，2006：311-313、327；Black, 2008: 40, 53-56; Kang, 2010: 17-151）。

6.哈布斯堡的霸圖

荷蘭與葡萄牙一度都從屬於歐洲最強的哈布斯堡家族。奧地利哈布斯堡家與西班牙王室聯姻，使西班牙王得以在1519-1556年間兼任神

聖羅馬皇帝。16世紀初的西班牙還消滅了美洲的阿茲特克帝國（Aztec Empire）與印加帝國（Inca Empire）。當時南義大利是西班牙王國的一部分，而法國國王更於1525年被哈布斯堡皇帝俘虜。後者顯然是歐亞大陸西側實力最強的君主，有潛力將鬆散的神聖羅馬帝國轉變成真正統一整個中西歐的國家（時殷弘，2006：71-72；Black, 2008: 28）。

然而土耳其帝國也在同時達到國勢頂峰，持續向西擴張而與哈布斯堡在地中海與東南歐對立。土耳其受東側的波斯薩非帝國（Safavid Empire）牽制，而後者還曾擊敗支配南亞印度的蒙兀兒帝國（Mughal Empire）。與西班牙大約在同一時間完成統一，建立民族國家的法蘭西，不樂見哈布斯堡過於強大，也和異教的土耳其結盟對抗哈布斯堡。然而法蘭西也要顧忌其西側的另一個民族國家英格蘭。英格蘭、法蘭西、哈布斯堡、土耳其、波斯與印度就這樣構成一個橫跨歐亞的線形體系。

新舊教分裂使神聖羅馬帝國難以凝聚成像英、法那樣的民族國家，而哈布斯堡家族的廣大領地也不易全部交給一個人有效治理。於是哈布斯堡皇帝在1555年與新教諸侯締約妥協，並在次年將領地東部交給其弟、西部交給其子繼承（時殷弘，2006：72-75）。

儘管如此，得到領地西半的西班牙王，在16世紀下半仍有凌駕其他歐洲君王的實力，並於1571年擊敗土耳其、1580年兼併葡萄牙。不過他執意鞏固舊教（即羅馬天主教）地位，使領地尼德蘭北部新教徒發動獨立戰爭，並於1581年建國。支持尼德蘭獨立的英格蘭成為西班牙之敵，並在1588年擊敗後者的無敵艦隊（時殷弘，2006：75-81）。

到17世紀初，神聖羅馬帝國再次面對內部新教徒的反抗，從而引發了三十年戰爭（Thirty Year's War, 1618-1648）。哈布斯堡皇帝以及同家族的西班牙王，共同努力維護領地內宗教乃至於政治的統一。法蘭西雖信奉舊教，卻基於政治因素而與哈布斯堡為敵。北方新興的新教民族國家瑞典（Sweden）也出兵援助反抗皇帝的新教諸侯。這場戰爭使中歐人口大減，而戰火也蔓延到歐洲以外。例如荷蘭與西班牙在這段期間曾於台灣交戰。最後帝國新教諸侯與法國、瑞典成功迫使哈布斯堡皇帝簽訂西伐利亞

條約（Treaty of Westphalia），承認荷蘭以及帝國內三百餘邦主權獨立，使中歐日耳曼人繼續分裂兩百餘年（時殷弘，2006：81-84）。

(三)主權國家的確立期間（1648-1914）

一般認為，現代國際體系可追溯至1648年的西伐利亞條約。中世紀歐洲在宗教上受羅馬天主教廷的管轄，而在世俗的名義上則是由神聖羅馬帝國統治，封建領主並沒有最高統治權威。17世紀由於宗教改革問題引發了三十年戰爭，而後西歐各交戰國簽訂西伐利亞條約，確立國家主權獨立的原則。現代國家雛形出現，形塑了以民族國家互動為主體的當代國際關係體系。

西伐利亞體系有三大要素，包括國家擁有最高主權、國家對內行使權力不受干涉、國家對外行為擁有最大自由。雖然真正的外交還是由強權決定，但各國名義上平等往來，而這也是國際法的基礎原則。民族主義與帝國主義在這個階段受到更多的重視，成為最主要的精神支柱與指導力量，影響持續至今。

在嘗試征服歐陸諸國的拿破崙被擊敗後，英、俄、法、奧、普君主建立起歐洲協調（Concert of Europe），透過各國協商會議，讓某強權之野心被其他強權所約制，為歐洲帶來了近百年的和平，而此時英國主要扮演著平衡者的角色，在不同的陣營間搖擺，避免歐陸的任何一方過於強大（張麟徵，2002：第一篇）。

普法戰爭結束後，普魯士於1871年統一了德國，對英國形成挑戰。統一後的德國先與奧匈帝國同盟，其後義大利也因為與法國爭取殖民地失敗，而加入德奧同盟，形成「三國同盟」。德國統一後開始介入殖民地的爭奪，加深了與其他列強間的矛盾。另外，與德國同盟的奧國因為在巴爾幹半島的發展而與俄國齟齬不斷，俄國於是和法國結盟。此外，英國由於對德國的大海軍政策感到不安，於是加入了俄法陣營，組成「三國協約」。1914年，奧國皇儲在巴爾幹半島上的波士尼亞被塞爾維亞人槍殺。奧國以此為由出兵塞爾維亞，而俄國則協助塞爾維亞。於是三國同盟和三

國協約的衝突引發了第一次世界大戰。而美國因為商船受到德國無限制潛艇戰的威脅，也在1917年加入了戰場（張麟徵，2002：第二篇）。

這一個時期的國際關係有幾個特色：第一，國際關係幾乎等同於君王間的關係，所謂的國家利益基本上就是君王的利益。第二，土地被視為有價值的資產，因而海外殖民擴張可以增加國家的威望。第三，貿易的重要性增加。工業革命的發生，航海技術的改良，海外殖民與市場的需要，讓國際貿易衝突成為這個時期國際關係的重要特色。推動國際關係的衝力不僅是政治、軍事，還包括經濟，而其中又以貿易為首要。荷蘭與英國東印度公司分別以公司形態出現，但是其本質就是國家統治機構，與政府沒有多大差別。第四，權力平衡成為各國奉行的政策。維持當時國際體系的穩定，就是要維持國家間或同盟間的權力平衡，避免小國被併吞，也避免單一帝國形成。英國在歐陸的權力平衡中扮演關鍵的砝碼角色。在西伐利亞原則下，即使國家戰敗了，懲罰也只是割讓領土或賠款，而不致被他國併吞。亦即，西伐利亞條約確立了民族國家主權至上原則，以及國際體系中民族國家的平等和獨立原則。

(四)兩次世界大戰（1914-1945）

1914年到1918年的第一次世界大戰，德國和奧匈帝國被英、法、義、美聯軍擊敗，德國必須給付巨額賠款，使得德國經濟受到嚴重打擊，影響歐洲經濟，造成法西斯與民粹在歐洲興起。另外，由於日本軍國主義抬頭，以及美國遲未加入一戰後所成立的國際聯盟（League of Nations），國際集體安全（collective security）機制難以運作，於是在第一次世界大戰的二十年後，硝煙再起，第二次世界大戰爆發。德、日、義在第二次世界大戰中，被美、蘇、英、中、法打敗。二戰中的五個主要戰勝國成為聯合國安全理事會的常任理事國。

這兩次戰爭是全球性的霸權戰爭，幾乎所有的主要國家都參與其中且深受其害，對20世紀帶來深遠的影響，形塑了當代的國際體系。

這個時期的國際關係特色在於：第一，權力平衡機制已顯示出其脆

弱性。海外殖民地的爭奪是第一次世界大戰爆發的遠因，國家內部經濟問題與激進國家民族主義成爲二次世界大戰的元凶，國際衝突的因素變得更複雜，極力維持權力平衡機制的英國最後也被捲入戰爭。第二，戰爭的範圍相當廣，帶來的災禍甚爲巨大。相對於一戰以前歐洲戰爭都是帝王間的利益衝突，影響有限；兩次大戰都是全面性戰爭，戰爭武器技術的快速發展，也改變了人們對戰爭的理念、策略與政策。第三，面對歐洲的變局，美國多數時間選擇不介入的孤立主義，但最後又成爲影響戰爭成敗的關鍵。美國成爲兩次世界大戰的最大受惠者，歐洲國家因戰爭而衰弱，歐洲政治地圖重組，美國成爲最後贏家，也開始主導或影響整個國際秩序。

(五)冷戰（1945-1991）

二戰結束後，歐洲經過戰爭的摧殘已無昔日榮光。德國分裂，柏林更被一分爲四，由美、英、法、蘇分區占領，其中只有美國及蘇聯算是眞正的強權。由於利益衝突以及勢力範圍的爭奪和排擠，美蘇兩陣營在政治、軍事、經濟，乃至意識形態上激烈敵對。核子武器的發明及創造，更加深了雙方敵對關係的緊張性及嚴重性。以美國爲首的西方陣營奉行是自由民主以及資本主義，而蘇聯集團則是信奉著社會主義及共產主義。

有鑑於共產主義的威脅，美國總統杜魯門（Harry Truman）在1947年向美國國會要求同意提供資金資助土耳其和希臘的政策以對抗共產主義。此項政策被稱爲杜魯門主義（Truman Doctrine），是美國在二次大戰後對外政策的核心——圍堵政策（containment）的開始。美國透過圍堵政策，試圖阻止蘇聯擴張並抑制其影響力。從1950年代起，美國在之後數十年的外交政策，從外交援助到科技移轉，乃至於軍事干預，都是爲了圍堵蘇聯。

1948年的柏林危機，使美蘇關係更緊張。北大西洋公約組織（North Atlantic Treaty Organization, NATO）於1949年由美國和西歐國家創建，代表西方世界聯盟，是冷戰期間西方國家對抗蘇聯擴張而採取的反制措施。北約組織爲集體防禦概念之實踐，組織條約規定當成員國任何之一受到攻

擊時，其他國家必須給予援助。共產陣營也相對地創建了**華沙公約組織**（Warsaw Treaty Organization）的軍事體系以因應。1961年東西柏林之間更築起了柏林圍牆，將東西世界分隔了近三十年。

1962年的**古巴飛彈危機**（Cuban Missile Crisis，是冷戰時期在美國、蘇聯與古巴之間爆發的一場極其嚴重的政治、軍事危機。這個事件被看作是冷戰的頂峰和轉折點，在世界史中人類從未如此近地從一場核戰爭的邊緣擦身而過），幾乎釀成第三次世界大戰，不過美蘇節制化解危機。但其他地區仍有代理人戰爭，例如韓戰（1950-1953年）及越戰（1955-1975年）就是冷戰兩極對峙結構下的熱戰產物。

爲了維持優勢，東西方陣營間的軍備競賽如火如荼的展開。雙方發展殺傷力強大的武器以維持國家安全，其中又以核子武器的研發和裝備競爭最爲激烈。在核子武器的競賽中，雙方發展出了第二擊的相互保證摧毀的能力，也就是就算本國遭受到全面性的攻擊，仍有能力反擊並且摧毀對方。由於擔心第二擊的報復，雙方之間維持了恐怖平衡，不敢輕啓核子戰爭。

在經濟上，美國爲幫助歐洲盟國因爲戰爭摧毀而瀕臨崩潰的經濟體系，同時爲了防堵蘇聯在歐洲的進一步擴張，因此以馬歇爾計畫對歐洲進行援助，提供了歐洲在金融、技術、設備等各方面的援助。除了馬歇爾計畫的資助之外，歐洲國家間也在1952年組成了歐洲煤鋼共同體（European Coal and Steel Community，簡稱ECSC），在1965年併入歐洲經濟共同體（European Economic Community，簡稱EEC），並在1993年建立歐盟。歐洲一方面將戰爭中最重要的煤鋼交出共管以避免戰爭的再度發生，一方面藉由經濟合作及市場整合加速經濟復甦。相對於西方世界的馬歇爾計畫和歐洲共同體計畫，蘇聯則是組建了由社會主義國家參與的經濟互助委員會（Comecon）來管理以及促進社會主義國家間的經濟合作事務。

1947年到1962年此段時期爲冷戰的緊張高峰期，在這段期間，美蘇兩國之間幾乎沒有任何的溝通或談判。其後冷戰逐漸地緩和，進入了低盪時期。古巴飛彈危機後，爲了避免誤判而再度發生危機，1962年美蘇之間

建立了熱線（hot line），使美蘇之間可直接溝通，避免雙方因誤解而引起戰爭。而1960年代開始，一方面核子武器的發展顯現出全面戰爭的恐怖性；另一方面美蘇各自陣營內部的裂痕逐漸產生：法國在經濟復甦後企圖逐漸擺脫美國的控制，中共與蘇聯則因理念不同而關係惡化。核子武器的恐怖性以及陣營內部的鬆動，使得美蘇兩大陣營對峙的情況逐漸和緩，冷戰進入了**低盪期**（Detente）。

　　為了拉攏中共制衡蘇聯，美國總統尼克森（Richard Milhous Nixon）於1972年訪問中國大陸，簽署了美國與中共之間的第一個聯合公報《上海公報》，雙方關係開啟了新的一頁，也影響到未來世界的權力結構。在此一時期，美蘇雙方的對話熱烈，雙方簽訂了關於核子武器規範的一連串條約，包括外太空條約（Out Space Treaty）、月球條約，規定不可在外太空及月球進行核子試爆；另外雙方也簽訂了核不擴散條約（Non-Proliferation Treaty, NPT），規定了僅有中美英法蘇可合法擁有核武，且不可輸出核子技術，另外也確立了核子技術的和平使用性。

　　將石油作為戰爭的工具，源自1973年10月第四次中東戰爭爆發，石油輸出國組織（OPEC）為了打擊對手以色列及支持以色列的國家，宣布石油禁運，暫停出口，造成油價上漲。此次石油危機從1973年延續至1974年。1979年伊朗爆發伊斯蘭革命，而後伊朗和伊拉克爆發兩伊戰爭，原油日產量銳減，國際油市價格飆升，爆發第二次石油危機，引發西方工業國的經濟衰退。

　　1979年，由於蘇聯入侵阿富汗，於是美蘇的關係再度惡化。這表現在彼此拒絕出席對方舉辦的奧運比賽，包括1980年美國拒絕出席莫斯科奧運以及1984年蘇聯杯葛洛杉磯奧運。

　　為了對抗蘇聯飛彈，美國總統雷根（Ronald Wilson Reagan）開啟了戰略防禦倡議（Strategic Defense Initiative, SDI，俗稱星戰計畫Star Wars Program），企圖研發出在飛彈攻擊抵達美國本土前，就將飛彈在美國境外擊落的能力。星戰計畫因為技術性的困難未能成功，但在軍備競賽的困境下，卻使蘇聯不得不跟隨美國的腳步投入大規模資金研發類似技術，最

後拖垮了蘇聯經濟。

　　整體而言，這個階段的國際關係有以下特色：第一，美蘇兩大集團的對抗形成兩極體系。第二，由於核子武器的大量出現，國際關係形成既對抗，又和平，沒有爆發第三次世界大戰的恐怖平衡特殊狀態。第三，美蘇關係從開始的對抗走向和解，最後蘇聯瓦解。決定兩強勝負的是制度的優劣，包括政治經濟力量所延伸而出的科技力量及國家的整體競爭力。第四，美蘇兩大集團為了避免直接衝突，經常以代理人方式進行戰爭。第五，美蘇已認知到戰爭的可怕，重視危機處理。古巴危機沒有演變成美蘇大戰，冷戰期間美蘇兩強間的武力管制措施，都是國際關係不再以「實力」作為解決衝突的進步展現。第六，若干中小型國家不是依附美蘇兩大強權，而是自行形成不結盟組織，試圖發揮其影響力，但是由於其組織鬆散，所受威脅不一，亦缺乏共同的意識形態或價值認同，因而力量有限。第七，非軍事力量的重要性增加。石油等經濟工具在外交決策的重要性提升，阿拉伯國家依靠石油提升其國際地位，德國與日本憑藉經濟力量就躋身於大國之列，國際經濟貿易力量更有利於外交政策的推動。第八，中共在1971年進入聯合國，與美國在1979年建交，同年推動改革開放政策，其在國際間的地位大幅提升。

　　1980年代中期後，蘇聯總書記戈巴契夫（Mikhail Sergeyevich Gorbachev）宣布放棄布里茲涅夫主義，減少對東歐國家內政的干涉，特別是停止武力干預。1980年代後期，東歐經濟困頓。隨著戈巴契夫對東歐內政控制的放寬，東歐共產黨放棄社會主義道路，推動政治民主化。1989年11月9日，東德政府開放人民對旅行的限制，並宣布柏林圍牆即刻開放，於是興奮的東西柏林人從兩邊推倒了柏林圍牆。在美國對蘇承諾北約不會東擴後，東西德統一（Mandelbaum, 2017: 68）。在1990至1991年間，蘇聯各加盟共和國紛紛獨立。1991年12月25日，蘇聯總統戈巴契夫宣布辭職。兩極冷戰中的一極瓦解，世界進入美國獨霸時代。

(六)冷戰結束後的新國際關係（1992-）

後冷戰的國際關係仍然面對許多問題。在安全領域，印度、巴基斯坦與北韓開始製造核子武器，凸顯出核武擴散問題更趨嚴峻；2001年9月11日針對美國的恐怖攻擊，以及其後發生在印尼峇里島、俄國莫斯科、西班牙馬德里、英國倫敦、印度孟買、巴基斯坦喀拉蚩、中國烏魯木齊等一連串類似事件，在21世紀初造成慘重傷亡。國際社會對於恐怖份子運用核武發動攻擊的可能性，也十分關切（陳世民，2020：171-186）。

此外，美國在本土遭遇大規模恐怖攻擊後，在聯合國指控伊拉克擁有大規模毀滅性武器，從而在2003年攻打伊拉克。和美國同為擁有最多核武國家的俄國，也於2022年出兵攻打烏克蘭。戰爭的風險並未遠離。

在經濟方面，全球化下的經濟整合與自由化浪潮看似欣欣向榮，然而全球經濟與金融高度互賴連結的國際金融秩序卻暗藏危機。1997年的亞洲金融風暴是敲響國際金融秩序警鐘的第一鎚。2008年美國因次貸問題引發金融海嘯，全球經濟深受其害。2010年，歐洲因希臘問題爆發主權債務危機，接連引發市場對西班牙、義大利、愛爾蘭、葡萄牙的債務違約疑慮，造成歐洲經濟成長停滯以及失業率居高不下，並使全球經濟深陷泥淖。2022年開始擴散到全球的新冠肺炎疫情，以及各國政府因應疫情採取的限制移動措施與巨額經費開支，都對全球經濟造成衝擊。

這個階段的國際關係有以下特色：第一，網路發展使全球經濟、資本、資訊更為快速的流通，一個全球化時代正式來臨。第二，參與全球化的行為體已不僅限於國家。政府間組織、非政府組織、跨國公司、國際傳媒、公民運動都參與了全球治理。第三，蘇聯瓦解並不表示全球就走向安全，區域性的衝突相繼而起，例如在東海、南海的領土主權利益之爭，東亞地區仍停留在冷戰狀態。第四，族群、宗教的理念之爭，甚而所謂的文明衝突，讓國際安全更為脆弱。恐怖主義成為重大威脅，難民問題層出不窮。第五，資本主義自由化主導了全球經濟貿易運作，並以全球、區域、雙邊自由化方式呈現，其中一方面受阻，資本主義的行為體就會嘗試再用

其他方面取代。第六，由於資本主義的貪婪本質，全球的不平等現象並沒有減緩，全球金融貨幣體系也出現高度危機，影響到全球的經濟秩序與人民生活。第七，環境議題成為全球高度重視的議題。

儘管環境保護與疾病防治等問題需要各國合作，然而美國違背承諾讓北約組織東擴卻使俄美關係惡化（Mandelbaum, 2016: 68-69）；2008年全球金融海嘯後，華府將北京視為圍堵對象（蔡東杰，2022：420），而中國大陸會不會取代美國，也成為焦點議題（朱雲漢，2020：251）。強調道德重要性的美國學者奈伊（Joseph S. Nye, Jr.）指出，川普（Donald Trump）是第一個挑戰自由主義國際秩序共識的總統候選人，又將《巴黎氣候協定》形容為中國的騙局（林添貴譯，2020：297）。繼川普之後的擔任美國總統的拜登（Joe Biden）雖然在自由主義與環保議題上與川普不同，但卻承襲了川普與中國大陸競爭的政策。中美兩強的較勁，已然成為2020年代國際政治的主軸。

六、中華文化可以對西方思維的貢獻

我們研究學習國際關係的目的，就是希望理解國際關係，如果有可能，也要為國際和平而努力。不可諱言，人類的確已在進步，已學會不要讓所有衝突都以戰爭收場。但是，如果我們不能改變處理問題的基本思維，和平終究仍只是夢想。

我們所學的國際關係理論、論述或分析角度幾乎都是來自西方學說與經驗。我們也看到西方學者或政治人物發展出各種有助於和平的說法，也有不少政治人物致力推動和平。可是我們看到的世界似乎問題仍然不少。問題到底出在哪裡？

葡萄牙、西班牙、荷蘭、法國、德國、俄羅斯、英國、日本、美國這些近現代史上崛起的大國，關心的都是「利」與「力」，在國際事務上，他們為這個世界建立的是強者的哲學，是霸道的文化。從美國近來的表現看，這個現象到現在都沒有改變。

近三百年間，西方的知識價值體系，成為西方器物文明優越的附加價值。西方大國的崛起，其背後的本質思維幾乎一致，從文明的角度來看，它們的「世界觀」（Weltanschauung）是西方宗教文明中「正義與邪惡」的二元世界、「物競天擇」論下的「適者生存」強者哲學以及資本主義「資源掠奪」等的組合。「以鄰為壑」是它們崛起時處理周邊區域的態度，它們所制定的「制度」、「法律」是強者要求弱者必須遵行的規範，「弱肉強食」是國際的遊戲規則。霸權要維持他們的霸業，必須要創造出可以讓世界接受的價值與話語體系，不論是「民主和平論」、「貿易和平論」、「霸權穩定論」，看似為追求世界和平與穩定的理論，惟其本質卻更像是霸權為了要維護其霸業所建構出來的論述。

「西方宗教文明」的善惡二元論發展出當代的「文明衝突」（認為世界各文明間的衝突將是未來衝突的主導模式）、「物競天擇」的強者哲學、「資本主義」的擴張正當論構成了西方文明話語體系的重要內涵。隨著器物文明的強大，西方可以自行界定什麼是「善的價值體系」，西方可以詮釋什麼是「帝國」、「文明」、「正義」、「民主」及「和平」。歷史上西方文明的擴張或帝國的強大，所伴隨的往往並不是和平，而是衝突與戰爭。「大國崛起」說的是「勝者崛起，敗者讓位」的故事。在這些故事中，強權往往都企圖用擴張來掠奪資源，進而解決其內部的宗教、階級、族群等問題。

中國從來沒有成為世界的帝國，這代表著中華文化也從來沒有成為全球的話語或價值信仰。我們現在所讀的國際關係，是以西方的思維為依據，是因為近三百年來，西方是國際關係的主角，世界是由西方的強權所形塑。隨著西方的強大，由於器物文明的落後，中國所建立的體制不僅成為落後的象徵，中華文化的優越性也遭到質疑或否定。

但是，中華文化中有些價值也是很好的。例如近代史上崛起的大國關心的是「利」與「力」，但是中國傳統對外關係重視的卻是「和」與「合」，主張「濟弱扶傾」，是王道的思維。從《易經》中可以看出，中華文化強調的為「和與合」的「互補」而不是「利與力」的「衝突」。這

也是西方文明迄今仍然沒有給世界帶來和平的原因。中華文化有一些東西是西方需要的，舉例來說，「仁」這個概念對於西方「物競天擇」論者是陌生的，「己所不欲，勿施於人」是資本主義信仰者無法理解的，「是非存乎一心」、「設身處地」更是西方善惡二元論難以琢磨的。

　　中華文化接受了佛教的一些思維，首先是「人」與「佛」間是可以置換的。「人人可以成佛」，代表著人與人的「眾生」平等，不是人皆為「造物者」所創造的「天賦人權」的平等。佛家與道家的思想提供了「安天命」的精神基礎，與西方的「物競天擇」形成了強烈的對比。佛家思想強調「善惡在一念之間」，每一個國家，正如同每一個人不全然是善的。佛教判斷價值的標準不僅在於做了什麼，更在於當時的「心念」為何？從這個標準來看，西方近幾百年來的擴張行為，包括最近美國在全球事務的介入，到底是為了人權、和平，還是本身的國家利益、資本家的利益？

　　儒家認為，需要救贖，並不是向上帝懺悔，而是要「三省吾身」，要敬畏天。西方宗教文明要求人們在面對上帝時要謙卑，但是對於不同文明的異族，卻顯得高傲，反觀中華文化卻有強調「反求諸己」的要求。西方文明經常強迫對方接受西方的價值，而中華文化卻強調「尊重和諧」。西方文明中的「優勝劣敗、物競天擇」，中華文明的回應卻是「己所不欲，勿施於人」、「同體共生」。西方資本主義不斷掠奪資源、人定勝天，中華文明卻主張要「適可而止」、「天人合一」。

　　每一個民族與文化都有其特殊性。儒家文化雖然尊重個人，但是更強調社會的整體秩序與和諧。中華文化強調的「關係」，包括人與人、人與社會、人與天，顯示出中華文化維持社會秩序與和諧的方法並不是完全以「合法」為基準，而更強調是否「合情」、「合理」，因為「法」大多數是由強者制訂的。西方強勢的三百多年，也多是西方強國先創造制度法律，再以此約束其他國家行為的一段國際關係史。中華文化對於「天下為公、世界大同」的理想，看似遙遠，但未嘗不可以作為西方以「強權政治」作為真理論述的警惕。

　　我們在學習以西方知識為主導的國際關係時，不要妄自菲薄，同時

也要思考，中華文化也有自己的世界觀、秩序觀、價值觀。我們當然不是要取代西方的文明價值，西方文明有的部分仍然很好，值得吸納學習，現有的國際關係理論也有參考學習的地方，但是我們也要提醒西方的文明價值會出現什麼樣的問題，告訴西方為何中華文明的若干價值可以豐富或補強西方的文明。

這個世界需要更好。西方的文明價值目前雖然仍是世界的主流，但是也已經出現了若干問題，它們解決問題的方法，無論在處理金融危機方面，還是在解決國際衝突方面，都有背離了自己的價值信仰的實例，也看到了西方思想的侷限。這是中華文明的一個機會，也是責任。如何讓西方瞭解，中華文化可以豐富世界文明的價值，讓這個世界更能相互尊重與包容，更為美好與祥和，這是我們在學習國際關係時，必須經常思考的問題（張亞中，2016：117-128）。

問題與討論

一、為何要學習國際關係？請討論國際關係對個人的重要性。

二、國際關係的行為者有哪些？

三、作為國際關係的行為者，中華民國與其他國家有何異同之處？

四、哪些非西方國家在二十世紀後期發展成已開發國家？

五、中華文明的朝貢體系內涵為何？為何沒有成為其他地區國際關係的指導原則？

六、請簡述冷戰時期的國際關係特徵。

七、請簡述後冷戰時期國際關係的特徵。

八、請舉例說明國際關係史上出現過哪些「體系」。

九、當前的國際體系，究竟屬於單極、兩極還是多極？

十、你覺得中華文明能否為世界和平做出貢獻？理由何在？

參考書目

王曾才（2008）。《國際史概論》。台北：三民書局。

朱雲漢（2020）。〈改良主義而非修正主義：中國全球角色的浮現〉。出自朱雲漢、鄭永年編，《西方中心世界的式微與全球新秩序的興起》。台北：台灣大學出版中心。

林添貴譯（2020）。Joseph S. Nye, Jr.著。《強權者的道德：從小羅斯福到川普，十四位美國總統如何影響世界》。台北：天下文化。

林詠心譯（2019）。Walt, Stephen著。《以善意鋪成的地獄》。台北：麥田出版。

時殷弘（2006）。《現當代國際關係史（從16世紀到20世紀末）》。北京：中國人民大學出版社。

張亞中（2016）。《菩提樹下談政治》。台北：生智文化。

張麟徵（2002）。《近代國際關係史（1814-1914）》。台北：揚智文化。

陳世民（2020）。《冷戰後核武的角色與威脅》。台北：翰蘆圖書。

陳欣之（2011）。〈國際關係學的發展〉。出自張亞中、左正東主編，《國際關係總論》（第三版）。台北：揚智文化。

楊軍、張乃和主編（2006）。《東亞史》。長春：長春出版社。

蔡東杰（2022）。《戰爭的年代：西方國際關係之歷史與理論爭辯》。台北：暖暖書屋。

謝家柔譯（2019）。Jonathan Holslag著。《世界政治史：三千年的戰爭與和平》。新北：廣場出版。

Black, Jeremy (2008). *Great Powers and the Quest for Hegemony: The World Order since 1500*. New York: Routledge.

Bolt, J. & J. L. van Zanden (2014). The Maddison Project: Collaborative Research on Historical National Accounts. *The Economic History Review, 67*(3), 627-651.

Buzan, Barry & Richard Little (2000). *International Systems in World History: Remaking the Study of International Relations*. Oxford: Oxford University Press.

Bymes, Timothy A. (2017). Sovereignty, Supranationalism, and Soft Power: The Holy See in International Relations. *The Review of Faith & International Affairs, 15*(4), 6-20.

Cline, Eric H. & Mark W. Graham (2011). *Ancient Empires: From Mesopotamia to the Rise of Islam*. New York: Cambridge University Press.

Duiker, William J. & Jackson J. Spielvogel (2013). *The Essential World History* (7th ed.). Boston: Wadsworth.

Fairbank, John King (ed.) (1968). *The Chinese World Order: Traditional China's Foreign Relations*. Cambridge: Harvard University Press.

Goldstein, Joshua S. & Jon C. Pevehouse (2013). *International Relations* (2013-2014 Update, 10th ed.). Boston: Pearson Education.

Kang, David C. (2010). *East Asia before the West: Five Centuries of Trade and Tribute*. New York: Columbia University Press.

Mandelbaum, Michael. (2016). *Mission Failure: America and the World in the Post-Cold War Era*. New York: Oxford University Press.

O'Brien, Patrick K. (2007). *Philip's Atlas of World History* (concise ed.). London: Octopus Publishing Group.

Stearns, Peter N., Michael Adas, Stuart B. Schwartz & Marc Jason Gilbert. (2015). *World Civilizations: the Global Experience* (7th ed.). Boston: Pearson.

Stiebing Jr., William H. (2009). *Ancient Near Eastern History and Culture* (2nd ed.). New York: Pearson.

Van De Mieroop, Marc (2007). *A History of the Ancient Near East ca, 3000-323 BC* (2nd ed.). Malden: Blackwell Publishing.

Waltz, Kenneth (1959). *Man, the State and War: A Theoretical Analysis*. New York: Columbia University Press.

Chapter 2

現實主義

廖舜右（Shunyo Liao）

中興大學國際政治研究所教授

美國丹佛大學國際研究博士

　　整體而言，國際體系在過去三年的態勢，非常接近沃佛斯（Arnold Wolfers）「房子著火」（A house on fire）的類比（Wolfers, 1962）。火災被解讀爲對國家生存的即時重大威脅，當面臨緊急情境，國家只會優先考慮自身的安全利益。另一方面，從現實主義角度而言，發生於遠處的火災，國家並無義務運用自身資源爲他國滅火，除非他國的安全情勢會影響自身的安全條件，原因就在於國家原本就處於彼此競爭的狀態。過去三年來的美中對抗、新冠疫情（COVID-19），以及俄烏衝突，不僅讓眾多國家行爲者面臨房子著火的狀態，同時也讓持續三十年的全球化進程，從市場經濟的成本考量轉化爲安全供應鏈的風險管控。

　　現實主義肇基於國際結構無政府狀態的假設，以解釋國家尋求權力及安全的自助行爲，因而在眾多國際衝突中獲得廣泛的應用。以2022年俄烏衝突爲例，衝突的爆發究竟是國際體系的權力平衡、特定國家的外交取向、或是決策者的個人因素？現實主義學門中各學派對於衝突概念的分析，可以提供不同面向的解釋途徑。然而，各學派仍視無政府狀態爲國際結構的核心前提，亦即沒有更高的權威可以防止戰爭的爆發。

　　另一方面，國際體系也出現重大演變，在2000年美中兩國國內生產毛額（GDP）合計，占全球比例約34%，到2022年美中兩國GDP占全球比例約44.7%。在二十二年當中，美中GDP的差距由2000年的10比1，演變成2022年的1.25比1。在廣度與強度上，現階段國際體系的兩極化趨勢，都超乎冷戰時期的美蘇對峙程度。因此，美中雙方分別運用多邊與雙邊的外交、經貿聯盟，來強化自身的國際影響力。由美國主導的三國同盟（AUKUS）、四方安全對話（QUAD）、五眼聯盟（Five Eyes）、印太經濟架構（IEPF）與晶片聯盟（CHIP 4），以及中國推動的帶路倡議（BRI）、中俄新時代戰略夥伴關係、中巴戰略夥伴關係、亞投行（AIIB）與金磚五國銀行（NDB），再度反映出修昔底德陷阱的既視感。

　　同時，2020年以來新型疫情蔓延全球，全球公衛議題最具權威的世界衛生組織（WHO），並未發揮協調與因應公衛危機的功能。許多國家

並不期待WHO提供配套措施，反而逕行採取移動管制與國境封鎖。面臨全球緊急事件的困境，國家合作與國際機制產生的效益僅限承平時期，一旦房子著火，各國均被迫回歸到確保自身安全的行為模式，體現出現實主義在安全議題的範疇內歷久不衰的解釋力。簡而言之，俄烏衝突證明現實主義無政府狀態的真實存在、美中合縱連橫的戰略結盟是現實主義權力平衡的具體呈現，而新冠疫情則突顯現實主義國家行為者的主導地位。

國際互動的本質具有多元及複雜的特性，然而主要的互動形式則可化約為衝突與合作。在國際關係領域中，沒有任何單一的理論可以解釋所有的互動現象，然而現實主義（realism），卻是國際關係領域中相對完備、同時也是發展相對成熟的理論。不論在學術研究、政策制定，甚而日常生活都可見到現實主義的深刻影響。

現實主義是以權力的角度去解釋國際關係，國家間相互行使權力的現象稱之為權力政治（power politics）或現實政治（realpolitik）。現實主義的概念雖然存在已久，但迄今人們還是習慣從現實主義的角度來看待及處理國際政治議題。例如，就現階段的國際重大事件而言，無論是美中對峙、俄烏衝突、南海局勢，甚或兩岸關係，現實主義總是率先被引用來描述情勢、解釋因果或甚至預測趨勢的概念工具與思維途徑。

一、現實主義典範的緣起與內涵

(一)典範緣起與核心概念

討論國際關係領域各類主義時，應該用「理論」（theory）還是「典範」（paradigm）描繪，學術界並沒有一定的標準。由於「理論」一詞源自自然學科，有其嚴謹的定義，並具備一致性、普遍性的解釋與預測功能。嚴格來說，社會學科變項因素交錯複雜，迄今為止尚未形成一個真正完整的「理論」，因而有學者主張以「典範」代替「理論」一詞。

「典範」源自孔恩（Thomas Kuhn）出版的《科學革命的結構》

（*The Structure of Scientific Revolution*）一書[1]。其後，學術界開始大規模使用「典範」一詞，甚而到達浮濫的程度。部分原因在於孔恩本人對於「典範」的定義並不明確，根據分析，孔恩在著作中的典範概念，至少有22種不同的意涵（Lakatos & Musgrave, 1970）。但大致可以歸納為將「典範」視同於「理論」、「信念」或研究者的「共識」。

　　大多數人詮釋孔恩的方式是將「典範」定義為「理論」，這種定義也被許多國際關係知名學者所接受。舉例而言，現實主義學者華茲（Kenneth Waltz）[2]就有時稱現實主義為一個理論、一個研究綱領，或為一典範（Waltz, 1997）。對於國際關係非理論的研究者而言，「典範」、「研究綱領」以及「理論」等用語雖然有差別，但其意涵並沒有多大的差別，基本上，可以視為研究者對國際關係如何運作的一套主觀假定，其目的在於描述、解釋或預測國際事務未來的發展。

(二)現實主義的緣起

　　自有人類社群互動以來，「**現實主義典範**」（realist paradigm）即主導著國際關係的互動。不論是希臘城邦時代雅典與斯巴達的對峙、戰國時期在外交結盟的合縱連橫、歐洲近代主權國家的海外擴張，或是今日複雜多元的國際體系，大多數決策者均依循現實主義典範的概念與原則，據以制定重要決策，特別在攸關國家安全存亡的戰爭事務方面更是如此。

　　在國際關係的研究領域中，現實主義典範亦自始即主導國際關係

---

[1]孔恩（Thomas Kuhn）運用典範的概念來闡述科學革命的進展，他相信典範的誕生無關理性以及正確與否，而端賴信心的建構程度。信仰新典範的群眾必須相信舊典範已經失敗，而新典範具有解決所有難題的能力。這樣的決心必須以充分的信念為根基，而新典範的出現可能是以午夜夢迴、福至心靈的方式乍現。因此科學革命並非一個漸進的累積過程，亦非藉由舊典範的詮釋或延伸而來。

[2]華茲（Kenneth Waltz）為國際政治理論（*Theory of International Politics*）的作者，他提出以結構來解釋單位層次變數的論述，並強調經濟面向的思考，一般認為他為結構現實主義的代表人物。

研究的問題意識。自修昔底德（Thucydides）[3]、馬基維利（Niccolo Machiavelli）[4]、霍布斯（Thomas Hobbes）[5]、卡爾（E. H. Carr）[6]、摩根索（Hans Morgenthau）[7]，至華茲，現實主義典範對於國際政治的分析提供清晰的解釋。因此，現實主義典範在國際關係實踐與研究範疇的優勢其來有自。對於決策者而言，它可以作為政策制定上最可靠的指導方針，對於研究者而言，它則提供對國家行為最具有說服力的解釋。因此，現實主義典範被廣泛認定為是國際關係最具影響的傳統論述，即使是最嚴格的批判者也不得不承認它的功能（Frankel, 1996）。現實主義典範的豐富內涵，以及對於國際事務實踐的影響，確保現實主義典範在國際關係領域中對現象的解釋，具有絕對的優勢地位。就研究國際政治理論而言，目前尚無其他典範能夠提出如此完整的論述與研究架構。

在西方，雖然國際關係的研究可追溯至希臘時代，但直到第一次世界大戰結束以後，國際關係才正式從問題意識的探討，轉換為制度性的學門建構[8]。隨著國際關係的日益複雜，現實主義者在理論與典範的探討上也日益精細，使得當代現實主義典範的範疇，衍生為現實主義典範家族，成員至少包括**古典現實主義**（classical realism）、**結構現實主義**（structural realism）、**攻勢現實主義**（offensive realism）、**守勢現實主義**

---

[3] 修昔底德（Thucydides）為《伯羅奔尼撒戰爭史》（*History of the Peloponnesian War*）的作者，被西方學界視為現實主義主要代表人物與國際關係之始祖。

[4] 馬基維利（Niccolo Machiavelli）是《君王論》（*The Prince*）的作者，強調提高王室集權、排除道德，以及靈活使用各種務實的外交與內政手段，來因應內外的挑戰。

[5] 霍布斯（Thomas Hobbes）為《巨靈》（*Leviathan*）的作者，強調由慾望或厭惡等人性來理解人類行為的法則，並經由自然環境的假說，將自我保存推導為人類個體或群體的最高目標。

[6] 卡爾（E. H. Carr）為二十世紀的英國歷史學家，反對當時理想主義強調道德的訴求，並認為國際關係的研究必須基於實然面而非應然面，《二十年危機》（*The Twenty Years' Crisis 1919-1939*）為其代表作，現實主義（Realism）之詞亦為其所創。

[7] 摩根索（Hans Morgenthau）為《權力政治》（*Politics Among Nations*）的作者，他將卡爾的現實主義概念系統化與科學化，並提出著名的現實主義六大原則，一般認為他為古典現實主義的代表人物。

[8] 1919年英國成立第一個研究國際關係的學門。

（defensive realism），以及新古典現實主義（neo-classical realism）等分支。雖然現實主義具有不同的分支，彼此在論述上存有歧異，但基本概念卻是一脈相承且少有改變。例如，現實主義認定國際體系是處於「無政府狀態」（anarchy）、國家為「一致且理性的行為者」（unitary and rational actor）[9]，以及「權力」（power）本身是個獨立的變項（independent variable）[10]（Viotti & Kauppi, 2012；Hollis & Smith, 1990；Burchill & Linklater, 2013）。

(三)權力的定義與意涵

「權力」是現實主義的核心概念之一，現實主義典範經常將國際政治與尋求權力，視為等同的概念來理解。然而，國際關係學界對於權力的概念卻未形成一致性或具備可操作性的普遍共識。

權力曾被定義為特定行為者A驅使其他行為者B從事B不願為之（或不從事B行為者要為之）的能力。然而這種定義方式的缺失在於將「權力」界定在兩個或多個行為者的關聯性上，如果A不存在，或不行為，如何判斷A與B之間的權力差別？第二種將權力界定為行為者本身具備的「能力」（ability）。「能力」是「物質能力」與「非物質能力」的總和。前者包括行為者的領土範圍、財富多寡、人口總數、軍隊數量，以及資源多寡等等；後者則包括國民素質、政治穩定、精神意志等等。

亦有學者將「權力」將「影響力」作一區別。「影響力」是指行為者A有影響行為者B的能力，也有影響B的意願，B也有被A影響的意願。

---

[9]現實主義典範有關國家為一致且理性的行為者（unitary and rational actor）假設，有學者認為unitary一詞在此的意涵也可稱為單一、整體，或具有統合意志的意思。

[10]現實主義典範包括許多假設與面向，然而上述基本核心假設應該被認為是最初的起源（參見Viotti & Kauppi, 1998; Hollis & Smith, 1990; Burchill & Linklater, 2013）。至於物質力量的獨立變項位階部分，雖然有部分新古典現實主義者將概念因素（ideational factors）整合至現實主義典範的嘗試與企圖，但在此方面仍與社會建構學派處於對峙及交集的模糊態勢。

三者係數相乘即代表A對B的影響力[11]。由於「物質能力」易於評量，「非物質能力」及「意願」均難以有客觀的指標，這也是國際關係無法精確地比較每一個國家的能力及影響力，而多以超強、大國、中型國家、小國等稱之。

　　古典現實主義的代表人物摩根索，即將權力定義為國家執行外交政策的有形與無形力量，有形力量具有可供測量的指標，如人口數目、領土面積、自然資源、軍事準備、經濟程度等。無形力量則可涵蓋民心、士氣，以及領袖能力等（Morgenthau, 1978）。古典現實主義的權力定義在一定的程度上，可以提供對特定國家權力的認識。

　　結構現實主義代表人物華茲的「**相對收益**」（relative gains）概念（即兩個以上國家互動時，己方與對方所得的收益比較），則啟發權力定義另一個面向的討論。結構現實主義所強調的相對收益，主要是在探討國家在無政府狀態下合作時，會將競爭對手可能獲得的利益，亦即「**絕對收益**」（absolute gains）（即兩個以上國家互動時，自己的收益為何）己方與對方所得的收益比較列入考慮，同時更會比較對方所得是否會改變或影響彼此在國際體系的權力位置或排序（Waltz, 1979）。因此，將這種邏輯運用或類比至權力的定義方面，即可引申出國家的權力是相對於其他國家而來，「**相對權力**」（relative power）是兩國相互對抗的能力比例。如將權力視為物質能力，就結構現實主義的觀點而言，國家本身的權力增減固足憂慮，但更重要的是與敵對國家權力比較時的相對消長，才是權力概念的重心。雖然現實主義者對於權力的概念有所不同，但是都將權力因素視為一個國家行為的獨立變項（Frankel, 1996），相較於其他中間變項（intervening variable，例如國際組織等非國家行為者），更是無法比擬的關鍵變項。

---

[11]本書主編張亞中補充。

(四)國家具有「一致與理性」的行為並為國際關係的主要行為者

在現實主義典範中，國家是國際關係中主要的行為者，其對外行為被認為具有「一致與理性」（unitary and rational）的特性。換言之，「一致與理性」行為與國際關係的主要行為者，是現實主義對於國家的核心假設。雖有其他典範或理論（如新自由主義）也不排除國家在國際關係中的角色與特性，但卻無法與現實主義的堅持相比擬。現實主義幾乎是將國家視為唯一且能有效解釋國際關係互動的行為者。

國家具有「一致」的行為，意指與其他國內團體相較，國家有足夠的自主性來認定國家利益，而在追求國家利益時，具有一致性。理性原則讓國家在追求國家利益具有偏好以及排序，會依據各種政策的成本利益計算來選擇其優先順序。因此，理性可用三個基本要素概括：國家是目標取向的行為者（goal-oriented actor）、國家具有一致性與持續性的目標，以及國家會設計策略來完成目標。「一致與理性」行為的假設為抽象主觀判定，如同個人一般，國家在理性方面具有特定偏好與目標，也會根據成本效益計算，在能力範圍內採取策略與行動來完成目標；而一致性的設定讓國家對於相同事務不會同時具有矛盾與相反的意志。國家又或如同撞球台上的色球一般，每顆球的物質成分是一致的，且行進時也只有一個方向。

國家行為的「一致與理性」固然是現實主義者的核心假設，但是唐納利（Jack Donnelly）認為「一致性」與「理性」相較，「理性」可以說是更為貼近的形容詞，他認為現實主義的基本假設，就是把國家看成是一個理性的行為體，理性地採取合宜的戰略行動。

現實主義者認為國家是國際關係最主要行為者，同時並未完全排除非國家行為者（如國際組織、跨國團體以及特定個人）的存在，但這些非國家行為者並沒有撼動國家在國際關係中的主要地位，即使在面對冷戰後的全球化現象與非國家行為者的增加，現實主義仍然強調國家在國際事務方面的主導地位（Waltz, 2002）。

二、古典現實主義與結構現實主義

(一)古典現實主義

古典現實主義者相信，透過對於真實人性的認識與瞭解，有助發現國際政治運作的法則與模式。較為著名的古典現實主義代表人物為卡爾與摩根索，卡爾在《二十年危機》一書中評述，國際聯盟（League of Nations）在防止日本侵略滿州以及義大利占領阿比西亞的挫敗，已經戳破理想主義深信透過國際聯盟的運作可帶來和平的承諾。在卡爾的觀念裡，探討國際政治需要一套更嚴謹的研究途徑與架構，而其中的關鍵就是對「權力」在國際關係中角色與地位的探究。作為國際關係研究者，不應有經由國際組織或道德的約束，可以使得世界變成美好的假想（Carr, 1946）。換言之，國際關係的研究必須回歸到「實然面」（what it is）的探究，而不是「應然面」（what it ought to be）的陳述。在現實主義典範的演進上，卡爾對當時的理想主義發出強烈批判。卡爾的評論雖然一針見血，但卻未能提出系統性與科學性的架構。直到摩根索的出現，其依循著卡爾的方向提出現實主義的六大原則，替國際關係學界奠定現實主義典範的重要基礎假設：

第一，政治現象受客觀法則所支配。古典現實主義認為政治，正如一般社會現象受到人性的客觀法則所支配。這些客觀法則不會因時間演進而改變，並且為人性偏好的先天基本來源。

第二，國家用權力追求利益。以權力界定利益的概念是研究國際政治的主要關鍵，國家利益（national interest）是由戰略與經濟能力所界定，且為決策者所追求的單一目標。

第三，國家有追求利益的永恆性。國家權力的形式與本質可能會與時俱變，但由權力界定的利益概念將是普遍而一致存在的。

第四，追求利益合乎國家的道德。雖然國家的行為仍有其道德與倫

理的應用面，但普世道德原則不可指導國家行為的準則。個人需要受到社會道德規範的影響，但國家本身是不受世俗道德約束的行為者。普世道德原則與國家的特定道德要求不可混為一談。對於國家而言，採取成功與有效政策才是國家生存的道德原則。

第五，放諸四海皆準的普世道德是不存在的。雖然國家經常運用道德層次的因素來解釋其行為的合理性，但通常這些道德論述只是掩蓋其尋求國家利益的說辭。

第六，權力政治範疇是獨立自主於其他人類的活動領域。以權力界定利益使得國際政治成為一個自主的研究領域，在分析與評估國家行為上，存在一套有別於經濟學、倫理學、美學或宗教學的標準與觀點（Morgenthau, 1978）。

以圖示方式，可將古典現實主義的概念呈現如**圖2-1**：國際無政府狀態類似於撞球檯，國家可類比於檯面上的成分不一的各個球體。

古典現實主義強調國家追求利益超過對普世道德的維護，將引導出國際政治被視為權力鬥爭場所的必然結果。古典現實主義認為人性有追求權力與利益的必然性是現實主義的根源，然後以不同的層次（決策者、政府、國家）作為探討政策輸出的分析架構，並將權力平衡（balance of

圖2-1　古典現實主義的圖示概念

power）、安全困境（security dilemma）、軍備競賽以及外交政策等作為為其研究範疇的焦點（Morgenthau, 1978）。古典現實主義一般受到的批評包含對經濟因素的漠視、無視於非國家因素對國際政治的影響、過於簡約（如從個體解釋全部）、為合理化現存秩序的問題解決理論（problem-solving theory），以及只運用實證研究方法解釋國際政治等。

(二)結構現實主義

由於古典現實主義無法因應急遽變遷的全球政治的形貌，結構現實主義的出現彌補古典現實主義之批判與不足。結構現實主義代表人物包含華茲、吉爾平（Robert Gilpin）、布贊（Barry Buzan）以及克萊斯納（Stephen Krasner）等人。他們嘗試由「國際結構與國際體系」來描述、解釋以及預測國家行為（Waltz, 1979），而不是像古典現實主義單純的從「國家」內部權力或國家利益角度來分析國際政治。結構現實主義認為主權國家是國際體系的組成要素，輔以國際結構是無政府狀態下自助體系的前提。換言之，主權國家是理性追求利益的行為者，並且強調「相對收益」的獲得，因此必須從國際結構或體系的角度切入，才能有效地解釋國際政治的互動。特別是華茲，其嘗試將嚴謹的科學精神及方法論帶入國際政治領域之研究，因此提出較古典現實主義更為精確的理論。一般而言，華茲被認為是結構現實主義的最主要代表人物。

依照華茲的說法，國際政治由於具備下列三種特殊的現象，使得在分析國際政治時必須從國際結構中去探索問題的緣由。這三種特殊的現象為：

第一，國際政治處於無政府狀態（anarchy）。不同於國內政治在權力運作時有明確的層次秩序（ordering），國際政治缺乏具有中央權威的國際秩序，國家間彼此相互主權獨立，沒有一個有秩序的層級。只要國際體系缺乏一個中央權威，無政府狀態將永遠存在，而分析國際政治時，就必須在這個脈絡下進行。

第二，各行為者均具有相同功能的傾向（like unit）。由於國際結構

為無政府狀態，在體系內所有單位須依靠本身力量尋求生存與發展，因而造成體系內各單位必須自助且執行相同的功能。亦即國際體系的結構驅使國家執行相同功能，只有國際無政府狀態發生變化，或國際結構有了改變，國家才會發展為功能不同的相異單位。換言之，國家內部的因素不屬於結構現實主義考慮的範圍。

第三，各行為者的能力不同。在無政府狀態下，所有行為體執行相同的功能，而其間唯一不同之處即其對於物質權力的擁有與控制能力相異（Waltz, 1979）。因此，對於結構現實學派而言，各行為者均處於無政府狀態，又有著相同功能的自助傾向，因此，能解釋國際體系的變數僅有國家間彼此不同的能力分配與排序。根據國家之間能力的分配與排序，國際體系可被劃分為單極、兩極，以及多極體系。而國家行為在這三種國際體系之中，將分別具有不同的解釋與預測，簡單的說，不同的國際體系會塑造或影響不同的行為模式。

以圖示方式，可將結構現實主義的概念呈現如**圖2-2**：國際無政府狀態類似於撞球檯，國家可類比於檯面上的成分相同的球體。

結構現實學派的一個重要特徵是不討論特定國家的外交政策，如A國為何對B國發動戰爭。結構現實學派認為特定國家的政策是屬於外交政策

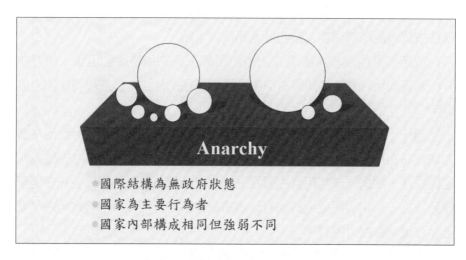

圖2-2　結構現實主義的圖示概念

研究的範疇，並非國際關係理論探討的重點。這種概念可以萬有引力定律作為類比，牛頓的定律可以解釋樹葉飄落的原理，但卻無法說明特定一片樹葉飄落的路徑與時間。結構現實學派認為在國際無政府狀態下，國家會以對內增加國力的措施（internal effort）與尋求外力（external effort）（例如同盟）的方式來增加國力以抗衡其他國家，因此國家具有模仿其他國家成功增加國力的政策傾向（Waltz, 1997）。

(三)古典現實主義與結構現實主義的比較

古典現實主義與結構現實主義的共通點在於：

第一，兩者均以國家為中心的研究方式，它們均認為過去幾世紀至當今國際政治的主要行為者均是主權國家。

第二，兩者皆承認國際無政府狀態的存在。在國際無政府狀態脈絡下，國際體系缺乏一個可靠的中央權威，國家並存於險惡的環境之中，所以國家被界定為一自助的行為者，同時國家間的合作亦難以達成。

第三，權力與安全均被認為是國際政治中最重要的議題，此議題顯現於兩者對權力平衡與安全困境的重視。

第四，兩者均採用實證主義（positivism）的研究途徑，依照紐費（Mark Neufeld）的說法，實證主義是一種強調事實與價值的劃分、主體與客體的區別，以及運用自然主義的研究方法。古典與結構現實主義皆屬實證主義陣營，兩者僅在事實與價值的劃分方面存有些微差距。

另一方面，古典現實主義與結構現實主義不同之處在於：

第一，分析層次（level of analysis）的差異，前者側重於國家單位（內部因素）的分析，後者則強調系統層次（結構因素）的重要性。結構現實主義拒絕僅以國家為單位的單一分析層次，並批評古典現實主義的單位層次分析，是一種藉由檢視個別國家行為與互動來解釋整個國際體系的由下而上研究方式，邏輯上有以個體的總和來解釋整體的謬誤（Waltz, 1979）。因此，探討系統層次因素對於國家行為影響的由上而下研究方式，才能產生通則性與整體性的理解。

第二，理論角色的差異。古典現實主義認為理論為事實的重現，為歸納式（inductive）的研究。而結構現實主義則堅持理論必須是解釋通則的抽象假設，屬於演繹式（deductive）的研究（Hollis & Smith, 1990）。

第三，對於權力與安全兩者關聯性的剖析不同。古典現實主義假設權力即是國家追求的終極目標，結構現實主義則認為權力只是為獲得安全的手段。對此摩根索認為權力是根源於人性的本質（Morgenthau, 1978），而華茲則指出國際的無政府狀態迫使國家為確保安全而持續累積權力（Waltz, 1979）。古典現實主義依恃於人性本質來解釋國際政治的衝突，結構現實主義強調國際體系與結構的重要性。

第四，在國家是否為政治最後形式看法產生歧異。結構現實主義認為主權國家為政治制度之最後形式，古典現實主義則認為主權國家是否為國際體系最終的政治組成模式仍有討論空間，例如卡爾與摩根索均不認為主權國家將為國際體系之永久形貌。

第五，道德議題上的認知。在道德議題的辯論，古典現實主義強調國家道德與世俗道德的差異，而結構現實主義則完全未提及道德議題。

第六，對於權力平衡如何形成的差異。古典現實主義認為權力平衡必須透過決策者的精心設計及操控（Morgenthau, 1978），結構現實主義則認為權力平衡會因國際體系與結構而自動形成（Waltz, 1979）。

三、新古典現實主義的崛起

現實主義典範面對冷戰結束與社會建構主義（social constructivism）的雙重挑戰，驅使部分學者如史威勒（Randall Schweller）、格拉瑟（Charles Glaser）以及施耐德（Jack Snyder）等人，將概念因素（ideational factors）與非結構因素（non-structural factors）的變數再度整合至結構現實主義研究架構之中。目的在於擴大現實主義典範的解釋範疇，而在外交同盟的方向與強度兩大面向，特別具有解釋力。這種將古典現實主義與結構現實主義的整合嘗試與論述，被統稱為新古典現實主義。

(一)理論基本主張

新古典現實主義的創新性，主要在於對非結構與概念因素不同程度的論述。在概念因素方面，新古典現實主義調整結構現實主義賦予國家企圖與動機的不變性，而提出「滿足現狀」與不滿足現狀的「修正主義」（status quo vs. revisionist）的補充概念。新古典現實主義認為國家企圖與動機並非固定不變，滿足現狀的國家與不滿於現狀的國家，具有不同的目標與政策。前者通常傾向於接受當下的國際秩序與權力分配，權力平衡為其維護現存秩序的政策。另一方面，後者則傾向於挑戰或改變當下的國際秩序（Schweller, 1994）。因此，對於新古典現實主義而言，扈從（bandwagon）強者或與之結盟均為弱者企圖維持現狀或改變現狀的有效選項。如此重新詮釋，促使同盟（alliance）的意涵不再僅止於權力平衡的單一概念，這就是對於同盟方向提出新的解釋變數。

以圖示方式，可將新古典現實主義強調動機不同的概念呈現如**圖2-3**；國際無政府狀態類似於撞球檯，國家可類比於檯面上兩大類群的球體。

同時，新古典現實主義亦認為「相對收益」與「絕對收益」的比較，在某種程度上可能是源於錯誤的立場認識。首先，結構現實主義認為

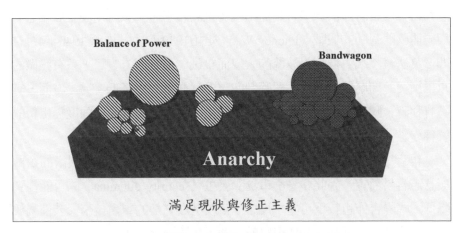

圖2-3 新古典現實主義強調動機不同的圖示概念

假如A國認為合作的獲利較B國為少，A國將不會加入。然而，新古典現實主義提出如果A國接受B國的合作提議，在相對收益的概念下，A國雖有可能變得較不安全，但是藉由增加A國的絕對利益，A國相對於C國仍可能居於較有優勢位置。第二，華爾茲的相對收益概念只有當國家是同等規模時才具有意義。舉例而言，假如A國、B國與C國的國力規模為1：2：3，透過分別增加國力1的合作，將造成權力比率改變為2：3：4。對於B國與C國而言，雖然相對收益與絕對收益均為1，但卻降低了對A國的權力優勢。第三，合作的收益基本上亦很難以精確的數據加以衡量。因此，基於對國家企圖、絕對收益與相對收益的不同假設，新古典現實主義認為權力平衡只能提供通則性的認識，「利益平衡」（balance of interest）才能更有效解釋國家的行為（Schweller, 1997）。

在非結構性因素方面，新古典現實主義運用軍事技術上的攻守平衡（offense-defense balance）與攻守的可區分性（offense-defense distinguishability）來強化結構因素的解釋力，特別是在同盟緊密程度方面。新古典現實主義認為當軍事技術在攻勢方面具有優勢地位時，同盟成員彼此的緊密程度將因攻勢有利而出現強化的趨勢，一戰之前的協約國與同盟國陣營即為明例。同時，武器管制（arms control）被視為是重要的政策工具。反之，當軍事技術在守勢方面具有優勢地位時，同盟成員彼此的緊密程度也將因為守勢有利而出現弱化的趨勢，二戰時期發生於軸心國與同盟國陣營間的假戰（Phoney War，是指1939年9月開始到1940年4月之間，英法雖然因為德國對波蘭的入侵而宣戰，可是兩方實際上只有輕微的軍事衝突）即屬此類，而武器管制的重要性亦會大幅降低。另一方面，守勢有利時，國家間也相對較不易發生戰爭。這就是對於同盟強度提出新的解釋變數。

再者，當攻勢與守勢的軍事技術與裝備屬於可區分時，國家的企圖與意志容易判定，因此「安全困境」發生（security dilemma）的可能性會降低，國際合作也較為可能。反之，當攻勢與守勢的軍事技術與裝備屬於不可區分時，安全困境的情況將較為嚴重，國際合作也較為不可能。軍事

技術上的攻守平衡與攻守的可區分性，就新古典現實主義而言，不屬於結構因素也非單位因素，而是介於兩者之間，具有影響結構功能的因素。

以圖示方式，可將新古典現實主義強調攻守平衡的概念呈現如**圖2-4**：國際無政府狀態為撞球檯，國家可類比於檯面上兩大類群的球體，而球檯檯面上的沙層則顯示攻守平衡的狀態。沙層的存在意味著守勢有利，衝突較不容易發生，反之亦然。

新古典現實主義在現實主義典範家族之內，仍處於發展中的分支。新古典現實主義將概念、非結構因素與物質、結構因素的整合嘗試，雖然可以有效擴大現實主義典範的解釋範疇，但也遭受喪失理論簡約性（parsimony）的質疑與批評。另一方面，新古典現實主義對於概念因素的解釋，也與社會建構主義（social constructivism）存有高度的交集，而使得其理論的獨特性受到影響。

(二)決策者評估因素對外交政策的影響

新古典現實主義也嘗試從古典現實主義立場出發，尋找理念運用模式或限制。古典現實主義認為理念是政治家用來說服與動員民眾的工具，

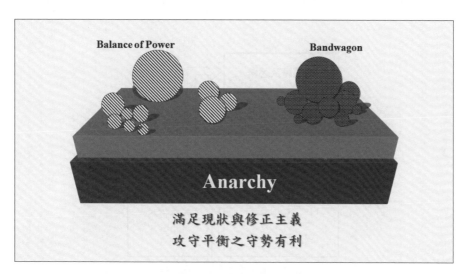

圖2-4　新古典現實主義強調攻守平衡的圖示概念

隨著決策者能力的高低，其國家能力與外交政策的品質也會隨之不同。但對新古典現實主義而言，理念則可用來輔助決策者衡量國際環境，並以此動員國內資源來捍衛其所認知的國家利益。據此，理念可定義為決策者對國際體系的知覺（perception）與對國內政治的計算（calculation），以及對於整體國家利益的衡量（assessment）。不同國際環境與不同的國內政治，決策者認知到的狀況與評估後的國家利益都不盡相同，而不同理念的確會產生不同的外交政策種類，讓決策者在權力平衡之外仍有更多選擇。

如圖2-5所示，決策者將衡量體系壓力與國內壓力，用意在於闡明決策者因素能涵蓋其他兩個國內政治因素。但事實上，決策者評估仍屬國內層次的因素，此種設計主要在於連接兩個層次對外交政策類型的影響。決策者除了是拍板定案的行為者以外，更重要的是其亦為知覺國際環境的主要行為者。如果決策菁英間能夠產生菁英共識（elite consensus），則代表彼此有共享的認知，其中包括對於問題的本質、解決問題的辦法等，都有合作共識；然而，如果決策菁英由於國內政治的因素，使回應國際環境的政治成本升高，就可能低度回應，甚至違背體系所帶來的壓力（Schweller, 2004）。因此，不論國內政治因素如何變動，皆是決策者制定外交政策前必須衡量的因素。

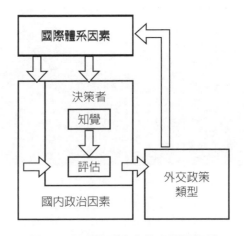

圖2-5　新古典現實主義之理論架構

其中，決策者的衡量包括對國際壓力的「知覺」，以及對於國內政治的「計算」：前者是由決策者對於國際局勢的主動判斷；後者則是面對國內政治壓力的被動評估。在知覺與計算兩者先後影響下，會產出不同於結構現實主義所假定的權力平衡外交政策。一方面，決策者評估國內政治結構，也瞭解政府能力對外交政策的限制，用以配合其對國際環境的知覺，並選擇外交決策的類型與取向。另一方面，外交政策雖是決策者權衡國內政治的結果，但仍需回應體系帶來的限制，不能妥善回應體系的外交政策，將會使國家利益受到損害。因此，決策者對國際環境的知覺雖優先於國內政治的評估，但決策者評估的結果亦可能違背其對體系的認知，因而選擇另類的外交政策取向，這亦是新古典現實主義所強調其具備解釋失敗外交政策的能力。

(三)外交政策之分類與應用

　　依新古典現實主義觀點推論，不論是國際體系給予決策者的知覺，或是決策者對於國內政治的計算，皆可簡化為兩種基本意向，也就是維持現狀與改變現狀的意向，而這兩種意向在國際與國內面向的排序，就可組合為外交政策的類型。依此分類，新古典現實主義對外交政策類型及代表學者如**表2-1**所示。

表2-1　新古典現實主義對外交政策的分類

<table>
<tr><th rowspan="2">對國內政治
的評估</th><th colspan="2" style="text-align:center">對國際壓力的知覺</th></tr>
<tr><th>維持現狀</th><th>改變現狀</th></tr>
<tr><th>維持現狀</th><td>制衡
（Stephen Walt）</td><td>適應
（David Kang）</td></tr>
<tr><th>改變現狀</th><td>避險
（Kuik Cheng Chwee）</td><td>扈從
（R. Schweller）</td></tr>
</table>

◆制衡政策

施韋勒認為，結構現實主義假設國家先天有維持現狀的傾向，因而認為國家面對大國崛起時必然採取制衡（balancing），以求維持均勢的現狀。然而，亦有國家認為這是改變現狀的良機，故採取扈從（bandwagoning）以求跟隨大國獲利（Schweller, 1994）。

因此，透過新古典現實主義的跨層次分析可知，制衡與扈從同時處於外交政策光譜上的兩端，當決策者認知到國際上的壓力使其需要採取制衡，而同時國內層次的評估也同意其做法，制衡就會作為有效的外交政策而被執行，扈從的狀況亦為同理。

制衡政策意謂該國決策者認知到自身擁有足夠改變現狀的能力與意願，但與結構現實主義所認知的權力平衡不同，此處的制衡政策較接近瓦特（Stephen M. Walt）所闡述的威脅平衡（balance of threat）。意即假設兩大國皆會對其他小國造成一定的威脅，這些小國應與威脅較低的一方結為同盟，以對抗威脅較大的一方。故威脅的來源不僅是物質力量的計算，也包括非物質因素的考量，例如一國感受他國在其地緣戰略上的利益以及實際作為。瓦特認為，衡量一國所造成的威脅除了理解該國的侵略能力（offensive capability），尚須評估地理臨近性（geographic proximity），以及受威脅國所認知到的意圖（perceived intention）。從新古典現實主義的角度來看，決策者不僅衡量國內對威脅的評估，也必須知覺國際體系中的誰的威脅更大（Walt, 1987）。

◆扈從政策

對照制衡政策，不具備競逐能力亦無意願的國家，則會採取扈從政策。瓦特認為扈從大國可以緩和彼此的衝突，同時也能在戰爭中享受大國所得的利益。但施韋勒批評瓦特的威脅平衡將制衡與扈從都視為對威脅的反應，因此得出國家較容易採取制衡的結論，但事實上扈從政策背後的意涵不是對威脅的反應，而是利益的增加（Schweller, 1994）。因為制衡的成本極高，除非有足夠的能力與意願，否則採取扈從是更容易獲利的方式。

然而，根據**表2-1**的假設，扈從政策的出現時機在於決策者衡量國內外壓力後，認為改變現狀是能兼顧國家利益與國內政治的做法，因此該國會扈從崛起中的強國，追隨其改變現有結構並從中獲利。但扈從政策僅適用於小國，並不適用於改變體系的「第二名」強國。因為在邏輯上，崛起國的決策者必定知道改變現狀的利益，但卻缺乏可以扈從的對象，因此崛起國仍須採取權力平衡的政策，與體系中的霸權競爭。學者布贊（Barry Buzan）認為，改變現狀國家仍有強弱之分，強國會力求改變體系，挑戰現狀霸權；弱國則會選擇與強國結盟，以求更大的影響力。因此，**表2-1**的分類方式並無法解釋第二名的崛起國，這也是該表的例外之一。

◆避險政策

　　決策者對國際壓力的知覺，可能會受到自國內政治的挑戰，例如決策者所認知的外來威脅，對於國內的產業利益團體來說，卻是重要的貿易夥伴。此時的決策者想要維持現狀，減少崛起國的威脅，但產業利益團體所支持的方向，卻符合崛起國改變現狀的意圖。決策者因此需要其他的外交政策來替代制衡，因此提出避險（hedging）類型加以說明。

　　國關學界對於避險政策，多半將其置於「制衡－扈從」光譜間的中段。康燦雄（David C. Kang）主張扈從是一種中段策略（middle strategies），此策略的意涵是國家對於潛在敵人的猜疑與恐懼，雖然未達到採取制衡的境地，但此時藉由避險有助於其應付潛在敵人。郭清水（Kuik Cheng Chwee）認為扈從本質是一種雙箭頭途徑（two-pronged approach），小國對於改變現狀的大國同時存在兩種相互對立的政策，分別是收益極大化（return-maximizing）與偶然性風險（risk-contingency），前者採取經濟實務的觀點，希望藉由有限的扈從（limited-bandwagon）以及具約束力的交往（binding-engagement），從大國身上獲致更多經濟與外交上的資源；而後者則是藉由間接制衡（indirect-balancing），盡量減少避險政策在安全議題上帶來的損失。

　　綜述以上，避險政策在原則上接近軟性的制衡政策，但因經濟因素仍需保持穩定的關係。因此，是一種同時在經濟與安全目標上雙邊投注的

策略，一方面盡量減少在安全議題上的損失，決策者亦不放棄與現狀霸權合作，另一方面則在與改變現狀的大國交往中擴大利益。

◆適應政策

決策者在某些國際情勢中，亦有可能需要扈從的政策，但國內卻興起反抗的聲浪，此時決策者必須尋找其他的政策以替代理想的扈從政策。適應（accommodate）政策似乎正好說明此類需求。較無知覺大國威脅的國家，可能會採取適應大國策略的政策，僅在少數的議題上堅持立場，是一種藉著符合對手利益的方式來降低其對自身的威脅。適應政策與避險政策的差別，主要在於原則上仍是傾向採取扈從政策，只是評估到國內政治需求，在某些議題上無法完全的跟隨改變現狀大國的利益。若運用在實際上，決策者認知到改變現狀方有利於該國，但國內則安於現狀的穩定，此時雖在安全上扈從崛起中的改變現狀大國，但在經濟議題上仍盡量配合現狀霸權國。

整理上述學者的研究成果，可大致歸類外交政策類型源於滿足國內外兩種壓力所做出的妥協，其差別在於各國根據自身對外的評估與內部的情勢，而有不同的外交目標。但共同本質是每個國家都在致力維持現有優勢，並改善現存困境。新古典現實主義作為一種巨型理論，應具有指引並整合中小型理論之功能，而非僅僅是解決結構現實主義中的特殊現象。

四、現實主義典範的次級架構

(一)攻勢現實主義與守勢現實主義

米爾斯海默（John Mearshiemer）是攻勢現實主義的代表人物，他將古典現實主義稱為人性現實主義，而將結構現實主義稱為守勢現實主義。結構現實主義強調國際無政府狀態會使國家追求權力以確保安全，但過多權力則會驅使其他國家基於權力平衡的概念群起抗衡（Walt, 1997）。換

言之，過多的權力會導致他國制衡，而過度擴張亦將遭致自我毀滅（self-defeating）。因此國家經由社會化的學習將在戰略方面傾向維持現狀，而非改變現狀。這即是米爾斯海默認爲結構現實主義是一種防禦性或守勢現實主義的主因。

攻勢現實主義則依循霍布斯的「性惡論」並結合結構現實主義的結構概念，認爲沒有國家欲維持現狀，每個國家的目標都是權力的極大化。在成爲霸權之前，國家獲取更多權力的企圖不會改變，而向外擴張與戰爭是國家獲取權力的主要戰略。古典現實主義與結構現實主義僅強調追求權力的企圖與安全的國際結構，攻勢現實主義則認爲，在國際無政府狀態下，國家安全是永遠缺乏而且不足的，因此國家必須透過追求權力的最大化以維護本身的安全。

安全概念對於攻勢現實主義而言，就像是有限的資源，他人之所得必將爲我所失。但依此邏輯，個別國家尋求權力的擴大亦將威脅其他國家的尋求安全，因此造成各個國家間的衝突不可避免。攻勢現實主義亦認爲，國際處境相似的國家將採取類似的行動來因應國際體系的壓力，而國家的能力則反映在其外交政策。因此，具有較強能力的國家面對外在環境的衝擊時，會採取主動積極的行動，來試圖影響或控制其所處的國際環境。攻勢現實主義的重要概念仍然依循結構現實學派，認爲國際無政府狀態對於擴張的政策提供激勵，所有國家極大化他們的相對力量，因爲只有成爲最強大的國家才可以保證他們的生存。這種認知將驅使國家經由武力的累積與使用，來改進他們相對權力的地位。因此，每個國家在國際體系中均盡力成爲享有在其鄰近區域軍事、經濟與政治力量的優勢霸權。

攻勢現實主義追求權力極大化，而守勢現實主義認爲國家是在尋求安全與生存的保證，兩者觀點完全不同。守勢現實主義的重要假設爲，國家透過社會化（socialization）的過程，在國際體系中逐漸學會了謹慎與自制（Snyder, 1991）。國家透過對成功國家的社會化學習與模仿，並經由從不斷重複的歷史事件中累積並形塑有關國家策略的最佳行爲方式。尋求穩健的目標與最低限度的安全是國家在國際無政府狀態下的最佳策

略（Waltz, 1979）。因此，守勢現實主義認為追求權力極大化並非國家基本目標，防止其他國家取得相對優勢能力，才是實現安全的保障（Gilpin, 1989）。

(二)攻勢與守勢現實主義的比較

攻勢與守勢現實主義的主要差異，來自於對於權力概念與功能的不同認知。攻勢現實主義認為國家在國際體系中，基於安全的稀有性，只有透過激烈競爭方能獲取安全，因此國家將被迫採取持續向外擴張的攻勢策略。換言之，米爾斯海默認為國家在國際無政府狀態中生存，必須極大化與其他國家間的相對利益差距。對於攻勢現實主義而言，其他國家的軍事能力即使屬於可以測量與觀察的範疇，但其意志與企圖則無法判定或確認。因此，今日的盟國有可能成為明日的敵國。這種對於其他國家意志與企圖的不確定性，加上國際體系缺乏中央權威來處理爭端與維持安全，增加了每個國家的憂慮、猜疑，以及恐懼。在這種情勢下，追求權力極大化就成為攻勢現實主義所認定的國家基本目標。

攻勢現實主義與古典現實主義的主要差異在於追求權力的認知，存在人性本質與理性計算的不同假設。攻勢與守勢現實主義的最大差別則在於追求權力的程度，守勢現實主義注重權力平衡，而攻勢現實主義則在於追求權力的極大化，以成為國際體系的霸權。攻勢現實主義認為國際體系存在著不變的衝突與侵略現象，因此國家被迫去尋求攻擊與擴張戰略才能達成保護國家安全的目標。守勢現實主義則對於國際體系並不如攻勢現實主義一般悲觀，他們認為雖然體系因素與國家行為有其因果關係，但並不盡然會造成國家只尋求權力的極大化。而根據學者包宗和的論述，攻勢與守勢現實主義的邏輯如下：

守勢現實主義：

無政府狀態→自助→維護國家生存→安全極大化→重視權力→對潛在敵國意圖懷疑→避免產生有利他方之權力差距（相對收益）→加入弱勢

以制衡強勢→權力平衡→永無止境的相互防備

攻勢現實主義：

無政府狀態→自助→維護國家生存→重視安全→對他國（含友國）意圖懷疑→建立有利己方之權力差距極大化（相對收益）→權力極大化→加入強勢→追求霸權→永無止境的相互競爭

攻勢現實主義雖然可以算是現實主義的一支，但是，它也可以被視為強權推展其霸權時的一種理論說辭。例如，國際關係學者瓦特（Stephen Walt）即從科技角度、地理位置、攻擊能力，以及企圖認知來界定威脅訊息與主要來源，並論述國家通常會理性地追求安全。而以攻勢現實主義作為對外戰略的理論基礎，往往是少數強權為了延續其霸權或獲得更多利益所建構出來的說辭，而其結果可能並不會使得世界變得安全，有可能引發其他不同形態的安全威脅，例如美國在21世紀初所採取的攻勢現實主義並沒有為美國與世界帶來更多的和平與安全。

(三)霸權穩定理論

霸權穩定理論（theory of hegemonic stability）最初由金德爾伯格（Charles Kindleberger）所提出，主要論述在於強調世界經濟的穩定取決於霸權所扮演的穩定者角色，而霸權的國力與國際政治經濟的穩定具有正向因果關係（Frankel, 1996）。一方面，霸權向國際體系提供政治安全與經濟秩序穩定的公共財；另一方面，國際安全與秩序需要霸權的實力加以維持。

霸權穩定理論的另一代表人物，吉爾平認為霸權是在國際體系中具有主導地位的大國，憑藉經濟力量來發揮影響力，因此霸權為維持其地位，必須控制原料，控制資源，控制市場，並在價值極高商品的生產中具備競爭優勢（Gilpin, 1989）。

霸權穩定理論的中心概念強調在國際體系中需要一個主導力量，來驅使、規範，以及管理體系主要成員的互動行為。國家要被稱為霸權，須

具備三個主要特質：有能力建構國際體系的相關機制與法則、具有強烈的執行意志，以及承諾推動體系內主要國家互為有利之事項。

霸權的力量主要源於持續成長的經濟力量、軍事力量，以及由經濟與軍事力量所累積的政治力量。如經濟發展、軍事技術，以及其他因素發生改變，使霸權的地位受到萎縮或破壞，將導致不穩定的國際體系。霸權穩定理論中所論述的霸權，不僅須具備超越其他強權的力量，且有將力量轉化為對國家間行為進行干預和管理的意願。然而，作為現實主義典範的次級研究架構之一，霸權穩定理論是相對複雜的論述，一般而言，霸權穩定理論的討論具有四個面向與意涵。第一，國際政經合作機制與霸權之間的正向因果關係；第二，國際政經合作機制與霸權之間的非正向因果關係；第三，霸權穩定理論對於維持現狀的重視；第四，霸權穩定論所延伸產生的金德爾伯格陷阱（Kindleberger Trap）。

上述霸權穩定理論的四個面向中，第一、第三及第四面向與現實主義典範具有直接的關聯性，第二個面向則屬於理想主義或自由主義方面的思維。霸權穩定理論的第一個面向的主要論述為霸權或具支配性力量的強權扮演國際體系的領導角色，並為處理各種國際議題設定相關機制與標準。

以下的例子可以說明霸權對於穩定國際政經秩序的影響。在19世紀與20世紀初，英國透過對金本位的設計與推動，被視為扮演國際金融事務的領導角色。第二次世界大戰後，美國接替了國際經濟霸權的角色，透過其所主導的布萊頓森林體系（Bretton Woods System），維持國際經貿的有秩序運作。霸權穩定理論之主要假設是在於說明缺乏霸權領導是導致國際事務混亂與動盪的主要原因。霸權建構國際機制的意願主要基於利益的考量，如果建構國際或區域機制的成本過高，或是霸權本身有足夠能力以單方面行動來達成安全與穩定的目標，則霸權建立國際機制的可能性就大幅降低。

如果將霸權穩定理論第一個面向延伸，那麼是否霸權的衰弱將可能導致其建構與主導的國際秩序崩解？新自由主義學者的研究指出，霸權所

建構的國際或區域合作機制，仍有可能在霸權衰弱時，繼續提供穩定國際或區域運作平台。這樣的概念即為霸權穩定理論第二個面向的思維。基歐漢（Robert Keohane）在其《霸權之後》一書中即認為國際機制即使是在霸權衰退後，只要具有改變所得結構、影響未來合作、減少參與者數目、提供議題連結的場所，以及藉由交換資訊而減少執行代價等功能，還是可以有效推動國際合作而繼續存在。因此，霸權的衰退並不意味其所建構的國際機制必然會隨之衰退。

霸權穩定理論的第三個面向，是重視維護穩定與和平的現狀。因為穩定與和平現狀最符合滿足現況強權的利益，特別是對霸權而言。穩定的現狀不僅代表霸權的聲望，亦顯示現有體制下經濟利益的持續擴張，同時也提高其他強權挑戰霸權的困難度。霸權建構並維持國際政治與經濟秩序的意願，是自由的經濟體系、穩定的世界秩序，以及霸權本身的利益三者所共同結合而產生。穩定的現狀意味著現存權力分配的持續，只要繼續維持現狀，霸權的地位亦可繼續維持。因此，和平與穩定的國際體系，是最有利於現存霸權及支持霸權的其他強權利益。

霸權穩定論的第四個面向，就是由奈伊（Joseph Nye）所衍生而來的金德爾伯格陷阱。該陷阱指稱1930年代國際局勢陷入動盪不安的原因，主要是因為取代英國成為國際霸權的美國，缺乏意願提供穩定安全環境、維持國際金融秩序、確保公海自由航行等國際公共財。同時，奈伊更進而引申出中國大陸作為崛起中的強權，在未來或將面臨美國在1930年代所遭遇的金德爾伯格陷阱（Nye, 2017）。簡言之，霸權缺乏提供國際公共財的意願，因而導致混亂的國際秩序，或引起舊有國際機制的失靈，即為金德爾伯格陷阱的主要內容。

(四)修昔底德陷阱與新型大國關係

修昔底德陷阱（Thucydides's Trap）一詞由美國哈佛大學教授艾利森（Graham Allison）所提出，意為新興的崛起強權逐漸壯大，驅使主宰地位的統治強權（ruling power）認定其為威脅，而增加衝突與戰爭的風險。

回溯公元前五世紀，雅典是提洛同盟（Delian League）的主導者；斯巴達則領導伯羅奔尼撒聯盟（Peloponnesian League）。隨著雅典逐漸強大，斯巴達將雅典視為對自身安全的威脅，最終導致伯羅奔尼撒戰爭爆發。艾利森援引古希臘史學者修昔底德著作《伯羅奔尼撒戰爭史》中的評語，即「雅典的崛起，以及斯巴達揮之不去的恐懼，使戰爭不可避免」。艾利森撰寫〈修昔底德陷阱：美國和中國正走向戰爭嗎？〉[12]一文以降，陸續發表對歷史上十六場新舊強權地位更替的研究成果，發現十六個案例中僅有四次能夠迴避戰爭。據此，艾利森主張新舊強權常因結構性因素，而落入兵戎相見的陷阱，所以大國如欲避免戰爭宿命，則需對此陷阱加以注意。

同時，就現實主義學門而言，修昔底德陷阱與結構現實學派的兩極體系具有值得注意的重疊之處，意即在結構性因素的驅動下，行為者主觀意願的選項極為有限。簡言之，就是一山不容二虎，另一方面，艾利森經由修昔底德啟發而推論出的修昔底德陷阱概念，一定程度上也具備提醒、敦促強權避戰的規範性承諾（normative commitment），因此與現實學派所強調的價值中立及探究實然面的原則或有矛盾之處。

新型大國關係（New Model of Major Power Relationship）則由習近平於2012年所提出[13]，新型大國關係與修昔底德陷阱最大的差別之處，在於前者偏向於外交政策範疇，而後者則可歸類為理論概念。新型大國關係政策特別強調「新型」。首先，大國在於舊有權力政治之上，應納入合作共贏的概念；其次，大國在西伐利亞體系之上，應尋求建立人類命運共同體為目標；最後，大國透過合作共贏建立人類命運共同體的過程，就可避免舊型國際關係中的零和式權力競爭。十年後的2022年，習近平在中共第二十次全國代表大會的報告，改用新型國際關係來替代新型大國關係，然而實質內涵並無太大改變。在一定的程度上，新型國際關係與修昔底德陷阱可被視為是具有對抗、對話，以及對接性質的關聯性。

---

[12]2015年9月出版的《大西洋月刊》中，艾利森首次提出修昔底德陷阱之概念。

[13]此詞為2012年習近平在中國共產黨第十八次全國代表大會上正式提出，同年的國是訪問中亦曾呼籲美國歐巴馬總統共同創建一種「新型大國關係」。

表2-2 修昔底德陷阱16場案例對照表

	時期	既有統治強權	崛起強權	結果
1	15世紀後期	葡萄牙	西班牙	無戰爭 原因：教皇介入調停
2	16世紀上半	法國	哈布斯堡	戰爭
3	16與17世紀	哈布斯堡	鄂圖曼帝國	戰爭
4	17世紀上半	哈布斯堡	瑞典	戰爭
5	17世紀中至晚期	荷蘭	英國	戰爭
6	17世紀晚期至18世紀中葉	法國	英國	戰爭
7	18世紀晚期至19世紀初	英國	法國	戰爭
8	19世紀中	法國、英國	俄國	戰爭
9	19世紀中	法國	德國	戰爭
10	19世紀晚期至20世紀初	中國、俄國	日本	戰爭
11	20世紀初	英國	美國	無戰爭 原因：德國威脅、自我讓步
12	20世紀初	法、俄支持之英國	德國	戰爭
13	20世紀中	蘇聯、法國、英國	德國	戰爭
14	20世紀中	美國	日本	戰爭
15	1940至80年代	美國	蘇聯	無戰爭 原因：相互保證毀滅、代理人戰爭、蘇聯經濟弱化
16	1990年代迄今	英國、法國	德國	無戰爭 原因：北約集體安全制度

　　當前國際體系已無法維持過去一超多強的局面，隨著近年美中兩大陣營逐漸成形，雙方對峙的輪廓，非常類似伯羅奔尼撒戰爭發生前的雅典同盟與斯巴達同盟。是否會應驗現實主義所預測的戰爭，相關論述可約略分爲兩派：現實學派傾向認爲，基於崛起強權與統治強權間衝突的歷史模式，隨著中國大陸日益增長的經濟和軍事實力，美中難免一戰。然而，另一方的論述則認爲修昔底德陷阱不盡然適用於所有情況，仍有許多因素可以防止崛起強權與統治強權間發生衝突，包括複合式的經濟依賴、尋求共同利益、外交溝通作爲以及決策者的理性與智慧（Bergsten, 2022）。

(五)俄烏衝突與現實主義

俄烏衝突的爆發，除了呈現國際結構的無政府狀態之外，也再度驅動國家行為者與國際關係知識社群對於傳統安全的重視。一方面，就現實主義而言，戰爭只是實現國家利益的工具之一，戰爭為何爆發，如何進行，如何結束，才是現實主義的主要焦點。另一方面，運用強調實然面的現實主義來解釋俄烏衝突，可避免陷入孰是孰非的價值爭議，不僅可維持學術領域的理性對話，亦能以理論角度檢視衝突發生的因果邏輯。米爾斯海默認為北約東擴而導致俄烏衝突的分析論述，被指稱是合理化俄羅斯的侵略行動；同時，將俄烏就地停戰的談判選項，化約為背棄民主價值、姑息侵犯主權；上述兩者並不屬於現實主義討論的範疇，反而更接近理想主義與反思主義的規範性立場。

米爾斯海默認為，依據守勢現實主義的思維脈絡，冷戰結束後北約已無需擔憂與前蘇聯集團的權力差距（相對收益），安全極大化的目標已經達成，不用再度擴大北約成員，即可維持有利己方的權力平衡。而攻勢現實主義則強調要建立有利己方之權力差距極大化（相對收益），大國的理想狀態是成為唯一的區域霸權，同時透過離岸平衡等方式削弱對手，防止潛在區域霸權的出現。換句話說，攻勢現實主義追求權力極大化，因此增加北約成員為理所當然。循此脈絡，2014年俄羅斯吞併克里米亞之後，米爾斯海默在外交事務（Foreign Affairs）中寫道，「美國及其歐洲盟友對這場危機負有大部分責任。」他認為，北約東擴威脅到俄羅斯的核心利益，若西方試圖將烏克蘭變成在俄羅斯邊境的據點，將會是一個更大的錯誤（Mearsheimer, 2014）。

就新古典現實主義的詮釋而言，瓦特認為衡量一國所造成的威脅，除了理解該國的侵略能力（offensive capability），尚須評估地理臨近性（geographic proximity），以及受威脅國所認知到的意圖（perceived intention）。就俄羅斯的觀點，國家威脅的來源不僅是物質力量的單純計算，也包括非物質因素的考量，例如北約在地緣戰略的意圖及可能產生的

安全風險。烏克蘭加入北約，從新古典現實主義的角度來看，至少符合瓦特所提的地理臨近性與所認知的意圖兩個要項，因此俄羅斯決策者在衡量國內對威脅的評估、察覺國際體系中的主要威脅之後，採取發動戰爭的制衡政策。

　　古典現實主義則側重於國家決策者的角色，因此在普丁對烏克蘭所發表的多次論述中，最具代表性的是俄羅斯總統府官方網站在2021年7月所公布《俄羅斯人與烏克蘭人的歷史統一》（*On the Historical Unity of Russians and Ukrainians*）。在聲明中普丁強調俄羅斯、白俄羅斯和烏克蘭人都是羅斯人的後裔，同屬東斯拉夫民族，擁有共同領土、語言及宗教信仰。普丁宣稱未來俄羅斯藍圖中，是一個由白俄羅斯、俄羅斯、烏克蘭及哈薩克斯坦北部所組成的新斯拉夫聯盟，同時前蘇聯國家都能承認俄羅斯的宗主權、全球也接受俄羅斯作為歐亞大陸的區域霸權要角。就此方面，古典現實主義的觀點認為，俄羅斯、美國和歐盟之間的對峙，除涉及各國在烏克蘭的國家利益，也影響各個決策者的權力地位，這些考量都是古典現實主義在決策者層次上可提供觀察的重要面向。

問題與討論

一、現實主義典範的概念為何？

二、現實主義的理性假設，是否確實成立？有無修正的空間？

三、古典現實主義、結構現實主義，以及新古典現實主義的差異為何？

四、攻勢現實主義與守勢現實主義的差異為何？

五、新古典現實學派在理論發展上所面臨的最大困境為何？

六、現實主義與規範性承諾是否為零和博弈？

七、霸權穩定論的意涵為何？何為金德爾伯格陷阱？

八、國際關係理論與外交政策分析的關聯性為何？

九、請說明修昔底德陷阱對於當前國際局勢的詮釋。

十、現實主義對於俄烏衝突的解釋？

參考書目

Allison, Graham (2017). *Destined for War: Can America and China Escape Thucydides's Trap?* Boston: Houghton Mifflin Harcourt.

Burchill, S. and A. Linklater (2013). *Theories of International Relations*. New York: Palgrave Macmillan.

Bergsten, Fred C. (2022). *The United States vs. China: The Quest for Global Economic Leadership*. United Kingdom: Polity.

Carr, Edward Hallett (1946). *The Twenty Years Crisis 1919-1939*. Lodon: Macmillan & Co. LTD.

Christensen, Thomas and Jack Snyder (1997). Progressive Research on Degenerate Alliance. *American Political Science Review, 91*(4), 919-923.

Christensen, Thomas and Jack Snyder (1990). Chain Gangs and Passed Bucks: Predicting Alliance Patterns in Multipolarity. *International Organization, 44*, 137-68.

Copeland, Dale (1996). Neorealism and the Myth of Bipolar Stability: Toward A New Dynamic Realist Theory of Major War. In Frankel, B. (ed.), *Realism: Restatements and Renewal*. Portland: OR, Frank Cass.

Elman, C. and M. F. Elman (1997). *Lakatos and Neorealism: A Reply to Vasquez*. *American Political Science Review, 91*(4), 923-926.

Frankel, B. (ed.) (1996). *Realism: Restatements and Renewal*. Portland: OR, Frank Cass.

Guilhot, Nicolas (2017). *After the Enlightenment: Political Realism and International Relations in the Mid-Twentieth Century*. Cambridge: Cambridge University Press.

Hollis, M. and S. Smith (1990). *Explaining and Understanding International Relations*. Oxford: Oxford University Press.

Keohane, Robert, ed. (1986). *Neorealism and Its Critics*. New York: Columbia University.

Krasner, Stephen (1978). *Defending the National Interests*. Princeton: Princeton University Press.

Kuhn, T. (1970). *The Structure of Scientific Revolutions*. Chicago: University of

Chicago Press.

Lakatos, Imre. (1978). *The Methodology of Scientific Research Pogrammes*. New York: Cambridge University Press.

Lakatos, Imre and Alan Musgrave (eds.) (1970). *Criticism and the Growth of Knowledge*, Cambridge University Press.

Mearsheimer, John (2014). Why the Ukraine Crisis Is the West's Fault: The Liberal Delusions That Provoked Putin. *Foreign Affairs, 93*, No.5, 77-84.

Mearsheimer, John (2018). *The Great Delusion: Liberal Dreams and International Realities*. New York: Yale University Press.

Mingst, Karen A. (2018). *Essentials of International Relations*. New York: W W Norton & Co Inc.

Morgenthau, Hans (1978). *Politics among Nations: The Struggle for Power and Peace*. New York: Alfred Knopf.

Nye, Joseph S. (2017). The Kindleberger Trap. *Project Syndicate, January 9*, 2017.

Renshon, Jonathan (2018). *Fighting for status: hierarchy and conflict in world politics.* Princeton: Princeton University Press.

Rose, Gideon (1998). Neoclassical Realism and Theories of Foreign Policy, *World Politics, 51*, No. 1: 144-172

Schweller, Randall L. (2004). Unanswered Threats: A Neoclassical Realist Theory of Underbalancing. *International Security, 29*(2), 159-201

Schweller, Randall (1997). New Realist Research on Alliances: Refining, not Refuting, Waltz's Balancing Proposition. *American Political Science Review, 91*, 927-930

Schweller, Randall (1994). Bandwagoning for Profit: Bringing the Revisionist State Back In. *International Security, 19*(1), 72-107.

Viotti, Paul and Mark Kauppi (2012). *International Relations and World Politics: Security, Economy, Identity*. Upper Saddle River, N.J.: Pearson/ Prentice Hall.

Walt, Stephen M. (1997). The Progressive Power of Realism. *American Political Science Review, 91*, 931-935

Walt, Stephen M. (1987). *The Origins of Alliances*. Ithaca: Cornell University Press.

Waltz, Kenneth (2002). Continuity of International Politics. In Kim Booth and Tim Dunne (eds.), *Worlds in Collision: Terror and the Future of Global Order*. New York:Palgrave Macmillan

Waltz, Kenneth (1997). International Politics Is Not Foreign Policy. *Security Studies,*

6, 54-57

Waltz, Kenneth (1979). *Theories of International Politics*. New York: Little Brown.

Wolfers, Arnold (1962). *Discord and Collaboration: Essays on International Politics*. Baltimore: Johns Hopkins Press.

Chapter 3

新自由主義[1]

盧業中（Yeh-Chung Lu）

政治大學外交學系教授

美國喬治華盛頓大學政治學博士

在國際關係研究中，另一個常與現實主義相提並論的重要理論就是自由主義。自由主義是一種政治與經濟思潮，以個人自由爲出發點，認爲人是理性的動物，在行爲過程中會進行選擇，根據個人的效用實現最大的純收益，而爲了促成社會中集體公益（general welfare）極大化，政府對個人選擇的干預應減至最低。自由主義相信，經由個人的競爭，市場會對有限的資源產生最有效的配置。自由主義秉持民主制度、保障個人自由以及所有人在法律之前平等的信念。自由主義也試圖解釋個人的集合如何達成集體的決策，以及由個體構成的組織如何進行互動。最後，自由主義強調個人的權利，更堅信人類會朝向進步前進。除上述共同之處外，自由主義思潮各種變型之主要差異，即在於如何看待社會公益與個人自由之間的關係，以及是否應爲了社會的集體公益而約束個人自由。

自由主義（liberalism）思潮自啓蒙時代起，強調理性與個人自由，並認爲人類的進步性是一種必然現象。對於個人自由的想望，構成了自由主義最重要的基本要素；而國家的各項措施，亦須以不傷害其公民的個人自由爲前提，其次則必須受到法律的規範，也就是法治精神，以及強調國內經濟市場之獨立角色所限制。這些論點，也成爲古典自由主義傳承給當代國際關係中的自由主義之主張。

國際關係自由主義者認爲，個人是國際關係中的重要行爲者。基於對個人自由的信仰與推廣，自由主義的國際關係學者普遍認爲歷史的發展終將以更大的人類自由爲目的而發展，包括人類的身體安全、物質福祉、以及在政治上面表達意見的自由等，都將獲得確保與發揚。此外，國家間的「合作」而非「衝突」才是常態，也是實踐前述和平、福祉、與正義的最佳方式。質言之，在國際關係自由理論中，各個途徑均同意「國際關係已日漸改變、逐漸朝向擴大個人自由、促進繁榮的方向發展」的看法（Sterling-Folker, 2006: 55）。若由思潮延續的角度觀之，康

---

[1]本文部分内容引自本書第二版、陳欣之教授所撰寫之〈新自由制度主義、社會建構主義及英國學派〉，在此特別向陳欣之教授表示感謝。

德（Immanuel Kant）與邊沁（Jeremy Bentham）的法治精神與功用主義（utilitarianism）思想持續影響今日的國際關係自由主義學者。總括而言，他們對於人的理性、個人的角色、個人與社會群體的關係、和平符合多數人利益，以及自然法之功能等主張是具有延續性的。

　　與現實主義相較，自由主義之國際關係各理論之基本主張較為相近，關注者多為如何促進國家合作與國際和平等問題。自由主義國際關係理論之主張可以回溯至冷戰期間，而隨著冷戰結束後的國際情勢演變，自由主義對於新世界秩序仍然有相當的解釋力。在關切政治體制、貿易、國際建制等因素對於國家合作之影響外，國際關係自由主義學者近來也關切國內因素對於國家行為之影響。自由主義思潮在國際關係領域產生了四種不同的理論考思方向，分別是從傳統自由主義的理想主義出發，透過集體安全（collective security）來建立和平，以及屬於新自由主義範疇的民主和平論（democratic peace）、經濟互賴的貿易和平論（commercial peace），以及新自由制度主義的制度和平論（institutional peace），分別都對世界的未來提出了與現實主義出發點完全不同的遠景。第二次世界大戰結束以來，在各國的合作之下，在國際體系無政府狀態下，逐漸形成了自由主義國際秩序。這個秩序是在美國領導下建立，以開放市場、相互依賴、國際建制等所構成之以規則為基礎（rule-based）的國家間互動模式。然而，此一秩序近年來也面臨多方挑戰。

一、以集體安全維護和平的理想主義

　　自由主義思潮啟發了許多層面的思考，在國際關係的領域中，即是以企圖消除戰爭作為研究重點。理想主義雖然想望國家與國家之間可以達成利益和諧（Harmony of Interests），但並不認為資本主義國家就具有內在的和平傾向，而第一次世界大戰的爆發證明了理想主義所言，和平並不是一個人類活動的自然狀態，而是一個必須加以組建的事務。理想主義的最有力代表是美國總統威爾遜（Woodrow Wilson），他認為只有創設一個

國際機構來管制國家之間爭權奪利的狀態，才能確保和平。他認爲國際社會應該像國內政治一樣，建立一個運用民主程序解決紛爭的治理機制，運用集體安全原則，維護世界和平，而不可再仰賴秘密外交及對權力平衡策略的盲目信從。

國際聯盟（League of Nations）反映出理想主義的想法，試圖設立一個國際組織來裁減軍備並仲裁國際爭端，以促進與維護世界和平。理想主義認爲，權力平衡策略未能防阻第一次世界大戰的發生，是因爲列強把它們的立場鎖死在兩個對立的集團之中，而未能對侵略者進行有效的制裁。因此，希望透過「我爲人人，人人爲我」原則所創設的集體安全（collective security）制度，防止侵略者的出現，因爲所有參加集體安全體系的國家都接受一個原則，也就是任何單一國家的安全是全體國家之關切，所有國家對維護和平都享有共同的責任，並將採取集體行爲應對侵略者，防止國際社會出現任何暴力擴張的國家。即使最後爲了制裁侵略者而不得不使用武力，此種武力的行使因爲具有國際的集體同意而具有正當性，免除了單一國家可能濫用武力的顧慮。

另一方面，理想主義亦強調教育在建構世界和平的重要性。理想主義認爲推展世人對國際關係的認識，將有助於世界和平的推展，因此在第一次世界大戰後，國際關係學科得以創立，並在英美各大學中取得一席發展之地。但是理想主義也從規範性的角度看待國際關係學科，認爲它並不應僅止於對國際事務的研究，更應提出解決國際事務的方法，也就是如何防止戰爭，以及勾勒國際關係應如何發展。然而，國際情勢的變化也影響了此種論點是否受到歡迎的程度，如兩次世界大戰期間（亦即1919-1939之間的戰間期），這樣的論點普遍被視爲過於理想或烏托邦主義，甚至導致綏靖政策的出現。

第二次世界大戰的爆發，結束了理想主義在國際關係的主導地位，但是它並沒有消失。進入21世紀，許多理想主義的看法仍迴盪在國際關係學界，它們堅信和平與正義並不是一個自然發生的狀態，而是一個需要刻意創建的事務，包括在全球層次上國家應加強合作，建立民主化的全球決

策機制與世界議會。然理想主義的主張陳義甚高,而它在兩次大戰間,特別是有關集體安全的失敗實驗仍令人難以忘懷,使得理想主義難以重登國際關係理論的主流地位。

二、新自由主義的提出

　　國際聯盟的失敗,顯示理想主義「以集體安全維護世界和平」的觀點過於理想。第二次世界大戰期間,現實主義再度興起。隨著二戰結束一直到1970年代,新現實主義難以解釋爲何兩極對抗的美蘇會從對峙走向冷和,國際關係學界湧現質疑結構現實主義的聲音,使得自由主義在國際關係研究中再次受到重視。奈伊(Joseph S. Nye, Jr.)將此等批判新現實主義之主張統稱爲新自由主義(neo-liberalism),作爲國際關係理論研究除了現實主義之外的另一個典範(Nye, 1988)。

　　其後,冷戰結束更引起學者對於自由主義的興趣,而自1990年代中期開始,新自由主義一詞普遍出現於國際關係的研究中。鮑溫(Baldwin, 1993: 4)提出新自由主義之四種理論分支,包括:探究自由貿易的商業型自由主義(commercial liberalism)、探討民主政治體制的共和型自由主義(republican liberalism)、探討跨國互動關係的社會型自由主義(sociological liberalism)以及分析國際制度的自由制度主義(liberal institutionalism)。但其中討論最多者集中在商業型、共和型及制度型方面,主要是延續康德的永久和平論(Perpetual Peace)。這些論點雖系出同門,重視國家間的合作關係,但對於彼此關切的議題,以及對於這些現況所提供之解釋卻有差異。

　　另外,新自由主義與現實及新現實主義及其分支理論亦有明顯差異。新自由主義認爲,國家間的利益不是一成不變、也不是由國際體系單一因素所決定的,而爲各種國內與國際的條件及因素所形塑,且不同的分析層次一如國內政治層次的政府部門、社會層次的利益團體、甚至個人,都可能對一國之外交政策產生影響,並從而影響國際關係。上述所謂民主

制度、貿易互賴，以及國際組織與和平之間的關係，也是直到1990年代中期獲得了較為完整且系統地進行研究（Oneal et al., 1996）。

三、民主、政體與和平論

康德的各項主張首先集中在討論政府體制上。康德認為，一國或其政府並非必然會對另一個國家或政府以和平方式相待，除非雙方都是共和政體，是在可形塑公共決策的透明性以及可究責的民主代議制度之下所組成，否則不該預期普遍共享人權規範等相關自由價值的人們得以形塑政策。由層次分析而言，這是一個由國內政治體制，探究國家間或政府間互動行為之由內而外的研究論點，主張民主國家彼此之間不會透過戰爭手段來解決紛爭。

民主和平論在冷戰後期成為各方進行和平研究的焦點之一，如列維（Jack Levy）即認為，民主國家之間沒有戰爭出現的論述，在國際關係研究上等於其他經驗法則一樣準確（Levy, 1988: 662），冷戰結束後此說法更得到重視。原因之一是由於冷戰結束，許多新興國家自第三波民主化，以及前蘇聯及東歐國家推動第四波民主化後，康德所謂的共和政體之操作型定義與民主國家越趨相近，也就是福山所提出歷史終結論的背景。福山認為，冷戰的結束是共產主義被證明不如自由民主及資本主義意識形態優越的最佳例證，而自由主義終將成為人類政治生活發展的最終（未必是最佳）模式。此一論證，基本上強調自由、和平與人權等意識形態與生活方式之重要性，為民主和平論提供了文化性解釋。原因之二，是民主國家在冷戰期間乃至冷戰後，除了極少數案例之外（如英、阿對於福克蘭群島之爭），彼此之間確實未曾發生過戰爭。民主和平論的支持者認為，這歸因於民主國家內部的權力分立與制衡機制，使得行政部門在立法部門或國會及民意的監督之下，即便與其他民主國家之間有爭議或分歧，也不容易輕啟戰端。這是民主和平論的制度性解釋。原因之三，則與自由主義學者的倡議有關。除了上述福山的論點之外，穆勒（John Mueller）認為，

人類對於戰爭作為處理爭議的有效手段之看法正在改變，也使得可預見的未來，大規模核武戰爭應可避免（Mueller, 1989）。這樣的論述，與自由主義相信人類理性以及歷史進步性的觀點相吻合，但穆勒也承認，其論點似乎僅限於已開發國家、也就是西歐與北美之間。換言之，穆勒與福山等自由主義主張有地域以及時間上的侷限性。

　　然而，民主和平論發展迄今也受到相當的挑戰。首先，如何定義民主，似乎言人人殊。支持民主和平論者認為，經由全國性的大選以決定國家最高領導人是民主國家的基本定義，但亦有學者認為，這樣的標準僅是最低的標準，該國還必須有憲法、政府必須依憲法行政，乃至於需要以合憲方式進行政黨輪替、參與投票之公民必須達一定數量等條件。除了此等客觀標準外，亦有學者強調兩個民主國家彼此之間如何看待對方、在主觀意願上是否認為對方是民主國家，才是影響彼此關係之關鍵（Owen, 1997）。

　　其次，如何確認民主政體與外交政策之間的關聯問題。羅薩托（Sebastian Rosato）認為，在他研究的案例中，民主政體彼此之間並不會把國內解決問題的方式外化到與其他國家互動上，利益衝突時也不必然尊重與信任對方，而民選領導人擷取戰爭所需資源未必為困難，也更容易傾向以隱瞞資訊突襲求勝的方式滿足國內民意期望（Rosato, 2003）。

　　第三，即便依照當前研究所示，成熟的民主國家之間的確沒有發生戰爭，但質疑者認為正在進行民主轉型的國家更容易發動戰爭，甚至是內戰。透過資料庫與實際個案研究，正在進行民主化的國家，比穩定的民主國家、甚至是獨裁國家都更容易發生武裝衝突，其原因主要在於處於民主化進程國家中的政治菁英傾向於透過製造對立，以凝聚國內或團體內部共識，謀求戰爭或內戰的最後勝利與政治權力（Mansfield and Snyder, 2005）。

　　雖然遭逢批評與挑戰，但新自由主義者認為，這些批評忽視了原先民主和平論所強調之分離的和平（separate peace），就是奠基在民主與民主國家之間，這也是所謂的自由國際主義；而單一民主國家並不必然比較

愛好和平，有時甚至會透過戰爭手段希望改變其他非民主國家的體制。此外，民主國家之間彼此觀感及如何解讀對方政策也是關鍵，例如其他國家可能會懷疑民主代議制度的特色，擔心立法、司法或下屆選舉將推翻行政的決策，使彼此的互動並不平順。

四、貿易、互賴與和平

康德永久和平論的另一重點就是國家之間的貿易關係，並希望越多的貿易互動，可以形成互賴關係（interdependence），使得國家可以從貿易中受惠，而戰爭將導致貿易中斷，因此不是各國面臨爭端會選擇的方式。換言之，物質上的誘因能夠支撐民主國家間的規範性承諾。隨著經濟互賴，國家會避免挑戰其他國家的安全（Doyle, 2005）。

羅斯克蘭斯（Richard Rosecrance）認為，經濟互賴將有助於貿易國家形成所謂的和平關係，因為貿易比侵略更容易帶來利益。此外，隨著彼此貿易關係的增長，國家之間容易有較多的互動與溝通，將有助於雙方在雙邊互動中逐步培養互信（Rosecrance, 1986, 1992）。最後，透過合作而獲得的經濟利益，將成為貿易國家之間的互動基礎，促使領導人相信應該透過合作而非衝突來擴大本國的利益與自己的利基。在這樣的思考脈絡下，國家之間的貿易量就成為衡量彼此關係變化的重要指標，而一般認為貿易量越高，越有可能促使敵對國家放棄先前的敵視態度，轉而合作互利（Richardson, 1994/5）。此即為經濟互賴的貿易和平論。

貿易互賴作為自由主義國際關係理論的重要支柱之一，誠如艾肯伯里（G. John Ikenberry）所言，康德的邏輯非常直接，就是貿易可以帶來經濟發展，而經濟發展將可促進國內民主制度的產生。隨著採行民主體制的國家越來越多，各國之間的關係就可能更穩定和平。質言之，康德的理路即為：自由貿易→（國民及國家）富裕繁榮→（國內）民主制度建立→（國際）和平（Ikenberry, 2005）。

然而，康德此項主張也受到一定程度之挑戰。首先，貿易與和平的

因果關係是否真實存在。有學者認為，兩國之間必處於和平狀態，才會進行貿易；換言之，和平是貿易發生的前提而非結果。另外，貿易與互動的增加也可能導致貿易夥伴之間產生摩擦或意見不合的機會隨之增加，是以貿易並非必然會帶來和平。尤其，在兩次世界大戰發生之前，德國都積極參與與其他國家的貿易關係，但最後卻無法避免戰爭，正說明貿易和平論點的侷限性。

因此，近年來有學者試圖進一步探究貿易與和平之間的關聯性，並加入另一變數，也就是市場開放與否來進行討論。魏德（Erich Weede）提出資本主義和平論（capitalist peace）：資本主義為各國提供了維持現狀的誘因，而其中市場開放、貿易自由及投資自由等資本主義的要素，正是當前各國維繫和平所需。這樣的論點，正可以說明為何第一次世界大戰前各國有貿易互賴卻仍發生戰爭，其因即在於當時各國保護主義盛行，使得歐陸各國的政策越來越極端化，只給同盟國家優惠，而集團內貿易未能提高不同集團成員發動戰爭的政策成本，最終導致了戰爭的發生（Weede, 2003, 2010）。另外，也有學者提出經濟發展、自由市場以及貿易互動所帶來的相似經濟利益等因素，不僅可以改變領導人對戰爭的看法，也有助於領導人提出可信的承諾（Gartzke, 2007）。如由當前一國領導人對於自由貿易的態度，可以看出渠對於國家未來是傾向接受全球化，或是走向閉關主義，而推測該領導人下一步外交政策較可能採取緩和或衝突政策。這也解釋了為何各界普遍關注當前北韓領導人金正恩後續會否推動經濟改革，因為這可作為其會否進一步發展核武的眾多判準之一。

雖然貿易和平論或資本主義和平論有其立論基礎，但若兩個國家原先即具有敵意，或是長久以來對於對方的政策做出惡意的解讀，則經貿互賴促進和平的可能性將相當有限。因此，如道爾（Doyle, 2005）所指出，康德原先構想的永久和平論，是僅存在於政治體制、經貿互動及行為準則等各方面都互相契合的國家與政府之間，而民主體制的政府與非民主體制政府間的互相猜疑，很容易形成社會接觸交流的限制，增加單一議題領域的衝突使得整體關係全面惡化的可能。

　　上述的情況，在政治對立的國家之間更爲明顯。有學者發現，政治對立的國家可能願意透過貿易手段與交往政策來改變彼此零和式的互動關係，形塑對手國的行爲。他們發現，發動國內部共識越高，而且對手國是民主政體，則這種貿易互賴與交往手段越有可能奏效（Kahler and Kastner, 2006）。在實際案例方面，有學者認爲若以近年來的兩韓及兩岸關係爲例，功能主義的思維可適用在兩韓關係上，由李明博政府對北韓的經濟合作政策可以看出，而新功能主義的思維則有助解釋馬英九時期兩岸之間的互動，而其中政治菁英扮演了重要的角色。至於這樣的互動也並非一帆風順，如兩韓關係遭逢北韓核武問題的威脅未能進一步整合，這符合現實主義的觀點，而兩岸關係也受到認同因素的牽制而未能進一步統合，則屬於建構主義的論點（Im and Choi, 2011）。此外，亦有學者認爲，東北亞地區自1980年代以來，呈現經濟蓬勃發展的情況，卻未能進一步出現如同一時期歐洲般的整合模式，主要原因即在於東北亞仍充滿領土主權糾紛，使得各國領導人在遇到主權問題時寧願損失部分的經濟利益而不能示弱，以確保本身統治的合法性，自然削弱了區域整合的力量（Mastro, 2014）。簡言之，在原先即充滿敵意與不信任的兩個國家之間，若貿易要扮演轉化衝突爲和平的觸媒角色，是一項相當大的工程。

五、國際制度與和平

　　新自由制度主義（neoliberal institutionalism）可說是古典自由主義概念在國際關係理論的最佳典範，它發展出一套與新現實主義分庭抗禮的理論架構，更取代理想主義，代表自由主義思潮對國際現象的觀察。理想主義與新自由制度主義系出同源，但是不可否認地，理想主義過去的失敗經驗令人產生先入爲主的負面評價，相較之下，自由制度主義的稱呼，更似乎脫去了自由主義的規範性外衣，給人一種務實的感覺。新自由制度主義源自於1940年代發展的功能主義（functionalism），隨後依循新功能主義（neo-functionalism）與多元主義（pluralism）的脈絡，總結出區域整

合與世界經貿互賴的概念，認為經由創設正式與非正式的制度，提升國際間互賴的程度，會降低互賴國家間的衝突，更會鼓勵傳統上兵戎相見的國家，為了互利的因素，在一個共同的政經架構內進行合作，國家進而會為了他國的和平與繁榮而努力不懈。若可推而廣之，世界的和平亦會循此發展而順利產生。相較於重視經貿互賴的貿易和平論，新自由制度主義關照的面向更為廣泛，且集中在體系層次。

(一)整合與互賴

1940年代的歐洲，當時在二次世界大戰後百廢待舉，許多議題需要跨國性的合作來處理，而梅傳尼（David Mitrany）即提出應該由各國專業人士透過合作來處理，而在一特定領域的成功合作經驗，可以促使這些國家在其他領域合作的可能，而逐步達成整合（integration）的效果。梅傳尼強調枝網化（ramification）概念，認為依據單一功能考量並成功解決問題的案例，會誘使國家在其他領域進行更廣泛的合作，最終會創造出一個合作的網絡。這種合作的學習過程會產生信任，取代互相猜疑的戒心，為更進一步的合作與未來的整合鋪平道路，因為退出這種合作關係的成本將會增加（Mitrany, 1943）。此一主張被稱為功能主義（functionalism），是當代歐洲整合的基礎思想。

及至1960年代，歐洲發展出以哈斯（Ernst Hass）為代表的新功能主義（neo-functionalism）主張，認為西歐各國在經濟議題領域的合作，可以外溢（spill-over）到其他的議題領域，也就是除了經濟功能合作外，各成員也願意嘗試政治功能的合作，包括創建區域性的政府間組織。換言之，新功能主義強調政治菁英的主導與合作，以促成區域整合，而在此過程中，新功能主義者認為過去的國家主權至高無上之觀點應有所修正與調整，故國家間的合作機制，可以由政府間組織向超國家組織發展。

1970年代，學界對於功能主義之研究更進一步深化，柯漢（Robert O. Keohane）及奈伊也從歐洲整合及跨國集團的活動，質疑現實主義強調國家是國際體系的主要行為者之主張，而國際組織、跨國企業與利益團體等

非國家行爲者，都是國際關係中不可缺少的成員，而且國際關係應增加對跨國關係的注意。這些論點成爲新自由制度主義的主要出發論述。

其後，柯漢與奈伊加強對於互賴概念之研究（Keohane and Nye, 1977）。他們以石油危機作爲研究之重要背景與起點，並進一步討論大國與小國在不同的國際議題領域如聯合國海洋法之制定、各國貨幣貶值與否等之反應。柯漢與奈伊認爲，互賴作爲一種概念，指的是一國受到其他國家政策影響之情況，其包括敏感性（sensitivity）與脆弱性（vulnerability）兩個面向：敏感性指一特定政策架構下，一國面對外在環境或他國行爲變化的回應程度，也就是一國反應所需的時間，以及其決策有多大程度會影響其他國家。脆弱性則指一國爲了因應外界變化，改變本身政策行爲或尋求其他替代方案所需付出的代價。柯漢與奈伊強調互賴中的脆弱性面向，當互賴關係形成，任何一方試圖改變此種互賴關係，都可能造成雙方得不償失的結果。換言之，互賴（甚或大多數時候是不對稱互賴關係）可能提高衝突的成本，從而使得兩國之間的合作關係得以延續。國際政治中的互賴，指的是國家之間或不同國家的行爲者之間相互影響爲特徵的一種情況，更是國際社會中不同行爲者之間互動的影響與約制關係，互賴可以是社會的、政治的、軍事的，更可以是意識形態的。在互賴的關係中，呈現出權力的對比。

柯漢與奈伊再提出複合式互賴（complex interdependence）的分析模式，指出國家與非國家行爲者的連結日益增長，國際間的議題，已經沒有所謂討論國家安全的高層政治與檢視經濟因素的低層政治之分別，也使得國內與國際問題的區別日益縮小。行爲者跨越國家疆界的互動更構成多重管道的社會連結，強化了國際社會內部的相互關聯與互賴（Keohane and Nye, 1977: chap.2.）。最後，軍事武力已失去國家治國能力（statecraft）的有效性。柯漢與奈伊批評，傳統的國際關係僅關注政治與安全的領域，只注意國家之間的權力衝突，而與此同時，批評現實主義概念的學者則過度強調國際社會中的經濟與社會因素，忽略了權力政治。

複合互賴的觀念，對國際社會多元互賴的現象提出權力的解釋。他

們認爲互賴並不是單純的相互交往，互賴也不會是互利，最後，互賴不一定會導致合作。首先，國家間相互密切的交往並不足以定義爲互賴，只有這種交往牽扯到重大的利害關係，才能被稱爲互賴關係。其次，互賴亦不是互利，柯漢與奈伊以美蘇冷戰爲例，說明美蘇的戰略互賴關係並不是以互利爲目的及結果，此外開發國家與開發中國家的不對稱互賴關係亦不能算是互利的關係。最後，由於有衝突，才突顯出互賴的重要性。互賴的滋長並不會讓衝突消失，衝突將會以其他的方式出現。當潛在的合作各造未能在分配衍生的收益問題上達成共識時，合作就不會實現。鑑於互賴約制了自主能力，所以互賴必須與代價（cost）相互對照，至於互賴關係的收益能否大於成本代價，取決於行爲者的價值，以及此種關係的內涵。

(二)國際合作與制度

1980年代中期以來，柯漢以政治學及經濟學爲基礎，針對國際間的互賴現象進一步研究，並融入社會學的概念，提出新自由制度主義（neo-liberal institutionalism），成爲研究國際組織的重要理論基礎，也構成對新現實主義的挑戰。進入1990年代，新自由制度主義不再堅持國際互動的多元性，雖然仍宣稱不可忽視國際組織與跨國企業等其他非國家行爲者，國家並不是唯一而且最重要行爲者，但新自由制度主義承認，國家是國際體系中最關鍵的行爲者。新自由制度主義開始大量地討論國家合作的原因及此種合作關係成敗的因素。新自由制度主義認爲，國家是理性的，故而國家的理性行爲會引導國家察覺合作中的價值，致使國家尋求*絕對收益*（absolute gains）的最大化，把餅做大，而不是僅僅在意各自分到的餅有多大的*相對收益*（relative gains）概念。新自由制度主義也承認合作並不是水到渠成的易事，但新自由制度主義認爲，如果*制度*（Institution，即指一組持續並相關聯的正式或非正式的一套規則，它指示了行爲角色、約制行動並劃定期待。制度有數種作用，首先，制度能夠提供資訊。再者，制度的交互作用可降低潛在欺騙者的可能獲益，獎賞國家發展一個忠誠參與協定的聲譽。第三，制度化的規則促進國家互賴。最後，制度能夠降低

各單一協定間的交易成本）能夠提供國家更多的機會來確保其國際利益，國家察覺到加入制度的互蒙其利性，則國家會轉移其忠誠與資源到國際制度。新自由制度主義更認為，國際制度與國際建制會有助消弭國際無政府狀態下的不確定性與欺詐的可能，促使國家維持長久的合作關係。

值得注意的是，新自由制度主義者原先試圖挑戰新現實主義，但與新現實主義仍有相同之處，包括：兩者均屬於理性主義（rationalism），均承認國際體系的無政府分權狀態以及國家作為主要行為者會採取自助（self-help）之原則，而在實際研究趨向上，兩者皆重視大國的角色與地位，但新自由制度主義關照的國際體系成員更廣。兩種典範爭執的焦點集中在國際合作的根源、動因與運作限制。此外，新自由制度主義強調國際體系中的秩序面與合作，國際合作乃基於互惠利益而來；而國際制度之成功與否，端視成員間是否具有共同利益、制度化的結果是否可以影響成員國之行為等條件而定。新自由制度主義對於國際組織之各項研究，最大的貢獻在於該理論認為，國際制度設立之後，並不必然依附成員國之意願，而其本身即有演進續存之能力。柯漢認為，國際制度是國家及其行為的中介變數，而至於國際制度或組織如何以及有多大程度可以形塑國家行為，端視國際制度之設計、具體的外在條件及國內政治等因素而定。若國家面臨之外在的國際體系因素強，有適當國際機制之存在得以調節並反映各國利益，而國內因素又較弱時，則國家之行為將趨同發展；若外在因素較弱，而國際制度本身的賞罰機制也有所欠缺，國內變數又強，則國家在機制中的行為就可能顧及本身利益而呈現分歧狀態（Botcheva and Martin, 2001）。

新自由制度主義認為，在國際體系中，制度能夠改善國家必須面對被「欺騙」（cheating）的關切。首先，制度能夠提供資訊，更易預期並監督其他行為者的作為，減少誤判。第二，制度的規則會增長交易處理的數量，制度的交互作用會增長未來的獲益，故而降低潛在欺騙者的可能獲益；交互的行為更能獎賞國家發展一個忠誠參與協定的聲譽。第三，制度化的規則促進國家間在不同議題上的互動，增長互賴。最後，制度能夠降低各單一協定間的交易成本，國家間會減少談判及監控對手執行協定的

成本，合作成本會減降但合作的獲利會升高。制度能夠促使承諾更有可信度效力、建立協調的焦點，更可以增加參與者互惠的舉動（Keohane and Martin, 1995: 42）。

新自由制度主義曾被批評長於經濟問題而缺乏對國際安全問題的解釋力，但面對國際全球化與互賴增長的現象，安全制度（security institution）對於建立國家間和平規範、提高國家互信及採取和平手段解決紛爭等問題仍然具有重要性。安全制度的功能即在於能夠作為資訊及訊號機制，提供國家得到更多有關利益、偏好及其他國家意圖的資訊，進而影響參與者的政策選項，強化或弱化國家互動中國家手中擁有的權力資源，以及影響主宰制度運作的規範。國家間因此可以降低被欺騙的恐懼，放棄追求相對利益，透過合作追求絕對利益（Haftendorn, 1999: 3-4）。

在國家間的衝突與合作的問題上，新現實主義對國家獲得安全的前景十分悲觀，認為只有透過權力的擴展才能保障安全，而新自由制度主義則相對樂觀，認為制度與國際建制可以克服國家被他國欺騙的恐懼，消除國際社會無政府狀態帶來的不確定感，達成國家間的合作，進而解決安全困境的難題。新自由制度主義認為世界存在進步與演化的力量，並非現實主義簡化下的一場沉溺於衝突循環的權力遊戲。新自由制度主義相信，貿易的互動擴張會創造一個互賴的環境，經由國際建制與國際制度的安排，國際政治會向進步的方向邁進，從而確保人類的整體福祉與和平。

表3-1　不同典範對國際制度的看法

	新自由制度主義	新現實主義	社會建構主義
國家組建制度的動因	理性考慮後的相互得利	獲取更多的相對獲利	制度是國家或是群體之認同與利益的反映
制度對國際關係的影響	經由合作增加可能的獲利	作為追求國家利益的工具，前提是制度不能改變國家間的權力平衡	強化某種互動模式，更反映出新的互動模式
制度對全球化的影響	可管理全球化確保轉化至一個更自由的經濟	制度可以依照霸權國的利益管理全球化	改變互動的模式，其論述將反映在制度對全球化的回應上

資料來源：作者整理。

六、國際建制與和平

新自由制度主義與新現實主義都同意，國際體系的無政府狀態並不是混亂無序的同義字，國際體系仍然存在許多依據某種有形或是無形規範運作的事務，也就是國際建制（International Regimes），影響著全球人民的日常生活：萬國郵政聯盟（Universal Postal Union, UPU）自1874年創設後就確保每一封信可以從任何一個國家送交到世界的每一個角落，1865年起全球開始建立電報使用的規範，1932年的國際電信聯盟（International Telecommunication Union, ITU）設立各國無線電頻率使用不得互相干擾的規律，今天的國際海事組織（International Maritime Organization, IMO）與國際民航組織（International Civil Aviation Organization, ICAO），仍依循著百年來的國際航運規範，讓每一艘輪船與每一架航班能夠順利而且安全地跨越國界抵達目的地。1970年代，國際建制的分析概念首先被運用到分析國際政治經濟，新自由主義的論述更開始強調國際建制的作用。雖然新現實主義與新自由制度主義都發現了無政府狀態下仍然存在合作及規範的現象，不過兩派主流的國際關係理論，對國際建制的形成與維繫有不同的看法及解釋。值得注意的是，國際建制是由包括國際組織在內的正式規則或非正式規範所構成，其含括之範圍較廣，且目前多以個別議題領域為區別之基準。

(一)國際建制的定義與類型

在特定的國際關係領域中，行為者願望匯集而成的一套明示或默示的原則、規則、規範及決策程序，是國際建制最普遍被接受的定義（Krasner, 1983: 4-5）。所以國際建制並不僅僅是一套規則的總合，更不是用另一種名詞來稱呼國際組織。國際建制有四項基本的組成元素，分別是原則（principles）、規範（norms）、規則（rules）與決策程序（decision-making procedures）（Levy et al., 1995）。

「原則」是指對世界如何運作的理論性論述，例如世界貿易組織（World Trade Organization, WTO）是依據自由貿易的原則來成立及運作。「規範」是明確的行為標準，並且確立國家的權利與義務，例如世界貿易組織的會員必須降低關稅並且消除非關稅貿易障礙。規範與原則確立了國際建制的根本特徵，並且在沒有改變國際建制的內涵之前，不能改變建制原所遵循的規範與原則。「規則」是用來協調原則與規範間的可能衝突，在原則及規範下進行操作。例如在世界貿易組織中，開發中國家希望能夠對已開發國家及開發中國家採用不同的規則。「決策程序」則確立了對行為的確切規定。規則與決策程序的改變亦顯示出建制在不同階段的歷史實質演進，例如關稅暨貿易總協定（General Agreement on Tariffs and Trade, GATT）的規則與決策程序在舉行過許多回合的談判後，最後演化為世界貿易組織，有關世界貿易的國際建制其原則與規範仍是一致，不過其規則與決策程序已有不同。

　　國際建制可以依地域及實施領域有不同的分類，如果依據轉換期待的能力及其制度化之程度，可以將國際建制分類為四種型式。首先是不存在國際建制的情況；相反地，如果沒有正式的組織及明文規則，卻能夠透過遵守非正式的規則實現期待，則形成**靜默式建制**（tacit regime），例如歐洲協調（Concert of Europe）制度；第三是徒具形式的**形同具文建制**（dead-letter regime），它雖有完善的規則，但是缺乏普遍去遵守這些規則的期待，最終使它成為行屍走肉，例如二次大戰前的集體安全制度。最後是具有強大能力轉換期待又發展相對成熟的**意氣風發型建制**（full-blown regime），例如1990年代的世界貿易自由化建制（Levy et al., 1995）。依照當今世界的不同議題領域，也可以將國際建制分為安全建制、經濟建制、環保建制與通訊建制（Baylis and Smith, 2001: 304）。

　　在安全建制方面：安全問題是國際關係最主要探討的問題，拿破崙戰爭結束後，歐洲列強曾為因應未來的革命危機與國際衝突，發展出歐洲協調制度。美國與英國在1817年達成協議，將美加邊境的五大湖區非軍事化，締造了美加互不侵犯的安全社區關係。但是十九世紀的安全建制多不

是具有正式架構與明文規定的意氣風發型建制，20世紀初曾試圖創立有具體規模而且具有執行力的安全建制，但是成就未能盡如人願；國際聯盟的集體安全制度因為日本侵略中國的東北及義大利侵略衣索比亞而宣告失敗，美蘇冷戰時期的限制核武協定，雙方雖花了許多時間與精力推敲條文，但雙方並沒有期待此種明文條款最終能防阻對方發展新式武器。但是安全建制亦不是完全令人悲觀，1963年禁止大氣核子試爆約定至少成為目前國際主要大國所願意遵守的安全建制。

在經濟建制方面：經濟建制是成就最顯著而且被新自由主義觀點所主要討論的焦點，二次大戰結束後創立的**布列敦森林體系**（Bretton Woods System），被認為是經濟建制的最佳典範，後雖因美元匯率與黃金脫鉤而崩解，但其設立的相關規範與組織已使得建制留存。世界貿易組織的成立，更無疑是自由貿易建制成功的顯著成就，自由貿易觀念幾乎被全世界的所有國家所接受，各國開始開放本國對於資金、人員及貨物流通的管制，開放本國的電訊、交通事業，使其納入全球電訊與交通建制的規範，促成了今日規範國際航運、無線通訊與民航往來的通訊建制。環保建制亦有其發展，但是各國遵守協議的態度仍不夠積極，許多環境指標仍顯示全球的環境保護仍有進步的空間（Baylis and Smith, 2001: 304-306）。

(二)國際建制的形成與維繫

新現實主義與新自由制度主義對國際建制的根源與效用有不同的論點。新現實主義認為，權力仍然是建制組成及維持生存的中心特徵，由於國家恐懼在合作中被欺騙加上關心相對收益的驅使，建制最多僅能促使國家進行協調（coordinate）而非合作，即便國家之間會進行合作，也很難持續下去。新自由制度主義則認為，建制可以促使國家進行**協作**（collaborate），促成公益（common good），而當良善霸權（benign hegemony）促進及維繫建制時，建制就會蓬勃發展（Baylis and Smith, 2001: 301）。

國際建制早期被認為是霸權國家為了維護自我利益，以自我克制換

取世界整體秩序的一種產物。英國在19世紀的海上霸業獨力消除了海盜及奴隸制度，美國在二次大戰後所組建的布列敦森林體系，都被視為國際建制形成的最佳解釋。然而進入1970年代後，美國面對西歐與日本的經濟挑戰，還有退出越戰的挫折，眾人開始討論美國消失霸權地位之後，世界秩序能否維持，以及現有的建制能否持續存在的問題。新自由制度主義認為，國際建制發生與維繫必須有兩個基本前提，首先是國際社會的行為者必須具有某些共同的利益，讓雙方均能從合作中得到好處。再者，國際社會組織化程度的變化會對國際行為帶來實質性的影響。

新自由制度主義從個體經濟學的市場失靈及博弈理論的囚犯困境出發，整理出國際制度與建制的形成原因（Baldwin, 1993: 30-53）。經濟學假設，在沒有外力干擾的情況下，理性的經濟個體會採取競爭而且自利的策略買賣貨品，最終市場內的所有個體都能夠有最佳的產出，並且達到一個均衡的價格。但是經濟學承認，例如道路及醫院等**公共財**（public goods）項目並不能達到市場的最佳效果，因為它無法避免搭便車（free-riding）的不公結果。博弈理論的**囚犯困境**（prisoner's dilemma）為國家的策略互動提供了一個很好的解釋模型。新自由制度主義認為，在一個無政府而且高度競爭的環境中，國家與國家面對是否進行合作或是協作的決策考量前，都會面臨類似囚犯困境的難題，例如國家決定採行提高關稅的競爭性措施而非縮減貿易壁壘的協作性政策，乃是因為國家在無政府的環境裡，預期其他的國家也會依照理性選擇採行競爭性措施，如果本國採用縮減貿易壁壘的政策，而其他國家採用防衛性的競爭措施，本國將會受到傷害，所以不得不選擇對自我最妥善的選項。

當**市場失靈**（market failure）的情況發生時，就需要採用另外一套解決機制，例如政府的干預及介入。新自由制度主義發現，國際關係的無政府狀態中常發生類似經濟學所稱的市場失靈情況，但無政府狀態並沒有排除協作的可能，它只是使協作的產生遭遇困難，最主要的難題在於如何鼓勵國家採取協作之策略並建立良性互惠式的互動。新自由制度主義認為，由霸權國家主動承擔並且領導其他的行為者共同實現彼此的共同利益，乃

是一條有效的途徑，霸權國家單方面地替所有國家收吸了市場中的成本，不單是替所有國家共同謀取利益，同時亦讓霸權的利益得到確保。

霸權的消失並不會帶來國際建制的消失。新自由制度主義認為，國際建制在霸權消失後仍然能夠繼續存在及有效運作（Keohane, 1984）。首先，霸權的衰落與國際建制的瓦解之間存在一個時間的遲滯，而國際建制的路徑依賴（path dependence）所形成的慣性可以發揮作用，使得霸權的衰落並不必然牽引著霸權創設的國際建制也隨之消失。其次，當國際建制帶領國家走出相互採取競爭性策略的觀念思維後，國家也就失去了用欺詐在協作關係中取得本國最大利益的動機，不易再會走回採取競爭性策略的老路。第三，囚犯困境解釋了為何無政府狀態阻止協作的產生，說明了理性的國家選擇為何造成不理性的後果，但新自由制度主義認為國家與國家之間將一再地互動，形成重複的囚犯困境，也就是說未來的陰影（shadow of the future）會影響到賽局參與者之選擇策略的評估。每個國家在第一次針對某些事項選擇是否該採行競爭性策略或是協作性策略時，由於預料到未來會一再面對同樣的賽局，所以不妨暫時承擔風險採用協作策略，以取得最佳的結果。最後，如果所有國家都採用協作策略，會發生互惠對等（reciprocity）效應，因為一旦某國企圖利用欺詐背叛來暫時獲得最大好處，其他所有國家也會採用一報還一報（tit for tat）的回應，本國的利益並不能維持長遠，而代價更可能超過收益，也因此相對地降低了未來改變策略的誘因。

國際建制的作用也是其得以維繫的重要因素。國際建制的最大功能在於約制與調節國際社會行為者的行為以降低國際體系不確定性。其次，國際建制有助解決資訊不足的不確定性。第三，國際建制是某個領域中的行為準則，它約束了國家的期望，對國家的行為產生約制的作用，更引導國家在特定的領域中符合建制的要求及規範。第四，國際建制不斷延展，促成國際行為者行為規範化，更將國際建制內化為國家行為的決策標準及考量。最後，國際建制獎勵遵守建制的國家行為，懲罰不遵守的國家，降低了國家採用欺詐手段背離國際建制的誘因。總括而言，國際建制仍以國

家作爲主要的討論起點，國際建制的創立及運作不能忽略國家，尤其是霸權國家的作用，而國家加入、創立、退出或是破壞國際建制的原因，是國家在考量風險及獲益的利益得失後所採行之結果。

　　新自由制度主義認爲，國際組織或建制可形塑國家行爲而促成合作導致和平。但這樣的論點，同樣也受到其他陣營學者的質疑。首先，新現實主義者認爲，國家之間相互依賴的增加，使彼此必須考慮對方的政策作爲，並進行政策調整以因應變化，但最後將試圖控制對方，反而會引起衝突，若彼此關係又存在著**不對稱互賴**（asymmetric interdependence），必將引起各國國內的反抗情緒，將使國家的互動更爲複雜。再者，國際制度與組織是依照國家意志所組成，因此僅反映了國家間權力分配之情況，並不構成導致和平的原因。第三，若國家在國際制度或組織中的互動是和諧且有效的，則成員國基於成本考量，應該會更願意透過國際組織來推動其政策，但事實並非如此。第四，新現實主義者認爲，國際制度的存在與有效性，端視相關國家，尤其是大國的態度而定，而國家在恐懼對手日後可能比自己更強大的情況下，國際合作實在有其困難。第五，許多國家參與國際組織，是基於被排除在外、欠缺資訊或遭到政策歧視所致，並非主動願意加入，與新自由制度主義者的推論有差距。第六，部分國家參與國際組織，並不是爲了解決爭議，有時反而是將國際組織當成舞台或發聲工具，譴責對手並升高衝突，如土耳其與希臘加入北大西洋公約，理由之一即試圖藉此場域抨擊對手對於塞浦路斯問題所採取的不當政策。第七，強調國際組織可促成國家行爲社會化的建構主義者則認爲，新自由制度主義對於國際組織之論點過於功利性，忽視了規範與文化的要素，且國家基於功利而來的行爲難以長久。據此，這些批評的聲音認爲，國際組織要促成國家合作已經相當困難，遑論可以促進和平了。

　　上述對於新自由制度主義，或是對於國際組織形塑國家行爲的質疑與批評，也影響了該學派學者近年之研究。新自由制度主義者認爲，對於制度與權力的關係有助我們理解當前的國際政治並預測其未來發展，因此要持續重視成員之間權力分布以及利益變化的情況，尤其應針對跨國性的

危機所帶來之衝擊，以及相關國際制度的安排與設計的邏輯。此外，該理論近期的另一個研究趨向是納入心理學及社會學之分析。

有學者提出，國際組織往往是強權國家所主導成立的，而強權國家領導人對於當時國際秩序的認知及其個人對於國家間合作的看法，是該強權國家會否主導成立相關國際制度的重要因素，一如美國總統威爾遜當時對於創設國際聯盟之投入。批評者認為，國際關係學界自由主義學者對於國家之間透過國際制度或國際組織而進行合作仍抱持著強烈的功用主義取向，其目的是為了降低大國（如美國）領導世界之成本。近年來已有眾多討論之有關全球治理的問題，事實上也與此一思考脈絡有關。柯漢近年重申新自由制度主義是將「權力與合法之社會目的進行搏和」（Keohane, 2012: 125），從而強化了國際與國內政治權威的基礎，因為社會目的就是促進有關人類安全、福祉及自由的有益效果，而這些效果有助形塑更為和平、繁榮及自由的世界。因此，構建相關制度的過程可正當化（霸權國家）政治權力的使用。

這些強調霸權國家角色的看法固然有道理，但是參與國際制度、組織、建構的國家也可以享受到好處，畢竟「大國制訂規則、小國適應規則」是權力政治的現實，新自由制度主義的主張對人類安全、福祉及自由仍然有著具大的貢獻。

七、自由國際秩序面臨之衝擊與調適

第二次世界大戰結束以來，逐漸形成了以上述自由主義為主的自由國際秩序（Liberal International Order）。這個秩序是在美國領導下建立，以開放市場、相互依賴、國際建制等所構成之以規則為基礎（rule-based）的國家間互動模式。自由國際秩序並非自然出現，而是各國對於第二次世界大戰的反思、加上美國願意提供公共財所形成，而杜魯門政府所提出的馬歇爾計畫及北約組織的成立，為自由國際秩序的發展奠立基礎（Nye, 2017）。然而，此一秩序近年來也面臨多方挑戰。

首先，美國在多數國際建制的霸權性領導角色，在川普（Donald J. Trump）成為美國總統之後出現變化。川普在2016年美國總統大選的競選期間，即提出美國優先（America First）作為主要的口號，多次表示對於美國在國際組織以及同盟關係中過多的承諾表示不滿，同時以經濟保護主義實踐美國優先的承諾。川普四年任期內，正式或宣告退出及暫停批准程序的國際組織與條約超過十個，其中包括聯合國教科文組織、聯合國人權理事會、《中程飛彈條約》、2015年因應氣候變遷的《巴黎協定》等，均引起其他國家對於美國在國際事務上是否願意遵守國際承諾及繼續扮演領導角色的質疑。除了質疑對於盟邦的承諾之外，自由國際秩序支持者認為，川普對於民主的認識以及維持全球開放經濟的重要性均有所不足（Busby and Monten, 2018）。

　　川普此等以美國單邊利益為主之決定，對於強調以規則為基礎、透過多邊形式來進行合作的自由國際秩序擁護者而言，確實是一大挑戰，也凸顯出儘管國際關係有眾多新的行為者出現，但國家之間互動的本質仍是權力政治（Kotkin, 2018）。攻勢現實主義代表人物米爾斯海默（John Mearsheimer）具體指出，所謂奠基在民主推廣、國際制度、開放市場與全球化能帶來和平的自由主義國際秩序想望本身就是有缺陷的。首先，築基於民主和平論而來的民主推廣，會使美國與其他不同政治體制國家的關係受害；其次，國際制度要大國遵守國際承諾，甚至忽視國內政治的考量本身就過於理想化；第三，所謂全球化帶來的貧富不均等問題，凸顯經濟互賴的侷限性，也使得各國內部與彼此之間的衝突更形劇烈（Mearsheimer, 2018）。米爾斯海默認為，自由國際秩序只可能在霸權領導下的單極體系內實現，而這個具領導地位的霸權本身必須是民主政體（Mearsheimer, 2019）。若由國內政治的角度來看，有學者認為美國自2001年911事件之後，對外戰略選擇已經開始遠離自由主義，主要原因就是國內政治的極化現象，使得外交政策兩黨一致的傳統受到衝擊（Kupchan and Trubowitz, 2010）。拜登就任總統後，美國在對外政策上重新強調多邊主義的重要性，有助其推動自由國際秩序。

其次，英國透過公民投票，決定要脫離歐洲聯盟，這使得自由主義國際關係理論，尤其整合理論主張的經濟互賴與既有利益的觀點受到挑戰。2016年6月，英國就脫離或續留歐盟進行諮詢性公投，結果以51.9%支持脫離、48.1%認為續留的些微差距決定脫離歐盟。1975年英國首次公投以67%支持率留在歐洲共同體，然英國基於政治、經濟、歷史及地理等各項因素，傾向將歐體及其後的歐盟視為夥伴，也未加入申根區或歐元區，英鎊迄今仍為國家貨幣。隨著歐盟進一步整合，而2008年全球金融危機後，歐盟部分成員國復有歐債危機，而英國對於當時的紓困計畫並不願積極參與，甚至認為歐元區就是英國金融不穩定因素。此外，歐盟跨境流動和遷徙政策相對寬鬆，使得東歐地區的移民大量湧入英國，更促成「疑歐論」的發酵。此等發展對於自由主義主張之國家間互賴可以增進和平、國家加入國際組織就不易退出等主張是重大否定。

英國2016年脫歐公投之後，執政的保守黨由梅伊（Theresa May）接任首相，其政府必須同時與歐盟談判脫離之協議，又必須得到英國國會的支持。然而，在國會多次否決梅伊政府與歐盟的協議後，梅伊辭去首相而由強生（Boris Johnson）繼任，而英國終於在2020年1月正式脫歐，並經歷十一個月的過渡期。

第三，俄羅斯於2022年2月對烏克蘭發動特別軍事行動事件，對於自由國際秩序亦造成衝擊。該事件有其歷史性遠因與俄對烏尋求加入北約引致安全顧慮的近因，但更凸顯了國際關係中的強權政治與地緣因素。Cooley與Nexon指出，自由國際秩序事實上僅存在於以美國為首，包括歐洲、日本、澳洲等民主國家所形成的少數集團之間。在面臨俄羅斯威脅之際，民主國家迄今協助烏克蘭的成功，反而正是美國與歐洲國家應減少政治與安全互賴的明證。此外，在聯合國譴責俄羅斯的決議案表決時，西方民主陣營固然得到多數南方國家支持，但五個常投棄權票的國家，包括中、印、巴、孟、南非，即涵蓋了世界二分之一的人口。然歸根結柢，美國國內對於民主的偏好與支持程度，若無法阻止民粹型政治人物出線，將大幅影響自由國際秩序的存續（Cooley and Nexon, 2022）。然自由

國際秩序的擁護者如Ikenberry則堅持，自由國際秩序自二戰結束以來，是除了無政府狀態與層級式體系之外的第三選項。而烏克蘭抵禦俄羅斯的侵略，即是美國持續擁有能力以及意願來護持自由國際秩序的最佳證明（Ikenberry, 2022）。

即使如此，在俄烏戰爭發生後，西方國家多數人認為俄、中與其他非民主體制國家似乎在外交戰略出現了合流的趨勢，並透過地緣與強權政治相結合，試圖促成多極化世界（Lehne, 2022）。德國總理蕭茲（Olaf Scholz）於2022年11月首次以總理身分訪問中國，而他對於疫情與戰爭對於國際秩序所造成影響的看法值得參考。蕭茲認為國際體系權力分布正進入變動時期，而世界正處於轉捩點，戰爭與疫情只是激化這些變動。冷戰並非各國所希望見到的發展，新興強權如中國的實力崛起，並不應該成為孤立或限制其發展的理由，然中國本身也不應提出霸權訴求。蕭茲強調，以規則為基礎的秩序應當受到尊重，民主體制的韌性仍較專制表現得更好（Scholz, 2023）。蕭茲所言，展現出德國將持續護持自由國際秩序，但他對於將中國視為挑戰者甚至威脅的看法，似乎與美國有所不同。

目前看來，自由國際秩序正面臨反思與挑戰，而支持自由主義的樂觀派則認為，自二戰結束後，自由國際秩序便不斷深化、擴張，而自由國際秩序每次遭逢挑戰後，總能持續吸引志同道合、且受益於該秩序的民主國家同心協力力挽狂瀾，進而獲取新的定義，形成正向循環。簡言之，以規則為基礎、以開放為特色的主張保持了擴充性，自由主義國際秩序由此歷久彌新。

問題與討論

一、國際關係理論自由主義之緣起及其主張為何？

二、自由主義與新自由主義國際關係理論之差異性何在？其中後者有哪些延續性、哪些創造性的主張？

三、請由基本主張與分析層次等因素，說明新自由主義與新現實主義的差異。

四、福山提出的歷史終結說與民主和平論之關係為何？民主國家之間確實很少發生戰爭，但當國家利益互相衝突時，你覺得民主和平論可以發揮效果，影響國家行為嗎？

五、你覺得貿易真的可以帶來和平嗎？互賴作為一種概念，在其中扮演何種角色？台灣海峽兩岸在過去數年之間，經貿互動頻繁，但我國內部政治菁英與民眾對此等發展的觀感有著巨大差異，這些爭議會否以及如何影響兩岸的互動呢？

六、證諸美國外交政策，美國時常以推廣民主與人權為由，涉入其他國家的內政，其原因何在？試由自由主義國際關係理論之觀點討論。

七、國際制度的建立，通常是相關國家，尤其是強權國家為了節省其政策成本或正當化其政策的結果。你同意這樣的論述嗎？請以聯合國的發展為例說明之。

八、有人認為，「俄羅斯入侵烏克蘭一事是對自由國際秩序的重大挑戰」。你同意這樣的說法嗎？為什麼？

九、若依據現實主義的觀點，台灣是個資源不足的國家，在以國家實力決定一切的國際關係中，難以發揮影響力。你同意這樣的說法嗎？為什麼？

十、氣候變遷是當代人類與國際社會面臨的重大議題。你覺得若新
　　自由主義的相關論點可以獲得推廣與更廣泛的接受，會有助於
　　我們解決氣候變遷這一類涉及全球治理的問題嗎？為什麼？

參考書目

Baldwin, David (1993). Neoliberalism, Neorealism, and World Politics. In Baldwin, D. A. (ed.), *Neorealism and Neoliberalism: The Contemporary Debate* (pp. 3-25). NY: Columbia University Press.

Baylis, John and Steve Smith (eds.) (2001). *The Globalization of World Politics: An Introduction to International Relations* (2nd edition). Oxford: Oxford University Press.

Botcheva, Liliana and Lisa Martin (2001). Institutional Effects on State Behavior: Convergence and Divergence. *International Studies Quarterly, 45*(1), 1-26.

Busby, Joshua, and Jonathan Monten (2018). Has Liberal Internationalism been Trumped? In Jervis, Robert, Francis Gavin, Joshua Rovner, and Diane Labrosse (eds.), *Chaos in the Liberal Order: The Trump Presidency and International Politics in the Twenty-first Century* (pp. 49-60). NY: Columbia University Press.

Cooley, Alexander, and Daniel Nexon (2022). A False Dawn for Liberalism? Why the War in Ukraine May Not Revive the West. *Foreign Affairs* (March 29). https://www.foreignaffairs.com/articles/ukraine/2022-03-29/false-dawn-liberalism. Accessed April 6, 2023.

Doyle, Michael (1986). Liberalism and World Politics. *American Political Science Review, 80*(4), 1151-69.

Doyle, Michael (2005). Three Pillars of the Liberal Peace. *American Political Science Review, 99*(3), 463-466.

Deudney, Daniel, and G. John Ikenberry (2018). Liberal World: The Resilient Order. *Foreign Affairs, 97*(4), 16-24.

Friedberg, Aaron (2005). The Future of U.S.-China Relations. *International Security, 30*(2), 7-45.

Griffiths, Martin, Steven Roach and M. Scott Solomon (2009). *Fifty Key Thinkers in International Relations* (2nd ed.). NY: Routledge.

Gartzke, Erik (2007). The Capitalist Peace. *American Journal of Political Science, 51*(1), 166-191.

Haar, E. (2009). *Classical Liberalism and International Relations Theory: Hume, Smith, Mises, and Hayek*. NY: Palgrave MacMillan.

Haftendorn, Helga et al. (eds.) (1999). *Imperfect Unions: Security Institutions over Time and Space*. Oxford: Oxford University Press.

Ikenberry, G. John (2005). America's Liberal Grand Strategy: Democracy and National Security in the Post-War Era. In G. John Ikenberry (ed.), *American Foreign Policy: Theoretical Essays* (5th ed.). New York: Houghton Mifflin Company.

Ikenberry, G. John (2022). Why American Power Endures: The US-led Order Isn't in Decline. *Foreign Affairs, 101*(6), 56-73.

Im, Hyug-baeg and Yu-jeong Choi (2011). Inter-Korean and Cross-Strait Relations through the Window of Regional Integration Theories. *Asian Survey, 51*(5), 785-811.

Kahler, Miles, and Scott Kastner (2006). Strategic Uses of Economic Interdependence: Engagement Policies on the Korean Peninsula and Across the Taiwan Strait. *Journal of Peace Research, 43*(5), 523-541.

Keohane, Robert O. (1984). *After Hegemony: Cooperation and Discord in the World Political Economy*. Princeton, NJ: Princeton University Press.

Keohane, Robert O. (2012). Twenty Years of Institutional Liberalism. *International Relations, 26*(2), 125-138.

Keohane, Robert O. and Lisa L. Martin (1995). The Promise of Institutionalist Theory. *International Security, 20*(1), 39-51.

Keohane, Robert O. and Joseph Nye, Jr. (1997). *Power and Interdependence: World Politics in Transition*. Boston: Little, Brown & Co.

Kotkin, Stephen (2018). Realist World: The Players Change, but the Game Remains. *Foreign Affairs, 97*(4), 10-15.

Krasner, Stephen D. ed. (1983). *International Regimes*. Ithaca, NY: Cornell University Press.

Kupchan, Charles A., and Peter L. Trubowitz (2010). The Illusion of Liberal Internationalism's Revival. *International Security, 35*(1), 95-109.

Lehne, Stefan (2022). After Russia's War Against Ukraine: What Kind of World Order? *Carnegie Europe*, February 28. https://carnegieeurope.eu/2023/02/28/after-russia-s-war-against-ukraine-what-kind-of-world-order-pub-89130. Accessed March 5, 2023.

Levy, Jack S. (1988). Domestic Politics and War. *Journal of Interdisciplinary History, 18*, 653-73.

Levy, Marc et al. (1995). The Study of International Regimes. *European Journal of International Relations, 1*(3), 267-330.

Mansfield, Edward and Jack Snyder (2005). *Electing to Fight: Why Emerging Democracies Go to War*. Cambridge, MA: MIT Press.

Mastro, Oriana S. (2014). The Problems with the Liberal Peace in Asia. *Survival, 56*, 129-158.

Mearsheimer, John J. (2018). *The Great Delusion: Liberal Dreams and International Realities*. NJ: Yale University Press.

Mearsheimer, John J. (2019). Bound to Fail: The Rise and Fall of the Liberal International Order. *International Security, 43*(4), 7-50.

Mitrany, David (1943). *Working Peace System*. London: Royal Institute of International Affairs.

Mueller, John (1989). *Retreat from Doomsday*. NY: Basic Books.

Nye, Joseph S., Jr. (1988). Neorealism and Neoliberalism. *World Politics, 40*(2), 235-51.

Nye, Joseph S., Jr. (2017). Will the Liberal Order Survive? The History of an Idea. *Foreign Affairs, 96*(1), 10-16.

Oneal, John R., Frances H. Oneal, Zeev Maoz, and Bruce Russet (1996). The Liberal Peace: Interdependence, Democracy, and International Conflict, 1950-85. *Journal of Peace Research, 33*(1), 11-28.

Owen, John M. (1997). *Liberal Peace, Liberal War: American Politics and International Security*. Ithaca, NY: Cornell University Press.

Richardson, James (1994/5). Asia-Pacific: The Case for Geopolitical Optimism. *National Interest, 38*(Winter), 28-39.

Rosato, Sabestian (2003). The Flawed Logic of Democratic Peace Theory. *American Political Science Review, 97*, 585-602.

Rosecrance, Richard (1986). *The Rise of the Trading State: Commerce and Conquest in the Modern World*. NY: Basic Books.

Rosecrance, Richard (1992). A New Concert of Power. *Foreign Affairs, 71*(2), 64-82.

Scholz, Olaf (2023). The Global Zeitenwende: How to Avoid a New Cold War in a Multipolar Era. *Foreign Affairs, 102*(1), 22-38.

Sterling-Folker, Jennifer (2006). Liberal Approaches. In Jennifer Sterling-Folker (ed.), *Making Sense of International Relations Theory* (pp. 55-61). Boulder, CO: Lynne Rienner Publisher.

Weede, Erich (2003). Globalization: Creative Destruction and the Prospect of a Capitalist Peace. In G. Schneider, K. Barbieri, and N. P. Gleditsch (eds.), *Globalization and Armed Conflict* (pp. 311-323). Lanham, MD: Rowman & Littlefield.

Weede, Erich (2010). The Capitalist Peace and the Rise of China: Establishing Global Harmony by Economic Interdependence. *International Interactions, 36*(2), 206-213.

Zacher, Mark W. and Richard A. Matthew (1995). Liberal International Theory: Common Threads, Divergent Strands. In Charles W. Kegley Jr. (ed.), *Controversies in International Relations Theory: Realism and the Neoliberal Challenge* (pp. 107-150). NY: St. Martin's Press.

Chapter 4

後實證主義、社會建構主義與英國學派

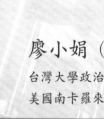

廖小娟（Mandy, Hsiao-Chuan Liao）
台灣大學政治學系副教授
美國南卡羅來納大學政治學博士

　　二次戰後興起的現實主義及新自由制度主義成為國際關係學門中的主流，然而從二十世紀下旬開始，現實主義或新自由制度主義無法解釋全部國際關係中發生的現象，全球化的興起也影響了國家能夠有效控制疆域內發生事物的能力及絕對主權觀，1980年代開始有學者呼籲重新檢視過度的國家中心論，認為國際關係中的行為者不再只是國家，並且反思國家在國際關係中的角色。恐怖主義的出現也促成對於主流國際關係理論的反思浪潮，恐怖主義的實行者並非國家，然而其根源和目的卻是對國家的一大挑戰，在反恐戰爭和策略上，各國間也各取所需，依其利益選擇性定義恐怖主義和打擊方式，使得新自由制度主義主張建立國際規範來反恐（Keohane, 2002），現實主義雖不認為恐怖主義對國家安全是嚴重威脅，但提出透過國家間的聯盟來處理（Waltz, 2002），這兩種國家本位的處理方式都流於形式，這兩大主流理論甚至無法解釋恐怖主義的起源，更遑論消解恐怖主義。

　　因此，對於國際關係理論的反省造就了反思主義的興起，主要包括女性主義（feminism）、批判理論（critical theory）、後現代主義（post-modernism）、從後殖民主義（post-colonialism）中衍生的非西方（non-Western）國際關係理論等。反思主義認為主流理論不是客觀存在的知識，需要注意理論背後之政治目的和議程，主張從既存知識結構中解放人類，以及認識受到國家與結構壓迫宰制的少數族群。例如布斯（Ken Booth）與杜恩（Tim Dunne）認為當一個人或群體被指稱為「穆斯林」時，就常被簡化為唯一身分認同，忽視他或他們的其他身分認同（Booth & Dunne, 2002: 114-115），暗示性地與恐怖主義行動畫上等號。反思主義對於國際關係理論在本體論和知識論上的檢討引起解構霸權知識理論的關懷，然而相斥的本體論與認識論也使其無法與現實主義及新自由制度主義對話。

　　另一方面，在方法上相較於美國強調科學且系統地推論方式，在歐陸偏重歷史途徑的傳統研究仍相當重要，英國就出現了一派以歷史為方法，強調國際社會及社會化作為研究本體論也是認識論的學者，被

稱爲英國學派。其後美國亦出現相似的建構主義學派，提出對於世界的認知和理解是由個人和社會所建構，強調國際社會與能動者互爲主體的概念，並有限接受主流理論的部分假設，被稱爲社會建構主義（social constructivism），與現實主義及新自由制度主義成爲三足鼎立的國際關係理論途徑。

一、比較實證主義與後實證主義

　　實證主義指涉強調「實際驗證」的哲學思想，也就是以經驗作爲驗證，認爲事實與價值可以截然二分，不認同形而上的規範論述作爲知識的來源；法國學者孔德就曾表示科學是唯一獲得知識的方法，有用的知識是要能透過實驗和經驗檢驗爲眞。而後實證主義則駁斥這種知識來源所宣稱的客觀中立性，認爲不存在客觀中立的理論，所有理論都有其意識形態和所隱藏的視角，因此有必要揭露理論背後的意涵，才能眞正將人類從各種宰制中解放出來。實證主義和後實證主義的區別在本體論、知識論（epistemology）和方法論皆有所不同。

　　首先在本體論上，實證主義認爲有一外在、客觀的世界存在，知識和理論就是用來解釋和說明這客觀眞實存在的世界。也就是說每一個名詞都對應著一個實際的存在，例如椅子之所以是椅子，是因爲有個存在的實體，事實與價值是可以截然二分的。然而後實證主義則不這麼認爲，後實證主義認爲這個世界都是人類與結構相互建構出來的，不存在有客觀的規律等著研究者去發掘，不是所有名詞都能對應到眞實存在的實體或客觀涵義，而是被賦予意義的概念性存在，主客觀從來不是截然劃分的，科學中立並不存在，例如權力轉移論認爲其觀察到兩國之間權力變化影響戰爭的可能性，然而權力的定義和轉移的標準實際上是能被研究者操縱。

　　其次關於知識論方面，實證主義強調只有客觀眞理才是有意義的知識，而知識就是用來反映眞實存在的世界，也就是其研究對象是外於理論所存在的，被稱爲「解釋性理論」（explanatory theories）。但後實證主

義則認為所有的知識都是人為建構，既然不存在客觀的世界，就沒有客觀的知識存在，理論與外在世界是相互建構的，也就是觀察者和被觀察的世界是無法二分的（Jackson, 2016），每一個理論各自根據其意識形態鏡頭篩選出所謂的事實，理論解釋的世界是內生於知識產出的過程，被稱為是「詮釋性理論」（interpretive theories），要注意理論背後的政治目的和議程，才能避免理論成為霸權並還原真實世界（Yanow & Schwartz-Shea, 2015）。以霸權穩定論為例，現實主義學者提出霸權穩定論，認為二戰後由於美國近乎世界警察的存在並提供一定公共財，使得國際體系維持穩定，因此歸納出當有霸權存在時，世界體系會比較穩定；然而從後實證主義的角度來看，霸權穩定論的背後目的即是在擁護霸權——美國——的存在，在二次戰後國際社會仍發生了不少戰爭，而美國至少就發起了波灣戰爭、阿富汗戰爭和伊拉克戰爭三場，以及韓戰和越戰等協助盟友作戰。這從實證主義的角度來看或許是為了維護現狀才發起或參與的戰爭，但以伊拉克戰爭為例，美國在沒有海珊政府攻擊美國以及擁有大規模毀滅性武器的證據下，將伊拉克視為有敵意的他者，並對其發動戰爭，這對伊拉克人民和社會而言，又何來正義。

最後，實證主義與後實證主義在方法論上也有不同看法。實證主義認為經驗和實驗才是有效的研究方法，認為透過行為主義驗證的論述才是真理知識。後實證主義則認為即便是經驗或實驗，都是經過人為建構，甚至儀器設備本身也是奠基在既存的理論上，因此不存在有效或無效的研究方法，一切都是人為建構的過程。

此外，實證主義和後實證主義在世界觀和研究議題上也大不相同，即便是在國際關係領域中。實證主義偏向以國家為中心，認為結構的能動性遠大於行為者，其自認為是解釋客觀世界的論述反而成為鞏固現狀的支持，包括權力平衡理論或現代化發展理論等，都是在其所認定的既存結構中試圖去解決問題，且強調要找出一般性、普遍性之行為模式（pattern），忽略個體差異和認同，可以說是維持現狀的理論，或被稱為是解決問題式理論（problem-solving theory）。而後實證主義則以人為中

心，從個人與全人類等層次考量，認爲只有攸關人類生存與福祉的才是重要研究議題，強調理論要能改變現狀的不公平，企圖變革結構並解放被宰制的邊緣族群，被稱爲解放式理論（emancipatory theory）（Cox, 1986: 207-210）。

二、後實證主義學派

後實證主義可以說是泛指反思實證主義的所有研究學派，對於任何理論都要揭露其意識形態及所隱藏的視角，包括女性主義、批判理論、後現代主義、後殖民主義、無政府主義等，以及近年來反思理論與知識霸權出處，因而有非西方國際關係理論的提出。以下簡介女性主義、批判理論、後現代主義和非西方國際關係理論。而關於社會建構主義以及英國學派是否應被視爲後實證主義學派則仍有爭議，有論者提出社會建構主義和英國學派接納了部分實證主義的假設，與後實證主義的反思精神不太一致（莫大華，2003），因此本章另外介紹社會建構主義與英國學派於後。

(一)女性主義

女性主義論述出現由來已久，可追溯至十八世紀啓蒙運動時，沃史東克拉夫特（Mary Wollstonecraft）所著的《女權辯護》（*A Vindication of the Rights of Woman: with Strictures on Political and Moral Subjects*）一書，在書中她認爲女性並非先天就較男性低賤，而是由於缺乏足夠教育，理性並無兩性之分；而女性無法得到足夠的受教權是因爲父權的壓迫與教育所致，因此女性應當瞭解此狀況，女性作爲人類應該也有與男性相同的權利和公民責任，而不僅是婚姻交易中的私人財產或社會的裝飾品。而到了十九世紀隨著男女平等受教權的普及，女性主義慢慢轉變爲具組織性的社會運動，越來越多人相信女性在一個男性爲中心的社會中系統性受到不平等對待，遂有要求女性參政權的運動。而在國際關係學門中，女性主義研究亦對主流論述進行全面性批判與再詮釋，提出性別建構了國家行

為和運作，而這性別差異是由社會建構的。代表性學者包括蒂克娜（Ann Tickner）、艾緒坦（Jean Bethke Elshtain）、安鏤（Cynthia Enloe）、韋帛（Cynthia Weber）、西爾維斯特（Christine Sylvester）等。她們分別針對國際關係理論和論述中受陽性特質影響以及性別盲點等提出嚴厲批判，解構主流國際關係理論的核心概念。

◆女性主義論述

女性主義的運動與其論述相輔相成，迄今至少有三波發展。第一波女性主義是在1960年之前，由人類學家米德（Margaret Mead）在研究三個原始部落後，提出所謂陽性特質（masculinity）與陰性特質（femininity），是由當地文化決定，並非不可抹滅的天性。第二波女主義則帶動了女性主義的學術研究，出現了各種女性主義流派，例如文化女性主義、自由主義女性主義、馬克思主義女性主義、社會主義女性主義、激進女性主義、後現代女性主義等，基本核心概念是爭取兩性平等，徹底消除女性受歧視和剝削的狀況，去除女性在社會關係中附屬於男性的觀點，具體行動則是消除男女同工不同酬等現象。第三波女性主義則提倡女性自我意識的覺醒，擺脫社會傳統和文化對女性既存的限制，西蒙波娃（Simone de Beauvoir）的《第二性》從存在主義的角度分析了女性受壓迫的情況，提出生理性別和社會性別的差別，女性就是由男性後天定義出來的社會中的「他者」，並以此藉口組織父權社會，認為女人必須透過重新定義自己的存在，並勇敢且誠實地做出抉擇，努力改變處境，而非由既存的社會文化決定自己的選擇範圍。在當代由於社群媒體的發展，有論者認為產生了第四波女性主義，專注在婦女賦權，討論女性受到歧視、騷擾與強暴等議題，以及將解放女性放在解放人類的脈絡中（Cochrane, 2013），由於在亞非地區，女性受到歧視往往不僅是由於性別，更可能是由於經濟或種族地位，因此解放女性的同時也是為了改革族群結構的不平等，更重要的是，解放女性的同時也是將男性從性別框架中解放出來，當紅女星艾瑪華生（Emma Watson）透過其高知名度在媒體上推動HeforShe

的兩性平權運動，作為聯合國婦女署全球親善大使，其在聯合國演講時表示將爭取女性權益的女性主義定義於厭惡男人是不正確的，性別應該被視為流動的光譜，男人和女人都應該能自由表達其脆弱或堅強的一面，不受限於性別。鼓勵男性勇於面對日常生活中不平等事件，藉此改變社會，展現真正和完整的自我。

　而女性主義對於主流國際關係理論的批評則主要有兩大論點。其一是研究者與理論的性別盲點，尤其傳統國際關係主流理論幾乎都由西方白人男性學者所提出，強調主權、安全和軍事議題的陽剛性，排除了女性的參與（Banerjee & Ling, 2010），例如由於強調軍事能力，直接貶抑女性的存在，認為男性才能作為戰士，女性則是被保護的對象。這樣的論述否定了女性在戰爭中的地位和角色，事實上，女性不能作為戰士是由於社會結構刻板的安排，而女性在這樣結構下作為後勤支援或安定國內社會的角色更形重要，但在討論軍事與戰爭的時候對於這塊完全略而不談，完全抹滅掉女性在戰爭中的貢獻。再如對國家安全相關議題藉由公私領域二分法，把女性放在私領域，認為女性不需要亦不能參與規劃資源分配與國家建設。安鏤（Cynthia Enloe）即提出「個人的即國際政治的」（the personal is international）（Enloe, 1989），企圖打破公私領域二分法，重新定義國際政治的範圍與內涵，揚起對性別盲目的覺醒。原本被放在私領域的議題事實上受公領域的約制，因此女性也應該在公領域有參與討論和決策的權利，公私領域的區別只是父權社會對女性參與國際政治的限制。議題本身也不應有高低之分，把男性的世界觀視為人類普遍的世界觀，而去排序議題的重要性和資源分配，就是一種性別盲，例如在晶片戰爭中，原本是商品生產和供應的問題，當被提升到事關國家安全時，性別盲就出現，由國家之間敵意與否以及是否有能力確保晶片供應來決定決定晶片生產的場所，卻忽略了晶片工程師和其家眷的移動和生活安排，彷彿他們不會受到影響，而這些人的後代的生存權益和身分認同也無需討論，因為都屬於私領域，這樣的設定就是性別盲的片面思考，將原本無關性別的國際關係學門變成男性世界觀的國際關係。

其二女性主義批判主流理論採用陽性特質與陰性特質的區分進行國際關係理論論述與實踐（Enloe, 1989）。陽性特質指的是刻板的男性特質包括強悍、堅毅不示弱、男性氣概等，而陰性特質則是刻板的女性印象，包括脆弱、敏感、陰柔等。傳統國際關係有一種把所有與陽性特質有關的議題和生活方式都認為遠高於陰性特質的傾向，甚至有陰性特質等同於無秩序和危險，必須被征服和消滅的錯誤連結，而這些都是由於在國際關係研究中，大多數都為男性研究者且產生性別盲的結果。安鏤歸納出在外交政策與實踐中，陽性特質被重視的表現如：(1)男性決策者必須在盟友和敵人前表現男性氣概；(2)文官面對軍事議題時更需要展示男性氣概，以免被看輕；(3)在當代美國政治文化中把曾經有過從軍或戰爭經驗與軍事專長看作更佳領導或更好領袖氣質的要件（Enloe, 2000）。尤其在面對軍事相關議題或危機時，文官、不具軍事經驗之總統候選人、尤其是女性領導人必須特別用言語或政策證明自身堅毅強悍與不示弱，方可代表其為真男人或女性方可以擔任領導者（黃競娟、陳柏宇，2020）。

◆批評

女性主義雖發展已久且研究議題和立場多元，卻也因此造成發展困境。首先就是不同群體的人對女性主義做出了反應，所激盪出來的各種女性主義流派之間卻互相攻擊，削弱了女性主義發展力道，也讓女性主義難以提出有意義的研究議程或研究方法。例如第一波女性主義認為女性的覺醒是為了成為更好的男性伴侶，但這被認為剝削了女性作為自己的存在。再如引入陽性特質和陰性特質的區分，反而讓公私領域二分法更加根深蒂固等。另外，女性主義研究與理論常被認為是意識形態或政治運動，而非學術研究，也就是難以科學化。例如基進女性主義甚至提出性別隔離主義，女人不需要男人等，這種規範性論述無法進行驗證。

(二)批判理論

批判理論來自於啟蒙時代對於人基於理性所帶來的批判觀念，但由

於法西斯主義興起，有學者認為理性並沒有帶來個人主體的自由，於是在馬克思主義的基礎上，承繼「人類解放」的核心概念，強調改變世界的重要性，目標要消除權力對人的宰制，改變現狀的可能，追求全體人類之自由。並且提出批判性安全研究，認為傳統的安全觀只重視國家本身如何壯大，但對人類自主造成威脅的來源不僅是戰爭，貧窮、暴力和政治壓迫也都是，要思考安全的定義是什麼？誰或什麼才是真正對人類產生威脅的對象？達到安全的策略與手段又應該是什麼？認為主權國家才是造成人類不安全的主要製造者，應該要以全人類的安全為主要考量（Devetak, 2013）。以下簡介其中兩個主要學派：

◆法蘭克福學派（The Frankfurt School）

法蘭克福學派以哈伯瑪斯（Jurgen Habermas）為代表，提出要揭發資本主義體系對人的宰制，認為理論都有其規範價值（normative value），不應該去合理化現狀，而是要能反思和批判現狀。具體來說，哈伯瑪斯認為知識可以分成兩類，一類是傳統性知識，是為了讓現代體系運作更順暢所發展出來的，例如現實主義和自由主義都是；另一類則是批判性知識，目標是要揭發現代體系背後權力宰制關係。林克雷特（Andrew Linklater）提出「論述倫理」的概念，主張任何原則的有效性，必須經由所有人的對話來達成共識，因此在共識形成前，沒有任何人、主張或道德立場可以事先排除。真正理性的對話存於沒有任何預設立場或道德規範，以及願意挑戰內外有別的社會與政治疆界（Linklater, 2007）。林克雷特認為主權國家為基本單元的設定才造成國際社會的不穩定，因此要打破國家疆界以及其道德意涵，形成更具包容性的國際社會，才能達成全人類解放。

◆葛蘭西學派

葛蘭西學派認為主流國際關係理論的結構決定論過於悲觀，要啟發結構內成員的主體性與能動性，從而激發出改變現狀的可能出路。考克斯（Robert W. Cox）提出要從形成國家的歷史脈絡以及經濟生產關係所造成

的社會力量下手，才能找出透過這兩股力量所形成的權力如何形塑世界秩序與宰制─服從關係（Cox, 1986）。具體來說，葛蘭西學派認為霸權是已開發資本主義國家維持支配地位的方法，這些資本主義發達國家的統治階級利用知識、道德養成、社會制度等心智的方式，宣傳與說服社會中其他階級接受自己的道德及文化的價值觀，形成文化霸權，並形塑支持其統治的集體意識，也就是透過將其階級利益包裝成普世利益，從而掩飾了統治階級宰制的真相。同理在國際社會中，霸權也是透過相同路徑，創造並維護其所建構出來的秩序，分享利益給予其他國家統治階級，來確保霸權以及其他國家統治階級的領導地位，必須要揚起所有成員對於這種宰制的覺醒，認知到國際社會中普遍存在的不平等現象，從而透過革命的方式改變結構。以敘利亞內戰的難民處境為例，必須思考由全球經濟結構、地緣政治與國際社會階層所構成的霸權秩序是如何造成人民必須離開自己的國家（Ferreira, 2017）。

(三)後現代主義

後現代主義反對任何基礎論述或大理論，不相信任何本質論，也就是反對知識或真理有所謂的真偽，認為各種知識都有後設，因此強調詮釋性的方法論來解構知識和基礎理論背後的觀點（莫大華，2003：118-119）。傅柯（Foucalt）表示權力造就知識，所有權力都需要知識來合理化，所有知識則依賴並強化既存的權力關係。要透過歷史途徑發掘「真理政權」（regimes of truth）如何逐步被建構成真理。艾希利（Richard Ashley）、德倫（James Der Derian）也認為應該要剖析知識與權力的密切關係。沃克（R. B. J. Walker）以反恐為例，在反恐過程中出現了強烈的正與邪、現代與野蠻、西方與伊斯蘭等二元對立論述，用知識和論述表明自己是正義與真理一方，對抗邪惡野蠻之勢力，這就是「信念倫理」（an ethics of conviction），卻避談了自己在事件中所應負的責任（Walker, 2003: 68, 77-78）。

方法上後現代主義利用文本分析進行解構（deconstruction）與雙重閱

讀（double reading）重新思考既有國際關係理論與概念（Diez et al., 2011: 166-172）；所謂的解構就是認知到概念與語言都是人為建構出來，例如稱男性為「先生」就暗示著男性為先的價值；而雙重閱讀要求重複閱讀一段文本的意涵，並對文字間的結構和概念連結進行反思，就能讀出看似穩定的表面意涵背後之矛盾，例如在斷句「下雨天留客天留我不留」時，就能發現同樣的文字卻可以有完全不同的解讀。以主流國際關係理論來說，接受原始狀態為無政府狀態的假設用意在設定主權國家之外無更高權威，然而後現代主義就認為這種論述是為了替「主權」概念鋪路，因為無政府狀態，所以主權概念的出現順理成章（Ashley, 1988）。

後現代主義面對最多的批評則是看似解構或爬梳出基礎理論和知識背後的論述，然而只是帶來更多困惑讓人處於雲霧之間。後現代主義者彼此之間對理性和真理的看法也不一樣，對於倫理（ethics）的看法也不一（莫大華，2003：119）。加上反對基礎理論的出現，讓後現代主義無法產出一套一致且具代表性的論述，其發展也因此受限。

(四)非西方國際關係理論

這十幾年來，國際關係學界中出現了不少以討論非西方國際關係理論，或以各區域或國家出發，從歷史途徑探討其政治、社會與文化形成脈絡及對世界政治的影響等，例如阿查亞（Amitav Acharya）與我國學者石之瑜等。早在1977年霍夫曼（Stanley Hoffmann）就已著文表示美國作為世界霸權使其國際關係研究也成為學界霸權，美國對於國際關係研究所重視的標準與方法，也逐一成為國際關係的主流，例如現實主義、新自由制度主義等（Hoffmann, 1977）。而美國學界奉行行為主義後。行為主義科學和量化方式也成為國際關係學不可或缺的重要要素。因此這種以美國為中心的特殊性，或說以包括歐洲先進國家在內的西方為素材所產出的國際關係理論，是否真能解釋其他區域或文化的政治現象與來往？例如布贊（Barry Buzan）和利特爾（Richard Little）認為將17世紀歐洲主權國家的國際互動與體系套用在各國上，就像是穿了「西

伐利亞的束衣」（Westphalian straitjacket），毫不質疑地把各國互動模式都視為相似（Buzan & Little, 2001: 24-25）。瓊斯（Branwen Jones）則點出西方國際關係常去除歷史脈絡地偽裝成客觀且普世主義，完全忽略被殖民區域的原有存在與發展，因此相當偏頗，國際關係理論必須去殖民化（decolonizing IR），從批判的視角重新建構國際關係理論與知識（Jones, 2006: 1-19）。阿查亞也表示現行的自由主義世界秩序不能稱為全球秩序，而是美國所創建的世界秩序，因為這忽略了俄羅斯、中國、印度和第三世界等的主動性，且亦不能認為這秩序一定會帶來良善的結果（Acharya, 2014），例如全球南北問題始終不能解決就與這自由主義秩序的架構和維持有密切關係。

而從在地的歷史脈絡中興起的非西方國際關係理論近年來在亞洲等各地出現不少論者（Zhang & Chang, 2016），趙汀陽（2011）指出世界政治就是要處理單元間關係的問題，相較於同主流國際關係理論討論國家與國家的互動，他採用儒家所提出的「家－國－天下」架構來分析世界。秦亞青就指出只有在這種整體論的天下觀下，才有可能出現和諧世界，在西方強調主客對立的二元哲學下，頂多達到協調（Qin, 2018）。石之瑜和黃瓊萩則發展出來「關係平衡論」（Huang & Shih, 2014），從根本駁斥現實主義的權力平衡概念，認為國家互動會以維持雙邊關係穩定為最高默示原則，而不是追求權力極大化，因此才會看到國家有自我節制與退讓的行為。另外，還有日本京都學派西田幾多郎強調打破主客二元的認識論及強調「無」的概念，又或者印度的「不二論」（advaita）強調全球連帶性等，這些都有可能成為在地國際關係理論的源頭（Ling & Chen, 2018）。

三、社會建構主義

「建構主義」概念的引進始於1980年代後期與1990年代，歐諾夫（Nicholas Onuf）首先在1989年的文章中正式提出「建構主義」（constructivism），承繼反思主義核心論點，認為行為者和結構是相互建

構的。而溫特（Alexander Wendt）結合主流國際關係理論對於無政府狀態的假設與社會學，將建構主義應用於國際政治，提出無政府狀態是透過國家互動實踐所形成，被稱為社會建構主義。卡贊斯坦（Katzenstein）與費麗摩（Martha Finnemore）則是強調規範對於國家間互動的影響，尤其是規範的社會化過程中如何形塑國家行為等，充實了社會建構主義的內涵。

(一)社會建構主義的主要論述

◆觀念、認同與國家利益的關係

溫特承認主流理論中物質因素的影響力，認為物質因素如權力等有形塑國家和政治行為者的影響力，然而他認為「觀念」同樣有著相等的影響力。所謂的觀念（idea）包括文化、規範、信念和意識形態等，赫胥曼（Albert O. Hirschman）認為觀念是由個人心智所建構，包括了一組特定的信念、原則和態度，提供行為和政策產生某種傾向（Hirschman, 1961: 3）。譚娃將觀念分成四種型態：意識形態或是共享信念體系（ideologies or shared belief systems）、規範性信念（normative beliefs）、因果性信念（cause-effect beliefs）與政策指示（policy prescriptions）（Tannenwald, 2005: 15-16）。不同觀念有不同的來源，如因果性信念的來源往往是知識學界，而規範性信念則是來自於個別領導人的經驗等。

具體而言，所謂意識形態或是共享信念體系指的是系統性的教條或信念，其反映出一組團體、階級、文化或國家之社會需求和期待，例如清教徒的戒律或者政治意識形態包括馬克思主義或民族主義等，而知識份子往往是發展和維持該意識形態的關鍵角色，例如洛克和盧梭等自由主義者可以說是「民主」的催生者。至於規範性信念（或稱為原則性信念，principled beliefs）則是指關於何者為是何者為非的觀念，由區隔正確或錯誤、正義或非正義之特定判準的價值觀和態度所組成，並與標準行為的認定相關。例如對於人權規範的信念就影響到蘇聯在冷戰時期經濟援助對於德國統一可能造成影響的不同判斷。至於因果性信念則是對於因果關係、

手段與目的關係之觀念。這主要產生於對這世界的認知理解，並且提供個人指引或策略去達成他們的目標。這些信念所產生的權威性往往由知識社群或相關的政治軍事領導人、專業人物、科學家或經濟學家等產出。最後，政策指示是指從因果或規範性信念而來之特定性、有計畫性的觀念，而且就是政策指示性觀念使得決策者決定如何解決特定政策問題，因此往往是政策辯論的核心，並附帶著具體行動策略或政策計畫等。不同的觀念會導致不同的政策指示。而這些不同類型的觀念對於政策行為的改變會有不同的影響途徑和效用，有些觀念可能會在特定議題特別突出，例如意識形態在行為者描述面對的情境或定義現象時會產生較大影響，而且特定觀念也可能透過改變決策過程來發揮影響力，或者影響如何詮釋事件發生後的結果等（Tannenwald, 2005: 15-17）。

　　舉例來說，美國前總統川普的意識形態主要建立在「美國優先」的信念上，並且認定美國受害於自由貿易下的開放市場原則，也就是其原則性信念是自由貿易是錯誤的，使美國處於不利之地，因此想糾正自由貿易；另外，其身邊顧問如加農、波頓等所提供的知識，進而認為中國崛起是由於美國的科技被竊取和中美大量貿易逆差所造成之因果信念，而且中國崛起是對於美國霸權的威脅，因此在中美貿易戰中除了要求降低貿易逆差外，更要求中國必須修法和加強執行力來保護美國專利和技術等，產生了具體的政策指示觀念，因此若中國一昧只求大量購買美國產品來結束中美貿易戰，就無法滿足川普在政策指示性信念上的期待。

　　觀念發揮作用則是透過對於「認同」的影響，認同進而會決定國家角色與利益，最終影響國家對外政策與行為。社會心理學的觀點認為認同（identity）指的是一個人對於自我獨特性的體悟，是對於自我的建構，以及對於建構自己與所屬團體所共有觀念的表徵，泰菲爾（Henri Tajfel）把後者定義為社會認同（social identity），也就是個體認知到自己屬於特定的社會群體，以及作為群體成員的價值和情感意義，同一群體成員擁有相同的信仰、價值和行動取向，形成一種集體觀念，而這種聯繫會比僅依靠利益所形成的關係更加穩定（Tajfel, 1979）。

認同的來源包括血緣或族群、歷史傳統、習俗規範、文化傳承和特定政治、經濟、社會制度實踐等，也可能是國家內部形成或受到外在國際文化環境的改變。例如二次戰前的日本和德國原是軍國主義，在二次戰後由於軍國主義在雙方國內飽受批評，因此改變為以愛好和平與重視經貿的內部共識，使其國家認同從軍國主義轉而為愛好和平陣營（Katzenstein, 1996）。國家也有可能是透過社會化的過程去接受國際社會所從出的偏好和期望（Finnemore, 1996）。溫特表示國家的身分認同是基於個人對自我在體系中的理解和期待，因此體系文化的不同將會造成認同的產生和變化，同時，與其他體系內成員的互動也會影響國家的身分認同。

　　溫特進一步分析至少有四種認同的存在（Wendt, 1999: 224-229）。認同的最一開始是「個人或法人認同」（personal or corporate identity），從自我組織和同質性的結構去區分我者和他者的差別，例如透過共識、記憶等內生形成「我」或最小集合的「我們」的意識。而第二種認同則是「類屬認同」（type identity），可以被包含在個人或法人認同中，指的是一種特定的社會屬性，例如共有的價值觀、語言、行為特性、經驗、出生地點或宗教等，和第一種認同的差別在其透過由特定團體定義的社會意涵去區分與他者的差異，由於有些特定屬性是固有的，如出生地，所以和法人認同都可被視為是內生的。對國家而言，類屬認同的屬性就如政體的類型（民主或獨裁）或國家的形式（資本主義或共產主義國家），是不須依賴其他國家認可而可自己形成的自我認同。

　　第三種是「角色認同」（role identity），這是由文化和共享的期待所構成的，且是存在於與「他者」的關係。換句話說，角色認同不是自我可以制定，而是由在社會結構中占據的位置以及觀察與相近或相對角色之他者的行為規範等所形塑出來。例如日本認為其在現今國際體系中的角色是美國堅定的盟友，因此在國際舞台上往往採取附和美國的發言，但這樣的角色同時也是得到美國和周遭國家的認可才形成。而我者與他者之間的互賴程度和緊密關係、或者一方對另一方的角色認知等也會影響一國的角色認同。第四種則是「集體認同」（collective identity），集體認同將自我

和他者連結起來，透過自我定義爲與他者相同，來形成單一的認同，進而認爲集體的利益也是自我利益的一部分，而產生利他的行爲。集體認同的形成來自於角色和類屬認同，例如台灣自認爲是自由民主國家，在國際體系中是自由民主陣營的典範，因此在國際社會中捍衛自由民主價值也成爲台灣的國家利益。

　　一旦認同決定了行爲者是誰或什麼之後，國家利益則表明行爲者想要什麼或者顯示出他們行爲的動機。國家利益定義的前提就是認同的產生，沒有認同，行爲者無法知道他需要什麼。另一方面，沒有利益，認同也缺乏了行爲的動力，也就無從解釋行爲如何從慾望和信念產生（Wendt, 1999: 231）。溫特提出至少有四種國家利益是國家爲了滿足其認同所必須的，其權重與排序會根據國家認同而有所差異。第一種國家利益是實體生存（physical survival），也就是確保個人所組成的國家社會複合體（state-society complex）能存續。第二種國家利益是「自主」（autonomy），國家社會複合體能夠控制自己資源的分配和選擇政府，也就是主權的概念。「經濟福祉」是第三種國家利益，指適宜且有效的維持國家資源生產模式的基礎。不像其他國際關係學者主張經濟成長是國家的核心利益，溫特認爲是否追求經濟成長係由國家生產模式或國家形式所決定，是國家在歷史發展過程中附帶的類屬認同所從出。最後一種國家利益是「集體自重」（collective self-esteem），關係著團體如何透過尊重或地位來感覺自我實現的需求，這大部分依賴於集體自我形象是正面或負面，但有部分透過與重要他者的關係所製造出來，尤其是這些重要他者如何看待國家自己，還比國家自己如何看待自己有更大影響。

　　總結來說，一國的觀念會影響其認同的產生，而國家認同決定了國家是誰的問題後，進而界定國家利益，再影響國家的政策及行爲。**圖4-1**說明了觀念、認同、國家利益與國家政策及行爲的關係。然而這並非靜態或一次性的發展，國家的觀念與認同是在與他國互動的實踐中不斷修正與重塑，國家利益也會據此改變，並進而影響國家政策及行爲，然後再因國家行爲與互動而影響國家觀念與認同。例如冷戰時期的中國大陸和美國原

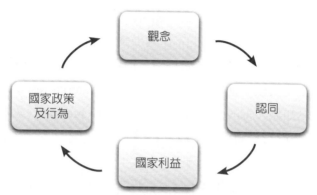

圖4-1 觀念、認同、國家利益與國家政策及行為

資料來源：作者整理

本各自認同自己屬於共產陣營與民主陣營，為了捍衛陣營的團結，彼此相互敵對，但在1969年中國大陸與蘇聯交惡，爆發「珍寶島事件」後，尼克森政府嘗試接觸中國大陸，1970年2月尼克森還在外交咨文中表示孤立中國並不能維持世界真正和平，而中國大陸也因與蘇聯摩擦，以及尼克森對越戰的態度明確化，有意和美國和解，於是有尼克森訪問中國進行關係正常化的重大突破。中美雙方一開始在意識形態影響下認為彼此差異甚大，甚至認為彼此是威脅，在類屬認同上分別是共產與民主國家，然而由於中蘇交惡，加上國際現實的改變，包括尼克森在越南戰爭上的立場等國家行為，雙方認為彼此是威脅的觀念逐漸動搖，並在雙方接觸互動良好後，破除原先視彼此為敵人的認同，進而最終走向和解一途。

◆結構和能動者的關係

溫特認為除了國際文化環境等「結構」能夠影響國家觀念、認同與國家利益的形成過程，國家行為者─或稱「能動者」（agent）─也會影響結構的產出，稱為觀察者和被觀察者之間「互為主觀」（intersubjective）。並且，由於能動者和結構的相互建構，國際體系的本質就不再定於一尊，而是流動的，因此社會建構主義也被認為是國際體系本質的不可知論者（agnostic）。

　　具體而言，相較於新現實主義和新自由制度主義從物質角度形塑國際體系，社會建構主義從不同的本體論出發，溫特結合反思主義的觀點，指出雖然物質因素是國際體系的基礎，但是國際體系整體還是一個社會結構，由三個主要成分構成：除了物質資源（material resources）外，更重要的是共享知識（shared knowledge）及實踐（practice）（Wendt, 1995: 72-74）。首先物質資源仍對結構有其作用，但這作用必須透過國家的認知和定義才能產生影響，例如國家權力大小並不自然對國際結構或國家行為產生作用，而是當國家及其他行為者認知到權力的差距後，才能產生該有的作用。例如美國在一次戰後就逐漸成為世界最大的經濟體，然而其並不試圖發揮這樣的物質力量，因此也就無法轉換為相應的影響力去改變結構，形成英國仍為當時國際體系中最主要的領導者的結構，直到二次大戰中美國改變其觀念，動用物質力量並承擔世界秩序維護者的角色後才改變。其次，共享知識指的是行為者在特定的社會環境中所享有的相互主體理解和期待（intersubjective understanding and expectation），其來源有可能是自然形成，也有可能是原先個體所持有的觀念、認同和國家利益，部分會演化為共享的觀念、認同和利益，又或者可能是透過行為者間互動與實踐形成特定社會環境下的文化或規範。每個特定的社會環境都有其特殊的共享知識，例如在達爾文自然環境的假定下，弱肉強食成為行為者間共同認知的規則。又如在安全社群的社會環境中，武力衝突的可能性降至最低，行為者會選擇和平的方式如協調、談判或仲裁來優先解決彼此的歧異。最後，實踐則是讓行為者觀念、認同和利益改變的關鍵成分，是造成國際結構本質改變的要件，也就是結構是透過國家實踐後建構為特定的本質，而實踐的差別或變化會改變國家的觀念，進而又影響國家實踐和互動，並再進一步催化國際結構的改變。而這點也是社會建構主義和現實主義與新自由制度主義對於國際結構看法最大的差別。

　　總結來說，國際體系是由能動者和社會結構相互構成，例如前述中美兩國之間原先有意識形態的敵對因此產生互不接觸的二元結構，但由於中蘇交惡後中美兩國開始有零星接觸，這些零星接觸和個別國家實踐如尼

克森遂行越南戰爭越南化之撤軍行動等，讓中美雙方產生願意與對方和解的觀念，打破原先在東亞壁壘分明與圍堵共產主義的結構。另一方面，結構對於行為者也會產生影響，界定行為者的觀念、認同與國家利益，例如冷戰時期美蘇兩大陣營壁壘分明的結構，使得雙方雖從未直接衝突但敵意卻從未削減，並且雙方對外行為均是以壓制對方為首要考量。需要釐清的是新現實主義與新自由主義雖認為結構對於行為者會產生影響，但結構是獨立於行為者之外的存在，即便新自由主義認為國際制度是由國家所形成，但國際制度形成後就獨立於行為者之外，而對行為者產生影響，但社會建構主義則認為結構與能動者是相互建構的，並非個別獨立的存在，也使得結構的本質得以變化。例如新現實主義認為由於無政府狀態，所以每個國家的國家利益都是生存為首要，國家之間的關係天生就是相互敵對和不信任，背叛和武力是常態等，即便國家互動再多、合作再密切，仍隨時有可能會遭受背叛與被征服。然而實際上國家間的關係隨著不同的國家實踐與互動有不同的社會結構，例如即便英國不再認同歐洲聯盟的理念而退出，也須遵循相關公約的規定，無法說退出就退出。又如同樣遭受美國以提高關稅威脅，加拿大和美國之間並無如中美間演變成嚴重的國際衝突，順利地重新議定貿易協定。

◆無政府文化的三種樣貌

提出國際體系本質並非單一化後，溫特就國際體系的無政府狀態提出進一步論述，也就是無政府狀態會隨著國家之間的物質資源、共享知識和實踐改變，國際體系並不是物質力量的分配，而是觀念分配（Wendt, 1999: 309），無政府狀態本身並無特定的內涵，是在透過國際權力結構和國家間互動過程的交互作用下，產生了特定的無政府文化，以及在那之下國家的行為與行動，而這文化又會回頭限制行為者的行動和動機。也就是說，文化是國家間透過互動所產生的共享知識，包括預期行為、規範與制度等，利益的基礎就來自於文化，如何在體系層次進行權力分配是由文化決定，更清楚地說是由組成成員對於分配的認知和由成員的認同和利益所決定。例如美國同樣軍售給以色列和沙烏地阿拉伯，但軍售的目的和意

義就不同，以色列和美國之間是緊密的關係，是爲了加強盟友的防備，但對沙烏地阿拉伯就是基於商業的理由以及確保在中東地區的影響力所進行的軍售。

　　至於國際無政府文化的實現則根據「文化內化的程度」和「社會程度」可以區分爲三種樣貌：霍布斯文化（the Hobbesian Culture）、洛克文化（the Lockean Culture）和康德文化（the Kantian Culture）。文化內化的程度是指對於共享知識——包括規範和規則等——遵守的程度，這裡共享知識不帶有道德好壞的判準，例如戰爭可以是光榮的或是有害的。內化層級的差別在於，第一個等級中國家遵守規範是由於外界的壓力，第二個等級則是出於成本效益的計算，第三個等級則是將共享知識內化於自身認同的一部分，形成國家的日常行爲準則（Finnemore & Sikkink, 1998）。而社會程度指的是成員的互動是傾向衝突或合作。值得注意的是，溫特和主流新現實主義與新自由主義不同的地方在於，溫特認爲文化內化程度和社會程度是相互中立的（Wendt, 1999: 253-254），一個無政府文化不必然由於文化內化程度高就帶來合作的社會，反之，一個無政府文化也不必然因爲文化內化程度低就帶來衝突的社會互動，主流國關理論所主張的自然狀態只是其中一種可能性。而根據文化內化程度和社會程度排列組合就有九種社會類型的可能，如圖4-2所示。現實主義所指的自然狀態位於第一等級的霍布斯文化，帝國主義型態的社會則是第三等級的霍布斯文化，原因是母國和殖民地之間仍是衝突的狀態，但是母國的規範和規則被強制一體適用於殖民地。二次大戰前的歐洲社會就屬於洛克文化的第一級，彼此間時有衝突時有合作，但是對於互動規範有共同的認知，例如戰爭和外交的規範等。而歐洲聯盟則是在康德文化的第二等級，不是第三等級的原因是近來歐洲聯盟各國之間對於某些領域的規範出現了不同的認知，例如接受難民和英國脫歐等，但彼此之間還是以合作的前提互動；邦聯國家的社會型態則是康德文化的第三級，成員間將遵守共享知識內化爲自身利益的一部分，且彼此間的關係爲合作。

文化內化程度	第三等級	帝國主義		邦聯國家
	第二等級			歐洲聯盟
	第一等級	自然狀態	從西伐利亞條約後至二次大戰前的歐洲	

霍布斯文化　　　　洛克文化　　　　康德文化

社會程度（衝突─合作）

圖4-2　三種無政府文化

資料來源：Wendt (1999: 254)。表格中的例子為作者舉例。

　　從行為者的角度來說，這三種無政府文化主要是由不同類型的角色結構和地位所決定，也就是敵人、對手或朋友，其中的差別在於自我和他者的關係、來往的規則、互動的邏輯和體系傾向（Wendt, 1999: 43），即可對應至霍布斯文化、洛克文化和康德文化。

　　在霍布斯文化中，成員之間的關係主要是敵人（enmity），指的是行為者認知到他者並不承認自己存在的權利，也不會限制對自己使用武力的程度或意圖（Wendt, 1999: 260）。因此當他者不限制對自己的暴力時，自己就會以牙還牙採取相同態度對待視為敵人的他者。在這個文化中，自己和他者的知識幾乎都是由各自國內所形成，甚至可以說缺乏共享的規範和規則，在國家間第一次接觸的時候，彼此由於對對方完全不瞭解，很有可能會採取最糟的結論，也就是試圖征服對方，但是在第一次接觸之後，雙方就會開始互相認識，逐漸形成共同的瞭解，這樣的結構就是霍布斯文化下的社會結構。也就是說，新現實主義和新自由主義所主張的自然狀態有可能存在，尤其是當國家間有接觸之後，很可能會形成行為者國家內有一群人可以藉由鼓勵軍事競爭來擴大權力時，就會更設法加深彼此為敵人的印象，例如冷戰期間美蘇兩國彼此抱有敵意長達將近五十年，主要原因就是彼此國內都有強力說服決策者對方是敵人的論述存在。

　　在洛克文化中，成員之間的關係主要是對手（rivalry），行為者認知

到他者承認自己的存在和自由之權利，且他者會有限度限制對自己使用武力的意圖，其目標主要是改變自己的政策或行為，不是生存（Wendt, 1999: 279）。而承認對方生存和自由的權利，也演變為一種共享的期待，成為文化中的一種機制，也就是不會試圖去摧毀對方的生存或自由，更具體說就是國際法保障國家主權的概念於焉出現。例如從西伐利亞國家體系建立後，歐洲各國的互動就脫離霍布斯文化下殺或被殺的邏輯，而有法治的現象，即便戰爭仍會發生且權力仍然相當重要，但是形成了生存和讓對方生存的共享觀念，這就是洛克無政府文化的特徵（Wendt, 1999: 279）。洛克文化的第二個特徵則是由於主權觀念的出現，使得國家能夠以集體自重的方式減少生存的威脅，從心理上得到國家地位的再確認，換句話說，洛克文化中出現某種對於國際體系「成員身分標準」的概念，決定了什麼樣的個體可以進入利益分配，在西伐利亞體系下就是主權國家才能享受在國際體系的一席之地。行為者不僅有自我的認同，還要符合特定的類屬認同才能得到這體系所定義的正當性，例如只有採行資本主義和自由民主國家才被認為是現代化國家（Wendt, 1999: 291-92）。洛克文化的第三個特徵則是集體認同出現，在洛克文化中的行為者感受到對於團體的忠誠和義務，這會促使集體行動（collective action）去抗拒有威脅性外來者的出現。洛克文化的第四個特徵則是國家會出現自我擁有（possessive）的表現，認為自己是自己的擁有者，不屬於廣義的社會，因此會想要依照自己想要的方式生存，也就是認為主權的最高性是由於自己努力建立主權體系後所賦有，自利（self-interest）也就成了行為者的權利，應該被其他人所認同和尊重（Wendt, 1999: 295）。

最後，在康德文化中成員之間互相定位為朋友（friend），而其共享的規則之一就是不使用武力，當彼此有爭議出現時會以戰爭或威脅戰爭以外的方式解決，另一個規則是相互協助，認為彼此是一個團隊，尤其是在安全事務上，雖然彼此之間可能還是會有衝突，甚至有有限度武力的衝突，但當有關國家安全的問題出現時，彼此會相互合作（Wendt, 1999: 299）。其和聯盟不同的地方在於，聯盟是有針對性的暫時結合，也就是

暫時放下對彼此的敵意去合作以因應威脅，但朋友的關係更爲長久，不一定有出現威脅，但彼此放下對對方的安全顧慮去合作，即便之間可能會有緊張或友誼萎縮的可能，但仍被預期友誼會持續下去。例如集體安全或是安全社群等可以說是康德文化的具體化，當代英美之間的關係是個典型的例子。

溫特在其2003年作品中進一步提出，一個全球性、寡占正當使用組織暴力的組織會出現，他稱之世界國（the World State），這個世界國的出現在微觀層次來說是因爲個人和團體競逐爭取對於其主體性的承認，而在宏觀層次則是由於無政府狀態的邏輯使得軍事科技和戰爭變得過於毀滅性，因此世界國的出現得以確保微觀層次的競爭在可控制的渠道內。而這整個過程會經歷五個階段，國家體系、國家社會、世界社會、集體安全、乃至於世界國。人類行爲者在整個過程中雖然重要，但會逐漸被世界承認的需求限制和賦權（Wendt, 2003）。

◆和主流國際關係理論的異同

社會建構主義和主流國際關係理論相同的地方是在於其接受許多理性主義對國際體系的假設，首先，承認有無政府狀態的存在以及國家有使用暴力的手段去達成目標的可能，但認爲無政府狀態的文化是流動的，可以改變的。其次，生存還是國家的首要目的，即便在不同文化底下，如何才是和才能保障生存的概念與方法不同。第三是國家的意圖還是不可知，雖然不可知的程度可能隨著不同文化而有所差別，例如在康德文化中透過外在和內在的約束力量可使國家對於彼此確保對方安全的意圖再確認，但仍不一定能完全消除不確定性，例如歐盟由於敘利亞危機所引發的難民問題也讓各成員國對於國家安全的定義出現不同的認定。最後則是承認結構的存在並以國家爲最基本的分析單元，也就是溫特的社會建構主義還是以國家爲中心的國際政治理論，將國家的存在視爲給定，以瞭解國際體系的運作（Wendt, 1999: 246）。

而和主流國關理論不同之處，首先是新現實主義和新自由主義認爲

無政府狀態就是每個國家由於缺乏秩序和安全的保障，必須爲了自己的生存鬥爭，因此形成自助（self-hlep）的體系，也就衍生出競爭、安全困境與集體行爲問題；溫特則認爲這樣的論述忽略了認同與利益的形成與影響（Wendt, 1992: 391-92），他認爲先有了認同和利益才能賦予物質力量意義。第二，新自由主義雖然也提出國家行爲者可以透過學習和互動的過程，以及在制度的影響下，慢慢形成認同和利益，但是認同和利益是外生於社會的。這和建構主義主張認知和利益是內生於過程不同，建構主義所主張的認知和利益是透過知識性的實踐（knowledgeable practices）所建構的（Wendt, 1992: 394）。第三，新現實主義和新自由主義認爲「自助」是由無政府的國際體系結構所衍生，與互動過程無關。溫特則認爲自助或權力政治從邏輯或因果上都不必然從無政府狀態衍生出來。自助和權力政治是由於社會發展「過程」的產物，而不是「結構」的產物。換句話說，自助和權力政治是一種體制，而不是無政府狀態的基本特徵（Wendt, 1992: 394-95）。第四則是關於無政府狀態的內涵，主流國際關係理論認爲無政府狀態是物質現象，國家的利益在於物質能力和安全考慮。社會建構主義強調無政府結構是由文化或認同所形成，因此無政府的內涵可以隨著行爲者的觀念而改變。

(二)建構主義的演進

除了溫特從無政府文化的社會建構途徑論述外，社會建構主義的另一重點是論述規範與社會化的過程。規範是指普遍的行爲準則，也就是對於「合宜行爲」的集體期待。例如冷戰之所以能夠結束，建構主義學者認爲與戈巴契夫的新思維有關，而戈巴契夫的新思維則來自於政治影響、外交關係和經濟關係等變化，最終導致其認爲美蘇之間應該有新規範來進行互動，而有破冰的開始。因此隨著對於利益、自我認同和對世界形象瞭解的改變，其所建構的國際現實也會改變（Finnemore, 2013; Barnett, 2005）。卡贊斯坦（Katzenstein, 1996）認爲規範具有兩種性質：構成性（constitutive）和管制性（regulative）。構成性規範界定了行爲者的認

同，管制性規範則是用來界定何者爲合宜行爲。例如中國古代的朝貢體系，在構成性規範上顯示出中國作爲核心國家，稱爲天下共主，其他國家則爲邊陲國家，稱爲朝貢國，在這樣的層級關係中，管制性規範指的是共主提供安全保障和貿易管道，邊陲國則當領導人替換時向共主請求認可政權合法性，以及能與核心國貿易的權利。此外，費麗莫提出國際組織能夠促進規範社會化，具有教師（teacher）的功能（Finnemore, 1993）。歐盟的形成與發展過程就是一個成員國在社會化後逐漸內化特定國際規範，乃至於形成社會集體認同的範例。

第二種則是由於社會建構主義過於強調社會結構的角色，以及強調特定個人的實踐與互動如何去建構社會結構，尤其是有目的性的個人如領導人，卻很少談論行爲者本身，因此出現了以個體傾向出發的建構主義，強調獨立行爲者對於觀念和認同的影響，也就是國內和內在的認同對於個體如何在國際場域認知彼此有重大影響（Risse-Kappen, 1996: 367）；並且，個體可以同時擁有國內和國際兩種身分認同，不必然在集體認同的情況下失去身爲個體的認同，也因此才有可能會有獨立且創新的思維去重新建構國際體系。這與社會建構主義強調體系層面對國家行爲體的作用不同。

近年來則有一派建構主義強調「情感」（emotion）對於相互主觀造成的不穩定性，並且認爲早期建構主義對於個人爲了促使改變，在形成觀念和互動上心理學和情感造成的影響研究太少，認爲情感是政治推論和形成評價與價值認知的基本元素，並且固有於說服和論理過程之中（Nussbaum, 2013; Graham, 2014）。例如小布希決定攻打伊拉克，雖然看似是出於新保守主義的對外行爲，但其本質代表著對於大規模毀滅性武器的恐懼以致篩選掉伊拉克可能沒有大規模毀滅性武器的資訊，而影響其決定攻打伊拉克。

(三)建構主義的挑戰與侷限

由於企圖建立一個新的國際關係典範，使得建構主義的內涵有諸多歧異，並侷限了其未來的發展。建構主義的第一個挑戰在於，對於本體

論、認識論甚至方法論都不存在共識，並且對主流國際關係理論的態度也不盡相同，因此有著諸多分類。例如拉吉根據本體論、認識論和方法論的差異區別建構主義為新古典建構主義、後現代建構主義和自然建構主義（Ruggie, 1998）。新古典建構主義關注社會關係的意義，採用傳統社會學的方法，如費麗莫；後現代建構主義則強調語言的建構作用，如坎培爾（David Campbell）；自然建構主義則承認客觀規律的存在，例如溫特。霍普夫（Ted Hopf）則是把建構主義分為傳統社會建構主義與激進社會建構主義兩種（Hopf, 1998），認為傳統社會建構主義試圖要建立一個國際關係新典範以取代或補充主流國關理論，以經驗政治現象為研究重點，如卡贊斯坦和溫特，激進社會建構主義則是要消解主流國關理論，以解構和批判國際關係理論背後的權力關係，如艾希利（Richard Ashley）。巴爾金（Barkin, 2003）認為建構主義可以和主流理論相「融合」，而實現理論創新，考量到思想內涵，其提出現實建構主義和自由建構主義之分類，現實建構主義關注權力政治是如何形塑規範改變的模式，而自由建構主義則是強調人類社會進步與體制如何改變行為者。秦亞青（2005）提出了「地緣—文化建構主義」，認為社會結構和自然結構不同，因為社會結構會受到歷史和地理因素共同限制，其次由於時間和空間的限制也會造成社會活動境域（context）的差別，行為者不可能擁有超越時空的互動，也因此使得不同的社會在微觀層次的互動難以完全相同的路徑走向宏觀結構，而使互動有明顯的地緣文化特徵。他認為溫特為主的建構主義可以稱為美國建構主義，因此也就有可能出現歐洲建構主義、中國建構主義、東協建構主義等。

　　建構主義的第二個挑戰在於強調規範與價值，卻無法提出明確的範疇定義與測量，如同自由主義批評建構主義是不可知論者，建構主義無法確知規範的存在和比較不同規範的力量，僅能描繪規範的作用。也就是儘管建構主義企圖解釋改變的原因，但卻無法解釋為什麼有的規範能夠成為支配性知識，有些規範卻萎縮。傑維斯（Robert Jervis）就表示最重要的不是人們的想法，而是什麼因素導致於這個想法，但建構主義無法說明

（Jervis 2005: 18）。

建構主義的第三個挑戰來自於方法論上的分歧，也就是如何才能進行建構主義的研究。爲瞭解決這個問題，有學者開始建立較爲系統和統一的架構，混合不同的方法去檢驗因果效應和建構效應之間的相互影響（Lupovici, 2009; Pouliot, 2007），以便釐清物質因素和觀念因素對於形成國際政治的作用。

四、英國學派

相較於美國政治學界深受實證主義和行爲主義的影響，在歐陸偏重歷史途徑的傳統研究仍相當重要，其中在英國出現了一派以歷史爲方法，強調「國際社會」及「社會化」作爲研究本體論也是認識論的學者，其與社會建構主義主張的內容相近，但發源更早，被稱爲英國學派。英國學派的發展可以分成四個階段。第一階段重點在於強調「國際社會」爲研究核心，批判當時行爲主義當道的國際關係理論，認爲國際關係理論研究應該是從歷史學、哲學等角度出發，並與規範性理論結合，代表人物爲巴特懷德（Herbert Butterfield）和懷特（Martin Wight）。第二階段是1966年至1977年，主要從歷史的角度探討西方國際社會的特徵，這其間有三本代表著作，分別是1974年文森（John Vincent）的《不干預與國際秩序》（*Nonintervention and International Order*），描述不干預的觀念與實踐如何建構國際社會的演進，第二本是布爾（Hedley Bull）於1977年出版的《無政府社會》（*The Anarchical Society*），討論世界政治秩序爲何？主權國家體系如何維持秩序？以及主權國家體系是否可以通往世界秩序？第三本爲1977年懷特的《國家體系》（*Systems of States*），說明了現代西方國家體系與歷史上國家體系的運作等。第三階段則是1977年至1992年，主要是省思前述學者的成果，如1984年布爾和華生（Adam Watson）合著的《國際社會的擴張》（*The Expansion of International Society*）。第四階段則是1992年後迄今，這新一代的英國學派學者多與不列顛國際政治委員會

沒有直接關聯，但運用英國學派的途徑，甚至與主流國際關係學派結合，例如布贊（Barry Buzan）、利特（Richard Little）與杜恩（Tim Dunne）等，其中最具代表性的是布贊2004年出版的《從國際社會到世界社會：英國學派理論與全球社會結構》（*From International Society to World Society? English School Theory and the Social Structure of Globalization*），從「世界社會」的概念出發，結合傳統英國學派與溫特的建構主義解釋全球化的發生與過程。

(一)英國學派的核心論述

◆三種國際關係樣態的傳統

根據懷特的說法，國際關係研究可以分成現實主義、理性主義和革命主義三個途徑，而這三種途徑又各自反映出對於國際社會的不同看法，分別為國際體系（international system）、國際社會（international society）與世界社會（world society），其核心思想分別呼應了霍布斯或馬基維利主義（Hobbes or Machiavelli）、格勞秀斯主義（Grotius）以及康德主義（Kant）（Wight, 1992；Little, 2000, Buzan, 2004）（**圖4-3**）。

國際體系	國際社會	世界社會
· 霍布斯或馬基維利主義 · 現實主義 · 國家間有足夠的交往使一國對他國決策有影響，從而促成某種行為 · 國家沒有意識到他們的共同利益或共同規則	· 格勞秀斯主義 · 理性主義 · 國家間共享利益暨認同的制度化	· 康德主義 · 革命主義 · 全球認同 · 把個人、非國家組織和全人類作為全球社會身分和安排的中心 · 重視個人權力，認為國家體系最終將被取代

圖4-3　三種國際關係樣態的途徑、核心思想與概念

資料來源：Wight, (1992); Little (2000); Buzan (2004).

並且，國際關係研究長期以來似乎認為這三種傳統是對立的，然而英國學派認為這三種傳統不是相互競爭而是互補的，三種傳統的結合才能完整描繪國際政治的真實面目。

首先，霍布斯或馬基維利主義主導了「國際體系」的概念，認為國際體系就是國家之間的權力政治，研究途徑則是從現實主義出發，國際關係是一種自然狀態，因此沒有道德存在，國際秩序存在著始終都有戰爭的可能性。另外，即便國家對彼此行為有一定的影響力，所以才能形成國際體系，但國家之間並沒有意識到有共同規則的制約或有共同利益。第二則是「國際社會」，其概念為格勞秀斯主義，認為國家間藉由制度化共享利益與認同，而研究途徑為理性主義，認為由人民組成的國家是有理性的，因此國家之間雖然會衝突，但會受到國際社會的共同規則和制度所制約，所以國家間可以共處與合作，同時，國家之間透過對話以確立制度和共同規則的安排，而為了維護制度和共同規則，國家間會出現共享利益與認同（Bull & Watson, 1984: 1），這也是與國際體系最大的不同。因此，兩個或兩個以上的國家間有足夠交往，且其中一個國家可以對其他國家的決策產生影響或改變行為時，就可以稱為國際體系（Bull, 2002, 9-10），然而國際社會的出現則需要共同規則和利益的出現；也就是說，國際體系可以在沒有國際社會的情況下存在，但國際社會則是以國際體系的存在為前提（Wight, 1992: 15-21）。例如歐洲各國在中古世紀互動成就了國際體系的出現，然而國際社會真正出現要到西伐利亞條約確認主權國家的概念後，為了維護主權國家之機制，國際社會始形成。

此外，英國學派著墨最多的論述之一就是國際體系如何演進為國際社會。首先有一部分學者認為國際體系要轉變為國際社會必須具備有一定程度的共同文化（Wight, 1977: 33），而另一部分學者則認為只要成員互動達到一定程度，就會相互協調制定規則以降低衝突的可能，國際社會於焉出現，不需要共同文化的存在（Bull & Watson, 1984: 4）。對於後者而言，不同國家間可以有不同的價值觀和利益，但只要意識到遵守國際協議的好處，在維持國際秩序的基本目標和制度上有共識，包括維持國際體系

和社會的生存、維持國家獨立和主權、限制暴力和促進和平等，就算沒有共同文化也可以演變為國際社會（Bull, 2002: 304-305）。另外，由於本體論假定的不同，對於國際體系的分析可以用實證主義，對於國際社會的理解則必須用詮釋學（Little, 2000: 408）。

第三種傳統是由康德主義概念主宰的世界體系，其把國際關係視為一個正在形成的世界共同體（world community），其基本單元是個人，而不是國家，因此重視個人權力，關注由個人組成的整個人類社會之共同目標和價值（Bull, 2002: 81），且世界社會的組成範圍擴展至全球。其和國際社會最大的差別在於：國際社會是建立在國家間有共同利益、規範和認同上，世界社會則是建立在超越國界之個人間的共同利益、規範和認同（Buzan, 1993: 339）。至於國際社會和世界社會的關係，英國學派內有兩種看法，一種認為世界社會是共同文化的表現，因此是國際社會存在的前提，兩者是正面關係，另一種則認為由於世界社會以個人為單元，任何嘗試發展世界社會的行為都可能會破壞國家作為國際社會的基礎，因此兩者是矛盾的（Buzan & Little, 2000: 106; Buzan, 1993: 336-340）。跨國公司的運作可以說明這種正面又矛盾的關係，大型國際企業能夠促進國家間的交往和物質利益的互補，看似正面關係，但其重視的是公司利潤的產出而全球布局，也有自己的公司文化和治理，讓其母國或駐在國無法完全控制，影響國家主權的完全行使。

◆ **規範、制度與文化的作用**

英國學派認為國家的文化觀會影響國家行為模式，而國家間的規範與文化則是影響國際體系與國家行為，因此和建構主義相同，都認為國際體系或國際社會是觀念建構後的結果。這不僅與美國實證主義或非歷史主義不逕相同，也試圖避免歐洲中心主義與國家中心主義等概念（Buzan & Little, 2000: 30）。規範的存在與秩序的維持有兩種形式：其一是多元主義（Pluralism），規範是由成員間同意後的互動原則，而成員遵守這些規則的動機是為了維持秩序，也就是確保社會的運作和保障自己的利益，例如布列敦森林體系的出現。另一形式則是連帶主義（solidarism），這

是指成員由於對社會的認同感而遵守規範，因此成員會願意採取集體的行動，來解決造成國際秩序不安的問題，甚至包括人權和環境保護等議題（Bull, 2002）。例如歐盟就不僅是國家之間最低限度的合作，對於社會發展的其他議題也會採取共同行動。

　　而在「國際社會」的文化中，最顯著的特徵就是存在共同利益、共同規範與確保兩者被實踐的制度（institutions）（Bull, 1977）。也就是說，爲了確保國際社會的秩序和存續，就需要制度的出現，例如國際法、外交、權力平衡等。國際法定義國家之間行爲法則，權力平衡是爲了維持國家體系的穩定，外交則是促進國家間交流和提供資訊的制度，甚至戰爭都是一種維持和重建秩序的制度。國際社會最佳的制度典範就是拿破崙戰爭後的歐洲協調（Concert of Europe），其運作維持了歐洲國際社會的戰後秩序。值得注意的是，英國學派所指稱的「制度」較新自由制度主義的「國際建制」（international regime）範圍更大且意義更深，國際建制指的是在特定議題領域中國家間對於處理該議題逐漸出現一套完整且能與時俱進的應對原則、規則、規範與決策流程，英國學派的「制度」則設有一前提爲成員對於自我和他者身分的認同，以及雙方有一定程度的共同價值觀，因此是由集體意向造成，界定了社會中特定的行爲與目的，且其存在較爲長久，影響對象也不僅限於國家，這樣的制度被稱爲主要制度（primary institutions），而「國際建制」則被歸類爲「次要制度」（secondary institutions）（Buzan, 2004: 166-167）。主權、外交、戰爭等被認爲是首要制度，而國際組織如聯合國、世界貿易組織等則是次要制度，可以促進與推動首要制度的演進（Bzuan, 2004; Spandler, 2015）。

(二)英國學派發展困境

　　整體而言，英國學派在自然狀態與國際體系方面的論述近於現實主義，溫特曾評論布爾的國際體系定義由於無須共享知識的存在，使其在國家沒有任何合作的情況下，其秩序都是由物質因素而非文化因素決定，共享知識是由於合作才發生（Wendt, 1999）。對於國際社會中制度的相關

論述又近於新自由制度主義，同樣強調制度對維持國際秩序的重要性，因此被認為是介於之中的中間路線。並且，英國學派早在社會建構主義出現之前，就強調國際社會的存在和國家社會化的過程，以及社會結構與成員間實踐的相互依存關係。不過也因為如此讓英國學派所面臨第一個挑戰就是如何解釋其三種文化之間的關聯性，又三種文化如果可能同時出現，那彼此之間如何演進與協調衝突（Buzan & Little, 2000: 105）。

第二個挑戰則是英國學派採用詮釋學的途徑，綜合歷史、哲學、法律和社會學的方法來解釋國際關係，三種文化由三種不同的本體論與方法論出發，這讓論述的因果關係難以清楚建立，採取非實證主義的角度論證因果，讓英國學派的論述也無法被重複檢驗，造成英國學派內學者間很難發展出一致的看法，以致學派發展後繼無力。

最後一個挑戰則是即便英國學派的說法能夠解釋過去與現在發生的國際現象，但是由於三種文化間的發展路線之不確定，因此難以預測未來國際關係的發展，這也造成英國學派在理論發展上的困境。

問題與討論

一、後實證主義對於主流國際關係理論的反思表現在哪？後實證主義各分支對於「知識」的看法為何？

二、社會建構主義提出了四種認同，試問台灣主流民意對於台灣在國家的法人、類屬、角色與集體認同各為何？這四種認同間有矛盾嗎？

三、批判理論繼承了馬克思主義的核心概念，但又更強烈批判由於資本主義帶來人的沉淪導致人的自主性越來越低，試問其所提供喚起人類覺醒被宰制的路徑有別於其他反思主義的學派嗎？又和以往的馬克思主義有何區別？

四、中美貿易戰從2018年開始越演越烈，試問中國與美國之間爭執的僅是經濟利益的問題嗎？是否涉及更高層次的觀念之爭？例如意識形態等鬥爭呢？

五、中國近來不斷強調「和平崛起」的形象，試問和平崛起有可能嗎？

六、在儒家思想中也有所謂「世界大同」的願景，試問這與社會建構主義和英國學派的「康德文化」和「世界社會」有何異同？

七、社會建構主義或英國學派會如何解釋「一國兩制」的存在與演進的可能？

八、社會建構主義或英國學派都強調共享知識和共有價值觀使得國家願意遵守國際制度，國際制度也會進一步回過頭增進國家的共享知識和共有價值觀，如此一來，如何解釋美國現在看似揚棄自由貿易的規範，而改採國家保護主義？

九、女性主義在國際關係理論中的發展似乎仍然受限，然而女性領
　　導人或女性官員的人數確有逐年增加中，請問這理論與實踐上
　　的落差從何而來？女性領導人增加是否就代表女性主義的發展
　　順利？

十、烏俄戰爭的起因從現實主義解釋為俄羅斯對於烏克蘭欲加入歐
　　盟與北約、以及對於烏東地區的野心而起，請問後實證主義的
　　各主義又會如何解釋烏俄戰爭的起因呢？

參考書目

秦亞青（2001）。〈國際政治的社會建構——溫特及其建構主義國際政治理論〉。《美歐季刊》，第15卷2期，頁231-264。

秦亞青、亞歷山大·溫特（2005）。〈建構主義的發展空間〉。《世界經濟與政治》，第一期。轉載於中國社會科學網，http://pol.cssn.cn/zzx/xsdj_zzx/qyq/201604/t20160413_2964793.shtml。

莫大華（2003）。〈理性主義與建構主義的辯論：國際關係理論的另一次大辯論？〉。《政治科學論叢》，第19期，頁113-138。

黃競娟、陳柏宇（2020）。〈國際關係理論中的後實證主義學派〉。張亞中、張登及主編，《國際關係總論》（第五版）。台北：揚智。

趙汀陽（2011）。《天下體系：世界制度哲學導論》。北京：中國人民大學出版社。

Acharya, Amitav (2014). *The End of American World Order*. Cambridge: Polity.

Ashley, Richard (1988). Untying the sovereign state: A double reading of the anarchy problematique. *Millennium-Journal of International Studies, 17*(2), 227-262.

Banerjee, Payal & L. H. M. Ling (2010). "Hypermasculine war games: Triangulating US-India-China." Special issue on gender and security. *Sicherheit und Frieden* (Security and Peace), 1, 1-6.

Barkin, Samuel (2003). Realist Constructivism. *International Studies Review, 5*(September), 328-342.

Barnett, Michael (2005). Social Constructivism. In John Baylis and Steve Smith (eds.), *The Globalization of World Politics* (3rd ed.), pp. 251-70. New York: Oxford University Press.

Booth, Ken & Tim Dunne (2002). *Worlds in Collision: Terror and the Future of Global Order*. New York: Palgrave Macmillan.

Bull, Hedley (1977). *The Anarchical Society*. New York: Columbia University Press.

Bull, Hedley (2002). *The Anarchical Society: A Study of Order in World Politics* (3rd ed.). New York: Palgrave.

Bull, Hedley and Adam Watson (1984). *The Expansion of International Society*. Oxford: Oxford University Press.

Buzan, Barry & Richard Little (2000). *International Systems in World History:*

Rethink the Study of International Relations. New York: Oxford University Press.

Buzan, Barry & Richard Little (2001). Why international relations has failed as an intellectual project and what to do about it. *Millennium-Journal of International Studies, 30*(1), 19-39.

Buzan, Barry (1993). From International System to International Society: Structural Realism and Regime Theory Meet the English School. *International Organization, 47*(3), 327-352.

Buzan, Barry (2004). *From International Society to World Society? English School Theory and the Social Structure of Globalization*. Cambridge: Cambridge University Press.

Cochrane, Kira (2013). *All the Rebel Women: The Rise of the Fourth Wave of Feminism.* Guardian Books.

Cox, Robert W. (1986). Social forces, sates and world order: Beyond international relations theory. In Robert O. Keohane (ed.), *Neorealism and its Critics* (pp. 204-254). New York: Columbia University Press.

Devetak, Richard (2013). Critical theory. In Burchill et al., *Theories of International Relations* (pp. 162-186). New York: St. Martin.

Diez, Thomas, Ingvild Bode, I., & Aleksandra Da Costa (2011). *Key Concepts in International Relations*. London: Sage.

Enloe, Cynthia (1989). *Bananas, Beaches and Bases: Making Feminist Sense of International Politics*. Virginia: Pandora Press.

Enloe, Cynthia (2000). *Masculinity as a Foreign Policy Issue*. Washington, DC: Foreign Policy in Focus.

Ferreira, Marcos Farias (2017). Critical Theory. In Stephen Mcglinchey, Rosie Walters & Christian Scheinpflug (eds.), *International Relations Theory* (pp. 49-55). Bristol: E-International Relations Publishing.

Finnemore, Martha & Kathryn Sikkink (1998). International norm dynamics and political change. *International Organization, 52*(4), 887-917.

Finnemore, Martha (1993). International organizations as teachers of norms: The United Nations educational, scientific, and cultural organization and science policy. *International Organization, 47*(4), 565-597.

Finnemore, Martha (1996). *National Interests in International Society*. Ithaca, NY: Cornell University Press.

Finnemore, Martha (2013). Constructing Norms of Humanitarian Intervention. In Richard Betts, *Conflict After the Cold War: Arguments on Causes of War and Peace* (4th ed.). Boston, MA: Pearson.

Graham, Sarah Ellen (2014). Emotion and Public Diplomacy: Dispositions in International Communications, Dialogue, and Persuasion. *International Studies Review, 16*(4), 522-539.

Hirschman, Albert O. (1961). Ideologies of Economic Development in Latin America. In Albert O., *Hirschman, Latin American Issues*. New York: Twentieth Century Fund.

Hoffmann, Stanley (1977). An American social science: International relations. *Daedalus, 106*(3), 41-60.

Hopf, Ted (1998). The promise of constructivism in international relations theory. *International Security, 23*(1), Summer, 171-200.

Hopf, Ted (2002). *Social Construction of International Politics: Identities and Foreign Policies, Moscow 1955 and 1999*. Ithaca: Cornell University Press.

Huang, Chiung-Chiu & Chih-Yu Shih (2014). *Harmonious Intervention: China's Quest for Relational Security*. London: Ashgate Publishing.

Jackson, Patrick (2016). *The Conduct of Inquiry in International Relations: Philosophy of Science and Its Implications for the Study*. NY: Routledge.

Jervis, Robert (2005). *American Foreign Policy in a New Era*. New York: Routledge.

Jones, Branwen (2006). Introduction: International relations, eurocentrism, and imperialism. In Jones (ed.), *Decolonizing International Relations* (pp. 1-19). Lanham: Rowman & Littlefield Publishers.

Jones, Roy E. (1981). The English School of International Relations: A Case for Closure. *Review of International Studies, 7*(1), 1-13.

Katzenstein, Peter (ed.) (1996). *The Culture of National Security: Norms and Identity in World Politics*. New York: Columbia University Press.

Keohane, Robert O. (2002). The public delegitimation of terrorism and coalitional politics. In Booth & Dunne (eds.), *Worlds in Collision: Terror and the Future of Global Order* (pp. 141-161). Basingstoke: Palgrave.

Ling, L. H. M. and Boyu Chen (2018). IR and the Rise of Asia: A New Moral Imagination for World Politics? In Andreas Gofas, Inana Hamati-Ataya, Nicholas Onuf (eds.), *The Sage Handbook of History, Philosophy and Sociology of International Relations* (pp. 134-147). London: Sage Publications.

Linklater, Andrew (2007). The achievements of critical theory. In Andrew Linklater, *Critical Theory and World Politics* (pp. 45-59). London: Routledge

Little, Richard (2000). The English school's contribution to the study of international relations. *European Journal of International Relations, 6*(3), 395-422.

Lupovici, Amir (2009). Constructivist Methods: A Plea and Manifesto for Pluralism. *Review of International Studies, 35*, 195-218.

Nussbaum, Martha C. (2013). *Political Emotions: Why Love Matters for Justice*. Cambridge, MA: Belknap Press.

Pouliot, Vincent. (2007). "Sobjectivism": Toward a Constructivist Methodology. *International Studies Quarterly, 51*, 359-384.

Qin, Y. (2018). *A Relational Theory of World Politics*. Cambridge: Cambridge University Press.

Risse-Kappen, Thomas (1996). Identity in a Democratic Security Community: The Case of NATO. In Peter Katzenstein (ed.), *The Culture of National Security: Norms and Identity in World Politics*. New York: Columbia Press.

Ruggie, John G. (1998). *Constructing the World Polity: Essays on International Institutionalization*. London: Routledge.

Spandler, Kilian (2015). The political international society: Change in primary and secondary institutions. *Review of International Studies, 41*(3), 601-622.

Sylvester, Christine (2002). *Feminist International Relations: An Unfinished Journey*. Cambridge: Cambridge University Press.

Tajfel, Henri (1979). Individuals and groups in social psychology. British Journal of *Social and Clinical Psychology, 18*(2), 183-190.

Tannenwald, Nina (2005). Ideas and explanation: Advancing the theoretical agenda. *Journal of Cold War Studies, 7*(2), 13-42.

Vincent, John (1974). *Nonintervention and International Order*. N.J.: Princeton University Press.

Waltz, Kenneth N. (2002). The continuity of international politics. In Ken Booth & Tim Dunne (eds.), *Worlds in Collision: Terror and the Future of Global Order* (pp. 348-353). Basingstoke: Palgrave.

Walker, R. B. J. (2003). War, terror, judgement, in B. Gokay & R. B. J. Walker (eds.) *11 Septembe 2001: War, Terror and Judgement* (pp. 62-83). London: Frank Cass.

Wendt, Alexander (1992). Anarchy is what states make of it. *International Organization, 46*(2), 391-425.

Wendt, Alexander (1995). Constructing international politics. *International Security, 20*(1), 71-81.

Wendt, Alexander (1999). *Social Theory of International Politics*. Cambridge: Cambridge University Press.

Wendt, Alexander (2003). Why a World State Is Inevitable. *European Journal of International Relations, 9*(4), 491-542.

Wight, Martin (1977). *Systems of States*. Edited by Hedley Bull. UK: Leicester University Press (in association with the LSE).

Wight, Martin (1992). *International Theory: The Three Traditions*. New York: Holmes & Meier.

Yanow, Dvora & Peri Schwartz-Shea (eds.) (2015). Interpretation and Method: *Empirical Research Methods and the Interpretive Turn* (2nd ed.). Armonk, NY: M. E. Sharpe.

Zhang, Yongjin & Teng-Chi Chang (eds.) (2016). *Constructing a Chinese School of International Relations: Ongoing Debates and Sociological Realities*. New York: Routledge.

Chapter 5

國際關係的規範論述

林炫向（Hsuan-Hsiang Lin）

中國文化大學政治學系教授

美國丹佛大學國際研究博士

　　二戰以後，實證主義為社會科學界的主流，國際關係學界也以實證研究為主，熱中於發現所謂「定律般的規律」（law-like regularities），而規範的分析與探討則相對地被邊緣化。此外，政治學研究一般分為政治理論、國際關係與比較政治三個次領域，規範研究往往被認為屬於政治理論的領域，於是就造成國際關係學者不討論規範議題，而政治哲學家則多半不研究國際關係的現象。所幸，早在冷戰結束前後，人們已經目睹了國際關係規範理論的復興，「倫理與國際關係」（ethics and international relations）開始成為獨立的研究領域。具體而言，國際研究學會（International Studies Association）已於1993年成立「國際倫理學小組」（International Ethics Section）；此外，國際關係的規範分析也已有專門的機構出版專門的刊物，其中最有名的是「卡內基國際事務倫理委員會」（Carnegie Council for Ethics in International Affairs）所出版的《倫理與國際事務》（*Ethics & International Affairs*）期刊。到了2008年，Christian Reus-Smit與Duncan Snidal主編的《牛津國際關係學手冊》（*The Oxford Handbook of International Relations*）幾乎有一半的篇章是用來討論各學派的規範與實踐意涵。Patrick Hayden也在2009年編輯了一本*The Ashgate Research Companion to Ethics and International Relations*，涵蓋了這個領域的幾種主要的思維途徑以及許多重要的實質議題；而最具指標意義的里程碑，可以說是Mervyn Frost在2011年編輯了一套四冊的論文集（*International Ethics*），收錄了許多重量級學者關於國際倫理的論文。至此規範分析在國際關係學中可以說已經發展成熟，甚至提升到國際關係的「次領域」的地位。到了2015年，Darrel Moellendorf與Heather Widdows合編了*The Routledge Handbook of Global Ethics*，2018年Chris Brown與Robyn Eckersley合編了*The Oxford Handbook of International Political Theory*，2020年Thom Brooks更編輯了*The Oxford Handbook of Global Justice*，顯示此一次領域已經受到國際關係學界的充分重視。

　　一般說來，國際關係的規範分析有三種方式：第一種是哲學的或倫理學的探討。哲學的探討所關心的是道德的來源，或者道德規範如何證立

（justify）的問題，許多「全球正義」的理論家採取的主要就是這種探討方式。而倫理學的探討指的是既有的各種倫理學傳統（例如自然法、法實證主義、功利主義、義務論、基督教等）對國際關係道德問題的思考與論述（Nardin and Mapel eds., 1992）。第二種是對於個別的實質議題做價值的探討，這類議題可以含括正義的戰爭、主權與人權的關係、分配正義、經濟制裁、人道干預等傳統議題，乃至於最近的難民問題、性別問題、氣候變遷以及全球民主等等所帶來的國際規範問題（Brown, 2002; Hayden, ed., 2009; Brooks, ed., 2014; Moellendorf and Widdows, eds., 2015; Amstutz, 2018）。第三種則是從學派理論層面入手，探討國際關係各種學派或理論中的價值論述。

　　早期的國際關係規範分析多半屬於第一種類型，這種分析著重在辨析何種立場或途徑比較可取，但由於抽象度較高，與實質問題之間的聯繫較單薄，對於國際關係的初學者而言比較難以吸收，因此本章不予討論。至於第二種類型（實質議題的研究）雖然與國際關係的研究者比較有切身關係，但如果缺乏理論的指引，也很難在各個議題上取得較為一致的立場。第三種類型介於第一、二類型之間，既不像政治哲學的論述那麼抽象，也非僅就個別實質議題進行探討，而是一種整體性的價值評估，也就是從國際關係現有的理論學派中，發展出務實的規範論述。這種做法有利於展現國際關係規範思考的多樣性，也比較符合目前「實踐轉向」（practice turn）的潮流（Brown, 2012），因此本章將以這種方式，就國際關係的幾個重要學派的規範論述進行探討。以下將抽繹出國際關係各大學派的規範立場與論述，討論的主流學派包括現實主義、自由主義、英國學派以及批判理論。至於建構主義，則與女性主義與後現代主義放在一起作為「反思主義」（reflectivism）的一部分討論。最後一節是關於非西方的規範探討，本章僅就中國大陸學界的規範性論述予以探討，作為範例。

一、現實主義的規範論述

　　現實主義大致可以分為兩種類型：古典現實主義（classical realism）
與新現實主義或結構現實主義（neorealism or structural realism）。新現
實主義一般傾向於採取實證主義的方法論，因此比較不願意提出規範主
張；相較之下，古典現實主義因視「判斷」（judgment）為不可避免，所
以從來不認為道德與政治可以完全分開（Jackson, 1996: 205; Brown, 2012:
448）。因此本節的討論著重在古典現實主義，而只偶爾連帶涉及新現實
主義。

　　首先，古典現實主義的規範立場往往被認為否定道德（amoralism）
或帶有道德懷疑論（moral skepticism）的色彩，主張在政治領域沒有所
謂的道德，或者認為道德是強者所制訂的規則，目的只是為自己的利益
服務。這種否定道德或道德懷疑論的立場源遠流長，最經典的例證就
是在修昔底德（Thucydides）的《伯羅奔尼撒戰爭史》（*History of the
Peloponnesian War*）中著名的與米洛斯人的對話（Melian Dialogue），
在該對話中雅典的將軍對米洛斯人說：「強者可以為所欲為，弱者只
能逆來順受。」（ "The strong do what they can and the weak suffer what
they must." ）另一個常被視為現實主義思想淵源的馬基維利（Niccolo
Machiavelli）亦曾告誡君王們，在國家危亡關頭，不應考慮何為正義、何
為不正義，而應只考慮如何保存其國家；甚至主張君王若想保全自己，必
須學做壞事。霍布斯（Thomas Hobbes）也曾說，自然狀態是一種每個人
與每個人之間的戰爭（a war of every man against every man），在這種狀
態下沒有所謂的對與錯、正義與不正義。這種道德懷疑論在西方現實主義
的傳統中可以說根深柢固，影響深遠。當代的現實主義者雖然較少公然否
定道德，但仍帶有道德懷疑論的印記，只是採取了比較弱的形式—道德相
對論（moral relativism）。他們基本上是不願涉入規範問題的討論，而多
認為國際政治是權力與「別無選擇」（necessity）的領域，因此沒有道德

與選擇的餘地。

　　那麼，現實主義者基於什麼理由主張否定道德或道德懷疑論？一種常見的立論基礎是性惡論，馬基維利是最典型的例子，他對於人性的描繪頗為負面，所用的形容詞包括：貪婪不知足、傲慢、詭詐、邪惡、暴力、野蠻等等。當代的摩根索（Hans Morgenthau）也是如此，他說：「人類不能獲致（正義）的原因就存在人性之中。主要原因有三個：人類太無知、太自私以及太貧乏。」（Donnelly, 2000: 161）。另一種立論是訴諸於「國家的理由」（raison d'état或reason of state），其基本原則是「國家（的作為）並不能以判斷個人的標準來加以判斷，而是要以其本質與終極目標來判斷。」這個原則背後有一個信念是：「國家本身就是一股倫理力量並具有高度的道德美善（a high moral good）。」（Donnelly, 2000: 164）

　　上述這個理由還隱含一個重要主張：政府是人民的代理人而不是委託人，因此政府的首要任務是為其所代表的國家社會的利益負責。這個主張帶有韋伯（Max Weber）所謂的**責任倫理**（ethics of responsibility）的色彩，同屬於強調治國方略的倫理（ethics of statecraft）的傳統。這個傳統有三個重要的實踐意涵，其中一個是強調政治家必須具備**審慎**（prudence）的美德。例如摩根索認為，審慎是政治領域的首要價值或最高道德（Morgenthau, 1967: 10）。而審慎之所以重要，理由很簡單，就是因為政治家的決定影響到全國人民的身家性命，因此絕對不能輕率。尤其是當面臨是否參與戰爭這類重大決定時更是如此。治國的倫理的第二個實踐意涵是所謂的**情境倫理**（situational ethics），它不是要求政治家追求最高的理想，而是在盱衡全局、充分考慮過行動的後果之後，在情勢允許下做出最佳的道德判斷，或者最不壞的選擇。換言之，這是一種非完善論的倫理（nonperfectionist ethics）（Jackson, 1996: 211）。最後，治國的倫理還有一個實踐意涵，就是政治家對本國人，相較於對外國人而言，負有特別的責任，因此國人利益優先於外國人的利益。用一個比喻來說，如果一艘船沉了，而救生艇只容得下兩個人，在這種情況下，一般的判斷是：我

們肯定會先救跟我們最親近的人。這個比喻可以用來支持「國人的利益優先於外國人的利益」的主張,因此也比較接近社群主義的立場。

最後,值得一提的是,現實主義者為了避免以「自是他非」(self-righteous)的心態來處理國際關係,不肯在道德上唱高調。摩根索把這層顧慮說得很清楚:國家常以道德目標來掩飾其特殊的願望,然而上帝的意志不是人心所能揣測;宣稱上帝永遠站在自己這一邊,不啻於褻瀆神聖。尤其當這種心態與民族主義的狂熱結合在一起時,更具有危險性。因此政治現實主義必須區分普遍的道德律與政治道德(Morgenthau, 1967: 10)。這個說法意味人們應該把自身的道德立場相對化,代表一種道德認知上的謙卑態度,固然有其優點,但也容易被批評為是一種相對主義的立場。

此處我們可以用俄烏戰爭的例子來說明現實主義道德觀的現實意義。如果以一般的正義戰爭而論,俄羅斯是侵略者,在這場戰爭中很明顯地屬於不正義的一方。但這是否意味著自由民主國家必須不計代價地軍援烏克蘭,直到打敗俄羅斯為止?現實主義者秉持審慎的價值,對此可能會有所保留。因為如果持續軍援烏克蘭的結果可能讓戰爭升級,最壞的情況可能引發核戰。即使沒有戰爭升級的疑慮,長期的消耗戰會造成無謂的犧牲,這是否合乎道德,也不無疑問。因此,比起不斷軍援烏克蘭,透過調停與談判而獲得和平可能是一個更值得追求的選項。誠然,只要是透過談判解決衝突,就不可能不做妥協,而妥協往往就容易被批評為是對侵略者採取「綏靖」的姿態。面對這樣的批評,現實主義者可能會主張,基於責任倫理,為了避免無謂的犧牲,政治家必須扛起責任,頂住這種批評的壓力,儘速透過談判來解決衝突。[1]

從以上的討論可以瞭解,當代的現實主義者多半不是否定道德,而只是強調人性與國際環境對於道德的可能性所施加的限制。他們告誡政治家在決策時必須正視這些限制,並在決策時抱持負責與審慎的態度。如果不要走上極端,這種現實感與負責的態度值得肯定。當這種態度與道德判

---

[1] Habermas (2023)也有類似的主張。

斷上的謙虛結合起來時，更可以避免意識形態的或十字軍式的狂熱。然而，現實主義最大的問題在於經常誇大人性與外在環境的險惡，以至於容易滑向道德相對主義或犬儒主義。但事實上，國際環境往往不至於險惡到完全沒有道德施爲的空間，例如人道援助的案例在當代國際關係中比比皆是，在這類情形下，我們沒有理由認定這類行動會危及國家的存亡。如果現實主義者不要誇大政治現實的嚴峻程度，或許能更平衡地考慮政治的「別無選擇」與道德之間的關係。

二、自由主義的規範論述

國際關係的自由主義雖然有好幾種類型，但大體上可以分成兩種，一種是與政治哲學有較多重疊的「古典自由主義」（classical liberalism），另一種是今天所謂的「新自由主義」（neoliberalism）。與後者比起來，前者比較具有規範內涵，但這些內涵除了康德的《永久和平論》（*Perpetual Peace: A Philosophical Sketch*）之外，多半與當代的國際關係研究沒有直接的聯繫，因此關於古典自由主義的部分，本章只討論永久和平論與其當代的變體——民主和平論（democratic peace thesis）。

整體而言，自由主義作爲一種意識形態對於個人自由、個人自主性（individual autonomy）、平等與正義等價值有很堅定的信仰，其規範色彩至爲鮮明。但是這些價值的適用範圍多半是侷限在國內脈絡；在國際脈絡中，其影響力往往是藉由世界大同主義的形式而發揮作用。世界大同主義的基本特點是以個人作爲道德考量的基本單元，因此國界以及其他邊界（例如階級、種族、宗教、性別等），在道德考量中都是必須被超越的對象。這種思想傾向與主流的國際關係學大相逕庭，因爲主流的理論（包括新自由主義）多半以國家作爲國際政治的基本單元，主張國家有其自主性，這種自主性具體表現爲國家主權。這種「國家中心」（state-centered）的本體論隱含的規範立場就是所謂的「國家道德觀」（morality of state）（Beitz, 1979: 8），它因爲強調國家有不可化約的道德地位，因

此與社群主義的立場較爲接近，而與世界大同主義的立場針鋒相對。

　　社群主義與世界大同主義之間的爭論多半是發生在政治哲學家之間，但是它對國際關係的實質議題卻有規範意涵，例如說世界大同主義者會傾向於支持開放國界、人道干預、全球財富分配以及全球民主（global democracy）之類的主張；相較之下，社群主義者（或主張「國家道德」觀的人）在這些議題上會採取比較審慎保留的態度。因此，這種爭論並非是全然抽象的、哲學的爭議而已，而是有實質的政策意涵。

　　世界大同主義有許多流派，其中與國際關係學比較相關的一支是受到康德的《永久和平論》的啓發，這個思路後來演化爲國際關係學中的民主和平論（democratic peace thesis）。康德在1795年所寫的《永久和平論》中主張，人類有脫離自然狀態的義務，並且認爲永久的和平是有可能達到的目標。爲了達到這個目標，國家必須遵守三個正式條款：第一，每一個國家的公民憲法都應當是共和制（republican）；第二，國家的權利（right of nations）應建立在各自由國家的聯盟（federation of free states）的基礎之上；第三，世界公民權利（cosmopolitan right）應侷限於普遍受到友好接待（universal hospitality）的條件（Kant, 1970: 99-108）。

　　康德所稱的共和制憲法指的是行政權與立法權分立並受限的政體，與現代的民主體制不能完全等同，但在現代的語境中，康德的論點往往被理解爲被理解爲：民主國家的聯盟是世界和平的保障。這個思想因爲與美國威爾遜（Woodrow Wilson）總統的理念十分接近，因此也常被視爲一種「理想主義」的思想，並隨著現實主義的興起而遭冷落。一直到多伊爾（Michael Doyle）重新引入康德的思想，才轉變爲所謂的民主和平論——即民主國家之間不會發生戰爭——而得到學界的重視（Doyle, 1983）。由於民主和平論在國際關係理論當中，唯一最接近「定律」的命題，因此，學界後續的研究多半集中在經驗性地檢驗民主與和平之間的相關性，以及如何解釋這種相關性。也就是說，民主與和平的正相關性成了一個被檢驗的經驗規律後，康德《永久和平論》原本的規範特徵反而被淡化了。

　　然而，民主和平論在實踐不可能沒有規範意涵。人們可以問：如果

民主和平論真的成立的話,是否意味著,民主國家為了維護和平,有義務要在世界範圍內拓展民主?可惜國際關係自由主義者多半不願碰觸這個問題,反而是政治哲學家比較願意探討。再者,民主和平是否意味著民主國家比非民主國家更具有正當性?或者說非民主國家的政權根本不具正當性?民主國家如何對待非民主國家?應該容忍還是應該干預?容忍的限度是什麼?猶有甚者,民主和平論雖然主張民主國家之間不會有戰爭,但這不表示民主國家與非民主國家之間不會有戰爭。萬一民主國家與非民主國家發生戰爭,是否民主國家一定是正義的一方?(Shue, 2002)諸如此類的問題,當代的國際關係自由主義者大都避而不談。當今的國際日益極化,大有升級為新冷戰的態勢,其中屬於自由民主的陣營與非自由民主的陣營之間是否應該和平共處?還是只能是「正義與邪惡的對抗」的關係?此一問題對於世界的未來關係重大,值得深入思考。

　　相較之下,政治哲學家反而熱中於回答這類問題。例如羅爾斯在其《萬民法》(*The Law of Peoples*)(Rawls, 1999)中就延續了《永久和平論》的精神,探討了民主國家的外交指導原則:他主張把符合某些條件的非民主國家與「法外國家」(outlaw state)區別開來,稱之為「合宜的階層制人民」(decent hierarchical people),並認為它們也是「諸民族(所構成的)社會」(society of peoples)的合法成員,因此民主國家必須予以容忍(Rawls, 1999: 59-62)。又如哈伯瑪斯也討論了《永久和平論》中的「世界公民權」的當代意義,並將它往前推進一步,主張以世界公民聯合體(federation of world citizens)取代康德的國家的聯盟(federation of states),並以人權作為國家獲得正當性的基礎,將國際關係轉變為「世界內政」(world domestic policy)(Habermas, 1998, 2001)。他們的論述都有強烈的規範性,彌補了國際關係自由主義規範論述的不足。

　　如前所述,「第三波」的國際關係規範研究出現了幾個新趨勢,其中至少有兩個提供了自由主義學派很好的著力點。首先,有些學者強調,國際關係的規範研究不僅應該探討「應當做什麼?」的理論問題,還應該研究那些實際在推動全球正義的團體或人士「做了什麼?」,特別是

非政府組織與社會運動團體的努力（Williams and Death, 2016）。這與新自由主義理論強調「去國家中心論」的大方向十分吻合，因此是一個雙方都可以共同努力研究的議程。其次，「第三波」還有一個新趨勢是更加重視實質議題的研究，而在這些議題當中，有些原本就是新自由主義者所關心的議題，例如全球治理（global governance）；只不過規範研究會更重視其中涉及價值判斷的部分，例如全球治理中常見的「民主匱乏」（democratic deficit）與「正當性」（legitimacy）的問題。全球治理的議題如果要進一步細分，可以包括智慧財產權、生態領域（包括污染、氣候變遷、生態多樣性與可持續性等）、身體與健康領域（包括人口問題、器官買賣、生育權）等等諸方面所涉及的規範問題（Moellendorf and Widdows, eds., 2015），也都可以是新自由主義者所關注的問題，因此也是雙方可以共同耕耘的議題領域。

三、英國學派的規範論述

英國學派由於強調在人類的政治活動中，「判斷」（judgment）是不可避免的，因此對於科學化的研究抱持懷疑的態度，認為國際關係的研究不可能沒有規範性。英國學派的規範立場最明顯的特徵，就是呈現出一種中間道路的精神。英國學派的中間道路色彩，早在懷特（Martin Wight）提出現實主義、革命主義、理性主義三種傳統的說法時，就已表露無遺。對於懷特而言，理性主義是介於現實主義與革命主義的中間立場（via media），而英國學派則儼然是當代理性主義的代言人。這種中間立場隱含一種中道（juste milieu）的精神，強調一種「將有節制的懷疑和有原則的審慎視為政治美德」（Wight, 1966）。這種中道精神深刻地影響了英國學派的規範立場，以布爾（Hedley Bull）為例，他所創的「無政府社會」（anarchical society）一詞顯示，國家間的狀態是一種社會關係，遵循一定的規範，因此在一定程度上受到法律與道德的制約（Bull, 1977）。這使他的立場有別於現實主義貶低規範約束的傾向。另一方面，英國學派一

般並不認為國家間的暴力可以完全根除，因此無法認同「永久和平」之類的「烏托邦主義」。他們的立場比較接近「有限進步論」——它認真看待全球改革的呼聲，但又不過度熱中於激進的改革，而是抱持一種冷靜與審慎的態度。這種審慎部分是源自於對政治「泛道德化」的疑懼，深怕這種改革的努力變成某種意識形態的工具，或者導致道德歧見，從而損及國際秩序。

換個方式說，英國學派的中道精神就是一方面不認為國際政治與道德無涉（這是某些現實主義者所主張的），另一方面也反對道德完美主義（這是某些革命主義者或康德主義者所主張的）。因此，整體而言，英國學派的倫理立場是試圖在權力與道義、秩序與正義、政治審慎與道德義務之間求取平衡。這種立場可以稱之為「**非完美主義**」的道德觀或「**形勢倫理**」（situational ethics），論者認為這有助於避免現實主義與革命主義兩者走向絕對主義傾向（石斌，2004）。另一方面，由於英國學派一般而言對道德的普適性抱持懷疑的態度，也就是不認為國際間能找出一套公式般的原則適用於一切狀況，故抉擇與判斷就成為政治家無可避免的責任，而成功地履行這項責任則有賴於**實踐的智慧**（practical wisdom）（Jackson, 1996: 205）。

英國學派運用這種實踐判斷的方式，明顯地表現在他們關於**秩序與正義**之間的關係的討論上。在這個問題上，他們的基調是秩序優先於正義。例如布爾大體上認為秩序優先於正義；不過，他同時也承認，秩序並不總是優先於正義（Bull, 1977: 96-97）；而且隨著時代的演進與年歲的增長，布爾也變得比較願意承認：追求正義有時也是維護秩序所必需；甚至認為世界秩序（world order）比國際秩序（international order）更為基本，或者在道德上更為優先，因為人類社會的最終單元是個人而不是國家（Bull, 1977: 22）。後面這個主張已經帶有世界大同主義的色彩。類似的立場轉變也發生在英國學派成員對於人道干預所採取的態度，例如文森（Andrew Vincent）早期是不干預（non-intervention）原則的捍衛者，後來卻逐漸成為人權的鼓吹者，而像惠勒（Nicholas Wheeler）所採取的

「批判的國際社會」路徑（"critical international society" approach），對於人道干預的支持態度就更加明顯了。這種立場上的變化，涉及到英國學派內部的**多元主義**（pluralism）與**連帶主義**（solidarism）的爭論。一般說來，前者以國家爲世界政治的基本單元，並認爲國家間在文化上與意識形態上存在著差異，而國家體系的優點就在於保存這種差異性，因此多元主義在倫理學上偏向「薄的」（thin）「國家的道德」；後者則主張個人與其權利必須在國際社會中占有一席之地，並強調價值的普遍性，因此偏向世界主義的「厚的」（thick）道德觀（石斌，2004: 9）。

最後，英國學派的規範思考還有一個超出社群主義與世界大同主義之爭的地方，值得留意。關於世界政治中的正義，布爾區分三種層次：一是「國際的或國家間的正義」，它主要是基於國家間主權平等的理念；二是「個人的或人類的正義」，它主要是基於人權的理念；三是「世界大同主義的或世界的正義」，其所關切的是「何者對人類全體有益」，例如關於全球環境的問題（Bull, 1977: 81-86）。

在英國學派的規範論述中，最後這一點有特別值得討論之處。首先，因爲近年來氣候變遷的影響日益加劇，已經嚴重地影響到人類的生存，因此吾人對於第三層次的正義的思考刻不容緩。除了必須思考解決對策之外，人們還必須探討此一工作的責任如何分配以及由誰分配的問題。在這方面，目前學界大致上是把這類氣候變遷的責任歸屬問題視爲分配的問題的一種型態，其中涵蓋的議題非常廣泛，此處無法詳述。[2]問題是，對於這個迫切的問題的探討目前似乎還沒有共識，也缺少一個一般性的理論可以引導我們來應對，因而有所謂「完美的道德風暴」（perfect moral storm）之說（Gardiner, 2011）。這提醒我們必須用更多的心力來探討此一生死攸關的大議題。

其次，在布爾這個架構中，如果將第一層次對應到社群主義的倫理觀，第二層次對應到世界大同主義的倫理觀，則第三層次的正義可以說是

---

[2] 關於氣候變遷所涵蓋的議題，葉家威、曾瑞明（2019，ch. 6）有扼要的討論。

超出了前兩者的思考範圍。誠然，世界大同主義者也會觸及布爾的第三層次的議題，例如全球的財富分配；但這裡的要點是，世界大同主義是以個人爲道德考量的基本單元，而布爾的第三層次正義則是以全人類的利益爲依歸。因此兩者雖然可能思考相同的議題，卻會因爲關懷的基本單元不同而採取不同的視角，從而可能也會得出不同的規範結論。舉例而言，如果像世界大同主義那樣，以個人自由與權利作爲考量重點，再加上傳統功利主義的不傷害原則，那麼公權力對於那些不傷害他人的個人的偏好就必須保持中立，不能做出價值判斷。按此推理，在現代民主體制中，喜歡水上摩托車運動還是自行車運動純粹是個人自由，公權力不能干涉。但是如果採取布爾的第三層次的視角，則公權力無法對個人愛好保持中立，因爲水上摩托車運動對生態環境的破壞會遠大於自行車運動。[3]因此，這一視角恐會要求公權力對於許多傳統上被視爲是個人權利或自由的範圍加以限制。如果把這一視角的思維方式推到極端，則吾人所珍視所謂「自由」恐怕都需要重新檢視，因爲現代社會的生活方式從生態可持續性的角度看，很多做法都是自我毀滅的。這樣的視角將會大大衝擊吾人對於自由的價值的信念。

四、批判理論的規範論述

批判理論大致可以分兩種類型，其中一種是受葛蘭西（Antonio

---

[3]這部分討論相當程度上是受Peter Singer (2002)的啓發。Singer (2016)後來更依據Eugene Stoermer的主張，認爲我們已經進入地球史上的新紀元，亦即所謂的「人類世」（Anthropocene）。按他的見解，由於科技、生態、經濟等各種因素的發展與交疊作用，人類已經共享一個世界，個人的行爲都存在影響全人類的「外部性」，因此我們亟需一種「人類世」的倫理學。此種思維和「氣候變遷和地球母親權利的世界人民大會」（The World People's Conference on Climate Change and the Rights of Mother Earth）主張類似，都是要超越主流的自由主義把個人作爲道德主體的思維，而把地球（母親）視爲一個道德（或有權利的）主體。關於「氣候變遷和地球母親權利的世界人民大會」，以及與之相關的Buen Vivir（living well）運動的主張，可以參閱Williams and Death (2016: 175-183)。

Gramsci）的影響，側重於政治經濟學的分析；另一種是受哈伯瑪斯的影響，偏向於哲學與理論的分析。前者以考克斯（Robert Cox）最具代表性，後者則以林克萊特（Andrew Linklater）最爲著名。這兩派雖然在取徑上有所不同，但畢竟它們都受馬克思（Karl Marx）的影響，因此這兩派的共同點是對**解放**（emancipation）旨趣的重視。這顯然帶有濃厚的規範色彩，而在規範主張上它們還有一個共同點，就是認爲現存的世界政治需要**結構性的轉變**。本節的討論就以考克斯與林克萊特兩人的論述來說明批判理論的規範立場與主張。

　　早在1981年，考克斯就已對所謂的「解決問題的理論」（problem-solving theory）（包括新現實主義與新自由主義）的「價值中立」的主張提出批判，認爲理論必然有其價值取向，而價值中立論其實只是掩飾了其維護現狀的保守立場。這種現狀可能是由某種霸權（hegemony）所維繫，但這個霸權並非特定指某個國家，而是由物質力量、意識形態與制度三種力量所共同形構。考克斯從歷史唯物論的角度來論證：由於這幾股力量不斷發生變化，因此霸權之下會逐漸出現反霸權，結構的改變於焉發生（Cox, 1986 [1981]）。在這裡考克斯只分析何以結構變化是可能的，但並未對霸權與反霸權之間的誰是誰非做出道德裁判。到了1992年，儘管考克斯仍然不對霸權與反霸權做出道德裁判，但是似乎認定霸權的衰落已是無可避免，因此必須關注新的世界秩序如何獲得「規範內涵」。對此考克斯提出兩個先決條件：第一，不同的文明間應該相互承認、避免把自己的文明視爲唯一具有普遍性的；第二，超越文明間的相互承認，進而發展出**一種超主體間性**（supra-intersubjectivity），其基礎在於人們必須：(1)承認全球生態的維護具有優先地位；(2)接受在以武力解決衝突時必須自制；(3)發展出顧及各種規範觀點的衝突解決程序（Cox, 1996 [1992]: 151-152）。

　　關於第二條件的三個規範原則，考克斯在2008年進一步明確提出，結構的改變必須是「有目的的」（purposive），國際關係的研究必須聚焦於人類的物種生存以及追求生存條件的正義，據此可以排列出一個議題的優先順位：(1)生物圈的存活；(2)避免核子戰爭；(3)緩和貧富差距；(4)保護

最容易被傷害的人們；(5)協商解決衝突的有效安排（Cox, 2008: 87）。在這個清單中，第二與第五項屬於傳統的安全議題，第三與第四項則接近於分配正義的關懷，因此並無新意；比較突出的是他把生態圈的保護列為第一順位，這可以說與前述布爾的第三層次的「世界正義」的主張相呼應。

在哈伯瑪斯式的批判理論中，林克萊特的論述可以說是最完整、最全面的。[4]他的第一個重要的貢獻在於指出，完整的國際關係探究必須包含社會學的（sociological）、規範的（normative）與實踐的（praexiological）三個層次的分析（Linklater, 1998: 8）。這個說法之所以重要，是因為主流的國際關係學偏重在社會學的分析，規範的分析已經較少，而實踐的分析則更不多見。不過，林克萊特的研究是以規範論述為主，而且是側重在哲學與理論立場上的探討，特別是關於如何超越普遍主義與特殊主義的對立。在這個問題上林克萊特一方面要捍衛普遍主義——因為這是啟蒙理性的根本特質，另一方面卻也想要對差異與特殊性展現包容。其具體做法是借用哈伯瑪斯的「商談倫理」（discourse ethics）原則來創造一個沒有排他性的對話社群（dialogic community）——「一個所有人類擁有一種一望即知無待解釋（prima facie）的平等權利，得以加入可以判定全球安排的正當性的普世商談社群」（Linklater, 1998: 10），其最終目標是要讓政治社群實現三種轉變（three transformations）——創造一種更加普遍主義的、在分配上更加平等的，以及對種族、性別與文化差異更加尊重的社會關係（Linklater, 1998: 7-8）。

林克萊特的理想看起來十分吸引人，問題是，如何才能落實呢？如同考克斯一樣，他也是把注意力集中在大規模的結構性轉變，特別是政治社群的轉變。林克萊特認為，現代國家具有「包容」與「排他」兩面性——相較於部落社會，它顯然較具包容性；但在國家體系當中，它又具有排他性。或許是受到黑格爾的辯證法的影響，他認為人類的歷史應

---

[4]哈伯瑪斯本人也有不少關於國際關係的規範的論述，但因為哲學層次太高，對於一般的國際關係學者而言太過艱澀，因此本文就不多做介紹。有興趣的讀者可以參考林立（2019: ch. 1）與林炫向（2010）的討論。

該是朝向更具普遍性與包容性的方向發展，因此超越主權國家的體系而進入「後西伐利亞秩序」（post-Westphalian order）就成了政治社群的最終歸宿。問題是，這種轉變的動力在哪裡呢？林克萊特對此進行了「實踐的分析」，認為轉變的動力已經蘊含在現代的公民身分（citizenship）的概念中，因為這個概念本身具有一種「普遍的合理性」（universal rationale），它與民族國家的排他性相衝突，這種衝突就給超越主權國家創造了可能性（Linklater, 1998: 191-193）。

林克萊特的論述無疑地具有強烈的普世主義、世界主義以及理想主義的色彩，因此也引發不少爭論。就理想／理念的層次而言，商談倫理的最終目標在於擴大個人的自主性與自由，對於有些批評者而言，此一目標所蘊含的價值不過是西方自由主義價值的反應，說不上具有普世性。為了回應這類的批評，林克萊特除了強調他的普世主義是一種「薄的」普世主義之外，後來更把論述的重點轉移到避免「傷害」（harm），主張以避免傷害的原則作為世界大同主義社群的最低標準，並建議發展各種「世界大同主義傷害公約」（cosmopolitan harm conventions），例如反種族滅絕公約、反酷刑公約等（Linklater, 2001, 2002）。這說明，為了使批判理論對其他文化具有包容性，它必須朝著求取「最大公約數」的方向移動，但此一轉變對於批判主義的支持者而言，是以減損其批判性為代價，如此恐使批判理論陷於進退兩難的局面。

五、其他「反思主義」的規範論述

(一)女性主義與後現代的規範論述

在「反思主義」的陣營中，除了批判理論具有強烈的理性主義色彩之外，另外兩個比較不強調（甚至有點反對）理性主義的學派是女性主義與後現代主義。女性主義不僅挑戰主流國關理論的本體論、認識論，更進一步挑戰其實踐國際關係的方式。在規範層面上，有的女性主義者認為

理性主義者過度強調「工具理性」與「不偏不倚」（impartiality）的正義觀，是男性的道德發展經驗使然；相對地，女性的道德發展經驗則更重視關懷的角色，因此她們提出關懷的倫理（ethic of care）來與公正的倫理（ethic of justice）相抗衡（Hutchings, 2000）。這種倫理觀的最大特點在於，它並不試圖從一個阿基米德原點（Archimedean point）做出普遍適用的道德判斷，而是承認道德必然存在於具體的社會關係與特定的脈絡當中，因此道德判斷必然是從「此處」與「當下」（"here" and "now"）出發。此外，它還承認道德本身與權力無法分割；任何的道德關係都潛藏著壓迫、宰制與暴力的可能性，因此必須隨時保持一種警覺性與自我反省的態度。這種倫理觀可以說對主流的（「理性主義」的）規範論述的激進挑戰，但這種挑戰恐怕已經不是女性主義所獨有，而是與某些後現代主義者所共享。

近年來，女性主義還運用「多元交織性」（Intersectionality，或稱為交叉性）的概念，來說明歧視和壓迫的來源有時是多重個人身分的組合所引起的，這些身分包括性別、種族、階級、宗教、殘疾等等。根據這個概念，人是處在多重社會權力系統中，性別的權力關係只是其中的一環，而此一環也必然與其他環節的社會差異、不平等、權力關係等環環相扣（Jaggar, 2020: 339）。此一思維可以刺激我們關注許多先前被忽略的問題，例如女性不僅在家庭內部、也在全球勞動分工中擔任吃重的角色（例如在加工出口區工作的人女性往往是占多數），但是她們的貢獻和所受到的不平等對待卻往往被低估。不僅如此，在戰爭、飢荒、難民、移民、貧困、金融與債務危機、結構調整政策（structural adjustment policies）、氣候變遷等眾多問題上，女性的處境往往也都比男性更艱困。在最壞的情況下，不論是在戰爭、色情行業、旅遊業、外籍幫傭、代理孕母等情境或領域，女性還經常淪為性暴力與剝削的對象（Jaggar, 2020）。女性主義提醒人們關注這些問題，可以說大幅拓寬了全球正義所涵蓋的範圍。

後現代主義者多半試圖超越一切的邊界，這些邊界可以是國家的、種族的、性別的、階級的等等，因而有所謂的逾越的倫理（transgressive ethic）。在國際關係領域中，最具有分裂力量的邊界是國界，而「主權」的概念又往往被認為是將邊界固定化的元凶，因此後現代主義開始進入國際關係學後，早期的論述重點之一是解構主權的概念，因而有所謂的「去領域化的」倫理（"deterritorialized" ethics）（Devetak, 2009: 209）。再者，後現代主義有強烈的「反本質主義」（anti-essentialism）與「反基礎主義」（anti-foundationalism）的特質，這也影響它對全球正義問題的思維。例如有種主張認為以「普遍人權」（universal human rights）作為思考全球正義的起點，無異於把人的概念普遍化與本質化，這會導致忽略人的差異性（包括文化、種族、性別、階級等各方面的差異性）。由於反對基礎主義，有些後現代主義者認為不能完全依據規則或後果來思考倫理問題，而應該更加關注情境或脈絡（context），亦即不同的情境脈絡可能要求不同的做法，而不是以單一的邏輯適用於一切的狀況。此外，有些後現代主義者還鼓吹人際互動的倫理，認為人們在互動中尋求擴大視野，並主張人們將自己的道德信仰置於讓人質疑的地位，而不是將之視為「放諸四海皆準」。這就蘊含一種道德謙卑的態度，但其代價是容易被批評為是道德相對主義、甚至是「道德虛無主義」（moral nihilism）（Hutchings, 2010: 66-74）。

　　儘管受到「虛無主義」的批評，後現代主義者卻很積極地提出新的倫理思維，例如坎培爾（David Campbell）借用列維納斯（Emmanuel Levinas）的觀點來說明「主體是由與他者的關係所構成」（subjects are constituted by their relationship with the other），以及（因此）責任先於主體的主張，並提倡一種責任的政治學（politics of responsibility）。又如夏皮洛（Michael J. Shapiro）與康納利（William Connolly）分別提出「遭遇的倫理」（ethics of encounter）與「變成為的政治」（politics of becoming）等倫理觀。於是，後現代主義這個經常被認為是傾向虛無主義的思潮，反而是最積極地提出倫理觀的「學派」。這種弔詭的現象，也許

說明後現代主義並不像其批評者所說的那麼虛無。[5]

(二)建構主義的規範論述

　　整體而言，國際關係的建構主義雖然把規範當成研究的重點，但其關懷主要在於社會事實如何被建構，特別是規範如何構成行為者的認同與利益；至於規範本身是否合理或具有正當性，則不是建構主義所關心的問題。他們對解放與對權力的批判比較不感興趣，對於何謂良善的生活也沒有太多著墨。換言之，建構主義並未敦促學者對規範加以評價（evaluate）：即哪些規範值得支持，以及什麼行動才符合規範？諸如此類的問題，建構主義者很少討論。換言之，儘管建構論著重於研究規範，但所關心的是規範是否有作用、如何作用，而不是規範如何獲得證成（justification），因此嚴格說來是一種「關於規範的理論」，而不是一種規範論述。

　　儘管如此，從建構主義的基本假設中吾人仍可推導出其規範意涵。例如普萊斯認為，建構論者多半強調「改變的可能性」，這個傾向也許不像某些後實證主義學派（例如女性主義、批判理論、後現代主義等）那麼激烈地挑戰現狀，因而顯得有些保守，但是在主流的實證主義者看來，建構主義之外的後實證主義的議程雖然目光遠大，但因為缺少「如何可能」的分析，不免流於空談。相較之下，建構主義能從經驗上來說明改變的可能性，質疑了國際關係是一個「反覆再現的領域」（the realm of recurrence and repetition）的信念，反而對維護現狀的主流學派構成較大的挑戰。因此，建構主義雖然不支持激進的改革，卻不能因此說就是保守主義者，而是應該用「改良主義者的姿態」（reformist gesture）來形容建構主義的規範立場才比較貼切（Price, 2008）。

　　此外，建構主義的改良主義規範立場還有其「謙虛」（humility）的

---

[5]關於後現代主義倫理觀的具體運用，可以參考David Campbell (1998)關於波士尼亞戰爭的經典論述。

一面。它的謙虛表現在它對於道德理想的「經驗限制」——亦即什麼理想在實踐上是可行的——以及文化脈絡的關注（Price, 2008: 322-325）。這不是小事，因為規範論證不能與經驗世界脫節，而實證研究正可以對規範論證提供經驗支持或否證。例如說，羅爾斯的《萬民法》要求自由人民容忍合宜的階層制社會，理由之一是他認為合宜的階層制人民具有道德學習能力（Rawls, 1999: 61）。如果借用建構主義的語言來說，就是階層制人民有改變其身分或認同（identity）的可能性。這種可能性究竟在多大程度上可以實現，就是建構主義能予以實證研究的問題。

六、中國大陸學界的規範論述

近年來，隨著西方霸權的逐漸式微，國際關係學界已經開始探索「後西方國際關係」與「後西方國際關係學」的可能性，於是各種「地方性」或「區域性」「學派」的提法也如雨後春筍般逐一浮現。在眾多此類「地方性」學派中，與我們關係最密切的是所謂的「中國學派」。此處無法對此學派做全面的介紹，而只能觸及與規範相關的論述，其中最突出的兩個範本，分別是「道義現實主義」與「天下體系」。

北京清華大學閻學通（2014）的「道義現實主義」呼應摩根索的古典現實主義，認為現實主義並非與道義不相容；「道義現實主義」主張「非民族性的」（亦即不是從中國本身的立場出發的）、「普適性」的道義原則，例如公平、正義、文明、誠信等。閻教授認為，國際的主導權包含權力與權威兩個要素，權力可以只基於「實力」，但權威則無法脫離道義。因此在國際領導權發生衝突時，道義就是影響爭奪主導權的一個重要因素。而由於權威是建立在「他人的信任」的基礎上，因此「戰略信譽」就格外重要。尤其對「崛起國」而言，在物質力量弱於主導國的條件下，它可以透過增加盟友和擴大國際支持來強化其戰略信譽，從而改變雙方的實力對比。崛起國強化戰略信譽的目標在於建立新的國際規範，而強化之道，則必須「身體力行」執行新規範。閻教授將國際領導分為「王權」、

「霸權」與「強權」三種類型，強權國指的是完全缺乏戰略信譽的大國；霸權國則是採取雙重標準—對盟友講道義，對敵國則運用叢林法則；只有王權國才是真正以身作則的強國。閻教授的「道義現實主義」主張，中國應該借鑑古代的「仁、義、禮」與現代的「平等、民主、自由」，在世界上推行「公平、正義、文明」的價值觀，並認為這種價值觀是對於「平等、民主、自由」的包含與超越。最後這個主張，閻教授並未具體論證，因此是否真的是一種價值觀上的超越，實有討論的空間。但更重要的是，「道義現實主義」主要是從「如何取代霸權」的角度來考慮道義的作用，嚴格說來，這是一種「關於規範」的論述，而不是真正意義上的「規範論述」。

比較有規範意涵的「中國式的」論述可以趙汀陽（2005）提出的「天下體系」為代表。跟「道義現實主義」一樣，趙汀陽的論述的出發點也是有感於中國的崛起，但他更關心的是中國如何「對世界負責」，而且「天下體系」的雄心並不只是提出一套替代西方霸權的價值或規範，而是要從根本上質疑西方學說與世界觀的方法論。趙汀陽跟許多世界大同主義者類似，都對於以國家為基本單元的西伐利亞體系（Westphalian system）感到不滿。但是在趙汀陽看來，西方的世界大同主義者所提出的願景，還無法真正超越此一體系，其根本原因在於，西方的思想有一種根深柢固的（源自基督教的）「異教徒意識」，由此衍生出敵我分別以及「分裂的政治」。相較之下，中國的傳統精神是「不拒他者」，其思維方式的根本原則是「無外」（包括「天下無外」與「思想無外」），因此關鍵是要「以己化他」，從而達到「化他為己」。按此精神與原則，沒有什麼衝突是不可化解的，「任何不和諧的關係都可以化成和諧的關係」。「無外原則」是建立在整體論的方法論基礎上：「任意一個生活事物都必須在它作為解釋條件的『情景』（context）中才能被有效地理解」，而能夠作為任何事物的解釋條件的最大「情景」當然是「天下」（趙汀陽，2005：43）。這一原則決定我們必須以「天下」來思考世界，而不是從「國家」的立場來思考。

　　「無外」原則與整體論的思維方法有很深刻的政治意涵。按照趙汀陽的理解，當前的世界儘管不乏國際制度（例如聯合國體系），但此一體系的運做法則基本上還是基於國家之間的契約與協商，而國家多半還是依據其國家利益來決定是否遵循國際規範。究其根本原因，還是在於西方思想傳統只有「國家理論」而無「世界理論」，前者是「以國家衡量世界」，而後者則是「以世界衡量世界」，兩者間存在根本的區別。相較之下，「無外」原則與整體論的思維從根本上排除了「民族主義模式」，主張國家不能以自己的尺度來為自己的合法性辯護；相反地，國家必須在「天下尺度」中獲得其合法性。

　　表面上看來，這似乎與世界大同主義若合符節，然而整體論的思維方法終究使得「天下體系」與世界大同主義的願景分道揚鑣。按趙汀陽的說法，西方的思維向來把個人視為價值的重心；中國的價值重心則是在「家」，而天下正是最大的「家」（所謂「四海一家」）。以「家」為重心的意義在於，它是利益計較趨於最小化的環境，因此也最能發展相互責任與促進和諧，從而充分發展人性。「天下體系」對世界的思考是一種「由大至小」的方式：先肯定世界的先驗完整性，然後分析各個地方或國家間的關係。換言之，世界或「天下」才是政治理論的起點，國家則是政治理論的錯誤起點。在「天下體系」，政治制度的治理次序是「由上而下」（亦即「天下→國→家」），這可以說完全顛覆了把西方的治理次序。

　　「天下體系」與世界大同主義的立場之間還有另一個巨大的差異。一般而言，世界大同主義者必然會支持人權與民主；然而，趙汀陽卻明確反對人權與民主至上論。反對人權至上，是因為它隱含一種「單位可以自身獨立存在」的「主體」思維或「個體存在論」（the ontology of individuals）；與這種思維相反，趙汀陽主張，幸福的存在條件是關係，因為幸福只能在成功的關係中產生，謂之「關係存在論」（the ontology of relations）。根據這種存在論，「集體利益和個人利益總是掛勾一致」，因此不可能將個體的利益置於集體利益之上。另一方面，趙汀陽也提出了

幾個反對民主的論證，其中最重要的理由是，他認為儘管民主在國內政治被視為理所當然，但在國際層面上，所謂的「全球民主」卻往往被認為是不可接受的。趙汀陽認為這違反他所謂的「傳遞性原則」（或道的一貫性），亦即一個政治制度必須能夠充滿整個可能的政治空間，才能算是充分有效的。按此原則，民主的有效性如果只限於國內，而不能擴及國際層面，那就不能說具有普遍有效性。猶有甚者，趙汀陽認為這種傳遞性必須是「由上而下」的，亦即先在世界層次上確立統一的制度與原則，然後再往下推演到國家層次。換言之，國內制度必須受制於世界制度。此一主張所隱含的立場是：世界制度既然是世界性的，它就不能是立基於某個意識形態（不論是哪種宗教或主義）。言下之意是，吾人不能從自由主義推導出世界制度。

以上的說明顯示，「天下體系」的出發點雖然是以中國大陸思想思考「世界」，但它並不以國家為世界政治的基本單元，反而是希望能以「世界尺度」來思考世界。就此而言，它比較接近世界大同主義，而不是民族主義。然而，當代的世界大同主義在本體論基本上採取源自西方傳統的個人主義，而趙汀陽的本體論則是以關係為本體。此外，其所採取的「整體論」與「由上而下」的思維方法，也迥異於西方主流的「個體論」與「由下而上」的方法論，「天下體系」因而在西方的思想傳統之外別闢蹊徑，提供了一個替代的「思考世界」的方法。

近年來國際局勢日益嚴峻，以美國與其盟友為一極，中、俄、伊朗為另一極，兩極之間的對立日益尖銳，中美之間的鬥爭也愈來愈激烈，大有升級為冷戰2.0版的態勢。吾人對於國際關係的思維如果仍執著於追求國家利益，難免就會陷於國家間或國家集團間的對立，最終釀成國際衝突，嚴重的話甚至有可能帶來第三次世界大戰。身為大國，中國在此世界格局中負有特別的責任。中國人如果能像閻學通所主張的那樣，提倡王道的思想，濟弱扶傾而不爭霸，這樣中國或許有可能避免與美國陷入一場爭霸的惡鬥。再者，如果中國真能回歸天下主義並以身作則，不以國家利益為尚，而以天下利益為依歸，這樣或許有可能領導世界建立一種新的世界

秩序。作者個人認為，王道與天下主義其實都可以歸本於中國傳統的大同思想，其原初的表述最早出現在《禮記・禮運》，國人應耳熟能詳。直到近代康有為著《大同書》，重新提倡大同思想，孫中山、梁啟超、毛澤東諸先生都受其影響，可見大同思想已深入中國人的思想意識。此一意識原本就有濃厚的超越階級、國界、乃至一切邊界的意識。[6] 現代的中國人如果能繼續發揮此一思想，並與西方的世界大同主義進行對話，或許會有助於開創出一種世界秩序的新思維。

七、結語

政治學是一門實踐的科學，國際政治當然也不例外，因此規範分析是無法迴避的；即使標榜不涉及規範分析的學派，其理論也不可能沒有規範意涵。但是在實證主義的學術霸權之下，實踐的關懷往往被邊緣化。在冷戰結束後，這個趨勢開始有所扭轉。目前國際關係的規範研究已經再度引起重視，「國際關係倫理學」或「全球正義」也已成為國際關係學的一個次領域。在這個次領域中，傳統的做法是，要麼偏重規範立場的哲學的、抽象的說明，要麼著重於實質議題的分析。本文主張，在這兩種途徑之間，人們還需要一個溝通兩者的中介，而這個工作可以由國際關係各學派的理論家來完成。本章對於國關各學派的規範論述作一概覽，而這一概覽確實也顯示，國關各學派其實已有十分豐富的理論資源可以介入實質議題的討論。

這並不是說國際關係學者在做規範分析時可以不需要藉助政治哲學家的論述或理論。國關學者仍然可以（也應該）繼續從政治哲學獲取靈感，但他們不能期望只要引入政治哲學家的論述就能解決國際關係的規範問題。不是只有國際關係研究者應該向政治哲學家學習，也許政治哲學家也應該向國際關係研究者學習。國際關係規範研究應該是一個雙方共同探

---

[6] 參閱梁啟超（1987: 2-3, 85-86）與許倬雲（Hsu, 1999: 161）的討論。

索的領域，在這個領域中，任何一方都不能說自己擁有至高無上的地位。

　　再者，當我們呼籲重新關注規範分析時，並不是說我們就可以不重視實證研究。事實上，「政治學是一門實踐的科學」這個說法本身還有一個重要的意涵，就是主張經驗研究與規範研究都不可偏廢。如同亞里斯多德所說，「實踐的智慧」（phronesis）所關心的對象不僅是普遍的事物（universals），而且是特殊的事物（particulars），而這只有透過經驗才能獲得。因此，政治學最終必須回歸到實質問題的探討上，而在思考這些問題時，經驗研究必然是不可或缺的。這個主張也適用於國際關係的規範研究。

　　最後，本章已經說明，國關學界各學派自身都有其規範立場或倫理意涵，而且也有極豐富的規範論述的理論資源。因此未來一個值得努力的方向是：各學派應當可以就各種實質議題，提出自身的倫理立場與規範主張。近年來值得思考的規範議題相當多，例如2003年美國入侵阿富汗與伊拉克是否算是正義的戰爭？其戰後的重建工作是否也是正義戰爭理論應該探討的範圍？人道干預是否一定要聯合國授權？沒有聯合國安理會正式決議授權的干預行為是否在道德上有瑕疵？經濟制裁作為外交政策工具是否有效？是否對於平民的傷害遠甚於對威權政府的傷害？已開發國家是否有提供經濟援助幫助貧窮國家的義務？在接納難民的問題上，國家負有多大的責任？（此一問題已在歐洲與美國都引發嚴重政治紛爭）在環境破壞與氣候變遷的議題上，富國是否應該比窮國承擔更多的責任？人類對於其他物種與生態圈負有什麼責任？諸如此類的議題，國關各學派都可以介入討論，並提出自己的立場與主張。而國關各學派在進行這類實質議題的規範探討時，他們不應只是單方面地套用哲學或政治理論，而是將經驗事實與政治現實納入考慮，並運用亞里斯多德所謂的實踐的智慧。

問題與討論

一、現實主義者常說，政治道德不同於個人道德，或者國家的理由有時要求政治家從事不道德的行為。你是否同意這種看法？

二、民主和平論是否有規範意涵？是否意味民主國家有義務在世界範圍內推廣民主？是否意味民主國家比非民主國家更具正當性？

三、英國學派對於秩序與正義之間的關係有何看法？你是否認同？

四、多元主義與連帶主義之間的差別何在？它們的規範立場與主張有何不同？

五、考克斯認為市民社會能夠保衛環境與婦女權利、捍衛和平、對抗貧窮以及反制「帝國」，因此是反霸權力量與正當性的來源。你是否同意他的說法？

六、林克萊特希望藉由將商談社群擴大為更具包容性、更尊重差異性的普世商談社群，來實現其「政治社群轉變」的理想，其轉變的動力何在？你對他的說法有何評論？

七、「關懷的倫理」與「公正的倫理」有何差別？女性主義者主張關懷的倫理，對於思考實質的規範議題有何助益？

八、後現代主義常被認為是一種虛無主義，但卻最勇於提出規範立場與觀點。對於這個弔詭的現象你如何看待？

九、建構主義是否有規範意涵？如果有，對於我們思考實質議題有何助益？

十、趙汀陽「天下體系」的思想方法有何特點？對於吾人思考國際關係的規範議題是否有所啟發？

參考書目

石斌（2004）。〈權力、秩序、正義──「英國學派」國際關係理論的倫理取向〉。《歐洲研究》，第5期，頁1-23。

林立（2019）。《當代大哲論國際正義》。台北：翰蘆圖書。

林炫向（2010）。〈邁向一種中道的國際關係倫理學：哈貝馬斯「世界內政論」的啓示〉。《國際政治研究》，2010年第1期，頁145-167。

梁啓超（1987）。《先秦政治思想史》。台北：東大圖書公司。

葉家威、曾瑞明（2019）。《全球正義與普世價值》。香港：香港中文大學出版社。

趙汀陽（2005）。《天下體系：世界制度哲學導論》。南京：江蘇教育出版社。

閻學通（2014）。〈道義現實主義的國際關係理論〉。《國際問題研究》，第5期，頁102-128。

Amstutz, Mark R. (2018). *International Ethics: Concepts, Theories, and Cases in Global Politics* (5th ed.). Lanham, Maryland: Rowman & Littlefield Publishers, Inc.

Beitz, Charles R. (1979). *Political Theory and International Relations*. Princeton, NJ: Princeton University Press.

Brooks, Thom (ed.) (2014). *New Waves in Global Justice*. Basingstoke: Palgrave Macmillan.

Brooks, Thom (ed.) (2020). *The Oxford Handbook of Global Justice*. New York: Oxford University Press.

Brown, Chris (2002). *Sovereignty, Rights and Justice: International Political Theory Today*. Cambridge: Polity Press.

Brown, Chris (2012). The "practice turn", phronesis and classical realism: Towards a phronetic international political theory. *Millennium: Journal of International Studies, 40*(2), 439-456.

Brown, Chris and Robyn Eckersley (eds.) (2018). *The Oxford Handbook of International Political Theory*. New York: Oxford University Press.

Bull, Hedley (1977). *The Anarchical Society: A Study of Order in World Politics*. New York: Columbia University Press.

Campbell, David (1998). *National Deconstruction: Violence, Identity and Justice in Bosnia*. Minneapolis: University of Minneapolis Press.

Cox, Robert (1986 [1981]). Social forces, states, and world order: Beyond international relations theory. In Robert Keohane (ed.), *Neorealism and Its Critics* (pp. 204-254). New York: Columbia University Press.

Cox, Robert (1996 [1992]). Towards a posthegemonic conceptualization of world order: Reflections on the relevancy of Ibn Khaldun. In Robert Cox, *Approaches to World Order* (pp. 144-173). New York: Cambridge University Press.

Cox, Robert (2008). The point is not just to explain the world but to change it. In Christian Reus-Smit and Duncan Snidal (eds.), *The Oxford Handbook of International Relations* (pp. 84-93). New York: Oxford University Press.

Devetak, Richard (2009). Post-structuralism. In Scott Burchill et al., *Theories of International Relations* (pp. 183-211). New York: Palgrave Macmillan.

Donnelly, Jack (2000). *Realism and International Relations*. New York: Cambridge University Press.

Doyle, Michael W. (1983). Kant, liberal legacies, and foreign affairs, part 2. *Philosophy and Public Affairs, 12*(4): 323-353.

Frost, Mervyn (ed.) (2011). *International Ethics*, Vol. I-IV. London: Sage Publications Ltd.

Gardiner, Stephen (2011). *A Perfect Moral Storm: The Ethical Tragedy of Climate Change*. New York: Oxford University Press.

Habermas, Jürgen (1998). *The Inclusion of Others: Studies in Political Theory*. Cambridge, MA: The MIT Press.

Habermas, Jürgen (2001). *The Postnational Constellation: Political Essays*. Cambridge, MA: The MIT Press.

Habermas, Jürgen (2023). A plea for negotiations. Trans. by Ciaran Cronin. *Süddeutsche Zeitung*, 14. Februar 2023. https://archive.md/2023.02.14-161937/ https://www.sueddeutsche.de/projekte/artikel/kultur/juergen-habermas-ukraine-sz-negotiations-e480179/#selection-181.0-181.16.

Hayden, Patrick (ed.) (2009). *The Ashgate Research Companion to Ethics and International Relations*. Burlington, VT: Ashgate Publishing Company.

Hsu, Cho-Yun (1999). Applying Confucian ethics to international relations. In Joel H. Rosenthal (ed.), *Ethics & International Affairs: A Reader* (2nd edition) (pp. 148-169). Washington, D.C.: Georgetown University Press.

Hutchings, Kimberly (2000). Towards a feminist international ethics. *Review of International Studies, 26*(5), 111-130.

Jackson, Robert (1996). Is there a classical international theory. In Steve Smith, Ken Booth, & Marysia Zalewski (eds.), *International Theory: Positivism and Beyond* (pp. 203-218). New York: Cambridge University Press.

Jaggar, Alison M. (2020). Global Gender Justice. In Thom Brooks (ed.), *The Oxford Handbook of Global Justice* (pp. 337-361). New York: Oxford University Press.

Kant, Immanuel (1970). *Political Writings*. translated by H. Reiss. New York: Cambridge University Press.

Linklater, Andrew (1998). *The Transformation of Political Community*. Columbia: The University of South Carolina Press.

Linklater, Andrew (2001). Citizenship, humanity and cosmopolitan harm conventions. *International Political Science Review, 22*(3), 261-277.

Linklater, Andrew (2002). Debate: Cosmopolitan political communities in international relations. *International Relations, 16*(1), 135-150.

Moellendorf, Darrel and Heather Widdows (eds.) (2015). *The Routledge Handbook of Global Ethics*. New York: Routledge.

Morgenthau, Hans (1967). *Politics Among Nations: The Struggle for Power and Peace* (4nd ed.). New York: Alfred A. Knopf.

Nardin, Terry & David Mapel (eds.) (1992). *Traditions of International Ethics*. New York: Cambridge University Press.

Price, Richard (2008). The ethics of constructivism. In Christian Reus-Smit & Duncan Snidal (eds.), *The Oxford Handbook of International Relations* (pp. 317-326). New York: Oxford University Press.

Rawls, John (1999). *The Law of Peoples*. Cambridge, MA: Harvard University Press.

Reus-Smit, Christian and Duncan Snidal (eds.) (2008). *The Oxford Handbook of International Relations*. New York: Oxford University Press.

Shue, Henry (2002). Rawls and the outlaws. *Politics, Philosophy & Economics, 1*(3): 307-323.

Singer, Peter (2002). *One World: The Ethics of Globalization*. New Haven, CN: Yale University Press.

Singer, Peter (2016). *One World Now: The Ethics of Globalization*. New Haven, CN: Yale University Press.

Walzer, Michael (1977). *Just and Unjust Wars: A Moral Argument with Historical*

Illustrations. New York: Basic Books.

Wight, Martin (1966). Western values in international relations. In Herbert Butterfield & Martin Wight (eds.), *Diplomatic Investigations: Essays in the Theory of International Relations* (pp. 89-131). London: George Allen & Unwin.

Williams, Huw L. and Carl Death (2016). *Global Justice: The Basics* (1st ed.). New York: Routledge.

Chapter 6

國際關係研究的
知識論與方法論

郭銘傑（Jason Kuo）
台灣大學政治學系副教授
美國加州大學聖地牙哥分校政治學博士

　　研究國際關係需要方法，學習方法更需要時間與精力。然而，日新月異的國際關係研究與教學卻很少詳加討論如何選擇國際關係研究方法。為補充此一既有國際關係研究與教學上的不足，本文擬從知識論（epistemology）的角度來說明探討如何學習與選擇國際關係研究方法。本文認為：國際關係研究所需要的方法取決於研究寫作所要聚焦的知識論類型，因為不同的知識論類型對不同的研究方法具有不同程度的偏重。因此，本文不鼓吹國際關係研究的特定知識論類型，亦不推崇單一特定研究方法，而僅鼓勵研究者根據自己的情境需求、生命經驗、身分認同、學思歷程乃至人生志業來選擇適合自身的知識論與精進所需的研究方法，甚至大膽混合不同的知識論類型而構成風格上獨樹一幟的國際關係研究。

　　以下分為六節。第一節提出一個知識論類型學，來將國際關係研究分為四類，並以此知識論類型學給予美國國際關係研究的知識推進知識論新詮。[1]第二、三、四、五節則分別討論基於這四種不同知識論類型的研究傾向使用什麼研究方法，並各舉一個經典研究作為範例，加以說明。第六節再以一個經典研究綜合討論兼容各種知識論類型的可能，並討論研究者個人選擇國際關係研究方法的考量作結尾。

一、國際關係研究的知識論類型學

　　國際關係研究在知識論上的分類，可以依其對國際關係知識本質為解決問題（problem-solving）的「實用學科」（practical subject）或解決謎題（puzzle-solving）的「理論科學」（theoretical science），[2]以及其

---

[1]歐陸的國際關係研究與美國的有所不同，受限於篇幅，本文暫時擱置歐陸的國際關係研究。關於兩者的差異，可見：Weaver（1998）。

[2]這個軸向的分類是來自於社會科學哲學中對於知識目的之不同立場爭辯，「理論科學」主張追求知識的目的在於找出亙古不變的唯一「真理」，因此知識本身就是人類知識活動的目的，但就主張知識是一種「實用學科」立場來說，知識是為人所用的，因此知識的追求必然帶有實用上的目的性，因此知識的追求是手段，為了是達成背後的目的，因此是否能夠出亙古不變的唯一「真理」就不是那麼重要了（Outhwaite, 1987: 25）。

評判國際關係知識的最終標準爲「經驗論」（empiricism）或「理性論」（rationalism）兩個維度來大致區分爲四種「理想型」（ideal types）。如**表6-1**所示。[3]

第一類是「規範研究」（normative research）。國際關係的規範研究預設國際關係知識是關乎於用理論來引導法律、政治與社會實踐的實用學科，通常強調人類作爲行動主體具有「能動性」（agency）可以否定既存國際關係「實然現況」（what is）的必然性，因爲過去人類歷史經驗不存在的，不代表未來不可能發生，更不能據此否定在理性上去建構出國際關係其他「應然樣態」（ought to be）。從而，國際關係的規範研究往往藉反覆的理論反思（theoretical reflections）來破除將既有國際現況視爲牢不可破的眞理，以便在規範性的研究目的上探索和重構人類社會政治生活「更美好的其他可能性」（better alternatives）。

第二類是「政策研究」（policy research）。國際關係的政策研究預設國際關係是一門實用學科。其客觀知識的價值取決於其經世致用的有效程度，且其評價知識可靠與否的標準，是其能否解釋每天不斷在國際政治場域實際發生的事件和解決由此衍生而來的具體政策與法律問題，甚至精準地判斷未來的國際情勢，並爲決策者預先設想可行的因應之道。

表6-1 國際關係研究的知識論類型學

知識論類型		知識的評判標準	
		經驗論	理性論
知識本質	實用學科	政策研究	規範研究
	理論科學	實證研究	理論研究

資料來源：作者自繪。

---

[3]「理性論」或「經驗論」的辯論也是另一項存在於社會科學哲學的認識論辯論。簡單來說，就是人類對於知識可靠與否的判別依據，是應該以理論的完備性爲準，還是以經驗的對應性爲準。就「理性論」來說，所有的經驗都帶有主觀成分，因此無法客觀的裁決理論的對錯，但就「經驗論」來說，所有的理論都帶有假設性，一個無法在經驗上得到驗證的理論都僅只是假設而已，不是可靠的知識（Diesing, 1991: 11-12）。

　　第三類是「理論研究」（theoretical research）。國際關係的理論研究預設國際關係是一門理論科學，其知識的價值取決於知識體系化的程度，以及是否在客觀的基礎上滿足「邏輯一致性」（logical consistency）的基本原則，且其不依靠經驗證據的必要性作為評價知識可靠與否的標準；而是以能否在理論建構（theory-building）的過程中藉由解決既有理論無法解決的謎團，而「發現」（discover）藏諸國際關係每天發生的大小事件背後的可能「因果機制」（causal mechanisms），逐漸逼進科學所求的真理。

　　第四類為「實證研究」（positivist research）。國際關係的實證研究雖然與理論研究同樣預設國際關係知識在本質上是理論科學，但卻認為所有的理論都必須通過經驗資料的假設檢定（hypothesis-testing），才能反覆在經驗檢證過程中確知理論所預示的因果機制真實存在，進而逐漸逼近科學所追求的真理。換言之，國際關係實證研究評價知識的標準不在於像理論研究那般建構邏輯一致性完備的理論，而在於反覆藉由現實世界經驗資料來印證理論，即便國際關係實證研究和政策研究一樣都相信經驗論是評判知識的主要標準。

　　這四類國際關係研究的不同知識論立場分歧，曾經在美國國際關係學界以所謂「三次大辯論」（Three Great Debates）的面貌出現在世人面前。[4]在二次世界大戰期間的所謂「第一次大辯論」（The First Great Debate），反映的其實是理想主義者（idealists）的國際關係規範研究與現實主義者（realists）的國際關係政策研究在知識論立場上存在根本分歧。[5]隨著第二次世界大戰落幕，行為科學（behavioral sciences）在50、60年代逐漸在美國政治學界蔚為風潮，現實主義者的國際關係政策研究和行為主義者（behavioralists）的國際關係實證研究亦在知識論立場上出現根本分歧，構成國際關係學界所謂「第二次大辯論」（The Second

---

[4]關於所謂「三次大辯論」的歷史，或是經過嚴謹歷史研究而被認為其實是迷思（myth）的「三次大辯論」，參見：Kahler (1997)、Schmidt (2013)。
[5]Carr (1939)、Morgenthau (1948)。

Great Debate）。[6]隨著眾所皆知的新現實主義（neo-realism）或結構現實主義（structural realism）在70年代問世，[7]原先認為國際關係研究是一門實用學科的現實主義者開始轉而篤信國際關係研究是一門理論科學的新現實主義者或結構現實主義者，並且致力於推動國際關係的理論研究，而不再僅僅只是關切國際關係的政策研究。這在80年代演變成為新現實主義和其他不同國際關係宏大理論（IR grand theories）——如新自由主義（neo-liberalism）、馬克思主義（Marxism）、社會建構主義（social constructivism）——有關國際關係理論研究的「典範戰爭」（paradigmatic war）；爭論各方莫不試圖透過不同宏大理論之間與內部的反覆交互詰辯，希冀朝國際關係中預設存在的恆常真理逼近；然而，在同一時期從事國際關係的規範研究的女性主義者（feminists）、法蘭克福學派的批判理論家（critical theorists）、後現代與後結構主義者（post-modernists and post-structuralists）由於堅信國際關係研究是一門實用學科，並不同意典範戰爭中不同國際關係宏大理論家將國際關係研究視為一門理論科學的知識論大前提。[8]因而，所謂國際關係學界的「第三次大辯論」（The Third Great Debate），便在國際關係的規範研究與理論研究的雞同鴨講中，又一次展現國際關係研究在知識論上的根本分歧。[9]

　　至冷戰結束以來，雖然還是可以偶見不同知識論之間的根本分歧在美國國際關係學界的學術交流中，但基本上已經不再有任何所謂「大辯論」。比方說，2013年美國芝加哥大學（University of Chicago）政治學系教授約翰・米爾斯海默（John J. Mearsheimer）與哈佛大學甘迺迪政府學院（Kennedy School of Government, Harvard University）教授史蒂芬・沃特（Stephen M. Walt）就以聳動的標題〈理論落後：為何簡化的假設檢

---

[6]Bull (1966)、Kaplan (1966)、Rogowski (1968)、Knorr and Rosenau (eds.) (1969)、Signer and Small (1972)。

[7]Waltz (1979)。

[8]Keohane (1988)、Lapid (1989)、Baldwin (ed.) (1993)。

[9]Hollis and Smith (1996).

定有害國際關係研究〉（Living Theory Behind: Why Simplistic Hypothesis Testing Is Bad for International Relations）撰文批評千禧年以降的美國國際關係學界只沉迷於實證研究卻不重視理論研究。[10]然而，兩人的批評並沒有在美國國際關係學界得到太大的迴響，因為絕大多數的美國國際關係學者已經清楚地認識到莫再糾結於不同知識論「信仰」的根本分歧，其實無助於幫助我們瞭解和解決國際關係中實存的各種根本政治問題。[11]事實上，誠如美國加州大學聖地牙哥分校（University of California, San Diego）政治學系教授大衛‧雷克（David A. Lake）在〈理論已死，理論長存：大辯論的終結與國際關係研究中折衷主義的興起〉（Theory Is Dead, Long Live Theory: The End of the Great Debates and the Rise of Eclecticism in International Relations）的專文中所指出，美國的國際關係研究其實一直在不同知識論取向所建立的知識社群內部，透過種種的實證與理論研究積累和推進各自的知識前沿。[12]

綜上，由於國際關係研究的四類不同知識論間存在難以調解的根本歧異，國際關係的規範研究、政策研究、理論研究與實證研究自然對研究方法的使用有不同的傾向。下文將分別討論，並各舉一例說明之。

二、國際關係的規範研究方法論

國際關係的規範研究旨在理性上去建構出國際關係或其研究的其他應然樣態，並藉以否定既存國際關係或其研究實然現況的必然性。這類規範研究往往依賴中西政治思想、中西外交史與軍事史、世界各國政府體制、涉外政策，還有國際法以及相關法律文件和案例，乃至國際新聞時事與主流實證研究，作為演繹和歸納出國際關係其他應然樣態的思想、歷史、制度、政策、法律與學術寫作的參照文本，以便在規範研究者倡議相

---

[10]Mearsheimer and Walt (2013).

[11]Maliniak, Oakes, Peterson and Tierney (2011).

[12]Lake (2013).

應變革的議題中合理化帶來變革的行動與實踐，期能最終改變研究者自身認爲差強人意或甚至是強烈反對的國際關係與國際關係研究實然現況。因此，除了邏輯演繹和事例歸納外，國際關係的規範研究並不存在一體適用的特定研究方法。此外，規範研究所採用的特定研究方法往往也因研究者自身關切和期待在特定議題上的改變而有所不同，甚至需要分別或甚至同時借鑑哲學、歷史學、法律學、社會學、人類學、詮釋學、語言學方法去分析所選的參照文本來進行研究。

　　以種族（race）與種族主義（racism）這個過去二十年來美國國際關係學界最重要的規範研究議程之一爲例說明。美國賓州大學（University of Pennsylvania）的政治學教授羅伯特・維塔莉斯（Robert Vitalis）公元2000年率先在作爲規範研究大本營的《千禧年：國際研究期刊》（*Millennium: Journal of International Studies*）上以〈優雅而慷慨大方的自由姿態：對種族主義視而不見的美國國際關係學界〉（The Graceful and Generous Liberal Gesture: Making Racism Invisible in American International Relations）一文批判美國國際關係學界主流長年忽視種族與種族主義，期能在學界帶來變革。[13]他在專文中批評知名社會建構主義者對於「人道干預」（humanitarian intervention）的規範所進行國際關係的實證研究時，根本忽略「白人至上」（white supremacy）的規範在更早之前就已經根深蒂固地構成西方國家與人民身分認同並指導這些行爲者的個別行爲。同時，他還批判知名現實主義者以擴張主義國內政治聯盟利用軍事準備、骨牌理論（domino theories）、與其他和意識形態一樣難以抗拒的戰略概念製造「帝國迷思」（myths of empire），再藉此解釋國際政治歷史上爲什麼有些大國會過度擴張（over-expansion），其實也大大忽略了種族往往是這些大國國內政治爭辯擴張與否的核心爭點所在：有時希望「種族純淨」（race purity），有時追求「種族融合」（miscegenation），有時是要實踐「白人權利與責任」（white right and duty）。他還批判美國外交

---

[13]Vitalis (2000).

史研究對於十九世紀中葉美國帝國主義對前殖民地輸出帶有種族主義色彩的制度建設——針對黑人歧視的美式種族隔離法律與政策（Jim Crow）——全被「選擇性刻意忽略」（certain willful forgetting），而只用地緣政治的邏輯來加以美化。透過這篇專文中一系列有關種族與種族主義的歷史論述彰顯知名社會建構主義與現實主義者的實證研究的文本中如何構成「不想瞭解更多的規範」（norm against noticing）來對種族與種族主義視而不見，作者針砭在美國居於主流的國際關係實證研究與理論研究社群毋忘美國國際關係的所謂「文獻」帶有「種族主義獨裁」（racial dictatorship），並在最後期能喚醒讀者的「良知」（conscience）。

在二十多年後重新閱讀這篇專文時，維塔莉斯的規範研究已經默默地帶來一些改變。美國公民已經於2008年選出自立國以來的首位黑人總統歐巴馬（Barack Obama），並在八年執政後將政治權力重新轉交予白人總統川普（Donald J. Trump）。同時，美國政治學會會長大衛・雷克（David A. Lake）也在2016年在促進美國政治學各次領域社群多元對話的期刊《政治觀點》（*Perspectives on Politics*）上發表〈白人男性的國際關係：一個知識上的懺悔〉（White Man's IR: An Intellectual Confession）專文，宣示主流的國際關係實證研究已經開始正視規範研究的倡議，將在專業上有更具體的做法來避免學術知識生產過程中的種族和種族主義偏見。[14]種族與種族主義的問題甚至在2020年5月25日因為白人警察德里克・蕭文（Derek Chauvin）在執法過程中，強行單膝跪壓非裔男子喬治・佛洛伊德（George Floyd）脖頸超過八分鐘，使其失去知覺送醫不治死亡，而演變成國內暴動，讓種族與種族主義更受到國際關係學者以及其他政治學次領域學者們的重視。

整體來說，讓規範研究彼此相互對話呼應與引起世人共鳴的，從來不是研究方法，而是試圖改變國際關係或其研究的實然現況，而探索其他應然樣態的「問題意識」（problematic）。國際關係的規範研究也沒有定

---

[14]Lake (2016).

於一尊的研究方法，而僅是向眾多不同學科借鑑，進行研究方法上的知識
結盟，以便對國際關係或國際關係研究帶來所欲的變革。因此，如欲從事
國際關係的規範研究，研究過程中不可迴避的第一個根本問題是：國際關
係或國際關係研究應該有什麼改變？

三、國際關係的政策研究方法論

　　國際關係的政策研究旨在解釋每天不斷在國際政治場域實際發生的
事件和解決由此衍生而來的具體政策與法律問題，甚至精準地判斷未來的
國際情勢，並為決策者預先設想可行的因應之道。這類政策研究和前述的
規範研究同樣視國際關係研究為一門實用學科。然而，政策研究與規範研
究最大的不同在於：不否定既存國際關係或其研究實然現況的必然性。因
此，政策研究並不關心國際關係與國際關係研究應該有什麼改變，而在於
快速乃至即時（rapidly and even instantly）掌握國際關係與國際關係研究
「從過去到目前為止」（from the past to the present）是什麼或有什麼，以
及「可預見的未來」（foreseeable）將會是什麼或將會有什麼。

　　國際關係的政策研究往往依賴對當前世界各國政府體制、涉外政
策，還有國際法以及相關法律文件和案例，乃至國際新聞時事與主流政策
研究，作為演繹和歸納出當前國際關係實然現況的參照文本，並輔以中西
政治思想、中西政治、外交、軍事史的類比或借鏡，乃至研究者自身在政
策過程中的「參與觀察」（participation observation）或對過程中的「利益
相關者」（stakeholders）進行「訪談」（interview），作為判斷未來政策
走向還有提出因應之道的參照。因此，國際關係的政策研究與規範研究同
樣不存在一體適用的特定研究方法，但傳統上對可以透過學術訓練增加對
國際政治「現實」（reality）掌握的哲學、歷史學、法律學特別看重。

　　就以中國崛起（China's rise）這個過去二十多年來美國國際關係
學界最重要的政策研究議程之一為例。美國哈佛大學甘迺迪政府學院
（Kennedy School of Government, Harvard University）教授格雷厄姆・艾

利森（Graham T. Allison）於公元2015年在創辦於十九世紀中葉的重要政治與外交評論雜誌《大西洋》（*The Atlantic*）上發表〈修昔底德陷阱：美國與中國會走向戰爭嗎？〉（The Thucydides Trap: Are the U.S. and China Headed for War）專文。[15]這篇專文後來膾炙人口到連中國國家主席習近平、駐美大使崔天凱都曾公開提到「修昔底德陷阱」一詞，首度出現在世人面前。雖然艾利森的政策關懷是美國與崛起的中國是否會走向戰爭，但他先以希臘歷史學家修昔底德（Thucydides）記載雅典挑戰斯巴達的古希臘歷史典故作為「崛起強權」（rising power）會挑戰所處國際體系中「統治強權」（ruling power）的隱喻（metaphor），再從過去五百年國際關係史中梳理出統治強權面對崛起強權戰略競爭的十六個案例，並檢視兩者是否最終走向戰爭之路。研究結果發現，其中有十二個案例的崛起強權挑戰統治強權，且兩者走向流血衝突，一如歷史家修昔底德筆下古希臘的雅典挑戰斯巴達而爆發戰爭。在對歷史案例的比較歸納後，艾利森回頭分析美國與中國是否正在落入此一修昔底德陷阱而將會走向戰爭。他引用當時許多觀察家與評論員的時事與現勢分析作為兩國正在落入此一修昔底德陷阱的例證。然而，他也提醒，過去五百年的國際關係史上仍有四個統治強權面對崛起強權戰略競爭的案例沒有走向戰爭，包括：十五世紀後期葡萄牙面對西班牙在全球帝國與貿易的競爭；二十世紀初英國面對美國在全權經濟主導權與西半球海軍優勢的競爭；第二次世界大戰結束至冷戰結束前美國面對前蘇聯在全球權力的競爭；以及冷戰結束後英國與法國面對統一後德國在歐洲大陸上的政治影響。因此，艾利森認為，只要美國和中國的領導人能從過去的歷史中記取教訓，就能避免持續修昔底德陷阱。在此專文的立論上，艾利森進一步在2017年出版了《注定一戰？中美能否避免修昔底德陷阱？》（*Destined for War: Can America and China Escape Thucydides Trap*）一書，特別專章針對兩國如何避免修昔底德陷阱提出具體的因應之

---

[15]Allison (2015).

道。[16]

隨著2022年10月12日美國拜登（Joseph Biden）政府由白宮公布《國家安全戰略》（*National Security Strategy*），直陳未來十年中國是「美國地緣政治最大挑戰」；還有10月27日國防部在公布的拜登總統任內首份《國家防衛戰略》（*National Defense Strategy*）中，將中國明確定位成美國「最重要的戰略競爭對手」（most consequential strategic competitor）；以及12月16日，國務院落實《國家安全戰略》中的組織調整規劃，正式掛牌啟動「中國協調辦公室」（Office of China Coordination，或簡稱為China House）來協調各部會處理傳統雙邊事務、戰略溝通與中國的境外行動，艾利森從國際關係歷史隱喻提煉出來的概念——修昔底德陷阱——持續影響後續的政策研究與論著，而後續的政策研究與論著也將持續不斷在現勢的更新中讓政策因應與時俱進。

像〈修昔底德陷阱〉一文這樣，自歷史案例歸納來以古喻今的研究方法，持續在國際關係的政策研究中被廣泛使用。這恰恰也是艾利森博士論文導師，前美國國家安全顧問亨利・季辛吉（Henry Kissinger）在國際關係史與外交政策研究風雨名山之作《大外交》（*Diplomacy*）中使用的研究方法。[17]儘管在50、60年代的所謂「第二次大辯論」時，行為主義者將此一研究方法進行政策研究的現實主義者貼上「傳統主義者」（traditionalist）的標籤，並以行為主義研究方法能使國際關係研究朝一門理論科學邁進而津津樂道。在七十年後的今日看來，由歷史案例歸納來以古喻今的「傳統主義」研究方法依然在當代國際關係的政策研究中有不容小覷的影響力。由此可見，國際關係的政策研究的重要性，並不由研究方法決定，而取決於各方利益相關者所在乎的政策實質（policy substances）：即在過去到現在的歷史脈絡中對當前國際關係實然現況中最迫切需要解決的政策問題有精準的掌握與理解，並藉此預測短期未來的

---

[16]Allison (2017).

[17]Kissinger (1994).

發展趨勢和提出因應之道。因此，如欲從事國際關係的政策研究，研究過程中不可迴避的第一個根本問題是：在當前與未來國際關係中，對各方利益相關者來說最迫切需要解決的問題是什麼？

四、國際關係的理論研究方法論

國際關係理論的研究旨在從國際關係每天發生的大小事細節中發現藏諸於這些經驗現象背後鮮為人知的可能因果機制，進而透過具有邏輯一致性的理論建構將知識體系化，逐漸逼近國際關係研究作為一門理論科學所預設的真理。由於受到50、60年代政治學行為主義風潮的影響，國際關係的理論研究就不再只是從哲學、歷史學、法律學汲取傳統主義研究方法，還積極臨摹天文學、物理學、化學、生物學、地質學的理論建構，開始嘗試將歷史上的國家間的關係視為「體系」（system），並自經濟學、社會學、心理學理論中汲取養份，提煉出解釋國際政治以及其他政策議題領域（policy issue areas）中反覆出現的（recurrent）現象背後的可能因果機制。因此，早期的理論研究主要是對國際關係的經驗現象加以概念化（conceptualization），以便建構抽象概念間彼此關係的理論命題。國際關係中的現實主義與自由主義相關理論學說，正是在這樣的背景下孕育而生。然而，隨著概念化的抽象程度要求因為理論研究的日積月累而越來越高，當代的理論研究也變得越來越強調數理形式邏輯在理論建構過程中的使用。

以戰爭議價理論（bargaining theory of war）這個過去二十多年來美國國際關係學界最重要的理論研究議程之一為例。美國史丹佛大學（Stanford University）政治學系教授詹姆士·費倫（James Fearon）公元1995年在國際關係頂尖學術期刊《國際組織》（*International Organization*）上發表了〈戰爭的理性解釋〉（Rationalist Explanations for War）一文，首度在理論上將兩個國家間的爆發戰爭明確視為談判破裂（bargaining failure），並利用數理形式模型推導出三個可以解釋兩

個單一、理性、自利的國家爲什麼會在國際危機時談判破裂而兵戎相見的因果機制，包括：不完全訊息（incomplete information）；承諾問題（commitment problems）；還有議題不可分割性（issue indivisibility）。[18]

　　在戰爭議價理論問世之前，自詡以理性論作爲知識評判標準的國際關係學者往往不是訴諸新現實主義的「無政府狀態」（anarchy）或是「安全困境」（security dilemma）迴避問題，就是被迫認可政治、外交與軍事史中其他「非理性因素」（irrational factors）來完整解釋兩個單一、理性、自利的國家間爲什麼會發生戰爭。[19]首先，訴諸新現實主義的無政府狀態或安全困境解釋戰爭爆發之所以是迴避問題，是因爲每個單一、理性、自利的國家在戰爭爆發之前都同樣處於無政府狀態或面對安全困境，從而無政府狀態或安全困境自然就不能有效解釋這些單一、理性、自利的國家究竟透過什麼樣的因果機制讓戰爭爆發後還是處在無政府狀態或安全困境。其次，承認政治、外交與軍事史中非理性因素對戰爭個案的解釋力則形同在知識論上放棄對理性論的信仰，不利於國際關係研究發展成爲一門理論科學。因此，費倫利用推導出的三個因果機制，形同替自己的博士論文導師肯尼斯‧華爾茲（Kennth Waltz）拯救新現實主義在理論上無法解釋單一、理性、自利的國家間爲何爆發戰爭的窘境，同時也避免國際關係的理論研究在不知不覺中偷渡歷史中的非理性因素來解釋戰爭爆發，反而在理論化的實踐中逐漸削弱國際關係研究作爲社會科學知識的理性基礎。

　　雖然國際關係的理論研究會使用數理形式模型推導出國際關係經驗現象背後鮮爲人知的可能因果機制，卻不強調經驗證據的必要性。如同〈戰爭的理性解釋〉一文所示，費倫並沒有用經驗資料檢證模型所推導出的三個因果機制是否確實恆常存在，而只是在證明數理邏輯的一致性後，由近代外交與國際關係史中選取部分案例作爲說明不完全信息、承諾問題與議題不可分割性這三個可能因果機制的具體示例。像〈戰爭的理性解

---

[18]Fearon (1995).另外，中文學術文獻對此一理論延伸出來的極少數相關實證與政策研究，可見：郭銘傑（2022）、郭銘傑（2023）。

[19]Waltz (1954)、Watlz (1979).

釋〉這樣崇尚理性論的理論研究，在獨尊經驗論的實證研究者眼中，仍因為缺乏對理論的反覆經驗檢證而與國際關係研究作為一門理論科學所欲追求的真理相去甚遠。然而，這絲毫不影響該文為推進國際關係的理論研究的重大知識貢獻；甚至在十多年前起，戰爭議價理論就已經被寫入廣為美國各頂尖大學採用的國際關係入門教科書，並在大學課堂中持續被廣為傳授與學習。[20]

整體來說，國際關係的理論研究強調研究方法，特別是用數理形式邏輯推理得出國際關係經驗現象背後鮮為人知的可能因果機制。熟悉數理形式邏輯推理的符號、運算是開始理論研究的第一步，藉此得出國際關係經驗現象背後鮮為人知的可能因果機制恐怕也仍只是進行理論研究的第一步，因為理論研究者只能在作為一門理論科學的國際關係研究過程逼近像黑洞一樣看不見終點的真理。因此，在開始與進行的理論研究最重要的第零步準備其實是先問：在既有國際關係研究中，有什麼理論解釋的前提預設與結論邏輯上不完全一致而相互扞格？

五、國際關係的實證研究方法論

國際關係的實證研究與理論研究同樣預設國際關係知識在本質上是理論科學，但卻和政策研究一樣篤信經驗論是評判知識的主要標準，而認為所有的理論都必須通過經驗資料的假設檢定，才能反覆在經驗檢證過程中確知理論所預示的因果機制真實存在，逐漸逼近國際關係研究作為一門理論科學所追求的真理。因此，國際關係的實證研究者和理論研究者同樣強調方法，但未必是只用數理形式邏輯推理得出國際關係經驗現象背後鮮為人知的可能因果機制，而特別強調如何設計適切的經驗研究的不同方法來使用經驗資料對理論指涉的因果機制進行假設檢定。於是，國際關係的實證研究也就必須根據不同的具體研究問題以及檢驗相關理論假設所需要

---

[20]Frieden, Lake and Schultz (2021).

資料特性與結構，而在經驗研究設計應用不同的方法；有時候，隨著經驗研究方法的革命性突破，應用類似方法來驗證同樣理論命題的實證研究就會如雨後春筍般出現來反覆驗證該理論在經驗世界中的普遍適用性，或進而發展與之競爭或相互補充的其他理論。

　　茲以「個人貿易政策態度」（Individual Trade Policy Attitudes）這個美國國際關係界過去二十年來最重要的實證研究議程為例說明。美國哈佛大學（Harvard University）政府系教授麥克・希斯考克斯（Michael J. Hiscox）於公元2006年以神學的歷史典故為題撰寫〈眼見不為憑：對國際貿易的態度與令人好奇的議題框架效應〉（Through a Glass and Darkly: Attitudes Toward International Trade and the Curious Effects of Issue Framing）一文，發表於美國國際關係頂尖學術期刊《國際組織》（*International Organization*）上。[21]該文開創使用「調查實驗」（Survey Experiment）對貿易政策的國內政治分歧進行實證研究的先河。在此之前，雖然已經不乏政治學者與經濟學家開始使用個體層次的全國性民意調查資料來驗證開放貿易可能在國內政治帶來國際貿易理論所預示的社會分歧，但從未有作品在民意調查中嵌入「隨機實驗」（randomized experiment）來驗證過去政治心理學實證研究已經反覆發現的「議題框架效應」（issue framing effects）是否也存在於個別民眾對國際貿易的態度上。實證研究結果發現，議題框架效應同樣存在個別美國民眾對國際貿易的態度。具體來說，在詢問個人對國際貿易態度前被隨機分派到先閱讀「反對貿易」（anti-trade）前言的受訪者，比被隨機分派到直接詢問個人對國際貿易態度的受訪者，更顯著地減少對於擴大國際貿易開放的政策支持達17個百分點；然而，詢問個人對國際貿易態度前被隨機分派到先閱讀「支持貿易」（pro-trade）前言的受訪者，卻並沒有更顯著地增加對於擴大國際貿易開放的政策支持。藉由進一步比較高教育程度與低教育程度的受訪者後，這個調查實驗還發現：低教育程度的受訪者對於被隨機分派所

---

[21]Hiscox (2006).

閱讀的前言較爲敏感（sensitive），不論前言的內容中對國際貿易這個議題的框架是反對或支持。從而，希斯考克斯總結，若不將議題框架效應列入考慮，就以民意調查的經驗資料來觀察或甚至總結一國民眾對國際貿易態度的變化趨勢，所得到的結果將不可靠（unreliable）。

〈眼見不爲憑〉一文發表後，帶動了後續一系列用調查實驗方法對個體貿易政策態度的實證研究。[22]此一主題相關的實驗研究設計也日益精進，除了應用議題框架效應，也開始借鑑心理學上的「促發效應」（priming effects）來驗證民眾國際貿易態度的其他理論假設。因而，國際關係中有關個人貿易政策態度的實證研究議程開始產生事先沒有預期到的轉向：從原本依靠經濟學的國際貿易理論來推導出經驗研究的待證假設，到轉變成從心理學支尋找其他的替代或補充理論作爲與待證命題相互競爭的對立假設。這也和美國國際關係學界其他研究議程中日益使用實驗研究方法的趨勢殊途同歸，而在二十一世紀的國際關係的實證研究帶來「行爲主義革命」（Behavioral Revolution）。[23]

可以說，國際關係的實證研究特別注重經驗研究方法，尤其是使用會讓結論具有可靠「內在效度」（internal validity）的隨機實驗研究設計，還有藉由「複製」（replicate）既有隨機實驗設計來增加經驗資料中所發現因果機制的「外在效度」（external validity）。從而，國際關係的實證研究所需要的研究方法，其實和醫學與藥學進行臨床試驗沒有太大的差別，而這是實證研究在經驗論的基礎上追求國際關係成爲一門理論科學的終極知識論信仰。因此，對國際關係的實證研究者來說，首要問題是：能否對研究對象設計和執行隨機分派的實驗或至少與之類似的「準實驗」（Quasi Experiment）來對理論假設用經驗資料加以檢證？

---

[22]Kuo and Naoi (2015).

[23]Hafner-Burton et al. (2017).

六、邁向國際關係研究的方法論綜合

走筆至此，本文已經根據第一節對國際關係研究的四種知識論類型學分類逐一在第二、三、四、五節分別討論其相應的方法論，並在有限的篇幅下各舉一篇過去二十年來的重要研究論文為例，具體說明規範研究、政策研究、理論研究與實證研究分別如何進行，還有如何開始。然而，這不表示國際關係的研究沒有將這四種知識論理想型結合而成為「混合類型」（hybrid type）的可能。事實上，一份國際關係的學術作品——特別是具有較長篇幅的大學出版社專書——可能同時兼備規範研究、政策研究、理論研究與實證研究。

美國哈佛大學政府系教授江憶恩（Alastair Iain Johnston）在1995年由普林斯頓大學出版社（Princeton University Press）出版的《文化現實主義：中國歷史上的戰略文化與大戰略》（*Cultural Realism: Strategic Culture and Grand Strategy in Chinese History*），就是一份同時兼備規範研究、理論研究、實證研究與政策研究的學術作品。首先，該書是規範研究。作者有感於美國的國際關係研究缺乏對於中國歷史的瞭解，而中國歷史又長期在美國知識界的學術分工上被劃歸為漢學（Sinology）而非國際關係研究的原始素材；本書因而具有打破漢學與國際關係研究藩籬的重要貢獻，而帶動後續以中國歷史作為原始素材進行國際關係研究的風潮。其次，該書也是理論研究。作者批評新現實主義的無政府狀態無視國家的歷史文化，而忽略一國的領導階層會認為該國處於國際無政府狀態，其實根本是透過該國歷史中人為建構出來的戰略文化所致。換言之，江憶恩論證，國際無政府狀態可以是在歷史上經由人建構的文化產物，也正如該書主標題所揭示：現實主義具有文化根源。第三，該書也是實證研究。為了證實中國歷史上曾經人為建構出的戰略文化，江憶恩利用「認知圖」（cognitive map）的方法對中國歷代官員必須閱讀的《武經七書》——包括春秋末期的《孫子兵法》、戰國時期的《吳子兵法》、周朝的《六韜》、春秋時代

的《司馬法》、戰國時代的《尉繚子》、秦朝的《三略》，以及唐朝的《唐太宗李衛公問對》——進行內容分析，顯示這七本不完全來自中國歷史上同一時代的經書都共享被他稱為「備戰」（parabellum）的一套有關國家對外戰略的整體思想體系。接著，他對超過四百多年後明朝官員上呈給皇帝有關邊防的奏摺作同樣的認知圖內容分析，卻發現了與《武經七書》中非常類似的思想體系。從春秋戰國時代歷經超過一千年延續到明代而影響朝廷的防務決策，這樣的戰略思想體系自可稱之為戰略文化；而受到戰略文化影響的明代防務決策的經驗證據，不但直接否定了新現實主義關於無政府狀態影響一國防務決策的理論命題，也對國際關係學者理解1949年以後的中共外交政策提供重要的政策意涵。該書因而也是政策研究。

　　總而言之，國際關係研究所需要的方法取決於研究寫作所要聚焦的知識論類型；根據本文提出的知識論類型學，規範研究、政策研究、理論研究與實證研究偏重的研究方法各有不同：實證研究特別注重經驗研究方法，尤其是使用會讓結論具有可靠「內在效度」的隨機實驗研究設計，還有藉由「複製」既有隨機實驗設計來增加經驗資料中所發現因果機制的「外在效度」；理論研究強調研究方法，特別是用數理形式邏輯推理得出國際關係經驗現象背後鮮為人知或甚至違反常人直覺的（counter-intuitive）可能因果機制。儘管評判知識的標準略有不同，信仰經驗論的實證研究與篤信理性論的理論研究都致力於使國際關係研究成為一門理論科學。這與主張國際關係本質上是實用學科的政策研究與規範研究非常不同。因此，政策研究與規範研究自不存在一體適用的特定研究方法，但傳統上都對可以透過學術訓練增加對國際政治「現實」（reality）掌握的哲學、歷史學、法律學特別看重，以俾在國際關係或國際關係研究中推動實然政策建議或應然政策倡議。

　　根據80、90年代兩次對台灣國際關係學者的調查顯示，[24]比起規範研

---

[24]Chen (1988); Ho and Kao (2002).

究、實證研究乃至理論研究，國際關係的政策研究一直在台灣居於主流地位。這或許和70年代以前台灣的國際關係學者多半具有外交實務背景，或者習慣從外交實務的角度研究國際政治，而形成具有路徑依賴的研究傳統（path-dependent research tradition）有關。未來是否會有根本改變，仍有待進一步觀察。對於當前的國際關係研究，本文並不積極鼓吹特定知識論類型，亦不特別推崇單一特定研究方法，而僅鼓勵研究者根據自己的情境需求、生命經驗、身分認同、學思歷程乃至人生志業來選擇適合自身的知識論與精進所需的研究方法，甚至大膽混合不同的知識論類型而構成風格上獨樹一幟的國際關係研究。

國際關係研究必須考慮知識論。一旦選定個人從事國際關係研究的知識論類型，所需要倚重的研究方法亦呼之欲出。沒有國際關係的知識論類型，也就沒有國際關係的研究方法。

問題與討論

一、你認為國際關係研究的知識本質比較接近理論科學還是實用學科？理由為何？

二、你認為國際關係研究的知識評判標準比較接近經驗論還是理性論？理由為何？

三、若用知識本質比較接近理論科學還是實用學科，還有與知識評判標準比較接近經驗論還是理性論，我們可以再將國際關係研究區分為哪四種不同的知識論類型？

四、為什麼本章作者認為西方國際關係理論中的所謂「三次大辯論」其實是四種不同知識論類型之間的立場分歧？請舉例說明。

五、請自行挑選一個國際關係研究的作品，並在閱讀後嘗試對其知識論類型加以歸類與定位。

六、你個人比較喜愛哪一種國際關係研究知識論類型？理由為何？其所需要的研究方法訓練為何？

七、對你個人而言，國際關係現勢與國際關係研究是否有應該要改變的地方？理由為何？

八、對你個人而言，當前與未來國際關係中有哪些利益相關者公認是需要迫切解決的具體問題？試舉例說明。

九、對你個人而言，既有國際關係研究中，有哪一個理論的前提預設與結論邏輯上不完全一致而相互扞格？試舉例說明。

十、你個人是否知道如何蒐集、處理和用適切的實驗或準實驗研究方法分析經驗資料，來對任何一個所知道的國際關係理論加以檢證？

參考書目

郭銘傑（2022）。〈不完全訊息與戰爭爆發：一個隨機實驗〉。《台灣政治學刊》，第26卷，第1期，頁57-96。

郭銘傑（2023）。〈戰略模糊或清晰？戰爭議價理論與美國臺海兩岸政策的理性基礎〉。《遠景基金會季刊》，第24卷，第1期，頁91-126。

Allison, Graham (2015). "The Thucydides Trap: Are the U.S. and China Headed for War." *The Atlantic,* September 24.

Allison, Graham (2017). *Destined for War: Can America and China Escape Thucydides Trap*. Boston: Houghton Mifflin Harcourt.

Baldwin, David (ed.) (1993). *Neorealism and Neoliberalism: The Contemporary Debate*. New York: Columbia University Press.

Bull, Hedley (1966). "International Theory: The Case for a Classical Approach," *World Politics, 18*(3), 361-377.

Carr, E. H. (1939). *The Twenty Years' Crisis, 1919-1939: An Introduction to the Study of International Relations*. New York: Harper & Tow.

Chan, Gerald (1999). "International Studies in Taiwan Today: A Preliminary Survey of the Problems and Prospects", *Asian Studies Institute Working Paper 16*, Asian Studies Institute, Victoria University of Wellington.

Chen, Phillip M. (1988). "Study of International Relations in Taiwan, ROC: A Preliminary Survey", *Chinese Political Science Review, 16,* 207-223.

Diesing, Paul (1991). *How Does Social Science Work? Reflection on Practice*. Pittsburgh: University of Pittsburgh Press.

Fearon, James (1995). "Rationalist Explanations for War", *International Organization, 49*(3), 379-414.

Frieden, Jeffry A., David A. Lake, Kenneth A. Schultz (2021). *World Politics: Interests, Interactions, and Institutions* (Fifth Edition). New York: W.W. Norton.

Hafner-Burton, Emilie M., Stephen Haggard, David A. Lake, and David G. Victor (2017). "The Behavioral Revolution and International Relations", *International Organization, 71*(S1), S1-S31.

Hiscox, Michael J. (2006). "Through a Glass and Darkly: Attitudes Toward International Trade and the Curious Effects of Issue Framing", *International*

Organization, 60(3), 755-780.

Ho, Szu-yin, and Lang Kao (2002)．"The Study of International Relations in Taiwan"，*Journal of East Asian Studies, 2*(1), 89-110.

Hollis, Martin, and Steve Smith (1996)．"Why Epistemology Matters in International Theory"，*Review of International Studies, 22*(1), 111-116.

Johnston, Alastair Iain (1995). *Cultural Realism: Strategic Culture and Grand Strategy in Chinese History*. Princeton: Princeton University Press.

Kahler, Miles (1997)．"Inventing International Relations: International Relations Theory After 1945"，in Michael Doyle and G. John Ikenberry (eds.), *New Thinking in International Relations Theory* (pp. 20-53). Boulder: Westview.

Kaplan, Morton (1966)．"The New Great Debate: Traditionalism vs. Science in International Relations"，*World Politics, 19*(1), 1-20.

Keohane, Robert O. (1988)．"International Institutions: Two Approaches"，*International Studies Quarterly, 32*(4), 379-396.

Kissinger, Henry (1994). *Diplomacy*. New York: Simon & Schuster.

Knorr, Klaus and James N. Rosenau (eds.) (1969). *Contending Approaches to International Politics*. Princeton: Princeton University Press.

Kuo, Jason and Megumi Naoi (2015)．"Individual Attitudes"，in Lisa Martin (ed.), *The Oxford Handbook of the Political Economy of International Trade*. Oxford: Oxford University Press.

Lake, David A. (2013)．"Theory Is Dead, Long Live Theory: The End of the Great Debates and the Rise of Eclecticism in International Relations"，*European Journal of International Relations, 19*(3), 427-457.

Lake, David A. (2016)．"White Man's IR: An intellectual Confession"，*Perspectives on Politics, 14*(4), 1112-1122.

Lapid, Yosef (1989)．"The Third Debate: On the Prospects of International Theory in a Post-Positivist Era"，*International Studies Quarterly, 33*(3), 235-254.

Maliniak, Daniel, Amy Oakes, Susan Peterson, and Michael J. Tierney (2011)．"International Relations in the US Academy"，*International Studies Quarterly, 55*(2), 437-464.

Mearsheimer, John J. and Stephen M. Walt (2013)．"Living Theory Behind: Why Simplistic Hypothesis Testing Is Bad for International Relations"，*European Journal of International Relations, 19*(3), 427-457.

Morgenthau, Hans J. (1948). *Politics Among Nations: The Struggle for Power and*

Peace. New York: Alfred A. Knopf.

Outhwaite, William (1987). *New Philosophies of Social Science*. London: MacMillan.

Rogowski, Ronald (1968). "International Politics: The Past as Science", *International Studies Quarterly, 12*(4), 394-418.

Schmidt, Brian (2013). "On the History and Historiography of International Relations," in Walter Carlsnaes, Thomas Risse, and Beth Simmons (eds.), *The Handbook of International Relations* (pp. 3-28) (Second Edition). Thousand Oaks, CA: Sage Publications.

Signer, J. David and Melvin Small (1972). *The Wages of War, 1816-1966: A Statistical Handbook*. New York: John Wiley.

Vitalis, Robert (2000). "The Graceful and Generous Liberal Gesture: Making Racism Invisible in American International Relations", *Millennium: Journal of International Studies, 29*(2), 331-356.

Waltz, Kenneth (1954). *Man, the State and War*. New York: Columbia University Press.

Waltz, Kenneth (1979). *Theory of International Politics*. Reading, Mass.: Addison-Wesley.

Weaver, Ole (1998). "The Sociology of a Not So International Discipline: American and European Developments in International Relations", *International Organization, 52*(4), 687-727.

Chapter 7

外交與決策分析

黃奎博（Kwei-Bo Huang）

政治大學外交學系副教授兼國際事務學院外交政策
研究中心主任

美國馬里蘭大學政府與政治系博士

　　「外交」（diplomacy）二字可指國際關係管理的實踐與藝術，最早出現的形式可能是法文字彙diplomatique，意指「與涉外文件有關的」，後來逐漸被英國用來代表國與國之間官方關係的管理。英國知名外交家尼可森（Harold Nicolson, 1980: 41）認為，外交是藉由談判以處理國際關係，各國外交官員透過外交的手段以調整國際關係。另一個常見的說法是，外交是不經戰爭而達到國家目的的手段或工具（李其泰編著，1986：3）。

　　「外交」亦可用來指稱以下事項：涉外談判及遊說、國家或組織的對外政策、外交官的專業活動、國際普遍承認的官方往來慣例或規則等等。

一、外交概論

(一)外交制度的源起

　　外交的起源已很難考證，但無論在東西方，城邦之間的外交或類似外交的行為均不難見到。例如古希臘詩人荷馬（Homer）記述特洛伊戰爭（Trojan War）的《伊利亞德》（*Iliad*），描繪了當時一些外交使節與傳令官的形象。又如在我國春秋時期，齊景公為抵抗晉國而遣晏嬰出使楚國，戰國時期魏惠王派惠施去楚國、公孫衍去齊國打探雙邊關係，蘇秦則遊走六國提倡合縱，都可算是外交的一種。

　　西方通常將外交制度的起源訂為15世紀文藝復興時期的義大利半島。當時在義大利半島有米蘭（Milan）、威尼斯（Venice）、佛羅倫斯（Florence）、教皇國（Vatican）、那不勒斯（Naples）等五個城邦國家，這些國家派遣官方代表到半島上的其他國家，作為正式對話的管道之一，此制後來逐漸為其他歐洲國家效尤，然後逐漸擴散到其他地區。

　　在1815年6月處理拿破崙（Napoleon Bonaparte）戰敗問題的維也納會議（Congress of Vienna）中，歐洲列強進一步確立了流傳至今的外交制度，例如外交使節團中各國使節的排名，以及外交官的豁免權（immunity）等。

(二)外交的目的

外交的目的是要追求與維護國家最大的利益，亦即保障與拓展國家的生存與核心利益。外交可以是務實或現實的，也可以是道德至上的，但國際上幾乎找不到僅以道德外交作爲處理涉外事務基準的國家。

國家或團體透過外交可以爭取對方的支持，亦可阻止對方去做某事，此爲外交積極的目的。外交亦可使對方瞭解己方立場，此即爲外交消極的目的。

(三)外交活動的基本規範

經過各國不斷的實踐，外交已有許多爲各國所接受的規則與習慣。除了日常往來的國際禮儀之外，其中最爲人知的或許就是對外交官的特權（privileges）與豁免，亦即一國給予他國所派遣的使節一些特殊權利與優待，以禮遇其代表主權國家行使外交權的地位。從13世紀左右開始，歐陸部分邦國就有此種外交特權及豁免的做法，但一直要到18世紀初，才變成歐陸各國普遍承認的國際制度。

較爲一般所熟知的外交特權與豁免是司法豁免權、人身不可侵犯權以及免稅等三項，現僅就較爲複雜的司法豁免權作一說明。司法豁免權意指外交官於駐在國應不受當地行政及民、刑事之管轄。在不受行政管轄方面，外交官及其家屬只須至駐在國外事部門辦理到、離任手續，不須辦理戶口與兵役登記等行政手續。在不受民事管轄方面，一般而言外交官可以豁免民事的責任，但根據1961年《維也納外交關係公約》（*Vienna Convention on Diplomatic Relations and Protocols*）第31條的規定，外交官在駐在國私有不動產之訴訟、外交官以私人身分涉入駐在國可管轄之遺產糾紛、外交官在駐在國從事獲利或其他私人職務而起之訴訟時，民事豁免權將不及於外交官。在不受刑事管轄方面，前述公約同條規定「外交代表對於接受國之刑事管轄享有豁免」。如外交官觸犯刑法，駐在國一般不會提起訴訟，而是將該外交官列爲不受歡迎人物（persona non grata），要

求其母國將之調離；若觸法行為嚴重者，駐在國有權逕行將該外交官驅逐出境。

外交官除了享有外交特權與豁免外，同時必須盡到一些義務。這些義務中，最重要的就是必須遵守駐在國的法令規章。雖然外交官依法享有外交特權及豁免，但不可因此不遵守駐在國的法律。其次，外交官不得干涉他國內政。外交官不可以發表任何與駐在國國內政治有關之言論，也不可以參與、推動或執行任何與駐在國國內政治有關之活動，以免破壞兩國關係；即使是透過當地人士或組織，也必須在當地法律允許之下，從事與促進兩國關係有關的非內政遊說型活動。

(四)外交影響力的運用

外交的目的是以非武力的方式維護國家最大的利益，而達成之法不只一種。表面上，外交就是各國使節官方往來或溝通，實際上，外交除了前述的日常工作（routines）以外，報酬的承諾（commitment to rewards）、妥協（compromise or conciliation）、威脅（threat）、使用武力（the use of force）等都是達成外交目的的方式。這些也被視為外交影響力。

「報酬的承諾」是以利相誘，希望對方能夠配合我方的外交目標，而我方將於事成前或後給予報酬。第一次大戰時，英國於1917年1月截獲德國外交部長齊瑪曼（Arthur Zimmerman）給德國駐墨西哥大使的電報，謂倘若墨西哥應允幫助德國作戰，則德國戰勝後承諾將幫助墨西哥取回喪失給美國的土地（德州、新墨西哥州與亞利桑納州）。此秘密電報為使美國加入第一次世界大戰的主因之一，而其亦為外交上承諾報酬的代表事例之一。

「妥協」是不堅持己見，以條件換取他方的支持或讓步。我國參與政府間國際組織的正式名稱自然是以「中華民國」最為適當，至於身分，歷屆政府均希望以正式會員國或經濟體的身分參加。但往往囿於國際政治的現實，必須在我方勉強同意、外國願意支持、中共當局不強力反對的情

況下，以其他名稱、非正式會員國或經濟體的身分有意義地參與國際主流
組織。馬英九政府時期，為了能先有意義參與聯合國的專門機構，因此同
意以「奧會模式」的「中華台北」（Chinese Taipei）為名，並以觀察員的
身分受邀參加睽違三十七年的世界衛生大會（World Health Assembly）。
此法獲得以當時包括二十餘個邦交國及以美國為首的西方國家的支持，而
中共當局因為兩岸關係和緩、「外交休兵」（台海兩岸暫停爭奪邦交國）
等因素而不公開反對。2015年，馬政府又以「中華台北」為名、以「理事
會主席賓客」的身分，有意義地參與了國際民航組織（International Civil
Aviation Organization）。

　　「威脅」則是以言語或行動來影響一方去做某些另一方想要見到的
事情，或是去阻止一方去做某事。言語上的威脅如前美國國務卿凱
瑞（John F. Kerry）警告敘利亞政府，須在2016年8月1日前讓阿賽德
（Bashar Assad）總統完成政權移交，結束長達五年的內戰，「否則他們
將面臨很不一樣的處境」，暗指美國可能將採取若干行動以逼使阿塞德下
台。至於行動上的威脅，最常見到的就是威脅使用武力。北韓多年來以維
護國家主權、捍衛民族尊嚴、完成國家統一為由，常進行飛彈試射（有些
甚至飛越日本國土上空），並發展核武能力，在南韓、美國、日本等國眼
中就是威脅使用武力以解決爭議的表現。

　　「武力的使用」是憑藉著軍事力量以達成外交目的。1894年，日本
為將勢力伸入朝鮮半島，於是藉口朝鮮東學黨之亂而出兵，然而清廷業已
應朝鮮王之請而派兵馳援，因此我國與日本僵持不下。在國內準備充足以
及英、俄均因遠東外交的利益而討好日本之雙重因素下，日本於同年7月
宣布廢除其與清廷所訂之一切條約，並授權在朝鮮的日軍可將清軍驅逐出
境。最後，清軍大敗，北洋通商大臣直隸總督李鴻章於1895年3月赴日本
馬關議和，終於4月17日與日本外相伊藤博文（Ito Hirobumi）簽署《馬關
條約》（*Treaty of Shimonoseki*，日稱下關條約），承認朝鮮為獨立自主
國家，並割讓遼東半島、台灣及其附屬島嶼、澎湖列嶼給日本。

　　前述外交的方式僅為原則性的分類，若將其再細分的話，在執行層

面還可分為人民外交（people-to-people diplomacy）、二軌外交（track two diplomacy）、金錢外交（dollar/checkbook diplomacy）、秘密外交（secret diplomacy）、壓迫外交（coercive diplomacy）、砲艦外交（gunboat diplomacy）等各式各樣的手段。

「人民外交」在1956年美國艾森豪（Dwight D. Eisenhower）總統時期便出現了，當時主要是希望透過政府促成的人民交流以降低冷戰的強度，現在有時與「公民外交」（citizen diplomacy）混用，不過後者不僅指一般國民經規劃後所參加的涉外交流活動，甚至也可泛指一般國民在未經政治安排的情況下，對促進官方外交或民間關係做出貢獻。中華民國外交雖然受巨大的限制，但仍可透過諸如各藝文團體出國表演、交流等方式，拓展人民之間的關係，有時也可外溢到政府間的關係，這就是「人民外交」或「公民外交」的一種。

「二軌外交」其實是「一軌外交」（track one diplomacy）的相對名詞，前者指沒有官方代表參加的國際外交或接觸，後者則專指官方形式的外交。「二軌外交」多半以研討會、座談、工作坊等形式出現，其用意在讓各方有機會接觸並交換觀點，培養工作關係，再下一步還可以透過與會代表的努力，試圖讓各方的民意或社會氛圍不至於敵對（Davidson & Montville, 1981）。有時二軌外交會有政府官員以民間團體代表的身分參與，但各方都有默契，將其視為非官方代表，這樣的場合有時被稱為「一軌半外交」（track one and a half diplomacy）。例如美國智庫戰略與國際研究中心（Center for Strategic and International Studies，簡稱CSIS）便將自2009年至2015年與中國現代國際關係研究院（China Institutes of Contemporary International Relations，簡稱CICIR）共同主辦的「二軌中美網路安全對話」視為「一軌半」，因為除了學者專家外，雙方均有相關領域的官員參與其中。

「金錢外交」是使用財務或經濟援助以達成外交的目的，但事實上該詞彙大多被視為是指涉不妥或不道德的行為，是富國試圖擴大對於窮國的影響力，或是富國試圖宰制窮國的政經安排。但如前述，幾乎沒有外交

是純然講究道德的，因此有時「金錢外交」在維繫對外關係或獲致外交影響力的方面是不可或缺的。與之類似的詞彙如「金援外交」是較大眾的用詞，或可謂泛指以財務貸款等方式援助其他國家的涉外事務行為，其意涵相對較為中立甚至可以偏正面，但若用於負面表述也不為過。蔡英文政府於2016年或2018年應允我國在南太平洋的友邦索羅門群島，撥款2,800萬美元（時約新台幣9億元）協助該國在2023年舉辦太平洋運動會（The Pacific Games）的場館建設，但雙方最後還是在2019年6月斷交了。各方對蔡政府此一決定是正常的「金援外交」還是不宜的「金錢外交」便爭論不休。

「秘密外交」一詞首見於19世紀末期的西方，當時自由派人士不苟同所謂外交是專業的藝術，因此不必公開給一般民眾知悉其中運作的過程的說法。現在，「秘密外交」仍用來指稱政府間秘密協商、避免國內外壓力以達成協議的過程，但不一定具負面意涵。2014年底，美國總統歐巴馬（Barack H. Obama）宣布與古巴恢復中斷超過半個世紀的邦交，此前雙方已經秘密交涉約一年半，雙方官員梵諦岡密會（古巴多數人口信奉天主教）和雙方元首電話會議，在諸多政府官員及國會議員均不知情的情況下，達成換囚、掃毒、環保、打擊人口販運等等多方面合作的協議。如果兩岸關係可以比擬為國際外交關係的話，李登輝時期與中共當局的香港密會、陳水扁時期傳說的兩岸北京密會以解決各類包機問題，都顯示了兩岸互動中的「密使」並不少見。

「壓迫外交」與「砲艦外交」都是威脅式的外交，常常意指有外交目的、有限度的武力展現。前者是指從政治、經濟、軍事各方面對於他國施加壓力，以達成外交目的；後者雖然有「砲艦」一詞，但實際上指的就是利用任何形式的軍事力量去達成外交目標。兩者雖然有些許的區別，但在執行上，其之所以能夠成功，常是因為以下三種狀況可以同時達到：(1)所採取的威脅必須有可信度；(2)所要求的必須是對方可以做到的；(3)對方清楚認知到，不合作的後果將會比讓步來得嚴重。例如俄羅斯黑海艦隊在2018年11月在克里米亞半島的克赤海峽（Kerch Strait）與烏克蘭海軍

發生海戰，是2014年俄羅斯從烏克蘭手中奪取克里米亞及克赤海峽控制權後，雙方首次爆發正面武裝衝突，烏國的兩艘炮艇、一艘拖船和若干軍事人員在衝突中被俄羅斯俘獲。烏克蘭在2014年之後，已經扣押十餘艘被視為非法駛往克里米亞港的俄及民用船隻，所以此次小規模衝突發生的可能解釋之一，就是俄羅斯欲警告烏克蘭不要再扣押俄籍船隻未果之後的「砲艦外交」。

(五)外交政策

外交政策（foreign policy）是一國處理對外關係時所運用的官方策略。若由外交政策的取向（orientations）來分，外交政策可以分為孤立（isolation）、中立（neutrality）、不結盟（non-alignment）與聯盟（alliance或coalition）等四大類（取向意味著一個國家或政府對於外在環境的態度與承諾）。

「孤立」的作為包括不介入國際或區域事務、在經濟與社會方面試圖自給自足，以及採取鎖國政策等等。國際政治史上，17世紀下旬至19世紀中期的日本與冷戰時期的緬甸、柬埔寨（紅色高棉時期）、阿爾巴尼亞等國，都是採取過孤立政策的國家，北韓在建國後的六十多年間亦多是孤立主義的外交政策，直到當前金正恩掌政之後才略有較大改變的跡象。

「中立」是一種不介入複雜或難解的區域或國際事務，但仍想保持與外界交往的外交政策；它可以僅是政治上的宣示，或是指一種國際法律地位，亦即透過中立條約的簽訂，而獲得他國對於該國中立地位的保證。例如第二次世界大戰前受德、義威脅的瑞士、瑞典、西班牙與葡萄牙，1960年代在多國干預下結束內戰的寮國，以及1979年初至2004年中宣布加入歐盟之前的馬爾他。如果一國的「中立」是在強權脅迫之下，以「中立」之名行強權片面影響或掌控之實，在國際外交上常被稱為「芬蘭化」（Finlandization）（Maude, 1982），因為芬蘭在二次大戰結束後採行民主政體，卻常在外交政策上與蘇聯採取近似立場，也長時間不加入歐洲經濟整合，許多分析家認為這是與芬蘭接壤的蘇聯威逼利誘的結果。

與中立意義近似的是「不結盟」。不結盟是指一個國家或政府不在外交、軍事相關的政策上支持任何一個國家或集團。不結盟與中立最明顯的不同在於，前者是從1950年代中期至1960年代初期所逐漸發展出來的一種反殖民、反霸權、追求民族和經濟獨立自主、不捲入冷戰鬥爭的概念及其相關運作。不結盟國家則以1961年成立的「不結盟運動」（Non-Aligned Movement, NAM）為代表，但此一組織的百餘個國家成員中，如印尼、北韓、印度、巴基斯坦、伊朗、伊拉克、沙烏地阿拉伯、埃及、南非等，大多還是與美、俄、中國大陸等強權保有一定的關係，很難完全稱之為不結盟國家。聯合國、中國大陸、墨西哥等二十餘個國家或國際組織都是「不結盟運動」的觀察員。所以，經過大約一甲子的演變，所謂的「不結盟」其實已產生質變，或可說是以亞、非、拉等區域為主的若干國家的政治合作運動。

　　「聯盟」則是指國家之間一種正式或非正式的結合，主要目的在達成政治目的（例如在聯合國內的投票表決）、促進經濟利益、加強防衛力量、嚇阻外來威脅。國家尋找具有類似的目標其他國家，進而組成政治、經濟或軍事上的聯盟。根據渥特（Walt, 1987: 18-26）的看法，聯盟的形成可出自於以下六個條件：(1)權力平衡（balance of power）；(2)扈從（bandwagoning）；(3)力量的累積；(4)威脅源在地緣上的接近；(5)威脅源在攻勢力量上的優勢；(6)威脅源對侵略所展現的明顯意願。美國在2003年發動的第二次波斯灣戰爭，因為聯合國不同意美國發動對伊拉克的攻擊，所以美國就以「先發制人」（pre-emptive）自衛行動為由，以英國軍隊為輔，並邀請其他親美且願意在軍事或外交上表示支持的國家加入所謂的「自願聯盟」（Coalition of the Willing），展開進攻伊拉克的行動，這較接近前述第二點。又如北大西洋公約組織（North Atlantic Treaty Organization, NATO）就是二次大戰後美國糾合加拿大與部分歐洲自由國家組成的軍事聯盟，當時其主要目的之一在於鞏固歐陸的權力平衡，防止蘇聯共產勢力的西擴，符合了前述除了第五點外的其他條件。

　　另若由外交政策的執行者對於國際現狀的看法來分，外交政策可約

略分為維持現狀的外交（status quo diplomacy）與修正主義者式的外交（revisionist diplomacy）。

維持現狀的外交有時稱為自保式的外交（self-preservation diplomacy），因為主要決策者認為維持現行的國際體制與遊戲規則將會對己有利。國際體制與遊戲規則做適度的微調是可以被此類決策者所接受的，但劇烈的改變會造成權力利益分配的重新洗牌，通常不會被此類決策者所接受。有些研究指出，中等國家或強權（middle powers）較容易傾向於這樣的外交政策（Neack, 2017）。因此，國際間之所以常出現斡旋、維和等衝突管理的方式，或可被解釋為多數國家希望維持現狀或只要微調現狀。

修正主義者式的外交，基本上會在下列國家發生：(1)具侵略性的國家（例如17世紀中葉的俄國與二次大戰前的納粹德國）；(2)稍具實力但不滿現實權力與利益分配現狀的國家（例如冷戰時期挑戰美國中東政策的伊朗和敘利亞）；(3)被欺壓的國家（例如陳水扁主政下的中華民國）。此類國家往往希望透過國際秩序的重整來達到目的，常看到的手段就是挑起戰爭或使用武力以重整國際秩序。另外，有些修正主義式的國家試圖以較和平的方式來改變既有的國際秩序，例如1964年6月成立的「七七集團」（Group-77）就是開發中國家想要透過集體的力量，在聯合國貿易暨發展會議（United Nations Conference on Trade and Development, UNCTAD）或其他國際場合向西方國家討價還價，達成締造符合開發中國家期望的「國際經濟新秩序」（New International Economic Order, NIEO）的目的。至於陳水扁主政下的中華民國政府，曾以「一邊一國」挑戰美國小布希（George W. Bush）政府的「一中政策」與中共江澤民政府的「一中原則」，最後未能如願，且造成與美國關係的倒退。

(六)公眾外交

公眾外交（public diplomacy）也稱為公共外交，是希望經由政府與他國人民溝通，能促進該人民對其理念以及制度、文化等方面的認識與理

解，當然也包括了政府的政策與目標（Tuch, 1990: 3）。也有些人將之視為「一國政府、個人以及團體間接或直接影響另一國公眾態度與意見，進而對另一國政府的政策產生影響」的外交作為（Signitzer & Coombs, 1992: 138）。還有人主張公眾外交是以非國家行為者（non-state actors）及「軟實力」為基礎，而且超越*網路政治*（cyberpolitics）和*資訊政治*（infopolitics），是一種理念、價值、規範、法律、道德等在全球架構下的形塑與分享（Ronfeldt & Arquilla, 2009）。但也不能忽略了「硬實力」也可能是構成公眾外交的基礎之一，因為一國的船堅砲利、經濟繁榮，也是吸引他國人民認識或理解該國的因素。

公眾外交的概念一點也不新。例如在我國《論語·子路篇》便提到，「葉公問政。子曰：『近者說，遠者來。』」亦即推行仁政，施惠於民，境內的人民心悅誠服，而且遠方的人也會願意前來歸附。又如《孟子·公孫丑上篇》寫道，「以力假人者霸，霸必有大國。以德行仁者王，王不待大。……以力服人者，非心服也，力不贍也；以德服人者，中心悅而誠服也，如七十子之服孔子也。」這也是一樣的道理。

公眾外交的受眾很清楚的被定義為外國非國家行為者，例如民眾、意見領袖、專業團體、企業組織等等，他們接觸到來自外國的外交行為，然而，公眾外交的發動者究竟為何，則有不同的看法。根據較嚴格的看法，只有中央政府才是公眾外交的發動者；如果中央政府主動規劃、支持、組織或動員如地方政府、非政府組織、學校、社團、個人等行為者從事涉及公眾外交的活動，藉以間接影響外國政府外交政策的制定，才可以被視為是公眾外交的發動者。但確實也有採取較寬鬆定義的，認為只要是涉及與外國非政府單位接觸和交流的某國單位，都可以算是公眾外交的發動者。

近代公眾外交的發軔可追溯到二次世界大戰後的美國，因為有對抗共產集團、打贏冷戰的需求，因此逐漸發展出政治作戰與心理戰之外的一套工具。這個詞彙逐漸的被接受，或可歸因於美國佛萊契爾法律與外交學院（Fletcher School of Law and Diplomacy）院長、曾任美國駐薩伊

（Zaire，現改稱剛果）大使的古立翁（Edmund A. Gullion）於1965年建立了公眾外交中心，後來各界逐漸以公眾外交一詞稱呼前述的外交思維與做法。

近年還有美歐論者專門針對俄羅斯、中國大陸對外宣傳及交流所量身訂做的「銳實力」（sharp power）一詞，指的是這些威權、不民主的政府意圖用類似公眾外交的方式去突破或滲透目標國家的政治和資訊環境，希望能操縱、扭曲相關公眾意見，分化目標國家的團結（Walker & Ludwig, 2017）。要注意的是，該詞明顯具有政治針對性，而且美國在過去透過對外宣傳及交流欲「和平演變」共產國家的做法，其實也被部分人士視爲美國「銳實力」而非純粹的公眾外交（沈旭暉，2018；龐中英，2018）。

公眾外交的工作範疇可概分爲以下五大項：傾聽（listening）、提倡（advocacy）、文化外交（cultural diplomacy）、交流計畫（exchange programs）及國際傳播（international broadcasting）（Cull, 2008）。「傾聽」方能知道外國民眾的認知與感受，進而作爲本國推動外交工作的重要參考；尤其最近傳播科技發展迅速，透過互動式的交流更可達成對外國公眾進行外交工作的目的。「提倡」指主動透過與外國公眾的接觸與互動，使他們能理解、接受或支持某特定政策或議題。例如2015年8月，據稱伊朗政府與海外伊朗公民或親伊朗人士間接合作，推動「全球伊朗和平日」（Global Day of Peace for Iran）的活動，在全球數十甚至上百個城市支持伊朗和平使用核能，用以反制美國在全球對於伊朗核能發展的攻訐。「文化外交」則是如明華園、雲門舞集、優人神鼓等諸多藝文團體受政府委託出國表演，中國大陸於世界各地建立的「孔子學院」（Confucius Institute）、「魯班工坊」（Luban Workshop），或者英、德分別成立的「英國文化協會」（British Council）和「歌德學院」（Goethe-Institut）。「交流計畫」則是如中華民國政府給外國學生前來就讀的台灣獎學金計畫、華語獎學金計畫，或美國傅爾布萊特計畫（Fulbright Program）選送美國公民至外國學習、講授美語或其他專業知識，同時選

拔外國公民至美國學習、講學或研究。

　　「國際傳播」在國家政府的支持之下，如「英國廣播公司」（British Broadcasting Corporation, BBC）、美國的「美國之音」（Voice of America, VOA）及「自由亞洲電台」（Radio Free Asia）和「自由歐洲電台」（Radio Free Europe）、「法國24電視台」（France24 TV）、「德國之聲」（Deutsche Welle, DW）、「阿根廷公共對外廣播電台」（Radiodifusi）、「日本放送協會」（Nippon Hoso Kyokai, NHK）、南韓的「阿里郎」（Arirang）、中國大陸的中國環球電視網（CGTN）及「中央電視第四套」（CCTV4）、「今日俄羅斯」（Russia Today, RT）、「衣索比亞電視台」（Ethiopian Television, ETV）以及它們經營的網站等等，有些像BBC、NHK會努力維持其獨立性，但也有些已逐漸成為官方發聲的管道，向外界傳播該國政府對於特定政策或議題的看法。另有國家成立的新聞通訊社，如中國大陸的「新華社」（Xinhua News Agency）、「俄羅斯國家通訊社塔斯社」（Information Telegraphic Agency of Russia-TASS，簡稱「俄塔社」）、埃及的「中東新聞通訊社」（Middle East News Agency, MENA），或者半官方的「法國新聞社」（Agence France Presse，簡稱「法新社」）、西班牙的「艾非通訊社」（Agencia EFE）等等，也多少負有公眾外交的任務。

　　聯合國及其周邊組織或美國等多個國家所設置的親善大使（goodwill ambassadors）則可適用於前述除了「國際傳播」之外的任何一項公眾外交的範疇。

　　「城市外交」（city diplomacy）也能算是公眾外交的一環，特別是如果一個城市的對外交流是配合中央政府的外交策略規劃或受中央政府支持的。　城市外交可泛指中央政府以下的地方政府組織與其國外同等政府組織的交流或締結友好合作協定。在經濟全球化、科技發達的今日，國際大都市或許在交通運輸、製造業、金融業等諸多領域形成軸心地位，與其相關的系統性連結已不再侷限於一國之內（Friedmann & Wolff, 1982），而且一些較小型的地方政府也對於國際連結與合作躍躍欲試，同樣增進了

人民的交流及情感的連結。有時候，主權政府之間的交流或有窒礙難行之處，透過地方政府間較具彈性的城市外交或可爲雙方關係探路的其中一步，例如冷戰高峰期，美國與蘇聯的若干城市仍舉辦了對方城市的藝文展演，雖然據說在蘇聯城市吸引了較多的觀眾（Critchlow, 2004: 77-78）。

雖然曾經歷過冷戰結束時的「低潮期」，但美國政府在2001年「911」事件後爲了消滅恐怖主義根源與組織，重新檢視公眾外交的重要性，而且反應在政府組織的變動中。同時，美國政府與民間也從新的角度去檢視公眾外交對於國家安全的貢獻，讓公眾外交不再侷限於傳統的外交技術層面，而被賦予了強化國家安全戰略的任務。因此，公眾外交重新成爲當代外交相關研究中，被人注意到的一個次領域。

綜觀公眾外交的發展趨勢，它始終是外交政策的一部分，但是多了非國家行爲者的參與，透過媒體與資訊的傳播或分享，以及人與人的互動，讓他國更能瞭解本國的政經環境、社會發展，最終讓本國的某些特定政策或議題得以爲外國受眾所知，甚至心生同情或嚮往（Melissen, 2005; Gilboa, 2008）。就其實務運作，除了行之有年的人民交流及新聞傳播等基本做法之外，現在也著重論述或敘事、國際民意調查、新媒體訊息露出等新的做法。在網路時代，公眾外交必須利用網路資訊普及性的特點，客製化相關有利資訊，達成流通資訊（accessibility）、建立信譽（credibility）和產生共鳴（resonance）三大工作目標（Arsenault, 2009）。因此，約莫在這二十年來，主流的公眾外交實踐與研究結合了國際關係（含外交學）與政治、傳播、公關、行銷、語言學（含修辭學）、社會學等領域，另有通訊科技研發及應用（如大數據）爲輔。

公眾外交雖然有其宣傳、交流上的效用，但往往在實務上會遇到以下困難。舉其犖犖大者，首先，各國政府對於相關工作所投入的關注和資金不足。因爲公眾外交重視的是與外國人民之間的交流，而且許多工作不是難以有效評估效用，就是要等到多年以後才能見其開花結果，有時難爲一般行政官僚或政府監督機構所理解或接受。與此相關的是，對各國普羅大眾進行公眾外交時，可能會面臨到將極有限的資源用在極廣袤的場域，

反而忽略了在許多國家推動外交工作時，菁英的態度比一般社會大眾的態度更為重要。

其次，部分官員對於公眾外交的認識相對淺薄，或者將其重要性排在傳統外交議題之後，而且推動政府機構間的外交工作需要協調合作，更增添推動公眾外交的難度。有時候，公眾外交被政府官員視為是「公共事務」（public affairs）的同義詞，事實上，後者係指對於一國內部公眾進行政策宣傳與溝通。

最後，公眾外交的研究、制定與執行需要跨領域科際整合，對於實務界及學術界均為一大挑戰。

二、外交決策分析

外交決策的取向各有不同，有些偏向合作，有些偏向衝突。到底為什麼決策者會做出合作或是衝突的決定呢？外交決策者有目的的行為到底是如何出現的呢？本節將以艾利森（Graham T. Allison, 1971）針對1962年古巴飛彈危機的分析為基礎，由理性模式（rational model）、組織程序模式（organizational procedure model）與政府政治模式（governmental politics model）來介紹外交決策的形成。

(一)理性模式

理性決策分析將人的決策過程視為單純理性的思考，認為決策者會依照理性的判斷，依據所得的大量資訊，自覺地在決策過程中將利益或價值極大化，而其所能選擇的方式與執行的後果都已知。理論上，理性決策包括四個階段：界定情勢與目標、選定目標、尋找所有可能的執行方案、決定做法。在國家外交層次，理性模式可以簡述如下（Allison, 1971: 32-33）：

基本分析單元：政府涉外行動方案之選擇。

組織概念：

1.行為者：理性、團結而單一的國家或政府。

2.問題：政府涉外行動是對於外在戰略環境的反射。

3.固定的選擇：政府決策者的行動（亦即選擇）被視為穩定、可預測的國家行為，政府官員所考慮採取的相關行動的總和便是可能的方案。

4.理性的抉擇：決策的過程應是分別考慮(1)目標（維護國家安全與利益）；(2)方案（與情勢有關之各種可能政策選項）；(3)影響（前述選項可能的優點與缺點）；(4)決定（按照利益最大化的原則選出最有利的政策方向）。

在古巴飛彈危機中，此模式的論點為，以美國總統甘迺迪（John F. Kennedy）為首的「國家安全會議執行委員會」（The Executive Committee of the National Security Council, 簡稱ExComm）一開始的判斷是，蘇聯為回應柏林危機而運送核武至古巴。在維護國家安全的目標下，美國開始研究各種可能的政策選項，其中包括靜觀其變、外交施壓、秘密接觸古巴領導人、入侵古巴、空襲古巴飛彈基地、封鎖等六項。根據這六項的成本效益分析，最後甘迺迪總統同意以隔離或檢疫（quarantines）為名，採取海上封鎖，既展現美國的決心，又可適度減少與蘇聯直接發生衝突的風險。

基於此一模式，學者再借用**博弈理論**（game theory）進一步研究外交政策的理性決策。博弈理論與理性模式的假設大致相同，而且前者還假設各方均知道對方的選項有哪些。以下便以假定不會重複發生（亦即只做一次）的小雞博弈（game of chicken，又稱「懦夫博弈」）與囚犯困境（prisoner's dilemma）為例做出說明。

◆小雞博弈

A與B兩個理性的人相約開著同樣狀況與款式的車子對衝，誰在加油門期間調轉車頭便算輸，會被叫做「小雞」（在美國為懦夫之意）。在此遊戲中，沒有任何人有戰略優勢。行動者的行為是根據自己的決定與另一

		Actor B	
		合作（閃）	衝突（撞）
Actor A	合作（閃）	3,3	2,4
	衝突（撞）	4,2	1,1

4：最佳結果　　1：最壞結果

註：每一方格內的數字，左邊代表A的選擇順序，右邊代表B的選擇順序。

圖7-1　小雞博弈圖

方的決定而定。最壞的情形是雙方發生衝突，而最後的結果是非常動態的，沒有一定的優勢戰略（**圖7-1**）。

　　1962年古巴飛彈危機的美、蘇決策過程就是可能實例。當時甘迺迪政府要求蘇聯不要將核彈頭運至古巴，而蘇聯的赫魯雪夫（Nikita S. Khrushchev）政府堅持不妥協，後來根據理性抉擇的判斷，蘇聯見美國堅決擺出攔截蘇方運輸船的陣仗，最後選擇避免進一步升高衝突，將運輸船撤回。這等於是不到最後一刻不知道雙方戰略互動的結果會是什麼（事後文件解密得知美國與蘇聯有秘密外交的管道，讓雙方在某種程度上各找到下台階，所以蘇聯同意先撤回運輸船）。

◆囚犯困境

　　A與B兩強盜嫌疑犯被捕，遭到檢察官分別偵訊。兩嫌無法溝通串供。檢察官因苦無有力證據起訴兩嫌，因此同時對兩嫌提出解決之法。如果A在同一天內認罪但B保持緘默，則A將無罪獲釋並獲得汙點證人獎金，而B將終生監禁，反之，則B將無罪獲釋而A將終生監禁。如果A與B在同一天認罪並供出對方，則每人各處十年有期徒刑。顯然，A與B知道，如果他們都拒絕認罪，則雙方將可因罪證不足而獲釋（**圖7-2**）。

　　根據理性抉擇，無論對方如何做，A與B都將會選擇對其最佳（最保險）的選擇。所以，無論B做什麼，A的最佳選擇是招供（亦即衝突）。對B而言也是如此。不然，就是A與B兩人都緘默不語，讓雙方無罪開釋。但若兩人如此決定，將是非常冒險的決定，因為當他們不能協調對付

	Actor B	
	合作（緘默）	衝突（招供）＊
Actor A　合作（緘默）	3,3	1,4
衝突（招供）＊	4,1	2,2＊＊

4：最佳結果　　1：最壞結果　　＊行為者的最佳戰略　　＊＊平衡點

註：每一方格內的數字，左邊代表A的選擇順序，右邊代表B的選擇順序。

圖7-2　囚犯困境博弈圖

檢察官的策略以相互保持緘默（亦即合作）時，有可能變成被對方出賣的局面，造成自己損失最大而對方所得最大。於是，最可能發生的情況極可能是A與B互相供出對方，而各坐十年的牢。

군備競賽（arms race）中的決策就偏向此例。A國和B國如果感到安全，能將軍備預算省下來用在其他地方，那是最好的結果，亦即雙方選擇合作，如圖7-2矩陣中的（3,3）。如果不可得，為了自身安全著想，最好是自己持續生產或購入所需的武器系統，而對方減少甚至不獲得武器系統，讓自己的國防安全能力高於對方，亦即己方選擇衝突而對方選擇合作，如圖7-2矩陣中的（4,1）。但一個很合理的推測是，如果己方選擇生產或購買武器系統，對方因為無法得知己方的意圖，所以很可能也只好選擇生產或採購更多的武器；亦即這個賽局的平衡點很可能會落在矩陣中（2,2）這個對各方而言既不是最佳也不是次佳的狀況，雙方主動或被動的繼續軍備競賽。各方明知有可能的最佳結局，但因為雙方互相無法溝通或建立互信，為了自保，於是選擇生產或購買更多武器系統的決策。於此例的平衡點又稱為「帕累托最適點」（Pareto optimum）。

理性模式固然以數學和邏輯的方式幫助人們瞭解外交決策的制定，但其缺點亦不能忽視。首先，分析家對於決策者的人格特質或其所處之團體特性難以掌握。這些特質或特點與研究者是否能掌握決策者如何度量形勢、列出選項優先順序、選定方案都有直接關係，但往往分析者不能充分掌握此種特質或特性，以至於研究結果與事實或有落差。

其次，決策者的動機與價值觀分析不易。決策者的動機與社會價值

觀可以影響決策者目標的設定，同時，它們也可以影響決策者對於外在環境的詮釋。理性模式沒有將這些因素納入考慮，僅單純的假定決策者都追求利益最大化，使其在解釋力上有些不足。

再者，錯覺（illusion）與誤判（miscalculation）發生的可能性無法排除。決策者本身價值觀以及社會化的過程有時會限制其在界定情勢的能力，因而造成對情勢解讀失當，產生對內外決策環境的錯覺。誤判則可能與政治組織架構及時間壓力有關。與政治組織有關的誤判大多因為下層官僚體系所呈送上來的情報和資料已經是經由官僚體系政治判斷與篩選過的，決策者只是再從這些情資中去做決定，所以可能會讓決策者做出誤判。與時間壓力有關的誤判則多半發生在時間緊迫的情形之下，此時決策者在無法有充分的時間去蒐集與判斷情資的情形下，因此容易有誤判情勢的狀況出現。這些都不是理性模式所能掌握的。

為了改良理性模式的分析效力，塞蒙（Herbert A. Simon）於1957年提出了有限理性模式（bounded rationality model）。他認為，由於個人能力有限，所以要一個決策者獲得所有有用的情資並做出利益最大化或是最佳的判斷，基本上是不可能的；決策者實際上將會依照所能蒐集到的資訊，根據偏好順序對可供選擇的方案一一加以驗證，直到找到一個符合其最低要求的「滿意的」（satisficing）方案為止。

(二)組織程序模式

此一模式認為，政府由各自擁有自己的標準作業程序（Standard Operating Procedures, SOPs）的組織所組成，這些組織面對外交事件時，主要依照它們平日就已經建立的處理習慣來行動，而外交政策的制定就是由外交決策組織依照其標準作業程序所衍生的政策決定。在國家外交層次，理性模式可以簡述如下（Allison, 1971: 89-91）：

基本分析單元：政府涉外行動是組織的產出（output）。

組織概念：

1.行為者：由高層領導者所指揮的一個鬆散的組織聯合體（此一組織聯合體僅在組成的單元執行例行任務時才發揮作用）。

2.分解的問題（factored problems）與分別的權力來源（fractionated power）：一個龐大的政府組織內，每個相關單位根據自身能力與任務分配，就外交事務問題的若干範圍加以處理。

3.狹隘的偏好與觀感：政府組織多半有較狹隘、較本位思考的政策偏好或觀感，尤其在這些組織的人事不能互通，以及在這些組織所得的資訊不那麼全面時。

4.行動即為組織的產出：政府組織依照它們平日就已經建立的習慣來處理涉外事務，除了標準作業程序之外，政府組織通常在決策時會呈現下列幾個特徵：(1)實際操作上的限制決定可接受的表現；(2)各負責的單位會隨時關注在興起的議題之上；(3)政府組織會針對某些情形預作準備；(4)政府組織傾向於躲避風險勝於預估未來情況。

　　俗諺有云「鐵打的衙門流水的官」，在某種程度上就是表示組織決策模式的影響。領導決策的官員來來去去，而政府官僚組織一但運作成熟後，逐漸產生穩定性和一定程度的自主性，裡面的官員分層節制、照章辦事，有其偏重理性、分工精確等優點，但有時也會導致過分強調組織與專業本位，讓決策者難以橫向協調或難以一窺事情的原貌（Weber, 1922: 956-958, 999-1001）。用此模式解釋古巴飛彈危機，可以看出美國總統的決策被認為是受到國防部、國務院、中央情報局、國家安全委員會等等各相關組織，依照自己的標準作業程序去處理屬於各自的涉外事務危機並向總統或監督協調機關報告後的產物；換言之，總統的決策能力早已受到各組織處理涉外事務的既定做法與看法的影響，總統的政策優先排序很可能視各組織所提出的建議而定。

在這個決策模式裡，政府組織需要充分的情資以確保所建議政策的實用性與準確性，但通常它們不會專注於長遠預測的分析，所提出的建議可能也較缺乏彈性。這些特點也顯示了組織程序模式的一些主要缺憾：第一，各組織所提出的建議可能是為了要強化單位體質（譬如增加人力與預算），所以本位主義很難避免。第二，只有很明顯的成本付出才能使主要領導人的判斷不被組織的標準作業程序所阻礙。第三，政府組織的政策優先順序和觀感相對而言比較穩定，而其步驟與因應方案也不太會改變；尤其是一旦某項政策開始推動後，即使其成本可能大於利益，但政府組織還是會繼續推動它，甚至因為組織的慣性使然，此一政策到了虧損的狀況可能還不會停止。因此，政府決策過程缺乏彈性，倘若外界情勢變遷迅速，恐有應變不及之虞。

(三)政府政治模式

政府政治模式又稱官僚政治典範（bureaucratic politics paradigm）或官僚議價模式（bureaucratic bargaining model），主要為艾利森援引紐斯達德（Richard E. Neustadt）1960年的研究成果而得的外交決策模式。

政府內的各單位都有其獨立地位，因此嚴格說來，政府的權力被這些單位所分享。總統被視為具有最大權力的政府角色，其被許多具有強大權力的行政角色所包圍，而外交政策就是這些主要角色討價還價的結果。這些官僚組織或其代表往往最先考慮到的是自己的利益，所以「坐什麼位置說什麼話」（where you stand depends on where you sit）的情形非常明顯。在國家外交的層次，政府政治模式可以簡述如下（Allison, 1971: 162-171）：

> **基本分析單元：**政府涉外行動是政治的結果。政府的決策並不是去選一個解決之道，而是具有不等權力與不同利益的官員政治妥協、衝突的結果。
>
> 組織概念：
>
> 1.誰牽涉其中（亦即行為者是誰）？個別的官員是主要的行為者。每個官員的職位便代表著他們可以或是必須做什麼事。
>
> 2.什麼決定這些行為者的立場？官僚對於議題通常有比較狹隘的偏好與觀感。議題的癥結為何，往往因官僚在組織架構中的位置而有所不同。國家利益、組織利益、國內利益與個人利益都會影響決策者的立場。
>
> 3.什麼決定這些行為者對於結果的影響力？一般而言，每個官僚權力的大小將決定這些行為者對於結果的影響力。此一權力由三部分組成：(1)與職位或專業經驗有關的談判優勢；(2)談判技巧與願意使用此一優勢的意志；(3)其他行為者對於前二者的觀感與判斷。
>
> 4.這些行為者如何替政府做出決定？能夠具影響力的這些行為者透過其職務上的「行動管道」（action channels）來決定誰該有發言權。依照憲法與其他法律而定的遊戲規則也是必須要納入考慮的一環（行動管道指的是政府單位對於特定議題應採取回應行動的規則化方法，包括對哪些議題該採取行動、何時該採取行動、哪些官員應加入決策圈、決策之後的利與弊由哪些單位接受或處理等等）。

　　根據此一模式，政府的決策既不是一個統一的團體單純的決定，也不是領導人個人偏好的實踐。政府的決策是一群分享權力但各自考慮本身利益的官僚組織的政治決定，而此種決策不一定理性，有可能充滿著政治角力與妥協。所以甘迺迪政府一開始受到軍方極大的影響，聽到許多動武的建議，但稍後包括甘迺迪總統胞弟司法部長羅伯特甘迺迪（Robert F. Kennedy）、國防部長麥克拉瑪納（Robert S. McNamara）、曾駐節蘇聯的美國駐聯合國大使史蒂文森（Adlai E. Stevenson）等人根據自身工作經驗與所收到的情資提出了較為緩和的意見，最後由甘迺迪總統親自拍板定

案，私下向蘇聯保證美國不會入侵古巴，答應撤回在義大利和土耳其的短程飛彈，但蘇聯必須先公開撤除部屬在古巴的核武及載具，赫魯雪夫很快的接受並著手執行了撤除核武系統的工作。

　　研究者必須大致瞭解最高領導人的人格特質與管理風格，以及政府內的權力分配，釐清誰是重要官員、他們的政策意見、他們之間的權力互動關係和他們與最高領導人的溝通管道，才能分析外交決策的過程。

　　究其實，政府政治模式與前述的組織程序模式有不少類似之處，其中模糊地帶不少。再者，除了組織程序模式可能會遭遇的問題會在此一模式也發生之外，關於官僚體系以外的變數完全被忽略了，例如來自國際結構的影響便無法於此有可資運用的地方，所以可能會有見樹不見林之憾。

三、進一步瞭解外交決策分析

　　除了艾利森所提出的三個分析模式之外，研究外交決策的學者亦試圖從其他面向去瞭解決策的奧妙。例如有些從領導者的人格特質（personal characteristics）或認知（cognitiveness）去研究其與外交施政之間的關聯（George, 1969; Hermann, 1978; Rosati, 1995）；有些從國內官僚政治（Halperin & Clapp, 2006）或總統決策模式（George, 1980）去分析特定的外交決策；有些從國際結構或跨國性組織去探討外交政策制訂時的外來影響源（Karns & Mingst, 1987; Ikenberry, 1988）；還有些則從國內與國際因素連結（linkage）影響下的環境因素來分析外交政策的決策過程（Rosenau, 1969; Evans, Jacobson, & Putnam, 1993）。

　　由於篇幅有限，本節將僅針對外交政策的*認知心理模式*（cognitive/psychological model）、*集體決策模式*（collective decision model）、*危機決策與處理*（crisis decision and management）做出扼要分析。

(一)認知心理模式

　　此模式認為外交決策是外界輸入（inputs）轉變為外交行為的一種過

程。

　　雖然有人將外交政策的內部因素視爲一個「黑盒子」（black box），但大約從1950年代中期開起，史奈德（Richard C. Snyder）、布拉克（H. W. Bruck）與賽本（Burton Sapin）便開始有系統地研究外交決策微觀層面的因素（Snyder, Bruck and Sapin, 1954）；然而，與從國際體系或國內政治來探索外交政策制定的研究相比，微觀層面的研究實屬少數。

　　此類認知心理模式的學者一般多利用決策者的觀感（perception）或印象（image）以研究決策者本身認知圖（cognitive map）的本質。此一模式假設決策者在事件發生之前的信念與期望爲影響觀感的主要因素，但各方的研究結果並未獲致一致共識。郝思悌（Holsti, 1976: 30）後來提出了一個較爲中肯的看法，亦即決策者的認知圖在至少下列情況之一存在時，會比較有影響力：(1)一個嶄新的決策情境；(2)一個長程的政策規劃情境；(3)一個具有高度壓力或未曾預期的決策環境；(4)主要決策由政府組織最高層來決定時（認知圖指的是一個人心中對於特定事物印象或觀感的主觀分析，而且是經過個人偏好與觀感所篩選過的；個人在心裡獲取或儲藏與各現象有關的資訊，並透過相關資訊的辨識與連結，形成現場地圖式的決策判斷）。

　　當決策者試圖去瞭解其所處的外在環境時，認知系統將會變成一面濾鏡，幫助決策者判斷到底此一外在環境對其的意義與影響何在。決策者本身的道德觀、價值體系、文化背景、生活經驗、對往事的記憶等都會影響認知圖的本質。如果所收到的資訊與認知系統不合，決策者可能會排拒接受此一資訊，或者懷疑此一資訊的正確性。如果決策者的認知尙稱正確，則決策者對於外在環境帶來的刺激比較能夠做出正確的決定與回應。

　　總之，政府決策者對於問題的實質自有定見，或至少經由幕僚的情資蒐集而在某種程度上可以約略瞭解事件的發展。例如，赫曼（Hermann, 1985）對於蘇聯外交政策的研究便由認知分析途徑著手，得出決策者對於對手國態度的三大基本認知原型，亦即敵人、惡人（degenerate）和幼童。當決策者認爲對手是敵人時，可能就會採取防禦式的外交政策；當

決策者認爲對手是惡人時，可能就會採取擴張式的外交政策（以維護正義）；當決策者認爲對手是幼童時，可能就會採取帝國式的外交政策。

(二)集體決策模式

集體決策模式多半注重在下列三個面向：**決策體制**（decision regime）、**最終決策單元**（ultimate decision unit）與**團體迷思**（groupthink）。

◆決策體制

決策體制指的是基於團體共識與典章制度而存在的一套實質行爲規範，這套規範會限制國家對外政策選擇的範圍大小。在一個決策團體之內，很可能會存在相似的偏好與每人都可以遵守的遊戲規則。國際環境以及政府選擇外交政策的範圍就是被前述的決策體制所限制住的，而且當此一決策體制愈穩定時，一個國家的外交政策行爲就愈不可能脫出其所設下的範圍。

◆最終決策單元

最終決策單元是對於某一特定議題可以取得社會資源，而且也可以做出最後決定的權力集合體。所以，最終決策單元就是指在政府或執政黨最上層，同時擁有聚集資源的能力與防止他人推翻其決策的一小群人。由於各國政情不同，一般而言，最終決策單元可以包括以下三類：最主要的領導者（predominant leader）、單一團體（single group）以及多重自主團體（multiple autonomous groups）。

最主要的領導者會讓下屬不敢也不會有意見，甚至有意見也沒有用，此可以美國林肯（Abraham Lincoln）總統爲例。單一團體的決策分析比較注重能否很快地達成特定議題的共識，及達成共識的過程。此類團體通常以美國若干的國家安全會議（National Security Council）和蘇聯共產黨的中央政治局（Politburo）爲代表。單一團體也不一定要有正式的組

織架構，只要它的決議沒有其他單位或個人的組合可以推翻就可以了。

至於多重自主團體的條件是，該團體的支持與不支持某一決策時，是否會造成該決策的窒礙難行。最典型的例子就是聯合政府的決策模式。原本與中華民國有邦交的馬其頓在2001年5月成立一個納入阿爾巴尼亞族等反對黨的聯合政府，後來於同年6月，總統特拉伊科夫斯基（Boris Trajkovski，自由黨）與外長米特列娃（Ilinka Mitreva，社會民主黨）便聯合主要政府派系決定與北京建交，傾向支持台北的總理喬傑夫斯基（Ljupce Georgijevski，內部革命黨）最後無力改變此一事實。值得注意的是，多重自主團體不僅會出現在民主國家，就連集權國家亦有發生的可能。

◆ 團體迷思

團體迷思亦稱團體盲思，是由詹尼斯（Irving Janis, 1982）從研究美國豬玀灣行動（Bay of Pigs Operation）失敗所得的結論而來。團體迷思最可能發生的環境就是在一個緊密結合的團體中，人們為了達成共識而不再小心謹慎地去思考所有可能的決策選項，不再仔細地檢視每個選項背後所可能帶來的後果，以及不再以較公允的心態來對待所有可得的資訊（亦即比較可能帶有偏見）；同時，人們容易排斥意見不同的人，進而不自覺地形成一個同質性愈來愈強的決策團體。詹尼斯甚至認為，團體迷思是導致對外決策失敗的重要因素之一。

(三)危機決策與處理

在外交決策中，有一種很特殊的情形，那就是危機決策（crisis decision）。外交危機指的是區域或國際上情勢的突然轉變，此種轉變很可能會造成國家利益的損失，而決策者卻只有很短的時間去反應的一種事件狀態（Snyder & Diesing, 1977; Houghton 2017）。

在危機時刻，因為時間短、壓力大、資訊少，平日的外交決策過程不一定能派上用場。對涉外事務的認知也可能會因為危機時刻而產生扭曲。

部分學者研究認為，無論是民主或非民主國家，危機下的決策過程在本質上是相當接近的；雖然國內對決策者的制約因素仍然存在，但隨著危機的升高，小圈子的決策型態將益發常見（Trumbore & Boyer, 2000）。

李保（Richard Ned Lebow, 1981）則根據歷史危機處理案例的歸納，將一般人所認定的危機再加以細分。根據其說法，危機可以分成下列三種：**敵意合理化**（justification of hostility）型的危機、**意外收穫**（spin-off）型的危機、**邊緣策略**（brinksmanship）型的危機。

敵意合理化型的危機是某一方刻意找一理由或藉口，想要升高衝突或發動戰爭的情況，例如2022年3月，俄羅斯以「特別軍事行動」為名，再度對烏克蘭用兵，其理由是「保護八年來受到基輔政權欺凌和種族滅絕的人們」（烏克蘭政府約自2014年起便對烏東地區的分離勢力及地區進行攻擊）。意外收穫型的危機則是涉入緊張情勢的各方其實都不想提高衝突的態勢，只要在還可以接受的情況下，都願意和平解決前述的緊張情勢，例如關於2002年印度和巴基斯坦間主要針對喀什米爾主權及跨國恐怖主義問題的武裝衝突，兩國過去曾歷經數次大型長期的衝突後，這次長達約十個月的衝突，交火情況相對自制，常希望避免升高軍事衝突，最後在美國的積極斡旋下，雙方自邊界撤軍。邊緣策略型的危機最常發生，這主要是指一方刻意地挑戰先前與對手達成的約定，或是以派軍隊至邊界或有爭議的地區等方式，導致失控的可能性增加，以迫使對手讓步。但是，到底一開始採取主動的一方是否真的想要以武裝衝突收場，則需視當時情況而定，例如北韓的金正日、金正恩政權常以威脅發展核武或（未裝載核彈頭的）導彈試射，甚至金正恩曾在2022年10月同時派出約150架的各型戰機進行攻擊演練，都是為了要求美國同意其政治條件，包括美國不侵略北韓、美國軍事退出南韓等等。

危機來臨時，很難去判斷前述的各類決策模式是否適合去解釋危機決策。不過，對於危機開展的階段則較易達成共識。危機在一開始時，多半都只是由於挑戰或是抵抗對手而起輕微的紛爭而已，如果在這個階段不

能將衝突化解的話，更大規模的對抗衝突（confrontation）恐怕就不可避免了。各方所可能採取的手段從明示立場、說服（對方升高衝突對其沒有好處）、發出警告、軍事部署等，不一而足。此時，衝突的時間長短與強度會隨著各方施壓或抵抗程度的大小而有所不同。時間愈長，便愈有可能有第三方介入協調；此第三方可為個人、團體、國家政府或是國際組織。或者，可能會有二軌外交的出現，以調解此一衝突。強度愈大，則逼近戰爭的機率也可能就愈大。

危機發展到最後，可能的結果有三：第一，戰爭；第二，一方屈服；第三，透過談判以獲致妥協。第一個是危機發展到最後，以軍事方式（戰爭）解決；後二者是危機發展到最後，以和平解決（peaceful resolution）形式收場。無論危機發展到哪個形式，都可以說這個危機本身已經結束了。**圖7-3**便指出了一般危機發展的各個階段，其中實線表示危機進行的時程，虛線部分代表虛擬的危機門檻（crisis threshold），當危機的強度比這個門檻高的時候，危機就會升高到對抗衝突的階段。

危機處理是衝突管理（conflict management）的一部分。外交上的危機處理就是決策者試圖將緊張的局面緩和下來，不要讓它變成真正的危

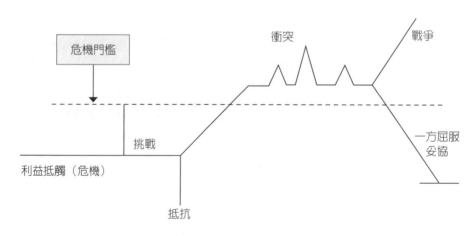

圖7-3　危機的發展階段

資料來源：Glenn H. Snyder & Paul Diesing (1977: 15).

機，或是將重大事件的範圍控制住，不要再擴大成為更嚴重的災害。外交上的危機處理也有可能是要把危機解除，和平化解可能的衝突。在沒有第三者介入協調的情況下，危機處理一般要求決策者儘速界定情勢，然後在壓迫（coercion）和政策調整（policy accommodation）之中找出最佳的解決之道，亦即將情況控制在安全的範圍內。決策者還應該盡可能地讓對方瞭解到己方的決心與能力，避免對方誤判情勢，輕舉妄動。此外，危機處理應該要設法達到修補的目的，亦即能夠彌補因危機所帶來的損失。

四、近期發展：以人工智慧為例

從1970年代以來的外交決策系統性、跨國性大型整合研究，因為所欲處理的因素過於複雜、國際外交研究的議題日新月異而逐漸停滯。例如曾經受人矚目的「比較外交政策」（comparative foreign policy）相關質化與量化的大型案例分析，早已不再受到重視。許多外交決策的研究又回到單一國家的個案研究，往日要找出通則性研究發現的雄心壯志已少見於研究者或研究團隊之間。

不過，隨著科技的進步，有些外交決策研究藉由政治學、心理學、腦神經科學，甚至加上社會學、經濟學、語言學、大數據、人工智慧（Artificial Intelligence, AI）等等的結合，變得更為複雜。這種科技整合的研究方法，提供研究者更深入的理解。因篇幅所限，以下聚焦於當代將人工智慧用於外交決策上的發展。

美國《2020國家人工智慧倡議法》（*National Artificial Intelligence Initiative Act of 2020*）在第5002節將人工智慧定義為「一個被賦予一套人類定義的目標，且能做出影響真實或虛擬環境的預測、建議或決策的機器系統」。在外交決策方面，透過大數據的協助，人工智慧才更能發展「智慧」，亦即從巨量的資料中，找出其中較有價值的，再由人工智慧和相關的機器學習研判關聯性與可能模式，希冀找出己方最合適的決策方向與選項，或預測對方較可能的決策方向與選項，藉以回過頭來研判己方應如何

回應。

　　如何擷取足夠的相關資料並輸入具進階動態規劃演算法的人工智慧系統，是人工智慧決策的重要一步。重中之重則是資料本身，例如從各國政經軍心社等即時資訊與變化軌跡、公開情報（open intelligence）中獲得的談話或文字資訊、官方涉外事務教案的前因後果分析、相關空照及衛星照片等等，都是值得輸入的資料。

　　理論上，最終的決策者是人類，但人類的大腦無論在記憶或分析上的能量均有其侷限，所以人工智慧至少有其輔助上的貢獻。人工智慧在歸納和分析舊案的內外情境、決策方向、後續效應等方面，可較高效率地發揮類似於集體討論與決策的功效，並減少人為的錯誤。換言之，外交決策者是不太可能完全理性且可以蒐集、回憶、應用所有相關外交案例，再綜合做出判斷的，所以他們可被視為有限的資訊處理者，多少都要在不確定的環境中，依靠某種程度的直覺啟發（intuitive heuristics）做出最後的決策，此時，人工智慧將可扮演一定的角色以優化決策品質（Purkitt, 1991）。

　　另有學者認為，當人工智慧與大數據獲得進一步發展，國際關係理論可能很快就會面臨解釋力的危機，因為政策制定者面對巨量的資訊，催生了決策相關的新科技和新分析技術，傳統的國際關係理論必須自我反思，這種新科技和新分析技術所構成的「能動者」如何影響政策決定（Kiggins, 2017）。事實上，主流國際關係理論家多非專注於外交決策的過程（決策者與內外環境的互動，從各種可能政策選項中做出看似對己最合適的抉擇），有些則試圖將重點置於政策的選項有什麼、決策的國外環境如何變化、國際體系的態勢會是怎樣（合作、競爭或對抗）。

　　人工智慧是科際整合（interdisciplinary）的產物，雖然有其明顯的價值，但在實務上最大的困難或許在於，如何從各國外交政策官文書、相關文獻或調查訪談中蒐集與歸納出適用的分析資料，以及資料的準確性至為關鍵，畢竟外交領域的資訊封閉的程度極高，從第二手、第三手資料仍很難針對主要官員的決策過程進行學術和系統性的研究分析。此外，人工

智慧必須基於演算法程式碼，因此人為錯誤或偏見仍可能於其中出現，而且這將影響機器如何有效地將外交經驗與智慧呈現在決策者之前。第三，我們尚不能判知所使用的人工智慧何時出大錯，因此仍有潛在風險。最後，人工智慧輔助的決策也需要將巨量的資料及時輸入系統內，並且用適當的專業語言以訓練機器聽得懂外交詞語，用語料分析爲外交知識分類，進而建立知覺（perceiving）、推理（reasoning）和解決問題（problem-solving）的有效規則，以利人工智慧系統與決策者進一步互動。

問題與討論

一、外交的起源為何？外交官所能享受的權利有哪些？

二、外交政策的取向有哪些？我國目前的外交政策應該算是維持現
狀還是修正主義者的外交政策？

三、近年來公眾外交發展的趨勢為何？遇到的挑戰又為何？

四、理性模式的內容為何？其優缺點何在？

五、組織程序模式的內容為何？組織的「慣性」對政府決策的影響
又如何？

六、政府政治模式的內容為何？其優缺點何在？

七、試由理性分析的角度敘述「小雞博弈」與「囚犯困境」。

八、團體迷思為何會存在？它如何挑戰了傳統的理性分析？

九、決策者在危機處理的處置原則概略為何？

十、人工智慧在制定外交決策時的優缺點為何？

參考書目

李其泰編著（1986）。《外交學》。台北：正中書局。

沈旭暉（2018）。〈冷戰年代美國「銳實力」：從歐非多國政治戰爭說起〉。2018年1月。http://glocalized-collection.blogspot.com/2018/01/blog-post_15.html

龐中英（2018）。〈 "銳實力"？──三大指標衡量中國的國際行動〉。《聯合早報》，2018年2月27日。https://www.zaobao.com.sg/forum/expert/pang-zhong-ying/story20180227-838439

Allison, Graham T. (1971). *Essence of Decision: Explaining the Cuban Missile Crisis*. Boston: Little, Brown.

Arsenault, Amelia (2009). Public Diplomacy 2.0. In Philip Seib (ed.), *Toward a New Public Diplomacy: Redirecting US Foreign Policy*, 139-144.

Critchlow, James (2004). Review: Public Diplomacy During the Cold War. *Journal of Cold War Studies, Vol. 6*, No. 1, 75-89.

Cull, Nicholas J. (2008). Public diplomacy: Taxonomies and histories. *The ANNALS of American Academy of Political and Social Science, 616*, 31-54.

Davidson, William D., and Joseph V. Montville (1981). Foreign Policy According to Freud. *Foreign Policy, 45*, 145-157.

Evans, Peter B., Harold K. Jacobson, & Robert D. Putnam (eds.) (1993). *Double-Edged Diplomacy: International Bargaining and Domestic Politics*. Berkeley, California: University of California Press.

Friedmann, J. and Goetz Wolff (1982). World City Formation: An Agenda for Research and Action. *International Journal of Urban and Regional Research, 6*, 309-344.

George, Alexander L. (1969). The 'Operational Code': A neglected approach to the study of political leaders and decision-making. *International Studies Quarterly, 13*, 190-222.

George, Alexander L. (1980). *Presidential Decisionmaking in Foreign Policy: The Effective Use of Information and Advice*. Boulder, Colorado: Westview.

Gilboa, Eytan (2008). Searching for a theory of public diplomacy. *The ANNALS of American Academy of Political and Social Science, 616*, 55-77.

Halperin, Morton H., & Priscilla H. Clapp (2006). *Bureaucratic Politics and Foreign Policy* (2nd ed.). Washington, D. C.: Brookings Institution.

Hermann, Margaret G. (1978). Effects of personal characteristics of political leaders on foreign policy. In Maurice A. East, Stephen A. Salmore & Charles F. Hermann (ed.), *Why Nations Act: Theoretical Perspectives for Comparative Foreign Policy Studies*. Beverly Hills, California: Sage.

Hermann, Richard (1985). *Perceptions and Behavior in Soviet Foreign Policy*. Pittsburgh, Pennsylvania: University of Pittsburgh Press.

Holsti, Ole R. (1976). Foreign policy formation viewed cognitively. In Robert Axelrod (ed.), *Structure of Decision: Psychological Obstacles to Peace* (pp. 18-54). Princeton, New Jersey: Princeton University Press.

Houghton, David (2017). Crisis Decision Making in Foreign Policy. In Cameron G. Thies (ed.), *The Oxford Encyclopedia of Foreign Policy Analysis*. Oxford & New York: Oxford University Press.

Ikenberry, G. John (1988). An institutionalist approach to American foreign economic policy. *International Organization, 42*, 19-43.

Janis, Irving L. (1982). *Groupthink: Psychological Studies of Policy Decisions and Fiascoes*. Boston: Houghton Mifflin.

Karns, Margaret & Karen A. Mingst (1987). International organizations and foreign policy: Influence and instrumentality. In Charles F. Hermann, Charles W. Kegley, Jr., & James N. Rosenau (ed.), *New Directions in the Study of Foreign Policy* (pp. 454-474). Great Britain: HarperCollins.

Kiggins, Ryan D. (2017). Big Data, Artificial Intelligence, and Autonomous Policy Decision Making: A Crisis in International Relations Theory? In Ryan D. Kiggins (ed.), *The Political Economy of Robots: Prospects for Prosperity and Peace in the Automated 21st Century* (pp. 211-234). Basingstoke and New York: Palgrave Macmillan.

Lebow, Richard Ned (1981). *Between Peace and War: The Nature of International Crisis*. Baltimore, Maryland: Johns Hopkins University Press.

Maude, George (1982). The Further Shores of Finlandization. *Cooperation and Conflict, Vol. XVII*, 3-16.

Melissen, Jan (2005). The new public diplomacy: Between theory and practice. In Jan Melissen (ed.), *The New Public Diplomacy* (pp. 3-27). New York: Palgrave Macmillan.

Neack, Laura (2017). Searching for Middle Powers, Oxford Research Encyclopedia of Politics, http://politics.oxfordre.com/view/10.1093/acrefore/9780190228637.001.0001/acrefore-9780190228637-e-330.

Nicolson, Harold (1980). *Diplomacy*. Cambridge: Oxford University Press.

Purkitt, Helen E. (1991). Artificial Intelligence and Intuitive Foreign Policy Decision-Makers Viewed as Limited Information Processors: Some Conceptual Issues and Practical Concerns for the Future. In Valerie M. Hudson, (ed.), *Artificial Intelligence and International Politics*. New York: Routledge

Ronfeldt, David & John Arquilla (2009). Noopolitik: A new paradigm in public diplomacy. In Nancy Snow & Philip M. Taylor (ed.), *Routledge Handbook of Public Diplomacy* (pp. 352-365). New York and London: Routledge.

Rosati, Jerel A. (1995). A cognitive approach to the study of foreign policy. In Neack, Hey, & Haney (ed.), *Foreign Policy Analysis* (pp. 49-70). Prentice Hall College Div.

Rosenau, James N. (1969). Toward the study of national-international linkages. In James N. Rosenau (ed.), *Linkage Politics: Essays on the Convergence of National and International System*. New York: Free Press.

Signitzer, Benno & Timothy Coombs (1992). Public relations and public diplomacy: Conceptual divergence. *Public Relations Review*, Vol. 18, 137-147.

Snyder, Glenn H. & Paul Diesing (1977). *Conflict among Nations: Bargaining, Decision Making and System Structure in International Crisis*. Princeton, New Jersey: Princeton University Press.

Snyder, Richard C., H. W. Bruck, & Burton Sapin (1954). *Decision-making as an Approach to the Study of International Politics*. Princeton, New Jersey: Princeton University Press.

Trumbore, Peter F. & Mark A. Boyer (2000). International Crisis Decisionmaking As a Two-level Process. *Journal of Peace Research, 37*, 679-697.

Tuch, Hans (1990). *Communicating with the World: US Public Diplomacy Overseas*. New York: St. Martin's.

Walker, Christopher & Jessica Ludwig (2017). The Meaning of Sharp Power: How Authoritarian States Project Influence. Foreign Affairs, https://www.foreignaffairs.com/articles/china/2017-11-16/meaning-sharp-power.

Walt, Stephen M. (1987). *The Origins of Alliances*. Ithaca, Connecticut: Cornell University Press.

Weber, Max (1922). *Economy and Society: An Outline of Interpretive Sociology*. New York: Bedminster Press.

Wilkenfeld, Jonathan (2006). Concepts and Methods in the Study of International Crisis Management. In Michael D. Swaine & Zhang Tuosheng (eds.), *Managing Sino-American Crises: Case Studies and Analysis* (pp. 103-132). Washington, DC: Carnegie Endowment for International Peace.

Chapter 8

國際衝突、傳統安全與非傳統安全

一、國際衝突概論
二、傳統安全：軍備競賽與大規模毀滅武器發展
三、傳統安全：武器管制與相關國際建制
四、非傳統安全與國際衝突

李大中（Da-Jung Li）
淡江大學國際事務與戰略研究所教授
美國塔夫茲大學佛萊契爾法律暨外交學院國際關係博士

　　國際關係研究的主題包羅萬象，但基本上都涉及到國家如何生存與發展的問題。國際關係作為一個獨立學科的出現，就是受到國際衝突的影響。爆發於20世紀初的第一次世界大戰，為近代首次世界主要國家都捲入其中的一場大規模衝突。戰爭結束以後，英國企業家戴維斯（David Davies）於1919年在阿伯里斯特威斯（Aberystwyth）的威爾士大學資助設立了國際政治學系（The Department of International Politics at the University of Wales）（李少軍，2009：4）。國際關係學科正式進入大學教育體系中。

　　第一次世界大戰結束之後，主要大國透過不同努力，希望能維持長久的和平，學界也開始進行相關研究。1926年初，美國芝加哥大學針對戰爭的起因展開了一系列的研究計畫，最後於1942年出版了《戰爭研究》一書，學者賴特（Quincy Wright）則將15世紀以來的兩百多場戰爭與三千多次戰役案例資料彙整成冊，可謂近代從事國際衝突學術研究之先聲（Ballis, 1970; Wright, 1942）。

　　自1930年代開始，世界各地又紛紛出現不同程度的衝突，最後引爆第二次世界大戰，各國損傷慘重。1945年戰爭結束後至1980年代晚期的冷戰期間，雖然沒有再爆發全球性的大規模戰爭，但區域性的代理人戰爭（proxy war）頻仍，參與各方背後大多有美國與蘇聯兩大強權支持的色彩。1990年代開始的後冷戰時期，雖然低強度的國際衝突與小規模的戰爭不斷，但往往是因為種族、宗教、文化歧異等因素而產生。

　　本章的主要內容依序為國際衝突概論、傳統安全：軍備競賽與大規模毀滅武器發展、傳統安全：武器管制與相關國際建制、非傳統安全與國際衝突。

一、國際衝突概論

(一)類型

　　國際衝突的類型相當多元，依照暴力程度與爆發的可能性等兩種條

件的差異，可予以初步分類，從最激烈但最不可能發生的核子大戰，到最輕微而最容易產生的承平駐軍（peacetime presence），如**圖8-1**所示（轉引自Binnendijk, 2002: 10）。

由此可見，衝突本身是一個動態發展的概念。理論上，如果某事件被適切處置，可能不會演變為具急迫性的危機，或進一步升溫，引發戰爭，甚至可能降級為有關各方的意見不合與歧異而已（**圖8-2**）。但是由於衝突各方關切的焦點不同，內部與彼此之間的權力競爭也會使得衝突的戰術與目標產生變化，這些因素都會使得實際情況更為複雜，衝突的嚴重程度也會隨著情勢的發展而產生變化（Ramsbotham et al., 2011: 12-13）。

學界對於國際衝突的類型提出了不同的分類方式。然而，國家發生衝突的實際原因往往是綜合不同的因素。例如戈登斯坦（Joshua S. Goldstein）等人認為，涉及理念問題的國際衝突包括：(1)種族衝突，特別是當同一種族分布在不同國家，但卻處於弱勢時；(2)宗教衝突，尤其是對教義存在不同詮釋，或是教派之間產生歧視時；(3)意識形態衝突，在冷戰期間成為美國與蘇聯兩大陣營爭權奪利的基本動力（Goldstein & Pevehouse, 2008: 155-182）。

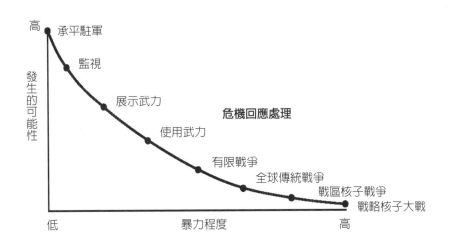

Source: The Maritime Strategy, U.S. Naval Institute Proceedings, January 1986 supplement, 8.

圖8-1　衝突光譜的概念

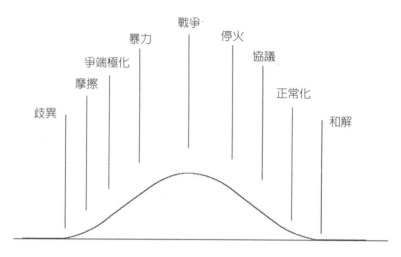

圖8-2　衝突升級與降溫

　　至於涉及實質利益的國際衝突則包括：(1)領土與邊境劃界爭端，主要是有關領土控制與劃界範圍；(2)爭奪控制政府權力的衝突，特別是大國對於小國的影響；(3)經濟衝突，涵蓋貿易往來、金錢財富、自然資源、毒品走私等利益糾葛（Goldstein & Pevehouse, 2008: 155-182）。諸如第二次世界大戰結束以來中東地區的多起國際衝突，不論是以色列與中東國家之間，或是伊朗與伊拉克之間，往往都混合種族仇恨、宗教歧異、大國幕後角力、石油資源爭奪等因素。近來備受各國矚目而有逐漸升溫趨勢的東海與南海議題，更涉及群島主權歸屬、領海劃界、石油礦藏資源開發、海洋生態保育、海上交通運輸線等複雜面向。

　　另一方面，人類歷史上的戰爭型態也出現不同階段的發展，主要的驅動力來自於科技的進步，以及人們對於如何運用軍事力量之觀念變化，對於人員的殺傷力也越來越高。

(二)研究分析層次

　　學者們在探討國際衝突發生的原因時，大多從三個層次加以論述說明（Waltz, 1959; Singer, 1961；方長平，2015）。

◆個人的人性特質

　　一般認為，人性的欲望與貪念，促使人們爭奪更多的資源與權力，以確保自身的安全。但是當每個國家都受到這樣的人性驅使時，彼此就會為了爭奪有限的資源而爆發衝突。華茲（Kenneth N. Waltz）綜合各方觀點指出，如果想要擁有一個更為和平的世界，就必須改變個人的人性特質，無論是在道德、智力、心理等層面。樂觀主義者忽略人類行為可能會走向邪惡的可能性。由於人類的行為是受到情感而非純粹的理性所驅使，更何況人類的理性和意志並不完美。當每個人都追求自身利益時，就很可能會產生衝突而不自知（Waltz, 1959: 21, 24）。但是如果人性是引發戰爭的唯一因素，而且像是悲觀主義者所認為的那樣無法改變，那麼我們就不用期待和平的可能出現。然而，如果人性只是導致衝突的原因之一，那麼即便人性不會改變，我們也能尋求其他方式來瞭解實現和平的條件（Waltz, 1959: 29-30）。

◆國家體制的特性

　　根據華茲引述的資料，馬克思主義者認為由於資本主義國家存在資產階級與無產階級，由於前者控制政府機器。當無產階級聯合起來爭奪主導權時，就會引發戰爭，所以戰爭是由資本主義國家造成的，要消弭戰爭，就要在各國發動革命，以社會主義消滅所有階級與資本主義，也消滅國家（Waltz, 1959: 126-127）。但是華茲也以第一次世界大戰前後的學者論述反駁指出，當時各國的社會主義政黨仍然無法擺脫對民族國家的效忠，還是支持自己的國家參與防禦性的戰爭，這樣並無法確實減少國際衝突的發生（Waltz, 1959: 131-134）。

　　此外，部分學者以民主和平論的觀點來解釋國家體制性質與國際和平的關係，其主要論點包括：(1)就內部而言，民主國家因為制度層面之約束（institutional restraints），不易由領導者個人做出獨斷的決策；(2)就外部而言，由於民主國家具有共同的規範與文化，所以彼此不易發生衝突。當一個國家已習慣透過民主程序處理爭端時，在國際社會中也會更傾

向於遵守制度與規範，維持和平與秩序。然而，對於非民主國家而言，由於內部缺乏相關的政治體制，將更傾向於把本身的政策與意識強加諸於其他的行為者之上（Maoz & Russet, 1993）。但華茲後來也提出反駁，他指出民主和平論僅為一種「論點」（thesis）而非「理論」（theory）。實際上，民主國家仍有可能獲得民意支持而對外使用武力，特別是針對那些不民主的國家。只要權力失去平衡，不管是由哪一種國家掌握，對於其他國家來說，都會是一種威脅（Waltz, 2000: 6-8）。

◆ **國際體系的無政府狀態**

由於國家之上並不存在具有更高權威的政府來排解爭端，所以只要有國家認為它所追求的目標價值遠高於和平所帶來的好處，就可能會使用武力來實現目標。由於每個國家都是自身行為的評判者，在其他對手都可能會使用武力的情況下，國家必須隨時準備以暴制暴（Waltz, 1959: 159-160）。其他學者也主張，國家生存在無政府狀態下的國際體系中，由於彼此都具有可用於進攻的軍事能力，卻無法確信對方的意圖為何，導致每個國家都希望能比他們的對手更為強大，才能確保自身的生存。事實上，對生存而言最好的保障就是成為霸權（Mearsheimer, 2001: 3）。

由於爆發國際衝突的背景相當複雜，很少是受到單一層次的因素影響。華茲曾經表示，為了要實現更為普遍的和平所提出來的方案，其實都跟這些國際關係的層次或意象（image）有關，或者是這三者的某種組合。如果國家之間的暴力來自於人類的邪惡本性，便不需要改變國家體制；如果國家之間的暴力來自於國際體系的無政府狀態，那麼就不必試圖改變人性。為了要能正確理解國際關係，應該要綜合運用這三種意象的因素，而不是拘泥於其中一種（Waltz, 1959: 14）。

(三)國際衝突的發生與防範

由於國家生存在國際體系的無政府狀態下，就如同人類生存在自然狀態中，並沒有更高的權威來維護自身安全，在這種安全稀缺（scarcity of security）的情況下，必須採取自助或他助的方式確保生存與發展的機會。但由於難以判斷他國的意圖與動機，所以國家往往會設法追求與累積更多的資源以增強防禦能力。然而，即便國家原本是出自防禦性的動機，但是其他國家並無法確認相關的資源與能力是否會用來攻擊自己，反而使不安全感增高，所以也傾向於採取同樣的模式來提升自我防禦能力。長此以往，就會造成國家雖然是以提升自我安全爲出發點，但卻造成彼此不安全的結果，此即安全困境（security dilemma）（Herz, 1950）。

然而，誠如前述，國家間的衝突並不必然一定會升級至戰爭，仍可能存在隨著各方努力而降溫的情勢。針對國家間究竟爲何爆發戰爭的問題，范・艾佛拉（Stephen Van Evera）認爲並非國際權力演變使然，亦有可能是肇因於國家錯誤的認知與偏好。他指出推動國家發動戰爭的原因，主要有下列五項：(1)發動戰爭者對於戰爭結果的評估過度樂觀，高估獲勝可能性，或低估對手實力與戰爭代價；(2)率先動員與發動攻擊的一方，更容易掌握戰場優勢；(3)當國際體系出現權力轉移，實力下滑的一方可能先下手爲強，發動預防性攻擊；(4)基於掌控資源或獲取更多資源的考量；(5)因國家間的實力差距，導致發動戰爭者判斷可輕易征服對手（Van Evera, 1999: 14-192）。

當兩國或多個國家之間爆發衝突，進而選擇使用武力交戰，也並不代表戰爭已經發生。根據烏普薩拉衝突數據計畫（Uppsala Conflict Data Program）的定義，所謂的戰爭意指「國家或雙方陣營在一年內的武裝衝突中造成至少1,000人死亡」；至於武裝衝突，則是指「兩方使用武力，其中至少一方爲國家政府，在一年內的戰鬥導致至少25人死亡」（UCDP official website）。

值得注意的是，部分學者與研究機構，譬如瑞典斯德哥爾摩國際和平研究所（Stockholm International Peace Research Institute, SIPRI）則傾向於完全使用武裝衝突（再依據不同強度進行區分）一詞，並將其定義爲：「兩個或兩個以上國家或非國家組織的武裝團體之間使用武力，並在一年內導致25人死亡」；依死亡人數的數量劃分爲低強度（25-999人）、高強度

（1,000-9,999人）與重大（10,000人以上）等三種類別（Davis, 2020: 32）。

　　茲以2022年2月24日，俄羅斯總統普丁（Vladimir Putin）所發動的俄烏戰爭為例，截至2023年2月為止，本起延續自2014年克里米亞危機，最終升級為自二戰結束以來歐陸所爆發的最大規模戰爭，不僅導致數百萬的烏克蘭人民離境淪為難民（UNHCR official website），而全球政經秩序也遭致嚴峻衝擊。在以美國為首的西方國家源源不斷的援助下，面臨侵略的烏克蘭逐步站穩腳步，並自2022年9月起，試圖展開局部反攻，2022年11月，烏克蘭成功收復赫爾松州與哈爾科夫州部分領土，並迫使俄羅斯實際控制的烏克蘭國土面積降至兩成以下，但此後整場戰事演變為一場雙方於烏東地區僵持與拉鋸的消耗戰。迄今長達一年多的戰爭中，俄羅斯與烏克蘭均蒙受重創，就武裝人員而言，估計俄軍大約有20至25萬人傷亡；烏方則亦有近12萬名死傷（Khurshudyan, 2023）。至於在平民方面，根據聯合國聯合國人權高級專員公署（Office of the United Nations High Commissioner for Human Rights, OHCHR）的統計，至2023年3月19日為止，烏克蘭平民傷亡總人數達22,209名：其中有8,317人死亡，13,892人受傷（OHCHR, 2023）。

　　自俄烏戰爭爆發以來，俄羅斯面臨國際社會自2014年併吞克里米亞後更嚴厲的制裁與孤立。美國、歐盟與其他國家聯手發動10輪以上的制裁措施，範圍涵蓋通訊、石化、金融、航太、服務、資訊、奢侈品、軍火以及媒體等領域。據世界銀行等國際組織的評估，受到制裁效應的影響，俄羅斯的經濟正在萎縮，國際貿易與國內貿易量亦同步下滑，並且出現通貨膨脹上升現象（Council of the European Union, 2023）。

　　但在戰火蹂躪下，烏克蘭境內，無論是能源、交通、通訊與醫療衛生等基礎設施亦遭受重創。依據世界銀行（World Bank）、烏克蘭官方、歐盟（EU）與聯合國（The United Nations）於2023年3月所共同公布的評估報告，在不納入仍被俄軍占領地區的情況下，基輔當局預計至少需要4,110億美元（折合新台幣約12.5兆元）才能完成未來烏克蘭的艱鉅戰後重建工作（World Bank et al., 2023）。

◆國際建制與國際組織

在前述安全困境，以及衝突或戰爭可能爆發的陰影之下，由於國家間往往不能瞭解彼此的眞實意圖，因而必須要做最壞的打算與最好的準備。然而，若是能透過國際建制或國際制度的建立，就能促進資訊流通、增進溝通與瞭解，降低合法交易的成本，增加非法交易的代價，減少行爲的不確定性，進而增加合作的可能。建制還可以透過對各個議題的聯繫，以及本身與這些議題的聯繫來影響讓行爲者遵守所必需的激勵因素（Keohane, 1984: 108-109）。一般認爲，**國際建制**（international regime）是指國際關係某特定領域當中，行爲者的期待匯聚而成的一系列明顯或隱含的原則、規範、規則與決策程序（Krasner, 1982: 186）。基歐漢（Robert O. Keohane）則指出，**慣例**（conventions）、**建制**（regimes）與**國際組織**（organizations）三者是相互作用的一個整體，三者之間的區別其實並不是很明顯。國際組織總是隱含在國際建制中，他們所負責的工作主要就是監督、管理與調整建制的運作。從理論分析的角度來說，組織和建制可以分得開，但在實踐中卻是同一事物的不同表現而已（Keohane, 1989: 5）。

有學者將國家之間的制度化安全合作行爲區分爲兩大類（Duffield, 1994: 378）：

1. 排外性的（exclusive）安全建制，如軍事聯盟，主要是提供成員安全，並共同對抗造成威脅的非成員國家。在軍事聯盟關係中，盟國的實力增強對於國家自身來說，就不會是安全上的威脅，反而是安全的保障，可以協助抵禦、嚇阻對手。有些整合程度較高的聯盟關係甚至會建立實體的國際組織，如：北大西洋公約組織（The North Atlantic Treaty Organization, NATO）。傳統聯盟可能會成爲國家對外軍事擴張的工具，但是在冷戰以來所出現的民主國家聯盟則一方面至少在內部維持了大體上的穩定安全與合作關係，另一方面也發揮了嚇阻效果，制止對手陣營挑釁而沒有造成大規模的衝突

（Diesen, 2015: 18-28）。

2.包含性的（inclusive）安全建制，例如集體安全體系、武器管制以及其他潛在對手之間的協定都屬於此一類型，主要目的是要強化彼此間的安全。1945年成立的聯合國即為目前運作中的集體安全機制，這種機制與具有特定外部威脅來源的軍事聯盟不同，是建立在「人人為我，我為人人」的訴求之上，亦即每一個成員的安全問題，就是集體的安全問題。根據《聯合國憲章》第一條，為了維持國際和平與安全，聯合國將採取有效的集體辦法，以防止與消除對於和平之威脅，制止侵略行為或其他對和平之破壞；而且以和平的方法，依照正義及國際法之原則，調整或解決足以破壞和平之國際爭端或情勢。學者認為，集體安全機制要能成功發揮效用，參與其中的成員國家必須有若干條件配合：(1)集體權力要足夠對潛在的挑戰者產生嚇阻作用；(2)承諾投入資源以維持現狀，並願意處罰侵略者；(3)對於侵略的認知有一致意見（Amstutz, 1999: 329-330；郭學堂，2010：72-75）。

由此可知，國際建制與國際組織要能順利運作，仍需要主要大國的支持，甚至在必要時運用軍事力量處罰違反規定的國家（例如侵略者），不論這些國家是否為組織的成員，如此才能維持建制與組織的運作。否則就會如同第一次世界大戰結束後部分國家所成立的國際聯盟（The League of Nations）一般，不僅對於違反《國際聯盟盟約》的會員國（例如日本、義大利與蘇聯）無法處罰，也無力制裁國際侵略行為，最終落得失敗的結果。

◆軍備裁減與武器管制

不論是在多極體系或兩極體系之下，各主要大國受到前述安全困境思維的影響，都會競相追求軍事力量的增長以求自保而出現軍備競賽（arms race）。如果想要有效阻止特定國家獲得優勢，或是避免各國不慎擦槍走火而引發國際衝突，國際社會可以考慮透過軍備裁減（arms reduction）與武器管制（arms control）之方式，透過雙邊與多邊的機制與途徑，展開合作與協調，降低國際衝突發生的機率。關於聯合國等國際組織的實際運作，本書有專章說明，以下的篇幅，本章將針對各國運用軍事力量、國際建制與國際組織，對於軍備競賽與大規模毀滅性武器的擴散所提出的各項管制作為，以免升高為國際衝突的努力加以說明。

二、傳統安全：軍備競賽與大規模毀滅武器發展

(一)冷戰與美蘇核武競賽

大體來說，冷戰期間由美蘇兩強所領導的冷戰時期軍備競賽，可依其不同的權力對比特徵而分成以下五個階段來討論（Russet & Starr, 1992）。第一階段是「美國壟斷核子時期」（1945-1950）：儘管美國所擁有的原子彈數量與毀滅力仍相當有限，而且其技術也停留在「核分裂」階段，但由於並未能有其他任何國家（包括蘇聯在內）擁有在經濟與技術上與其匹敵的能力，致使美國因此而得到極短暫的壟斷性優勢地位。不過，由於韓戰爆發所挑起的軍事對立，與蘇聯在1949年試爆原子彈成功的事實，儘管美國隨之在1952年透過「核融合」技術而試爆了氫彈，使其繼續維持明顯的技術領先，但失去壟斷地位仍是個不爭的現實。其後的第二階段即為「美國核子主宰時期」（1951-1957）。值得注意的是，在這個階段中，美國非但擁有先進的製造技術，更重要的還在於其擁有「投射」能力，亦即可透過蘇聯所缺乏的長程轟炸機（B-52）將武器投擲至必要的戰略目標上。

然而，當蘇聯在1957年成功發射人造衛星，克服了投射技術上的障礙（甚至一度超前美國），結果不僅縮減了雙方的實力差距，也讓冷戰時期的美蘇競賽進入「美國優勢時期」（1958-1966）的第三階段。蘇聯在此時期除了利用衛星技術來發展洲際飛彈外，在1962年也一度企圖透過拉攏古巴，希望提升並拉近對美國的戰略壓力，雖然這些努力都還不至於真正

威脅美國，但兩國間的對比關係確實已開始產生微妙變化。在第四階段所謂的「美蘇實力平衡期」（1967-1979），特別是由於越南戰爭對美國經濟所帶來的負面影響，以及雙方在洲際飛彈技術上所取得的突飛猛進發展，一方面使美國出現要求大幅削減軍備的輿論，同時儘管美國依舊在質量上保持領先地位，但蘇聯所擁有核武的毀滅力，卻已使此種領先變得沒有意義；從某個角度來說，亦即雙方正面臨相互保證毀滅（Mutual Assured Destruction, MAD）的窘境。正是此種新的安全困境，除了迫使美蘇兩國高層拿出理性從事兩次「限武談判」（SALT I & II）外，也讓冷戰時期的軍備競賽進入第五階段的「相互軍備管制時期」（1980-1991）。在此時期，雖然有蘇聯入侵阿富汗的擴張行動，以及美國雷根（Ronald Reagan）總統希望引入太空武器計畫，以建構更安全的飛彈防禦網倡議，此即一般通俗稱為「星戰計畫」（Star War）的「戰略防衛倡議」（Strategic Defense Initiative, SDI），使得兩國競爭的態勢依然受到關注，但一連串的和解談判與裁減軍備，顯示出美蘇的長期軍備競賽在某種程度上受到了抑制。

(二)大規模毀滅性武器的發展

一般來說，大規模毀滅性武器（Weapon of Mass Destruction, WMD）包括了核子、輻射、化學、生物以及其他可以造成人員大量傷亡，或造成人類建物與自然生態環境嚴重破壞之武器。早期發展大規模毀滅性武器的國家，如法國和中共，甚至後來的印度，都有著藉此追求大國地位的考量。但是核子武器所具備的不對稱嚇阻能力，以及伴隨而來的政治效用，則是許多小國投入核武發展的重要原因。首先，大規模毀滅性武器所具有的龐大殺傷力，以及其所具備的毀滅能力與其所要解決的衝突規模極不相當，可讓小國獲取足以對抗大國或為數眾多敵國的籌碼。諸如伊拉克和以色列的核武計畫，都具有以小搏大的目的。其次，核武發展計畫也可以迫使強權介入區域衝突，比如1980年代南非政府的策略即是，一旦當地情勢惡化，南非政府將會對外揭露該國正在進行的核武發展計畫，以迫使國際強權對南非的情勢進行干預。最後，擁有大規模毀滅性武器，會誘發國際

社會的合縱連橫，當一國和其敵對國擁有大規模毀滅性武器時，其各自盟國都會因此而暴露在核武攻擊的威脅之下，反而促使雙方和解。同樣地，受到核武威脅的國家，也會傾向於尋求核武國家的同盟關係，以抗衡對手國的核子武器（Forsberg, Driscoll, Webb, & Dean, 1995: 14-19）。

另一方面，大規模毀滅武器的擴散會對國際社會帶來嚴重威脅。第一，大規模毀滅性武器的擴散，可能引發惡性循環。一方面，爲了避免敵國因爲發展這些武器而獲得戰略優勢，受威脅的國家也往往採取同樣方式提升自我實力。另一方面，眾多國家發展核子武器會造就更多的武器提供者，增加毀滅性武器擴散的機會。第二，許多發展大規模毀滅武器的國家欠缺穩定的政權或有效的安全管控措施，一旦政權瓦解或爆發內戰，這些大規模毀滅性武器與相關技術，可能落入不受控制的極端團體手中，產生無法預料的威脅。第三，大規模毀滅性武器的製造或銷毀，可能造成環境生態的危害，例如美國與前蘇聯長期爲處理核武或化學武器所苦，對於許多發展中國家來說，投入相當的資源處理大規模毀滅性武器所帶來的生態汙染，其難度更高（Forsberg, Driscoll, Webb, & Dean, 1995: 19-23）。

純就軍事觀點而言，核子武器的軍事價值可以追溯到第一次世界大戰提出來的戰略轟炸（strategic bombing），乃是藉由對敵國關鍵軍事和經濟設施的轟炸，有效摧毀敵國的戰爭能力。戰略轟炸的概念到了第二次世界大戰期間，進一步擴張爲採取大規模轟炸打擊敵國士氣，以徹底癱瘓對手的戰爭意志。進入冷戰時期，戰略轟炸演變爲美蘇的**核子均衡**（nuclear standoff）與**恐怖平衡**（balance of terror），核子武器的功能發展爲以嚇阻對方使用傳統武器爲主。化學武器和生物武器的軍事價值不如核子武器，化學武器雖可造成大量傷亡，但對實體設施無法損壞，且其能否有效散播極不確定，而且簡單的防護手段就可達成妥善防護，因此化武的殺傷力受到一定程度的限制。至於生物武器雖然同樣會造成大規模人員傷亡，但是不會對實體設施造成傷害，而且通常需要一段時間才能展現效果。此外，生物武器與化學武器類似，傷害效果會受到許多外在因素的干擾，包括氣候、時間、地形與防護都會影響武器的殺傷力（Forsberg,

Driscoll, Webb, & Dean, 1995: 34-36）。

在歷史上被記錄下來的大規模毀滅性武器的使用，以第二次世界大戰期間美國在日本廣島與長崎投擲原子彈最具代表性。冷戰期間，美國便曾多次威脅使用核子武器以嚇阻對手，在1991年第一次波斯灣戰爭期間也曾為了因應伊拉克可能採取的化武攻擊，而準備使用核武。而蘇聯、以色列、印度和巴基斯坦等國都曾經有威脅使用核子武器以嚇阻對手的紀錄。至於化學武器，除了第一次世界大戰期間各國競相使用外，1960年代埃及在葉門地區，1980年代兩伊戰爭期間伊拉克對付伊朗與庫德族人，都是著名的例子。使用生物武器攻擊敵國的經驗，最廣為人知的是，第二次世界大戰期間，日本對中國十一個城市進行生物武器攻擊，造成大規模傷亡，以及2001年「911事件」以後，美國各地傳出的炭疽病毒事件。

鑑於大規模毀滅性武器（尤其是核武）可導致大量人員傷亡，並造成人類建物與自然生態環境破壞等嚴重後果，世界各國於冷戰時期即著手限制其發展。然而，全球大規模毀滅性武器的庫數量至今仍極為可觀。茲以核武為例，截至2022年年初為止，全球總計約有12,700枚核彈頭，且集中於九個國家手中。**表8-1**顯示當前九國的核武部署與庫存狀態。

表8-1　當前核武力量分布

國家	已完成部署之戰略核武器	完成部署之非戰略核武器	儲備／未完成部署	軍事儲備	總計
俄羅斯	1,588	0	2,889	4,477	5,977
美國	1,644	100	1,964	3,708	5,428
法國	280		10	290	290
中國	0		350	350	350
英國	120		60	180	225
以色列	0		90	90	90
巴基斯坦	0		165	165	165
印度	0		160	160	160
北韓	0		20	20	20
總計	3,632	100	5,708	9,440	12,705

資料來源：Federation of American Scientists, "Status of World Nuclear Forces," https://fas.org/issues/nuclear-weapons/status-world-nuclear-forces/.

由此表可見，俄、美兩大國共持有全球近九成的核彈頭，並以前者擁有的數量最多；其餘依照數量多至寡，排名依序為中國、法國、英國、巴基斯坦、印度、以色列以及北韓。

　　另依據美國科學家聯盟（Federation of American Scientists, FMA）的資料顯示，相較於1986年最高峰時期的大約70,300枚核彈頭，2022年全球總計約有12,700枚核彈頭，此數據代表自冷戰結束以來，核彈頭數量呈現大幅削減的趨勢。然而，全球核武庫存在維持長達三十年的下降趨勢後，於2022年出現再度增長的跡象。除美國的核武庫存繼續減少之外，法國與以色列兩國持平，至於其餘六國則被認為正緩步提升其核彈頭的數量（FAS official website）。

　　在核武俱樂部會員中，北韓為唯一於二十一世紀後仍進行核試的國家。迄今為止平壤當局共已實施六次核試，分別為2006年10月、2009年5月、2013年2月、2016年1月、2016年9月以及2017年9月。論者認為，北韓堅持發展核武之目的，除鞏固金氏政權外，亦包括有助於強化內部宣傳與統治，以及對外提升國際地位與談判籌碼，進而增進經濟援助等戰略利益的考量。另一方面，在國際社會的關注與介入下，北韓核武問題曾兩度幾乎以和平模式解決。第一次是在2003年至2009年期間，由中國、日本、北韓、俄羅斯、南韓及美國共同參與的六方會談；第二次則是自2018年以降，南韓、中共、美國與俄羅斯分別與北韓進行一連串的雙邊峰會（包括四國政治領袖各自與金正恩會面三次、四次、兩次與一次）。然而，歷經近二十年的努力，各方始終難以達成共識，得以實現朝鮮半島無核化的目標（盧業中，2019：63-87）。

　　在上述背景下，北韓曾於2018年5月底關閉豐溪里核試驗場，並於2019年1月1日宣布不再製造、試驗與使用核武。然而，在2020年1月1日，金正恩宣布不再遵守暫停核子試爆的承諾後不久，平壤當局迅速重啟包括豐溪里核試驗場在內的核試準備工作（IAEA, 2022：7-8、12-13），此舉引發近來國際社會對於北韓很可能在短期內進行第七次核試的猜測與疑慮。

三、傳統安全：武器管制與相關國際建制

(一)武器管制的概念與途徑

武器管制並非是冷戰時期的專有名詞，早自西元前15世紀的希臘城邦時代開始，人類希望透過管制武器以維持和平的各種努力便不絕於書（Lamb, 1988）。特別是第一次世界大戰的爆發，暴露現代國際衝突的恐怖性與集體性，因此不僅美國威爾遜（Woodrow Wilson）總統希望它是一場「終結所有戰爭之戰爭」（a war to end all war），事實上，各種有關規範戰爭與管制武器的嘗試，在1920至1930年代間風起雲湧。然而，第二次世界大戰的爆發顯示出這些努力與嘗試，依然無法超越受國家利益觀念制約所造成的國際安全困境。

大體而言，降低備戰成本、減少戰爭發生時可能帶來的傷害，以及甚至避免戰爭的爆發，正是武器管制的目的所在（Larsen & Rattray, 1996）。其相關討論主要可從四種角度觀察，首先是管制的「對象」。特別是因應冷戰時期的發展，對此一般可分為核子武器（例如1968年的《核子非擴散協定》）、生化武器（例如1972年的《生物武器公約》）與傳統武器（例如1990年的《歐洲傳統武力條約》）等範疇。其次是管制的「範圍」，這可由參與談判者的多寡分為雙邊（尤其是美蘇間的談判）與多邊等兩種形式。第三為管制的「目標」，亦即質性（例如1987年美蘇《中程飛彈條約》）或者量性（例如1982年美蘇第一階段戰略武器限制談判）方面的限制，抑或是目標在於解除軍備（例如1990年代初美蘇的裁減武器談判）或建立安全區域或非核區（例如1959年的《南極條約》與1960年代拉丁美洲非核化談判）。最後是針對管制「效果」進行檢討，例如美蘇兩國在1990年有關地下核試查證系統的談判，便希望藉此使得先前在1974年與1976年兩度簽署的條約更具有效性。

正如前述，美國與蘇聯兩大強權不僅是冷戰時期軍備競賽的主角，

也是受到核武安全威脅最深的國家。因此，不管是透過「囚犯困境」下的理性心理抉擇過程，或者來自若干政治家與學者的提倡，從現實面視之，它們也絕對是全球武器管制能否成功的關鍵指標。其實早在第二次世界大戰剛結束的1945年9月，戰時國防部長史汀生（Henry Stimson）便曾草擬美國第一份核子武器管制提案，至於具體行為則是由美國駐聯合國大使巴魯克（Barnard Baruch）在1946年向原子能總署提交一份被稱為巴魯克計畫（Baruch Plan）的方案，目標是將所有核武設施及技術均予「國際化」，以防止擴散或非和平性使用。對此，不僅欲急起直追的蘇聯反對，甚至英國與法國等美國的西歐盟邦也不贊同。儘管如此，美國仍自1955年起與蘇聯開始展開雙邊武器管制談判，其中包括傳統與核子武器談判、限制武器試驗、非核區與禁止空中偵查等項目（Snow, 1982）。

(二)美俄（前蘇聯）戰略限武談判

1969年底，美蘇兩國開始展開一連串的戰略武器限制談判（Strategic Arms Limitation Talk, SALT），及簽署《戰略武器裁減條約》（*The Strategic Arms Reduction Treaty, START*），但是由於彼此互信不夠，不是失敗就是條約失效而無以為繼。

而自歐巴馬（Barack Obama）於2009年初就任美國總統以來，積極推動無核世界目標的實現。有鑑於《第一階段戰略武器裁減條約》將於2009年12月失效，歐巴馬與俄國總統麥維德夫（Dmitry Medvedev）於2009年4月的倫敦二十國集團（G20）峰會中，達成進一步削減雙方的戰略核武共識，並在2010年4月8日簽署具備法律效力的《新戰略武器裁減條約》（*New START*），以取代冷戰期間的《第一階段戰略武器裁減條約》，主要內容包括：(1)美、俄兩國各自將核彈頭數目亦裁減至1,550枚以下；(2)在載具部分，《新戰略武器裁減條約》則將各自部署運作中的洲際彈道飛彈、潛射彈道飛彈以及戰略轟炸機（被指派執行核武任務）之（三位一體）門檻上限訂為800件；(3)至於所有部署與未部署之洲際彈道飛彈發射器、潛射彈道飛彈發射器以及其他的戰略轟炸機（含整修中之戰略潛艦

與測試中的發射器在內）之數量門檻上限則訂為700件；(4)並未部署的洲際彈道飛彈與潛射彈道飛彈之數量，則無限制，但必須存放於固定地點，供對方進行實地查核，以供確認。該協定順利獲得美、俄雙方國會批准，並於2011年2月起正式生效（Arms Control Association official website）。**表8-2**顯示美、俄（前蘇聯）兩國在戰略限武協定的主要內容。

表8-2　美、俄（前蘇聯）兩國間的重要戰略限武協定

	SALT I	SALT II	START I	START II	START III	SORT	New START
目前狀態	失效	從未生效	失效	從未生效	從未談判	由新START所取代	俄羅斯於2023年2月宣布暫停參與
彈頭部署數量限制			6,000	3,000～3,500	2,000～2,500	1,700～2,200	1,550
載具部署數量限制	美：1,710蘇：2,347（含洲際彈道飛彈與潛射彈道飛彈）	美、蘇各2,250（含洲際彈道飛彈、潛射彈道飛彈、戰略轟炸機）	美、蘇各1,600				(1)美、俄各700：部署運作的洲際彈道飛彈、潛射彈道飛彈、戰略轟炸機（負責執行核子攻擊任務）(2)美、俄各800：部署與未部署之部署運作之洲際彈道飛彈發射器、潛射彈道飛彈發射器以及戰略轟炸機（包含整修中之戰略潛艦與測試中的發射器）
簽署日期	05/26/1972	06/18/1979	07/31/1991	01/03/1993		05/24/2002	04/08/2010
生效時間	08/03/1972		10/01/1992	01/26/1996		03/06/2003	2/5/2011
執行完成時間	10/03/1972		12/05/1994			06/01/2003	02/05/2018
失效時間	10/03/1977		12/05/2009			02/05/2011	02/05/2026

資料來源：Arms Control Association, "U.S. Russia Nuclear Arms Control Agreements at a Glance," https://www.armscontrol.org/factsheets/USRussiaNuclearAgreements.

值得注意的是，隨著戰略環境的變遷與新科技的研發，國家基於自身利益考量，也有可能單方面宣布退出先前簽署的限武協定，舉例而言，美國總統川普（Donald Trump）於2018年10月表示，美國計劃退出《中程飛彈條約》（*The INF Treaty*），此宣示引發國際間軒然大波。《中程飛彈條約》曾經是冷戰時期美蘇限武談判的重要一環，協商過程艱辛且冗長，雙方領導人雷根與戈巴契夫（Mikhail Gorbachev）最終在1987年12月簽署該約，並於1988年6月正式生效。《中程飛彈條約》鎖定美、俄（前蘇聯）兩國的陸基中程與中短程飛彈，也就是規範雙方必須銷毀各自所擁有射程在500至5,000公里的陸基飛彈，且不允許製造與試驗相關的武器系統，而此條約也納入實地核查的內容。根據此條約，多年以來，美、俄（前蘇聯）依據此條約共銷毀將近2,600枚已部署與尚未部署的中程（1,000至5,000公里）與中短程（500至1,000公里）飛彈，其中美方約為800枚，至於俄羅斯（前蘇聯）方面則近1,800枚（李大中，2018）。

　　不過，在川普政府通知俄方有意退出《中程飛彈條約》後，立即引發莫斯科的高分貝回擊，批評美國是尋找單方面毀約的藉口，俄羅斯只不過是代罪羔羊而已。事實上，近年來，美、俄雙方都曾多次指控對方片面違反該約，川普政府的公開說法是《中程飛彈條約》為冷戰的遺緒，且三十年來只規範美國與俄羅斯，卻忽略在飛彈科技上突發猛進的中國，並不公平，造成「鷸蚌相爭、漁翁得利」的局面，讓北京方面可不受任何限制發展中程飛彈，再加上俄國軍方早就秘密研發各式被條約禁止的系統與裝備，所以川普政府表明既然《中程飛彈條約》聊備一格，美國已沒有必要再自我束縛（李大中，2018）。

　　其實，川普的驚天之舉有其前例可循，例如《第一階段戰略武器限制談判》（SALT 1）的產物——1972年美、蘇所簽訂的《反彈道飛彈條約》（*The ABM Treaty*），其宗旨在於限制雙方的彈道飛彈防禦能力，也就是藉由削弱雙方手中的「盾」，迫使彼此不敢輕舉妄動，運用手中的「矛」發動攻擊，當年也曾被視為是維繫美、蘇和平的重要基石，但對於進入後冷戰時期的美國而言，隨著科技發展日新月異，該條約已無法有效

因應最新的國際環境，確保美國本土、海外駐軍以及盟邦的安全，再加上美國所面對的彈道飛彈威脅更趨複雜與多樣化，為建立所謂的國家飛彈防禦體系，美國不應再作繭自縛，因此歷經多年辯論，小布希（George W. Bush）政府最終在2001年12月於爭議聲中宣布退出《反彈道飛彈條約》，此決定在當時也曾引發俄羅斯方面的強烈抗議（李大中，2018）。

再以普丁（Vladimir Putin）於2023年2月21日宣布，俄國將暫停參與《新戰略武器裁減條約》為例。誠如前述，美、俄雙方於2010年4月8日簽署該約，並於2011年2月起正式生效。根據該約，美俄兩國於七年以內必須達成限武目標，並在條約失效以前——2021年2月5日——仍有義務履行相關規範。2021年2月3日，美俄雙方同意依據條約內容，將《新戰略武器裁減條約》的效期延長五年至2026年2月5日為止（U.S. Department of State official website）。在新冠肺炎疫情期間，美俄一度中止相互派員前往對方境內執行每年的例行性檢查。隨著俄烏戰爭於2022年2月底爆發，以美國為首的西方國家支持烏克蘭，俄羅斯則刻意拖延重啓實地查證的時程。2022年8月，莫斯科批評美方在未經其同意下試圖展開相關查核工作。2022年11月，俄羅斯單方面宣布推遲《新戰略武器裁減條約》雙邊協調委員會（Bilateral Consultative Commission, BCC）的運作。2023年1月，美國國務院於提交國會的報告中指出，鑑於俄羅斯單方面中止實地查核活動，以及拒絕繼續談判，故判斷莫斯科方面並無意繼續遵守條約規範（U.S. Department of State, 2023: 5-22）。2023年2月21日，普丁於年度國情咨文中宣布，俄羅斯將「暫停」參與《新戰略武器裁減條約》，宣布俄羅斯將恢復核試，並下達部署新型陸基彈道飛彈的命令，普丁進一步強調，同為北約成員的英國與法國的核武必須一併納入限武談判之中。然而，普丁在演講中並未表示俄羅斯將正式「退出」該條約（Isachenkov, 2023）。

(三)多邊架構：傳統武器、軍力部署與其他

自從第二次世界大戰結束以來，國際社會也開始針對傳統武器建立管控機制與規範，對象涵蓋大型軍事裝備、輕小型武器以及人員殺傷雷、

燃燒彈與集束彈藥等特定武器以及軍事裝備的部署與設限（通常具備信心建立性質）等，以下分別以五個代表性的例子說明。

◆「多邊出口管制協調委員會」（COCOM）與《瓦聖那協定》（WA）

1950年，十七個西方國家設立「多邊出口管制協調委員會」（Coordinating Committee for Multilateral Export Controls, COCOM），主要目的在管制對於蘇聯與東歐共產陣營輸出軍事裝備與技術，隨著冷戰與東西對抗的結束，「多邊出口管制協調委員會」於1994年3月於荷蘭瓦聖那召開會議，決定中止該委員會的運作，隨後四十國於1996年4月另外簽署《瓦聖那協定》（Wassenaar Arrangement, WA），並於該年7月正式生效，以滿足後冷戰時期新的國際環境需要。《瓦聖那協定》旨在管制傳統武器、軍民兩用技術與物品之出口與移轉至敏感（衝突）地區，以免讓情勢惡化。基本上，該協定藉由自願性的資訊交換、相互諮商，以提高透明度的方式來達成上述目的，並將管制項目區分為傳統武器以及軍民兩用物品暨技術兩種，前者包括主戰車、裝甲戰鬥車、大型火砲、軍機、無人載具、軍事直升機、飛彈與飛彈系統以及小型暨輕武器等八大類；至於後者則涵蓋基本、敏感與核心軍民兩用物品暨技術等三類（Arms Control Association official website）。

◆《特定傳統武器公約》（CCW）

為防止士兵遭受到非人道攻擊，並避免特定的傳統武器對於非戰鬥人員造成傷亡，1980年，共有五十一國商討《特定傳統武器公約》（*Convention on Certain Conventional Weapons, CCW*）的締結事宜，該公約於1983年12月正式生效。《特定傳統武器公約》針對特定傳統武器使用上的規範或禁止，共有五項議定書，並要求公約的成員國至少需要加入其中一項。目前，《特定傳統武器公約》面臨兩大瓶頸，首先，一如大部分的武器管制協定或公約，《特定傳統武器公約》是屬於各國自願參與性質，並無任何的查證措施或強制規定；其次，由於《特定傳統武器公約》的運作仰賴參與國的共識決，因為中、俄、美、英等大國間的意見不

一，至今尚未能順利將其範圍涵蓋兩項較爭議的領域，其一是可由火箭、彈道飛彈、砲彈攜帶與發射之集束彈藥（cluster munitions），其二是關於反載具地雷（anti-vehicle mines）之相關規範（UN Disarmament official website）。

◆《渥太華公約》（*The Ottawa Convention*）

1997年9月，國際社會於挪威奧斯陸透過《渥太華公約》（*The Ottawa Convention*），依照第15條規定，該公約於同年12月3日至4日於加拿大渥太華開放各國簽署，在此期間共計一百二十二國政府簽署該項公約，其後並於聯合國紐約總部供其餘國家簽署。1999年3月正式生效。《渥太華公約》全名為《1997年禁止使用、儲存、生產和移轉人員殺傷雷以及銷毀此類地雷公約》（*The 1997 Convention on the Prohibition of the Use, Stockpiling, Production and Transfer or Anti-Personnel Mines and on their Destruction*），又稱為《反人員殺傷雷公約》（*Anti-Personnel Landmines Convention*）或《反地雷公約》（*Mine Ban Treaty*）。顧名思義，《渥太華公約》除了禁止成員國使用、發展、生產、製造、儲存、獲取、持有與移轉人員殺傷雷之外，更進一步要求所有會員國在加入該公約的四年內，除了訓練用途外，必須銷毀所有庫存中的人員殺傷雷，並在公約開始生效的十年內，銷毀全部持有（包括已埋入土中）的人員殺傷雷，但於必要時或特殊狀況時，可要求延長此期限。此外，簽約國必須向聯合國申報目前擁有之人員殺傷雷的種類、數量、地點以及其銷毀計畫。自從此公約生效以來，其簽約國共已銷毀近4,100萬枚的人員殺傷雷。但正如同《集束炸彈公約》所面臨的情況，《渥太華公約》的美中不足處在於，全球主要軍事大國諸如美、中、俄等國，並未簽署該公約，而在全球衝突較常出現的中東與南亞地區，也只有少部分國家願意參與（UN Disarmament official website）。

◆聯合國傳統武器登記制度（United Nations Register of Conventional Arms, UNROCA）

1991年12月，第46屆聯合國大會以150對0票無異議通過聯合國傳統武器登記制度。該制度要求所有會員國以年度為單位，提供七大類武器裝備的進出口資訊，包括武器型式、武器數量、武器原始製造者、武器最終出口地、武器中轉國（如果有）等。而七大類的裝備則涵蓋主力戰車、攻擊直升機、裝甲戰鬥車、大型火砲、戰鬥機、軍艦、飛彈暨其載具等，而上述資訊可供所有會員國分享，並交付聯合國秘書處存放，且其內容必須納入對大會所呈交的報告中。基本上，聯合國傳統武器登記制度的成形，具有提升各國於傳統武器交易透明度之用意（UN Disarmament official website）。

(四)武器管制與大規模毀滅武器防擴散之前景

雖然大多數人都支持裁減武器或軍備管制，但是速度總是緩慢，原因在於個別國家對於自己的安全顧慮無法解除、有關軍備管制技術性的查核問題並不容易克服，以及國內仍存在障礙。

◆安全的障礙

安全顧慮可能是軍備管制的最大障礙，對於現實主義者而言，國防軍備一向是國家安全的最佳保障，為了因應未來可能的衝突，國家在武器管制問題上很容易抱持懷疑的態度。例如冷戰結束是否等於美國的國家安全威脅降低，美國內部就有不同的看法，因而對於安全的維護也有了不同的認知。

軍備管制支持者認為，武器導致不安全與緊張氣氛，並有可能引發戰爭，而懷疑者則認為，由於無政府的世界的緊張與危險，因此，所以國家才需要軍備或戰爭。國際關係的學者迄今仍然沒有辦法證實，到底是裁軍導致國際關係的改善，還是國際關係的改善導致裁軍。這種到底是雞生蛋，還是蛋生雞的無解爭論，最理想的答案應該是「軍備」、「緊張局

勢」與「戰爭」三者都是互相影響的相關變項，每一個因素都會對其他因素產生影響。因此，現實主義者永遠有它的信徒，每個國家對於自己的安全總是傾向於做最謹慎的考量，寧願相信手上的武器，而不願相信口頭紙上的善意。

武器管制在冷戰中促使和平的功能也是受到質疑。美國總統雷根就是「以實力追求和平」信徒，有的人因而認為，雷根在1983年起推動的「戰略防禦計畫」（SDI，俗稱「星戰計畫」），促使蘇聯與美國進行軍備競賽，進而拖垮蘇聯的重要因素。也有學者認為，美蘇在冷戰期間的核武對抗，迫使彼此都不敢發動會使得人類毀滅的核子武器，才是冷戰期間能夠維持和平最主要的原因。似乎很少人會認為「武器管制」為冷戰的和平做出什麼重大的貢獻。

不過，冷戰結束的確結束了不斷呈螺旋式上升的核武器競賽，使得戰術核武在兩極結構體系中的威脅減少，但是，在一些地區，還存在著嚴重的對立。印度與巴基斯坦的衝突仍然持續、兩國都有小型核子武器攻擊對方的能力。以色列與其阿拉伯鄰邦的麻煩不斷，隨時都有可能引發戰爭的可能。在東亞，北韓的核武問題困擾著東亞國家與美國，兩岸之間的雖有大量的商業往來，但是軍事的對峙從來沒有停止。

另外，如果只是為了自衛，在彼此經過政治協商取得共識與信賴後，軍事管制成功的機率還是比較高，但是對一些國家而言，軍備是除了安全以外，貫徹國家影響力其他目的的工具。例如二戰前與二戰時的日本及德國，都不是為了自己國家安全的目的而強化軍備。冷戰後的伊拉克攻打科威特，美國出兵伊拉克，都存在石油利益的考量。這些因素使得裁減軍備與軍備管制變得很困難。

◆ 技術的障礙

即使各國願意拋開安全顧慮，放棄政治野心進行武器管制，但是仍需面對一些技術性的障礙。最常見的問題是權力比的計算、攻擊性武器和防禦性武器的差別衡量、戰略性武器和戰區性武器的確定，以及武器如何

查證的問題。

查證主要是透過檢查進行，一直是個最重要的技術問題。各國能否就武器管制達成協議，關鍵在於查證的可能性的大小。查證技術包括空中監視、間諜衛星、現場檢查與監聽措施等。查證是武器管制中最困難的技術問題，只有當一國尊重另一國的領土主權時，它們才可能與對方達成武器管制查證協議。

◆ 國內的障礙

對很多國家來說，軍備是國力與主權獨立的象徵，核子武器更可以證明自己是一個有能力毀滅他國的大國。武器往往成為一個國家追求安全感或民族自尊心的工具。全球軍事預算節節高升，即為一明證。

另外，由於武器一向是牽涉到龐大利益的買賣，因此，經濟利益集團總是會透過各種管道向政府施壓，讓政府生產、出售武器或相關技術。而且，大型軍事基地也可以為附近城市帶來利益，包括為城市居民提供就業機會，軍事基地人員的消費力也可以讓當地受益匪淺。因此，國防相關企業、工人、軍隊、消費者支持軍費支出和向外出售軍火，另外，一些官僚機構，例如國防部門，會與國防工業結成聯盟，而那些受益於軍費支出地區的議員也會支持上述的利益團體與官僚機構。在利益集團、官僚機構、民意代表構成的複合體下，武器裁減與管制往往增加了困難。

不過，冷戰後一個相當顯而易見的趨勢是，各國不僅透過多邊談判來管制甚至裁減傳統軍備，同時亦更積極地在各區域構築信心建立措施（Confidence-Building Measures, CBMs）來預防衝突爆發。類似努力最早見於1975年歐洲安全暨合作會議的達成《赫爾辛基議定書》，目的在透過建立軍事演習通報系統的「透明化」作為，來減少誤判而導致衝突的機會；其後到了1990年代，具複合特徵的軌道外交（track diplomacy）更為國家間提供了密如蛛網的溝通管道，其目的或許並非直接針對武器管制而來，但由於誤解減少所增加的共識度，無疑在降低衝突可能性之餘，也為下階段的管制武器提供有利的環境背景。

四、非傳統安全與國際衝突

(一)傳統安全與非傳統安全的分野

對於國際關係領域來說，「安全」既是一項重要的核心議題，卻也是一個頗富爭議的概念。有學者在彙整相關文獻後表示，安全是無法定義的。因為安全是一種被給定的條件集合，不能提出明確的涵義。而且安全議題非常複雜，只能根據不同的領域作出不同定義（Terriff et al., 1999: 1-3）。有學者認為安全就是客觀的既得價值沒有受到威脅，在主觀上這些價值沒有受到威脅的恐懼（Wolfers, 1962: 150）。其他學者也表示，現實主義理論的假設認為，安全是國家的主要考量，武力是主要的工具，政府在互動時還要保持他們自己的團結一致，只要對於安全的威脅可以避免或至少被控制住，就可以說實現了安全。社會建構論的觀點則主張，安全來自於具有不同社會價值與身分認同的行為者互動後的結果。所以安全是相互主觀的，是由互動與談判的過程構成的。只要對於安全的認知改變，克服了對於彼此的畏懼，就可以實現安全（Schäfer, 2013: 5）。

由於冷戰於1990年代初期結束，安全研究領域出現了若干變化，對於敵人的判定並不存在共識，不論是政府官員、參與國際組織的政策制訂者、非政府組織成員和研究者都從不同層面和觀點重新界定安全的定義。此外，種族衝突、經濟移民等原本屬於國家內部事件卻有超出國界的影響，成為愈來愈重要的安全問題（Terriff et al., 1999: 3-4）。因此，隨著美蘇兩強對峙的緊張情勢告終，主要強國之間爆發大規模戰爭的可能在短期內似乎不復存在，各國官員與學者便將傳統安全研究焦點，從國家運用軍事手段確保自身生存與發展，在既有的基礎上予以深化與廣化。

這種國家安全觀的擴展主要表現在幾個層面：(1)安全意識與安全概念從政治、軍事領域逐步擴展到經濟、社會、資源、環境、科技等領域，出現不同主題的安全概念；(2)安全概念和政策的涵蓋層面轉變，以往偏

重對付主要來自外部的威脅，現在則延伸到關注國內的經濟成長、政治發展、社會生活、本國文化價值體系調整和變化過程中的一些不穩定因素，以及應付可能出現的各種形式的國內動亂；(3)安全認識與關注的對象有所擴展。傳統安全的對象只是國家，冷戰後的安全認識和關注對象不僅包括國家，還擴大到作為公民的個人和整個人類（陸忠偉主編，2003：22）。這種新發展出來的安全研究領域就被稱為「非傳統安全」。

布贊便曾表示，整個人類的安全主要受到軍事、政治、經濟、社會與環境等五種因素的影響。軍事安全是有關國家的攻擊和防禦力量，以及國家對彼此意圖的認知兩種層次之間的互動；政治安全是有關國家組織、政府體系和賦予前兩者正當性的意識形態之穩定程度；經濟安全是指獲得資源、金融與市場的能力，因為這些要素對於維持國家的實力和福利水準非常重要；社會安全是有關語言、文化、宗教、民族認同和習俗的永續發展；環境安全則是指維持區域或全球生物圈作為人類活動場域。這些因素並非孤立存在，而是分別凸顯了安全議題中的某些焦點，確定了特定政策的排序，但實際上相互影響結合在一起（Buzan, 1991: 19-20）。

相較於以往偏重軍事層面的安全研究，冷戰後逐漸成形的「非傳統安全」則關注更為廣泛的議題。然而，吾人對於傳統安全理論與非傳統安全的區別，應該要建立在對於基本安全問題的不同回答，而不是某個國際關係的時間點上。儘管「傳統」與「非傳統」等詞有強烈的時間暗示，把冷戰結束之前的安全理論視為「傳統」，把冷戰結束之後的安全理論視為「非傳統」，但是至少在理論上是不夠嚴謹的。根據學者們所提出來的安全理論架構，兩者區別的標準主要在於：國家是不是主要的安全指涉對象？是不是以軍事和政治安全為主要的安全價值（李開盛，2012：8）。

其他學者也認為，「非傳統安全」是一種「客觀見諸於主觀」的安全認識與概念，本質上指的是一種安全觀念和現實存在的問題。傳統安全觀是一種國家安全至上、政治與軍事安全為主、以武力或戰爭方式解決國家間矛盾和衝突的安全觀念。「非傳統安全」強調的是國家實體以外更為廣泛的安全，由非政治和非軍事威脅與因素引起，並且影響各國安全的跨

國問題。這也包括了一國內部問題外溢或蔓延而引發別國和所在地區的不安全，以及解決問題手段的多樣性。簡單地說，「非傳統安全」就是由非政治和非軍事因素所引發，直接影響甚至威脅本國和別國乃至地區與全球發展、穩定和安全的跨國問題，以及與此相應的一種新安全觀和新的安全研究領域（陸忠偉主編，2003：19-20）。

帕黎思（Roland Paris）更以「安全威脅的來源」和「為了誰的安全」兩種概念，將學者們對於安全研究的主題劃分為四種類別。左上角是國家安全領域，關注以軍事手段造成國家安全威脅的傳統安全研究，也是安全研究在美國最主要的類別；右上角是重新界定的安全領域，雖然關注的對象仍然是國家，但是主張要重新思考影響國家生存的威脅來源多樣化；左下角是國家內部安全領域，探究的是軍事因素對於國家內部的行為者造成的威脅傷害，特別是冷戰結束後漸受關注的內戰議題；右下角是人類安全領域，涵蓋了軍事或非軍事因素對於國家內部行為者的傷害影響，甚至是探討國內環境變化對於成員所造成的衝擊（Paris, 2001: 98-100）（表8-3）。除了左上角以外，其他三種都可以被視為是「非傳統安全」的範疇。

還有學者為了區別傳統安全理論與非傳統安全理論的差異，將相關概念分為五種不同但有所關聯的項目，這些面向包括：(1)安全的指涉對象：關鍵在於「誰」的安全問題，是國家、個人或人類共同體？(2)主導

表8-3　安全研究矩陣

		安全威脅的來源	
		軍事	軍事、非軍事或兩者都有
為了誰的安全	國家	I 國家安全 （傳統的現實主義途徑安全研究）	II 重新界定的安全 （如：環境和經濟安全）
	社會、群體和個人	III 國家內部安全 （如：內戰、族群衝突和政府謀殺）	IV 人類安全 （如：對於社會、群體和個人生存的環境和經濟威脅）

資料來源：Paris (2001: 98).

的安全價值：是保障領土完整、主權獨立這樣的軍事安全和政治安全，還是維護經濟福利、社會團結與認同之類的經濟安全與社會安全？(3)威脅的來源：是戰爭、衝突、疾病還是饑餓？(4)安全的責任主體：也就是「誰」來保障安全，是國家、個人、非政府組織還是全球性國際組織或某種超國家的安全結構？(5)實現安全的方式：是軍事機器、外交談判還是經濟發展？其中又以「安全的指涉對象」和「主導的安全價值」這兩項爲安全研究領域的基本問題。若是指涉的對象強調國家安全，主導的價值強調政治和軍事安全，即爲傳統安全理論。在這兩項主張其他立場的，則爲非傳統安全理論（李開盛、薛力，2012：95-96）。有學者也認爲，目前各國所面對的非傳統安全問題，主要包括了：(1)發生在國家之間的政治軍事層面以外的其他安全問題，例如：如經濟制裁、資源爭奪和武器非法出口等；(2)發生在國家和非國家行爲者之間的問題，例如：恐怖主義、民族分離、跨國犯罪、網路攻擊和人權爭議等；(3)發生在國家和自然界之間的問題，例如：環境退化、傳染病問題等。但是很多議題實際上會牽涉到不同領域的安全問題（李少軍，2009：182）。

(二)國際衝突中的非傳統安全議題

　　參照前述架構或分類方式，可以列舉出許多當前備受關注的新興安全研究議題。但本章關注焦點在於，這些新興議題或重新被界定爲安全威脅的因素，是否會導致國際衝突的發生。本書其他章節則會對於國際安全研究中的新興議題（恐怖主義、環境安全等）背景進行更爲完整的說明與介紹。

　　許多新興因素都會對於國家、社會和個人的生存造成影響，但這些因素往往是間接導致了國際衝突的發生。隨著科技發展，人類生活型態改變，大量使用石化燃料，排放溫室氣體進入大氣層，對於地球環境生態造成的影響也益發嚴重。這些破壞導致了氣候變遷，不但影響到了各國民眾的生活，更可能改變了水文地貌，嚴重的話，還會造成物種遷移與滅絕。

　　在非洲的沙漠地區，水資源與可耕地即爲國家與民眾賴以生存的重

要資源，當這些資源受到超國家層次的變化影響，造成國家內部或國家之間分配不均時，便有可能引發國內或國家之間為了爭奪資源的衝突。對於那些原本就因為國內治理能力不佳的**失敗國家**（failed states）來說，勢必無法採取有效的國內和國際措施來避免環境惡化，最後更可能激發或惡化原本潛藏的政治、經濟、族群、社會問題而增加了國際衝突發生的可能性（Lee, 2009）。地處南美洲北部安地斯山地區的波利維亞、哥倫比亞、厄瓜多和秘魯等國，同樣也飽受氣候變遷的負面影響對於政治體制的衝擊。此地區有近四千萬南美洲原住民，居住在缺乏基礎建設的山地或臨海地區，以農業維生，極為容易受到極端氣候帶來的大量降雨與洪水影響，造成人員與農產品的損失。此區域卻也是全球主要的大麻與古柯鹼生產地，因為有龐大非法利益，毒品的生產受到地方勢力把持，多次與政府部隊發生衝突，更成為了恐怖主義結合毒品貿易的犯罪溫床。當此地區因為經濟發展不穩而滋生社會治安動亂時，各國政府的統治正當性也經常受到挑戰（Eaton, 2011: 249-256）。

　　當民眾的原居住地因為自然環境受到破壞，如乾旱、土壤鹽化、沙漠化、森林濫墾等環境退化影響，已經無法提供人們安全之基本居住環境，同時再加上該地區人口成長壓力及貧窮問題，使得這些受害者沒有其他替代選擇，只能離開原居住地尋找安全處所定居。雖然追求生存是人類的天性，但是由於這些環境流離失所者（Environmentally Displaced Persons, EDPs）對於該國與鄰近國家之間的國際關係與現行國際法律規範造成了衝擊，國際社會是否應該提供保護？是否可以提供保護？如何在尋求國際保護的同時，又不違反國際法上之「不干涉原則」及「難民不遣返原則」（王震宇，2013）？這些都是值得吾人進一步思考的課題。

　　受到氣候變遷與溫室效應的影響，地球平均溫度有緩步上升的趨勢，使得北冰洋（Arctic Ocean）的融冰增加，更激化了包括美國、俄羅斯、加拿大、挪威、瑞典、芬蘭、丹麥、冰島等周邊國家對於此地區的航道利用與資源開發的關注。在海洋航道方面，北冰洋以往因為氣候限制，長期處於冰凍狀態，除了特定時間以外，並無法作為航道通行。在全球暖

化之後,北冰洋可供通行的時間增加,通過加拿大沿岸的「西北航道」和俄羅斯西伯利亞沿岸的「東北航道」,各國在大西洋與太平洋之間航行將可大量縮短航運時間、距離與經費。此外,自從第二次世界大戰結束以來,北冰洋也因為地緣因素與其豐沛的天然資源,成為美國與蘇聯關注的焦點之一。尤其是將核子動力潛艦部署於此,在攻擊對手距離方面就占了優勢,不但可以運用冰層掩護而避免衛星空中偵察得知動態,還會因為冰層自然斷裂所發出的噪音,影響對手聲納追蹤的判別(蔡明彥、李玫憲,2011:123-124)。然而,前述這些航道利用與資源開發所帶來的利益,其實都是奠基於對領土的控制與主張,以及由此延伸而來的領海、專屬經濟區與大陸棚的海洋資源開發權利。根據學者分析,即便連非北極區國家(non-Arctic state)的中國大陸,都對於此地區有著經濟利益的考量。中國大陸的關切點在於:(1)氣候變遷產生了極端天氣,對其糧食生產與生活環境造成影響;(2)設法確保對於新航線的設立有使用權利;(3)透過科學技術提升以強化對於此區域的能源與天然資源開發(Wright, 2013:51)。若因為氣候變遷而使得北冰洋地區融冰增加,屆時各國對於資源的運用將更為便利,但免不了又是另一波爭奪資源的政治角力。至於是否會引發國際衝突,就要看各國的智慧與決心。

在非傳統安全領域中的大規模流行疾病威脅方面,2019年年底擴散至全球的COVID-19新冠肺炎疫情,可謂影響深遠,不僅引發一場歷時數年之久的全球公衛危機,全球累計確診人數突破6億大關,死亡人數則超過600萬人,更進一步激化國家與國之間矛盾。自川普於2017年入主白宮之後,美國除對中國發動貿易戰,採取科技封鎖作為,更陸續發布一系列的官方戰略文件,明確將中國與俄羅斯並列為美國的戰略競爭對手,正式開啟美中長期戰略競爭的序幕(Lynch III, 2020: 311)。新冠肺炎疫情的爆發,則讓世界經濟陷入衰退,影響全球供應鏈(解構與重組),對於全球治理構成挑戰,不僅考驗各國政府(包括透過國際機制)在防疫政策上的合作與協調,更激化前述美中競爭的嚴峻程度,導致國際秩序陷入更高的不確定性局面(Haass, 2020)。值此期間,針對COVID-19議題,從

疫情溯源、國家責任、合理的國境管制與封控措施，乃至於世界衛生組織（WHO）所應扮演的角色以及疫苗外交（vaccine diplomacy）等議題，均成為大國角力的焦點（Bahi, 2021）。儘管新冠肺炎疫情並未直接導致國家間的武裝衝突或戰爭，但是各國基於降低安全風險的考量，採取去全球化的政策，但此舉無疑造成彼此關係更為緊張（閻學通，2020）。

問題與討論

一、國際衝突的類型有哪些？試各舉出一個例子加以說明與分析。

二、關於國際衝突的發生原因，如果從個人、國家體制與國際體系等三個層次分析，各有何解釋？

三、為什麼有些小型的國際衝突會演變為大規模的國際戰爭？

四、何謂大規模毀滅性武器（Weapon of Mass Destruction, WMD）？針對大規模毀滅性武器擴散所導致的威脅，國際社會與各國政府防範與管制的途徑有哪些？

五、試舉出一個國際間有關傳統武器的管控機制與相關規範，並說明其內容與重要性。

六、你認為美俄之間的武器管制能夠有效運作嗎？俄烏戰爭對於美俄限武條約的影響為何？

七、何謂非傳統安全？非傳統安全所指涉的範圍與內涵為何？非傳統安全為何越來越受到國際社會的重視？

八、試舉出由非傳統安全威脅演變為國際衝突的例子？

參考書目

方長平（2015）。《國際衝突的理論與實踐》。北京：社會科學文獻出版社。

王震宇（2013）。〈氣候變遷與環境難民保障機制之研究：國際法規範體系與歐美國家之實踐〉。《歐美研究》，第43卷第1期，頁149-212。

李大中（2018）。〈美國退出中程飛彈條約〉。《淡江國際評論》，第68期，http://www.ti.tku.edu.tw/epaper/epaper.block.php?BlockSn=92。

李少軍（2009）。《國際政治學概論》（第三版）。上海：上海人民出版社。

李開盛（2012）。《人、國家與安全治理：國際關係中的非傳統安全理論》。北京：中國社會科學出版社。

李開盛、薛力（2012）。〈非傳統安全理論：概念、流派與特徵〉。《國際政治研究》，第2期，頁93-107。

郭學堂（2010）。《人人為我，我為人人——集體安全體系研究》。上海：上海人民出版社。

陸忠偉主編（2003）。《非傳統安全論》。北京：時事出版社。

蔡明彥、李玫憲（2011）。〈北冰洋安全問題與區域安全治理之挑戰〉。《東吳政治學報》，第29卷第1期，頁113-177。

盧業中（2019）。〈霸權國家與核武發展：論東北亞的安全情勢〉。《遠景基金會季刊》，第20卷第3期，頁55-100。

閻學通（2020）。〈新冠肺炎疫情 去全球化提供合理性〉。《國際政治科學》，第5卷第3期，頁1-4。

Amstutz, Mark R. (1999). *International Conflict and Cooperation: An Introduction to World Politics*. Boston: McGraw-Hill College.

Arms Control Association official website. https://www.armscontrol.org/treaties.

Bahi, Riham (2021). The Geopolitics of COVID-19: US-China Rivalry and the Imminent Kindleberger Trap. *Review of Economics and Political Science, 6*(1), 76-94.

Ballis, William B. (1970). Quincy Wright: An Appreciation. *The Journal of Conflict Resolution, 14*(4), 453-455.

Binnendijk, Hans (ed.) (2002). *Transforming America's Military*. Washington, D. C.: National Defense University Press.

Buzan, Barry (1991). *People, States, and Fear: An Agenda for International Security*

Studies in the Post-cold War Era. Boulder, Colo.: L. Rienner.

Council of the European Union (2023). *Infographic-Impact of Sanctions on the Russian Economy*. https://www.consilium.europa.eu/en/infographics/impact-sanctions-russian-economy/.

Davis, Ian (ed.) (2020). *SIPRI Yearbook 2020*. Oxford: Oxford University Press.

Diesen, Glenn (2015). *EU and NATO Relations with Russia: After the Collapse of the Soviet Union*. Farnham, UK: Ashgate Publishing.

Duffield, John S. (1994). Explaining the Long Peace in Europe: The Contributions of Regional Security Regimes. *Review of International Studies, 20*(4), 369-388.

Eaton, Kent (2011). The Northern Andes: Bolivia, Colombia, Ecuador, and Peru. In Moran, Daniel (ed.). *Climate Change and National Security: A Country Level Analysis* (pp. 247-258). Washington, D. C.: Georgetown University Press.

Federation of American Scientists official website (FAS). https://fas.org/

Forsberg, Randall, William Driscoll, Gregory Webb, & Jonathan Dean (1995). *Nonproliferation Primer: Preventing the Spread of Nuclear, Chemical, and Biological Weapons*. Cambridge, MA: MIT.

Goldstein, Joshua S., & Jon C. Pevehouse (2008). *International Relations*. New York: Longman Publishers.

Herz, John (1950). Idealist Internationalism and the Security Dilemma. *World Politics, 2*(2), 157-180.

Haass, Richard (2020). The Pandemic Will Accelerate History Rather Than Reshape It. *Foreign Affairs*. https://www.foreignaffairs.com/articles/united-states/2020-04-07/pandemic-will-accelerate-history-rather-reshape-it.

International Atomic Energy Agency (2022). *Application of Safeguards in the Democratic People's Republic of Korea*. https://www.iaea.org/sites/default/files/gc/gc66-16.pdf.

Isachenkov, Vladimir (2023). Russia Suspends only Remaining Major Nuclear Treaty with US. *Associated Press*. https://apnews.com/article/russia-ukraine-putin-politics-government-united-states-23cc21a1f42798177a40d4e53204b054.

Keohane, Robert O. (1984). *After Hegemony: Cooperation and Discord in the World Political Economy*. Princeton, N. J.: Princeton University Press.

Keohane, Robert O. (1989). *International Institutions and State Power: Essays in International Relations Theory*. Boulder: Westview Press.

Khurshudyan, Isabelle (et al.) (2023). Ukraine Short of Skilled Troops and Munitions

as Losses, Pessimism Grow. *The Washington Post*. https://www.washingtonpost. com/world/2023/03/13/ukraine-casualties-pessimism-ammunition-shortage/.

Krasner, Stephen D. (1982). Structural Causes and Regime Consequences: Regimes as Intervening Variables. *International Organization, 36*(2), 185-205.

Lamb, Christopher J. (1988). *How to Think about Arms Control, Disarmament and Defense*. Englewood Cliffs, N. J.: Prentice Hall Press.

Larsen, Jeffrey A., & Gregory J. Rattray (1996). *Arms Control toward 21st Century*. New York: Lynne Rienner Publishers.

Lee, James R. (2009). *Climate Change and Armed Conflict: Hot and Cold Wars*. New York: Routledge.

Lynch III, Thomas F. (ed.) (2020). *Strategic Assessment 2020: Into a New Era of Great Power Competition*. Washington, D.C.: National Defense University Press.

Maoz Zeev, & Bruce Russet (1993). Normative and Structural Causes of Democratic Peace, 1946-1986. *American Political Science Review, 87*(3), 624-638.

Mearsheimer, John J. (2001). *The Tragedy of Great Power Politics*. New York: Norton.

Office of the United Nations High Commissioner for Human Rights (OHCHR). (2023). *Ukraine: Civilian Casualty Update 20 March 2023*. https://www.ohchr. org/en/news/2023/03/ukraine-civilian-casualty-update-20-march-2023.

Office of the United Nations High Commissioner for Refugees. *Ukraine Situation*. https://reporting.unhcr.org/ukraine-situation.

Paris, Roland (2001). Human Security: Paradigm shift or Hot Air? *International Security, 26*(2), 87-102.

Ramsbotham, Oliver, Tom Woodhouse & Hugh Miall (2011). *Contemporary Conflict Resolution: The Prevention, Management and Transformation of Deadly Conflicts*. Malden, Mass.: Polity.

Russet, Bruce & Harvey Starr (1992). *World Politics: The Menu for Choice*. New York: W. H. Freeman.

Snow, Donald M. (1982). *Nuclear Strategy in a Dynamic World*. Birmingham: The University of Alabama Press.

Schäfer, Philip Jan (2013). *Human and Water Security in Israel and Jordan*. Heidelberg: Springer Verlag.

Singer, J. David (1961). The Level-of-analysis Problem in International Relations.

World Politics, 14(1), 77-92.

Terriff, Terry, Stuart Croft, Lucy James & Patrick M. Morgan (1999). *Security Studies Today*. Cambridge: Polity Press.

U.S. Department of State. (2023). *Report to Congress onImplementation of the New START Treaty*. https://www.state.gov/wp-content/uploads/2023/01/2022-New-START-Implementation-Report.pdf.

U.S. Department of State official website. https://www.state.gov/.

UN Disarmament official website (UNODA). https://www.un.org/disarmament/factsheets/

Uppsala Conflict Data Program official website (UCDP). https://www.pcr.uu.se/research/ucdp/

Van Evera, Stephen (1999). *Causes of War: Power and Roots of Conflict*. Ithaca: Cornell University Press.

Waltz, Kenneth N. (1959). *Man, the State, and War: A Theoretical Analysis*. New York: Columbia University Press.

Wolfers, Arnold (1962). *Discord and Collaboration: Essays on International Politics*. Baltimore: The Johns Hopkins University Press.

World Bank (et al.) (2023). *Ukraine-Rapid Damage and Needs Assessment : February 2022-2023*. https://documents.worldbank.org/en/publication/documents-reports/documentdetail/099184503212328877/p1801740d1177f03c0ab180057556615497.

Wright, David Curtis (2013). China's Growing Interest in the Arctic. *Journal of Military of Strategic Studies, 15*(2), 50-70.

Wright, Quincy (1942). *A Study of War, Vol. 1*. Chicago: University of Chicago Press.

Chapter 9

民族主義與恐怖主義

方天賜（Tien-Sze Fang）

清華大學通識教育中心副教授

英國倫敦政治經濟學院國際關係博士

　　民族主義（Nationalism或譯為國族主義）與恐怖主義（terrorism）的發展都對國際政治經濟帶來深遠的影響。民族主義的內涵錯綜複雜，成因也多樣化，使得民族主義表現出不同的類型與形式。除了民族統一或者民族獨立運動外，中國領導人習近平推動「**中國夢**」（Chinese Dream）政策、川普（Donald Trump）當選美國總統、**英國脫歐**（Brexit）、俄羅斯入侵烏克蘭（Harris, 2020: 613）等發展，也都有民族主義的因素，因此值得關注。

　　另一方面，恐怖主義仍是當前國際社會常見的衝突形式之一，**911事件**（September 11 Attacks）與**伊斯蘭國**（Islamic State）都曾對全球安全帶來巨大衝擊。如何面對恐怖威脅已是國際社會及各國無法迴避的重要安全課題。

一、民族、民族主義與民族國家

(一)民族與民族主義的涵義

　　長期以來，民族主義一直是影響國際關係的重要因素。從國際政治發展史來看，民族主義對國際政治的主要行為體——**民族國家**（nation-state）展現了兩種相對的力量：一方面，它促成新興國家的產生及分裂國家的統一；另一方面，它也會導致國家的分裂或瓦解。直到今日，民族主義仍是改變世界政治版圖及國家疆域的主要力量之一。此外，民族主義強調保障民族利益的利己主義，也會影響到一個國家的對外政策與政治經濟發展。因此，在全球各個地區都可以見到民族主義的發展及其對國際政治造成的影響。

　　雖然民族主義對國際政治的影響時常可見，但民族主義卻是一個具有高度爭議的模糊概念。學者對於民族主義的意義仍有爭辯，無法找出一個公認的明確定義，最主要的原因是因為「民族」（nation）這個詞彙本身便具有高度爭議性。一般而言，「民族」是指「意識到彼此之間有共同的歷史、文化及血緣的關聯性，而覺得隸屬於同一個群體（community）

的一群人」（Kellas, 1998: 3; Hutchinson and Smith, 1994: 15-16）。簡言之，民族的構成需具備歷史、文化或血緣關聯性等客觀條件，以及心理歸屬感的主觀條件。但是，這樣的定義缺乏精確的衡量標準。舉例而言，究竟要經歷多長時間以上的共同歷史、何種程度的文化關聯性，以及多少世代的血緣才可構成一個民族，便沒有標準可循。另外，也有一些學者提出，每一個民族都應該具備一定數量以上的人口。但同樣的問題是，人們無法定出組成民族人數的最低門檻，也無法就此界定究竟存在多少個民族。

除了本身的不確定性外，民族也常與**種族**（race）或**族群**（ethnic group）等概念相混淆。所謂的種族是指具有相同血緣的一群人；族群則是指相同的種族或具有相同文化背景的一群人（Kellas, 1998: 6）。不同種族的人，可能因為共同的歷史背景及生活經驗而隸屬於同一個族群或民族。同樣地，同一個種族的人們也可能因為移民等因素而逐漸分離成不同的團體。例如，雖然許多美國人及澳洲人的祖先都是早期的英國移民，但是他們早已經有了自己的民族認同，並不認為自己是英國人。

事實上，種族、族群及民族這三個概念常常是相互聯結或依附。但種族強調的是生物學上的生理差異性，例如外表的膚色或基因的組成等。族群雖與民族的意義接近，但較強調文化層面的意義，其關注的焦點之一是**少數族群**（ethnic minority）或**原住民**（indigenous peoples）的權益。而民族則較強調政治上的意涵，如主張建立民族國家。通常一個民族國家之內可能包含幾個不同的族群，如外來移民及原住民等。不過，也有人未將民族與族群予以嚴格的區分，或者主張以族群來取代民族的概念。但就國際政治研究的角度而言，民族及民族主義的發展有其獨特歷史脈絡，即使它具有高度的爭議性，卻無法被其他的概念輕易取代。

民族主義較為一般人所接受的定義是由學者葛爾納（Ernest Gellner）所提出的，「政治單元與民族單元應該合而為一」（Gellner, 1983: 1）。**民族情感**（national sentiment）即指符合民族主義原則所得到的滿足感或牴觸該原則而引起的憤慨。由於國家（state）是國際社會最主要的行為

者，所以從該角度而言，民族主義的基本訴求，便是主張每一個民族都組成自己的國家，也就是「民族國家」（nation-state）。就民族主義的觀點而言，唯有「民族國家」才是具有正當性的政權單位，才能夠維護民族的利益及確保民族存續。

不過，民族與國家疆域合一的主張太過理想化而不一定能夠完全落實。就事實而言，世界上仍存在許多的多民族國家（multi-nation state），亦即在一個國家的疆域內，並存兩個以上的民族。該種情形在一些幅員較廣的國家，如中國、印度及俄羅斯等，尤其明顯。

(二)民族主義的主要類型

一般而言，民族主義有兩種表現形式。一種是以運動（movement）的方式出現，諸如所謂的獨立建國運動或反殖民運動等，通常是出現在國家獨立之前；另一種則是作爲一種意識形態，用來動員民衆及凝聚向心力，藉以支持政權或國家建構（nation-building）的合法性，亦常見於對外政策中。

由於民族主義缺乏公認的精確定義，它也常與其他的概念相結合，導致民族主義的相關詞彙衆多，目不暇給，亦難以一一列舉。故許多學者嘗試將民族主義予以歸類，以便於理解。例如：科恩（Hans Kohn）以歐洲的民族主義發展爲研究對象，將民族主義區分爲「西方式」及「東方式」兩大類型。西方式是指17至19世紀出現於英、法等國的民族主義，是以共同文化基礎來合理化既存的政治結構（國家）。東方式民族主義則是用來合理化新興民族國家的必要性，涉及領土疆界的重劃等，通常發生於經濟及政治較不發達的地區（Kohn, 1967）。

格林費爾德（Liah Greenfeld）則將民族主義區分爲公民民族主義與族群民族主義。公民民族主義是將民族成員資格（nationality）等同於公民資格（citizenship）。換言之，個人可以因爲同意承擔特定的權利和義務而隸屬於特定民族。反之，個人也可能因個人意志而不屬於任何一個民族。族群民族主義則是生物學上的基礎，認爲人生而隸屬於特定的民族，

因而決定了其喜好和歸屬感（Greenfeld, 1992）。

除此之外，亦可以將繁雜的民族主義依其性質予以歸納為下列幾個常見類型：

◆政治性民族主義

政治性民族主義（political nationalism）是最常見的民族主義類型，其基本主張在於強調領土、政治體制與公民政治活動等因素所形成的政治認同。這類型的民族主義如：反抗外族統治的反殖民民族主義或第三世界民族主義（Third World nationalisms）、要求人民效忠國家的愛國主義（patriotism）、強調取回故土的領土收復民族主義（irredentist nationalism）等。也有學者從政治思想的角度對民族主義分類，如自由民族主義或保守民族主義等。國家民族主義（State nationalism）則是主張國家疆域內的各種族需效忠於具有集體意識的國家之下，而形成統一的民族。前文提及的公民民族主義（civic nationalism or civil nationalism）則是強調公民主動參與，以「人民意志」（will of the people）及公民權為基礎的民族主義形式。

◆經濟性民族主義

經濟性民族主義（economic nationalism）的思想主要是承襲重商主義（Mercantilism）觀點，強調發展民族國家的經濟力量，認為國際經貿活動是「你得我失、我得你失」的零和競爭，故主張採取必要手段防範外國強勢企業入侵，以保護國內的市場及關鍵工業的發展。在新冠病毒（COVID-19）疫情及地緣政治衝突的影響下，許多國家都主張發展自己的半導體產業鏈，而出現「半導體民族主義」（semiconductor nationalism）或晶片民族主義（chip nationalism）的說法。另一方面，經濟性民族主義也常主張追求外貿順差，以累積財富而增強國力。故經濟民族主義與自由放任（laissez-faire）的經濟概念相對。除了常見的以關稅或配額等方式來限制外國貨品進口外，有時也會演變成為「抵制外貨」（swadeshi）運動或保護主義（Protectionism）。

◆宗教性民族主義

宗教性民族主義（religious nationalism）是以宗教認同或宗教運動爲基礎的民族認同。例如：愛爾蘭民族主義與天主教相關，阿拉伯民族主義與伊斯蘭教相關，猶太復國主義（Religious Zionism）則是以猶太教爲基礎。印度教民族主義（Hindu Nationalism）則主張保障所謂的「印度教徒性」（Hindutva）及印度教徒的利益。

◆文化性民族主義

文化性民族主義（cultural nationalism）強調共享文化因素所構成的民族認同，並藉此彰顯民族的特殊性或過往光榮歷史。常見的如以語言作爲劃分基礎的語言民族主義（linguistic nationalism）。

◆生物性民族主義

生物性民族主義即是以族群來定義民族，故強調血緣、宗譜、繼承共有文化及價值等的族群民族主義（ethnic nationalism）。流散民族主義（Diaspora nationalism）則是指散居於外地，一方面想與所屬民族聯繫，另一方面則無意離開寄居地的民族主義型態。

二、民族主義的發展

(一)民族主義的起源及解釋

雖然對於民族主義的起源及民族的定義仍然有爭議，但大多數的學者都同意民族主義是發軔於18世紀末的西歐，然後再擴展至世界其它地區。其中，1789年的法國大革命更被許多學者認爲是民族主義出現之始。但學者對於民族主義的產生原因有著不同的看法，他們從不同的角度切入，而發展出各自的理論。目前較被廣泛接受或探討的論點有下列幾類：

第一類是以民族主義與現代化的關係爲焦點：葛爾納是從西方社會

轉變的觀點來分析民族主義的起因。他認為，從農業社會轉型為工業社會的現代化過程當中，產生了廣大群眾共享及認同的「高級文化」（high culture）。為了確立這種高級文化的持續擴散，而促成了現代政治組織的產生，並賦予政治統治的正當性。政治組織則利用此種文化建構出所謂的民族。換言之，葛爾納認為先有了民族主義才產生民族，唯有工業化後的社會才能產生民族主義（Gellner, 1983）。

第二類學說則將民族視為「想像的共同體」：安德森（Benedict Anderson）基本上接受葛爾納的觀點，同意民族主義與現代化及工業國家之間的關聯性。但安德森更強調心理訴求的意義。他認為，民族是一種「想像的共同體」（Imagined Communities），因為共屬於同一民族的人們事實上彼此並不一定相識，但藉由「想像」的心理認知作用，而堅信彼此屬於休戚與共的同一團體。安德森並提出，人類語言固有的分歧性使得人群容易產生「我們」與「他們」的區別，有助於民族意識的產生。「印刷資本主義」（print-capitalism）產生後，因而強化本土語言及傳播民族與民族主義的理念（Anderson, 1991）。

最後一類學派則是關注族群與民族主義的連結：葛爾納和安德森的理論基本上都認為，民族是由民族主義所產生的。換言之，他們都認為民族是被建構出來的。但史密斯（Anthony Smith）提出不同的看法，認為民族是原生性（primordial）的。他主張民族是從族裔（ethnicity）轉變而來，族群主義（ethnicism）和民族主義雖然不完全相同，兩者之間卻具有持續性。兩者的差異在於民族主義比族群主義更關注自治政府的形式（Smith, 1986）。

(二)民族主義的發展階段

就歷史的發展而言，民族主義常與不同的政治主張結合，而成為主導世界政治發展的重要力量。若就國際關係史的角度來看，民族獨立運動的發展可以分為幾個階段。

◆19世紀時期

　　民族主義最早對國際政治產生深刻的影響始於19世紀的歐洲大陸。1815年的維也納會議試圖以所謂的「正統」（legitimacy）及「補償」（compensation）原則來決定拿破崙戰爭之後的歐洲版圖，民族主義的原則未獲重視及落實。但是這樣的安排並無法壓制民族主義力量的興起。19世紀中葉時，義大利與德意志便在民族主義的訴求下，相繼完成統一。同一時期，土耳其及奧國等統治眾多民族的帝國則成為民族主義者攻擊的主要目標。奧國在普奧戰爭失敗後與匈牙利合組奧匈帝國，土耳其帝國則被迫陸續承認希臘、羅馬尼亞及薩爾維亞等國的分離與獨立。

◆第一次世界大戰後

　　民族主義運動的第二次高潮出現在第一次世界大戰爆發之後。俄羅斯帝國、奧匈帝國、土耳其帝國及德意志帝國先後解體，新的民族國家，包括波蘭、捷克、立陶宛、拉脫維亞、愛沙尼亞及芬蘭等則相繼獨立。除此之外，這個時期的民族主義有兩個發展傾向。第一個方向是與反殖民統治的主張相結合，許多第三世界的殖民地的領袖都鼓吹民族的覺醒，希望藉此終結西方列強的殖民統治。但另一方面，民族主義也遭到法西斯主義與軍國主義的利用，德國的希特勒（Adolf Hitler）與義大利的莫索里尼（Benito Mussolini）等都藉著維護自身民族利益的主張而崛起，並對外展開侵略，而釀成第二次世界大戰。

◆冷戰時期

　　第二次世界大戰之後，英、法等殖民國家的國力大幅衰退，許多殖民地紛紛獲得獨立，非洲、亞洲及中東等地便出現了五十多個新興獨立的國家，民族主義的主張獲得更進一步的落實。聯合國在創始之初僅有五十四個創始會員國，但到1990年納米比亞（Namibia）加入時，則已有了一百五十九個會員國。該等新增的會員國大多數是第二次世界大戰以後的新獨立國家。但是這一時期，民族主義也受到來自社會主義的挑戰。許

多社會主義國家雖然也強調民族自治，事實上卻是反對統治下的不同民族獨立建國。

◆後冷戰時期

冷戰結束後，東歐及蘇聯等社會主義國家的解體，使得受到社會主義抑制的民族主義力量獲得舒展的空間。原蘇聯解體後，共分裂為俄羅斯、烏克蘭、白俄羅斯、亞美尼亞、喬治亞、哈薩克、土庫曼、烏茲別克、吉爾吉斯、塔吉克、愛沙尼亞、拉脫維亞、立陶宛、摩達維亞、亞塞拜然等十五個國家。南斯拉夫則分裂為塞爾維亞、蒙特內哥羅（Montenegro）、克羅埃西亞、斯洛維尼亞、馬其頓、波士尼亞與赫塞哥維納、科索沃等。斯洛伐克則從捷克獨立出來。但民族獨立運動並非僅限於前社會主義國家境內。厄利垂亞（Eritrea）於1993年脫離衣索比亞獨立、東帝汶於2002年脫離印尼獨立、南蘇丹於2011脫離蘇丹獨立等。蘇格蘭、加泰隆尼亞（Catalonia）、庫德族（Kurds）等也都嘗試以公投方式爭取獨立，但尚未成功。

三、國際政治的民族主義因素

(一)民族自決與民族統一的衝突

民族自決（national self-determination）是指各個民族有權自由決定該民族的命運。在第一次世界大戰爆發之後，美國總統威爾森（Woodrow Wilson）正式提出以此原則來解決殖民地的獨立問題。國際聯盟（League of Nations）的盟約便接納此一原則。聯合國憲章則承認人民自決（self-determination of peoples）的權利。由此可見，民族自決的概念是國際認可的規範之一。

在民族主義與民族自決的主張之下，各個民族都應該有權在國際社會組成自己的國家，藉以保障自己的民族利益與獨立自主。但實際運作

上，並非所有的民族都能如願。以庫德族為例，雖然擁有三千萬以上人口，但迄今仍散居於伊拉克、土耳其、敘利亞、伊朗等地。根據米德頓（Nick Middleton）的統計，目前全世界仍至少有五十個以上的獨立運動尋求國際的正式承認（Middleton, 2015）。對多民族國家而言，一旦境內的少數民族都依民族自決的主張而要求獨立，其結果必定造成國家的分裂，衝擊到國家主權及領土完整。因此，從多民族國家的角度來看，民族自決的主張等於是主張**分離主義**（secessionism）運動，為了避免分疆裂土的情勢，常常以強力抑制，便可能引發嚴重衝突。

相關國家對於處理分離主義運動有三種常見的模式。第一種是依民主的方式，讓主張獨立的分離地區舉行**公民投票**（plebiscite），加拿大的魁北克（Quebec）地區便在加拿大中央政府的許可之下，於1980年及1995年舉行兩次公投，但均未獲得多數通過。蘇格蘭則於2014年舉辦脫離英國的獨立公投，也沒有獲得通過。南蘇丹則是成功的例子，它在2011年舉行獨立公民投票後，順利成為獨立國家。

但並非所有的國家都願意接受此一方式。例如，聯合國曾通過決議要求讓喀什米爾（Kashmir）地區的居民投票決定其地位，但印度擔心投票結果對其不利，故表達反對。克里米亞自治共和國於2014年3月舉辦公投，決定從烏克蘭獨立，並且加入俄羅斯聯邦。但該公投結果也遭到聯合國大會否定。此外，伊拉克庫德地區在2017年9月舉行諮詢性的獨立公投，雖然獲得近93%選民支持獨立建國，但未獲伊拉克中央政府及國際的支持。周邊的土耳其等國擔心公投效應會影響到境內的庫德族人，更持強烈反對立場。加泰隆尼亞自治區在2017年10月舉辦的獨立公投，也遭西班牙中央政府認定為非法。因此雖然有高達九成的投票支持獨立，其效力並不被西班牙政府所認可。

第二種處理民族獨立意識的方式是採用**權力分享**（power-sharing）原則，讓少數民族擁有較大的自治權力。英國便是讓北愛爾蘭及蘇格蘭地區建立自治政府，以換取上述地區放棄分裂的主張而同意留在英國版圖之內。前述的印度控制喀什米爾地區、加泰隆尼亞、伊拉克庫德地區也都獲

得自治地位。中國則針對主要的少數民族成立新疆維吾爾自治區、廣西壯族自治區、寧夏回族自治區、內蒙古自治區及西藏自治區等五個民族自治區，試圖降低少數民族的分離意識。

第三種常見的方式則是以武力鎮壓尋求獨立的少數民族。印尼、俄羅斯都曾採取此方式來處理境內的少數民族獨立問題，但衍生出不同的結果。東帝汶已成功脫離印尼而獨立，車臣則仍在俄羅斯版圖之內。烏克蘭東部的分離主義勢力在2014年成立頓內茨克人民共和國（Donetsk People's Republic）與盧甘斯克人民共和國（Luhansk People's Republic）便引發烏克蘭中央政府的軍事衝突。

公投、自治、武裝衝突等三種模式有時也會交叉出現在同一個民族獨立運動中。如英國在1990年代前便以武力壓制愛爾蘭共和軍（Irish Republic Army, IRA）的獨立運動，直到各方在1998年4月10日簽署《貝爾發斯特協議》（*Belfast Agreement*），亦稱《受難日協議》（*Good Friday Agreement*），同意北愛爾蘭自治並留在英國後，才走向和平情勢。該協議之後也獲得愛爾蘭及北愛地區的民眾公投通過，是從武力鎮壓走向權力分享的成功案例。

研究認為，從國際實踐來看，殖民地、託管地等不涉及國家主權完整與否的獨立運動，受到的阻力通常較小。再者，欲分離的主權國家若有被歧視或不平等對待等客觀事實，也較容易獲取支持及理解。此外，追求獨立建國的民族應具備一定客觀條件，如適度人口、土地面積、治理能力等。它也應承諾善待其他少數族群並履行國際成員應盡的責任與義務等（洪泉湖，2017：19）。

相對於民族分離運動，近期民族統一運動的實例則較不多見。南、北葉門在1990年5月統一，但仍時有紛爭。2015年爆發的內戰迄今尚未平息。東西德統一是較為成功的一個例子。德國在二次大戰後分裂成西德（德意志聯邦共和國）及東德（德意志民主共和國），直到1990年10月3日透過東德併入西德的方式完成統一。除此之外，南北韓、賽普勒斯與「北賽普勒斯」等也常被列為「分裂國家」之屬，也可能朝向民族統一方

向發展。

(二)民族主義與外交政策

民族主義的基本訴求是建立民族國家，但並不意謂民族國家建立後，民族主義就失去其影響力。反之，許多例子證明，在面臨國內或國際情勢的惡化時，執政當局常常會鼓動民眾的民族主義情緒。一方面是凝聚民眾向心力，以強化對其政權或政策的支持；另一方面則可轉移民眾對其治理效能的批評或疑慮。就正面的角度而言，民族主義可以激起民眾的熱情成為國家建設的積極力量。但過於強調民族利益與認同的結果，很容易被誤導為極端的政治主張及情緒性的反應。這類的影響便反應在外交政策上。

懷汀（Allen Whiting）曾依民族主義與外交政策之間的關聯性將民族主義區分為三大類：**肯定型民族主義**（affirmative nationalism）、**自我型民族主義**（assertive nationalism）及**侵略型民族主義**（aggressive nationalism）三種類型（Whiting, 1995: 295-296）。就肯定型的民族主義而言，其主要目的在認可自己民族的優秀面。事實上，絕大多數國家都具有此種傾向，例如：所有的國家都會推行愛國教育，以提升民眾的民族意識。這類的民族主義較溫和，對外交政策造成的影響程度較小。

自我型的民族主義則呈現較為強硬的對外立場，除了主張自身民族的優點外，它還會以彰顯其他民族的負面形象作為對比，藉以突顯自己民族的優越程度（Whiting, 1995: 295-296）。它還可細分為兩種不同類型，其一是排外（antiforeignism）或仇外（xenophhobia），充斥厭惡或仇視外人的主張。當前的歐洲社會中，便常見因為中東難民及經濟等問題，而對外來移民產生不滿情緒，進而催生極右派（Far-right）型的民族主義政黨（nationalist party）的興起，主張對外來移民採取嚴格限制或者驅離。雖尚未演變為大規模的衝突，但已導致族群間的緊張與不安。

其次是民族優越主義（ethnocentrism）或沙文主義（chauvinism）。這類的想法是認為自己所屬的民族遠比其他民族優秀，而衍生出對外人

的歧視。19世紀時西方世界的「白種人的負擔」（White Man's Burden）論調便是此類想法。該論述其實源自於英國諾貝爾文學獎得主紀普林（Rudyard Kipling）。他在1899年首度提出，認為西方社會負有開發及教育落後地區的道德責任。但其論述後來則被用來合理化西方列強的殖民政策。沙文主義的另一種型式則是強調類似背景族群的大一統，如所謂的大斯拉夫主義（Pan-Slavism）、大日耳曼主義（Pan-Germanism）、大突厥主義（Pan-Turkism）等。俄羅斯總統普京（Vladimir Putin）在2020年2月入侵烏克蘭前宣稱烏克蘭對俄羅斯而言不僅僅是一個鄰國，而是俄羅斯歷史、文化、精神空間的一部分（Hopkins, 2022），便是此類論調。

侵略型的民族主義不僅突出其他民族的負面形象，還主張外來民族將對自己的民族造成損害，藉以合理化自己所採取的侵略政策（Whiting, 1995: 295-296）。該類型的民族主義常會演變成為黷武的**軍國主義**（militarism）或擴張的**帝國主義**（imperialism）等，對國際秩序的衝突最為明顯。許多論者也從民族主義的論點探討俄羅斯入侵烏克蘭的侵略行為（Knott, 2023; KuzioI, 2023）。

侵略型的民族主義也可能導致國際罪行。其一是**種族清洗**（ethnic cleansing），即對境內的弱勢或少數民族進行驅逐、囚禁或殺戮，其目的在迫使該民族離開特定領土，以造成所謂的種族淨化（Gurr and Harff, 1994: 190）。塞爾維亞前總統米洛塞維奇（Slobodan Milosevic）便因為對境內的阿爾巴尼亞裔等少數民族進行種族清洗，而遭到國際法庭的審判。更嚴重的則是**種族滅絕**（genocide），即對其他民族進行計畫性的屠殺，希望將其完全滅絕（Gurr and Harff, 1994: 190）。第二次大戰時，德國納粹便曾對猶太人進行計畫性屠殺。聯合國在1948年通過《防止及懲治滅絕種族罪公約》（*Convention on the Prevention and Punishment of the Crime of Genocide*）希望徹底根絕該罪行。但盧安達仍在1994年發生胡圖族（Huta）屠殺圖西族（Tutsi）的悲劇，約有八十萬至一百萬圖西族死亡。聯合國安理會成立「盧安達國際刑事法庭」以究責在此事件中涉及種族滅絕罪刑者。聯合國人權委員會的獨立真相調查小組（UN Fact-Finding

Mission）則在2018年發布的報告中，指責緬甸當局涉嫌對境內的羅興亞人（Rohingya people）進行種族滅絕（The UN Human Rights Council, 2018）。羅興亞人被緬甸當局視爲來自孟加拉的非法移民，無法取得緬甸的公民地位。2016年寺，爭取羅興亞人權利的武裝組織與緬甸當局的衝突而引發後者的大規模鎮壓及報復，導致許多羅興亞人被迫逃離家園，卻淪爲各國都不願意接納的「人球」。

(三)當前的民族主義發展及未來走向

民族主義的基本主張是民族與國家組成民族國家，藉以保障及提倡民族利益。這種主張提供了民族國家成爲國際體系成員的正當性，也使得國家主權、領土完整等原則成爲主要的國際規範，捍衛國家主權及利益等仍是最主要的國家目標。但隨著全球化現象的加強，民族主義的主張與民族國家的未來，以及這種影響會如何影響到國際關係，則是值得注意的課題。

目前關於全球化對民族主義的影響有正反兩種看法。第一類的看法是，全球化已經削弱了國家主權能力，國家不再有能力完全掌控其疆域內的事務。而全球經濟及管理機制的興起，將使得傳統民族國家逐漸走向終結，終將被新的組織形態所取代（Held et al., 1999: 3-5）。換言之，民族主義關於民族國家的基本主張將不再被接受。第二類的看法則大異其趣，認爲全球化雖然是促進世界秩序改變的力量，但民族國家的正當性並未遭到有力挑戰，民族國家的主權雖然受到侵蝕，仍是最爲人們所接受的組織型態。而且，全球化的發展事實上引發了本土的不滿及對抗意識，反而促成民族主義的興起（Halliday, 2001: 441-442）。

就現階段而言，民族運動仍是國際政治上的重要議題，攸關許多地區的戰爭、和平及發展。當前國際社會常見的現象則是民族主義領袖或政黨的崛起，以及他們所主張的民族主義政策。中國領導人習近平在2012年正式提出「中國夢」的主張，稱其爲「中華民族的偉大復興」，並大舉推動「一帶一路」的強勢外交作爲。美國總統川普則主張「美國優先」，強

調美國利益優於世界利益，並以關稅等經濟保護主義手段，強化美國自身的經貿利益。他的作爲也被卡普蘭（Robert D. Kaplan）視爲是「達爾文式民族主義」（Darwinian Nationalism）的崛起（Kaplan, 2017）。英國脫歐（Brexit）則是另一個受到民族主義影響的例子。在2016年6月23日舉行的公投中，有51.9%的英國選民支持離開歐盟，重創歐洲的跨國整合趨勢。支持者主要的考量便是認爲離開歐盟後，更有助維護英國自身的利益。但英國脫歐的決定也引發立場傾向歐盟的蘇格蘭地區不滿，醞釀要再舉行獨立公投，使英國再次面臨分裂的危機。俄羅斯先於2014年從烏克蘭手中併吞克里米亞地區，再於2022年9月宣稱納入烏克蘭東部的頓內茨克、盧甘斯克、赫爾松（Kherson）及札波羅熱（Zaporizhzhia）等四個地區，如前所述，也具有民族主義衝突的背景。

除此之外，歐洲極右政黨的崛起（Bieber, 2018），許多國家的對外政策也向民族主義傾斜，對移民採取更嚴格的立場等。全球各地仍可見民族問題或衝突，包括蘇格蘭獨立運動、巴斯克（Basque）獨立運動、加泰隆尼亞獨立運動、中東地區的以巴衝突、庫德族問題、印度和巴基斯坦之間的喀什米爾問題、中國境內的西藏與新疆問題等，都顯示出民族主義的影響並未停息。

四、恐怖主義的基本內涵

(一)恐怖主義的發展及概念

在民族主義所可能引發的眾多衝突當中，其中之一是以民族主義與恐怖主義合流，利用恐怖主義的手段來宣揚其民族主義的主張。事實上，恐怖主義存在已久，最早是被用來形容法國大革命之後法國政府所實施的恐怖統治。並不是現代才有的產物。19世紀時，恐怖主義則被用來形容反抗地主的活動。到了1940及1950年代中期，恐怖主義則與反殖民統治的抵抗相結合。但隨著時空的變化，恐怖主義的發展早已脫離原先的觀念而不

斷改變（Henderson, 2001: 9-11）。

911事件及伊斯蘭國（The Islamic State）的出現，則讓恐怖主義的議題成為國際矚目的焦點。911事件是指賓拉登（Osama bin Laden）領導的**蓋達組織**（al Qaeda，或譯基地組織）於2001年9月11日對紐約世界貿易中心及美國國防部等進行的恐怖攻擊事件，造成2,996人死亡。蓋達組織屬於國際社會中的非國家行為者，其總體力量遠不及美國這個冷戰後唯一的超級強國。但蓋達組織利用恐怖主義的手段，直接攻擊美國本土並釀成巨大傷亡，造成強大的震撼力，有效地引發美國人民心理上的不安全感。美國也因此發動代號「持久自由」（Operation Enduring Freedom）的軍事行動，打擊庇護賓拉登及蓋達組織的阿富汗塔里班（Taliban）政權。歷經近十年的追捕，美國特種部隊於2011年5月在巴基斯坦境內擊斃賓拉登。

伊斯蘭國原稱伊拉克和沙姆伊斯蘭國（Islamic State of Iraq and al-Sham，簡稱ISIS）或伊拉克和黎凡特伊斯蘭國（Islamic State of Iraq and the Levant，簡稱ISIL），正式成立於2013年，並於2014年5月改稱伊斯蘭國，主要活躍於伊拉克及敘利亞等地。伊斯蘭國的領袖巴格達迪（Abu Bakr al-Baghdadi）自封為哈里發（Khalifah，指伊斯蘭先知的繼承人或代理人），目地是要在中東地區建立一個政教合一的遜尼派「哈里發國」（caliphate），最盛時期的統治面積達78,000平方公里以上。事實上，伊斯蘭國並非傳統的恐怖組織，但它除了傳統的軍事行動外，常訴諸恐怖主義手段，包括綁架及殘害人質等並大肆宣傳，引起國際的側目。美國因而籌組「全球反制伊斯蘭國聯盟」（Global Coalition to Defeat ISIS）對其進行壓制，共有七十九個國家及國際組織參與。美國及其盟軍也於2014年開始對伊斯蘭國進行空襲，展開軍事行動。歷經多年努力，美國總統川普在2019年3年宣布已殲滅伊斯蘭國。不過，伊斯蘭國的支持者可能轉向游擊戰或者外溢至其它地區。斯里蘭卡在2019年4月爆發恐怖連環攻擊，造成兩百多人死亡，便是由伊斯蘭國所為。故其後續發展，仍然需要謹慎應對。

目前國際上對於恐怖主義的定義並沒有共識，相關文獻對恐怖主義

的定義有時還有所衝突。在1972年慕尼黑（Munich）奧運會發生以色列
運動員遭到恐怖份子殺害的事件後，聯合國大會曾設立「恐怖主義特別委
員會」（Ad Hoc Committee on Terrorism），希望研究找出防治恐怖主義
之道。但是若干西方國家和第三世界國家對於恐怖主義的定義產生分歧。
就西方國家的立場，它們認為強制外交的手段不應該被曲解為「國家恐怖
主義」（state terrorism）而遭到禁止。第三世界國家則認為不應該剝除人
民以暴力手段推翻殖民統治的正當權利，這類的暴力活動不應該被認為是
恐怖主義活動。由於該等看法上的分歧，使得國際社會對於恐怖主義的定
義還沒有共識。

　　本文則認為，恐怖主義通常是指特定的團體或組織以計畫性的暴力
活動，或威脅使用暴力的方式，加諸於無辜的群體或個人，希望引起恐
懼，以達到其政治、社會或宗教性的訴求（Whittaker, 2002: 22-25）。從
事恐怖主義的團體或個人被稱為恐怖份子（terrorist）。如果恐怖主義活
動涉及不同國家，即為**國際恐怖主義**（international terrorism）。而**反恐怖
主義**（counter-terrorism，簡稱反恐）則是指預防及遏制恐怖主義活動的相
關措施。

　　從上述的定義中，可以進一步瞭解構成恐怖主義的兩項基本性質。
首先，恐怖主義是一種計畫性的暴力。常見的恐怖主義活動包括劫機、汽
車炸彈、暗殺、扣押人質、綁架等手段。此外，恐怖主義份子在採取恐怖
主義活動時，通常會提出「利他性」（altruist）的訴求，強調他們的目標
在追求某種大眾的公益。所以許多恐怖組織都會在名稱上冠有「自由」、
「解放」、「防衛」或「革命」等字眼（Whittaker, 2003: 7-9）。

　　其次，恐怖主義的策略是在大眾中製造恐懼，藉此迫使有關當局做
出符合其要求的改變。換言之，恐怖主義採取暴力手段的目的並不僅僅
在於傷害受害者而已，他們的目的是希望這種無法預期的暴力行為會在
一般大眾的心理上造成陰影，以造成「恐怖」的不安全感。因此，恐怖
主義常會藉助媒體來宣傳其活動及主張，以擴大其效果（Whittaker, 2003:
7-8）。雖然極端的政治異議份子也會採取暗殺等舉動，但其目標是剷除

特定的政治人物，而不是要在大眾中製造恐懼感。所以，以暗殺政治領袖為唯一目標的罪犯有時候並不被認為是恐怖份子。但在實踐上，由於暗殺特定公眾人物對民眾的心理往往也具有強大的震撼效果並且更容易獲得媒體的關注，所以許多恐怖團體並不排除選擇特定公眾人物作為攻擊對象。

在**911事件**後，聯合國安理會通過的1377號決議文已將恐怖主義定位為21世紀對國際和平及安全最嚴重的威脅，視其為對所有的國家和人類的挑戰。有鑑於恐怖主義已經被國際社會認定為重大的罪行，更需要予以審慎地界定，以免被有心者加以曲解或利用。

(二)常見的恐怖主義類型

為了便於分析及研究，學者傾向將恐怖主義活動予以分類。但如同恐怖主義的定義一般，對於如何將恐怖主義分類，也還沒有發展出一套各方都能接受的標準（Flemming et al., 1988: 153-195）。常見的分類可以歸納為三大類：

第一種方式是依恐怖份子所依據或訴求的意識形態加以歸類。這種分類方式最為常見，依其分類標準，恐怖組織可以區分為民族主義型（nationalism）、左派（left wing）、右派（right wing）、宗教型（religions）、無政府主義型（anarchist）等幾類。

第二種方式是以地域的性質來分類。此種分類方式是依據恐怖主義的活動範圍或攻擊對象來加以區別。就活動範圍來區分，有全球性、區域性、本土性（indigenous）等。若以攻擊對象來看，可分為對內及對外兩大類。

第三種分類的方式是以恐怖主義的組織性質來區分。一般分為國家恐怖主義與非政府恐怖主義兩大類。國家恐怖主義是由國家所實施的恐怖主義。由於國家擁有強大的資源，這類的恐怖主義活動危險性更大。支持或以恐怖主義作為國家政策的國家則被稱為**恐怖主義國家**（terrorist state）。非國家恐怖主義則是指非國家組織所從事的恐怖主義活動，這類恐怖主義最為常見。

總部位於澳洲的經濟與和平研究所（Institute for Economic and Peace）則是以恐怖主義釀成的傷亡及財物損失程度，設計出全球恐怖主義指數（Global Terrorism Index）作為測量恐怖主義的依據。根據統計，2022年釀成最多死亡人數的恐怖團體分別為伊斯蘭國、青年黨（Al-Shabaab）、伊斯蘭國呼羅珊省（Khorasan Province）、伊斯蘭及穆斯林應援團（Jamaat Nusrat Al-Islam wal Muslimeen）、俾路支解放軍（Balochistan Liberation Army）等組織。受恐怖主義危害最嚴重的前十個國家則是阿富汗、布吉納法索、索馬利亞、馬利、伊拉克、敘利亞、巴基斯坦、伊拉克、奈及利亞、緬甸（IEP, 2023: 8, 12），主要在非洲、中東、南亞等地。

五、恐怖主義發展趨勢及國際因應作為

(一)恐怖主義的發展趨勢

恐怖主義定義及內涵隨著時代的演進而有不同的變化，當前的恐怖主義則具有下列幾個發展傾向：

在恐怖主義的意識形態方面：在冷戰結束之後，民族主義型及宗教型的恐怖組織比其他類型的恐怖組織更為活躍，造成的威脅也更大。許多尋求獨立的組織，都以恐怖主義作為手段，例如車臣及巴勒斯坦的獨立運動便都曾經訴諸恐怖主義，前述的伊斯蘭國也是如此。

另一方面，以伊斯蘭教意識形態為基礎的恐怖活動則有興起之勢。以歐洲為例，以極端宗教教義為訴求的恐怖活動逐漸取代傳統的型態。美國發動全球反恐戰爭後，激發穆斯林群體的不安；歐洲內部的穆斯林移民社群與當地民眾的社會經濟衝突、社群媒體及網路科技的發達等，都有助「聖戰」意識的傳播及增長（林泰和，2016；張中勇，2017）。由於民族及宗教問題本身就已經是非常複雜的議題，一旦與恐怖主義牽涉在一起，將使得恐怖主義的處理變得更加困難。2019年3月，紐西蘭基督城便爆發

「白人至上主義者」對清眞寺發動的恐怖攻擊事件，造成五十人以上死亡，顯然特意針對伊斯蘭教和穆斯林族群。2022年3月，巴基斯坦白夏瓦（Peshawar）清眞寺遭到自殺炸彈襲擊，造成五十人信徒死亡，則是針對什葉派信徒。

在恐怖主義的地域分布方面：隨著全球化的發展，恐怖主義活動的跨國性愈來愈明顯，影響的範圍和可能造成的災害也就愈來愈大。另外，恐怖主義團體之間的網絡（network）及聯繫似乎也更爲密切。例如，伊斯蘭國便獲得四十多個以上的恐怖組織宣示效忠或支持。所以，爲了有效防治國際恐怖主義，國際之間需要密切的合作。情報交換等國際合作便是防治國際恐怖主義不可或缺的一環。

另一方面，傳統的恐怖組織有明顯的階層特性，現在則出現高度自治性的分支團體或「孤狼型恐怖主義」（long-wolf terrorism）。這類恐怖活動通常由個人規劃及執行，不仰賴外部的指揮或資源，由於隱匿性更高，也相當難以防範。2013年4月波士頓馬拉松爆炸案、2019年3月紐西蘭基督城恐怖攻擊都屬於這類的攻擊行動。

在恐怖主義的性質方面：隨著科技的進步，恐怖份子更容易取得先進的技術及設備，並將其運用到犯罪活動上，造成的傷害也會更大。1995年時，日本的奧姆眞理教（Aum Shinri Kyo）便曾在東京地下鐵中釋放沙林（Sarin）毒氣，造成大規模的傷害。該類具有核生化大規模毀性武器能力的恐怖主義被稱爲「超級恐怖主義」（super terrorism）（Freedman, 2002）。目前國際上擔心的焦點之一便是如何防止恐怖份子取得大規模毀滅性武器或者技術，以避免造成更大的傷害。微軟創辦人比爾蓋茲（Bill Gates）則警告生物恐怖主義（Bioterrorism）將對人類帶來威脅（Browne, 2022）。另一個關注的焦點則是網路恐怖主義（Cyberterrorism）或網路戰爭（cyber war）的可能性（Henderson, 2001: 27-28）。由於網路日益普遍並與人們日常生活息息相關，一旦恐怖份子成功地以電腦病毒癱瘓電腦設備或竊取機密資料，將對社會的民生經濟造成重大的影響。網路科技也有助恐怖份子傳遞加密訊息及進行洗錢等。論者也擔心，比特幣

（Bitcoin）等區塊鏈（blockchain）技術可能成為恐怖活動的資金來源，值得相關單位注意及預防（Stroobants, 2018: 78）。

(二)國際因應恐怖活動的作為

許多國家都已經透過國內立法來防止及懲治恐怖主義活動。但是國際恐怖主義涉及人員、武器、資金跨國流動等問題，需要國際社會的合作治理才能有效地處理。根據國際上的實踐，國際社會的反恐作為可以歸納為三種主要方式。

◆國際法的約束

遏制國際恐怖主義的常見方式之一是透過國際立法的方式，明定防治恐怖主義相關活動，藉此阻絕特定組織或團體採取恐怖主義行動，也藉此約束各國政府不要支持、贊助或庇護這類活動。目前，聯合國組織及其專門組織共有十多個公約涉及防治恐怖主義，一些主要的區域組織也有區域性的反恐條約。然而，國際法在反恐的議題上，仍有兩個主要缺失需要加以解決。

首先，缺乏公認的明確定義。雖然絕大部分的國家都表示反對任何形式的恐怖主義，但對於恐怖主義的定義及恐怖活動的範圍卻一直未能達成共識。因此，以色列人眼中的恐怖份子很可能是阿拉伯世界的「自由鬥士」，反之亦如此。如果國際社會無法就恐怖主義的意義達成共識，此認知上的分歧將使得反恐條約無法確實落實及執行。

其次則是缺乏綜合性公約。對於某些的特定罪行，國際法則已發展出明確的規範。最明顯的例子是劫機行為。《1963年東京公約》（*International Civil Aviation Organization, Convention on Offences and Certain Other Acts Committed on Board Aircraft*）、《1970年海牙公約》（*Hague Convention for the Unlawful Seizure of Aircrafts*）、《1971年蒙特婁公約》（*Montreal Convention for the Suppression of Unlawful Acts Against the Safety of Civil Aviation*）都對劫機活動給予明確的規範，在相當程度上

有助於減少該類的犯罪活動。但國際恐怖主義可能涉及的事項還包括人員引渡、洗錢、大規模毀滅性武器等，相關活動也都需要加以規範。爲了有效地防治國際恐怖主義活動，國際上仍需要全面性的公約來整合及補充既有的反恐措施，以便建立更完備的反恐機制。

◆武力

對抗恐怖主義的第二種方式是以武力的手段直接打擊恐怖組織。以色列當局便經常使用武力報復恐怖攻擊行動。如前所提及，國際上以武力打擊恐怖份子的最著名例子是**911事件**之後美國進行的反恐戰爭。以軍事行動對抗恐怖主義的基本論點是，國家受到外來侵略時有自衛的權利。在**911事件**發生後，安理會的1373號決議案便重申，國家有單獨或集體自衛的權利，賦予美國出兵的正當性。印度則在2019年2月派遣空軍攻擊巴基斯坦控制的喀什米爾境內的恐怖組織，藉以報復稍早在喀什米爾地區發生恐怖攻擊事件。但利用軍事「以暴制暴」的手段處理恐怖主義仍有所爭議。因爲在採取大規模軍事行動時，常會波及無辜的大衆，這無疑降低戰爭的正當性。此外，究竟遇到何種程度或規模的恐怖主義行動才能以軍事行動反擊、報復的比例原則等，也都有爭議。

◆對話

相對於武力解決的主張，另一種解決恐怖主義的方式是主張與恐怖份子進行對話。該種主張認爲，解決恐怖主義的根本之道在於瞭解恐怖主義的肇因，並縮短彼此在認知上的差距。

在國際的實踐當中，許多對話都是由第三者所促成的。舉例而言，在以色列與巴解的衝突及英國與北愛爾蘭共和軍之間的衝突當中，美國都介入其中，促使雙方進行對話。但以對話的方式解決恐怖主義也有其缺點。首先是讓步的程度問題。有時恐怖份子的要求根本不可能接受或缺乏彈性，即使進行對話也沒有協調的空間；其次，對話容易導致向恐怖主義屈服的錯誤印象，也可能引起其他人起而效法，造成反效果。如此一來，並無法達到反恐的目標。

支持者則認為，恐怖份子之所以願意犧牲性命是因為他們覺得這是最有效或唯一有效的方式，採取武力鎮壓的報復方式只會造成惡性循環，而使恐怖主義活動變得永無止境。而且恐怖主義的活動一直推陳出新，當劫機變得困難時，恐怖份子便改放置炸彈。一旦放置炸彈的困難度升高時，他們便改以自殺炸彈的方式，或者是以婦女及小孩來進行。特別是，在自由開放的社會當中，恐怖份子很容易便可以找到機會製造事端傷害無辜的民眾，難以完全預防（Parekh, 2002: 270-283）。

　　值得注意的是，雖然美國及盟國在**911事件**後都強調它們所要打擊的是恐怖主義而非伊斯蘭教，但伊斯蘭教世界與西方社會之間的衝突意識及不信任感並未因此而消失，可能鼓舞極端份子繼續採取恐怖主義作為手段，類似的恐怖攻擊事件恐怕還會持續發生。事實上，伊斯蘭國便成功招募許多境外的支持者，包括來自歐美地區。與其事後對恐怖份子採取制裁措施，正本清源之道應該是消弭恐怖主義的滋生背景。

問題與討論

一、試說明民族與民族主義的意義。

二、簡述民族主義的分類。

三、比較及分析主要學者對於民族主義起源的解釋觀點。

四、從外交政策的角度分析民族主義與國際衝突之間的關聯性。

五、全球化對民族主義的可能衝擊為何？

六、說明及分析恐怖主義的涵義。

七、恐怖主義有哪些主要的類型？

八、何謂伊斯蘭國？其與恐怖主義有何連結？

九、當前恐怖主義的發展趨勢為何？

十、試說明及分析國際上主要的反恐作為。

參考書目

江宜樺（1998）。《自由主義、民族主義與國家認同》。台北：揚智文化。

林泰和（2016）。〈近期歐洲恐怖主義發展之研析〉。《問題與研究》，第55卷4期，頁113-127。

林泰和（2015）。《恐怖主義研究：概念與理論》。台北：五南圖書。

洪泉湖（2017）。〈當代民族分離運動的理論與實踐〉。收錄於洪泉湖主編，《當代歐洲民族運動：從蘇格蘭獨立公投到克里米亞危機》，頁9-20。台北：聯經。

張中勇（2017）。〈國際恐怖主義的組織發展與恐攻活動之趨勢〉。《戰略安全研析》，第144期，頁46-55。

張登及（2009）。〈本體安全視角下的恐怖主義：以英國倫敦七七恐怖攻擊事件微例的分析〉。《問題與研究》，第48卷第4期，頁67-94。

蔡育岱、張登及、譚偉恩（2009）。〈反恐措施與人類安全：防禦、外交、發展的整合模式〉。《全球政治評論》，第28期，頁39-62。

Anderson, Benedict (1991). *Imagined Communities: Reflections on the Origin and Spread of Nationalism. Revised ed*. London: Verso. 中文譯本：吳叡人譯（1999）。《想像的共同體：民族主義的起源與散布》。台北：時報。

Bieber, Florian (2018). Is Nationalism on the Rise? Assessing Global Trends. *Ethnopolitics, 17*(5), 519-540.

Flemming, Peter A., Michael Stohl and Alex P. Schmid (1988). The Theoretical Utility of Typologies of Terrorism: Lessons and Opportunities. In Michael Stohl (ed.), *The Politics of Terrorism* (3rd ed.). New York: Marcel Dekker, 153-195.

Freedman, Lawrence (ed.) (2002). *Superterrorism: Policy Responses*. Oxford: Blackwell Publishing.

Gellner, Ernest (1983). *Nation and Nationalism*. Oxford: Blackwell. 中文譯本：李金梅、黃俊龍譯（2001）。《國族與國族主義》。台北：聯經。

Greenfeld, Liah (1992). *Nationalism: Five Roads to Modernity*. London: Harvard University Press.

Gellner, Ernest (1997). *Nationalism*. London: Weidenfeld & Nicolson. 中文譯本：李金梅譯（2000）。《國族主義》。台北：聯經。

Gurr, Ted Robert, and Barbara Harff (1994). *Ethnic Conflict in World Politics*.

Boulder: Westview Press.中文譯本：鄭又平、王賀白、藍於琛譯（2002）。《國際政治中的族群衝突》。台北：韋伯文化。

Browne, (ed.) (2022). Bill Gates Says Next Pandemic Could Be Act of Bioterrorism, Newsweek, March 31, https://www.newsweek.com/bill-gates-next-pandemic-bioterrorism-prediction-1711760

Halliday, Fred (2001). Nationalism. In John Baylis and Steve Smith (eds.), *The Globalization of World Politics: An Introductions to International Relations* (2nd ed.) (pp. 440-455). Oxford: Oxford University Press.

Harris, Erika (2020). What is the Role of Nationalism and Ethnicity in the Russia-Ukraine Crisis? *Europe-Asia Studies, 72*(4), May, 593-613.

Held, David, Anthony McGrew, David Goldblatt and Jonathan Perraton (1999). *Global Transformations: Politics, Economics and Culture*. Cambridge: Polity. 中文譯本：沈宗瑞、高少凡、許湘濤、陳淑鈴譯（2001）。《全球化大轉變：全球化對政治、經濟與文化的衝擊》。台北：韋伯文化。

Henderson, Harry (2001). *Terrorism*. New York: Facts on File, Inc.

Hobsbawm, Eric J. (1992). *Nations and Nationalism Since 1780: Programme, Myth, Reality* (2nd ed.). Cambridge: Cambridge University Press.中文譯本：李金梅譯（1997）。《民族與民族主義》。台北：麥田。

Hopkins, Valerie (2022). Highlights from Putin's address on breakaway regions in Ukraine. *The New York Times*. February 21, https://www.nytimes.com/2022/02/21/world/europe/putin-speech-transcript.html

Hutchinson, John and Anthony D. Smith (eds.) (1994). *Nationalism*. Oxford and New York: Oxford University Press.

The Institute for Economics & Peace (IEP) (2018). *Global Terrorism Index 2018*. Sydney: the Institute for Economics & Peace.

Kaplan, Robert D. (2017). The Rise of Darwinian Nationalism. *The National Interest, September/ October*, 25-32.

Kellas, James G. (1998). *The Politics of Nationalism and Ethnicity* (2nd ed.). London and Basingstoke, MacMillan Press Ltd.

Knott, Eleanor (2023). Existential nationalism: Russia's war against Ukraine.*Nations and Nationalism, 29*(1),45-52.

Kohn, Hans (1967). *The Idea of Nationalism*. New York: Collier Books.

KuzioI, Taras (2023). *Imperial nationalism as the driver behind Russia's invasion of Ukraine Nations and Nationalism, 29*(1), 30-38.

Middleton, Nick (2015). *An Atlas of Countries That Don′t Exist: A Compendium of Fifty Unrecognized and Largely Unnoticed States*. London, Macmillan.中文譯本：鄭煥聲譯（2016）。《地圖上不存在的國家》。台北：行人文化實驗室。

Parekh, Bhikhu (2002). Terrorism or Intercultural Dialogue. In Ken Booth and Tim Dunne (eds.), *Worlds in Collision: Terror and the Future of Global Order* (pp. 270-283). Basingstoke: Palgrave.

Stroobants, Serge (2018). Cyberterrorism is the New Frontier. In the Institute for Institute for Economics & Peace (IEP) (2023). *Global Terrorism Index 2023*. Sydney: the Institute for Economics & Peace, https://www.economicsandpeace. org/wp-content/uploads/2023/03/GTI-2023-web-270323.pdf

Smith, Anthony D. (1986). *The Ethnic Origins of Nations*. Oxford: Basil Blackwell.

The UN Human Rights Council (2018). *Report of the Independent International Fact-finding Mission on Myanmar*. Geneva: the Office of the United Nations High Commissioner for Human Rights.

Whiting, Allen S. (1995). Chinese Nationalism and Foreign Policy After Deng. *China Quarterly, 142*, 295-316.

Whittaker, David J. (2002). *Terrorism: Understanding the Global Threat*. London : Longman.

Whittaker, David J. (ed.) (2003). *The Terrorism Reader*. London and New York: Routledge.

Chapter 10

國際組織與國際公法

周志杰（Chih-Chieh Chou）

成功大學政治學系暨政治經濟學碩博士班教授

美國紐約州立大學水牛城分校政治學博士

　　觀察一個社會是否成熟、國家能否有效運作的一項重要指標，就是其法律系統是否完備、政府與非政府組織能否發揮其應有的功能。國際關係亦復如此，國際公法與國際組織在國際關係中具有支撐國際體系的關鍵性功能，乃是國際社會及其成員之行為得以有所依循的必要規範。自二次世界大戰結束至今，國際組織在規模、數量和功能上的大幅增加與強化，以及國際公法在議題上的廣化與規範性的深化，對國際關係產生重大影響。在當前國際事務更趨向多元與複雜的全球化和逆全球化交相影響的時代中，前述發展趨勢更為顯著。

　　縱使主權國家被認為是國際關係與國際公法中的核心行為主體，國家一直以來皆是國際關係所研究的重心所在。然而，隨著全球治理與跨國性議題的重要性提升，長久以來經由政府間國際組織、國際非政府組織所推動而形成一系列國際規約，並設立監督機構的國際法體系，逐漸在國際政治中占有重要之地位與影響力。國際組織已然成為多邊規範法制化與實踐的主要載體和媒介；國際公法則是國際組織得以穩定運作與發揮功能的基礎工具。不過，隨著近年來美中兩國戰略博弈的激烈化以及俄烏戰爭爆發對全球政經秩序的衝擊，催化國際政經結構變遷和重組的可能進程。因此，國際組織再度成為強權國家權力競逐的展演舞台；國際公法則不時被視為敵對國家之間制約對方的工具。是故，國際組織與國際公法以及兩者的互動關係，無論是在合作抑或對抗為主流的時代，向來是國際關係學所重視的議題。

一、國際組織的概述

　　國際組織（International Organizations, IO）的基本定義是：「旨在促進其成員在相關領域之合作及共識、或特定價值與目標的提倡與實踐，並且具有建制化機構或者相互聯繫渠道的一個超越國家疆界的正式組織。」國際組織依其性質、功能、組成成員、結構與國際法上地位的不同，可區分為兩種類型：政府間國際組織（Intergovernmental Organizations,

IGO）與國際非政府組織（International Nongovernmental Organizations, INGO）。兩者的共同特徵包括： (1)為一個持續發揮功能的常設組織；(2)成員的加入應出於自身的意願；(3)以書面載明組織的宗旨、架構與運作方式；(4)設置至少得以徵詢成員意見或彙集成員意向的議事場域或機制；(5)設置綜理行政庶務、管理與訊息傳遞的常設秘書單位。

(一)政府間國際組織的內涵

◆定義

政府間國際組織原則上是以主權國家或其他在國際公法上具有法人地位的實體為主所組成，根據會員國所同意的多邊條約所建立，並且具備有別於其會員國的獨立國際法人地位。循此，政府間國際組織意指「由兩個以上國家藉由通過符合國際法的多邊協議所組成的具有常設機制，並以成員國間合作來謀求共同利益為宗旨之組織或聯盟」（Union of International Associations, 1991）。

◆特性

政府間國際組織是國際法的主體，且具有部分國際法人格。其意義並非指稱國際組織之法律人格、權利與義務等同於主權國家，更不意味著政府間國際組織是一「超國家」，而是表明這樣的組織有能力在國際社會中善盡義務與享有權利，但其權義關係僅限於國際層次。而且，政府間國際組織的法律人格來自於成員國的授予，一旦喪失此一基礎，任何政府間國際組織在國際法上的權義與行為能力，即不復存在。

◆類型

政府間國際組織的類型可依兩種主要標準來區分：

1.依設立目的與功能的廣度而定：可分為具有廣泛功能與宗旨的「多功能組織」，如聯合國（United Nations, UN）、美洲國家組

織（Organization of American States, OAS）、歐洲聯盟（European Union, EU）；以及聚焦於特定目的與功能的「單一功能組織」，如世界貿易組織（World Trade Organization, WTO）、石油輸出國家組織（Organization of the Petroleum Exporting Countries, OPEC）、國際民航組織（International Civil Aviation Organization, ICAO）。

2.依成員國分布區域的限制而定：可分為「區域性組織」，如非洲聯盟（African Union, AU）、東南亞國協（Association of Southeast Asian Nations, ASEAN，大陸稱之為東盟）、南方共同市場（South Common Market, Mercosur）；以及「全球性組織」，如世界銀行（World Bank, WB）、世界衛生組織（World Health Organization, WHO）、萬國郵政聯盟（Universal Postal Union, UPU）。

　　不過，上述兩種類型的劃分與歸屬並不互斥，例如世界衛生組織是專注致力於促進全人類健康福祉與疾病防治的全球性組織；美洲國家組織則是處理與協商泛美洲跨國性議題與促進區域安全及民主人權的區域性組織，在地理上不屬於美洲的國家恐怕無申請成為會員的資格。持平而論，通常區域性國際組織較全球性組織更加理解與貼近該區域內國家共通的地緣政經與文化背景，故較易於形成區域性的多邊規範，並為區域內國家所接受與遵循，如歐洲人權建制。

　　以聯合國為例，政府間國際組織的組成結構通常包括：(1)代表成員意見的立法決策機構，如大會（General Assembly）、安全理事會（Security Council）；(2)執行決議的行政機構，如安全理事會、經濟暨社會理事會（Economic and Social Council）及其下屬之各種委員會（commission）及專門機構（specialized agency）、大會下屬之各種委員會（committee）、工作小組（working group）及計畫（programme）與基金（fund）；(3)解決爭端的機制或準司法機構，如國際法院（International Court of Justice）；(4)負責行政庶務與協調聯繫的幕僚單位，如秘書處（Secretariat）（參考**圖10-1**）。

		聯合國體系之組織架構				

國際法院	安全理事會	大會	經濟暨社會理事會	託管理事會	秘書處

解決爭端之主要司法裁判機構,亦提供相關法律諮詢意見;由十五名法官組成,經大會及安理會提名而任命,任期九年。

維護國際和平與安全之決策機構,由五個常任理事國與十個非常任理事國組成;其決議對會員國具有拘束力。

附屬機構:
反恐委員會、軍事參謀團、維和行動暨政治特派團、制裁委員會、前南斯拉夫國際刑事法庭、盧旺達國際刑事法庭,其他常設委員會與特設機構。

主要議事機構,由全體會員國組成,各國均有同等投票權。每年10月至12月舉行常會。大會通過之決議對會員國無拘束力。

附屬機構:
主要及各會期委員會、人權理事會、裁軍委員會、國際法委員會、其他常設委員會與特設機構。

計劃與基金:
聯合國貿易暨發展會議(下設國際貿易中心)、聯合國開發計畫署(下設聯合國資本發展基金、聯合國志工組織)、聯合國環境計劃署、聯合國住居安置計劃署、聯合國難民高級專員公署、聯合國兒童基金會、世界糧食計劃署、聯合國促進性別平等暨強化女權署、聯合國毒品與犯罪問題處、聯合國中東巴勒斯坦難民救濟暨工程處、聯合國國際減災戰略處、聯合國計劃庶務處。

研究與訓練:
裁軍研究所、跨區域犯罪暨司法研究所、社會發展研究所、訓練暨研究中心、聯合國體系文官學院、聯合國大學。

擬定與執行經濟、社會、文化、教育、衛生與環境等領域工作,以及聯合國各主要機構與專門機構之協調;由大會選出的五十四個理事國組成,任期三年。其職權包括:
· 草擬各工作領域相關研究報告。
· 履行計畫。
· 草擬多邊規約與籌辦國際會議。
· 與專門機構與相關組織協調合作。
· 諮詢非政府組織。

區域經濟委員會:
非洲、拉丁美洲與加勒比海、亞洲與大洋洲、西亞、歐洲等委員會。

功能委員會:
社會發展委員會、永續發展委員會、人權委員會、婦女地位委員會、犯罪預防與刑事司法委員會、科技發展委員會、統計委員會、森林論壇。

其他特設機構:
包括非政府組織委員會、地名專家小組、原住民論壇、發展政策委員會等等。

專門機構:
為獨立之功能性IGO,藉由經濟社會理事的協作機制與之維持夥伴與合作關係:
· 聯合國教科文組織(UNESCO)
· 國際勞工組織(ILO)
· 世界衛生組織(WHO)
· 聯合國糧農組織(FAO)
· 國際民航組織(ICAO)
· 國際海事組織(IMO)
· 世界氣象組織(WMO)
· 世界智慧財產權組織(WIPO)
· 聯合國工業發展組織(UNIDO)
· 國際電信聯盟(ITU)
· 萬國郵政聯盟(UPU)
· 世界銀行(WB)
· 國際貨幣基金(IMF)
· 國際農業發展基金(IFAD)
· 世界旅遊組織(WTO)

相關組織(受大會節制):
· 國際原子能總署(IAEA)
· 世界貿易組織(WTO)
· 禁止化學武器組織(OPCW)
· 禁止核試組織籌委會(CTBTO)

監督受託管地之治理;自1994年10月1日帛琉獨立後,自當年11月1日起已暫停運作。

行政幕僚機構,置秘書長一名,由大會根據安理會之推薦任命,任期五年。秘書處職權包括:
· 敦促會員國遵守憲章。
· 增進人類發展與人權保障。
· 提供相關活動與決策之資訊。
· 追蹤政策與計畫履行。
· 籌劃會議、處理庶務。

各部門與廳署:
秘書長辦公廳、政治事務部、經社事務部、外勤支援部、管理部、新聞部、維和行動部、保安部、人道事務協調署、人權事務高級專員公署、內部監督署、法律事務署、裁軍事務署、非洲特別顧問處、兒童與武裝衝突特別代表處、低度開發國家、開發中內陸國及小島國高級代表署、聯合國奈羅比辦事處、聯合國維也納辦事處。

圖10-1　聯合國體系之組織架構與主要功能

資料來源:作者參考聯合國網頁(http://www.un.org/en/pdfs/un_system_chart.pdf)增補編製。

　　政府間國際組織的主要功能是提供主權國家得以合作與解決爭端的渠道和機制，以及提供各國多元的訊息交換與技術交流的管道，以因應成員國所共同關心的議題。多邊組織亦藉由規範的法制化與強制力來約束其成員國的行為。具體功能以**表10-1**作扼要的分類。

表10-1　政府間國際組織的角色與功能

層次	功能	實例
IGO對國際體系	協助國際政治行為者（國際組織與主權國家等）養成以多邊協商合作及和平途徑處理涉外事務與跨國性議題的習慣	聯合國大會的年會及聯合國體系各附屬機構就各項議題與紛爭所舉行的各種多邊會議
	履行該組織所揭櫫的功能	世界衛生組織的愛滋病防治計畫；聯合國難民高級專員公署（Office of the High Commissioner for Refugees）設立與維持難民營的運作
	作為多邊協商與折衝的場域	歐盟理事會（Council of European Union）與部長理事會（Council of Ministers）是成員國各主要部會首長商議與決策的場合
	協助國際爭端的和平解決	國際法院與世貿組織的爭端解決程序
	作為以多邊形式處理特定跨國性議題之國際建制的核心組成單元	聯合國主導建構的國際人權建制（International Human Rights Regime）與國際環境建制（International Environmental Regime）
	制定與實踐國際公法的場合	聯合國國際法委員會（UN International Commission）的提案與報告、歐洲法院（European Court of Justice, ECJ）的判決與諮詢意見
	蒐集與彙整多邊資訊與技術	世界銀行蒐集與出版各國經濟表現的相關統計資料
	制約與監管成員國的相關作為	國際原子能總署（International Atomic Energy Agency, IAEA）監控各國核燃料與廢料的利用、運送與儲存
IGO對主權國家	遂行外交政策的媒介與管道	北歐國家透過聯合國體系來執行其援外政策
	賦予外交作為多邊合法性與授權的工具與機制	美國與北大西洋公約組織（North Atlantic Treaty Organization, NATO）分別獲聯合國安理會授權出兵阿富汗與利比亞
	制約與懲罰國家的作為或不作為	聯合國對南非實行種族隔離政策所為的經濟制裁；聯合國對利比亞與伊拉克所設置的禁航區
	提供與取得多元資訊、技術及其他援助的管道	小國藉由多邊組織的參與來強化其無資源維繫眾多的雙邊實質邦誼，如非洲聯盟；或以集體議價的力量取得財政與技術援助，如小島國聯盟（Alliance of Small Island States, AOSIS）

資料來源：作者參考Karen Mingst (2004). *Essentials of International Relations* (3rd ed.). NY: W. W. Norton, p.164增補編製。

(二)主權國家參與政府間國際組織的目的

國家建立或加入政府間國際組織的目的,主要可從三種角度與途徑加以歸納:

◆尋求安全合作

為避免各國為強化國防以保障國家安全而陷入軍備競賽,相關國家組成具有政治與軍事性質的多邊組織,以成員國的**集體安全**(collectives security)的力量來遏止任何可能的軍事衝突與侵略。當該組織之任何成員遭受他國的軍事攻擊,即視為對該組織所有成員的攻擊,其他成員有義務協助受攻擊之成員國抵禦侵略。侵略者將受到該組織的軍事或政治制裁。1919年成立的**國際聯盟**(League of Nations)是此一動機的初次實踐,但效果不彰(Kegley & Blanton, 2011: 40)。1949年成立迄今的**北大西洋公約組織**(North Atlantic Treaty Organization, NATO)則是相對成功的案例,但該組織在冷戰結束後的近二十年來積極東擴至俄羅斯邊界,被俄國視為地緣安全威脅而間接導致其入侵烏克蘭。此外,根據聯合國憲章之規定,聯合國安全理事會的職權亦具有此一功能,但常遭受強權國家間的權力博弈和利益算計等政治因素的干擾與影響。

◆尋求利益合作

功能主義(functionalism)認為不同的政府間國際組織可以滿足其會員國在不同領域與議題上的共同需求。國際戰爭發生的原因並非主權的過度行使,而是經濟的剝削與資源分配的失衡。「問題並非如何在林立的國家間維持和平,而是應積極的將個別國家(利益)結合在一起」(Mitrany, 1946: 7)。所以重點在於「結合(國家)既有共同的利益,找尋潛在的共同利益,進而擴展彼此的共同利益」(Mitrany, 1946: 40)。是故,功能主義者重視國際組織的專門性與功能性,藉由各成員國專家的商議與技術性的國際立法,各成員國更有利於養成多邊合作與協商的決策思維。

聯合國的專門機構或石油輸出國家組織等組織的運作，確實已產生前述效果。尤有甚者，在此基礎上，會員國將樂意在更多的面向與議題上進行多邊合作。當各國在越來越多的議題與事務上透過功能性組織來協調與管理，合作自然能從低政治性的議題外溢到國家安全與國防等高政治性議題。此即功能主義最具操作性與解釋力的外溢效應（spillover effect）。歐洲聯盟的統合進程是實踐功能主義觀點的最佳案例，被尊為「歐洲統合之父」的莫內（Jean Monnet）即認為，國族主義的力量會逐漸地為經濟整合的理念所超越（Smith, 2011）。我國外交處境特殊，由於1949年在中國大陸建政的中共政權在國際上宣稱已取代仍在台、澎、金、馬續存的中華民國政府，長期以來阻礙或排斥我國參與具有政治性和主權意涵的政府間國際組織，故我國目前具有各類會籍或身分的政府間國際組織均為功能性的組織（參見**表10-2**）。

◆尋求永久和平

聯邦主義（federalism）認為在若干國家已擁有核子武器的國際社會中，僅是以權力平衡（balance of power）作為外交決策思維是十分危險的。主權國家讓渡部分主權到一個由各國所建構的超國家機構（supranational institution），方是拆除戰爭引信，追求永久和平的唯一途徑。循此，國際政治的核心不應是主權國家，而應是超國家組織。聯邦主義的理念在西方始於近代的盧梭（Jean-Jacques Rousseau）。

盧梭主張建立一個聯合的歐洲（United Europe）方能避免戰爭。他認為戰爭是國與國之間受制於主權關係下的產物，若主權國家放棄主權並致力建構一個超國家的聯邦集合體，則和平可獲實現。他在〈永久和平的規劃〉（Project towards a perpetual peace）一文中強調：「此一聯邦政府的建立，應自各國相似的面向開始整合，並至少使之具有法律的權威」（Rousseau, 1760: 564）。聯邦主義延續理想主義（idealism）的理念，然而在當前的國際環境下，區域性組織實現的可能性遠大於全球性組織。成立一個全球性的世界政府（World Government）目前看起來還沒有任何可能，不過作為已經具有超國家組織內涵的歐洲聯盟已經跨越出了一步。

表10-2 我國參與之功能性政府間國際組織（部分列舉）

組織名稱	我國參與之名稱	我國於該組織之身分及屬性	我國於該組織之地位	是否為締約方	開始參與 中華民國	開始參與 中國大陸	與其他主權國家會員體之地位比較
世界貿易組織（WTO）	中華台北（Chinese Taipei）	個別關稅領域（Separated Custom Territory）	會員體	是	2002	2002	等同（但不代表主權國家）
世界動物衛生組織（OIE）	*中華民國（Republic of China）（1954-2003）*中華台北（2003迄今）	*主權國家（1954-2003）*個別衛生領域（Separated Custom Territory）（2003-2007）*非主權區域（Non-sovereign Region）	會員體	是	1954	1992	等同（但不代表主權國家）
亞洲開發銀行（ADB）	*中華民國（1966-1986）*中華（的）台北（Taipei, China）（1986-1998）*中華（的）台北（Taipei, China）（1998迄今）	*主權國家（1966-1986）*政府機構（1986迄今）	會員體	是	1966	1986	等同
亞太經濟合作會議（APEC）	中華台北	經濟體（Economy）	會員體	是	1991	1986	等同（但不代表主權國家）
國際度量衡大會（CGPM）	中華台北	非主權區域	副會員體	是	2002	1991	不同
歐洲復興開發銀行（EBRD）	中華台北	政府機構	特別觀察員（Special Observer）	否	1991	2016	不同
經濟合作暨發展組織（OECD）	中華台北	（競爭委員會）	觀察員	否	2002		不同
		（鋼鐵委員會）（漁業委員會）	參與方（Participant）	否	2005		
			參與方	否	2006		

（續）表10-2　我國參與之功能性政府間國際組織（部分列舉）

組織名稱	我國參與之名稱	我國於該組織之身分及屬性	我國於該組織之地位	是否為締約方	開始參與		與其他主權國家會員體之地位比較
					中華民國	中國大陸	
美洲開發銀行（IDB）	中華台北	政府機構	觀察員	否	1991		不同
世界衛生組織（大會）（WHO）	*中華民國（1948-1971）*中華台北（2009-2016）	*主權國家（1948-1971）*中國省份（Province of China）	觀察員	否	1948-1971 2009-2016	1972	相同（1948-1971）不同（2009-2016）
國際民航組織（ICAO）	*中華民國（1947-1950, 1953-1971）*中華台北（2013-2015）	*主權國家（1948-1971）*政府機構（2013-2015）	特邀貴賓（Special Guest）	否	1947-1950 1953-1971 2013-2015	1974	相同（1948-1950, 1953-1971）不同（2013-2015）
條約監督機構／委員會（Treaty Body/Commission）							
美洲熱帶鮪魚委員會（IATTC）	中華台北	捕魚實體（Fishing Entity）（2010迄今）	參與方（1998-2010）會員體（2010迄今）	是	1998	1998	不同（1998-2010）相同（2010迄今）
南方黑鮪保育委員會延伸委員會（CCSBT）	中華台北	捕魚實體	會員體	是	2001		相同
國際大西洋鮪類保育委員會（ICCAT）	中華台北	*政府機構（1972-1999）*合作非締約方／實體／捕魚實體（Cooperating Non-contracting Party/Entity/Fishing Entity）（1999迄今）	*觀察員（1972-1999）*合作方（具部分提案權）（1999迄今）	否	1972		不同

資料來源：作者自製。

(三)國際非政府組織的內涵

◆定義

國際非政府組織是由非官方之個人或團體，爲共同關切、宣揚、推動或實踐特定信念或課題，所組成的獨立於政府之外的跨國性組織。

◆特點

1. 非國際法人：國際非政府組織是國際政治上的行爲主體，但不是國際公法上的行爲主體，故不具有國際法人的地位，無法簽署或加入國際條約。因爲國際非政府組織在國際法上不具有法律人格與行爲能力，亦即無履行國際義務與享有權利的能力、無參與國際關係與主權國家締結條約的能力。

2. 獨立性：國際非政府組織不隸屬於任何政府或政府間國際組織，更非公權力機關的一部分；其獨立於政府之外的主要基礎在於財務獨立，並非以政府的資金或預算維持運作。其資金來源主要透過募款以及私部門或個人的捐輸。

3. 非營利性：國際非政府組織原則上爲非營利性質的組織，故亦稱爲國際非營利組織（International Non-Profit Organization, INPO），藉此與具商業和營利性質的跨國企業（transnational corporations）與「私營部門」（the private sector）做區分。故國際非政府組織通常是指稱推動經濟性、社會性、文化性，或環境、人權等軟性議題的非營利團體。

4. 自願性：國際非政府組織多以宣揚或實踐特定信念與價值爲宗旨成立，成員加入與否在於是否認同其宗旨，故成員參與及招募屬自願性質。

◆類型

國際非政府組織主要可分爲兩種類型：操作型（Operational NGOs,

ONGOs）與倡議型（Advocate NGOs, ANGOs）組織。

操作型組織著重擬定與執行人道援助或人類發展相關的計畫，或是在跨國性的經社議題上扮演重要的功能性角色，其中又可大致分爲：在組成性質上是屬宗教團體或一般民間團體或專業機構；在執行上是屬救援性質或提供發展技術與諮詢；在合作上是與政府間國際組織或政府形成夥伴關係，還是以與在地非政府組織合作爲主。例如環球銀行金融電信協會（Society for Worldwide Interbank Financial Telecommunication, SWIFT）便是集合各國商業銀行爲會員的金融電信網絡，最主要的功能在處理各國銀行間的國際支付和清算，對各國間的貿易和金融交易深具影響力。然而美國爲制裁俄羅斯對烏克蘭的入侵，促使SWIFT暫停俄羅斯若干銀行在該協會的會籍，並停止對其提供服務。SWIFT因而遭受捲入強權競逐和甘爲政治制裁工具的批評。

倡議型組織的主要目標是傳達或捍衛其成員所共同信仰的價值與理念，或對特定議題的看法。手段則透過政治遊說、示威抗議、媒體宣傳、草根活動、網路串聯，甚至恐怖活動來達成其目的。循此，從羅馬天主教會（Roman Catholic Church）到跨國恐怖組織，如伊斯蘭國（Islamic State），皆屬廣義的國際非政府組織。此外，部分的非政府組織是由政府協助或出資所成立的，主要宗旨在於支持與宣傳執政當局的政策，或執行政府委託或授權之事項。此類組織稱爲政府主導型非政府組織（Government-Organized NGOs, GONGOs），較無國際化的能力與傾向。

國際非政府組織並非國際政治舞台上的新成員。但自冷戰結束後，國際非政府組織已成爲參與國際政治和全球治理的新興力量。事實上，早在19世紀初期的歐洲，國際非政府組織即是倡導和平解決國際爭端的主要鼓吹者。國際紅十字會（International Committee of the Red Cross, ICRC）爲人道對待戰俘與傷患，以及爲勞工爭取較佳工作環境的努力，具體納入以《日內瓦公約》（*Geneva Conventions*）爲主體的國際人道法（International Humanitarian Law）當中。自1970年代起，國際非政府組織的數量隨著政府間國際組織數目的增加以及南北差距（North-

South Gap）的問題漸獲重視，而大幅增長。隨著永續發展（Sustainable Development）和非傳統安全（Nontraditional Security）概念及議題的興起，加上近來國際及各國產、官、學、民間社會注重「環境、社會、治理」（Environment, Society, Governance, ESG）蔚爲風潮，國際非政府組織更展現其有效動員群衆、引導輿論與影響國際關係的能力。

◆ **功能**

當前國際非政府組織的功能與影響主要呈現在下述幾個方面：

1.國際立法與多邊議題的倡議與諮詢

國際非政府組織雖不具有國際法人地位，但能夠倡議及推動特定跨國性議題的國際立法，而由政府間國際組織及主權國家加以法制化成爲國際規約。《聯合國憲章》第71條強調，國際非政府組織經由經濟暨社會理事會的推薦，得具有正式的諮商地位。此外，國際非政府組織具有形成跨國性倡議的作用，結合在地的非政府組織與媒體，藉由其成員的動員、號召與跨國性的串聯，舉辦具有草根性的活動與論壇，形成所謂的全球公民社會（global civil society）來推動或宣揚特定的信念或跨國性事務。甚至對特定國家或政府間國際組織施壓，促其採行或改變特定政策或活動。例如國際人權團體即藉助此一跨國倡議網絡（transnational advocacy networks），促進國際人權規約的擴散，並促使若干國家改變其人權政策（Risse, Ropp & Sikkink, 1999）。

2.針對政府間國際組織與主權國家行爲的監督及敦促

國際非政府組織亦可藉由其諮詢地位，間接監督政府間國際組織所宣示的功能或目標是否落實、會員國是否遵行國際規約。近來，政府間國際組織甚至已開始委託具有聲望且體質良好的國際非政府組織來執行政府間國際組織的計畫或任務，甚至在此一委託期間內賦予該國際非政府組織「暫時性」或「任務型」的國際人格。例如，由聯合國維持和平行動（Peace-Keeping Operation, PKO）所延伸的具有託管色彩的「國際治理

機構」（international administration）已成爲國際非政府組織參與其中的重要管道。若干組織更醉心於體制外的抗議與示威活動，以引起公眾、政府當局、政府間國際組織的注意。例如，反全球化團體（antiglobalizer group）在諸如七大工業國高峰會（Group 7 Summit）或重要的世界經濟論壇與會議等場合外的示威活動，已成爲正式活動進行之外的固定另類活動。顯然地，國際非政府組織已成爲全球多邊治理的重要參與者和行爲者。

3.多邊會議的參與及橫向串聯以影響國際事務

國際非政府組織逐漸透過參與由政府間國際組織所召開的國際會議表達意見，甚至影響與主導會議的決議和結論。手段包括派遣代表參與會前會（preparatory meeting）、非政府組織論壇（NGO forum）或列席大會，亦或參加專家會議（expert meeting）、官員工作小組（official working group），藉由提出口頭意見或書面建議來影響大會最終決議與結論的草擬。重要多邊會議的結論，尤其是聯合國或其專門機構召開之會議所達成的決議，已成爲形塑國際規約的重要來源。1992年在巴西里約所召開的聯合國環境與發展會議（UN Conference on the Environment and Development, UNCED）是國際非政府組織首次系統性的採用前述做法，並成功將其意見載入該會議之書面結論——《21世紀議程》（*Agenda 21*）。2021年11月於英國格拉斯哥（Glasgow Climate Summit）舉行的聯合國氣候變遷框架公約第26次締約方大會（Conference of the Parties, COP26）中，非政府組織透過論壇和活動的舉辦，就全球減碳和淨零排放目標提出建議和解決方案，甚至在正式大會中提供專業知識，增進締約國間的合作和協調。例如知名的瑞典環保少女通貝里（Greta Thunberg）主導的青年環保組織「星期五爲未來」（Fridays For Future）及在大會期間呼籲政府和企業採取更積極的行動。藉此多邊場合，國際非政府組織一方面在會場內表達意見，另一方面亦在會場外相互熟悉與串聯，俾利形成關切特定議題的「全球非政府社群」（global nongovernmental community）。

(四)「政府間國際組織」與「國際非政府組織」的區別

「政府間國際組織」與「國際非政府組織」的區別，可扼要歸納如表10-3。

表10-3 政府間國際組織與國際非政府組織之區別

政府間國際組織	國際非政府組織
·國際政治的行為主體 ·國際公法上的行為主體 ·具（部分）國際法人地位 ·基於條約而建立 ·成員組成為主權國家或其他政治實體 ·通常設置有會員國代表議決事項之類似主權國家的立法機構 ·通常設置有行政管理之機構（秘書處） ·部分組織設置爭端協調與解決機制	·國際政治的行為主體 ·並非國際公法上的行為主體 ·不具有國際法人地位 ·成員組成為非政府代表之個人或團體 ·部分組織享有對政府間國際組織及其成員國之諮詢與監督地位 ·部分組織具有強大的影響力

資料來源：作者自行整理。

此外，政府間國際組織的概念時常與國際機構（international institution）與國際建制（international regime）產生混淆，許多學者亦交雜使用上述名詞。

相對於政府間國際組織與國際機構，國際建制則涵蓋的範圍更廣，基歐漢（Robert Keohane）將其界定為「由特定國際政治行為者之期望，彙集而成的一套明示或默示的原則、規範及決策程序」（Keohane, 1982），並指出應包括以下三個部分（Keohane, 1989: 3-4）：

1. 政府間國際組織與國際非政府組織：兩種多邊組織的協作能直接或間接監督行為者的作為並對其做出回應。例如聯合國體系包含數以百計的政府間國際組織，並與眾多跨國非政府組織維持合作關係。
2. 明確的多邊規範：這些規範經過主權國家同意，構成了適用於處理特定領域與跨國性議題的規則，亦即國際規約。

3.國際慣例：此乃隱含規則的非正式規範，儘管沒有明確的法制化形式，但能夠滿足與塑造行為者的期望和作為，使行為者能相互理解並自願協調彼此行為。

從以上的論述中，可以明顯得知國際建制的概念範圍最廣，包括國際機構和國際組織的內涵。但國際建制較強調的是針對特定跨國性議題，透過多邊協商而成為國際規約的一套規則與實踐的途徑。如當代國際人權保障之多邊機制的建立，即是以國際人權規約、條約監督機構、政府間國際組織與國際非政府組織等為核心所建構的**國際人權建制**（international human rights regime），由聯合國主導將人權規範納入**國際法的範疇**（Chou, 2009）。政府間國際組織，尤其是多功能的組織則成為國際建制將規範法制化的重要載體。甚至有些政府間國際組織在針對特定議題進行立法而使之成為國際規約時，已無需再經過會員國的授權。國際機構則較常指稱高專業性與技術性的多邊組織，如國際金融機構（international financial institutions）在國際組織上所指涉的是世界銀行、國際貨幣基金（International Monetary Fund, IMF）與世界貿易組織。

二、聯合國的起源、職能與改革

(一)聯合國的起源

聯合國於1945年成立，是當今世界上最具規模且最具代表性的國際組織，截至2023年8月為止共有一百九十三個會員國，總部設於美國紐約。1939年，第二次世界大戰的歐洲戰事爆發，此時國際聯盟（League of Nations）早已名存實亡，無法發揮任何定紛止爭、預防戰爭的作用。國際聯盟創建於第一次世界大戰結束後，其初衷在於構築一個能夠發揮集體安全的國際機制。然而其本身制度設計上存在著諸多缺陷，加上後來在第二次世界大戰中組成軸心國的德國、日本、義大利等國家，不斷侵略他

國使其無法發揮應有的作用。1943年同盟國在莫斯科召開的外長會議提出建立新國際組織的想法。1944年，當時美國羅斯福總統邀請英國、蘇聯、中華民國等同盟國陣營中較具影響力的大國，在華盛頓召開草擬聯合國憲章的敦巴頓橡園會議（Dumbarton Oaks Conference），希望能記取國際聯盟失敗的經驗，重建一個得以發揮實質功能的集體安全機制（collective security system）。1945年4月五十個國家的代表聚集在舊金山完成《聯合國憲章》（United Nations Chapter）的起草工作，聯合國於焉誕生。

1945年10月24日生效的《聯合國憲章》爲揭櫫聯合國成立宗旨及原則的基礎章程。依憲章之規定，聯合國的核心概念爲維護國際和平及安全；建立國家間之友好關係；共同合作因應政治、經濟、社會、文化及人類福祉等跨國性議題，維護全人類之基本人權。簡言之，聯合國被賦予四大主要功能：(1)維護國際和平與安全；(2)協調國際互動行爲，避免武裝衝突的發生；(3)增進全球經濟的發展；(4)促進國際合作以推動人類社會的發展，並以推廣與保障人權。

(二)聯合國的職能

聯合國是由六個主要機構所組成，分別爲安全理事會、聯合國大會、秘書處、經濟暨社會理事會、國際法院和託管理事會。另有世界糧食計畫署、聯合國難民高級專員公署、聯合國開發計畫署等等隸屬於大會的輔助機構。聯合國還與十六個稱爲聯合國專門機構（UN Special Agencies）的政府間國際組織，保持密切的協作關係，包括世界銀行、國際貨幣基金、教科文組織、國際民航組織、萬國郵政聯盟、國際勞工組織、國際電信組織、世界氣象組織等等。這些組織本身具備獨立運作的機制、章程和組織體系，但其與聯合國訂定專門協定，接受聯合國的督導和委託，並定期向聯合國回報其本身運作及相關項目的進展成效（參見前述**圖10-1**）。

安全理事會（Security Council）爲專責維護國際和平與安全之常設機構，是聯合國唯一有權通過具強制性決議的機構，由十五位理事國組成。

美國、英國、法國、中國、俄羅斯等五國爲常任理事國，無任期的限制，在安理會中享有否決任何法案的權力，稱爲否決權（veto power）。其他十個非常任理事國由聯合國大會選舉產生，席位按地理區域分配，即亞洲二席、非洲二席、拉丁美洲與加勒比海地區二席、東歐一席、西歐及其他國家二席，任期爲二年，每年改選五席，不得連選連任。安理會能夠以決議授權的維持和平行動、建立反恐怖主義委員會等方式來防止可能危及國際和平與安全的爭端。

聯合國大會（General Assembly）爲聯合國的主要審議及監督機構，由全體一百九十三個會員國組成，每個會員國在大會皆具有等值的一票。大會成爲《聯合國憲章》所指涉的針對國際問題進行多元討論的場域。大會的主要職掌爲接受並審議安理會及聯合國其他機構的報告、議決聯合國的預算和會員國的會費分攤、委任安理會推薦的秘書長、推選安理會非常任理事國、選舉國際法院的法官等。

秘書處（Secretariat）爲聯合國主要之行政執行機構，秘書長爲秘書處的首長，也是聯合國最高的行政首長。秘書長是由聯合國大會根據安全理事會的推薦任命，任期五年，可以連任一次。秘書長在國際紛爭中擔任斡旋與調解的角色，管理與調度維持和平行動，提供爭端解決與危機處理的建議方案，同時監督聯合國各機構決議的執行，並不時向國際社會宣揚聯合國的理念和工作成效。

經濟暨社會理事會（Economic and Social Council, ECOSOC），協助聯合國促進各國經濟與社會之發展，由五十四個理事國經聯合國大會推選產生，任期三年，其席位按地理區域分配，每年由聯合國大會改選其中的三分之一成員。經濟暨社會理事會的主要職能是：探討及解決國際間有關社會、經濟、文化、教育、衛生等民生相關問題、協調聯合國及各專門機構之間的合作、針對職權範圍內之事務進行多邊商議，並提交相關議決及規劃草案至聯合國大會審議等。

國際法院（International Court of Justice, ICJ），爲聯合國主要之準司法機構，由十五位經聯合國大會推選的法官組成，總部設於荷蘭海牙。其

核心宗旨爲「以和平手段且依正義及國際法原則，調和或弭平足以破壞和平之國際爭端或情勢」。因此，國際法院依照國際法解決各國向其提交的法律爭端，並協處經聯合國正式認可之機關及專門機構的法律問題與提供國際法之諮詢與解釋。

託管理事會（Trusteeship Council）是聯合國負責監督被託管地之行政管理機構，託管理事會由安全理事會的五個常任理事國所組成。託管制度的目的在於協助被託管地邁向獨立，並尊重被託管地住民自決之結果。被託管地大多爲國際聯盟時期的委任統治地，或二次大戰期間被軸心國占領之地區。在最後一個被託管地帛琉於1994年10月獨立後，託管理事會已停止運作。

(三)聯合國的改革與挑戰

聯合國爲當前世界上最具影響力和重要性的國際組織。隨著冷戰結束，國際政治結構發生變動，有關聯合國改革的呼聲便不斷湧現。首先，維持和平行動向來是聯合國維持國際和平及區域穩定的重要手段及工具。維和行動是爲了因應嚴重的軍事衝突和人道危機。過去聯合國維和部隊主要是制止交戰國間的衝突，但當今更多的任務是消弭國家內部的武裝衝突，一方面促成交戰各方立即停火與談判，另一方面提供緊急和必要的人道救援。維和任務確實成功阻止許多可能演變爲全面性戰爭的區域衝突，但循此而發展出的人道干預（humanitarian intervention）及「保護責任」（Responsibility to Protect, R2P）等概念，卻因不時淪爲強權國家干涉他國內政或遂行自身國家利益的藉口，而產生更多爭議。此外，針對維和行動的合法性，國際社會仍有許多不同的看法。是故，維和行動的檢討與完善，向來是聯合國改革的主要課題。特別是聯合國秘書長潘基文任內（任期2007-2016年），致力推動維和行動的多項改革，希望提升維和行動的功能與效率，並思考如何建立更合理的經費分擔方式，以及解決維和部隊人力短缺的問題。

再者，當前許多國家提及聯合國改革的首要關鍵，在於能否推動安

理會組成結構與職能的變革，因為安理會是聯合國最具重要性及權威性的機構，特別是在維護國際和平與安全方面，等於代表全體會員國表述及議決聯合國的立場和作為。然而，安理會的制度設計本身即彰顯第二次世界大戰後強權政治的現實和國際關係的本質，特別是聯合國美、俄、中、英、法五個常任理事國所享有的否決權，反映出許多政府間國際組織普遍存在的「民主赤字」（democratic deficit）問題。尤其美國自第二次世界大戰結束以來，以聯合國為核心所主導的全球多邊政經體系和秩序，在冷戰結束後受到中國崛起和俄國面臨安全困境所帶來的挑戰。近來美國已逐漸認清不但無法在「美國霸權下的和平體系」（Pax Americana）下形塑中國的崛起，中共還提出「中國式現代化」的治理模式成為廣大發展中國家的另類選擇，「華盛頓共識」有被「北京共識」所取代之虞。美、歐、俄則由於北約東擴和俄烏戰爭而陷入激烈的戰略博弈。因此，安理會即成為當下強權國家以地緣政經爭端和民主人權等價值話語權為支點，來進行政治展演和博弈的舞台。由於《聯合國憲章》的修改需所有常任理事國之同意。基於國際現實與大國利益的考量，常任理事國同意放棄否決權的可能性極低。是故許多會員國提出限制否決權之要求，但在既得利益者可能祭出否決權的抵制下，通過機會亦微乎其微。

三、國際公法的概述

(一)國際公法的定義與特性

◆定義

國際公法（public international law）是規範主權國家政府與政府間關係，以及主權國家與其他跨國行為者間關係的法律。根據葛藍（Gerhard von Glahn, 2016: 3）所下的定義：「主權國家或其他具有國際人格之實體所承認的具有實際履行義務的原則、習慣與規則。」

◆特性

上述定義標舉出國際公法最核心的原則，那就是尊重國家主權。換言之，超國界的規範須經由主權國家的同意始生效力。由此觀之，國際公法包含兩個部分：運作體系（operating system）與規範體系（normative system）。

運作體系涉及國際公法實踐所需的制度與過程。其目的在於確定國際公法的影響，亦可視為一解釋途徑（explanatory approach），闡明國際規約如何影響國際關係及其影響程度。構成運作體系制度的要素有：(1)法源；(2)具國際人格之行為者；(3)管轄權；(4)法院或其他相關機制（Diehl, Ku & Zamora, 2006: 426-456）。實踐的過程則包括：(1)尋求國際立法的議題與來源；(2)立法過程的參與和協商；(3)國際規約的履行與實踐；(4)適法爭端、規約解釋與條約監督相關機構的建立，如國際法院、國際刑事法庭（International Criminal Court）、世界貿易組織談判諮商機制與爭端解決機制、國際原子能總署的核武檢查機制。

從國際公法的運作體系，可以瞭解國際公法對於國際政治的影響，例如賈宜斯（Abram Chayes）的研究就指出，即使在古巴飛彈危機（Cuban Missile Crisis）期間，國際公法仍影響了美蘇兩國的外交決策與作為；漢肯（Louis Henkin）也認為國際公法是推動國際事務之主要力量，透過操作多邊規約，以緩和、管理與實踐國際關係（Armstrong, Farrell & Lambert, 2007）。然而，若運作體系的公正性與正當性受到特定大國的質疑，其所承載的國際規約在實踐和執行上的效用甚微。例如，2016年北京拒絕接受菲律賓單方面於2013年向《聯合國海洋法公約》附屬仲裁庭提起的有關中國在南海領土和海洋權益問題上的訴訟裁決結果。

規範體系涉及國際規約內容的基本價值取向與意識。舉例而言，如果某一國際規約的目的在於促進國際體系的穩定與世界和平的自由價值，那麼就應在此一原則下決定何種行為應被規約所允許或禁止。運作體系與規範體系均強調，行為者必須依法規作為或不作為來承擔義務與責任。當現有的運作體系無法滿足新的規範價值與原則時，會促使運作體系改變。

當前規範體系發展的趨勢為：規範範圍的廣化、議題的多元化與對跨國性課題的重視，如環境合作、人權保障與永續發展。

對我國而言，有關國家存在的要件在規範體系中的觀點論辯及其國家實踐，就顯得十分重要。特別是近年來由於兩岸缺乏政治互信，中華民國自1912年起在國際社會代表「中華國家地位」（Chinese statehood）的國際人格，僅餘十三個國家以邦交的形式予以承認。若我國貿然創設新的國際人格試圖爭取各國給予外交承認，又將面臨立即的國家安全威脅和全球絕大多數國家依舊認知及接受包含台灣在內的「一個中國」政策的現實。是故，攸關主權國家存在的「宣告說」及「構成說」的消長和論辯與我國的國際地位息息相關。前者以《蒙特維多國家權利義務公約》第1條為核心，強調「國家在政治上的存在並非取決於他國的（外交）承認」；後者則主張國家應在獲得他國承認的前提下，方能證明具有與他國建立關係及正常交往的國家構成要件。依我國當前處境，在未雨綢繆的支持「宣告說」，致力強化與他國的實質交往能力之際，亦須在國家實踐上兼顧「構成說」的國際現實，勉力維繫邦交國不再克減，以保持中華民國國際人格之存續。

(二)國際公法的法源與功能

◆法源

傳統國際公法根據《國際法院規約》（*Statute of the ICJ*）第38條規定，列舉國際法的法源包括國際條約、國際慣例、國家的承認、國內法適用的多邊化、重要學說與判例。晚近以來，國際公法的法源逐漸多元化，現已涵蓋包括國際組織的章程與決議、國際會議所通過具拘束力的結論、非政府組織的建議，甚至國際輿論（Boli & Thomas, 1999）。

◆功能

近來，國際公法在國際關係中最廣為援引、討論與實踐的領域包括：多邊制裁的正當性、國家域外法權的相容性、武力的合法使用、人權

的保障、經濟活動的規範、環境的保護、人類共有財貨的管理（如海洋、外太空、極地等等）。由此可以看出，國際公法因應全球化與跨國性議題的興起而呈現的發展趨勢：已經從國家間在傳統外交場域互動所形成的慣例法，轉向由多邊建制針對特定跨國性議題所主導的國際立法。

傳統上國際公法學者強調明確的多邊規範得以拘束主權國家，並認為國際組織與建制的發展可以協助這些規則的形成與實踐，但在面對重大國際情勢當中國家間的權力競逐時，又對國際公法的軟弱無力感到挫折。

因為基於國家同意的原則，國際公法缺乏實踐所需的強制力（enforcement power），多邊組織與機構的強制力和裁判效力須經由國家的授與或同意，從而限制多邊組織與機構的功能性。近來，美、中等強權國家將其國內法之管轄延伸至域外的個人、組織、企業，甚至政府，更將挫傷國際公法的影響力。若與已高度發展的國內法體系相較，當前絕大多數超國家機構或國際組織並沒有類似國內立法機構所具有之獨立立法行為的權力。多邊機構的判決或仲裁效力並未獲得主權國家——尤其是強權國家——的廣泛尊重。此即凱爾森（Kelsen, 2006）之所以稱國際法是「原始且去集權化」（primitive and decentralized）的原因。

是故，國際公法經常被稱為「弱法」（weak law）的原因在於：(1)缺乏實踐所需要的強制力；(2)國際規約在諸多領域事實上仍缺乏普世性（universality）；(3)國際規約常滿足主權國家的需要與利益而忽視國際正義與道德；(4)國際公法常被指控是維護強權國家的利益，尤其是功能性與技術性的規約；(5)國際規約為獲多數國家的同意而在內容上妥協，故常導致條文的模糊性遠超過於精確性，以至於無法成為有效可供遵循的規範與準則。

所幸，冷戰結束至今，國際公法的發展因跨國性議題的多樣化與急迫性，以及國際組織與建制在國際政治舞台上的重要性持續增強而重獲動力。尤其跨國性議題無法再由國內法體系來完整規範與處理，政府間國際組織與建制便成為國際立法的主要載體，並且一定程度上彌補了國際公法缺少獨立立法機構的不足。再者，國際公法歷經數個世紀的發展，已為國

與國間的交往和國際事務建構了許多主權國家及其他國際政治行為者賴以決策與作為的習慣和準則。如漢肯（Henkin, 1979: 22-23）所言：「我們無法想像，若無國際公法的制定與實踐，外交活動將停止、國際貿易無法持續……國際協定與國際組織將不復存在。」

然而，現今國際公法的發展又面臨大國博弈以己方權力行使至上的挑戰，著眼於制約或懲罰主權國家及其他國際政治行為者的強制力和可信度嚴重弱化。因此，如何藉由規範體系與運作體系相互配合，以達成共識目標與互惠效果而促使強權國家願意遵行與順從（compliance）具有合法性的多邊規範，國際組織的責任和作為顯然十分重大。是故，如何在權力競逐的結果（consequence of power struggle）與規範的適當性（appropriation of norm）兩種邏輯間取得連結，以及如何在多邊合法性（multilateral legitimacy）與國家權威（national authority）兩者之間達成平衡，將是國際公法能否持續強化其功能的關鍵。

以下是幾個國際法與裁判的主要國際組織或其附屬機構：

1. 國際法院及其他區域性法院或人權法院，如歐洲法院（European Court of Justice）及泛美人權法院（Inter-American Court of Human Rights）。國際法院雖然職司案件的判決與諮詢意見的提供，但欠缺普遍的司法管轄權，加上《國際法院規約》第36條第二項雖規定由國際法院處理涉及國際義務與權利的法律爭端，但卻又將之歸屬為開放主權國家自願提交案件與接受約束的「任擇條款」（optional clause），而使其功能大打折扣。

2. 國際刑事法庭是國際刑事司法機構，負責調查和審判針對個人的戰爭罪、反人類罪和種族滅絕罪等最嚴重的國際犯罪。然而該法庭的管轄範圍只限於建立該機構的《羅馬規約》之締約國及其公民，而且僅限於相關國家國內司法機構未處理上開罪行之情況下，始得行使其管轄權。2023年3月俄羅斯總統普丁遭該法庭控罪。然而，俄國雖已簽署《羅馬規約》卻未加入，故該法庭事實上並無對俄羅斯公民進行刑事調查和審判的管轄權。

3.聯合國國際法委員會（UN International Law Commission），長期以來即是多邊規約之條文起草與監督協商的主要機構。

4.聯合國大會。根據憲章第13條，大會有權以提出研究報告與建議的方式，來促進國際法的發展。例如1960年的「賦予殖民地國家和人民獨立宣言」（Declaration on the Granting of Independence to Colonial Countries and Peoples, GICCP）。

5.經濟暨社會理事會下的各種委員會，以及聯合國專門機構（specialized agencies）亦被賦予草擬或進行立法前置工作的職權。《聯合國海洋法公約》（*UNCLOS*）、《公民與政治權利國際公約》（*ICCPR*）及《經濟、社會與文化權利國際公約》（*ICESCR*）的草擬、協商與通過皆是實例。

四、國際組織、國際公法與主權國家的互動

(一)國際組織與國際公法的理論對話

根據現今國際關係主要理論各自的國際體系觀，看待國際組織與國際規範時所強調的重點不同，且各具優勢與盲點。吾人可歸納出三者對國際組織的功能與國際公法的效用之不同立場與觀點，分述如下：

◆新現實主義

現實主義（realism）將世界視為由追求權力及利益極大化之主權國家所組成的體系。國家在國際體系中任何作為的首要動機，皆是為了維持或是提升其自身相對於其他國家的影響力。對現實主義者而言，遂行國際合作的國際組織與實踐多邊規範的國際公法不過是主權國家的工具，僅反映國際體系中強權國家的利益要求。甚至國際體系內最強大的國家總是多邊制度的塑造與詮釋者，藉此維持其於全球權力關係中的地位。是故，國際組織的運作與國際公法的制定，事實上是權力關係下的產物。

◆新自由制度主義

新自由制度主義（neo-liberal institutionalism）主張互賴（interdependence）得以改變權力關係的性質，而權力關係的改變意味著國家自身作為和國與國互動行為的變化。而且，互賴並非單純的國際合作與連結，而是涉及代價與成本的關係。主權國家間的互賴關係顯示國與國除了利益的衝突之外，其實還存有許多共同或合作利益，從而在一定程度上制約或改變國家基於權力政治考量所採行之對外作為，並以形塑規範化與制度化的國際組織及規約的方式作為保證。循此，國際合作的實踐，除了相關國家在特定跨國性議題存在共同利益之外，尚須評估彼此合作的效益高於不合作的損失。國際合作的遂行仰賴國際組織與建制的運作及國際公法的落實。

◆建構主義

建構主義（constructivism）與新自由制度主義基本上均認同，國際規範與國際組織深深影響主權國家的行為。從建構主義的角度來看，國家主權的概念亦是一種社會建構下的結果。國際組織乃是國際政治行為者在互動中所建立的一種具有主體性的社會規範。是故，國際組織可視為行為者之間相互作用與合作的場域，是藉由行為者的互動所建構的一種社會共同體（social community）。

由上述分析可知，新現實主義排除道德與價值因素，法實證主義（legal positivism）亦主張「道德不可知論」（noncognitivism in ethics），兩者均強調國家為主體及其相對收益與權力政治在國際關係中的作用，因而認為國際組織與公法對國家行為的制約力較弱；新自由制度主義與法律過程論（legal process theory）強調國家的絕對收益與理性行為，從而認為國際規範對國家行為的制約較強，並批評現實主義與法實證主義的道德相對主義；建構主義則強調概念與認同對國家行為有影響的社會規範論（social norm theory），亦強調「社會上任何形式之互動在一定程度上均有規範及準則」（ubi societas ibi lex），並認為國際社會成員互

動是規範秩序的體現，規範的更動則是成員對全球或雙邊政經發展之認知態度改變的結果。故兩者均同意國際組織與國際公法體系對國家行為的影響顯著。**表10-4**歸納三種主要理論對國際組織與公法的觀點，並加入相近的國際公法理論要點，俾利於比較。

表10-4　國際組織與國際公法主要理論觀點之比較

國際關係理論	新現實主義	新自由制度主義	建構主義
國際體系觀	無政府狀態下以國家為主的權力政治	國家互賴產生國際合作之需求	國際政治行為者理念互動而形成，國家深受體系之影響與制約
國際組織之形成	霸權國家創設以維持權力地位	國家藉由合作實現自我利益	國際政治行為者互動過程所建構的社會共同體
國際組織之作用	國家在權力基礎上追求利益的工具	降低國家間合作的交易成本、解決合作過程中之欺騙問題	國際政治行為者相互作用與影響的場域，形塑國際社會化的重要載體
國際組織之影響	僅勉強影響合作的前景	促進國際政治行為者間之利益與合作	改變國家的戰略行為，影響行為者的既有偏好
國際公法之作用	國家考量有利於己時，始得選擇性的順從	國際體系主要秩序來源，國家遵守係因法律可確保秩序	國際體系與國家的互動產生共有觀念
代表學者	Kenneth Waltz Organ Young	Robert Keohane Stephen Krasner	Alexander Wendt、James Fearon、Jack Donnely
相應的國際公法理論	實證主義國際法	自由主義國際法 法律過程論	世界法觀、規範普世論、社會規範論
代表學者	John Austin Hans Kelsen	Rosalyn Higgins Harold Lasswell Louis Henkin	Bull Hedley Fernando Teson
法哲學觀	尊崇國家中心主義 強調道德不可知論 主張法規去價值化	反對國家中心論 強調群體價值（community values）；發展世界法律秩序必須面對道德選擇	規範的適當性高於規範的強制逐行力 規範可以不斷進化 國際社會是具社會特性的國家所組成的

（續）表10-4　國際組織與國際公法主要理論觀點之比較

國際關係理論	新現實主義	新自由制度主義	建構主義
法規範體系之作用	國際法與人類價值及國際正義無必然之連結	國際法應提升人類社會的核心價值	累積共享的認知（shared perception）以促進規範的進化
法運作體系之作用	重心不在於具有強制力或管轄權的機構或行為者本身，而是法律強制力的實際遂行	法律是多邊決策過程的重要組成部分，並影響政策結果；多邊機構與媒介的作用大於國家	協助動員主權國家遵循國際社會的規範
國際組織之影響	國際組織是多邊立法過程中呈現權力競逐的場域	國際組織是形成國際公法與規範國家行為的重要載體；在多邊規範完整的領域可取代國家	國際組織是主權國家國際社會化的重要載體
國際公法之效力	基於國家的同意始生效力，國際法的履行植基於國家的利益考量	承認法律在國際政治中「軟法」的角色；國際法的履行範圍應更加廣泛，有效性應受尊重	國際公法建立主權國家與其他行為者在國際社會共存的基本規則，其效力隨分享的共識逐漸累積而強化

資料來源：作者自行整理。

(二)國際組織與國際公法的互賴和匯合

　　雖然權力政治仍是當前國際政治中的主旋律，但隨著全球化效應與跨國性議題的影響與日俱增，主權國家彼此間互賴的程度越來越高，國際規範的制定與落實已是維繫國際關係和全球秩序的核心支柱之一。更重要的是，國際公法的實踐取決於國際組織職能的強化，以及主權國家認知到國際組織所發揮的功能對國家的安全與福祉具有的不可取代性。因此，國際組織成為國家彼此聯繫交往與因應跨國性議題的主要場域；國際公法亦是規範以國家為主的國際政治行為者間權力與利益關係的重要依據。然而，儘管兩者的關係日趨密切，但兩者的蓬勃發展亦無可避免地與國家主權之行使產生扞格，國際組織與公法的「制度規範性」和主權國家的「權威主體性」因而發生競合的關聯與磨合的需要。

　　國際規約是基於國家同意，依據國際習慣法、條約法等等法源，以

多邊的形式建立。然而，國際關係學界卻更重視國際組織與國際規約在形式制度化與實踐有效性之間的落差。無論以何種理論來論述，國際公法無法全然形塑國際關係，亦不被視為國際社會的唯一紀律。

如前述，現實主義者認為國際公法對國家行為的影響十分有限；新自由制度主義者與建構主義者則肯定國際組織有能力規範和制約主權國家的行為。然而，三種理論在冷戰結束後出現交集，皆認為主權國家處於一個由物質與社會關係所建構的全球體系中。國家在全球體系中即使想擴展本身的權力，亦必須考量國際體系的規範。國際組織藉由權力競逐與協商後所形成之組織規範的制約，理念的論述與提倡，以及促使規範法制化（legalization）與規約國內化（internalization）的過程，逐步將國家的行為加以「社會化」（socializing），進而促使國家接受多邊規範的制約。國家亦透過國際公法，以確保其在國際社會當中身分及作為的正當性。由此觀之，現實主義者、新自由制度主義者與建構主義者皆同意國際組織與公法對主權國家有某種程度的影響。

(三)主權國家主體性對國際規約規範性的挑戰

隨著冷戰的結束與全球化的效應，主權國家在獨自面臨各種內外環境變遷所帶來的政治、經濟、社會與文化層面的挑戰時，顯得捉襟見肘。在許多事務的處理上，國家逐漸仰賴與其地緣相近的區域性國際組織或因應相同議題的全球性國際組織。區域主義的快速發展，即是對上述問題的一種回應。主權國家一方面著眼於區域化所帶來的經濟甚至安全上的效益，另一方面亦因應全球化對其治理能力與內部社會所造成的衝擊，故積極參與建構新的區域組織或強化既有區域組織的功能。

在此一過程中，主權國家同意將部分主權讓渡給國際組織，國際組織亦進一步強化其本身的功能及其在國際政治上的影響力，並提升國際公法的重要性與有效性。例如，歐洲聯盟以其強大的經濟實力吸引歐洲國家的申請加入，然後又以改善民主及人權條件作為是否給予申請國會員資格之要件；世界貿易組織將維護自由貿易的精神納入其章程中，並且對違反

者加以制裁；非洲聯盟（African Union, AU）更參考非洲國家的現況與傳統，將發展權、文化權與自然資源之保障納入其「非洲人權與民族權利憲章」（African Charter on Human and Peoples' Rights）內，成為具有在地特色的國際規約。此一現象說明，吸引各國加入國際組織、遵守國際公法，甚至讓渡主權給超國家機構的動力，不再僅限於安全的顧慮與經濟的誘因，價值的認同、避免被孤立的恐懼、降低外交成本等等因素亦成為重要的考量。循此，國際組織倡議的多邊規約藉由法制化與國內化而成為各會員國共同遵循的行為規範，逐漸成為國際組織強化其功能與地位的主要途徑。

國際組織所通過之決議與規範的法制化已成為當前國際立法的重要來源。透過國際立法作為對其成員（甚至非成員）在國際（甚至國內）行為上的法律約束。三個判斷規範法制化程度的標準分別是：(1)會員國遵行的義務與責任（obligation）；(2)規範的明確性（precision）；(3)國際組織獲得會員國同意而得以執行與詮釋規約之授權程度（delegation）（Abbot et al., 2000: 386, 401）。「義務」是指會員國或其他行為者受其所承諾之規約的規範，而遵守該規約之約束。「明確性」是指法規清楚界定其所規範的內容、授權的行為或使其失效的行為。「授權」是指國際組織或其他第三者被授權去執行、解釋及適用規約條文，並解決爭端，甚至創造新規範的能力。吾人可以上述國際組織規範法制化的判斷標準，來觀察國際組織與國際公法之間的相依關係，以及國際組織及其會員國在多邊規約實踐上的互動（如**表10-5**）。

事實上，國際關係理論亦對國際規範法制化抱持著不同的看法（如**表10-6**）。儘管多邊規範法制化的觀點本身乃是對傳統現實主義者主張國家主權不可讓渡，以及國際社會為無政府狀態之立場的一種挑戰，但近年來以大國權力競逐為主軸的國際格局，對國際規範的法制化進程構成嚴峻的挑戰。全球局勢因美、中、歐、俄在地緣政經權力上的激烈交鋒，國際組織的組成和運作隨之出現集團化和陣營化的趨勢；多邊規約的倡議和實踐亦深受大國博弈角力的牽動。因此，諸多不願捲入大國博弈的新興經濟

表10-5 國際組織之多邊規約制定與實踐的觀察指標

義務與責任	明確性	授權程度
會員國是否有遵循與履行規範的義務	是否明確界定規範中的各項行為準則、權利義務、授權範圍與罰則	是否授予組織本身及相關行為者解釋與執行規範的權力

資料來源：作者整理自 Abbott, Kenneth W. et al., (2000). The concept of legalization. *International Organization, 54*(3), 401-420之主要論點。

表10-6 國際關係理論對國際規範法制化的觀點

新現實主義	新自由制度主義	建構主義
具有拘束力的規約皆由主要強權所提出而制定，反映強權利益。多邊規範雖可約束部分國家，但普遍落實取決於國際強權遵循的意願與監督履行的能力	強調國際規範能促進國際合作，有助於降低不確定性及交易成本，故即便規範未法制化，透過國際合作產生的多邊合法性與效用，依然得以有效的運作	國際法制化在相當程度上源於國內政治的影響。國家內部利益團體與相關組織因自身需求或價值偏好而倡議，或政府欲藉此與國際秩序與規範接軌，透過國際社會化與規範遵行而成為被接納或受歡迎的國際社會成員

資料來源：作者自行整理。

體和開發中國家認為，具有拘束力的國際組織決議或國際規約主要反映的是強權的利益。多邊規範對後者缺少實質拘束力，其普遍實踐與否取決於強權遵行和監督履行的意願。其結果是削弱許多國家接受與遵行國際規約的意願，亦或多邊規約逐漸喪失其制約力而淪為有名無實的儀式性規範。

五、國際組織與國際公法發展的挑戰與展望

國際組織的蓬勃發展與國際公法範圍的擴展，顯示兩者在國際關係的重要性與不可取代性。然而，即便當前諸多仰賴多邊協商與全球治理的跨國性議題具有強烈的正當性與急迫性，國際組織與國際公法之功能與效用的發揮，仍大體上植基於主權國家的同意和授權。現實主義學者認為國際法秩序在無政府狀態下的國際體系中十分薄弱，而且國際成文法向來有被權力控制的趨勢。特別是對現實主義者而言，由於國際法有去中心化

（decentralization）的本質，因此當多邊規範與國家主權在國際關係中產生衝突時，國際法便成為一個無效率的機制。

儘管這些論點貶低國際組織與國際公法對國家行為的影響力，不過國際法體系並非僅是一個被視為缺乏強制手段的規範機制，而是形塑法律關係的機制（Allott, 2000: 74）。因此，即便國際公法仍缺乏實踐規範的能力，但若依現實主義的觀點，僅偏重探究國際規範的權力效用，則容易忽略國際公法亦有形塑權力關係的效果。從建構主義及公法學者的角度觀察，「法律規則和關係都很重要，因其構成了權力政治的遊戲規則，不過其更重要的貢獻是促使特定行為者的權力穩定化和合法化」（Hurrell, 2000: 330）。

然而，對現實主義觀點的批評，卻亦正凸顯出國際組織與國際公法發展的困境：法制化的倡導固然有利於國際合作與跨國性議題的因應，但要檢驗其實踐的成效仍不得不面對殘酷的現實政治，尤其是強權國家在特定多邊規範的實踐與否和適用對象上具有舉足輕重的地位。包括美國在內的若干大國始終拒絕簽署《京都議定書》（*Kyoto Protocol*）使得《聯合國氣候變化框架公約》的落實大打折扣、世界貿易組織的貿易回合談判陷入僵局幾乎導致爭端解決機制的停擺、美國為制裁俄羅斯而迫使SWIFT暫停對俄羅斯部分銀行的服務、中共為反制歐美國家對其人權紀錄的批評而將權力競逐搬上聯合國人權理事會，以及諸多國家至今仍拒絕承認國際法院的管轄權及其判決的效力。類似實例皆顯示國際規約的實踐需要強權國家與國際組織的共同支持始有可為。

第二次世界大戰後國際組織與國際公法的發展，也的確總是伴隨著主權國家間的角力與競逐。因為強權有主觀意志與執行力，從而使得國際組織與規約所亟欲建構的多邊秩序受到沉重的打擊。這些國家有權決定國際公法與國際建制的協商進程，並利用強制力維護本身的國家利益。然而，即使國際立法易受權力和利益的操控所影響，但並不代表國際公法對國際關係不具重要性。多邊規約已成為國家處理涉外事務的主要合法性來源，國際組織藉由規範法制化亦得以限縮國家運用其強制力的範圍。因

而強權國家亦在一定程度上被國際組織所「設定的規範」所限制（Frost,
1996: 105）。在當前的國際氛圍下，國家通常得尊重並遵守這些義務，
至少亦須在表面上敷衍，並根據其他的多邊規範提出正當的反對理由。因
此，從國際關係的角度來分析國際組織的發展，並非關注國際組織與主權
國家平起平坐的時代是否將來臨，而是析論國際組織與規約能否形塑國家
行為的合法性，以及透過何種手段達成。

國際關係理論向來以主權國家的互動作為研究核心，即使新自由制
度主義與建構主義重視國際組織和建制等非國家行為者之影響，主權國家
仍是國際關係的分析主體。儘管，冷戰結束至今，已多方印證國際組織的
影響力與多邊規範的重要性，但近年來國際局勢的發展又再度向現實主義
所描述的大國博弈傾斜。

第一，經濟全球化與逆全球化的效應。

跨國界的經濟往來由單純的貿易行為，擴展至國內經濟與區域暨全球
經濟及金融的相互整合。跨國企業的壯大與勞力、資本、產品的流通，使
得主權國家無法再單憑自身的管轄權力來處理經濟事務及其所衍生的相關
議題。然而，當各國經濟已深度納入世界經濟之一部分，美中在貿易、科
技和金融層面的擴大對抗和可能脫鉤，逐漸翻轉以注重效率和全球分工的
全球化產業鏈。俄烏戰爭更加速全球經貿及金融市場的陣營化和對立化。
以國家安全和產業韌性為名的逆全球化風潮，正和全球化的效應產生激烈
的拉鋸。全球各地的企業被迫在營商布局的長鏈和短鏈之間尋求應變、在
供應鏈維持單鏈或雙鏈之間苦求平衡。今後，國際組織的運作和國際公法
的發展或將見證，權力競逐的陣營化正逐漸取代經濟合作的區域化。

第二，多邊合作與單邊主義的拉鋸。

面對全球政經局勢的劇烈變動，大國博弈若主導國際政經結構的轉
變，將有利於國際組織功能發揮的多邊合作，被不利於國際規範普遍實踐
的單邊主義所影響。因此，如何強化大國博弈過程中的非零和思維，在分
歧中找尋連結、在競爭中保持溝通，將是國際組織和國際公法持續發揮作
用的關鍵。因此，重構友善的多邊合作環境，不時聚焦於單邊主義無法應

處的跨國性問題與人類安全（human security）議題，將是政府間國際組織和國際非政府組織得以緩解主權國家間之爭端和敵對的角色及平台，更凸顯出全球治理的急迫性較權力爭奪的自利性，更貼合人類永續發展和國家永續安全的目標。

第三，普世價值、國家權威與個人認知的磨合與抗衡。

過去，公民權利與義務之賦予乃是國家之專屬權力。由於聯合國所主導之國際人權建制的發展，人權價值的普世性已藉由規約的國內化進程，逐漸成為國內的法律準則與判準依據；個人更成為國際人權法的主體，得以藉助國際人權建制與司法機構來尋求權利救濟的管道。然而，尤其在非西方社會，民眾一方面在政治體制上傾向多元開放，支持民主人權、市場經濟與私有財產的保障；另一方面卻因族群、信仰與文化傳承的差異，出現高舉固有傳統以抵抗外來影響的風潮，不僅在內部造成社會群體的分歧與衝突，甚至導致更狹隘的排外情緒。美中博弈及美俄對抗更激起全球輿論對中立地位、生存權、和平權、長臂管轄、域外管轄權、反人類罪行等概念的討論及反思。前述發展趨勢強化國際組織在溝通對話與多邊治理上的重要功能和影響，亦顯示國際公法在立法議題上廣化與規範實踐上深化的必要性。對國際組織與公法議題的關注，亦不再僅限於探討國際組織的形成原因、國際組織在國際關係中所扮演的角色，更應將分析的觸角深入至國際組織與國際公法的匯合與互賴，以及主權國家、國際規約和國際組織三者間的互動，以形塑國際體系權力流動、合作溝通與價值形塑的全貌。

從本章的介紹與分析可知，國際關係研究傳統上尋求解釋國家行為的理論原則，近來趨勢則自既有以國家利益與相對權力為核心的研究中，轉而致力關注國家以外的國際政治行為者，並嘗試建構嶄新的理論。國際關係學者開始探討正式與非正式的多邊建制在影響、塑造國家認同，以及約束、修正國家行為上的效果與困境。這促使國際關係的研究導向尋求其與國際公法之間的關聯與互動。

國際法長久以來被視為各國互動規則的集合，然而國際法學者亦逐漸理解國際法不僅與體系中的規則與正式行為者相關，國際法最終的目標

不僅限於法規的效力,規範系統能否作為人類價值承載之重要性更不能忽視。因此,促進國際政治行為者的行為具有普遍之有責性,以及鞏固國際組織與國際公法的多邊合法性,俾利強化後者的拘束力,是當前兩個研究領域的共同發展趨勢。是故,國際組織實與國際公法之研究相輔相成。從法規的普世性來觀察,國際法體系的建構、發展與普世化,深受國際關係中國家間之權力競逐、區域整合與地緣政治因素,以及國家內部民意動向、文化價值與利益分配等因素的影響。因此,國際公法的研究,除了重視微觀的條文釋義與判例分析等法制研究途徑,更無法忽視運用國際體系、區域因素、國家主權、國內政治等四個分析層次(level of analysis)作為觀察內外部宏觀變因的政經分析途徑(參見**圖10-2**)。

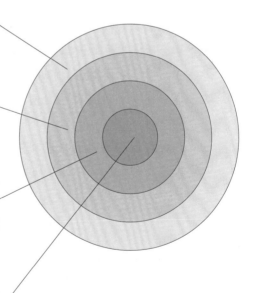

1.體系層次(Systemic Level)
　➔(1)國際立法的範圍與效用
　　(2)國際組織建制化與功能
　　(3)組織運作與規範拘束力的互動

2.區域層次(Regional Level)
　➔(1)區域性組織與區域政經合作
　　(2)區域性規約與區域主義的發展
　　(3)區域性建制與全球建制的競合

3.國家層次(National Level)
　➔(1)國家利益與安全的外部化
　　(2)國家主權的相對性與外延性
　　(3)國家域外管轄與多邊規約的競逐

4.次國家層次(Sub-national Level)
　➔(1)國際規約國內化的磨合歷程
　　(2)多邊倡議及規範的在地政經效應
　　(3)國際組織對國內政社互動的影響

圖10-2 國際組織與國際公法涵蓋的分析層次和面向

圖表來源:筆者自繪。

問題與討論

一、國際組織與國際非政府組織之間的差異與競合關係為何？

二、國際組織與國際公法在國際政治中的互動關係與發展趨勢為何？

三、國家主權的排他性及權威性如何影響國際組織的運作和發展？

四、主權國家是否遵行國際公法的因素何在？

五、國際關係理論對國際組織與規範所具有功能的評價為何？異同何在？

六、政府間國際組織在國際公法上的地位會否獲得強化？國際非政府組織應否被賦予部分國際人格？

七、聯合國安理會的改革如何兼顧國際政治現實與全球情勢變遷？

八、大國博弈對國際組織的運作和民主赤字的影響為何？

九、美中博弈和俄烏戰爭對國際規範的普世性和合法性產生何種影響？

十、如何在國際公法的學理和實踐上尋求有利我國維繫國際人格的論述及做法？

參考書目

丘宏達（2014）。《現代國際法》（修訂三版）。台北：三民書局。

周志杰（2015）。〈區域人權規約的普世性與獨特性分析：以非洲聯盟為例〉。《台灣國際法季刊》，14卷4期（12月），頁31-71。

張乃根、馬忠法、羅國強、葉玉、徐珊珊等譯（2005）。Louis Henkin著。《國際法：政治與價值》（*International Law: Politics and Values*）。北京：中國政法大學出版社。

Armstrong, D., T. Farrell & H. Lambert (2007). *International Law and International Relations*. NY: Cambridge University Press.

Boli, John and George Thomas. (1990). Constructing World Culture: International Nongovernmental Organizations since 1875, *International Journal, 54*(4), 714.

Brownlie, Ian (2002). *Basic Documents in International Law* (5th ed.). Oxford University Press.

Cassese, Antonio (2005). *International Law* (2nd ed.). Oxford University Press.

Can, Ciwan M. (2022). Temporal Theory and US-China Relations. *Journal of Strategic Security, 15*(2), 1-16.

Chapman, Terrence (2007). International security institutions, domestic politics, and institutional legitimacy. *The Journal of Conflict Resolution, 51*(1), 134-166.

Chou, Chih-Chieh（周志杰）(2018). Contending Notions of the cross-Strait Status Quo in Taiwan and Across the Strait: Impacts on US-Taiwan Relations. *The China Review, 18*(3), 121-148.

Diehl, Paul F., Charlotte Ku, & Daniel Zamora (2006). The dynamic of international law: The interaction of normative and operating systems. In *International Law and International Relations* (pp. 426-456). NY: Cambridge University Press.

Finnemore, Martha (2009). Legitimacy, hypocrisy, and the social structure of unipolarity: Why being a unipole isn't all it's cracked up to be. *World Politics, 61*(1), 58-85.

Henkin, Louis (1979). *How Nations Behave: Law and Foreign Policy*. New York: F. A. Praeger.

Hoeffler, Anke (2014). Can international interventions secure the peace? *International Area Studies Review, 17*, 75-94.

Hultman, Lisa (2013). UN peace operations and protection of civilians: Cheap talk or norm implementation? *Journal of Peace Research, 50*, 159-173.

Hurrell, Andrew. *International Law and the Changing Constitution of International Society*. In The Role of Law in International Politics: Essays in International Relations and International Law. (Michael Byers ed., 2000).

Kathman, Jacob D., & Reed M. Wood (2016). Stopping the killing during the "Peace": Peacekeeping and the severity of postconflict civilian victimization. *Foreign Policy Analysis, 12*, 149-169.

Kelsen, Hans (2006). *General Theory of Law and State*. New Brunswick, NJ: Transaction Publications.

Kennedy, Matthew. (2016). Overseas Territories in the WTO. *The International and Comparative Law Quarterly, 65*(3), 741-761.

Keohane, Robert (1989). *International Institutions and State Power: Essays in International Relations Theory*. Boulder: Westview Press.

Keohane, Robert & Joseph Nye (1989). *Power and Interdependence*. Glenview, IL: Scott, Foresman and Company.

Krasner, Stephen D. (1999). *Sovereignty: Organized Hypocrisy*. Princeton, NJ: Princeton University Press.

Haar, R. and Noucheva, G. (2020). The Russian dilemma for NATO and the EU: How the "renewed" West should stand up for its values. *Atlantisch Perspectief, 44*(6), 17-22.

Hanna, Mark. (2017). Between Law and Transnational Social Movement Organizations: Stabilizing Expectations of Global Public Goods. *Journal of Law and Society, 44*(3), 345-373

Mengelber, S. (2021). Can Europe extinguish the enclosing ring of fire?: The EU and the concept of deterrence. *Atlantisch Perspectief, 45*(2), 34-38.

Mingst, Karen A. (2004). *Essentials of International Relations*. NY: W. W. Norton.

Morgenthau, Hans J. (1978). *Politics Among Nations: The Struggle for Power and Peace* (5th ed.). New York: Alfred A. Knopf.

Pease, Kelly-Kate S. (2014). *International Organizations: Perspectives on Governance in the Twenty-First Century* (5th ed.). New Jersey: Prentice Hall.

Ruggie, John Gerard (1993). Territoriality and beyond: Problematizing modernity in international relations. *International Organization, 47*(4), 140-174.

Serdaroglu Polatay, S. (2020). Who Likes Cooperation? A Long-Term Analysis of the Trade War between the US, the EU and China. *Uluslararası　li kiler/ International Relations, 17*(67), 41-60.

Smith, Don C. (2011). Jean Monnet: Father of Europe (oral history). CO: Denver University. http://www.law.du.edu/index.php/jean-monnet-father-of-europe/ documentary

Uzonyi, Gary (2014). Refugee flows and state contributions to post-cold war UN peacekeeping missions. *Journal of Peace Research, 52,* 743-757.

Von Glahn (2016). *Low Among Nations: An Introduction to Public International Law.* NY: Routledge.

Young, Organ (1989). The politics of international regime formation: Managing natural resources and the environment. *International Organization, 43*(3), 351-352.

Chapter 11

國際貿易與金融[1]

吳文欽（Wen-Chin Wu）

中央研究院政治學研究所副研究員

美國密西根州立大學政治學博士

　　全球化時代下的國際貿易與金融的形式相當多元且複雜，不但把許多國家彼此的經濟活動連結在一起，令世界經濟往往有「牽一髮而動全身」的效果，也促成傳統國際關係的研究範圍，從權力競逐、軍事對抗、外交結盟等屬於「高階政治」（high politics）的主題，延伸至自由貿易、匯率政策、金融管制以及移民政策等「低階政治」（low politics）的議題，並使得「國際政治經濟學」（International Political Economy, IPE）成為國際關係領域中相當蓬勃發展的次領域。本章即是探討國際貿易和金融與國際政治之間的關係。首先介紹幾種主流的國際貿易理論，並討論它們的政治意涵，接著討論保護主義以及世界貿易組織。另外將介紹國際金融的基本議題及其對於國內政治的影響，並介紹第二次世界大戰結束之後美國所主導而建立的「布列敦森林體系」（Bretton Woods System）如何成就美元霸權。再來則是介紹中國大陸的崛起，對當前世界經貿權力關係與秩序的影響，以及2018年中國和美國之間貿易戰的背景與意義、概述世界經濟危機的起源和可能的對策，最後一部分討論後新冠肺炎時代的國際政治經濟秩序。

一、國際貿易理論

　　經濟學之父亞當‧史密斯（Adam Smith）曾提出「絕對利益原理」（The principle of absolute advantage），主張各國如果能夠分工生產各自具有相對優勢的貨品並彼此貿易，便能夠換來比自給自足時更低廉的產品與更高的利潤，而後來18世紀李嘉圖（David Ricardo）更進一步提出「比較利益原理」（The principle of comparative advantage），揭示了參與國際貿易會為本國帶來貿易利得（gains from trade），成為當代國際貿易理論

---

[1] 本章架構延續本書2012年版本第十一章〈國際貿易與金融〉，惟內容已經大幅改寫：一方面增加國際貿易與金融的理論探討，另一方面則探討中國崛起對於國際政治經濟秩序的影響。對於本章的2012年版本（及其稍早版本）的作者江啟臣博士，作者在此致謝。

的基礎[2]。然而，儘管國際貿易總體來說會為本國帶來貿易利得，但也可能讓某些產業或部門的從業者受害，這些受害者也就成了「保護主義」（protectionism）的支持勢力。國際貿易理論中各種的貿易模型，便是分析哪些人會從貿易中得利、哪些人又會成為自由貿易的犧牲者，還有以下幾種基本的國際貿易模型：

(一)赫克歇爾—俄林模型

比較利益原理重視勞工在不同產業的生產力差異所帶來的比較優勢，但是一國的產業優勢不全然來自於勞動力，而可能是因為該國擁有大量該產業所需的生產要素所致。例如巴西有很多熱帶雨林，故可以出口木材；沙烏地阿拉伯有豐富的石油蘊藏量，故可以大量出口石油；而先進國家因為資金充沛，故可以提供跨國金融服務。可見一國在生產要素上的資源稟賦差異，也會影響該國的出口型態，於是赫克歇爾（Eli Heckscher）及俄林（Bertil Ohlin），便發展了一個貿易模型來解釋這種差異所造成的後果，也就是俗稱的「赫克歇爾—俄林模型」（Heckscher-Ohlin模型，以下簡稱H-O模型）。

由於各國在不同生產要素有稟賦差異，H-O模型認為一國會出口能密集使用其充沛生產要素的產品，例如中國大陸具有大量人口所構成的充沛勞動力，可以發展紡織業這種勞力密集的產業；同樣地，澳洲地廣人稀，便適合發展需要大量土地的畜牧業。換句話說，H-O模型認為一國在貿易中的比較利益，來自於該國相對於它國較為豐富的生產要素稟賦，能被善用到密集使用該要素的產業上。

基於H-O模型，斯托珀（Wolfgang Stolper）以及薩繆爾森（Paul Samuelson）進一步證明當國家彼此就其充沛的生產要素進行分工時，那麼其國內那些充沛生產要素的擁有者，會取得更多的報酬，但是另一方

---

[2] 關於國際貿易理論的介紹，可參閱劉碧珍、陳添枝、翁永和（2018）以及Irwin（1996）。

便，那些相對稀缺生產要素的擁有者，因為國際貿易的關係，使其生產要素不再是「物以稀為貴」，其報酬也就跟著降低。這項論點後來被稱為「斯托珀—薩繆爾森定理」（Stolper-Samuelson定理，簡稱S-S定理）。

S-S定理具有很深刻的政治意涵。因為國際貿易在國內製造了贏家與輸家，所以有了自由貿易和保護主義之爭。Rogowski（1989）進一步指出國內的政治聯盟，會按照生產要素之別而各自成形。也就是說，由於充沛生產要素的擁有者會從自由貿易中獲利，而相對稀缺的生產要素擁有者則會受益於保護主義，故它們會分別形成支持自由貿易與保護主義的政治聯盟，並透過政治過程影響一國的貿易政策。

(二)特定要素模型

H-O模型處理了要素稟賦程度不同所導致的貿易效果，但是它假設了生產要素是可以在不同產業之間流動，但是有些生產要素其實只能用於某些特定產業，例如棉花無法用來釀酒，葡萄也無法用來織布，但是資金卻可以用來投資成衣廠或是釀酒廠。此時如果開放貿易，法國可以自英國進口衣服、英國則可以自法國進口葡萄酒，那麼法國的棉花種植者因為是屬於紡織業的特殊要素，無法因為貿易開放而獲利，甚至其原本的國內市場，也會面對英國的競爭，同樣的困境也發生在英國的種植葡萄的業者身上。換句話說，一旦貿易開放，屬於出口部門的特定要素會獲利，同時進口部門的特定要素則會受害，但是可以在兩部門之間流動的資金，其受到自由貿易的影響需視情況而定。

特定要素模型也被政治學家用來解釋政治聯盟的形成。Michael Hiscox（2002）便指出，當要素間的流動性很低時，表示某些特定要素相當依賴產業而存在，故政治聯盟的界線會沿著產業別而劃分；另一方面，當要素間的流動性很高時，特定要素的角色便降低，此時政治聯盟會隨著階級——亦即貿易帶來的所得效果——而劃分，並支持不同的貿易政策。

(三)產業內貿易理論

無論是H-O模型或是特定要素模型，皆預設了國家間是針對不同產業之間進行貿易（inter-industry trade），但是國家間也存在著許多就同一部門內的產品進行交換的「**產業內貿易**」（intra-industry trade），例如美國會出口福特汽車到日本，而日本也會出口豐田汽車到美國，所以儘管美、日兩國皆具有成熟的汽車展業，H-O模型與特定要素模型皆無法有效解釋這種產業內貿易，使得學者必須另闢蹊徑，包括引進產品異質性、消費者偏好、規模經濟等因素來進一步解釋這種產業間貿易的現象（劉碧珍等，2018）。例如H-O模型與特定要素模型皆假設了每個產業只生產單一產品，但實際上消費者的需求或多或少都會有差異（例如車子的馬力或是安全性），不同國家的相同產業，在消費者心目中也會有不同的品牌形象（例如義大利的時裝與中國的成衣），於是生產者與消費者的異質性，使得國家間能就性質相近的產品進行貿易。另一方面，如果一國在生產某產品時具有「**規模經濟**」（economics of scale）的效果，亦即生產成本隨著產量而下降，那麼該國可能會進一步大量、甚至是指專門生產這種產品，並將之出口到其他國家，但是由於資源都投入了單一產品的專業化生產，該國也就必須進口類似的產品，以滿足其他國內消費者的需求。這種相同產業內不同公司之間的貿易，也形成了產品的供應鏈（supply chain），在當代全球貿易扮演關鍵地位。

(四)異質企業貿易理論

除了以「產業」作為研究對象之外，隨著生產技術的提升以及經濟全球化程度的加深，「公司」也成為國際貿易理論的研究重心（Melitz, 2003）。這一波文獻主要在探討為何有些公司是以全球為出口市場，有些則發展成在許多國家設有據點的跨國企業，但其他公司則僅能專注於國內市場。目前這一波研究的發現是公司間彼此在生產力上的異質性，

將影響公司的生產策略與投資行為，故也被稱為「異質企業貿易理論」（heterogeneous firms trade theory）。首先，公司產品是否能出口至國外市場，取決於該公司的生產力在全球市場競爭力。競爭力越高的公司，越能透過出口而獲利，也就會越以全球為市場，反之則會以國內市場為目標（甚至為市場所淘汰）。此外，對於那些具有出口競爭力的企業，除了直接將產品出口之外，也可以選擇以國外投資（foreign direct investment）的方式，在國外建立據點，直接在當地生產並銷售，甚至是將整個生產線移到國外，再將產品進口回本國。因此，具有全球競爭力的公司（例如蘋果電腦）會支持貿易開放，而不具競爭力的公司則會支持保護主義，雙方陣營皆可透過政治遊說（lobby）影響貿易政策。

二、國際貿易與保護主義

前述各種國際貿易理論都暗示著自由貿易將使具有競爭力的個人或公司獲益，但另一方面也會使得較不具競爭力的個人或公司受害，而這些可能在自由貿易競爭下受害的個人或公司，便會尋求政府的保護。政府基於種種考量——包括選舉成敗、政權穩定、經濟利益、文化保存等——會採取必要政策來保護這些可能在自由貿易化受害的群體，也就是實施保護主義（protectionism），或是給予這些受害的群體補償或救濟。

保護主義有許多種形式，大致可分為關稅與非關稅壁壘。關稅就是在貨物自國外進口至國內時，課徵一定數額的稅金，以提高舶來品在國內的價格，一方面降低購買需求，一方面也保護了國內與其競爭的產品。非關稅壁壘則是泛指除了關稅以外的貿易障礙，包括例如針對舶來品進行配額（quota）限制、就其通關手續或商品規格給予特殊限制，或者針對國內業者進行補貼等。一般而言，非關稅壁壘比關稅壁壘對於國外商品更具有針對性，也有很多灰色地帶，是當前貿易談判與學術研究的重點。

在IPE的文獻中，關於貿易保護主義的研究相當多，其中一項重要的發展是探討政治制度與保護主義之間的關係。亦即不同的政治制度，會導

致不同程度與形式的保護主義。首先，民主國家的貿易體制比獨裁國家來得更爲開放（Aidt & Gassebner, 2010; Milner & Kubota, 2005），理由是因爲民主國家因爲舉行競爭性選舉，致使政治人物必須採取對多數人有利的政策以求勝選，而不能僅仰賴保護主義來尋求政治支持，導致民主國家會有較高的貿易開放程度與較低的關稅，但是也有學者認爲，儘管民主國家的關稅低於獨裁國家，但是民主國家卻是有較高的非關稅壁壘，因爲選民比較不容易察覺非關稅障礙的存在與影響（Kono, 2006）。在選舉制度與貿易政策的關聯性方面，有學者認爲實施單一選區制度（single-majority district）的國家，由於候選人必須極大化選票方能當選，故必須回應選區內主張保護主義的團體（Rogowski, 1987）；但是另一方面，也有學者認爲比例代表制（proportional presentation）讓主張保護主義的團體有更多機會進入國會，進而制訂有保護主義色彩的貿易政策（Mansfield & Busch, 1995）。此外，也有研究指出由於總統必須盱衡全國的利益，比起國會議員更有動機推行貿易自由化（Nielson, 2003）。

總體而言，學界目前對於不同選舉制度將對貿易政策有何影響，尚無定論（Rickard, 2015）。一方面，除了從制度層次來討論保護主義的基礎之外，學界亦有從個人層次來分析保護主義的基礎，目前學界的發現是當個人所擁有的生產技術較高，會傾向支持自由貿易；反之，低技術勞工則因爲可能在全球化的競爭下受害，故傾向支持保護主義（Scheve & Slaughter, 2001），此外，民眾也會視與本國貿易往來的國家爲何，而決定是否支持本國政府對該國採取貿易保護措施或與之自由貿易（Kim et al., 2023），特別當貿易往來與國家安全掛勾時，民眾也會因爲它國可能對本國的國家安全造成威脅（或幫助）而反對（或贊成）與之貿易（Chen, 2023）。此外，因爲自由貿易將可能導致部分民眾或廠商受害，也有研究發現當一國的貿易開放程度越高，其社會福利的支出也就跟著提高，以救濟貿易開放後所造成損害（Adserà & Boix, 2002）。

三、國際貿易體系的變遷

(一)關稅暨貿易總協定

當代國際貿易體系奠基於1947年於瑞士日內瓦所成立的《關稅暨貿易總協定》（*General Agreement on Tariffs and Trade, GATT*）。嚴格來說，GATT並非正式的國際組織，而是一項以降低關稅、消弭貿易障礙與歧視待遇為主要目標的多邊國際協定。由於貿易自由化並非一蹴可幾，故GATT的締約國以回合（round）的方式進行談判。自GATT成立自1994年止，前後進行八回合的談判，其中涵蓋議題先是從減讓關稅再到消除非關稅障礙，再從貨品貿易的自由化談到服務貿易的自由化。另一方面，參與GTAA的談判國家的數目逐年增加，到第八回合的烏拉圭談判時已有一百二十三個國家或政府參與談判，使得每回合談判所耗費的時間愈來愈長。在烏拉圭回合談判結束之後，一個正式以法律規範為基礎的（rule-based）世界貿易組織（World Trade Organization, WTO）也於1995年成立。

(二)世界貿易組織

GATT締約國在經歷數回合的談判之後，於1994年烏拉圭回合談判時通過協議，決定在1995年元旦在瑞士日內瓦設立WTO，結束近半世紀以GATT為核心的國際貿易體系，我國也於2002年加入WTO。儘管GATT與WTO都是以推動自由貿易為目標，但兩者之間仍有不少差異。其中最為關鍵的是，GATT為一項多邊國際協定，而WTO則是正式的國際組織，有具體的組織架構、秘書處，及整套決策制定的規範；WTO同時也是一個具有法律約束與執行能力的國際組織，可以針對會員國之間的貿易爭端進行仲裁，而WTO關於貿易爭端解決機制（dispute settlement mechanism），也是IPE文獻的新興的研究領域（Davis, 2015）。

WTO在規範國際貿易時有兩個重要原則，即「最惠國待遇」（most-favored-nation treatment）與「國民待遇」（national treatment）（劉碧珍等，2018）。最惠國待遇是指締約雙方中，若有一方給予第三方任何優惠，則該優惠也會自動給予對方，亦即締約時給予對方不低於第三方享有的待遇，進而降低了兩國貿易時對於第三國的歧視。此外，國民待遇則是指外國產品進口至本國時，應享有不低於本國產品所享有之待遇。這兩項原則基本上降低了外國產品所可能受到的歧視，因此有效地促進了會員國彼此之間的貿易。

WTO成立之後，會員國也接續GATT未完成之貿易回合談判。然而，冷戰的結束加快了經濟全球化的腳步，也催生了新的貿易議題。另一方面，GATT先前的八次貿易談判固然累積了豐碩的成果，但也刻意避開了許多敏感議題，使得後續談判的困難度越來越高。其中最為關鍵的事件是WTO於1999年在西雅圖召開的部長會議，原訂就WTO新一回合的貿易談判做準備，但是部分開發中國家、反經濟全球化者以及非政府組織認為WTO代表的全球化浪潮，加深了貧富差距，並使得發展中國家與低度發展國家進一步受到已開發國家的宰制，因此聚結於西雅圖強烈抗議該會議，同時各國與會代表也無法消除彼此的歧見，最後導致該次談判失敗（Irwin, 2002）。儘管WTO於2001年為了挽救西雅圖部長會議的挫敗而展開新一回合的「杜哈談判」（Doha Round），並預計於2005年元旦前結束談判，但是杜哈回合談判最後仍無疾而終。

(三)國際貿易體系之發展趨勢

回顧國際貿易體系自上一世紀中葉迄今發展的歷程，其最大的成就是大幅降低了各國彼此的貿易壁壘，並促進全球貿易的流通與成長。然而，隨著GATT從二十三個創始會員國擴張到WTO目前（截至2019年3月）的一百六十四個成員，使得國際貿易體系出現了許多新興的議題，例如勞動標準、人權保障、環境保護，以及智慧財產權等涉及國家主權管轄

範圍的貿易議題，也讓「公平貿易」（fair trade）逐漸變成協商或制訂自由貿易政策不得不考慮的面向。例如，已開發國家的勞工或環保團體批評發展中或低度開發國家採用了較差的勞動條件和環保標準，故可以製造低廉的產品並傾銷至已開發國家，威脅了進口國當地生產者與勞工的權益，故已開發國家希望可以在國際貿易談判時，針對這些面向予以規範。然而，這種主張也遭受到其他反對聲浪的抨擊，認為是變相的保護主義，將阻礙了WTO繼續推動自由貿易的進程（Gilpin, 2001）。另一方面，由於全球供應鏈的形成，許多發展中或低度開發國家的經濟命脈也都掌握在跨國公司（Multinational corporation, MNC）手裡，而這些跨國公司的總部也多設立在已開發國家，所以推動公平貿易也因為損害這些跨國公司的利益而遭受阻撓。由於世界各國很難就這些具有高度政治敏感性的議題達成共識，使得後續WTO的多邊談判（尤其是多哈回合之後）的成效不彰。

儘管如此，WTO建立了一套以法律規範為基礎的貿易體系，使得會員國彼此有貿易爭端時，可以訴諸WTO下轄的爭端解決機制加以仲裁，必要時也允許會員國採取貿易報復措施。根據WTO的統計，1995年至2021年間，WTO總共計有五十二個會員提出六百零七件申訴。例如，2011年日本大地震造成福島核災後，韓國禁止進口日本福島即其鄰近區域的食品，日本遂於2015年向WTO申訴。雖然日本於一審時勝訴，但2019年4月的二審卻被判敗訴。總的來說，WTO爭端解決機制的設計，一方面降低各國在有貿易爭端時立即採取貿易報復的可能性，另一方面也強化各國遵守WTO規範的意願。然而，2019年，美國川普政府杯葛WTO爭端解決機制中「上訴機構」的法官任命，使得WTO爭端解決機制因為上訴機構法官人數不足停擺，部分成員國遂於2020年另組「臨時上訴仲裁多邊協議」（Multi-Party Interim Appeal Arbitration Arrangement, MPIA），並於2022年底正式做出第一件裁決。

(四)雙邊貿易與多邊貿易協定

由於WTO的多邊談判進度在21世紀初之後的進度不前，許多國家

開始轉以區域或是雙邊為主的貿易談判，簽訂了大量的雙邊自由貿易協定（Free Trade Agreement, FTA）以及區域貿易協定（Regional Trade Agreement, RTA）。根據國際貿易理論，自由貿易協定會產生「貿易創造」（trade creation）以及「貿易轉移」（trade diversion）等兩種效果（Viner, 1950）。所謂貿易創造，是指貿易協定的成員國彼此因為實施自由貿易，使得一國將原本在國內生產成本高的產品，轉而向其他在生產該產品具有較低成本的會員國進口，而不再由該國生產，此時不但減少了該國生產該高成本產品的福利損失，同時也「創造」了會員國之間的貿易。另一方面，自由貿易協定也會將原本會員國與非會員國之間的貿易，「轉移」為會員國之間的貿易，因為自由貿易協定降低、甚至是取消了會員國彼此之間的貿易壁壘，使得成員國得以用較低的價格獲得其他成員國的產品，進而歧視了非會員國的產品（Mansfield & Bronson, 1997）。

基於貿易創造與貿易轉移的效果，自由貿易協定的簽約國會儘量極大化貿易創造效果，並且想辦法不要讓本國成為貿易轉移效果的受害者，所以簽訂自由貿易協定通常具有骨牌效應，亦即當兩國簽訂自由貿易協定時，其鄰國也會有不得不加入的壓力（Baldwin, 1997），這也解釋了為何當以全球貿易體系為範圍的WTO談判停滯不前時，各國仍然會繼續簽署區域自由貿易協定。例如在2002起，亞太經濟合作會議（Asia-Pacific Economic Cooperation, APEC）其中四個成員發起新的多邊貿易協定，一路演變成具有十二個成員國的「跨太平洋夥伴關係協定」（Trans-Pacific Partnership Agreement, TPP）。儘管川普（Donald John Trump）於2017年1月就任美國總統之後，宣布美國正式退出TPP的談判，讓原本已經完成談判的TPP無法生效，進而讓其他十一個成員國在美國缺席的情況下，改組為「跨太平洋夥伴全面進步協定」（Comprehensive and Progressive Agreement for Trans-Pacific Partnership, CPTPP），並於2018年12月30生效。另一方面，東南亞國家協會（The Association of Southeast Asian Nations）的成員國，也於2011年起推動「全面經濟夥伴關係」（Regional Comprehensive Economic Partnership, RCEP）的貿易談判，隨後中國大

陸、韓國等其他六國也加入談判，並於2019年完成談判，2022年開始生效，成為世界上最大的自由貿易區。

貿易協定能否順利簽訂並執行，除了受到談判國家之間彼此利益衝突程度所影響外，也受到談判國家內部的政治制度安排所影響。儘管貿易會帶來貿易利得，但是這些好處並不一定會平均分配，甚至在貿易自由化過程受到犧牲的團體也不一定會得到應有的補償。因此，當一國內部的政治決策過程中，若是對於政策具有否決權的行為者越多時，由於這些否決者彼此的利益可能越分歧、甚至是衝突，將導致越難簽署自由貿易協定（Mansfield & Milner, 2012）。反過來說，一國若要成功簽署自由貿易協定，需針對那些可能在自由貿易中受到傷害的國民或產業，進行救濟與補償，以減少反對聲浪。此外，各國簽訂貿易協定，也會根據彼此的外交關係、比較利益、產業結構、經貿往來、以及國內政治情勢等因素調整內容，故有些國家彼此會願意簽署整合程度較深（deep）的貿易協定，以促進經貿往來、共同打造供應鏈，反之有些貿易協定則流於表面（shallow），不見得能有貿易創造的效果（Dür, Baccini, & Elsig, 2014）。

四、國際金融理論

(一)國際收支帳與貨幣

和國際貿易相比，國際金融是相對抽象且複雜的領域，一方面因為它涉及到一國的匯率、利率，以及其他相關的金融政策，並且和財政政策緊密相關。另一方面，國際資本流動於20世紀後半葉以降大量增加，許多衍生性金融商品也陸續問世，加上各國的金融市場也因為經濟全球化而高度連結在一起，增添了國際金融議題的多元性與複雜度。

在進入國際金融理論的細節之前，先讓我們瞭解兩個基本概念：國際收支帳（balance of payments）與貨幣。國際收支帳指的是一國在一年

內對外經濟活動往來金額的紀錄，分為經常帳（current account）、資本帳（capital account），以及金融帳（financial account）、準備資產，以及部分誤差與遺漏值等五部分（李榮謙，2015）。進一步來說，經常帳包括一國在商品、勞務、所得以及轉移（如僑匯或外援）等項目和外國之間的交易，也就是國家間財貨與勞務之間的往來金額；資本帳則包括了一國的資本移轉以及非生產性、非金融性資產的取得與處分；金融帳則是一國對外金融資產與負債的交易；準備資產則是一國隨時可以控管的國外資產；誤差與遺漏項目則是指國際收支帳記錄時產生的誤差與遺漏值（例如地下經濟）。

　　國際收支帳的設計架構有幾個特點。首先，國際收支帳必須符合會計恆等式，也就是五個項目的總和恆等於0。其次，在一國準備資產不變的情況下，經常帳和資本帳（含金融帳）的彼此的餘額必為負相關（Oatley, 2013），也就是當經常帳出現赤字時，資本帳（含金融帳）必然出現盈餘，反之亦然。理由如下：當一國經常帳處於赤字時，表示該國人民購買國外的財貨與勞務之金額大於其所得，其中的金額差距，便是外國資金流入本國所形成資本帳盈餘。另一方面，假使經常帳有盈餘，表示其支出小於收入，資本帳的收入也就小於支出而呈現赤字，表示該國的資本有淨流出的現象。

　　瞭解了國際收支帳的細節之後，我們接下來討論貨幣。在遠古時代，經濟活動的交易是「以物易物」的形式，但是這種方式的「**交易成本**」（transaction cost）太高，於是人們改採貴重金屬——例如白銀或黃金——作為交易媒介，讓商品可以兌換成等值的貴重金屬，使得買方與賣方之間的交易得以順利完成。此時貨幣的發行權尚未由國家所壟斷，民間也可以開採並提煉貴重金屬並向市場發行貨幣供人使用，貨幣的價值取決於其所用的金屬種類、純度以及成色等，鑄幣成本與貨幣本身面額的差額，便稱為「**鑄幣稅**」（seigniorage）。

　　當現代民族國家成型之後，各國逐漸壟斷貨幣的發行權，一方面透過中央銀行（又簡稱為央行）發行貨幣以彰顯主權，另一方面則是藉此收

取鑄幣稅。更重要的是，政府可以透過貨幣政策（monetary policy）來調節市場。當市場的景氣不好時，央行可以在市場上增加貨幣的供給，例如透過降息讓資金流到市場，以便促進投資並提升就業率。相反地，當市場上的資金太多時，會形成「太多的錢追逐太少的商品」，使得市面上的商品普遍都漲價，形成「通貨膨脹」（inflation，簡稱為通膨），此時對於收取固定所得的族群——例如受薪階級—而言，原本的收入可以購買商品變少了，生活品質也會隨之下降。換句話說，貨幣所代表的實際價值，會因為通膨而降低。因此透過貨幣的發行量以控制通貨膨脹、維持物價穩定，始終是各國中央銀行的主要任務，其中一項常見的做法，便是透過升息，引導市場的資金回流至銀行，以抑制通膨。反過來說，若是景氣低迷時，央行可以透過降息，讓資金流入市場，以刺激景氣。因此央行升息與降息的措施，代表著對於景氣發展的評估，也會影響市場投資人的資產配置，以及國外資金的流入程度。

值得一提的是，通膨的陰影限制了政府為了增加收入而濫發貨幣的可能性，因為當政府毫無節制地向市場供給貨幣時，或導致造成了「惡性通膨」（hyper inflation），此時貨幣失去了其所代表的價值，人們不願意持有該貨幣，轉而使用其他貨幣，或者購買實體資產、整個經濟體甚至會退回以物易物的交易模式。舉例來說，非洲國家辛巴威在2000年起便開始經歷惡性通膨，逼使其央行不得不陸續提高貨幣發行的面額——在2008年甚至發行了面額100兆的紙鈔。儘管如此，辛巴威仍然於2015年時放棄了使用自己的貨幣，而改採美元，其匯率為35千兆辛巴威幣兌換1美元，顯示惡性通膨可能讓持有以該貨幣計價的資產化為烏有，也增加了本國資本流向外國的可能性。

那麼，當各國政府都開始發行自己的貨幣時，貨幣之間該如何進行兌換呢？特別是在國際貿易時，A國的買方若是以A國貨幣支付給B國的賣方，後者取得的貨幣並無法直接B國市場使用，而是必須再匯兌成B國貨幣。早期為解決這種國際金融匯兌的問題，通常採取的是以貴金屬作為交易媒介。然而，工業革命之後，貴重金屬的開採速度跟不上國

際貿易擴張程度,人們遂在19世紀後半葉發展了「金本位制度」(gold standard),亦即各國約定其每單位的貨幣,可以兌換若干重量的黃金,使得各國可以依據其黃金儲備量的多寡,作為貨幣發行量的基準,於是金本位制度以「固定匯率」(fixed-exchange rate)的方式連結了國際金融體系中的不同貨幣。然而,由於第一次世界大戰的爆發,各國多半禁止黃金輸出,金本位制度暫停運作,雖然戰後一度恢復運作,但隨著1929年發生的世界經濟大恐慌,以及隨後爆發了第二次世界大戰,使得金本位制度宣告瓦解,國際經濟秩序一直等到二戰結束後,透過「布列敦森林體系」才得以重建。

國際收支帳和貨幣之間有密切關係。在重商主義者(mercantilism)的視角下,會希望國際收支帳保持順差,表示外匯的收入大於支出,亦即國際上對於該國的資產需求大於該國對於外國資產的需求。如此一來,該國資產因為國外需求而價格上漲,連帶會使得對於本國貨幣的需求上升,造成本國貨幣升值(進而降低國外對於本國資產的需求)。另一方面,當國際收支帳為逆差時,表示本國購買國外資產的支出大於國外購買本國資產的收入,此時如果要保持國際收支平衡,必須減少支出,或是對本國貨幣進行貶值,以刺激本國的出口。

(二)不可能的三角

前述的討論涉及到國際金融學中三個相當重要的概念,亦即貨幣政策獨立性、匯率制度選擇以及資本流動性。由於貨幣政策具有強大的政策效果,各國政府多半希望能夠保有施展這項政策的自主性。其次,一國貨幣和他國貨幣之間的兌換率,既可以採取固定,也可以採取浮動,端視一國的政策目標為何。第三則是資本流動性,也就是外國資金多大程度能夠自由地進出本國市場。持平來說,國外資金是兩面刃,一方面外資的目的如果是投資本國產業,可以活絡本國經濟,特別是促進就業與產業升級,但是另一方面,國外資金湧入也會造成通貨膨脹,而且如果國外資金的目標是針對股票或匯率進行短期的投機炒作,將不利本國經濟穩定發展。此

外，從重商主義的角度來看，政府會希望本國的資金可以留在國內，而非外流到其他國家，於是如何調控資本自由流動的程度，便是一道考驗各國政府的國際金融課題。

理想上，政府在調控經濟時，會希望能夠在貨幣政策、匯率制度，以及資本流動性三方面皆能收放自如。很可惜的是，Robewt A. Mundell 與 J. Marcus Fleming 早在1960年代便指出這三種無法兼得，最多也只能兼顧兩個，學界也將之稱為「不可能三角」（the impossible trinity）（何思因，2000）。首先，如果一國允許資本可以自由流動，同時又希望固定匯率，那麼就必須放棄貨幣政策的獨立性，亦即它的利率政策是會受到其匯率所緊盯的國家所決定，而不再具有自主性。否則，由於資本可以自由流動，匯率又是固定，當一國的利率高於其貨幣所緊盯國家的利率時，將會使得後者的資金流入前者，造成通貨膨脹；反之，若其利率太低，則會使得本國資金外流至他國，在固定匯率的架構下會進一步掏空本國經濟。

其次，若是當一國允許資本自由流動，又希望維持貨幣政策的獨立性，那麼就必須放棄固定匯率，因為資本固然可以因為貨幣政策的改變而自由進出本國市場，然而因為是採用了浮動匯率，可以縮減因為採用固定匯率所形成的套利空間。

第三，如果一個國家採取固定匯率，又希望維持貨幣政策的獨立性，那麼就不能允許資本自由流動，因為一旦固定匯率，資本便有誘因隨利率改變而進入或離開本國市場，那麼就會增加維持固定匯率的成本。

在此必須說明的是，雖然「不可能的三角」只能兼顧兩角，但並不代表哪一種組合最好，而是必須看一國的政策目標排序為何。只是一般來說，一國政府通常會希望能夠保有貨幣政策的獨立性，同時也希望能夠透過資本流動來吸引外國資金，加上維持固定匯率需要較高的成本，所以世界上多數國家採用浮動匯率並允許資本自由流動。然而，對於許多威權國家而言，當它們希望引進外資以促進本國經濟時，即使其領導人宣示會給予央行獨立性（亦即不會濫發鈔票），央行的貨幣政策依然很難免於政治干擾，所以威權國家保有央行獨立性的宣示，很難取信於市場。於是，威

權國家若想要吸引外國投資，採用固定匯率是一個比較有效的手段，因為
對投資人來說，匯率是比央行獨立性更容易觀察到的市場訊息，而且維持
固定匯率需要成本，是一個「昂貴訊號」（costly signal），當政府願意
付出代價維持固定匯率時，市場也就比較會相信該國的投資承諾（Broz,
2002）。

　　在介紹了國際金融的相關理論之後，接下來我們把視角拉大，放眼
當代國際金融體系的發展。簡言之，國際金融體系與先前提到的國際貿易
體系一樣，皆於第二次世界大戰之後成形，並持續影響著目前的國際政治
經濟秩序與一般庶民生活。然而，隨著開發中國家——特別是中國大陸
——的崛起，過去由西方已開發國家——特別是美國——所主導的國際經
濟秩序，也面臨了許多挑戰。下節將概述這些沿革與發展。

五、布列敦森林體系

　　第二次世界大戰後的國際政治經濟秩序是由1944年於美國新罕布
什爾州（New Hampshire）的布列敦森林市（Bretton Woods）所召開的
會議而成型。該會議打造了日後「**布列敦森林體系**」（Bretton Woods
System），重建了二戰後國際經濟秩序。該體系包含了「國際貨幣基
金會」（International Monetary Fund, IMF）與「國際復興與開發銀行」
（International Bank for Reconstruction and Development），前者主要扮演
世界各國之中央銀行的角色，向各國融資以便其調節國際收支的不平衡，
並協調與監督各國之貨幣政策，以維持國際金融秩序的穩定。至於「國際
復興與開發銀行」則先以復興戰後歐洲為主要目標，之後則透過長期貸款
以協助會員國經濟發展並改善落後地區之生活水準，又被稱為「世界銀
行」（World Bank）。

　　布列敦森林體系對於二次大戰之後的國際政治經濟秩序影響甚鉅，
特別是成就了之後的「**美元霸權**」（dollar hegemony）。當與會的各國代
表決議組成IMF與世界銀行時，它們也同意往後國際金融秩序應建立在以

固定匯率的基礎上，讓各國承諾將其貨幣之匯率固定在一定的兌換價格，並僅允許在有限的範圍內上下調整。基於先前實施金本位制度的經驗，加上美國擁有當時世界絕大部分的黃金，布列敦森林體系於是建立以美元為主的固定匯率體系，其中美國保證以每盎司黃金兌換35美元的價格，各國再依此建立其貨幣和美元之間的匯率，並不得隨意貶值，同時各國隨時可以將手中持有的美元，向美國兌換等值的黃金，這樣的制度設計使得美元的地位等同黃金，並讓美元成為各國央行外匯存底的主要儲備貨幣。

美國在IMF中的優勢地位，也成為戰後美元躍升為全球主要貨幣的基礎。IMF扮演了向會員國提供融資的角色，其資金來源為會員國彼此的攤提，而攤提的金額也決定了該國在IMF投票權的大小。於是，當一國向IMF提出貸款需求時，由於以美國為首的西方資本主義國家掌握了大部分的票數，便可以主導申貸案通過與否，連帶也加強了它們對於發展中國家的影響力。Thacker（1999）曾為文指出，發展中國家獲得IMF貸款的成功率，與它們和美國在外交政策立場是否一致成正比。此外，Stone（2004）也發現當IMF針對貸款國未能履行經濟改革承諾而暫時中止其貸款案時，那些和美國親近的國家反而能更早結束被制裁的命運。換句話說，美國可以將其在IMF的經濟影響力，轉換成對它國的政治影響力。

布列敦森林體系固然穩定了二戰後的國際金融秩序，但是這個制度設計有一個先天上的缺陷，也就是Robert Triffin於1960年所提出的「特里芬難題」（Triffin Dilemma）：當各國貨幣和美元掛勾後，等於採用了固定匯率，並且用美元作為貿易結算與儲備貨幣。然而因為國家彼此之間需進行貿易，使得美國必須供給足夠的貨幣供大家交易，以避免美元的流動性不足，方能促進國際經濟的發展。但是美國大量向外國供給美元的結果，便造成美國本身的貿易逆差，另一方面，布列敦森林體系要求美元必須維持和黃金之間固定比例的兌換性，也就是美元價值必須保持穩定，美國也必須保持國際收支平衡以避免美元貶值。

「特里芬難題」所指出的矛盾，並未在布列敦森林體系建造之初出現，因為當時美國的經濟相對強健，戰後的各國的經濟發展程度也尚未形

成對美元的大量需求。然而，1960年代之後，由於美國在冷戰架構下長年捲入戰爭，陷入越戰的泥淖更讓它的軍事開銷大幅增高、國內經濟也跟著衰退，內外交逼之下使得美國不得不加印美鈔以支應軍費。此舉也造成了美元貶值，令其他國家對於對美元的價值失去信心，甚至開始懷疑美國是否能夠信守其「35美元兌換1盎司黃金」的承諾。其中法國總統戴高樂（De Gaulle）便曾於1965年公開批評布列敦森林體系中的固定匯率制度，讓美國享有「囂張的特權」（exorbitant privilege），因為它可以透過發行美元來購買外國資產，並將維持固定匯率的成本轉嫁給外國承擔。於是，戴高樂將法國持有的美元向美國兌換成黃金，並於1966由軍艦運回法國。其他國家也陸續效法法國此舉，將美元兌換成黃金。直到1971年，美國出現了自1893年以來首次的貿易赤字，美國往後勢必會面臨越來越多外國要求將美元兌換成等值黃金的壓力，這將使得美國的黃金儲備大量外流。於是，美國總統尼克森（Richard M. Nixon）於1971年8月片面宣布美元往後不再可以自由地兌換成黃金，至此美元與黃金脫勾，布列敦森林體系中的固定匯率制度也隨之瓦解。這樣的結果也印證了「不可能的三角」的其中一個情況：當各國選擇固定匯率並允許資本流動時，便無法兼顧貨幣政策自主性；而欲取回貨幣政策自主性時，就只能採用浮動匯率或是限制資本流動。

　　布列敦森林體系使得美元在二次大戰後的躍升為國際主要貨幣，而1969年IMF關於「特別提款權」（Special Drawing Rights, SDR）的設計，則進一步維繫了美元在布列敦森林體系瓦解後的優勢地位。布列敦森林體系成立之時，適逢二戰結束，國際間的資本流動並不高，對美元的需求也不強。然而，隨著戰後各國經濟復甦，國際上的資本流動在1960年後開始增加，連帶拉高了對於美元的需求。然而，美國一方面不能為此而濫發美鈔，另一方面各國對於手中持有大量美元亦有疑慮，例如法國便一度提倡恢復金本位制，或是發行另一種非以美元為主的國際儲備貨幣（Oatley, 2013）。於是，IMF於1969年創設了SDR來解決美元的流動性問題。不過，SDR並非貨幣，也沒有在市面上流通，而是由IMF分配給會員國作為

記帳單位。會員國可以自由地使用它向其他會員國換取貨幣。因此當會員國發生國際收支逆差時，可以將其帳下的SDR轉給另一個會員以償付逆差；此外，IMF也可以指定經濟狀況較佳的會員國，向經濟發生問題的會員國購買SDR以助後者度過經濟困境。SDR設立之初，每一單位的SDR與1美元等值，亦即35單位的SDR可換取1盎司黃金。然而，隨著美元和黃金脫鉤，SDR的價值遂採取了「一籃子貨幣」的方式計價，一開始是和十六國的貨幣掛鉤，後來改成以美元、英鎊、馬克、法郎以及日幣同時計價。之後由於歐元的問世，取代了馬克與法郎，使得SDR在21世紀初期，僅以這四種貨幣作為計價標準。

儘管布列敦森林體系於1971年瓦解，但IMF關於SDR的制度設計仍然存在。由於SDR可以用來兌換成其成分貨幣以償付國際收支逆差的特性，使得被納入SDR的成分貨幣可以成為它國的外匯儲備貨幣，也增加了國際市場對於該成分貨幣的需求。自從SDR問世以來，美元始終占了SDR計價權重的四成以上，也就維繫了美元在布列敦森林體系瓦解後的地位。自2016年起，人民幣也進入了SDR計價組合，成為其貨幣籃子中的第五種貨幣，並在2023年占有將近12.28%的權重，象徵中國大陸在國際政治經濟中已不容忽視的地位。

六、中國崛起對於國際政治經濟秩序的新挑戰

戰後的國際政治經濟秩序是由美國主導所建立，維持了美國在國際政治舞台的霸權地位，進而促成了「泛美和平」（Pax Americana），特別是冷戰結束之後，國際關係轉為美國獨強的單極體系，也進一步增加了支持泛美和平論者對於美國的信心。

然而，這種以美國馬首是瞻的樂觀論調，卻因為近年來美國經濟實力的消退而受到挑戰（朱雲漢，2015），特別是2007年在美國因為房地產泡沫所爆發的「次貸危機」（subprime mortgage crisis）進一步蔓延成全球金融危機之後，學界開始反省美國是否有能力繼續維持其

在世界體系的霸權地位。加上川普於2016年底當選美國總統之後,奉行「美國至上」(American First)的戰略,先是退出TPP,爾後又退出全球共同對抗氣候變遷的《巴黎協定》(*Paris Agreement*)以及「萬國郵政聯盟」(Universal Postal Union),同時也和加拿大與墨西哥重新談判《北美自由貿易協定》,並對中國發動貿易戰。川普這些單邊主義(unilateralism)的作為,也被視為是美國二戰後所建立「國際自由秩序」(International Liberal Order)體系正在崩解的跡象。

當美國似乎開始無力或無意擔任維持國際政治經濟秩序的要角時,另一方面許多發展中國家——包括中國大陸與印度——也在逐漸開始在世界經濟舞台上享有一席之地。由於現有的國際政治經濟秩序是以西方資本主義國家為主——特別是美國——而打造,這些新興國家——尤其是中國大陸——也希望可以擺脫,或者至少是修改這些既有的遊戲規則。

中國大陸在1979年實施經濟改革之後,有將近二十年的時間維持了平均10%的經濟成長率,並成為「世界工廠」。中國大陸於2001年底加入WTO,更是其融入世界經濟體系重要的里程碑,其進口與出口在2002年至2008年間大幅成長,後來雖然因為全球金融危機而受創,卻也迅速恢復,並在2014年之後在進口與出口方面雙雙勝過美國,成為全球第一大貿易國。

中國大陸和世界各國的大量貿易,一方面象徵其經濟實力的成長,一方面也顯示它有為自己量身打造國際政治經濟秩序的需求。首先,中國大陸近年來陸續和其他國家簽訂雙邊換匯協定(swap agreement),一方面讓雙方在貿易時可以直接使用人民幣進行交易,另一方面則是降低金融危機時的風險。另一方面,中國大陸也積極打造「絲綢之路經濟帶」以及「21世紀海上絲綢之路」(簡稱「一帶一路」),由中國提供融資,協助參與國進行基礎建設,也藉此進一步建立中國大陸和中亞、東南亞國家、以及歐洲與非洲國家的經濟合作。

中國大陸也於2014年起籌設「亞洲基礎設施建設投資銀行」(簡稱「亞投行」,Asian Infrastructure Investment Bank, AIIB),希望能夠在以

日本為主的「亞洲開發銀行」（Asian Development Bank, ADB）之外，為亞洲國家在進行開發建設時提供所需資金。中國大陸籌設AIIB不僅是要和世界銀行以及ADB互別苗頭，更是希望能夠將其累積的經濟實力轉換為對國際政治的影響力。根據國際研究團隊AidData指出，中國在2000年至2014年間，以投資或援助等方式，針對超過一百四十個國家提供高達3,540億美元的融資，僅次於美國的3,940億美元。因此，透過籌設亞投行，中國大陸可以藉此貸款給發展中國家，為其內部的多餘的資金找到出口，另一方面，也可以透過亞投行實踐其打造「一帶一路」的構想。

不過，中國大陸希望透過AIIB與一帶一路來提升它對外國的影響力的戰略，也遭受批評。中國大陸雖然針對加入一帶一路的國家進行大幅融資，但也因此成為許多國家的債務負擔，甚至被認為刻意對這些國家設下的「債務陷阱」。例如斯里蘭卡在2017年底，在無力償還中國大陸的債務時，遂決定將其南部的一座港口租借給中國九十九年。馬來西亞總理馬哈地（Mahathir bin Mohamad），在2017年回鍋擔任首相之後，也以債務負擔沉重為由，宣布馬來西亞退出和中國大陸的三項建設計畫。儘管如此，2019年3月，義大利總理孔蒂（Giuseppe Conte）和中國大陸簽署一帶一路的備忘錄，雖然此舉並不代表正式參與一帶一路，但也讓義大利成為七大工業國（G7）中，率先支持一帶一路的國家。

中國大陸的經濟實力也進一步透過IMF改革SDR貨幣組成而進一步受到西方資本主義國家的確定。上一節提到SDR對於維持美元霸權的影響，但是長期以來SDR計價標準，並未適時反應人民幣在世界經濟體系中的角色。IMF在2015年做了一項重要的決議，亦即在2016年10月起，將人民幣納入SDR的貨幣籃子中。2023年，人民幣占SDR計價權重的12.28%，僅次於美元的43.38%與歐元的29.31%（日圓與英鎊則分別為7.59%與7.44%）。儘管SDR並非正式流通的貨幣，但是人民幣納入SDR一籃子貨幣仍然有三項重要意義。首先，它是SDR首次以發展中國家貨幣作為組成貨幣，說明中國大陸在世界經濟的影響力已經不容忽視；其次是人民幣被正式認可為國際主要貨幣，增加了它國央行以人民幣作為儲備貨幣的需

求：第三，由於中國大陸目前仍實施資本管制，故人民幣納入SDR，將有助於中國進一步推動國內的金融改革，讓人民幣進一步國際化。

當中國大陸將其經濟實力轉換成國際政治影響力時，是否已經威脅到美國在國際政治經濟秩序中的霸權地位呢？中國大陸崛起確實對於美國在上個世紀主導建立的國際政治經濟秩序造成不小的挑戰，而美國也因為國力衰退而無法像過去那樣總是擔任霸權的角色，但是儘管如此，現在的國際經貿與金融的國際建制仍然有利於美國，美國的經濟與軍事實力仍保有領先地位，而中國大陸除了經濟與金融的實力仍不足外，內部尚有許多問題有待解決（例如貧富不均與貪腐），故美元仍是屬於世界市場中的「霸權貨幣」（何思因，2023）。但儘管如此，北京與華府在國際舞台上既合作又競爭，是目前國際關係領域的重要研究課題。

美國和中國大陸的國際競爭，以2017年美國川普總統上任後進入了新的階段。川普總統於2018年3月，利用美國貿易法中的「301條款」，以「中國偷竊美國智慧財產權」為由，針對中國大陸出口至美國的商品課徵高達500億美元的關稅，隨後中國大陸也祭出反制措施，針對自美國進口的商品進行相同規模的課稅，兩國自此展開貿易戰。兩國在這場貿易戰你來我往之餘，也曾於2018年底「休兵」九十天，這場貿易戰也開始了美國在經濟上欲與中國大陸「脫勾」（decoupling）的議程，尤其在高科技產業，美國爾後祭出一連串手段，希望讓美國科技業能撤出中國，或至少讓中國科技業的進展受限。這場貿易戰導火線之一，是中國大陸對美國長期享有的鉅額的貿易順差（自2011年起每年皆超過三千億美元）。當美國自中國大陸進口大量產品時，威脅了美國本土廠商的市場，也影響了美國民眾——特別是製造業的中產階級——的薪資與就業（Autor, Dorn, & Hanson, 2013）。因此，川普希望透過貿易戰，一方面平衡美中貿易，一方面讓製造業回流至美國，提高就業率。然而，雖然美國的失業率在貿易戰之後有所改善，但2018年對中國大陸的貿易赤字卻創下新高（約四千億美元，占美國貿易赤字的一半），即使在2020年爆發新冠肺炎疫情而讓重創全球經濟，美國在2021年與2022年仍對中國有近四千億美元的逆差，顯

示美國與中國大陸之間的經貿關係，非僅能透過貿易戰就能重新理順。

此外，這場貿易戰之所以遲遲無法落幕的原因之一，則是美國要求中國大陸針對國內市場進行結構性改革，包括尊重智財權的保護以及取消政府對國有企業的補貼，以提升美國廠商的利益。然而，中國大陸目前屬於「國家資本主義」（state capitalism）的經濟體制，國家在市場中扮演重要角色，黨國體制也孕育了許多利益團體，一旦進行結構性改革，不但會讓政府失去主控權，也會得罪到既得利益者，甚至造成黨國體制的不穩定，也增加中美貿易戰之間的變數。

值得一提的是，這場貿易戰對全球製造業的供應鏈造成巨大衝擊。自從改革開放以來，中國大陸成為「世界工廠」，許多歐美知名品牌的商品都是在中國大陸製造後，再運至它國銷售，中國大陸同時也是美國最大的商品進口國。當中國大陸的產品面臨美國的高額關稅時，迫使這些廠商遷出中國大陸，移往其他發展中國家，或是遷回母國生產。也正是因為貿易戰造成了中國大陸供應鏈的外移與重組，有論者指出這是美國刻意針對中國大陸「中國製造2025」的工業發展計畫進行打擊。根據中國大陸於2015年所提出的規劃，預計希望讓中國大陸在2025年時，從「製造大國」變成「製造強國」，並在2045年趕上美國的水準。由於「中國製造2025」是以高科技產業為發展重心，而美國在這方面處於領先地位，加上美國在貿易戰所提出的關稅課徵對象，有一些涉及「中國製造2025」的相關項目，因此貿易戰對中國大陸所造成的供應鏈外移與重組，侵蝕了該計畫的發展基礎。與此同時，由於晶片是現代科技產品的核心，美國基於國安理由，為避免晶片製造過度仰賴外國廠商（特別是中國），亦於2020年邀請我國半導體龍頭公司「台灣積體電路製造」（簡稱台積電）公司赴美國亞利桑納州設廠，重新在美國國內打造晶片供應鏈，亦有藉此吸引半導體產業移出中國（即「去中化」）的戰略目標（Miller, 2022）。而沿著美中貿易戰（以及後來的新冠肺炎疫情）而來的全球供應鏈重組，也引發了世界是否正在經歷「逆全球化」（deglobalization）的辯論（朱雲漢，2020）。

七、世界經濟危機

當國家之間的經濟透過貿易與金融而連結在一起時，便會有「牽一髮而動全身」的效果，使得單一國家的經濟危機便可能擴散至其他國家，成為世界性的經濟或金融危機。人類歷史上曾經歷過不少經濟危機，包括1929年至1933年間的大蕭條（Great Depression）、1997年的亞洲金融危機、2007年至2009年間的全球金融危機（Global Financial Crisis），以及隨後引發的2009年歐洲主權債務危機等。每當經濟危機發生時，不但是資本的擁有者蒙受其害，平民百姓的生計也會因為經濟衰退而大受影響，進一步成為政治不穩定的隱憂。

至於經濟危機為何會發生，由於每場危機都有其特色，所以學界有不同的觀點，目前並沒有一般性的理論來解釋經濟危機的成因，這也使得專家或決策者很難預測經濟危機何時會到來，對於因應危機所開設的處方也不盡相同。儘管如此，有學者認為經濟危機——尤其是金融危機——的發生，是資本主義體系無可避免的宿命。因為資本主義具有逐利的特徵，其中跨國的資金更經常如脫韁野馬般在不同國家間流動。每當某項產業或買賣有利可圖時，便會吸引市場上的資金而促成經濟榮景，甚至更一進步引來投機性的投資而形成泡沫經濟。當這些泡沫開始破滅時，市場將出現恐慌性賣壓，導致原本被炒熱的標的價格崩跌，遂引爆經濟危機（Kindleberger, 1989）。也由於當代國際金融體系具有投機空間與不穩定性，而且很難受到國家的有效規範，也有學者將之稱為「賭場資本主義」（casino capitalism）（Strange, 1997）。

不過，有研究指出，民主體制比威權體制更容易導致金融危機的發生（Lipscy, 2018）。儘管民主體制在許多政策領域被認為可以有比威權體制更好的表現，但是因為民主體制下的決策過程有較多的否決者，使得面對危機時無法即使採取行動；政治人物也限於選舉時程而偏好制訂短視的經濟政策；同時民主體制的市場也相對威權體制更為自由與開放，這些

因素皆令民主體制更容易發生經濟危機。

值得注意的是，全球經濟危機發生的頻率越來越快，而且多半以金融危機為主，象徵著高度連動而複雜的國際金融體系，實則具有越來越高的不穩定性與脆弱性。以2007年發生的全球金融危機為例，肇因於美國次級房屋信貸市場的泡沫化所引發的連鎖反應，最後演變成席捲全球的金融風暴。更進一步來說，原先美國的房屋貸款機構——主要是房利美（Fannie Mae）與房地美（Freddie Mac）兩家公司，向銀行收購信用較差或收入較低的人的房屋貸款之抵押權（mortgages），並將這些抵押權進一步「證券化」（securitization），成為一種具有投資風險極高之「衍生性金融商品」（financial derivatives）並賣給其他投資人。然而，隨著美國市場利率上升以及房市降溫，原本還款能力本來就不好的貸款人更難繳納房貸而只能違約，不但拖垮了經營次級房貸的金融機構，也波及到購買這些抵押權的銀行與投資人。其中創立於1850年的「雷曼兄弟」（Lehman Brothers）公司，儘管位列美國第四大投資銀行，卻因為大量購買並操作次級房貸證券而累積了6,130億美元的負債，只能於2008年宣布破產，是美國史上最大金額的破產案，並進一步蔓延成全球金融危機，造成無數的公司倒閉以及大量的失業。

由於經濟危機影響層面甚鉅，而且有不少是由於國際間熱錢（hot money）的流竄所引起，因此有專家與決策者便主張應當針對國際金融體系——尤其是熱錢的流動——進行管制（Gilpin, 2001），例如強化IMF的能力，使其能夠更有效監督、規範國際熱錢的流向與發展中國家的金融政策，並同時扮演經濟危機時「最終貸款人」（lender of last resort）的角色。然而，這樣的改革呼聲一方面受到相信市場具有自動調節價格機制（即看不見的手）的學者所反對，另一方面也引來侵犯國家主權的質疑，所以進展甚慢。

儘管如此，自1997年亞洲金融風暴之後，世界上二十個主要的經濟體組成「**20國集團**」（Group of Twenty Finance Ministers and Central Bank Governors, G20），由會員國財政部長與中央銀行行長每年召開會議，商

討並協調穩定國際金融體系的相關政策。該組織在2008年因爲全球金融危機的爆發，更增設每年兩次的領導人高峰會，共商全球經濟的穩定與成長。也就是說，儘管目前國際政治經濟秩序並沒有統一的管理架構，但仍可透過各國彼此的協調與合作而維持運作與穩定，然而面對瞬息萬變的國際經濟情勢，如何有效維持國際金融秩序遂成爲各國決策者必須嚴肅面對的課題。

八、後新冠肺炎時期的國際貿易與金融

2020年初，全球爆發新冠肺炎疫情，各國籠罩在疫情長達三年之久。根據世界衛生組織的統計，截至2023年4月底止，這波疫情已經奪走了六百九十一萬多條人命，我國也有一萬九千多人不幸因此病故。疫情也爲國際貿易與金融帶來新的變化與挑戰。首先，全球貿易在疫情第一年受到重創，許多國家封鎖國境，人員與貨物無法像疫情前那樣自由且迅速流通，而即使是開放邊境的國家，也可能因爲它國仍籠罩在疫情之下而無法順利與之貿易，造成供應鏈的斷裂。然而，國際貿易在2021年初開始復甦，甚至在2022年創下32兆美元的歷史新高，箇中原因包括遠距辦公成爲疫情時期的常態，減緩了疫情對於經濟活動的影響；此外，儘管疫情打亂了全球的供應鏈，但是有些供應鏈比其他更具備「韌性」（resilence），例如自動化程度較高、或是疫情前就較少依賴中國出口的產業，受到疫情影響的程度較低，就能更快重新融入全球貿易網絡（Bas, Fernandes, & Paunov, 2023）。

相較於貿易，新冠肺炎疫情對於國際金融的影響更爲巨大。在新冠肺炎疫情初期，由於疫苗尚未問世，全球市場籠罩在恐慌中，例如美國股市在2020年3月即因爲跌幅過大，四度啓動暫停交易的「熔斷機制」（trading curb）。爲了避免經濟陷入蕭條，美國聯邦準備理事會（The Federal Reserve System，俗稱聯準會、Fed）大幅降息並採取無限量化寬鬆（Quantitative Easing, QE）——即無限量地供應美元——的政策，維持

市場的資金流動，其他國家也紛紛效法。這些政策雖然避免全球陷入經濟危機，但也因爲市場上充斥過多資金，而導致全球通膨，其中，俄羅斯在2022年初入侵烏克蘭，西方國家對俄羅斯實施經濟制裁，連帶也使得能源和糧食的價格上漲，也讓全球通膨問題雪上加霜，由2021年的4.7%升高至2022年的8.8%。爲了對抗通膨，聯準會於2022年3月開始逐步升息，並縮減資產負債表，也帶動了全球另一波的升息潮。儘管如此，截至2023年4月止，在通膨以及俄烏戰爭的陰影下，全球經濟仍未完全走出新冠肺炎的影響。

問題與討論

一、何謂比較利益法則？

二、國際貿易理論主要有哪些模型與理論？

三、政治制度如何影響貿易保護主義的興衰？

四、世界貿易組織目前遇到的主要挑戰為何？

五、當年國際貿易體系的趨勢發展為何？

六、何謂金本位制度？它與布列敦森林體系所建構的國際經濟秩序有何不同？

七、布列敦森林體系如何成就「美元霸權」？

八、在國際金融學的領域中，何謂「不可能的三角」？

九、2007年所發生的全球金融危機肇因為何？

十、中國大陸在21世紀初的崛起，對於當今的國際政治經濟秩序造成哪些衝擊與影響？2018年美國與中國大陸的貿易戰發生原因為何？

十一、2020年新冠肺炎疫情發生後，對於國際貿易和金融的影響為何？

參考書目

李榮謙（2015）。《當代國際金融學概論》。台北：智勝。

朱雲漢（2015）。《高思在雲：一個知識份子對21世紀的思考》。台北：天下文化。

朱雲漢（2020）。《全球化的裂解與再融合》。台北：天下文化。

何思因（2000）。〈國際金融政治〉。收錄於何思因、吳玉山主編，《邁入21世紀的政治學》，頁405-419。台北：中國政治學會。

何思因（2023）。《霸權貨幣的地緣政治課》。台北：聯經。

劉碧珍、陳添枝、翁永和（2018）。《國際貿易導論》。台北：雙葉書郎。

Adserà, Alícia, & Carles Boix (2002). Trade, democracy, and the size of the public sector: The political underpinnings of openness. *International Organization, 56*(2), 229-262.

Aidt, Toke S., & Martin Gassebner (2010). Do autocratic states trade less? *World Bank Economic Review, 24*(1), 38-76.

Autor, D., Dorn, D., & Hanson, G. H. (2013). The China syndrome: Local labor market effects of import competition in the United States. *American Economic Review, 103*(6), 2121-2168.

Bas, Maria, Ana Fernandes, & Caroline Paunov (2023). How resilient was trade to COVID-19? *Economics Letters*, 111080.Baldwin, Richard E. (1997). The causes of regionalism. *World Economy, 20*(7), 865-888.

Broz, J. Lawrence (2002). Political system transparency and monetary commitment regimes. *International Organization, 56*(4), 861-887.

Chen, Ian Tsung-yen (2023). Trading for survival: trade polkcy as a credible signal, alliance strategy, and public preferences in Taiwan. *Review of International Political Economy*. Available at https://doi.org/10.1080/09692290.2023.219092 2

Davis, Christina (2015). The political logic of dispute settlement: Introduction to the special issue. *Review of International Organizations, 10*(2), 107-117.

Dür, Andreas, Leonardo Baccini, & Manfred Elsig (2014). The design of international trade agreements: Introducing a new dataset. *Review of International Organizations 9*, 353-375.

Eichengreen, Barry (1996). *Globalizing Capital: A History of the International Monetary System*. Princeton: Princeton University Press.

Gilpin, Robert (2001). *Global Political Economy: Understanding the International Economic Order*. Princeton: Princeton University Press.

Hiscox, Michael J. (2002). *International Trade and Political Conflict: Commerce, Coalitions, and Mobility*. Princeton: Princeton University Press.

Irwin, Douglas A. (1996). *Against the Tide: An Intellectual History of Free Trade*. Princeton: Princeton University Press.

Irwin, Douglas A. (2002). *Free Trade under Fire*. Princeton: Princeton University Press.

Kim, Sung Eun, Jong Hee Park, Inbok Rhee, & Joonseok Yang. (2023). Target, information, and trade preferences: Evidence from a survey experiment in East Asia. *American Journal of Political Science*.

Kindleberger, Charles P. (1989). *Manias, Panics, and Crashes: A History of Financial Crises* (Revised Edition). New York: Basic Books.

Kono, Daniel Yuichi (2006). Optimal obfuscation: Democracy and trade policy transparency. *American Political Science Review, 100*(3), 369-384.

Lipscy, Phillip Y. (2018). Democracy and financial crisis. *International Organizations, 72*(4), 937-968.

Mansfield, Edward D., & Rachel Bronson (1997). Alliances, preferential trading arrangements, and international trade. *American Political Science Review, 91*(1), 94-107.

Mansfield, Edward D., & Marc L. Busch (1995). The political economy of nontariff Barriers: A cross-national analysis. *International Organization, 49*(4), 723-749.

Mansfield, Edward D., & Helen V. Milner (2012). *Votes, Vetoes, and the Political Economy of International Trade Agreements*. Princeton: Princeton University Press.

Melitz, Marc J. (2003). The impact of trade on intra-industry reallocations and aggregate industry productivity. *Econometrica, 71*(6), 1695-1725.

Miller, Chris (2022). *Chip War: The Quest to Dominate the World's Most Critical Technology*. New York: Scribner,

Milner, Helen V., & Keiko Kubota (2005). Why the move to free trade? Democracy and trade policy in the developing countries. *International Organization, 59*(1), 107-143.

Nielson, Daniel L. (2003). Supplying trade reform: Political institutions and liberalization in middle-income presidential democracies. *American Journal of Political Science, 47*(3), 470-491.

Oatley, Thomas (2013). *International Political Economy*. Boston: Routledge.

Rickard, Stephanie J. (2015). Electoral systems and trade. In Lisa L. Martin (ed.), *The Oxford Handbook of the Political Economy of International Trade* (pp. 280-296). New York: Oxford University Press.

Rogowski, Ronald (1987). Political cleavages and changing exposure to trade. *American Political Science Review, 81*(4), 1121-1137.

Rogowski, Ronald (1989). *Commerce and Coalitions: How Trade Affects Domestic Political Alignments*. Princeton: Princeton University Press.

Scheve, Kenneth F., & Matthew J. Slaughter (2001). What determines individual trade-policy preferences? *Journal of International Economics, 54*(2), 267-292.

Strange, Susan (1997). *Casino Capitalism*. Manchester: Manchester University Press.

Stone, Randall W. (2004). The political economy of IMF lending in Africa. *American Political Science Review, 98*(4), 577-591.

Thacker, Strom Cronan (1999). The high politics of IMF lending. *World Politics, 52*(1), 38-75.

Viner, Jacob (1950). *The Customs Union Issue*. New York: Carnegie Endowment for International Peace.

Chapter 12

全球不平等發展及國際政治經濟學理論的詮釋

賴昀辰（Lai Yun-Chen）

東華大學公共行政學系副教授

德國柏林自由大學執政治學博士

一、不平等概念概述

不平等指的是不同地區、不同國家，或者是世界公民之間的資源分配差異（Memon et al., 2019: 215）。不平等威脅到世界經濟體系的可持續性（Atkinson, 2016），如美國前總統歐巴馬（Barack Obama）將不平等的加劇描述為「我們時代面臨的決定性挑戰」（Reeves, 2013）；而聯合國秘書長古特雷斯（António Guterres）也表示「不平等決定了我們的時代，世界上70%以上的人生活在收入和財富不平等的情況下，世界上最富有的二十六個人擁有的財富相當於全球人口的一半。多種不平等現象在各代人之間相互交織、互相強化（Guterres, 2020）」。

在社會中，一定程度的經濟不平等是不可避免的，它為付出代價努力工作提高激勵（Murshed, 2022: 60）。但結構性的不平等阻止了社會中某些群體和弱勢的崛起，這被描述為機會的不平等。這種形式的不平等既不可取，也沒有經濟效應（Roemer, 2002; Stiglitz, 2012）。

不平等是個人或家庭在資源分配方面的相對地位，而分配可以有多種形式，例如收入的分配、財富的分配、經濟機會的分配、教育衛生和其他相關服務的分配，這些服務多是由政府提供給不同的個人。不平等有各種形式和形態，當不平等關注的是個人生活水平時，不平等可以被看作是不同的人擁有不同程度的東西，而其他人缺乏相同的東西。不平等的關注點不一定以個人為出發點，也可以是以國家、區域和全球作為出發點。當不平等是以全球為出發點時，全球不平等指的是世界公民間不論國籍的不平等。必須注意的是，不平等的所有層面，如國家內的不平等、國家間的不平等，以及全球不平等，都是相互關聯的（Memon et al., 2019: 216）。

國家內部的不平等（intra-country inequality）是對一個國家疆界內不平等的測量，指的是一個國家內不同家庭，或者是不同個人間的不平等。而國家間的不平等（inter-country inequality）是透過計算國家產值或是財富，來對不同國家間的收入進行比較。將一個國家劃分為富裕國家

或是貧窮國家的方法，是觀察其人均GDP，或者是人均國民所得（Gross National Income, GNI）。最常被使用的指標為世界銀行將國家分為低收入國家（Low-Income Countries, LICs）、中等收入國家（Middle-Income Countries, MICs）和高收入國家（High-Income Countries, HICs）（Kanbur, 2019: 432）。

國家間的不平等之觀察面向，是將國家作為單一個體考慮國家之間的差異，但實務上每個國家人口有所差異，因此不同國家的貧窮或富裕事實上對世界不平等會有不同的影響。故在衡量國家間不平等時，發展出另一個觀察面向為「加權國家間的不平等」（weighted inter-country inequality）。加權國家間的不平等將各國的人口數納入考慮，人口越多的國家，對國際不平等的趨勢影響越大。例如在觀察擁有龐大人口的中國脫貧對世界不平等的影響時，以「國家間的不平等」和「加權國家間的不平等」兩個面向進行觀察，會產生不同的結果。

最後，全球不平等衡量的是世界公民的不平等程度（Memon et al., 2019: 217）。透過世界銀行的全球貧困線（Global Poverty Line），可以觀察一個人是否貧困。這個面向的觀察是應用所謂的購買力平價指數（Purchasing Power Parity, PPP），將每個國家的貨幣轉換成美元計價，再視該數值觀察個人的所得是否低於全球貧困線——每日所得小於2.15美元（2022年的標準），來判斷其貧窮與否（Kanbur, 2019: 432）。貧困人口的數量，可反映出全球不平等的狀態。

經濟學家將不平等現象分為兩大類，包括收入不平等和財富不平等。收入不平等指的是因就業而獲得的金錢，如工資、獎金、薪資等收入，在一群人中分配不均的現象（The Equality Trust, 2010）。而財富不平等指的是一個人或是家庭的資產數量，如金融資產、債券、股票等，以及轉移財富和代際財富在社會中的不平等狀態。由於不是每個人或是每個家庭都有相同的資產水平，因此造成了個人間財富的不平等分配。

在觀察不平等時，常見的指數為基尼係數（GINI coefficient）。基尼係數是聯合國用來衡量各個國家、地區、種族和行業之收入或財富分配不

均程度的統計指標。基尼係數介於0到1之間，如果所有的財富由一個人擁有，則基尼係數為1；如果收入或收入被平均分配，係數是0，在這兩者之間，基尼係數被寫成一個0至100之間的百分比數字，係數越大，代表分配越不平等。收入不平等是常見的觀察不平等之指標，但財富不平等的狀況要來得嚴重許多。與收入不平等相比，財富的所有權更為集中（Murshed, 2022: 60），就如同古特雷斯所言，世界上最富有的二十六個人擁有的財富相當於全球人口的一半。

造成不平等發展有多重原因，從結構主義者觀點來看，歷史和政治是許多南方國家持續面臨不平等的結構制約因素。例如地理大發現後的東印度公司殖民、不平等交換的邪惡三角貿易，乃至於帝國主義，使許多南方國家雖然在二戰後在政治上脫離殖民母國，但在經濟上卻對前殖民母國持續依賴。又例如南非的種族隔離制度下，南非黑人被剝奪農業用地，排除教育機會，禁止在城市地區生活，使其難以成長發展，造成不平等現象；而拉丁美洲的不平等問題也可追溯到其幾個世界前的土地持有模式。

技術變革方面，隨著生產技術提高，生產力成倍增加，對於勞動力的需求減少，高技術勞動和資本取得優勢（Kanbur, 2019: 438），低技術工人的實質工資受到壓縮、就業不穩定，使得勞動工資的差距越來越大。

技術變革降低了勞動力需求，使得聘僱人口減少，造成勞動力市場結構的變化。聘僱人口減少造成工會成員減少，削弱了勞工的議價能力，使勞工處於不利地位。在這之中，低技術勞工的議價能力尤其降低，於是加劇了工資的不平等。

國家和政府放棄對市場的過度干預，使匯率和利率充分反映供求的金融自由化，有可能可使個人、家庭以及企業有更好的生活及保障，例如教育投資可以帶來勞動條件的改善，退休儲蓄可以保障生活。然而雖然理論上包容性的金融體系可降低收入的不平等，但實務上卻顯示，金融自由化對富人相對有利，因為資本的投資報酬率在金融自由化的情境下變得更高。隨著金融自由化，資產階級可以擴大資產，但貧困階級卻難以利用金融自由化得到更好的生活，這加劇了不平等現象（Memon et al., 2019:

221）。此外，金融自由化導致資本在國民生產毛額中的占比增加，加劇了勞動力對資本議價能力的相對不利局勢（Murshed, 2022: 60）。

全球化促進經濟發展，從這個面向來看，全球化有助於減少貧困和不平等；但另一方面，全球化導致技術勞工和非技術勞工間的工資報酬差距擴大，而貿易全球化使企業可以節省勞動力，或是向外尋求替代勞動力，導致了勞動力的議價能力下降，擴大不平等現象。

從上可見，造成全球不平等的現象絕不單一，但學者認為，主要歸因於技術變革（Dabla-Norris et al., 2015）和全球化（Furceri et al., 2019）。而這些因素之間也充滿著交互作用，例如技術變革使得勞動市場結構改變，而技術變革和勞動市場結構改變加之全球化現象，帶來更深刻的作用。技術變革及全球化進程，可視為是歷史及政治的結構限制。

全球發展不平等問題有時被統稱為「南北問題」，這是因為廣大的低度開發及發展中國家主要位於南半球，而高度開發的國家則位於地理北方。然而南北問題絕非是一個地理上的概念，而是一個包含政治、經濟和環境各面向的不平等發展概念。在政治與經濟的實踐上，南北問題主要指1950年代以來，廣大的發展中國家為取得政治和經濟上的獨立，而利用各種形式的方式來反對已開發國家對其經濟上的控制與資源上的掠奪與剝削，並希望能早日擺脫貧困及不平等的經濟地位。

當今的不平等問題除了全球結構下的國家經濟能力差異之外，在新自由主義下，國家以福利政策調節內部貧富差距的能力亦逐漸受限，因此我們看到國家內部亦出現了不平等問題。在窮國，仍然有富豪的存在，而即使是在美歐等高度開發國家，也有許多流落街頭的貧困族群，例如2018的全球不平等報告中，除了探討開發中國家與已開發國家之差異外，也開始著眼已開發國家內部的貧富不均。簡言之，當代的全球不平等問題已不僅限於以國家為基礎的南北問題，尚有以個體為單位的貧富差距問題。

二、全球不平等發展

(一)起源：地理大發現、工業革命、帝國主義及資本主義的到來

地理大發現創造一個全球經貿體系，隨著科技的發展、資訊的傳播以及重商主義的出現，世界經貿體系不斷擴大。重商主義強調貴金屬對國家繁榮的重要性，爲了累積國家財富，國家積極擴張對外貿易，最後演變成對殖民地的掠奪。

國際經貿體系的出現使勞動力需求日益上升，於是一個以販賣勞動力的奴隸市場因而出現，出現了惡名昭彰的「三角貿易」。奴隸販子將廉價的紡織品、酒和槍枝出售給非洲部落酋長換取當地黑奴，之後將黑奴運至西印度群島，廉價賣給當地農場主，交換黑奴辛勤耕種的砂糖、菸草、染料等，然後將之運回本國製成工業產品，再將工業產品出售給殖民地或其他地區，從中獲取極大的利潤（Williams, 1961）。自此，任一國家或地區再也不能自立於國際經貿體系之外，貿易也開始成爲繁榮與剝削之間的連結。

1763年英國在印度建立了東印度公司開發印度資源，爲資本主義的全球貿易體系提供了助力。隨著資本主義體系的成形，隨之而來的是世界分工的產生。殖民國家與殖民地之間逐漸形成了工業製成品生產國與原料供應國的關係，南北垂直分工在被殖民與殖民國的關係上建立起來。

18世紀後期，主要資本主義國家完成工業革命，機器生產爲資本主義帶來助力（Cipollia, 1973）。在資本主義的邏輯下，資本累積是經濟發展的基礎，賺取財富的目的不是要消費，而是要錢滾錢賺取更多錢財。於是工業化國家致力於財富累積，但原物料被剝奪的殖民地卻陷入越發貧困的困境。

殖民主義爲殖民地帶來特定產業的發展，這些產業的發展及相應的

建設僅有利於殖民母國掠奪殖民地資源，當地居民很難受惠。由於外國資本的大量投資，殖民地區的生產、流通、金融與財政等，均被帝國主義國家牢牢控制，南方殖民地區完全淪為宗主國剩餘資本的投資地、工業產品的出口地及原料的生產地。殖民地形成單一的農、礦業經濟，成為宗主國的經濟附庸。殖民地與宗主國的關係，變成了農業區與工業國的分工關係。這種極不平等的國際生產分工，導致了兩者在經濟收入、國力長期得不到改善，並一直持續到今日，成為南北問題難以解決的根源。

(二)1940年代：當代國際經貿制度的建構

二戰將結束之際，全球主要國家在1944年達成**布列敦森林協議**，擘劃戰後的國際經濟秩序。然而布列敦森林協議創建的三大經貿制度，亦即國際貨幣基金（International Monetary Fund, 以下簡稱IMF）、世界銀行（World Bank）與關稅暨貿易總協定（General Agreement on Tariffs and Trade，以下簡稱GATT），在理論基礎及決策程序上都有著天生不利於開發中國家的因素，具有所謂的制度偏差性。

從三大經貿制度的緣起來看，它們由市場經濟國家倡導；從其理論基礎來看，IMF與GATT，都以**經濟自由主義理論**（Economic Liberalism）為圭臬，主張市場力量的自由運作，要求減少政府的干擾；而世界銀行是以提供發展與援助性貸款為主要任務，並不強調市場的作用，但因為它是由美國等已開發國家控制與主導，在其提供貸款的附加條件中，仍鮮明反應出經濟自由主義的立場。

從決策過程來看，IMF與世界銀行的加權投票設計，代表經濟實力可以轉換成政治力量。加權表決體制是對開發中國家的歧視，因為從數量上看，發展中國家顯然是構成IMF的絕大部分，但他們的投票份額不到50%。在決策方面，IMF的重要決策需要70%至85%的絕大多數通過。因此，美國或歐盟等大國或集團，等於享有了否決權（Williams, 1994: chap. 4）。以世界銀行的貸款制度來說，是否給予貸款的權力掌握在北方國家手中，而非依循聯合國精神——主權國家一律平等的「一國一票」原

則,而是依據出資多寡來決定。貸款的提供是依照北方國家的國家戰略來考量。在這三大機構中,GATT的「普遍化關稅優惠制度」(Generalized System of Preferences, GSP)是少數使發展中國家獲得更好的市場機會與制度,給予發展中國家較好的貿易條件安排。

大量的南方國家受到布列敦森林體系的不公待遇,雖然南方國家在數目上占有優勢,但由於第三世界的聯盟或集團內部成員有各自的利益考量而未必團結,因而無法發揮團結力量大的功能。因此,布列敦森林體系雖然在南方與北方國家的背書下誕生,但實際的運作中卻看見南方國家的利益幾乎遭到北方國家的忽視。

(三)1960年代:南方國家的奮鬥

殖民時期形成的畸形產業結構,並未因二戰後的去殖民化過程而結束。南方國家的基礎建設多是在殖民時期,由殖民母國視其對殖民地原料的開採需求而設,使得許多南方國家即使在政治上獲得獨立,經濟上仍無法脫離路徑依賴,到了1970年代還是以出口初級產業爲主,也使其經濟狀況極易受國際情勢及價格波動影響。與此同時,北方國家的出口產品卻是工業產品和高科技產品。初級農產品與工業產品的附加價值差距,使南方國家無法改善其高度依賴北方國家的現象,其不平等的處境很難獲得改善(陸盛譯,1993:187-189)。

南方國家嘗試團結向北方國家爭取利益。1955年,二十七個第三世界的國家領導人在印度尼赫魯(Nehru)的領導下,在萬隆成立有別於美蘇等二強權的「第三世界」之「不結盟運動」(Non-Aligned Movement, NAM),代表著反抗美蘇超級強權壓力下的集體力量。1973年於阿爾及利亞舉行的不結盟高峰會議中,第三世界國家要求建立「國際經濟新秩序」(New International Economic Order, NIEO),包括要求改變IMF的特別提款權、優惠待遇制度的擴展、發展債務減輕計畫、增加南半球的研發能力與技術轉移、對多國籍企業進行國際管制、提供援助等,但未引起北方國家重視。

開發中國家也嘗試透過國際組織來爭取利益。1960年代開發中國家集體要求聯合國召開「聯合國貿易暨發展會議」（United Nations Conference on Trade and Development, 簡稱UNCTAD），討論南方國家之不平等發展問題。會議上，第三世界國家成立「七七集團」（G-77，目前會員已有一百三十四個國家），以集體的方式來增加其在聯合國內的談判力量，向北方富有國家爭取較有利的商業利益。

　　然而北方國家視UNCTAD的建議不具約束力，而以蘇聯為首的社會主義集團又將發展中國家的困境歸咎於市場經濟，因此歷屆UNCTAD效果不彰（蔡志海譯，2006：251-298）。此外，發展中國家間的差異，使得一體適用的決定變得困難。因此，UNCTAD幾乎成為一個「做不出任何決定的機構」，北方國家在面對UNCTAD的要求時，經常用「拖」字來推遲該會議的要求（江立華、孟衛軍等譯，2006：69-110）。而1996年在南非召開的第9屆大會中做出的結論稱「UNCTAD將來的活動必須在市場經濟為基礎的前提下進行」（朱章才譯，2000：44），自此，發展中國家再也不能拒絕西方國家對於資本主義運作規則的要求。

　　2000年，七七集團通過「哈瓦那行動綱領」（Havana Program of Action）聯合宣言，對已開發國家提出要求，包括：已開發國家在面對開發中國家時應減少或消除關稅或非關稅壁壘；不要盲目要求開發中國家金融自由化以避免無法管制的資金帶來不穩定；IMF、世界銀行和其他國際金融制度應進行機構改革，以民主與平等的原則容許開發中國家平等參與；以技術移轉方式加速開發中國家現代化、尊重開發中國家選擇自己政府形式、經濟制度，管理內部事物的權力，包括控制自己的資源以及管制跨國公司的活動之權力；開放更多的勞工移民給開發中國家；不應採經濟制裁方式對待開發中國家；提高對開發中國家的援助；減免開發中國家債務。

　　開發中國家也嘗試以區域團結的方式來增加力量，例如簽署拉丁美洲自由貿易協定、安地斯條約、成立東非經濟共同體、加勒比海共同體等，希望藉由擴大生產，進而參與國際競爭。但由於成員國之間有所政

異,因此效能不彰。

雖然南方國家有上述團結行動,但受限於不利的國際結構,包括冷戰時期東西陣營政治對抗凌駕南北經濟差異、冷戰後的全球化浪潮使第三世界國家面對難以招架跨國公司的吞噬(Samuels, 2014: 3),南北問題至今仍為棘手問題。

(四)1980年代:債務危機的再次剝奪

南方國家為了發展必須累積資本進行建設及投資,而除了吸引外資外,借貸是國家籌措資本的另一方式。借貸的邏輯是,累積資本基礎可進行發展,若發展順利,借貸國便能賺得盈餘清償本息。在這樣的思維下,許多南方國家以借貸作為發展基礎。然而國際金融市場幾乎完全操控在北方國家手中,北方國家透過向發展中國家移轉資金,得以左右發展中國家的發展方向和進程,並謀取巨額的利潤和利息。

1973年石油危機引發國際政經秩序混亂。為避免陷入通膨失控的惡性循環,各國紛紛提高利率。通膨雖獲得控制,但也嘗到經濟衰退的苦果。許多南方國家自此陷入了長期的經濟低迷,被迫用借債來彌補石油價格上漲所造成的財政缺口,最終陷入以債養債的深淵。

由高額借貸引發的債務危機,可從內外環境因素加以觀察與探討。在國際因素方面,冷戰時期強權國家基於地緣政治利益考量,在不考慮領導人是否貪污舞弊的情況下,大量貸款給許多第三世界國家。而石油危機使許多北方國家因經濟成長趨緩改採緊縮的財政政策,以致官方發展援助不斷下降,條件苛刻的私人商業性貸款比重因此相對上升。私人商業性貸款償還期短又利率高,加重了南方國家還本付息的負擔,使他們陷入借新債還舊債的惡性循環。南方國家為了借新債來彌補國際收支逆差,不得不接受債權者的嚴苛條件,甚至被迫調整原本的財經政策。而已開發國家對國內產品的補貼政策,也阻撓了開發中國家在相關領域中取得競爭優勢,降低其利用賺取外匯以償還債務之能力。

1980年代以來債務開始成為商品,而全球化世界的金融快速流通,

使單一國家的債務可能衝擊世界其他國家或區域的金融與經濟。1997年東亞金融危機與1998年俄羅斯的債信違約，便對巴西經濟造成重大傷害，而2008年的金融海嘯更使全球無一倖免。南方國家不只面臨自己的財務危機，也可能因為其他地區的金融危機受到傷害。

國內因素方面，南方國家往往藉由舉債來追求國家的經濟快速發展，但其計畫往往浮誇不實，許多工程項目未能產生實際的效應。此外，許多國家由於奉行IMF或世界銀行的教條政策，大幅刪減國內基礎民生經濟預算，難以照顧內部貧困人口。IMF與世界銀行對開發中國家制訂了諸多嚴苛的標準，例如不允許債務國集體協商，但債權國銀行卻能夠集體討論與行動。此外，IMF與世界銀行奉「華盛頓共識」為圭臬，對南方國家祭出「結構性調整方案」，要求貨幣貶值、貿易自由化、降低稅賦、放寬對外國資金之進出障礙、鬆綁勞動市場、刪減公共部門工作天數等，使這些國家還沒接收到貸款，便負擔了更多義務。

(五)1990年代：華盛頓共識下激化的不平等問題

1989年，為拯救深陷債務危機的拉丁美洲國家，IMF、世界銀行與美國財政部提出一系列政策建議，作為提供援助的條件，此套政策方針被稱為「華盛頓共識」，此亦成為冷戰後國際重建經濟制度的圭臬。華盛頓共識以新自由主義為基礎，要求推動更進一步的自由化，包括降低稅率、貿易自由化和金融自由化，讓利率與匯率由市場決定。同時要求對產業管制鬆綁，開放外資進入，並進行產權私有化，要求政府賣掉國營事業，縮減政府在經濟中的影響程度，此思維被稱為新自由主義，塑造了冷戰結束以來的國際經貿制度，並成為GATT改組後的WTO之立論基礎。

在經濟自由主義者看來，貿易是國家進入全球經濟交換體系中的重要一環，而現今的國際經貿談判焦點在於，如何解決北方的工業國家與南方的發展中國家間一直存在的利益衝突。北方國家關心的是維持現狀及確保出口市場，而南方國家要求的則是改善其出口產品的市場，提高與穩定出口價格，以及從整體上提高它們在國際貿易中所占的比率。

1980年代以來，工業製成品與初級農產品之間的價差已嚴重損及南方國家利益。全球最貧困的經濟體仍舊依賴原物料的出口，而先進國家仍主導製造商品的貿易（Hirst & Thompson, 1999），南方國家用一貨櫃的農產品可能換不回幾台精密的電腦。若以全球貿易額的流量來看，2014年開發中國家的貿易額占全球總貿易額上升至34%，但50%以上的貿易量仍然掌握在前十名國家手中[1]，全球的經濟貿易金融仍然在美國、歐洲與亞太地區發生，南方國家還是處於世界的邊陲。

雖然南方國家面臨如此嚴峻的國際情勢，但GATT歷屆的談判與後來的WTO卻沒有對此作出積極有效的措施。1966年的甘迺迪回合（Kennedy Round），北方國家在南方國家的壓力下接受了對發展中國家最寬鬆的特殊條款，在協定中增加對南方國家有利的出口收益，把原料價格穩定至一個適當的水準，並改善南方國家進入國際市場的通口，對來自發展中國家的產品給予降低關稅的優惠待遇，並免除發展中國家對降低關稅作出相對回應的義務，此即前述所提的「普遍化關稅優惠制度」。但該制度沒有被真正完全的「普遍化」執行，一些工業化國家仍舊基於自身的需要，與個別國家簽署相關優惠協定。

1994年烏拉圭回合（Uruguay Round）談判在南方國家與北方國家的爭執中閉幕，雖然會議中北方國家對南方國家關心的農產品補貼問題與非關稅障礙做出讓步，但主要受益者是歐盟、中國大陸、美國、日本和部分的東南亞國家。且經濟專家一致認為，這次會議的大輸家是上述國家之外的發展中國家。倘若沒有良好的配套措施，這些國家將因短期或中長期的進口糧食上漲而加重負擔。更重要的是，發展中國家根本不能從服務業貿易的自由化中獲取任何的利益，可是卻必須承擔更加嚴格保護專利而產生的費用（朱章才譯，2000：57-58）。而WTO最新一輪的杜哈回合在長達十年的馬拉松談判後破局，更是因為北方國家與南方國家無法就農產品議題，包括補貼及特殊保障機制取得共識。南方國家希望能降低特殊保障機

---

[1]https://www.wto.org/english/res_e/statis_e/its2015_e/its2015_e.pdf

制的啓用標準，但以美國爲首的已開發國家不同意，此外，美國亦不願意眞正消減其對國內農業的補貼，更加深了開發中國家的不滿。

近年來持續上漲的原物料與農產品價格不時出現劇烈變動，影響到出口國家的經濟穩定，如2019年的委內瑞拉經濟危機的導火線即爲原物料價格變化。畢竟，將國家的發展寄託於原物料，本身就是一個發展的盲點，因此將不平等差距寄託在原物料價格僅是治標不治本，無助於根治解決問題。

新自由主義思維主導的華盛頓共識經濟結構不只在國際社會上加劇南北差距，在國家的內部，自由化主張亦使政府以福利政策調節內部貧富差距的能力削減，使得不平等問題不只是國際性問題，也成爲各國國內的普遍現象。全球化下的輸家及贏家之經濟能力差距不斷增長，使得公民越來越質疑全球化現象，反全球化浪潮在世界各地風起雲湧。例如在美國、英國等先進國家內部，公民的貧富差距在全球化作用下越來越嚴重。此種不平等現象使得既有的政治制度及秩序受到質疑，造成非傳統型政治人物的崛起，如美國總統川普即是乘著美國內部反全球化的勢力取得總統大位，而英國脫歐更被視爲是反全球化浪潮對於全球化現象的成功反撲。簡言之，全球不平等帶來的問題從長遠面來看是人類發展的困境，而在近程也已對當代全球治理造成了巨大波動，衝擊了當代政治秩序。

(六)2000年代：新興國家的奮起及聯合國發展目標

學者發現，從1988年到2008年間，全球不平等似有所下降（Lakner & Milanovic, 2016）。這二十年間，中國、印度、越南等新興國家的增長比歐美等富國更快。而拉丁美洲則因爲採取包括重分配的稅收政策，最低工資政策和教育政策，改善不平等問題。這些國家具有龐大人口，對不平等問題的影響很大，因此其增長導致全球不平等程度下降（Kanbur, 2019: 434）。

中國是近年來發展最爲快速的國家。中國的經濟改革源自於1970年代末期的改革開放。中國將其沿海省份劃爲自由經濟區，以資本主義原則

進行管理並開放外國人投資，華南地區開始吸收大量外國資金湧入。

　　2001年中國加入WTO，加速融入世界經濟體系。在自由貿易體系下，鑑於中國廣大市場和廉價勞工，跨國企業前仆後繼進入中國投資，為中國帶來快速經濟增長。2000年時，中國的出口是2,500億美元，2014年，這項數字來到2.3兆（Pevehouse & Goldstein, 2016）。雖然在2008年的金融海嘯中，中國的出口受到景氣緊縮影響，但中國政府提出振興經濟方案，刺激國內市場消費意願，成功渡過金融危機。中國的經濟成長關鍵很大來自於從計劃經濟轉向容忍私有財產制度，在此同時，政府持續在經濟「調控」過程中扮演主要角色。因次，中國這樣的特殊經驗是否能夠適用於第三世界國家，仍有疑義。

　　根據亞洲開發銀行的數據顯示，中國在1978年的改革開放，以及1990年代向世界貿易開放後，有了巨大的增長。然而，中國內部的不平等現象也急劇增加。1995年至2010年間，中國的基尼係數從0.35上升到0.53（Kanbur et al., 2021）。因應內部的不平等問題，中國做出了一些努力，例如對農村和落後的內陸省份進行基礎設施投資，以及在衛生和勞動力市場進行干預，再加上大規模人口向城市遷移，農村勞動力市場緊縮，於是不平等現象有所緩解。2012至2014年間，中國的基尼係數下降到0.5（Kanbur, 2019: 434）。

　　除了中國之外，印度近年也成長快速。1996年到2013年，印度經濟的年均成長率超過5%（Pevehouse & Goldstein, 2016）。印度的經濟體制為混合經濟，政府基於社會主義理念控制大型國營企業，在農業和消費性商品方面，則尊重私有財產的資本主義原則，但政府給予民生必需品大量補貼，並提供農民優惠待遇。然而印度大型國有企業處於虧損狀態，政府的官僚習氣讓外資裹足不前。

　　印度是蘇聯瓦解前的主要盟邦和貿易夥伴，蘇聯瓦解後印度陷入嚴重經濟危機。印度向IMF和世界銀行求助，承諾採取經濟改革、去除官僚作風、開放市場，以及出售虧損的國營事業。雖然改革未完全落實，但印度經濟在1990年代末期開始快速成長。而印度的勞工教育水準整齊，在全

球化的時代中，印度利用其語言及時差優勢，在北美地區的夜間提供電話語音服務等勞務；印度也利用其數理人才及語言優勢，向外輸出電腦軟體。服務業和資訊業為印度強項，雖然服務業只占印度勞動力30%，但卻貢獻60%的GDP（Pevehouse & Goldstein, 2016）。

在拉丁美洲國家方面，其2000年代的幾項政策改革幫助其降低不平等。首先從勞動供給面來看，拉丁美洲透過教育政策來增加技術勞動力的供給。拉丁美洲透過政策干預，加強教育投資，增加高中入學率，以因應更多的技術勞動力需求，這被認為是拉丁美洲從2000年代開始逆勢而上成功降低不平等的主因。其次，勞動力市場的監管以及以稅收工具來分配經濟盈餘，也可減少不平等問題，例如最低工資制度就是一種傳統的勞動力市場監管工具，也被認為是拉美國家不平等現象減少的部分原因（Gasparini & Lustig, 2011）。

南方國家的工業製品在1990年代末期，已占出口額的60%以上（World Bank, 2001a）。從數據上來看，南方國家似乎已經擺脫數百年來的經濟畸形發展，但這些數據若扣除中國大陸、印度、巴西等新興經濟體的數值後，其實南方國家依賴初級農產品與礦產品的地位並沒有什麼變化。換言之，只有少數的新興工業體擺脫了貧窮與落後，進入了已開發國家。這些新興國家的總體經濟雖有所增長，但內部的不平等問題卻受到忽視。除了新興國家之外，大多數低度國家的處境並沒有明顯的改善，甚至還有些國家變得比以前更加貧窮，進入所謂「第四世界」（The Fourth World）（Castells, 2000: 68-168）。依聯合國的數據來看，世界上低度發展國家的數目已由1989年的四十二個增至2016年的四十八個，占發展中國家數目的近三分之一（United Nations, 2016）。

除了新興國家的奮起之外，聯合國也隨著21世紀的到來提出新的發展議程。2000年聯合國舉行的千禧年大會中，與會的一百八十九個國家共同簽署了千禧年宣言，承諾在2015年前達成八項千禧年發展目標（Millennium Development Goals，簡稱MDGs），包括消滅極端貧窮和飢餓、實現普及初等教育、促進性別平等及婦女賦權、降低兒童死亡率、

改善產婦保健、與愛滋病毒瘧疾及其他疾病對抗、確保環境永續、全球發展。從MDGs內容來看，改善不平等是聯合國千禧年發展議程的重要目標。

2012年，隨著MDGs即將在2015年到期，聯合國於巴西里約召開地球高峰會，決議以永續發展目標（Sustainable Development Goals，簡稱SDGs）來接替MDGs，並以SDGs作為未來十五年，亦即2016至2030年的發展議題主軸。在十七項SDGs中，SDG-1消除貧窮、SDG-10減少不平等，與全球不平等議題直接相關，而其他如SDG-2消除飢餓、SDG-3促進健康福祉、SDG-4提升教育品質、SDG-5性別平等、SDG-6淨水與衛生、SDG-8就業與經濟成長等，也都與全球不平等議題高度相關。

(七)2020年代：新冠疫情下的全球不平等問題

2020年全球爆發的新冠肺炎雖是公衛危機，但疫情帶來的經濟封鎖及經濟低迷，引發嚴重的經濟災難，加劇全球不平等的發展（Mahler et al., 2022: 2）。新冠疫情顯示全球化下經濟和社會連結的脆弱性，及其對各地區、各國家和各族群不同程度的影響（Tsani et al., 2021: 729）。新冠疫情使全球貧窮在2020年的增長在1990年後創下歷史新高，使全球的基尼指數上升了0.7個百分點，9000萬人陷入所謂的極度貧窮（Mahler et al., 2022: 3）。新冠疫情對全球南方國家產生巨大影響，原本就已因醫療資源供應不足、氣候變遷、種族衝突等問題而難以發展的南方國家，又面臨更艱巨的挑戰（McCann & Matenga, 2020: 161）。

政府為減輕新冠疫情流行之影響所做的各種嘗試，再次突出了全球經濟體系中持續存在的全球不平等問題。跨國市場競爭、對基本醫療用品的搶奪、對社會最底層的忽視、製藥公司對疫苗的爭奪、貧困地區缺乏醫療協助、國際組織未能對缺乏公衛服務地區進行援助等問題，在在顯示全球不平等發展的現實（McCann & Matenga, 2020: 161-162）。

在疫情剛起時，國際勞工組織估計2020年將有二千五百萬個工作機會消失（ILO, 2020），但到5月，光在美國就有三千二百萬個工作機會消

失，可見新冠疫情對勞工的衝擊之大。而封鎖模式下食品市場關閉、勞動力流動受到限制，許多臨時性、低技術性、非正式的工作機會消失，這對許多低收入家庭，或依賴非正式就業的邊緣群體造成嚴重打擊（Tsani et al., 2021: 729）。在低度開發國家，很多人民是以打零工方式來賺取工資，以當日獲取的工資即時購買食品，臨時性的工作機會消失及食品市場關閉，對其生計造成莫大衝擊（McCann & Matenga, 2020: 166）。

新冠疫情揭示了全球和區域層面在健康面向的長期不平等現象（Bambra et al., 2020）。研究顯示，貧困地區的居民、少數民族、低收入群體和罹患慢性病者，遭受較高的新冠感染率、癒後較差、死亡率較高（Abuelgasim et al., 2020），甚至從生理上而言，新冠病毒對非裔及亞裔族群的影響較大（ONS, 2020a），因此新冠疫情對南方國家極為不利。

即使在北方國家，貧困族群也受到巨大衝擊，社會中貧困階層在收入和就業的損失受到經濟緊縮的影響更大（Demena et al., 2022）。根據英國國家統計局資料，因社會經濟條件受疫情剝奪而死亡的數量，是死於病毒侵襲者數量的兩倍之多（ONS, 2020b）。簡言之，疫情對社會中弱勢團體的健康和經濟福利造成較大影響，帶來不平等的加劇（Murshed, 2022: 60）。

新冠疫情對於不平等現象的影響有幾股作用力。首先，病毒對弱勢家庭造成較大衝擊。當有家庭成員生病時，其他家庭成員必須停止工作來照顧病人；若有核心成員因感染病毒而亡，家庭的生計將受嚴重打擊。感染病毒後的經濟活動停止，對無積蓄或無固定就業的弱勢家庭而言是很大的打擊。

其次，許多國家透過關閉經濟活動來應對疫情。在經濟活動關閉期間，某些職業無法獲得收入。而即使工作沒有直接受到封城影響，但因學校或托嬰服務關閉，有些人為了照顧孩子而無法繼續工作。研究顯示，在其他條件情況相同下，當停工的時間越長、停工的範圍越大，對貧困的影響越大。

第三，為應對經濟停擺，各國實施許多緩解經濟壓力的機制，對受

影響的族群進行救濟（Gentilini et al., 2020），貧困族群通常是這些救濟的主要對象。由於富裕國家有較多的資源可用於經濟救濟，因此富裕國家中的貧困人口受到較大的幫助。相對之下，富裕國家與貧困國家的差距就變得更大（Mahler et al., 2022: 4-5）。

在對抗疫情時，國家扮演重要角色，這代表對抗疫情的成功與否，很大程度取決於國家能力。國家的長期封鎖策略、公共預算的緊縮、供應鏈的中斷，以及其他公衛問題的延遲處理等，為治理帶來巨大的挑戰（Papyrakis, 2022: 2）。公共管理不善的國家，長期以來受到其不良公共政策記錄的影響，其政府在獲得資金和其他可用資源來解決新冠影響方面能力不足（Malta et al., 2020），因此很難應對公衛需求的上升適時作出決斷，也很難保護弱勢人口，更不用說提供其他經濟支持措施（Papyrakis, 2022: 2）。而新冠疫情也加劇了南方國家在處理麻疹、依波拉病毒、結核病和瘧疾等常規疾病的壓力（McCann & Matenga, 2020: 167）。

除了國家內部的治理外，國家間的競爭更為血淋淋。富裕國家搶奪救濟藥品的全球供應，打破了全球相互依存的默契（McCann & Matenga, 2020: 162）。例如在疫情剛起步時，美國幾乎買下全球所有緩解新冠症狀的主要藥物，這顯現出國家間在對抗疫情時的競爭立場。個人防護設備如口罩、防護衣的爭奪也顯現自我利益高於國際合作。製藥業也進入東印度公司模式般爭奪贊助、資金和專利，企業變得具高度掠奪性（McCann & Matenga, 2020: 167-168）。

無國界醫生針對藥商和政府的贊助關係做出警示，認為以壟斷為基礎的製藥與研發系統，未能站在公衛的立場上發展和分配救命藥物。製藥公司透過控制專利或是透過控制其他全球生產及供應鏈的方式來控制市場，決定誰能獲得藥物。當全球的需求遠高於生產及供應鏈的量能，藥物的分配不再是基於公共需求，而是基於誰付得起高價（MSF, 2020）。然而這樣的「疫苗民族主義」不只對發展中國家帶來不平等劣勢，也無法阻止病毒持續變種擴散，到頭來遭殃的還是全球公衛體系（Papyrakis, 2022: 2）。

國際組織也被期待為疫情所帶來的貧困及不平等問題承擔更多的責任。然而發展中國家在尋求國際組織支援時，面臨種種限制。IMF和世界銀行提供的財政支持遠遠不能滿足廣大發展中國家的資金需求，甚至其財政支持還充滿許多不利經濟快速復甦的附加條件（Papyrakis, 2022: 2）。受到疫情的影響，聯合國五十個「急需幫助的脆弱國家」名單上急速擴增（Sumner et al., 2020），但聯合國對疫情的反應僅是呼籲提供額外的財政支持，以幫助脆弱地區度過難關（McCann & Matenga, 2020: 164）。

　　疫情也導致聯合國SDG取得的成果受到打擊，特別是對旨在結束極端貧困的SDG-1，和對減少全球不平等的SDG-10。新冠疫情對聯合國SDG希望在2030年前消除貧窮的目標造成挑戰。受到新冠疫情影響，2020年的貧困人口之絕對數量，以及相對的不平等人口數量之增加，都是1990年以來的最高紀錄，這代表了大約十年減貧進展的逆轉。而在最嚴重的地區，如中東、北非和撒哈拉以南區域，逆轉的程度是回到三十年前的貧困水平（Sumner et al., 2020: 8）。

三、國際政治經濟學理論與不平等發展

　　全球不平等是一個國際政治經濟學問題。國際政治經濟學理論對全球不平等發展有許多不同的解釋，甚至，重商主義與經濟自由主義思潮，也在某種程度造成了不平等發展問題，而馬克思主義則對國際政治經濟學造成的不平等發展做出批判。

(一)現實主義與重商主義

　　源自現實主義理念的重商主義（Mercantilism）是國際政治經濟學中非常重要的看法，如同現實主義是描述國家互動的最古老理論，重商主義也是國際政治經濟學中首先形成的學說。而隨著國際現勢的演變、國際經貿的發展甚至是國際關係理論的發展，重商主義內涵也不斷演變。大致上重商主義可分成三波：第一波是強調貿易順差和貴重金屬積累重要性的

「古典重商主義」；第二波爲主張幼稚工業保護論、主張工業爲經濟發展基礎的「工業重商主義」；第三波爲自20世紀70、80年代以來，主張運用關稅、非關稅壁壘及國家政策來獲得國家利益的「新重商主義」。重商主義理念某種程度上影響全球不平等發展，而現實主義觀點也對全球不平等問題提出解釋。

◆ 重商主義觀點

1.古典重商主義

古典重商主義是17、18世紀西歐主要經濟強權採取的貿易政策。古典重商主義者有下列看法。首先，不管是爲了安全還是侵略，財富是獲得權力的絕對不可或缺的手段；另一方面，權力也是獲得財富和保持財富的基本手段。因此，財富和權力都是國家政策的終極目標，雖然有時可能需要爲軍事安全的利益及長久繁榮的利益，而犧牲暫時的經濟利益，但從長遠來說，權力和財富這兩個目標是和諧一致的（Viner, 1948: 10）。

古典重商主義強調國家富強來自於重要資源的累積，也就是貴金屬。國家必須竭盡所能汲取黃金和白銀，因此重視由外國輸入金銀，並阻止金銀流出。古典重商主義認爲貧富的標準不在於生產力高低，而在於金銀的多少，因此重視「貨幣差額」，持「多賣少買」的觀念。爲此，國家禁止黃金輸出，鼓勵囤積黃金。在多賣少買，以及促進製造業發展來賺取出口利潤的觀念下，各國只鼓勵原物料進口，而限制原物料以外的商品進口。甚至，國家還限制原物料的出口，以避免他國製造品與本國製造品競爭。爲維護本國製造業能享有優勢，國家採取保護措施禁止生產技術外流。而在17世紀時，掌握生產技術的主要是工匠師傅，因此，當時保護生產技術的主要方式是禁止工匠師傅移民。18世紀中葉，隨著工業革命到來，機器製造日益盛行，保護生產技術的規範延伸到禁止機器輸出（Kindleberger, 2000: 73-74）。

在上述思維下，古典重商主義的幾項政策持續成爲後續國際政治經濟思潮的理論基礎。首先，在重視貨幣差額的思維下，國家以壟斷特許權

（franchise）培植大型壟斷行會。國家對行會直接下達生產和流通指令，配合貿易保護政策來抑制進口和鼓勵出口。這樣的思維成為日後重商主義發展貿易與產業政策來進行保護主義的思想基礎。其次，為了汲取貴重資源，國家獎勵探險，鼓勵國人向外尋找殖民地以汲取貴金屬，甚至不惜發動戰爭來確保在殖民地競爭中取得上風，形塑了日後的帝國主義。

2.工業重商主義

18世紀末、19世紀初時，英國已快完成工業化，但大多數歐陸國家仍處於農業國家或工業化的早期階段。拿破崙戰役後，英國一躍成為全世界頭號軍事與經濟強國，倫敦成為世界的金融中心，英鎊成為全世界的準通貨，英國成為全球的「工廠」。

在此國際局勢下，各國開始向英國看齊，致力於進行工業化。這一時期強調工業至上，工業生產應比農業生產受到更多重視。主要代表學者首推美國第一任財政部長漢彌爾頓與德國經濟學者李斯特。他們的基本論點是國家的生存、自主和安全是國家的最高政策目標，國家可以不惜花上任何代價去達成這些目標，工業化是達成此目標的必要手段。

李斯特主張生產力至上，認為國家必須竭盡所能促進產業發展，以培植國內生產力。李斯特認為每個產業的確都不可或缺，農業提供糧食、工業支持生產、商業確保流通，但有些產業具有外部性（externality），有助於其他產業發展，因此必須被列為優先事項。在李斯特的視角中，影響生產力的關鍵便是工業，工業技術的進步意味著產能提升，工業具有廣大的技術、產能擴散作用，被視為火車頭產業，可帶動其他產業發展，因此國家必須對工業提供保護。

李斯特還提出，任何產業政策都只能為特定時空的國家利益服務，因此任何政策無法一體適用於所有國家或所有階段。在工業化過程中，先進的工業國家與後起的工業國家之利益並不一致，自由貿易對先進的工業國家有利，而對後起的工業國家不利。為了順利達到工業化，後起的國家必須要「國家干預」與「貿易保護」，以保護本國正在茁壯的幼稚工業，直到該產業成長茁壯，才能接受自由貿易，這就是所謂的「幼稚工業保護

論」。

3.新重商主義

二戰後國家政策開始轉向重視關稅、非關稅障礙、配額、雙邊主義、鼓勵出口、貿易管制、經／軍援助、產軍複合等對外政策；對內則實行經濟、財政、外匯、公共投資、所得分配、教科文政策以及產業政策等措施。

新重商主義發展出兩個主要理論，內生成長理論（the endogenous growth theory）和策略貿易理論（strategic trade theory）。內生成長理論提倡技術創新和知識進步是總體經濟成長的主要動力，並將技術要素納入經濟中，以凸顯鼓勵企業投入研發，以及政府制定科技政策的重要性。策略貿易理論主張對國內工業實行補貼和採取特定的產業政策等，更有力的支持晚近工業先進國家所採取的重商主義措施。「策略貿易理論」的精髓在於一家公司在母國政府的幫助下，能夠使其在該行業獲取競爭優勢，政府對於經濟的干預雖可能造成其他國家的損失，卻有助於增進自己國家的福祉。

策略貿易理論主張動態的比較利益原則（dynamic theory of comparative advantage），它認為比較利益不是固定的，而可以由國家和企業創造出來。若採取靜態的比較利益原則進行國際分工，將使落後國家的發展遠遠落後於先進的工業國家。因此，一個落後國想要迎頭趕上西方工業化國家，首先要改善其比較利益與貿易條件。

其次，策略貿易理論鼓勵「國家介入市場競爭」，因為不論一個國家如何努力的維持貿易自由，其他國家仍然會繼續進行市場干預。因此，鼓勵這些國家朝向自由貿易的方法，就是以眼還眼，也介入貿易。

策略貿易理論主張保護國內非技術性勞工。由於一個全球市場的誕生，加上日本與東亞諸國採行出口擴張戰略的成功，因而許多第三世界發展中國家紛紛放棄以往以進口替代的戰略，改以出口擴張，世界產品市場已經形成供過於求的情況。再加上因先進國家技術變遷所導致的產業分布，因此，許多先進國家的非技術性勞工正面臨著第三世界國家的勞工競

爭，爲了保護這些勞工的生活，政府必須對那些來自其他國家的低技術產品加以限制，以便維護這些勞工的生計。

策略貿易理論與傳統重商主義的不同之處在於，採行策略貿易的國家不再採取武力手段向外占領殖民土地，且策略貿易理論對產業的保護是選擇性而非全面性的，其保護對象僅限於特定產業部門，尤其是攸關國家發展、國家競爭力、國家安全、國民就業與國民福祉的部門。而相同之處在於政府在市場上依然扮演著重要的角色，國家以扭曲市場的方式替本國產品在國際市場上創造競爭優勢，並藉著許多非關稅障礙來抑制進口。

◆現實主義視角下的全球不平等發展

就現實主義而言，每一個國家都會追求與維護自己國家的利益與權力。因此現實主義者認爲，採取重分配政策來處理全球不平等的問題注定失敗。對於國家而言，每國都追求自己的權力與利益，由於國家間利益的衝突，不平等問題注定沒有根絕的一天，國家永遠會找尋能夠勝過與它們最爲接近競爭者的方式；其次，全球性的機構無法確保富裕國家會以利他的動機來執行全球財富的公平分配，所以，一個符合公義的國際秩序幾乎不可能到來（Krasner, 1985; Gilpin, 2001）。這也是爲什麼國際經貿制度的決策、理念均不利於開發中國家；IMF、世界銀行、GATT與UNCTAD均無法滿足開發中國家的需求。在國際無政府狀態的結構下，每個國家只追求自己的利益，因此要解決貧窮的問題，最終還是要依靠國家自己，而且也只有國家才能建立合法而有效的方式來解決全球社會的不公義（Hirst & Thompson, 1999）。簡單地說，在現實主義的眼中，由於國家利益的考量，國際經貿制度無法有效地解決不平等的問題；要解決國家內部不平等，必須依賴國家自己。

在現實主義學者眼中，國際性的政治性因素也影響著不平等發展。冷戰期間，北方國家的外交政策一直受到冷戰及共產主義和資本主義鬥爭的思維左右，第三世界國家被當作「地緣政治」的籌碼來思考。由於東亞國家在冷戰時期是西方國家遏制蘇聯擴張戰略中的一環，西方爲了鞏固此

一聯盟，東亞國家被允許在經濟政策上有某種程度的自主性，並在進入以美國爲主的中心國家市場中擁有相對的自由。也就是說，外在的安全問題，使東亞國家得到了來自美國的動力，也使東亞國家不只是被資本主義剝削，反而藉由美國的戰略需要，而促進了國家的發展。拉丁美洲在冷戰時期並未扮演如東亞國家的戰略角色，西方對於拉丁美洲的做法，也自然陷入資本主義剝削的情境。至於非洲，更是東西冷戰的最外圍地區，它們也就更沒有機會得到兩大陣營的戰略經濟挹注。從這個國際政治的角度來看，大國爲了自身的政治利益，而給予「扈從者」經濟的利益，顯示現實主義的影子左右著國際政治經濟，影響第三世界的發展。

(二)經濟自由主義

「市場機制」與「自由主義」（market function and liberalism）一直以來是自由主義者堅持的原則。自由主義的主要論點在於把人看作理性的經濟動物，市場爲滿足人類的需要而自發產生。一旦市場運行後，就會依據自己的內在邏輯運作，而不需要人爲幫助。鑑於每位市場的參與者同時是消費者也是生產者，每個人的理性抉擇促成了市場上各種力量的平衡。因此，市場是一個自我校正的平衡系統，任何不當的干預非但無助於市場的發展，反而迫害了市場內在的穩定性。因而，自由主義者反對任何形式的政府干預，認爲來自政府的干預將會導致資源的誤置，無法發揮原有的效益。

◆經濟自由主義觀點

1.古典自由主義

古典自由主義出現於18世紀晚期，以亞當斯密（Adam Smith）及李嘉圖（David Richard）爲代表。亞當斯密反對重商主義式的國家，更反對國家因安全或生存等原因而干涉市場的運作。他認爲政府不可信任，因此主張市場放任、經濟自由、減少市場干預。亞當斯密認爲市場中有一隻看不見的手（invisible hand）牽引市場做出自動調節，而以「自利」爲出發

點的個人在參與市場時，看不見的手會引導人們進行專業分工與交換，作出最有利的抉擇，如此社會的整體福利就可隨之增加。因此，亞當斯密反對重商主義對於政府可調節市場運作的說法。亞當斯密提出了**絕對利益**（absolute advantage）理論，用以解釋自由貿易會更好地利用不同國家的技術與資源。

李嘉圖修正史密斯的觀點，提出了**比較利益**（comparative advantage）法則。所謂「比較」的邏輯是，每個人都從事「機會成本相對較低」的事務，然後再行交換，如此所有參與者都能獲得最多的利益，使社會福利最大化。在比較利益的邏輯下，縱使某些國家具有生產所有物品的絕對利益，但其他國家仍可與之貿易，因為每個國家都具有相對利益。如此之下，全球的產量就可以達到最大化。

2.改革自由主義

古典自由主義認為政府應被排斥在市場之外。然而實務上，市場也可能發生無效或失控的情況，如1930年代的經濟大恐慌。因而有的自由主義者轉向主張政府可以作為「仲裁者」或「協調者」來因應市場失靈，這些學者被稱為「改革的自由主義者」（reformist liberals）。

改革自由主義者凱因斯認為，古典自由主義下的政府具有無法阻止週期性危機的缺陷，也無法對經濟蕭條帶來的社會與經濟問題提出解方。凱因斯認為資本主義存在著蕭條與失業，是因為「消費傾向」、「資本未來收益的預期」與對貨幣的「流動性偏好」這三個基本心理因素所造成的有效需求不足。凱因斯主張政府可透過財政與貨幣機制來主動提高市場的運作能力，以便能靈活地掌控經濟運作。例如在經濟停滯、衰退或蕭條時期可提供就業機會及擴大支出，而在經濟增長期間，可增加稅收以抑制通貨膨脹的壓力，如此就可解決商品生產與市場消費需求之間供需的不平衡。

在凱因斯的影響下，自由主義國家——英國與美國之經濟政策在二戰後發生很大的轉變。1933年羅斯福（Franklin D. Roosevelt）實施新政（New Deal），美國走上「**福利國家**」（welfare state）之路；英國戰後

的工黨執政，實行「民主社會主義」（democratic socialism）。

在國際經濟方面，二戰後的美國有鑑於重商主義對世界和平的危害，建立了新的國際自由經濟體系，即布列敦森林體系（Bretton Woods System）。凱因斯是布列敦森林會議英國代表團的團長，後來又出任IMF和世界銀行董事，故凱因斯對於戰後的國際政治經濟的理論與實務有深遠的影響。

布列敦森林體系雖推動自由的國際秩序，但卻不是完全自由放任的經濟體系，而是依靠美國領導的機制，各國貨幣兌美元維持固定匯率，同時實施資本管制與外匯管制，嚴格控制匯率波動，更不允許外匯的投機性交易；而在貿易上，則由美國帶頭推動多邊關稅減讓，實施有序的貿易自由化，但也允許各國保留足夠的防衛措施來減緩衝擊。簡言之，二戰後的經濟體系將資本主義的運行鑲嵌在保護弱勢群體的層層框架裡，因此被學者稱為鑲嵌式自由主義體系（a system of embedded liberalism）（Ruggie, 1993: 382-383），又因為這個自由經濟體制脫胎自凱因斯「政府應介入經濟運作」的理念，因此又被稱為凱因斯妥協（Keynesian compromise）。

鑲嵌式自由主義是個相互衝突的體系，一方面崇尚自由經濟，一方面也對自由經濟進行管控。這樣的體系運作是否得宜主要是看美國的經濟情況。1940年代末、1950年代時，因美國的經濟情況尚佳，因此體系運作得宜，世界達成了有史以來最長的經濟成長，但到1960年代末，因美國面臨雙赤字及越戰軍費壓力，這個自由主義的國際經濟體制便受到了嚴重的壓力，1973年1月美國總統尼克森（Richard M. Nixon）正式宣布廢棄布列敦森林體系，使美元脫離金本位制，引進浮動匯率，帶來一股新的保護主義。

3.新（古典）自由主義

1970年代，國際經濟體系面臨石油危機引發停滯性通貨膨脹（stagflation）問題，凱因斯對此束手無策，因此國際政治經濟學界又出現各種討論，其中以反對國家干預、鼓吹恢復自由市場機制與自動調節作用的新自由主義（new liberalism）最為突出。強調市場化、自由化和私有

化的新自由主義可說是古典自由主義的復興，其中以強烈反對國家干預經濟的海耶克（Friedrich A. Hayek）爲代表。

1980年代，美國雷根政府執政和英國柴契爾的保守派政府崛起後，新自由主義受到關注。美國與英國推動新自由主義理念下以市場化、自由化和私有化爲導向的經濟體系。而在國際上，美國及英國亦要求其他國家放鬆對經濟的干預、推動國有企業私有化、開放市場、減少貿易壁壘、降低外匯管制。1980年代末期的華盛頓共識，就是新自由主義的最佳體現。新自由主義主導了1990年代的世界經濟體系，加速了全球化的進程。

◆經濟自由主義視角下的全球不平等發展：自由市場是成功的關鍵

經濟自由主義者認爲，經濟自由主義的理念有助於全球經濟的增長，全球化給了落後國家奮起的機會，經濟不發展眞正的原因在於第三世界國家內部的不良經濟結構。經濟自由主義者認爲，雖然許多依賴理論學者聲稱「不平等的交易」加劇了已開發國家與第三世界的差距，但這種指責卻忽略了其他重要變項，諸如歷史、經濟增長、物價、教育政策等因素。他們認爲第三世界的發展政策犯了兩個根本性的錯誤，其一是低估國際貿易推動經濟增長的力量，其二是太晚才認識到市場的激勵遠比部長的訓示有效（Yergin & Stanislaw, 1998: 91）。

經濟自由主義者認爲自由的經濟可以有下列正面效果：(1)貿易或其他形式的經濟自由可以促成全球繁榮；(2)自由貿易有助於國家發展比較優勢下的專業商品；(3)自由市場的競爭可以爲經濟帶來效率與增強競爭力；(4)提供國家發展所需要的資金。

改爲經濟自由主義者不否認現今全球結構會影響第三世界國家的發展，但也認爲整體而言，目前的全球結構並不會阻礙第三世界的成長，反而是有助於其未來快速的發展。首先，現今全球體系中的快速科技發展，使得國家發展所需的科技變得更爲廉價與快捷，減少了國家發展所需的資本與時間；其次，今日的資本比較以往更容易獲得；第三，先進國家市場的存在，提供了第三世界國家得以輸出其產品，不僅是資源豐富的國家可

以因此謀利,沒有資源的國家,如台灣、南韓等,也可以經由代工或發展高科技產業而獲得利潤(Rodrik, 1995)。

因此,經濟自由主義者認為,先進國家的存在,對於南方第三世界國家最為有利,北方國家促成了科技的發展、提供了資本與市場,使得南方國家得以快速的成長。第三世界國家應該積極地參與世界經濟,並掌握其所提供的利益。第三世界國家也應該開放科技與資本的進口,並主動地追求全球的市場。

經濟自由主義者也認為全球化可以解決不平等問題。世界銀行的報告指出,全球化可以為全球經濟帶來樂觀的幸福力量,而不是悲觀的結果。由於全球化促成了貿易與投資的流動,有助於經濟成長,因此幫助人民脫離貧窮(World Bank, 2001a)。多國企業將生產與投資轉向新興工業化國家,創造了新的工作機會。在過去四分之一世紀的劇烈全球化過程中,可以看到人類的發展已有長足進步(UDNP, 2001: 11)。因此,經濟自由主義認為透過經濟全球化是降低全球貧窮的有效途徑,而持續不平等的原因,是因為某些國家無法快速的進入全球經濟體系。

世界銀行指出,全球化讓一些國家從中獲益。例如中國大陸的改革促成了歷史上最大規模的貧困削減。印度在過去二十年內,貧困率下降了一半。1990年代烏干達的貧困程度降低了40%,學校登記註冊人數增加一倍。1990年代越南國家最貧困家庭中98%的人民提高了他們的生活條件,人們有更多的食物,孩子們進入了中學,而貿易自由化是致使越南改革取得成功的諸多因素之一。簡言之,經濟自由主義者認為從實務上來看,有許多南方國家在全球化的助力下逐漸擺脫貧困,因此以經濟自由為圭臬的全球化可以解決不平等問題,南方國家的發展策略,也就是能否推動自由化改革、建構自由市場,才是其是否能夠擺脫貧窮的關鍵。

(三)馬克思主義

馬克思認為資本主義和市場為資本家創造大量財富,同時造成勞動階級的貧困。在這樣的觀察下,馬克思認為生產力決定生產關係、經濟基

礎決定上層建築，生產因此產生了「階級」（class）關係，而階級是分析世界經濟及世界體系（world system）的起點。

承繼馬克思理念的列寧則認為資本主義已進入了一個由壟斷所界定的新階段，生產集中於大型公司、對原物料來源出現競爭性需求、銀行寡頭蓬勃發展、富裕強國尋求對弱國的剝削來擴大其經濟利益。上述現象導致矛盾的升高，並使平等化產生危機。受馬克思主義啟發的結構主義，為國際政治經濟學帶來全然不同的研究視野，也對不平等問題提出批判性思考。

二戰後隨著帝國主義瓦解和許多新國家獨立，新的國際情勢開始出現。許多拉丁美洲的左翼學者，對國際局勢表示悲觀，認為其國家發展被鑲嵌在國際結構之中，新興國家難以擺脫被帝國主義宰制的命運，其觀點被稱為結構主義，其下又發展出依賴理論和世界體系論。

◆依賴理論

拉丁美洲經濟學者從國際貿易不平等的交換條件分析，得出與基於現實主義或經濟自由主義的已開發國家學者不同的看法，提出依賴理論。他們認為，拉丁美洲無法循著已開發國家的路徑前進，拉丁美洲的落後，是源於已開發國家之剝削，而非如現實主義或經濟自由主義所宣稱的來自開發中國家內部的貪污腐化或內戰。第三世界在國際經濟體系中的邊陲地位，是與已開發核心國家附屬關係的結果（Braveboy-Wagner, 1986: 265）。

依賴理論試圖解釋北方富裕工業國家與南方貧窮經濟落後國家之間的差異，其觀點核心在於，在南北關係中，富裕國家——即核心（core）國家——在歷史上就經由剝削、榨取包括人力資源（甚至奴隸）與原料在內的各種資源，從而使發展中國家——即邊陲（peripheral）國家——處於一種從屬地位。所謂依賴關係是，邊陲國家的經濟嚴重依賴核心國家的經濟發展或經濟擴張，而除了剝削外，北方國家經常無視南方國家的經濟發展需要而單方面賦予其經濟任務。

　　依賴理論認爲發展中國家貧困是殖民宗主國對殖民地的剝削壓迫之歷史遺緒，也源於已開發國家對發展中國家的剝削控制。由於結構性的不對稱，邊陲國家聽命核心國家的經濟需求，不論是生產分布或是價格制度都不平衡，經濟進步帶來的好處也無法惠及整個國家。在國際分工和外資依賴結構下，邊陲國家對核心國家在商業、金融與技術上均存在依賴關係。因此依賴理論學者主張開發中國家應減少甚至斷絕與已開發國家的經濟與政治聯繫，才能實現經濟上的自力更生。

　　依賴理論學者不同意經濟自由主義者的主張。經濟自由主義者認爲低度發展國家的進口替代戰略未能實現經濟增長，是因低度發展國家的傳統經社條件未改善所致；但依賴理論認爲，進口替代戰略反倒加強當地封建顯要與國際資本主義的新殖民主義聯盟，加深收入分配不合理問題。隨著對跨國公司的依賴性增長，低度發展國家反而喪失對本國的經濟控制，日益依賴國際資本主義（Gilpin, 1987: 283; Landes, 1999: 432-433）。

◆世界體系論

　　華勒斯坦（Immanuel Wallerstein）的世界體系論主張資本主義的發展在擴張循環（cycles of expansion）中前進。此一擴張、停滯、收縮的長期波浪，開始於在封建歐洲誕生的資本主義體系。這些循環將資本主義體系從一個小區域擴散至全世界。從資本主義世界經濟的歷史動力（historical dynamics）之探討，如整合趨勢、農業商品化、工業化、邊陲化、國際貿易與不平等交換等變數，世界體系論提供研究一國經濟地位在國際體系上升與下降的現象（Wallerstein, 1974）。

　　依華勒斯坦的觀察，一個資本主義世界經濟有三個基本要素：第一個要素是，它起源於一個依循利益最大化原則的單一市場；第二個要素是，國際社會是由一群具有不同對內、對外強度的國家所組成之結構。國家的主要功能是「阻礙」資本主義市場的自由功能，以利於改善獲利前景；第三個基本要素是，對於剩餘勞動的掌握發生於一個包含三個等級的剝削關係中，這三個等級是——核心（core）、半邊陲（semi-peripheral）

與邊陲（peripheral）國家的國際層級關係，也同時決定了彼此間不平等的交換關係。

華勒斯坦的世界體系論修正了依賴理論的若干觀點。他把分析單位擴大，不再只討論依賴與被依賴、已開發或低度開發國家之間的關係，而是把世界體系視為一個縱橫交錯的、有內在聯繫與自我調整的社會系統。從資本主義世界體系的發展與擴張來看，發展中國家注定要成為國際分工體系下的被剝削者。因而，發展中國家的經濟、社會與政治發展方向，自然無法擺脫資本主義世界體系的巨大影響。

世界體系論以動態分析來取代靜態分析，以發展來取代宿命，認為世界資本主義體系的這種不平等交換關係，並非一成不變。邊陲國家可以晉升為半邊陲國家，核心國家也有可能降為半邊陲國家。

◆結構主義視角下的全球不平等發展

相較於現實主義及經濟自由主義觀點較站在北方國家立場，認為南方國家的問題在於自身，結構主義者則較同情南方國家，認為在由少數資本主義國家為核心的世界市場所形成的「世界經濟體系」下（Wallerstein, 1974, 1979），「邊陲」對「核心」的依賴注定了第三世界的命運（Frank, 1978；蘇振興、袁興昌譯，1990）。第三世界的落後發展主要是由於資本主義國際體系所導致的「不平等交換」條件引起。當貿易、投資與技術的流動逐漸集中在以工業化國家為核心的世界經濟，大多的第三世界國家必然會不斷遭受邊緣化命運（Hirst & Thompson, 1999）。這種結構上的不平等，其實是帝國主義延續的結果（Petras & Veltmeyer, 2001: 12）。結構不只存在於南北國家間，由西方大國主導的國際經貿制度本身也是全球經濟結構中的一部分，核心國家透過它們對世界進行治理（governance），更進一步地強化宰制與依賴、不平等與貧窮的歷史結構（Cammack, 2002）。

經濟全球化造成全球不平等的主因在於，資本流動為全球的生產與勞動產生了新布局，貿易關係激化了國家與國家、地區與地區的競爭壓

力，而全球化又限制了國家提供福利與重新分配的能力（Rodrik, 1995; Tanzi, 2001: 78-79; Thomas, 2005: 559-581）。全球生產要素快速流動，由於生產與金融的整合，全球勞動人口逐漸被分化為贏家與輸家，使國家內部與跨國間的經濟差距越來越大。而在華盛頓共識下，國家福利政策因稅收減少而緊縮，維繫整個社會運作的社會紐帶出現斷裂情形。於是跨國與國內的輸家無法跳脫全球化的邏輯陷阱，逐步地更走向邊緣化、被排除化或貧窮化（Birdall, 1998: 76-84; Castells, 2000; Sklair, 2001）。

從這些觀點來看，全球化是加速不平等的罪魁禍首，全球化未解決不平等與貧窮，反而使問題更加惡化。全球化固然帶來了全球資本交換的機會，但其利益並沒有在全球或國家內公平的分配。許多的指標顯示，從收入差距到健康差異，富國與窮國之間的差異不斷地擴大、窮人與富人的距離不斷拉遠，全球處於不平等的狀態（Bradshaw & Wallace, 1996）。

近年來，由於國家政府的權力在全球化影響下消逝，政府以福利政策來弭平國家內部的貧富差距之能力逐漸受到限制，遂使貧富差距問題不僅出現在窮國與富國之間，在國家內部亦成為嚴重的問題。即使是已開發國家的內部，亦開始有全球化擴大不平等問題的質疑出現，造成了近期西方世界內部反全球化浪潮的興起。

(四)其他觀點對不平等問題的詮釋

◆國家能力觀點：政府素質決定成敗

承接現實主義及經濟自由主義觀點，國家能力觀點強調國家的發展仰賴國家本身的自我奮起，是一個國家是否能夠突破貧窮的必要條件。每個國家都有不同的有形或無形能力。有些國家如中國和印度，憑自身規模即可對付源自國際體系層次的壓力；有些國家擁有特定資源，可有效介入國際市場，如石油出口國；有些國家發展出一套靈活而成熟的國內機制結構，能夠對國際體系層次上的變化做出及時有效的調整，如新興工業國。

為打破國際不平等的經濟結構，一些開發中國家在發展策略方面，

有的採取「進口替代」（import substitution）策略，為自己國家創造有利的工業發展條件；也有的國家採取「自力更生」（self-reliance）的策略，切斷與西方國家的聯繫，以避免西方經濟的滲透。有的國家順利成功，從「進口替代」轉向「出口代替」，例如東亞的台灣與韓國；但也有的國家的「進口替代」雖在初期獲得成功，卻無法持續，例如拉丁美洲。至於「自力更生」幾乎沒有達到預期的效果，反而助長政治權威並扭曲經濟發展。由此可見，國家的發展策略與有效的經濟統治，成為勝敗的關鍵。

經濟自由主義者認為，西方國家的富強來自於辛勤勞動、科學發明、技術創新、管理和組織效率以及經濟規模發展的結果，同時也與自由民主的政治制度有關。他們認為第三世界的落後發展是由第三世界的錯誤政策引起，若第三世界的國家精英不願意進行徹底的結構變革與阻止腐敗，任何經濟援助都是緣木求魚。

隨著冷戰結束與東亞經濟崛起，目前不論是已開發或者是開發中國家的精英，對第三世界之所以落後的原因，越來越傾向現實主義及經濟自由主義的看法，即內部因素造成其落後與貧窮。窮國之所以窮而富國之所以富，絕對不在於兩者的土地、自然資源、人力資本、資金、技術與其他資源的差距，而在於兩者的生產合作激勵結構不同，此即制度與經濟政策的差異所致（余永楨譯，2003：21-38）。

第三世界無法有效發展經濟，或以犧牲生態平衡與傳統文明為發展的代價，其中很重要的原因在於缺少良好的政府治理以及監督體制。此外，南方國家的外匯來源往往過度依賴單一原物料出口，使其對國際經濟波動十分敏感。如委內瑞拉95%以上的外匯收入仰賴石油出口，因此2000年代的高油價為委內瑞拉帶來高額外匯收入，委內瑞拉藉此推動社會計畫，但卻未能有效管理石油公司及投資設備，更未適時發展其他經濟產業，使經濟結構未能多樣化。於是高油價為委內瑞拉帶來荷蘭病，隨著油價在2010年代起下跌，委內瑞拉政府不僅無力維繫社會政策，社會計畫的價格管制更造成物資短缺，進一步帶來通膨問題造成經濟危機，可見錯誤決策的可怕後果。

主張「歷史終結」的學者福山（Francis Fukuyama）提出「國家建構」（state-building）觀點，認爲好的公共體制才是國家能夠走出衰弱的關鍵（Fukuyama, 2004）。問題不在於應像經濟自由主義者宣稱的，政府越小越好，或是應像東亞國家的經驗，由政府掌控引導經濟行爲。一個國家的經濟政策是否能成功，並非在於政府大小，而在於政府的施政效能。一個有效率、廉潔的公共管理機制，才是走出貧窮的重要關鍵。

◆制度與決策觀點

制度與決策的觀點與結構主義的觀點相似，認爲南北問題之所以難以解決，是目前全球經濟結構造成的限制；但結構觀點強調經濟體在生產結構的地位，而制度與決策觀點則咎責錯誤的國際制度與決策。曾任世界銀行首席顧問兼資深副總裁的史迪格里茲（Joseph Stiglitz）認爲，IMF、世界銀行等國際經濟機構主導的全球化與經濟發展政策帶給開發中國家苦痛。華盛頓共識對轉型經濟體的主張與要求有其問題，從目前已開發國家的歷史經驗來看，推動現代化的革命和採用保護主義政策，同樣很重要，都是成功加入世界經濟的前提（Stiglitz, 2002），不應只一昧地要求開發中國家現代化與自由化。

史迪格里茲於1998年提出了「後華盛頓共識」（Post-Washington Consensus），主張拓展「華盛頓共識」外的發展目標，強調與發展相關的制度因素，認爲發展不僅是經濟增長，更是社會的改造，因而必須關注貧困、收入分配、環境永續發展等問題。他從訊息不對稱的概念出發，指出市場力量不能自動實現最佳的資源分配，並承認政府在促進發展中的積極作用，批評IMF在亞洲金融危機前後所提倡的民營化、資本帳開放和經濟緊縮政策的謬誤。而世界銀行更在2001年的《世界發展報告》（*World Development Report*）中承認第三世界的不平等發展不但是經濟問題，亦是政治問題，經濟成長未必會自動減少貧窮（World Bank, 2001）。史迪格里茲也同意經濟成長未必能減少貧窮，因爲經濟成長的果實未必能由全民共享，大多數的財富還是掌握在少數人的手中（Stiglitz, 2014）。

國際經貿組織的錯誤決策使南方國家雪上加霜。舉例來說，IMF要求的緊縮政策迫使政府支出減少，使政府取消食物或其他民生必需品的補貼，同時造成失業率攀升。這樣的政策常使民眾走上街頭抗議，有時政府被迫取消與國際組織的協定，有時政府甚至被推翻，造成南方國家不穩定的局勢。

　　不過，在批評國際經貿制度的同時，也必須給予肯定。若沒有此一舞台，第三世界國家將處於更血淋淋的戰場，南方國家將沒有提出國際新經濟秩序與特別要求的舞台。特別是聯合國體系基於主權平等原則設計的一國一票制決策程序，給了開發中國家超出其本身國家能力的權力。在世界貿易組織中，也看到第三世界經由團結或結合其他非政府組織，爭取本身利益的實例。

◆人道主義觀點

　　外國援助（foreign assistance）是指提供第三世界國家資金或其他援助，以協助當事國加速經濟發展腳步，或是滿足該國人民基本需求。大多數的援助來自於已開發國家，而聯合國計畫也是外援的一項主要來源。透過外國援助，北方國家的資源流向南方國家。

　　國際援助除了企圖改善第三世界人民的生活外，往往也有政治考量。援助國可試圖促使受援國推動政治和經濟改革，包括要求受贈國落實法治、減少貪污、投資教育、健全財政等，避免受援國官員中飽私囊或過於浪費。然而，北方國家的援助有可能不符第三世界國家的實際需求，未必能達到原本的預期效果。有些研究顯示，如果受援國不具備上軌道的政府，那麼援助未必能幫助發展經濟，往往只會流於浪費或讓個人中飽私囊，IMF因此提出借款條件。

　　儘管國際援助有其爭議性，如援助有可能增加窮國領袖的惰性，或逃避應推動的改革，但國際援助的存在仍有其正面意義。國際援助被視爲一種追求全人類「互利共生」的行動，國際援助是國家基於面對國際問題時的「認同」態度，因爲認同自己是全球社會的一分子，而願意對較弱勢

的族群伸出援手，追求人類的互利共生。而除了人道考量之外，國際援助也可扮演誘因，設定援助條件使窮國做出制度與社會上的改革，才有可能在未來能夠擺脫貧窮。

四、全球不平等問題的未來挑戰

不平等結構的持續惡化不利於低度開發與開發中國家的發展。面對國際金融資本主義及貿易資本主義的全球化時代，在缺乏國際資金投入，又無法進入知識經濟門檻的狀況下，第三世界能突破不平等結構的機會變得越來越小。而不論是「華盛頓共識」或「後華盛頓共識」，均沒有對南方國家的需求提出解方。目前南方國家的發展障礙已不僅是由於單一國家的國內政策失誤，而是來自於國際結構的諸多限制。

貧窮全球化與不平等加速的威脅不僅限於人類安全，也破壞了全球化本身的進展。全球化造成富裕／貧窮、獨占（inclusion）／排斥（exclusion）、賦權（empowerment）／失能（disempowerment）的兩極化劃分，造成全球的社會問題，越來越多的國家走向失敗。不平等問題帶來日益激烈的恐怖主義，造成跨國性犯罪猖獗，甚至是族群與宗教的衝突及基本教義興起，都讓這個世界變得不安全與不和平（Castells, 2000）。生態破壞、貧窮與飢餓、債務、難民與移民的遷移等問題，成為南北經濟不平等發展下的產物，在仍看不到南北問題解決的曙光前，這些衍生的問題仍舊存在，以不同的面貌影響著人類的安全。

國際政治經濟學擘劃了當代全球經濟秩序。重商主義著重各國自助保護自身經濟發展、經濟自由主義以降低政府干預來塑造當代自由經濟秩序，而馬克思主義則洞察到重商主義與經濟自由主義秩序造成的全球不平等問題。全球不平等發展的問題從工業革命帶來的交流開始，經歷了幾個世紀，時至今日，隨著全球化的力道趨強，全球經濟不平等的南北問題越來越嚴重，開發中國家的經濟前景也越來越分歧，且沒有減緩的跡象。這是資本主義必然的現象、帝國主義的遺產、現實主義所促成，或是每一個

國家自己的能力決定了這個結果？不同的觀點有不同的解讀與詮釋。

　　對於全球不平等的起因及衝擊有許多不同觀點的探討。富裕的北方國家要瞭解到，對於低度開發的南方國家而言，走出貧窮的挑戰並不容易，南方國家仍面對北方國家支配的國際經貿體系。北方國家不應主觀認為只有西方的政治制度或華盛頓共識等新自由主義政策才是解決問題的唯一良藥，但南方國家當然也應該要做些調整。首先，南方國家應解決內部的國家形塑問題，讓分裂的社會不再分裂；其次，應該改善決策與行政體系及能力、建立廉能政治、增加自己的經濟實力，如此才能提高自己在國際政經秩序中的地位與影響力。南方國家可以承認不平等的分工結構，穩健地逐步發展，但國際經貿制度也必須充分認識到不平等不是一個單純的政治經濟事務，而是人類安全的整體問題。

　　在解決國家內部的所得不均與財富不均問題上，各國的財稅制度與社會福利政策有很大的重要性，例如租稅累進制度與教育投資是幫助階級流動的有效工具（劉道捷譯，2018），但失敗的社會福利政策也可能使國家經濟陷入困境，例如委內瑞拉的經濟危機問題，因此國家的決策及國家的能力確實在解決全球不平等問題上有重要角色。然而無可否認的，在全球化的當代世界，各國的決策及能力亦受到國際結構的限制，如華盛頓共識／後華盛頓共識等潮流影響了國家基本經濟政策邏輯，因此國際經貿制度的決策亦在不平等問題及其解決上扮演重要地位。

問題與討論

一、造成全球不平等問題有許多原因,你覺得造成全球不平等的最主要原因為何?

二、北方國家為改善全球不平等發展,有哪些措施?這些措施隱含哪些偏差性?

三、南方國家為突破不平等發展,有哪些努力?為何這些努力未能成功?

四、新冠疫情如何加劇全球不平等發展?

五、策略貿易策略理論與重商主義與經濟自由主義的同異點為何?

六、國際政治經濟學理論的不同學派站在不同的立場看待全球不平等問題,哪些觀點站在北方國家立場?哪些觀點較同情南方國家?

七、重商主義及經濟自由主義思維如何影響全球不平等發展?

八、結構主義如何詮釋全球不平等發展?

九、結構主義者與經濟自由主義者對於解決南北問題的看法的差異為何?

十、全球不平等發展會對人類社會帶來什麼威脅?

參考書目

朱章才譯（2000）。Walther Bernecker著。《第三世界的覺醒與貧困：1995‧11‧10哈科特港》。台北：麥田出版社。

江立華、孟衛軍等譯（2006）。Scott Sernau著。《綑綁的世界：生活在全球化時代》。廣東：廣東人民出版社。

余永楨譯（2003）。〈為什麼有的國家窮有的國家富〉。收錄在吳敬璉主編，《比較》，第7期，頁21-38。北京：中信。

陸盛譯（1993）。Joseph R. Strayer、Hans W. Gatzke著。《西洋近古史》（下）。台北：五南。

劉道捷譯（2018）。Facundo Alvaredo、Lucas Chancel、Thomas Piketty、Emmanuel Saez、Gabriel Zucman著。《全球不平等報告2018》。台北：衛城出版。

蔡志海譯（2006）。John Isbister著。《靠不住的諾言：貧窮和第三世界發展的背離》（*Promises not Kept: Poverty and the Betrayal of Third World Development*, 6th ed.）。廣東：廣東人民出版社。

蘇振興、袁興昌譯（1990）。Raul Prebish著。《外圍資本主義：危機與改造》。北京：商務印書館。

Abuelgasim, E., Saw, L. J., Shirke, M., Zeinah, M., & Harky, A. (2020). COVID-19: Unique public health issues facing Black, Asian and minority ethnic communities. *Current Problems in Cardiology, 45*(8), 100621.

Atkinson, A. B. (2016). Inequality: What can be done. *Practice, 40*(2), 289-292.

Bambra, C., Riordan, R., Ford, J., & Matthews, F. (2020). The COVID-19 pandemic and health inequalities. *J Epidemiol Community Health, 74*(11), 964-968.

Birdall, Nancy (1998). Life is unfair: Inequality in the world. *Foreign Policy, 111*, 76-84.

Bradshaw, York W., & Michael Wallace (1996). *Global Inequalities*. London: Pine Forge Press/Sage.

Braveboy-Wagner, Jacqueline A. (1986). *Interpreting the Third World: Political, Economics, and Social Issue*. New York: Praeger Publishers.

Bundervoet, T., Dávalos, M. E., & Garcia, N. (2022). The short-term impacts of COVID-19 on households in developing countries: An overview based on a harmonized dataset of high-frequency surveys. *World Development*, 105844.

Cammack, Paul (2002). Attacking the global poor. *New Left Review*, Series II, No. 13.

Castells, Manuel (2000). *End of Millennium* (2nd ed.). Oxford; Malden, MA: Blackwell Publishers.

Cipollia, Carlo M. (ed.) (1973). *The Fontana Economic History of Europe: The Emergence of Industrial Society* (1, II). London: Collins Press.

Dabla-Norris, M. E., Kochhar, M. K., Suphaphiphat, M. N., Ricka, M. F., & Tsounta, M. E. (2015). *Causes and Consequences of Income Inequality: A Global Perspective*. International Monetary Fund.

Demena, B. A., Floridi, A., & Wagner, N. (2022). The short-term impact of COVID-19 on labour market outcomes: Comparative systematic evidence. In *Covid-19 and International Development* (pp. 71-88). Springer.

Fantu, B., Haile, G., Tekle, Y. L., Sathi, S., Demena, B. A., & Shigute, Z. (2022). Experiences of Eritrean and Ethiopian migrants during COVID-19 in the Netherlands. In *COVID-19 and International Development* (pp. 45-58). Springer.

Frank, Andre G. (1978). *Depend Accumulation and Underdevelopment*. London: Mancmillian.

Fukuyama, Francis (2004). *State-Building: Governance and World Order in the 21st Century*. Ithaca, N.Y.: Cornell University Press.

Furceri, D., Loungani, P., & Ostry, J. D. (2019). The aggregate and distributional effects of financial globalization: Evidence from macro and sectoral data. *Journal of Money, Credit and Banking, 51*, 163-198.

Gasparini, L., & Lustig, N. (2011). The Rise and Fall of Inequality in Latin America. In *The Oxford Handbook of Latin America Economics*. Oxford University Press.

Gentilini, U., Almenfi, M., & Orton, I. (2020). *Social Protection and Jobs Responses to COVID-19: A Real-Time Review of Country Measures*. World Bank Group.

Gilpin, Robert (1987). *The Political Economy of International Relations*. Princeton, N. J.: Princeton University Press.

Gilpin, Robert (2001). *Global Political Economy.* Princeton: Princeton University Press.

Guterres A. (2020, July 18). "Tackling the inequality pandemic: A new social contract for a new era", Africa Renewal. https://www.un.org/africarenewal/web-features/%E2%80%9Ctackling-inequality-pandemic-new-social-contract-new-era%E2%80%9D

Hirst, Paul & Grahame Thompson (1999). *Globalization in Question* (2nd ed.) (revised.). Cambridge: Polity Press.

ILO (2020). *COVID-19 and the World of Work: Impact and Policy Response*. https://www.ilo.org/wcmsp5/groups/public/---dgreports/---dcomm/documents/briefingnote/wcms_738753.pdf

Kanbur, R. (2019). Inequality in a global perspective. *Oxford Review of Economic Policy, 35*(3), 431-444.

Kanbur, R., Wang, Y., & Zhang, X. (2021). The great Chinese inequality turnaround. *Journal of Comparative Economics, 49*(2), 467-482.

Kindleberger, Charles P. (2000). The Rise of Free Trade in Western Europe. In Jeffry A. Frieden & David A. Lake. *International Political Economy: Perspectives on Global Power and Wealth* (pp. 73-89). Boston: Bedford/St. Martin's.

Krasner, Stephen D. (1985). *Structural Conflict: The Third World Against Global Liberalism*. Berkeley: University of California Press.

Lakner, C., & Milanovic, B. (2016). Global income distribution from the fall of the Berlin Wall to the Great Recession. *Revista de Economía Institucional, 17*(32), 71-128.

Landes, David S. (1999). *The Wealth and Poverty of Nations: Why Some Are So Rich and Some So Poor*. New York: W.W. Norton

Mahler, D. G., Yonzan, N., & Lakner, C. (2022). *The Impact of COVID-19 on Global Inequality and Poverty*. The World Bank. https://doi.org/10.1596/1813-9450-10198

Malta, M., Murray, L., da Silva, C. M. F. P., & Strathdee, S. A. (2020). Coronavirus in Brazil: The heavy weight of inequality and unsound leadership. *EClinicalMedicine, 25*.

McCann, G., & Matenga, C. (2020). COVID-19 and global inequality. *COVID-19 in the Global South, 2683*, 161.

Memon, N. S., Jamil, S., & Khan, S. (2019). Global inequalities: An overview. *International Journal of Academic Research Business and Social Sciences, 9*(5), 214-231.

MSF. (2020). *Médecins Sans Frontières (MSF) briefing on agenda item: COVID-19*

Response. https://msfaccess.org/sites/default/files/2020-05/WHA73-Briefing-18May2020.pdf

Murshed, S. (2022). Consequences of the Covid-19 pandemic for economic inequality. In *Covid-19 and International Development* (pp. 59-70). Springer.

Okoi, O., & Bwawa, T. (2020). How health inequality affect responses to the COVID-19 pandemic in Sub-Saharan Africa. *World Development, 135*, 105067.

ONS (2020a). *Coronavirus (COVID-19) related deaths by ethnic group, England and Wales—Office for National Statistics*. https://www.ons.gov.uk/peoplepopulationandcommunity/birthsdeathsandmarriages/deaths/articles/coronaviruscovid19relateddeathsbyethnicgroupenglandandwales/2march2020to15may2020

ONS (2020b). *Deaths involving COVID-19 by local area and socioeconomic deprivation—Office for National Statistics*. https://www.ons.gov.uk/peoplepopulationandcommunity/birthsdeathsandmarriages/deaths/bulletins/deathsinvolvingcovid19bylocalareasanddeprivation/deathsoccurringbetween1marchand31may2020

Papyrakis, E. (2022). Covid-19 and International Development: Impacts, Drivers and Responses. In *COVID-19 and International Development* (pp. 1-8). Springer.

Petras, James & Veltmeyer Henry (2001). *Globalization Unmasked: Imperialism in the 21st Century*. London: Zed Books.

Pevehouse, J. C. W., & Goldstein, J. S. (2016). *International Relations* (11th ed.). Pearson.

Reeves, R. V. (2013). How Obama's Three "Defining Challenges" Are Distorting the Inequality Debate. *Brookings*. https://www.brookings.edu/blog/social-mobility-memos/2013/12/17/how-obamas-three-defining-challenges-are-distorting-the-inequality-debate/

Rodrik, D. (1995). Getting interventions right: How South Korea and Taiwan grew rich. *Economic Policy, 10*(20), 53-107.

Roemer, J. E. (2002). Equality of opportunity: A progress report. *Social Choice and Welfare*, 455-471.

Ruggie, John Gerard (1993). Multilateralism: The anatomy of an institution. In John Gerard Ruggie (eds.), *Multilateralism Matters: The Theory and The Praxis of an Institutional Form* (pp. 3-36). New York: Columbia University Press.

Samuels, B. C. (2014). *Managing Risk in Developing Countries: National Demands and Multinational Response*. Princeton University Press.

Sklair, Leslie (2001). *Transnational Capitalist Class*. Oxford: Blackwell.

Smith, Adam (1970). *The Wealth of Nation*. New York: Penguin Books Ltd.

Stiglitz, J. (2002). *Globalization and Its Discontents*. New York: W.W. Norton.

Stiglitz, J. (2012). *The Price of Inequality: How Today's Divided Society Endangers Our Future*. WW Norton & Company.

Stiglitz, J. (2014). On the Wrong Side of Globalization. *The New York Times*. Published electronically March 15 2014. http://opinionator.blogs.nytimes.com/2014/03/15/on-the-wrong-side-of-globalization/.

Sumner, A., Hoy, C., & Ortiz-Juarez, E. (2020). *Estimates of the Impact of COVID-19 on Global Poverty*. WIDER working paper.

Tanzi, Vito (2001). Globalization without a Net. *Foreign Policy, 125*, 78-79.

The Equality Trust (2010). *How is Economic Inequality Defined?- The Equality Trust*. https://equalitytrust.org.uk/how-economic-inequality-defined

Thomas, C. (2005). Poverty, Development and Hunger. In J. Baylis, & S. Smith (eds.), *The Globalization of World Politics* (3rd ed.) (pp. 559-581). Oxford: Oxford University Press.

Tsani, S., Riza, E., Tsiamagka, P., & Nassi, M. (2021). Public Policies, "One Health," and Global Inequalities Under the COVID-19 Lens. In *Reduced Inequalities* (pp. 728-736). Springer.

UNDP (2001). *Human Development Report 2001: Making New Technologies Work for Human Development*. United Nations.

United Nations (2016). *List of Least Developed Countries* (as of May 2016).

Viner, Jacob (1948). Power versus plenty as objectives of foreign policy in the seventeenth and eighteenth Centuries. *World Politics, 1*(1) (October), 1-29.

Wagner, N. (2022). Indirect health effects due to COVID-19: An exploration of potential economic costs for developing countries. In *COVID-19 and International Development* (pp. 103-118). Springer.

Wallerstein, Immanuel (1974). *The Modern World System*. New York: Academic Press.

Wallerstein, Immanuel (1979). *The Capitalist World Economy*. Cambridge: Cambridge University Press.

Williams, Eric Eustache (1961). *Capitalism and Slavery*. New York: Russell and Russell.

Williams, Marc (1994). *International Economic Organizations and the Third World*. Harvester Wheatsheaf.

World Bank (2001). *Poverty in an Age of Globalization*. Washington DC: World Bank.

World Bank (2001a). *World Development Report 2000/2001: Attacking Poverty*. Washington DC: World Bank.

Yergin, Daniel & Joseph Stanislaw (1998). *The Commanding Heights: The Battle Between Government and Marketplace That is Remarking the Modern World*. New York: Simon & Schuster.

Chapter 13

理解全球化

蔡育岱（Yu-Tai Tsai）

中正大學戰略暨國際事務研究所教授

政治大學外交學系博士

　　美國已故流行藝術家安迪‧沃荷（Andy Warhol）曾說過一句話：「在未來，每個人都能有十五分鐘成名的機會。」此言耳熟能詳，在現今快速傳播的世代看似理所當然，然而1968年安迪‧沃荷在一個網際網絡概念尚未出現的年代，就能娓娓道來，可謂眞知灼見，這種強調藝術無國界的特性，加上流行文化的創新、穿透力，正是當代全球化的主要內涵之一。

　　有一種觀點認爲全球化是自由經濟的果實，舊時代的南北半球區分已經不太重要，因爲國家正邁向全新的經濟整合過程，主權國家的權力正在流逝，繼之而起的是區域組織、國際組織、跨國行爲者等，加上當代由於技術專家與自由民主等精英的散播，公民的價值觀正成爲全球性的價值觀，反映了一個新興的全球文明。

　　另一個觀點是對全球化持懷疑態度的說法。全球化加速南北差距，促使國家的經濟整合不但沒有形成單一的世界自由貿易區，反而形成以美國、歐洲和亞洲不同區域集團，全球化使得權力擴散，其實國家權力沒有被強化或削弱，而是轉化成新環境下的新工具，試圖跟著轉型或調適。

　　國際關係對全球化議題的重視，可以從學者戈登斯坦（Joshua S. Goldstein）與佩文豪斯（Jon C. Pevehouse）編著的《國際關係》（*International Relations*）一書中窺出端倪，該書連續多年第一章開宗明義以「國際關係的全球化」（The Globalization of International Relations）爲題，強調全球化議題對當代國際關係的影響與挑戰，這本美國大學國際關係主流教科書，詮釋當代全球化對國際關係之演變，包括國際安全與國際政治經濟學、國家外交政策、全球性機構、國際法和人權，都隨著全球化進程顯得日益重要。

　　全球化已經變成今日地球人講話時的一個口頭禪，也難怪英國《經濟學人》（The Economist）雜誌曾稱其爲「21世紀最被濫用的詞彙」。全球化對人類所帶來的衝擊無遠弗屆，身處於AI人工智慧、元宇宙的21世紀，我們當然要認識全球化，更要瞭解全球所帶來的正面或負面影響，如何理解全球化效應，以及要用何種態度觀察與解讀全球化？是我們研究國際關

係一項重要課題。本章先從全球化論述的爭辯探討，涉及全球化的意涵與三大主流論點，有助於我們思考全球化對當代國際關係所帶來的影響。

一、全球化論述的爭辯

到底全球化一詞是何時出現？眾說紛紜，例如有一說是1944年由瑞瑟（Oliver L. Reiser）與戴維（Blodwen Davies）在人文科學（scientific humanism）相關著作創造出來，當時以動態詞彙（globalize）呈現，原意具有普世化意涵（林文斌、陳尚懋，2010：551）；又如艾克斯弗（Barrie Axford）指出全球化一詞可追溯到1920年代，但其概念意涵涉及了康德（Immanuel Kant）、黑格爾（G. W. F. Hegel）、馬克思（Karl Marx）等對於「進步、理性及科學、經濟、市場、資本主義及社會」的哲學描述，甚至可以推論至「中世紀宇宙論」（medieval cosmology）（Axford, 2013: 6-7）。另一說則認為無可考究，指出當1960年代歐美的出版品相繼推出此概念後，探討全球化觀念的書籍就在世界各國俯拾皆是（Held et al., 1999: 1）。儘管全球化的概念無法確切得知其出處，然而「玫瑰就算換個名字，聞起來依然是朵玫瑰」（A rose by any other name would smell as sweet），其為當代國際社會所帶來的影響與重要性是不會損及的。

(一)全球化的意涵

何謂全球化？佛里曼（Thomas L. Friedman）認為「全球化是對資本、科技與資訊進行跨越國界的整合，並在一定程度上創造一個單一的全球市場與地球村……所有事物與影響力都傳得更遠、更快、更深入、更廣泛（farther, faster, deeper, and cheaper）」（Friedman, 1999, 2005）。紀登斯（Anthony Giddens）認為它是全球社會的互動性越來越強的一種現象，一種對遠方的影響力；塔布（William K. Tabb）強調全球化係指減少國家間的藩籬與促進更緊密經濟、政治和社會互動的過程；而基姆（Samuel Kim）則指出全球化是指一連串複雜、彼此獨立、卻又互有關聯

的變化過程，加深且加快了全世界各層面之人類關係和相關性（譚偉恩，2012）。或者說「全球化是超越地域時空、讓社會關係轉變的一系列過程」，超越地域時空係指跨越洲際、跨區域的侷限與壓縮原有的時間距離概念，社會關係轉變指的是行為者之間的行為、互動、權力都發生轉變，而轉變的衡量標準即是由其範圍、速度、強度與衝擊做指標，並且這一系列過程是有規律的整體性活動（張亞中，2011）。

目前一個較流行的概念是「全球化正加速、擴展、深化當代社會生活各個方面的相互聯繫。」（Held & McGrew, 2007; Goldstein & Pevehouse, 2015）。換言之，全球化意謂的是全球相互聯繫的擴張化、深入化與加速化，而在這種變化過程中，配合科技運輸與通訊傳播之發展，促進各種觀念、商品財務、資訊、服務得以全球性方式加速擴散互賴。它就像是一種蝴蝶效應（原先看似無關緊要的小變化，到最後可能會導致起初無法預期的後果），促使地方與全球事務的相互影響程度逐漸加深，儘管最初是地方性的事件發展也可能導致巨大的全球性衝擊後果（Held et al., 1999）。

針對上述全球化定義，我們大致可以認知到全球化也是因為物質、人口、符號、圖像及資訊等元素的交換，所帶來跨時空轉移的國際性整合過程。全球化意味著當代很多趨勢，包括大規模國際貿易、電子通訊、金融合作、跨國公司、科技與文明、流動與交流、南北發展等關係。儘管理解全球化非常重要，但它的定義無法加以簡單化或定於一尊，不能靠任何單一理論來詮釋，尤其來自不同學科與學者對於全球化的態度與立場不同，有時無法具有交集，觀感是好是壞，目前也是見仁見智，我們不必將其過度解讀，視為是完美世界社會的到來，也不必完全從負面的角度來思考，該如何思考全球化？可能要從多重面向來解讀。截至目前為止，大致區分為三大論點：超全球主義論（hyperglobalizers）、懷疑論（sceptics）與轉型主義論（transformationalists）。

(二)超全球主義論者：全球化是人類歷史的新紀元

對超全球主義論者而言，許多國家藉由過去的歷史經驗，配合當前的經濟模式已經朝向國際間的合作，並在目前形成經濟與政治的新型關係；反倒是未加入合作的國家正被今天全球自由市場拋在後面，面臨被淘汰的危機。這種觀點認為，世界經濟操控在當前的自由市場而不是政府手上，政府的力量正在減弱，全球化削弱了個別政府調控經濟的能力，此時跨國組織變得越來越重要，並伴隨自由民主蔓延，成為世界發展經濟和政治模式的普遍原則（Bishop et al., 2011）。從這種觀點看來，多數超全球主義論者擁有一套共同信念與價值，他們認為經濟全球化正建構全新的公民社會結構，而這些新的社會結構正逐漸取代（或終將取代）傳統民族國家，民族國家將步入歷史，由於技術進步與溝通交流創造了更多的大眾文化，成為全球社會的主要經濟與政治單位；簡言之，「全球公民社會」已經來臨（Held et al., 1999; Bishop et al., 2011）。

超全球主義論者的觀點有時被視為相當的經濟主義，並帶有政治與文化的影響。敘說當代民族國家明顯失去權力和影響力，甚至是主權，因為他們必須（或選擇），調整其政策，才有辦法配合國際流動（人口、資金、勞動力）的需求，以適應福利國家的商業利益，如此之下，國家差異變得不那麼明顯，全球範圍內的人來自世界各地的消費文化，而不是從自己的國家。這是由於科技的進步，使得全球電子通訊，如網際網絡、世界電視節目、移民流動、旅遊變得更便利。20世紀80年代後，可以明顯發現民族國家的力量往往不如國際組織（聯合國、國際貨幣基金組織、世界銀行等），民族國家被全球公民社會所取代（Martell, 2007）。

一般而言，超全球主義論者被分為兩類：一類是1980年代占西方主流的「新自由主義」（neo-liberalism）觀點，另一類是偏左派所謂「馬克思主義」觀點（Marxist globalists），這兩類都認為國家的權力因全球化而衰退，但對於全球化所帶來價值卻又有不同看法。前者認為全球化為世界帶來貢獻，全球互蒙其利；後者一般視其為反全球論者（antiglobalists），認爲這種「樂觀看法」無法獲得支持，全球化也可能導致全球經濟體系逐漸形成兩極化之對立局面（張亞中，2011；林文斌、陳尚懋，2010；Held et al., 1999）。

超全球主義論者的國際經濟背景，在於1980年代末期至1990年代中期的「華盛頓共識」（Washington Consensus，鑑於1989年拉丁美洲國家陷於債務危機，美國與國際貨幣基金組織、世界銀行、美洲開發銀行與拉美國家代表在華盛頓召開會議尋求解決之道，達成拉美國家在財政、貨幣、貿易、產業上應進行更自由化的政策，是謂「華盛頓共識」），「華盛頓共識」在當時成爲全球主流的發展理念，是以市場經濟爲導向的一系列理論，對許多新自由主義者而言，全球化被視爲一種眞正首次出現的全球文明象徵，其中的激進派分子（ultra-globalists）又主張全球化意味一個全球「市場文明」（market civilization）已然成形（Held et al., 1999；林文斌、陳尚懋，2010），然而進入21世紀，緊隨經濟發展伴隨的貧富差距、公平正義、環境問題等，促成2007年之後對「華盛頓共識」的檢討，「後華盛頓共識」產生，開始強調與發展相關的制度因素，關注貧困、發展問題、收入分配、環境永續等資本主義所造成的偏差影響（Axford, 2013）。

(三)懷疑論者：全球化具有迷思，並非是新現象

懷疑論者主張全球化只是某種迷思，並提出許多證據反駁超全球主義論者的觀點，他們認爲全球主義者論點太過薄弱並多數缺乏證據，誇大了全球化的影響力，因爲全球化並非一個新現象，經濟互賴程度早在19、20世紀初的金本位時期（gold standard era）就存在。懷疑論者認爲超全球主義論有其根本上的問題，且在政治觀點上過於單純，因爲他們低估了各國政府長期在規範國際經濟活動上的權力。國際社會長期的經濟自由化，是因爲國際制度本身需高度依賴國家政府的權力，例如國際貨幣基金組織完全是在反映權力的分配，並基於強權間自我利益的計算，實際管理和決策是落在美國身上，是以美國爲主導的國際金融機構。目前美國持有IMF

近17%投票權，對主導國際貨幣制度具有一定的否決權（Held et al., 1999; Axford, 2013；張亞中，2011；蔡育岱，2014）。簡言之，在民族國家的功能上，懷疑論者並不認爲各國政府會因爲日趨密集的跨國經濟活動而逐漸停止運作，政府並不是全球化潮流下被動的受害者，反而是國際化的基本架構與全球化的推手，經濟全球化不是自然產生，而是來自美國等貿易強國間的意願（林文斌、陳尙懋，2010）。

懷疑論者反對超全球主義論者對「全球經濟邁向整合一體」的看法，反倒認爲世界經濟體系正逐漸走向三大主要集團的發展方向，這三大金融與貿易集團包括歐洲經濟區、亞太經濟區與北美經濟區；現有的證據足以顯示世界經濟活動正歷經明顯的「區域化」（regionalization）發展或「三分化」（triadication）（Held et al., 1999; Martell, 2007；張亞中，2011；林文斌、陳尙懋，2010）。在懷疑論者眼中，全球化與區域化被視爲兩種相互矛盾的趨勢。

不同於超全球主義論者認爲跨國公司、多國籍企業、國際組織是全球化的推手與主要行爲者，懷疑論者認爲這些跨國行爲並非那麼全球化，而是特定一些國際企業的國際化活動，這些國際活動也只是反映母國或所屬區域支配下的產物，例如IMF、OECD、微軟等背後有美國的影子存在。懷疑論者持猜疑的態度看待全球化進程，並且認爲全球化現象造成越來越多的分離化和區域化，這並不是一個眞正的全球性世界。過去提供的證據表明，世界不但沒有成爲一個單一市場，卻造成區域經濟的擴大和各國間貿易量的增加。例如工業化國家一直建築在共同貿易與彼此之間的整合，像歐盟或北美自由貿易區，然後卻又開始慢慢地購買發展中國家的產品來促進這些國家對他們的依賴程度。懷疑論者認爲，在一個全球化的世界裡，全球化開始朝區域性的經濟遷移（Bishop et al., 2011）。

最後，懷疑論者看到全球經濟並不呈現全球的包容性。比起東亞、歐洲和北美洲，撒哈拉以南的非洲整合就少得多，全球不平等不斷加劇與貿易保護主義盛行依舊，例如歐美與其應對進出口的亞洲經濟爭議不休，全球化或自由貿易，伴隨而來的是對全球貧困問題的質疑（Martell,

2007）。有別於超全球主義論認為世界逐漸趨同與互賴的假設，懷疑論者正對於全球化理論的種種迷思進行抽絲剝繭的探究。

(四)轉型論者：各行為者的權力重組與轉型

對於全球化形成的現象與帶來效應，轉型論者的論點較為持平或中庸。一方面他們同意超全球主義論者對於「全球化這個事實與變化」看法，藉由人口、資金、勞動力的流動，加上科技文明的進步，讓世界變得更緊密、距離也更近了。但他們不同意超全球主義論者強調的全球市場或全球文明已然成形，全球正邁向世界單一市場。同樣地，轉型論者不同意懷疑論者過度抑低全球化所帶來的影響和貢獻。例如在民族國家與其他行為者（國際組織、跨國公司、多國籍企業、國際組織）的關係，轉型論者不走極端看法，他們認知到當代許多困境與問題，必須藉由國家政府與跨國組織進行國際合作才能克服。例如在疾病、傳染病預防，維護氣候變遷、環境汙染，打擊組織犯罪、恐怖主義活動等。尤其過去的半世紀，非國家行為者日趨活躍，對於國際事務也有重大影響，不論是公共或私人部門皆參與了全球事務的共同治理，並分攤共同責任（Held, 1991；姜家雄、蔡育岱，2007）。

就轉型論者而言，全球化只是改變國家，並未取代國家。全球化正不斷改變或重新建構國家政府的權力與權威，國家會進行轉型以適應全球化，他們駁斥超全球主義論者認為主權國家已步入江河日下的論點，也反對懷疑論者認為「世界沒什麼多大變化」的主張。相反地，轉型論者預測這種絕對、不可分割「主權體制」的傳統國家概念，將重新建構政府的權力與功能，就算各國政府的權力越來越大，但這些國家政府的性質也正在發生變化（Held, 1991；林文斌、陳尚懋，2010）。全球化帶來的影響其實是雙面刃，譬如經濟全球化讓跨國公司與主權國家在經濟活動中互補共贏；另一方面，跨國公司在經濟活動中也可能對主權國家造成損害，例如環境汙染或勞力剝削下的血汗工廠。

易言之，全球化是一套複雜的變動過程，也是一種轉型過程，不需

要去定義過去或未來。在此過程中有受益者，同時也有受害者，如同經濟發展過程勢必面臨環境開發與汙染問題，轉型論者肯定了全球化作為現象的存在，是一個自然的過程（張亞中，2011）。此過程目前尚未結束，其現象也不是個別因素造成，而是多年來一步步進展而成，我們無法預知全球化的走向，其結果也是充滿不確定性。這種觀點認為，全球化影響的過程範圍要大得多，而全球化的結果是非常不確定的。故而，轉型論者認為有必要對全球化的未來抱持謹慎態度應對（Bishop et al., 2011）。

總而言之，透過上述全球化內涵、三大主流觀點，有助於我們進一步理解全球化，並對當代全球化論述的爭辯多了更深一層思考，其相關論述彙整如**表13-1**。

二、當代全球化的形成

普遍的認知是全球化不是一個新的現象。由於全球化是指所有生產要素（人、商品、資源、資金、技術、服務等）的流動，那麼全球化現象自古已有之，可從中國漢朝之絲路，明朝之鄭和下西洋，西方之哥倫布航海，乃至十字軍東征等，均可屬之此現象。絲路可作為全球化早期的一個典範，故而目前中國大陸仿古代絲路所擘劃出的「一帶一路」（「絲綢之路經濟帶」和「21世紀海上絲綢之路」的簡稱）戰略，就具有全球化的規劃意涵，我們可以試著以全球化的角度去討論這種連結周遭經濟共同體、經貿與文化交流的背後動因，是如何成為中國大陸當代重要經濟發展戰略，以及中國的崛起所受到的全球經濟相互影響和推動（Summers, 2018）。那麼當代全球化是如何形成？其成因為何？綜說紛紜，一般學者認為可以從科技、經濟運作與理性主義來思考，加上霸權國家的推動，形成全球經濟力等（Clark, 1997；林文斌、陳尚懋，2010），或者可歸納受到理性主義、資本主義、技術創新、制度規範產生的效力影響（張亞中，2011）。以下經由作者梳理後分為四類：

表13-1　全球化論述三大派別

主要看法	超全球主義論		懷疑論	轉型論
	新自由主義	新左派—馬克思主義觀點		
全球化態度	支持	批評	對超全球主義論說法保留與質疑	對前兩者論點較折衷持平
全球化現象	人類歷史新紀元		全球化並非新現象	全球化非單一現象、過程尚未結束
主要特徵	全球經濟整合、全球資本主義、全球管理、全球公民社會		世界經濟體系「區域化」發展或三分化	含糊而不確定：全球整合與分裂
民族國家	衰退或喪失能力		強化或被提高	開始重建或轉型
全球化的驅動力量	資本主義、技術發展	西方化、西方資本主義	國家與市場	各種現代勢力（國家、非國家行為者）的結合
階級型態	舊階級體系崩潰、新世界產生	階級不公仍然存在	南方國家利益逐漸邊際化	世界秩序的新階級體系
全球化概念化	全球化是人類行為架構的重新配置		全球化即國際化與區域化	全球化是國際關係與遠距離行為的重新配置
未來看法	樂觀	悲觀	質疑與探究	非常不確定
簡要結論	民族國家型態結束		依靠國家的意願與支持	全球化促使國家權力與世界政治的轉型

資料來源：參考Held et al. (1999: 10)，再行補充。

(一)西方化現象

　　從經濟角度而言，新自由主義與馬克思主義認為是資本主義起了作用，因為自由市場或企業經濟，驅動了人類的進步，若是從思想知識角度，理性主義（rationalism）對於現代化發展產生影響，其根據物質世界來定義，強調科學精神、開放社會、人類為中心的結構、社會漸進改革，導致了全球化（Alamuti, 2015；張亞中，2011）。如此說來，全球化成因離不開經濟「資本主義」與知識「理性主義」兩項特質，故而有一種說

法，全球化是來自「西方化」（westernization）。換言之，是什麼力量驅動全球化的進行呢？這些因素包括技術變革、市場力量、意識形態與政治決策改變等，簡單說就是一種西方化現象（Held et al., 1999）。當然這也是上述懷疑論者所常批判全球化在形成原因，與歷史軌跡下所產生的後殖民問題，是當代人類社會在反思全球化所帶來的影響時皆必須面對的課題。

(二)全球流動力的增加

全球流動力的增加，是促進當代全球化形成的另一個原因。這包括了資本流動、貨物流動、勞動力的流動與人口的流動等。在市場利益驅動下，全球化顯然是一個不斷增加的力量（Gomory & Shaprio, 2003）。這種流動力在世界各國之間更方便、更自由地移動進出，它促進了中、西文化、經貿互動，而在勞動力的流動下更佳提高資本的流動性。在過去的幾十年中一直存在各國間的關稅壁壘被解決了，使得資本容易在不同經濟體之間流動，這增加了企業獲得資金的能力，也增加了全球金融市場的連結性。另一方面勞動力的流動性增加，人們更願意在不同國家間尋找工作，跨國移工（migrant worker）產生，促進了跨國生產，以及國際金融效率（Garrett, 2000）。此外，全球貿易匯款模式，在已開發國家與開發中國家間發揮轉移支付很大的作用。例如Apple Pay、Google Pay、大陸「支付寶」與台灣「line pay」，這類第三方付費平台（third-party payment），為線上購物者提供資金與服務間的網路支付模式（第三方支付為目前主要的網路交易方式和信用仲介，在網路商家和銀行間扮演起監管和技術保障的作用）。

(三)技術創新與科學的領導

上述全球流動力的增加其實與技術創新息息相關。在科學的領導下，例如交通的改善使環球旅行更輕鬆，在航空快速增長下，全球範圍內的人員和貨物大幅度移動，目前全球約有四百多個飛航情報區，而早期

的電報、電話、無線通訊、電腦,到手機、傳播媒體、網際網路(互聯網)、寬頻快速的增長,使得更容易與世界各地溝通並分享訊息(譬如Facebook/元宇宙、TikTok、Twitter、Plurk、Line、Instagram、微博等)。另一個技術是衛星電視頻道,它提供了理念和產品的全球營銷渠道,配合裝箱運輸(containerization),改變了物流技術系統,讓世界各地的貨物更容易流動,有助於全球化推進(Gomory & Shaprio, 2003)。尤其科技的創新更是主導著21世紀國際政治的板塊變遷,我們從近期「美中貿易戰」、「華為孟晚舟事件」[1]、「中國製造2025」到「誰擁有5G誰就擁有全世界」,在在說明資訊科技已經不是過往俗稱的一種讓生活便利的「軟實力」,而是可以用來重塑世界經濟體系,牽動國際政治版圖的「硬實力」;換言之,人類即將面臨一個全新的創世紀(蔡育岱,2019)。

(四)自由貿易與資本主義

世界經濟是經歷了很長一段時間才相互依存。然而,近幾十年來由於全球化讓其進程加快,這有多種因素,但重要的因素包括勞動力的提高、資本流動加速與科技改進促進了世界貿易。跨國公司和資本主義國家推動全球自由貿易,以作為增加自己財富和影響力的一種方式,這種減少國家壁壘,從規模經濟利用收益來獲得提高專業化水準。如世界貿易組織(World Trade Organization, WTO)和國際貨幣基金組織(International Monetary Fund, IMF)、歐盟(European Union, EU)、北美自由貿易區(North American Free Trade Agreement, NAFTA)在經貿整合上扮演關鍵角色。

---

[1] 華為於1987年由前中國人民解放軍工程師任正非創立,一直以來政商關係良好。外傳華為主要替中國政府的利益服務,2012年美聯邦眾議院「情報常設特別委員會」(the House Permanent Select Committee on Intelligence)發布報告,將華為和中興通訊列為可能對美國安全利益構成威脅。盛傳華為已投入數十億計美元發展5G技術,是目前申請專利最多的中國企業,涵蓋範圍從數據傳輸到網路安全,華為現在所擁有1/10的5G基礎專利,原本預計加速發展配合5G網路在2020年全面商業運轉,目前受到美國全面封殺。

　　從二戰結束迄今，從**圖13-1**可以明顯看出全球自由貿易的變化。據「世界貿易組織」（WTO）的統計，在1990年時，全球只有二十七個「區域自由貿易」（RTAs）成立，而在1994年WTO成立期間，通報的RTA總數已達一百二十四個，但近期累計至2023年3月底，全世界通報WTO的RTA簽署通報生效數累計已達八百零六個，且在2000年之後生效者，更超過半數以上。在世界經濟發展的競爭中，這些經貿強國既是球員，也是裁判，這就使世界經濟的全球化，實際上是按西方世界，特別是美國的意圖進行的，導致全球化遭來非議，所謂全球化是新殖民主義的經濟手段，是邁向西方化，一種後殖民時期的傳播。然而有趣的現象是，這種由大國所擬定的制度規範（WTO、貿易法規、技術法規），有時候卻也不是按其劇本走，在WTO貿易爭端解決案例中，亦不乏美國敗訴的案子，因為這是全球化的世界，遊戲規則中的變數太多，有時也須配合著全球治理遵行共同的規範。

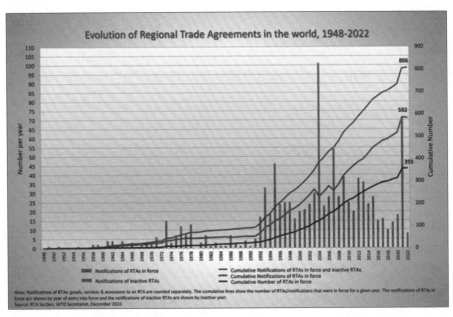

圖13-1　全球自由貿易變化曲線圖（1948-2022年）

資料來源：WTO網站。

三、全球化對主權國家的衝擊

　　冷戰結束導致國際體系結構的轉變，進而帶動國家間權力分配的重構。在這體系變遷的過程裡，國家自主性的流失成為一項新的研究議題，特別是在一個逐漸走向全球化與高度經濟互賴的國際社會環境下。超全球主義論者認為，民族國家的力量正在減弱，懷疑論者認為，各國政府的權力越來越大。轉型論者認為，國家政府的性質正在變化或重組，然而這種變化無法簡單的來描述是變好或是變差。自全球化現象盛行開始，凸顯國家效率與功能不彰、權力受限，使致民族國家一直就被預期會因為經濟全球化興起而消失不見，甚至宣告民族國家即將告終。

(一)國家主權的改變

　　事實上，從康德（Immanual Kant）的「永久和平論」（perpetual peace）開始，經過馬克思（Karl Marx）的「國家的衰落」（withering away of the state），一直到經濟全球化盛行，二百年來都預期著國家的衰亡。會這麼預言，主要是因為標誌著主權國家的三大支柱：控制貨幣、信託和財政受到重新解釋（Drucker, 1997）。五百多年前開「主權論」先河的布丹（Jean Bodin）在他《共和六論》（*The Six Books of the Commonwealth*）一書裡創造了「主權」一詞，並指出「控制貨幣、信託和財政政策是構成民族國家三項支柱之一」。只不過在當代全球化之下它並不是一個堅固的支柱。

　　在當代全球經濟裡，國家主權受到挑戰。商業不斷被迫從多國的（multinational）轉移到超越國界（transnational）。像是超國家組織的歐盟具有統一的貨幣政策，甚至成立歐元區國家，在現代經濟領域，貨幣以實體通貨方式顯示也只是一部分，大部分交易都使用支票或電子貨幣。現在還有所謂「虛擬貨幣」（virtual currency），這虛擬貨幣沒有遵守經濟的邏輯或理性，它是易變、波動性大，且容易受到謠言或未預期的事件而

恐慌，譬如比特幣（Bitcoin）或是萊特幣（Litecoin）皆曾發生過交易問題。

國際經濟不斷整合、電子科技快速擴散和人們跨越邊境的活動增加，已使得地球變成一個更小、更消息靈通與更互動的地方。例如在民族國家之外，還有所謂的「電子游牧族」（the Electronic Herd）（Friedman, 1999），代表著經濟活動得以不依附領土而進行。易言之，當科技發展向前跨進，導致了貿易、投資和旅行的障礙消除，它們帶來較多繁榮的期待，也爲新興進入電子科技的國家，帶來一個較有見識、較有影響力的政治民主機會。

全球化讓國家帶來經濟利潤，也需付出成本。成本有兩種類型，第一種是包含全球化的政治與經濟走下坡，像是1997-1998年的亞洲經濟危機、2007-2008年全球金融海嘯的易變性，導致嚴重大蕭條並擴及至其他脆弱的經濟體國家破產。第二個成本是來自「跨國議題」的日益嚴重性——包括疾病的傳播（如愛滋病、伊波拉病毒、SARS）、全球犯罪與恐怖主義、難民擴散問題等，影響層面涉及政治、經濟、文化方面，使國家受到滲透，打破了其封閉性。

(二)文化力量的衝擊

全球化對主權國家的衝擊，另一個讓人討論的議題是所謂「文化帝國主義」（cultural imperialism）所造成的影響。「文化帝國主義」係指西方霸權有別於帝國時期軍事征服的手段，現以文化力量全球強勢輸出來支配文化較弱勢的國家，其中的輸出內容包含了科技、思想、價值、意識形態等，在很大程度上側重於媒體的同化。大眾傳媒在全球資本主義和消費文化間扮演著舉足輕重的作用，藉由大眾媒體推廣某種生活方式與文化品味，促成一般民眾的認同文化。

學者席勒（Herbert Schiller, 1976）指出，文化帝國主義通常用來指美國在世界其他地區發揮其文化的影響力，尤其是對第三世界地區所傳播的強制力（Tomlinson, 2001）。以美國爲例，其最常善用之「軟權力」

（soft power）就是一種文化、經濟力量兼具的工具。「軟權力」非常不同於軍事上的「硬權力」，美國巧妙的運用此權力，透過文學、電影、電視、音樂、流行文化與網際網路等散播文化行銷。讓我們想到麥當勞（McDonald）、微軟（Microsoft）、好萊塢電影（Hollywood）、哈佛（Harvard）、蘋果手機（iPhone）、漢堡王（Burger King）、可口可樂（Coca Cola）和星巴克（Starbucks）等就會想到美國文化與大眾生活，這種藉由媒體廣告效應已經傳遞到全球一般人心中。

　　全球化有無可能讓我們改變新思維來重新思考國家間的關係？或者說，如果國家政府的機能弱化，是否會造成人民在情感、文化甚至是政治認同上的大動盪？從之前伊斯蘭國（The Islamic State, IS）興起與中東問題紛擾，讓我們可以檢視文化帝國主義與美國中東政策相關問題，或許可以讓我們更進一步理解當代文明衝突的原因。而目前在虛擬的網路世界裡，多樣的宗教、族群或其他政治性的組織將加速人民對國家忠誠與認同度的下降，造成失序與功能上的錯亂，這也是全球化對主權國家的一大衝擊。

四、全球化與全球治理

　　21世紀人類必須面對五場全球化的戰爭，包含恐怖主義、毒品、洗錢、武器走私和人口販運，這是由於全球化對工業化國家產生的自由流動現象，不論是商品、人口或是貨幣的跨越國界，助長了組織犯罪行為的普及化。國家疆界的意義在全球化下重新的被定義，移民、偷渡、難民、走私等直接挑戰民族國家的統治能力，在全球化加劇衝擊下，各國政府正面臨越來越多的挑戰，像是來自管理效率方面的壓力、外部競爭的壓力、突發狀況的因應力等。這些挑戰已經無法單靠國家獨自的能力足以應付，全球事務與人民高度互動，這種相互依存，使得國內事務與國外事務連結，「國內因素國際化」（intermestic）所造成的人口流動、環境汙染、食品貿易、糧食安全、人口問題等將涉及經濟、環境與社會等互為因果的影響，在這種情況下，全球治理（global governance）概念被提出，其與全

球人類發展有著實際意義與關聯（蔡育岱，2014）。

(一)全球治理之意涵

治理（governance）是指不同組織、制度、企業和政府管理事務的方法。治理是管理的行為，並涉及相關法律、應用、習俗、道德標準和規範。治理可以有四種特徵：(1)治理是一個過程（不是一整套規則，也不是一種活動）；(2)治理過程的基礎是協調（不是控制）；(3)治理既涉及公共部門，也包括私人部門；(4)治理是持續的互動（Smouts, 1998: 83-84；張亞中，2001）。另外，在治理的過程中，需追求善治（good governance）的目標，善治意味著良善的管理事務，強調效率、法治和責任。由於沒有一個全球政府，所以一旦治理涉及到全球性事務時，全球治理通常涉及一系列參與者，包括國家、區域組織、國際組織、非政府組織等。全球治理被認為是達成共識的過程，指引並影響著各國政府和跨國行為者間的協議進程。

有鑑於此，全球治理是指一種全球事務的管理方式。目前較具權威的解釋定義來自兩方面：首先，羅森諾（James N. Rosenau, 1995）把治理概念引進國際關係研究。渠認為「治理」與「統治」（governing）是不同概念，「治理」指的是一種由共同目標支持的活動，目標本身可能來自法律與正式規定的責任，也可能不需要依靠司法的力量來迫使人們服從（Rosenau, 1995）。Rosenau在1995年《全球治理》期刊創刊號上更提出了一個更清楚的「全球治理」定義，即「全球治理包括透過控制、追求目標，以產生跨國影響的各層次人類活動，包含從家庭到國際組織的系統，甚至包括更加相互依賴、更加急劇的全球網路系統」（Rosenau, 1995）。

另外，1992年由聯合國成立的「全球治理委員會」（Commission on Global Governance），於1995年發表的《我們的全球夥伴關係》（*Our Global Neighborhood*）報告中，亦明確指出全球治理的意涵，即「傳統被視為政府間的關係，如今全球治理必須看到它與非政府組織、各種公民活動、跨國公司和世界資本市場有關」。在這篇報告中，「治理」泛指各種

「公領域或私人的機構」管理其共同事務之諸多方式的總和。它使原本相互衝突或不同的利益得以調和，並且採取聯合行動的一持續過程。它既包括有權迫使人們服從的正式制度和規則，也包括各種人們同意或認為符合其利益的非正式制度安排（蕭力愷，2005）。

總結而言，我們可將全球治理在四方面作界定，分別是在「治理事務」上，全球治理面對的事務是單一主權國家無法獨立解決，需結合國際合作共同面對這些多面向議題，譬如重大毀滅性武器擴散、國際恐怖主義、跨國組織犯罪、人口販運、生態危機、傳染疾病等。其二在「治理行為者」上，國家將不再只是「主體」，而是多行為者的參與體系，包含了「民族國家家族」（nation-state's family）：像是國家、國際組織（政府間）、國際建制（像是官方論壇或常設會議如APEC、COP），以及非國家行為者（non-state actor）所組成的NGOs、公民運動、多國籍企業、全球傳媒、資本市場等。其三「治理的層次」上，包含國際層次、區域層次、國家間或國家內部層次，甚至是地方性等議題。其四，在治理的「決策模式」上，「治理」與傳統的「統治」（governing）不同，「統治」基本上是以國家中心的思維，一種由上而下的行使威權，而「治理」雖然也同樣可以是「由上而下」的決策模式，但它更可能是「由下而上」的解決模式或是水平處理，在全球治理的架構中，權力是分散性、多元性，由行為者共同分享（張亞中，2001；袁鶴齡，2003）。

(二)全球治理與國際合作

既然全球治理是一個多層次、多面向、多行為者體系的協調過程，那麼在國際社會中具有從中間調和鼎鼐的能力，就屬聯合國所扮演的角色最重要。例如聯合國針對非洲國家的建設發展，具有一系列的推廣議程，結合經濟合作暨發展組織（Organization for Economic Co-operation and Development, OECD）或是西非國家經濟共同體（Economic Community of West African States, ECOWAS）對於撒哈拉以南非洲，進行難民、兒童、糧食的援助與維和行動，或是提倡環保、人權、發展規劃等不遺餘

力。除了與國際組織合作外，還透過國際非政府組織，例如國際關懷（Care International）、樂施會（Oxfam）與無疆界醫師（Medecin sans Frontieres）進行跨國整合運動。

此外，鑑於國際社會必須因應未來受氣候變遷之災害而成爲環境難民，並給予更多國際建制下的國際援助，聯合國針對處於較低窪的島嶼型國家，爲防止其面臨海平面升高、颶風侵害、鹽水侵蝕與珊瑚礁受到破壞等威脅，與相關國際組織、非政府組織進行一系列的合作議程，達成相關國際環境建制的倡議網絡，像是1992年「里約地球高峰會議」（Rio Earth Summit）、「永續發展委員會」（Commission on Sustainable Development, CSD）、「巴貝多行動綱領」（Barbados Programme of Action, BPOA）、「永續發展世界高峰會議」（World Summit on Sustainable Development, WSSD）、「模里西斯宣言及策略」（The Mauritius Declaration and Strategies）等，目前許多非政府組織和多邊機構，透過全球永續能源島嶼倡議（Global Sustainable Energy Islands Initiative, GSEII）設立公共建設以支援「小島嶼國家聯盟」（Alliance of Small Island States, AOSIS）的發展（蔡育岱，2014）。

全球治理目前具有一個「公私夥伴」（Public Private Partnerships, PPP）模式，這是由於國家財政經費短缺，以致公共設施的拓展無法滿足人民的需求，故聯合國和世界銀行等國際組織，開始透過公私夥伴的方式，將私部門納入共同治理的模式中，期待以私部門的資金、技術等投入，提供基礎公共設施，並促進經濟發展。譬如歐盟、英國與日本政府自1992年就陸續推動公私夥伴模式，並利用民間融資提案模式引導民間企業參與各項公共基礎建設，其範圍涵蓋醫院、學校、交通設施、環保、住宅等社會福利政策。

◆針對全球治理的批評

全球治理概念遭致幾個批評，直指其只是自由主義的治理，並非是全球性而是屬於國際階段，批評者認爲，全球治理機制受到新自由主義意

識形態主導，過度貶抑國家的角色，無法眞正照顧到全球最貧窮的人民和國家的利益。國際合作仍然主要是各國政府的事情，留給民間社會團體去處理決策邊緣的事情，像是從近期2021年英國格拉斯哥（Glasgow）召開的聯合國《氣候變化綱要公約》第二十六次締約國會議（COP26）和《京都議定書》第十六次締約國會議（CMP16）以及《巴黎協定》第三次締約國會議，儘管各國代表踴躍參與會議，但會議期間卻無視於場內與場外的小島嶼發展中國家所展開的呼籲與訴求。國際社會雖已開始透過條約體系方式協助小島嶼國家，然而環境議題所凸顯讓大國眞正在乎的，仍是其背後的貿易與經濟誘因，以及整個能源戰略的布局（蔡育岱，2014；蔡育岱，2021）。

◆全球治理的缺口（Global Governance Gap, GGG）

世界衛生組織（World Health Organization, WHO）在推行相關政策後，結論出目前全球治理出現三個問題。分別是管轄缺口（the jurisdictional gap），亦即治理的管轄權分散，在許多領域全球治理迅速的增加，但缺乏一個總管的權威和權力，使得成效不彰。其次是誘因缺口（the incentive gap），多數的證據顯示，經濟背後的誘因才是導致國家、國際組織參與治理的主要原因，一些邊緣議題較乏人問津（譬如婦女、兒童、人權保障、環境維護等）。其三是參與缺口（the participation gap），事實證明全球治理的行動中，任何的議案最後拍板定案還是大國或是主權國家的態度，儘管其他參與行爲者也著力不少，但治理過程明顯受到大國掣肘。

五、全球化與全球經濟

2007-2008年雷曼兄弟控股公司（Lehman Brothers Holdings Inc.）引發的金融海嘯算是史無前例，全球經濟在那波風暴中大約有40兆美元的淨資產毀於一旦。不過在此之前，2006-2007年無疑是當代經濟的黃金時

代，因為在這兩年期間，全世界有一百二十四個國家（大約占世界國家總數的2/3）的經濟增長率都在4%以上，在這空前絕後的全球增長時代成因為何？學者扎卡利亞（Fareed R. Zakaria）在《後美國世界》（*The Post-American World*）一書認為是當今全球的政治、經濟和技術綜合作用的結果（Zakaria, 2008）。

(一)全球經濟的連動與互賴問題

從政治上來看，冷戰結束後，由於大國競爭退出歷史舞台，戰爭的數量大大減少，雖然也爆發過一些戰爭，但它們的規模都很有限。總體來看，世界人民共用了和平與穩定，這是幾個世紀以來從沒有的；此外，政治衝突造成的傷亡數量也持續下降，因為經濟互賴關係加深，讓國家間計量衝突所需付出的成本，符合佛里曼所提出之「**黃金拱門理論**」〔Golden Arch Theory，指的是麥當勞（McDonald's）的M型商標，簡言之，有麥當勞的國家間不容易發生戰爭，因為均採行經濟自由主義的意識形態、經濟政策傾向市場經濟思想〕和「**戴爾衝突防禦理論**」（The Dell Theory of Conflict Prevention，指的就是同一條生產線上的國家間不易發爭衝突，因為生產、供應鏈互賴，一有一方變動就會彼此波及）兩種說法（Friedman, 1999, 2005），其背後所隱含的意義就在於全球化下互賴的精神。從經濟來看，前蘇聯解體以後，市場經濟成為廣泛推行的經濟管理方法，這使世界各國政府對於加入國際經濟體系趨之若鶩。世界貿易組織等新貿易規範和制度有效地減少關稅壁壘，讓世界日益緊密地連結成一整體。從技術上看，資訊革命加速了單一全球經濟體的興起，造成通信成本急劇下降，資訊網路四通八達，整合進程越來越便利（Zakaria, 2008）。

不可否認，這些現象與全球化密切相關，全球化的確為許多國家和企業（甚至是個人）創造了前所未有的財富，但是同時因為全球連動關係或是經濟結構剝削，促使社會造成貧富差距，**M型化社會**（M-shaped Society）形成，造成很多人陷入貧困。學者認為，隨著全球化的發展，國家的邊際收益會逐漸減少，最終變得無足輕重，在國家內部，這些收益會

集中在菁英貴族頂端，導致不平等加劇（Lang and Tavares, 2018）。是否擁有發達基礎設施、社會機構和教育系統的工業國家以及部分開發中國家，才是全球化最大的受益者？而經濟落後或低度發展的窮國並沒有從全球化的過程中沾到太多的好處，甚至導致產業結構難以翻身？這些都可以加以討論，只是整體來看，全球化世界的貧富差距還是很大，仍有三分之一的人口依舊生活在極度貧困中，生活物資缺乏電力和安全的可飲用水源。

從另一方面來說，先進工業國家的商品、智慧產能的普及，背後或多或少傳送西方化的力量，南北關係受到國家政治勢力與意識形態影響，這使得發展中國家或是南方國家的人民難免受到災害，雙方關係呈現對立衝突。易言之，商品和思想的交換雖然為世界帶來了新的聯繫，但同時也激發很多新的矛盾，例如在伊斯蘭國家人民渴望歐洲或北美式生活的同時，很多人也同時反對這些西方國家，利用西化科技發起聖戰，把它們看成罪惡的自由市場或是冷血資本主義的象徵。如此之下，一種「全球在地化」（glocalization）的觀念應運而生，強調為避免衝突與競爭，全球化必須與在地化緊密結合，彼此調和、因地制宜，促進「全球性的在地化」（global localization）。

(二)單一全球經濟出現？

隨著當代經濟整合如火如荼展開，呈現大前研一（Kenichi Ohmae）所說的「無國界的經濟」（borderless economy）狀態，國內經濟與國際經濟根本難以區分（Ohmae, 1989；張亞中，2011）。那麼全球化最終是否邁向單一經濟市場？相信超全球主義論、懷疑論與轉型主義論會有各自不同的解讀看法。目前的現況是全球正朝兩股經貿整合趨勢發展，一是有所謂經貿聯合國之稱世界貿易組織（WTO）多邊制度合作；另一則是朝向各自區域自由貿易整合（RTA, FTA）。自從世界貿易組織（WTO）在「杜哈談判」破裂，多邊貿易體制受創，導致「區域主義」抬頭，累計至2023年3月底，全世界通報WTO的RTA簽署數累計已達八百零六個。一個弔詭的現象是，儘管各國積極參與區域性自由貿易協定，但針對當事國相

關貿易糾紛，卻是尋求WTO爭端解決機制處理，並將貿易爭端之解決朝
向訴訟化之趨勢。

這樣看來，WTO制度依然保有其重要性，但世界經濟活動正歷經明
顯的「區域化」（歐洲經濟區、亞太經濟區與北美經濟區），也是不爭的
事實。其實經濟區域化並不傷害經濟全球化的推動，因為相對以往各國所
採取的保護主義、關稅措施，現在世界各國普遍採取開放的區域主義政
策，讓自由市場積極合作，它們反而是全球化的推手（張亞中，2011）。
所以可以看到歐盟與北美自由貿易區或亞太區域合作密切，有跨越區域合
作現象發生，連中國大陸甚至有以「一帶一路」推動其歐亞大陸經濟整合
的企圖心，現在雖沒有單一全球經濟出現，但從區域經貿整合的現況來
看，確實是有經濟全球化的精神與色彩。

六、全球化與人口流動

自1990年迄今，「聯合國開發計畫署」（United Nations Development
Programme, UNDP）每年公布的《人類發展報告書》（*Human
Development Report*, HDR），會針對全球人類目前面臨的嚴峻問題提
出討論。其中以1999年報告書為例，其標題為「與人相關的全球化」
（Globalization with a Human Face），述說全球化豐富人類生命，但
全球化也增加許多人們的不安全的來源。2009年《人類發展報告書》
（*Human Development Report*, HDR）以「跨越障礙：人口流動和發展」
（Overcoming Barriers: Human Mobility and Development）為主軸，強調人
口流動特別在全球化之下相當明顯，屬流動性的*離散群體*（diaspora），
打亂了社會集體認同，改變了地域觀念，通訊科技與運輸技術的革新，讓
實體地理上的距離變得不再那麼有能力限制人類的活動，國際社會彼此相
依共存，無論是國內或國際議題，無疑的都與所有人的共同安全與利益相
關。

其中，世界難民問題即使進入21世紀依然嚴重。截至2023年3月，

全世界仍有一億一千七百二十萬人須待救援（UNHCR, 2023）。據「聯合國難民事務高級專員辦事處」（the United Nations High Commissioner for Refugees, UNHCR）簡稱「聯合國難民署」分類，這些難民是「聯合國難民署」（UNHCR）所關切之人（persons of concern），並將其分類為一般的難民（refugees）、尋求庇護者（asylum-seekers）、歸國難民（returnes）、無國籍者（stateless persons）、境內難民（Internally Displaced Persons, IDPs）（UNHCR, 2023；蔡育岱、李思嫻，2018）。

在上述「聯合國難民署」（UNHCR）關切的人民當中，境內難民最引起聯合國與國際社會關注，尤其1990年代後全球境內難民不減反增，從原本以庫德族、巴爾幹地區、泰緬邊境（克倫族、羅興亞人）等國家近八百萬人口左右，到2011年敘利亞戰爭、2022年爆發的烏俄戰爭，更是讓全球受困於邊境內之難民數攀升逐漸增至現今的六千一百二十萬人之多，由於境內難民並非是1951年《關於難民地位公約》（*Convention Relating to the Status of Refugees*）體制下定義的難民（逃離至第三國），加上因為係屬一國之國境內，涉及國家主權不容干涉原則，故國際社會的援助需來自正逢內戰國家的授權，一旦當事國反對外援進入，則難民情況可說更顯嚴重。

由於國際難民具有多重階段性身分，可能是尋求政治庇護者，或是因為經濟、宗教、社會因素逃離國家，也有可能是戰爭、內戰導致其顛沛流離，抑或因為走私、偷渡移民、人口販運下成為被排除國境外的難民，尤有甚者，像是緬甸羅興亞人就是被其國家剝奪國籍後成為無國籍者的難民，故而一般國際社會將人權問題、難民議題、國籍問題、人口販運、移民、移工問題等，一併討論處理。難民問題可視為一種對人性尊嚴、良知與國際人權規範的嘲弄，需藉由各國共同努力、全球治理，才有辦法達到解決的效果，隨著全球化發展，跨國性問題遞增、非傳統安全產生，未來人人都可能成為國際難民，身為世界地球村的一員，我們需要重新思考這類議題，是否應該繼續持較消極的態度面對呢？

七、全球化與人工智慧（AI）的關係

2022年11月，美國OpenAI軟體公司開發的聊天機器人ChatGPT問世，推出不到短短兩個月，用戶數竟飆破一億人口，打破了Instagram、TikTok等過去所有網路服務的紀錄（Instagram、TikTok），如圖**13-2**，ChatGPT掀起了全球AI（Artificial Intelligence，人工智慧）熱潮，其中Google也推出自家對話程式AI服務Bard應戰。2022年6月，Google工程師布雷克·雷蒙恩（Blake Lemoine）宣稱一款LaMDA人工智慧已存在感知能力和自我意識，導致該模組獲得廣泛的關注，探討AI是否為影響當代人類文明大躍進的一個奇異點（Tiku, 2022）。

人工智慧與全球化的關係是一個複雜而重要的課題。人工智慧與全球化之間有著密切的聯繫。一方面，人工智慧可以推動全球化的進程，例如透過提供更快速、準確和便捷的服務，增加跨國公司的競爭力；或是透過改善教育、醫療和娛樂等領域的品質，提高全球公民社會的福祉，促進

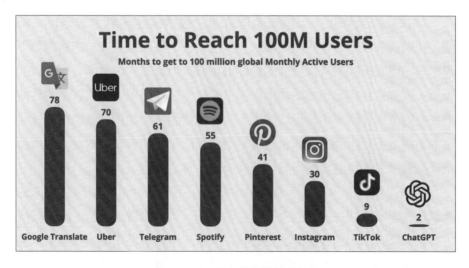

圖**13-2** 各社群軟體用戶成長圖

資料來源：UBS/Yahoo Finance/@EconomyApp/App Economy Insights網站。

全球問題的解決。另一方面，全球化也可以影響人工智慧的發展，例如透過提供更多的區塊鏈、大數據、資源和市場，加速人工智慧技術的創新，透過制定更多的規範、協議和合作，建立人工智慧發展的道德和法律架構，塑造人工智慧發展的社會意義。

因此，我們需要在人工智慧與全球化之間找到一種平衡點。我們既要利用人工智慧帶來的便利，也要防範其帶來的風險。AI對人類生活與全球化帶來的影響是多元且複雜的，有正面亦有負面。正面的影響包括提高效率、創造新的產業和服務、增加資訊和知識的流通、解決一些社會和環境問題等。負面的影響危及人類失業和不平等、降低人類思考和創造力、威脅個人隱私和安全、引發道德和法律爭議等，因此，AI對人類生活與全球化的影響並非單一或確定的，而是取決於我們如何開發、使用和管理這項技術，以及如何適應它所帶來的變化（蔡育岱，2019；AI與大數據，2022）。

八、反思與展望

當代經濟全球化，已經為全球政治、經濟文化、社會帶來巨大轉變，在這波洪流下，有些國家成功，有些則否，每個國家成功的路徑都不盡相同，儘管剛開始時候發展的條件很相似，但最終的成果卻有相當大的差異，或者是為何已經成功的國家卻呈現步步衰退跡象，這或許是因為他們在面對全球化時，所呈現的態度不同，導致因應全球化與國際化的能見度與掌握度不足。到底全球化對人類所帶來的是正面或負面效應？相信超全球主義論、懷疑論與轉型論皆有條有理，言之鑿鑿。

從國際關係的角度言，當代社會權力分散性關注的是全球化帶來的衝擊及其對國際關係發展的省思。冷戰期間（包括冷戰之前），國際結構主要是大國政治，由大國間的互動關係決定，但冷戰結束後，隨著全球趨勢所帶來的技術革新與整體流動，權力結構的本質已有所調整，必須從多方面來看全球化時代下的國際體系結構。一般而言，國際關係的學者不會

貶抑國家在全球化下的身分，國家仍是國際社會最重要的行為者，在某些與全球化有關的重要議題中，國家仍然扮演著關鍵角色，但無法否認其獨占地位受到全球化現象的削弱，在此相較下，「個人」地位在當代提升了，國際社會自進入21世紀後人權議題的蔓延，涵蓋範圍涉及國家主權、外交保護、人道干預、難民維護與環境安全，皆有「以人為本」的元素滲透其中。

近三年全球化有很多改變，例如截至2023年3月，全球新冠疫情（COVID-19）已累計逾七億例確診病例（不含通報未實），其中逾七百萬人死亡（WHO, 2023），新冠疫情對全球人類生活、工作、教育、旅遊等方面造成了巨大影響，但也促進了數位轉型和遠距合作，尤其科技創新如AI人工智慧、雲端運算、區塊鏈等不斷發展，帶來了新的商業模式、產業變革和社會問題。而發生於2022年2月底的烏俄戰爭，則是顛覆了全球化的觀念，將世界推向分裂，美國和歐洲國家停止了在俄羅斯的業務，中國也面臨更多的輿論壓力和制裁。開始有論點認為烏俄戰爭終結了全球化，美國、墨西哥、巴西、東南亞等地區受惠，因為他們可以減少對中國和俄羅斯的依賴，增加自己的競爭力（BlackRock, 2022）。

總的來說，國際社會走向全球化、跨國化、世界化是未來一個趨勢，但是明天不一定會更好。因為「好事不成雙」（Good things don't always come together），「天下沒有白吃的午餐」，文明社會在全球化的推波助瀾下，當代人類需付出相對成本，在**全球壓縮**（global compression）下思考經濟與環保、權利與義務、公平與正義、迅速與壓力。因為全球化是一個進程，沒有人知道它將引領人類至何方，唯一可知的是21世紀安全議題多元且複雜，人類必須開始思考其所共同面臨的危機，採行多層次、多面向、多行為者的治理，如此才可以通過層層的挑戰與考驗。

問題與討論

一、全球化三大論點（超全球主義論、懷疑論、轉型主義論）你比較支持哪一種論述？

二、全球化是否關係到國家權力的終止、復甦或轉型？

三、試說明全球化會出現的原因有哪些？

四、試說明全球化是否對國際體系權力結構有所調整？

五、全球化對民族國家與其主權究竟有何涵義？

六、經濟全球化正破壞民主政治，因為市場參與取代了政治參與，選舉中的選民正被市場的消費者取代，你同意嗎？

七、儘管全球化為世界帶來劇變，但是它依舊沒有改變國際政治的基本事實——世界權力明顯失衡，你同意嗎？

八、全球化是否加諸了政治活動許多新的限制？又全球化如何兼顧到本土化與在地化？

九、說說看AI對人類生活與全球化帶來的影響？

十、發生於2019年的新冠疫情（COVID-19），藉由全球化的傳播，造成全球人類的浩劫，請以全球化的角度討論這類傳染疾病（SARS、H1N1、MERS等）的問題？

參考書目

AI與大數據（2022）。〈人工智慧取代大量人力，工業5.0時代它如何影響我們的生活？〉。《數位時代》，https://www.bnext.com.tw/article/67299/ai-job-future。

林文斌、陳尚懋（2010）。〈全球化的發展與爭辯〉。收於明居正主編，《國際關係綜論》。台北：晶典文化。

張亞中（2001）。〈全球治理：主體與權力的解析〉。《問題與研究》，第40卷第4期，頁1-23。

張亞中（2011）。〈全球化的爭辯〉。收於張亞中、左正東編，《國際關係總論》，頁395-442。台北：揚智文化。

譚偉恩（2012）。〈全球化〉。收於包宗和編，《國際關係辭典》，頁214-228。台北：五南圖書。

蔡育岱（2021）。〈美中氣候議題互動與未來合作可能性：COP26後美中競合下的台灣參與〉。《遠景論壇》，第100期，頁1-4。

蔡育岱（2019）。〈AI與國際關係：人工智慧將如何改變我們的世界？〉。《全球政治評論》，第65期，頁1-6。

蔡育岱、李思嫻（2018）。〈聯合國「關切之人」與東南亞「人的安全」：以泰緬周遭之難民為例〉。《思與言季刊》，第56卷第4期，頁71-98。

蔡育岱（2014）。〈國際制度合作的有效性：權力、知識與理念分配？～以表決制度與國際貨幣基金之改革為例〉。《政治學報》，第57期，頁53-77。

姜家雄、蔡育岱（2007）。〈國際關係與非政府組織研究〉。《國際關係學報》，第24期，頁115-144。

蔡育岱（2014）。《人類安全與國際關係：概念、主題與實踐》。台北：五南圖書。

袁鶴齡（2003）。〈全球治理與國際合作：論其策略與困境〉。《全球政治評論》，第4期，頁25-45。

蕭力愷（2005）。〈全球化與全球治理〉。《競爭力評論》，第7期，頁24-34。

Alamuti, Masoud Mohammadi (2015). *Critical Rationalism and Globalisation: Towards the Sociology of the Open Global Society*. New York: Routledge.

Axford, Barrie (2013). *Theories of Globalization*. Cambridge: Polity Press.

BackRock (2022). Larry Fink's Chairman's Letter to Shareholders. https://www.blackrock.com/corporate/investor-relations/larry-fink-chairmans-letter

Bishop, Tiffany, Reinke, John & Adams, Tommy (2011). Globalization: Trends and perspectives. *Journal of International Business Research, 10*(1), 117-130.

Clark, Ian (1997). *Globalization and Fragmentation: International Relations in the Twentieth Century*. New York: Oxford University Press.

Drucker, Peter F. (1997). The global economy and the nation-state. *Foreign Affairs, 76*(5), 159-171.

Friedman, Thomas L. (1999). *The Lexus and the Olive Tree*. New York: Farrar, Straus and Giroux.

Friedman, Thomas L. (2005). *The World is Flat: A Brief History of the Twenty-First Century*. New York: Farrar, Straus and Giroux.

Garrett, Geoffrey (2000). The causes of globalization. *Comparative Political Studies, 33*(6/7), 941-991.

Goldstein, Joshua S., & Jon C. Pevehouse (2015). *International Relations*. New York: Pearson Longman.

Gomory, Ralph E., & Harold T. Shapiro (2003). Globalization: Causes and effects. *Issues in Science and Technology, 19*(4), 18-20.

Held, David & Anthony G. McGrew. (2007). *Globalization/Anti-Globalization: Beyond the Great Divide*. Cambridge: Polity.

Held, David et al. (1999). *Global Transformations: Politics, Economics and Culture*. Stanford, Stanford University Press.中文譯本：沈宗瑞等譯（2001）。《全球化大轉變：全球化對政治、經濟與文化的衝擊》。台北：韋伯文化。

Lang, Valentin F. & Marina Mendes Tavares (2018). The Distribution of Gains from Globalization. *IMF Working Papers 18/54*. Washington, D.C.: International Monetary Fund.

Martell, Luke (2007). The third wave in globalisation theory. *International Studies Review, 9*(2), 173-196.

Ohmae, Kenichi (1989). Managing in a borderless world. *Harvard Business Review, 67*, 152-161.

Rosenau, James N. (1995). Governance in the 21st Century. *Global Governance, 1*(1), 13-43.

Rosenau, James N., & Ernst-Otto Czempiel (1992). *Governance Without*

Government: Order and Change in World Politics. New York: Cambridge University Press.

Smouts, Marie-Claude (1998). The proper use of governance in international relations. *International Social Science Journal, 155*, 81-89.

Sørensen, Georg (2014), Globalization and the nation-state. In Daniele Caramani (ed.), *Comparative Politics* (pp. 451-466). Oxford: Oxford University Press.

Summers, Tim (2018). *China's Regions in an Era of Globalization*. New York: Routledge Taylor & Francis Group.

Tiku, Nitasha (2022). The Google engineer who thinks the company's AI has come to life. *The Washington Post*, June 11, 2022, https://www.washingtonpost.com/technology/2022/06/11/google-ai-lamda-blake-lemoine/

Tomlinson, John (2001). *Cultural Imperialism: A Critical Introduction*. New York: Continuum.

UNHCR (2023). *UNHCR Global Appeal 2023*. https://reporting.unhcr.org/globalappeal2023.

UNHCR (2019). Registered Syrian Refugees. https://data2.unhcr.org/en/situations/syria/location/113.

UNHCR (2015). *UNHCR Global Appeal 2014-2015*. Hong Kong. The UN Refugee Agency.

WHO (2023). WHO Coronavirus (COVID-19) Dashboard. https://covid19.who.int/

Zakaria, Fareed (2008). *The Post-American World*. New York: W. W. Norton & Company.

Chapter 14

國際整合與區域主義

陳蔚芳（Wei-Fang Chen）

東海大學政治學系副教授

英國杜倫大學政治學博士

　　作為國際整合的一種表現形式，全球化與區域化是相互作用卻又彼此不同的概念。全球化與區域化自從冷戰結束以來成為影響世界格局的兩股重要力量，並帶動新區域主義的發展，不少國家透過蓬勃發展的新區域主義作為促成區域穩定與繁榮的推手，為國際整合帶來更多元的樣貌。另外，從治理的角度來看，區域主義可視為國家將區域作為一種政治或經濟單元，解決在國家層次無法解決的治理問題，或是在國家層次難以形成的治理效果。

　　一般認為，全球化促使國家開放市場，透過與外部市場接軌來加深區域內國家間或是跨區域間的經貿合作，不過逆全球化趨勢的出現也為自由國際秩序帶來嚴峻挑戰。一方面，大國戰略競爭加劇，各國政府和企業認知到地緣政治關係變動所帶來的不確定性和投資風險，因而更加關注供應鏈安全和韌性；另一方面，全球化日漸提高傳統主權國家治理成本，導致國內民眾對於分配和認同焦慮的加劇，進而激化反全球化的聲浪。近年來極右民粹主義與保護主義勢力高漲，並且受到大國戰略競爭和新冠疫情的影響，造成全球性經濟衰退，為國際整合與區域主義的發展前景增添許多不確定性。

　　本章將介紹區域主義的基本概念與主要理論途徑，分析區域主義在當前的發展特色，以及在各主要地區（歐洲、北美與亞洲）自21世紀以來的變遷。

一、名詞的界定

(一)區域

　　「區域」（region）所代表的空間可大可小，可以是一個國家內的一個或多個區域（例如國家內部劃分不同的行政區域），也可以是根據某大國的地理位置所形成的區域（例如印度所代表的南亞區域），或是擴大到由數個國家所組成的區域（例如歐洲）。因此，「區域」作為一個國際政

治中的分析對象，指涉的是以地緣位置為基礎，在政治、經濟、安全甚至
文化上具有認同感或相互歸屬的國家所組成的一種國際次體系，這種國際
次體系是介於民族國家（nation states）和國際體系（global system）之間
的中間層次或是過渡層次（Baldwin, 1997: 865），這三種體系不僅可能同
時並存，其間的互動也是左右國際環境變遷的重要力量（**圖14-1**）（蔡東
杰，2005：66）。

圖14-1　民族國家、區域體系、國際體系關係圖

　　簡言之，「區域」內成員除了具有地緣鄰近性（proximity），
也可能具有歷史文化上的相似性（similarity）、政治上的相互包容性
（comprehensiveness）、發展目標的重疊性（overlap），更重要的是由於
彼此命運可能存在的相互依存性（interdependence），這些因素成為區域
整合的契機。因此，區域除了是國際政治中被分析的單元，區域往往也能
進一步發展成為國際政治經濟領域的「行為者」。

(二)區域化與區域主義

　　在探討區域的角色時，「區域化」（regionalisation）與「區域主
義」（regionalism）往往是容易使人感到混淆的名詞。雖然「區域化」與
「區域主義」都是指區域內的單元整合成一個更大的整體的概念，但是兩
者涉及的運作形式各有不同。

　　「區域化」是指「一個區域內社會性整合之成長與社會經濟間接互
動之過程」，不須建立在國家共識之上，因此不屬於正式的整合，通常發
生在為了促進市場流通之需要，發展出貨物、人員、資本甚至服務自由流
通的跨國性多邊網絡（朱景鵬，1999：73）。「區域主義」則是以區域內

的國家共識為基礎，並強調以國家為主體，並由國家所主導的整合過程，不論其目標在於建立自由貿易區抑或建立何種區域機制，都具有高度的政治性意涵，因此其進展與整合方向也往往取決於參與國政府的意願。

因此，「區域化」是「由下而上」（bottom-up）的過程，屬於社會經濟的有機整合；「區域主義」則是由國家主導的「由上而下」（top-down）的政治運作，目標是產生一個功能性的區域認同（Hout, 1996）。

(三)整合、統合、共同體

對於國際整合或區域主義的研究，經常面臨英文中譯何者為宜的問題。Integration與Community是討論區域主義時經常使用的英文字彙，前者譯為「整合」、「統合」或是「一體化」（中國大陸用法），後者譯為「社區」、「社群」或是「共同體」。精確的譯名可以反映對事務的具體描繪，因此，有關社會、文化、經濟等「社群」的結合，應稱之為「整合」，但是如果已出現超國家機構，則宜將Integration譯為「統合」，將Community譯為「共同體」，如此更能反映其深度及政治意涵。

透過上面對於名詞的界定，可以辨別目前歐洲聯盟（European Union, EU）所在的範圍已經不只是一個「區域」，同時具有「區域化」現象以及「區域主義」運作，並且已經不只是單純的社會經濟「整合」，而是朝向積極「統合」，加上由於歐盟的運作涉及許多政治性的制度安排，因此屬於「共同體」的性質。另一方面，東南亞國家協會（ASEAN）所在的範圍是一個「區域」，由於缺乏歷史與文化共同點，難以出現「由下而上」的有機整合，「區域化」的程度不高，但是由於各國領導人都有推動整合的共識，「區域主義」正在進行，並且已經出現互動的政治性結構，因此也具有「共同體」的性質。

我國所參與的亞太經濟合作會議（APEC），其所在的範圍不算是傳統地理上的自然「區域」，涵蓋整個亞太地區的有機「區域化」現象也不明顯，不過在各國政治與經濟菁英的努力下，也有「區域主義」的運作，加上具有鬆散但固定的政治機構，因此也可以算是具有「共同體」的形

式。至於「東亞」（East Asia），雖然是一個「地區」，但是「區域化」程度不高，目前雖有「東協加N」等「區域主義」的嘗試，但仍然處於「社群」階段，談不上「共同體」的規模。最後，由東協、日本、中國大陸、美國所分別推動的「區域全面經濟夥伴關係協定」（RCEP）、「跨太平洋夥伴全面進步協定」（CPTPP）、「帶路倡議」（BRI）或是「印太經濟框架」（IPEF），很明顯是由相關政府所主導，帶有強烈地緣政治經濟意涵的區域主義計畫。

二、區域整合的研究途徑

與區域整合相關的研究途徑眾多，依據不同的著重面向與研究問題，這些途徑也呈現不同的研究假設與分析觀點。以下分別就經濟與政治的角度說明不同的研究途徑及其論述。

(一)淀經濟的角度看區域整合

傳統經濟學說認為「比較利益原則」是促進區域經濟整合的主要因素。由於區域內的經濟競爭以及生產要素的自由流動會促進生產分工，進而提升生產效益並改善貿易條件，對區域內外的成員同時都能帶來貿易利益。加拿大經濟學家維那（Jacob Viner）（1950）因此提出「**貿易創造**」（trade creation）與「**貿易移轉**」（trade diversion）兩個概念，說明何以關稅同盟會影響原有貿易結構，進而促進區域經貿整合。

「貿易創造」是指關稅同盟基於市場開放原則使得內部交易成本大幅降低，因此有助於提高內部貿易總量；「貿易移轉」則是指由於內部貿易障礙消除，過去需從區域外進口的產品將會轉而從區域內其他國家進口，進而促成區域內貿易活動，同時也造成區域外國家的貿易損失。換言之，國家之間簽署自由貿易區或是關稅同盟協議都有可能帶來「貿易創造」或「貿易移轉」的效果，不但有助於提高成員之間貿易量，也助於促進區域市場整合。

　　學者巴拉薩（Bela Balassa）（1961）將經濟整合程度由低至高區分
為五個階段：「自由貿易區」、「關稅同盟」、「共同市場」、「經濟聯
盟」、「完全經濟聯盟」（**圖14-2**）。

圖14-2　Balassa的經濟整合五階段

　　「自由貿易區」免除成員之間的關稅（包括數量限制），以利區域
內成員貿易往來，同時允許成員自行決定對外關稅或貿易規範，例如美墨
加貿易協定（USMCA）和過去的歐洲自由貿易協會（EFTA）屬此類型。
「關稅同盟」是指區域內是一個自由貿易市場，同時要求成員對外採取共
同關稅政策，例如1957年簽訂的《羅馬條約》便是建立關稅同盟。「共
同市場」的經濟整合程度更高，除了貨物暢通以外，其他生產要素（例
如人員、服務、資本）也可自由流通，例如歐洲單一市場。在「經濟聯
盟」之中，成員不但同屬一個共同市場，各國經濟政策，包括貨幣、金
融、財政、勞工、產業發展等政策還相互協調以提高一致性，並降低政策
差異性，例如歐元區國家須遵守與歐元相關的貨幣政策與財政紀律。最
後，若經濟整合到達最高程度，建立「完全經濟聯盟」，將建立超國家政
府來制定總體經濟政策，成員須遵守共同貨幣、財政、社會甚至抗週期
（countercyclical）的經濟政策，對外則由超國家政府來代表談判。換言
之，在完全經濟聯盟中，就經濟面而言已形成單一的經濟實體。

　　大體而言，當經濟整合的程度越高，所需的政治共識也越高，對此諾
貝爾經濟學獎得主丁伯根（Jan Tinbergen）（1954）將經濟整合分為消極
整合（negative integration）與積極整合（positive integration）兩個類型。
消極整合指參與整合的國家透過消除限制性或差別性的措施來促進市場流
通，例如消除關稅與非關稅限制；積極整合則需要協調成員間既有政策，

甚至制定新的共同經濟政策。由於各國經濟發展程度不同,所需的貨幣或財政調節政策也各不相同,若採取單一政策,自然容易引起政治爭議,往往難以達成共識,因此積極整合要比消極整合更為困難。換言之,當經濟整合程度越高,所涉及的積極整合也將越多,但是由於難度更高,更需要成員間高度共識,也因而就實踐而言消極整合的成果遠多於積極整合。

(二)從政治的角度看區域整合

若從政治的角度看區域整合,關注的是「整合的動力從何而來」、「整合的方向在哪裡」,以及「它如何發生」等問題,涉及的是整合的本質與歷史過程。傳統上主要代表的理論是功能主義與政府間主義,分別代表共同體視角與國家視角。不過隨著歐洲統合的深化與廣化,學界也開始思考,應該運用什麼樣的理論才能對歐盟的「機制運作」提供合理的解釋,因此從其他學科領域找尋新方法來研究區域整合的政治過程,於是新制度主義、網絡政治與多層次治理等理論途徑也應運而生。以下介紹對國際整合研究影響較深的功能主義 / 新功能主義、政府間主義 / 自由政府間主義,以及探究歐盟機制運作的新制度主義的主張。

◆功能主義／新功能主義

功能主義(functionalism)是研究國際整合最重要的一個理論途徑,也是國際關係理論的一個重要核心,影響了日後諸如互賴理論(interdependence theory)、世界社會理論(world society theory)、連結政治(linkage politics)、建制理論(regime theory)等發展。

功能主義由梅傳尼(David Mitrany)提出,主要目的是為了探究永續和平的世界體系。梅傳尼從人類需求或公共福祉出發,主張跨國合作有助於公共福祉的維護和創造,但是由於民族國家總是存在意識形態的分歧,不能確保人類福祉極大化,因此他強調應透過專家與技術的功能合作,逐漸將人民對於國家的忠誠轉移到具有特殊專業的全球性功能組織,民族國家並將逐漸退出國際舞台,進而大幅降低國際衝突的可能性。梅傳尼提出

「分枝說」（doctrine of ramification）來強調功能合作的擴張性效果，他指出一個部門的合作是某一個部門合作的結果，同時也是開啓另一個部門合作的動因，最後這些合作會形成一張功能性的互賴網，逐漸侵蝕到政治部門，使民族國家的獨立行動能力降低，進而增進國際和平。

新功能主義（neo-functionalism）興起於1950年代末期，承襲自功能主義，是國際政治多元理論的一環，其發展受到當時美國政治科學行為學派的影響，是專門為解釋1950年代歐洲統合起源與進程而設的理論。新功能主義的主要代表學者為哈斯（Ernst Haas）與林德伯格（Leon Lindberg），其核心概念與後來的基歐漢（Robert O, Keohane）與奈伊（Joseph S. Nye）的新自由制度主義相互輝映。

新功能主義與功能主義的相似處在於兩者都強調區域整合的動力源自於功能性部門的合作，並主張功能性部門的整合會逐漸擴及其他相關部門，最後透過跨國家或超國家機制擴展到政治性較高的部門。然而，新功能主義之所以為「新」，自然與傳統功能主義的觀點有所區隔。

首先，兩者對於整合動力的解釋不同，新功能主義主張整合的動機不是出於功能性需求或是技術管理的需要，而是出於行為者自利的結果，並且在整合的過程中難以做到完全去政治化，若合作只侷限在技術性與功能性的國際組織，不可能達成從經濟整合走向政治統合的目標。其次，雖然兩者都認為超國家機構能夠起到推動整合進程的作用，但是新功能主義認為功能性合作未必會出現外溢（spill-over）的結果，外溢不是自動發生的（automatic），需要其他條件配合，才有可能向政治性較高的部門外溢。換言之，整合應被看成是一個「利益政治」（politics of interests）的過程，而非必然的結果，經濟整合所帶來的政治動能（agency）會促使當事國進一步整合或退卻。最後，新功能主義相較於功能主義，在理論假設、概念界定、方法論和理論體系上都更為完備。

◆政府間主義／自由政府間主義

1950年代興起的新功能主義是對政治現實主義的一種挑戰，但是1960年代受到戴高樂民族主義外交政策的影響，歐洲統合出現近十年的停

滯期，甚至導致共同體部長理事會出現長達七個月的空椅危機，以及英國兩次申請加入都遭法國拒絕，顯示主權國家地位仍舊難以動搖。**政府間主義**（intergovernmentalism）因而順勢而起，從現實主義的「國家中心論」出發，對新功能主義的主張發起論戰。最主要的代表人物是霍夫曼（Stanley Hoffmann），研究戴高樂現象及其對歐洲統合的影響。

霍夫曼認為功能主義與新功能主義的主張有三大缺陷。首先，區域整合時常受到更廣泛的國際政治脈絡的影響，並不是自給自足或自動自發的過程。其次，國家仍然是國際政治的中心，不會如新功能主義所預言會自動萎縮。最後，霍夫曼批判新功能主義的外溢說，他區分「高階政治」（high politics）與「低階政治」（low politics）的差異，並主張整合在經濟、社會或文化等低階政治部門較容易發生，但是不必然「外溢」到外交、安全、國防或政治認同等高階政治領域。

表14-1　（新）功能主義與政府間主義之比較

	新功能主義	政府間主義
對整合動力的主張	對功能合作或技術管理的需求可克服政治現實主義的阻礙	國際與國內政治環境必然影響整合動態
主權國家的角色	主權國家會逐漸萎縮	主權國家仍是國際政治中心
整合的擴張邏輯	功能性部門的整合可「外溢」到政治性部門	低階政治部門的整合不會帶動高階政治部門的統合

然而純粹的現實主義邏輯並不能完全解釋歐洲統合的進程。特別是1970年代歐洲共同體不但開啟「歐洲政治合作」（European Political Cooperation），歐洲議會也在1979年開始直選，顯示霍夫曼所提出的低階政治與高階政治主張缺乏說服力。因此穆拉維斯基（Andrew Moravcsik）修正霍夫曼的論述，結合自由主義對於國家「偏好」（preferences）以及政府間主義對於國家間「權力」（power）的關注，提出自由政府間主義（liberal intergovernmentalism），解釋歐洲統合如何在國家間策略性議價中進行。

穆拉維斯基指出歐洲統合涉及國內與歐盟兩個層次的博弈（two-level

bargain）。在國內層次，不同的利益團體各自競爭影響力，結果會產生一組反映其利益集合的偏好或政治目標，這是第一層次的博弈。而後會員國將第一層次博弈的結果帶到歐盟的政府間會議，與其他會員國進行談判，這是第二層次的博弈。由於各國的利益與偏好鮮少一致，因此談判是否能夠產生結果，利益如何分配，往往反映行為者的相對議價能力，也就是會員國之間相對權力的大小。最後，當政府間談判有了實質的協議，各國乃將部分主權讓渡至超國家機構，作為相互限制的機制，從而提升國家間承諾的可靠性，這就是「制度選擇」。

換言之，自由政府間主義主張低階政治與高階政治的關係並非壁壘分明，可從會員國國內利益團體的議價過程，也可從會員國的權力對比以及談判能力瞭解會員國如何與他國討價還價，由此分析會員國是否願意將主權讓渡至超國家機構，以及為何願意進行高階政治領域的整合。由此觀之，自由政府間主義仍然強調主權國家的角色，認為歐盟的整合進程反映的是會員國的利益偏好與理性選擇結果，而非超國家機構的自我演進。

◆新制度主義

新制度主義的學術淵源是1960至1970年代的新制度經濟學。古典經濟學強調經濟活動的協調是倚賴「看不見的手」，個體追求利益最大化的結果會促進整個社會的整體利益，並不重視制度的作用，然而新制度經濟學主張個體有意識地創造制度，同時也受到制度的制約，因此新制度經濟學探討制度的建立、作用機制、制度變遷以及制度如何約束行為者等問題。比較政治學者與國際政治學者從新制度經濟學的研究得到了啟發，自1980年代開始政治學界也開始探究制度對行為者與政治結果的影響。在不同理論的激盪下，出現新制度主義（new institutionalism）的發展，由於歐洲統合的過程中發展出許多正式與非正式的組織與制度，也吸引了許多制度主義研究者的興趣。不過，新制度主義是一個包含許多分支與流派的名詞，除了「制度是重要的」此一主軸外，不同學派在理論的假設與建構、制度的定義，以及制度如何影響政治運作等各方面有頗大差異，例如

歷史制度主義、理性選擇制度主義以及社會學制度主義等，對制度的定義以及其角色就有相當不同的主張。

舉例而言，理性選擇制度主義將「制度」侷限於正式且具體的制度，並將制度定義爲正式的立法實體與具體的決策規則，因此其研究重心在於探討主權國家在各種投票機制下的策略性考量；歷史制度主義對制度的定義較爲寬泛，主張制度包括正式的規範，亦包括非正式的互動、慣例與行爲準則等，其研究的重心在於解讀那些經年累月建立的「制度結構」與「價值觀念」對主權國家戰略選擇的影響；社會學制度主義將「制度」放在較爲抽象「觀念」（ideas），例如「規範」、「習慣」、「信念」等都可以稱之爲「制度」，重視非正式的規範、習慣與信念等對主權國家的影響，是一種結合制度面與文化面，並趨近建構主義的研究（Hall & Taylor, 1996; Rosamond, 2000: 115-122）。

雖然新制度主義者不否認主權國家的重要性，但是與政府間主義相比，新制度主義主張國際組織或超國家機構（制度）會影響甚至約束主權國家。由於強調「制度」在政治運作中的影響力，制度主義相信「偏好」受到「制度」的約束，因此在區域整合的研究中，新制度主義往往應用於解釋區域整合的制度如何產生，以及制度的作用機制是否會改變主權國家的偏好，進而影響其整合意願。

三、區域主義的發展：新區域主義

自1980年代末期以來，受到全球化浪潮和新自由主義經濟秩序的影響，主權國家普遍有感於單憑一己之力難以應付挑戰，在全球興起新一波的區域主義發展潮流。由於這波新的發展浪潮與傳統區域主義有很大的區別，因此學者赫特涅（Björn Hettne）將之稱爲「新區域主義」（new regionalism）。相較於傳統區域主義呈現的保護性、內向式以及排他性等

特徵，新區域主義強調的是「開放性」[1]、「包容性」[2]、「介入性」[3]與「合作性」[4]等特質。因此，新區域主義與傳統區域主義在區域化途徑與影響範圍都有顯著不同（蔡東杰，2005：65）。此外，就區域化途徑以及區域內成員關係而言，新區域主義又具有以下三種型態：「外向型與開放型區域主義」、「南／北區域主義」以及「複合型區域主義」（郝培芝，2004：129-132）。

(一)外向型與開放型區域主義（extroverted and open regionalism）

區域貿易協定（Regional Trade Agreement, RTA）目的是為了增進區域內貿易往來，或是進行區域產業整合，往往發生在全球市場產生危機時，各區域為了尋求自保所發展出的具有內向性與保護主義性的區域主義。不過受到全球化浪潮的影響，基於國際經貿互賴程度不斷提高，各國不但需要透過區域整合來建構對外經貿策略，也要建立對外開放的連結關係以積極整合到國際體系中，因而新區域主義往往具有外向性與開放性的特徵。由於是一種以新自由主義為核心的區域主義，學者米特爾曼（James Mittelman）又稱之為「新自由主義的區域主義」（neoliberal regionalism），通常以自由貿易協定（Free Trade Agreement, FTA）為主要形態，也反映主權國家在全球化壓力所採取的一種國際經貿戰略，反映區域主義的發展以及各區域積極建立跨區域連結，紛紛簽訂自由貿易協

---

[1]就「開放性」而言，新區域主義強調與其他區域的橫向聯繫與交往，鼓勵並允許區域內成員積極參與域外的經貿合作。

[2]在「包容性」方面，新區域主義將不同政治制度、經濟結構、意識形態、宗教信仰、文化傳統的國家包容在一起，不強求成員在各方面必須相似或一致。

[3]在「介入性」方面，新區域主義表現為兩種形式的實踐，一種是北約和歐盟，以「人權」與「民主自由」為標準向東擴展，另一種是類似東亞金融危機後的東南亞國協，有時也突破傳統「主權至上」及「不干涉內政」原則，對會員國內部爭議表示共同意見。

[4]在「合作性」方面，新區域主義突破傳統國際政治南北關係的分野，出現發展中國家和已開發國家合作及共同建構區域組織的現象。

定，即使是封閉型區域主義的歐盟，也透過諸如亞歐會議（Asia-Europe Meeting, ASEM）等跨區域機制建立與其他區域的連結。

值得一提的是，**開放型區域主義**（open regionalism）通常被視為是新興市場整合的重要特徵，用以說明新興市場一方面推動區域內貿易市場自由化，同時對外也積極提升全球貿易自由化進程，形成一種對區域外成員開放而不封閉的關係，區域市場開放的成果不僅嘉惠其成員，也延伸到非會員國（郝培芝，2004：130）。開放型區域主義已經被一些區域組織或機制，例如東協、南方共同市場（MERCOSUR）、APEC以及ASEM等列為最重要的原則。

(二)南／北區域主義（North-South regionalism）

新區域主義的第二項特質與國際資本大量湧入新興市場有關。受到全球化的影響，國際資本快速流通並大量移往開發中國家與新興市場，亞洲更是外國直接投資（Foreign Direct Investment, FDI）流入量最多的地區，並且持續穩定成長。這種現象也導致資本輸出國與資本接受國之間關係發生變化，促使南北國家必須建立新的制度化機制來管理資本流通，這種新的區域主義即為「南／北區域主義」（Grugel & Hout, 1999）。

傳統區域主義通常發生在經濟發展程度相近的國家之間，相近的發展條件在過去被視為區域整合的基礎。然而隨著國際資本流動情勢的變化，推動南北國家之間的區域整合成為新的趨勢。主要原因在於已開發國家作為資本輸出國，希望建立制度性機制以降低其投資風險，並保障國際商業活動的安全性；開發中國家作為資本輸入國，則希望在全球資本競爭中，提高本國投資環境的穩定性以增加國際資本對其市場的信心，因此與已開發國家簽訂自由貿易協定，並在協定中承諾跨國性、多國性的保障條件來增加自身競爭力，有望爭取更多國際資金的進駐。

換言之，在新區域主義的浪潮中，「開發中國家寧願尋求與已開發國家作為合作夥伴，而非開發中國家作為合作夥伴，這是一個相當大的轉變」（de Melo & Panagariya, 1992: 37）。學者帕克（Jong H. Park）也認

為，「新區域主義發展最重要的特色即是南／北國家之間進行區域協定，而非如第一波區域主義所展現的南／南國家之間的區域協定」（Park, 1995: 23）。因此在南／北區域主義之中，區域整合有時發生在國民所得差距甚大的國家之間，例如USMCA的美國與墨西哥。另外，許多由已開發國家主導的區域組織（例如歐盟），也積極向開發中國家為主的區域組織（例如地中海國家、南方共同市場、ASEAN）建立區域間的貿易投資協定，這種「集團對集團」（group-to-group）的合作也反映「區域間主義」[5]（inter-regionalism）透過建立制度化的互動來塑造國際體系的嘗試。

(三)複合型區域主義（multiple regionalism）

在新區域主義的發展趨勢下，區域內成員通常同時參與好幾個區域組織，例如東協國家除了是東協成員，也組成東協自由貿易區（AFTA）、東協區域論壇（ARF）與東協共同體（ASEAN Community），同時還是APEC、東亞經濟論壇（EAEC）、亞歐會議（ASEM）成員，現今又加入「區域全面經濟夥伴關係協定」（RCEP），另外新加坡、越南和馬來西亞亦是「跨太平洋夥伴全面進步協定」（CPTPP）成員，呈現參與區域組織的多元性與重疊性，是為「複合型區域主義」。

複合型區域主義反映的是在全球化的過程中，隨著國際投資的全球化以及不確定性升高，各國透過多方建立或加入貿易協定來分散風險，藉此更融入世界經濟發展體系。其次，為了加速融入全球自由化進程，各區域必須加強與其他區域的自由貿易協定，這些動機促使複合型區域主義的產生。此外，複合型區域主義的形成也與後冷戰的多元國際秩序有關，有別於冷戰時期的霸權型區域主義（hegemonic regionalism），冷戰後的新

---

[5] 學者赫特涅（Björn Hettne）早在1990年代中期便觀察到不同區域之間所發展的制度化關係，並將之稱為「區域間主義」，這是一種「集團對集團」的區域間合作。有關區域間主義的文獻以及其所產生的國際社會化效應，請參考王啟明（2010），《國際關係學報》，頁105-135。

區域主義往往源自於區域內的自發力量，同時兼具政治、經濟或社會文化等多重目的，各國依循不同需求而參與或籌組區域組織，使區域組織呈現多元甚至複合重疊的現象。

　　總而言之，1980年代末期所興起的新區域主義有別於過去區域主義的發展動力與發展樣貌，其背後共同的動力皆是全球化（郝培芝，2004：140）。首先，全球化使國際經貿互賴增強，各國積極整合進入國際體系，這種強調外向與開放的新區域主義不但有助於推動自由化，也防止區域走向壁壘化。其次，全球化與過去國際化最大的不同在於已開發國家的資本大幅流向開發中國家，促使已開發國家與開發中國家進行區域內或跨區域合作，使區域整合也出現在南北國家之間，或是國民生產毛額差異較大的區域之間。最後，區域成員為了深化合作或加強對外競爭力，往往各自簽訂不同的區域整合協定，不同型態的區域主義得以並存，促進複合型區域主義的形成，也反映全球化下區域整合的多重目的與多元面貌。

四、歐洲的經驗及其發展

　　本節將介紹歐洲聯盟（以下簡稱歐盟）的整合經驗及其晚近的發展。雖然自21世紀以來，歐洲聯盟由於遭遇內外危機而出現整合困境，但是由於其過往的歷史成就與經驗，仍然被視為區域主義的典範實踐者。[6]歐洲統合的出發點是以德、法和解為背景，加上若干西歐國家，為解決其實際問題而嘗試的結果，其成功的經驗促成更多部門的合作以及更多國家的參與其中，這個部門擴張以及會員國擴大的過程即是新功能主義所稱之「外溢效果」（spill-over effect）。

---

[6]歐洲統合常被視為區域整合的典範。然而，典範一詞隱含某種程度的價值取向與標準，亦即是其他區域主義應看齊的模範。然而各地區或因其追求的目的不同（如北美自由貿易區），或因該地區具有特殊的歷史文化、認同等背景因素（如東南亞國協），有時發展出較鬆散而有別於歐洲的實踐，因此歐盟所經歷的由經濟到政治的整合模式不必然是區域整合的最後結果。

在歷經多次會員國擴大以及英國退出以後，歐盟現有二十七個會員國。[7]在經濟方面，歐盟已經建立一個單一市場，不但是全球最大的經濟體，在貿易、投資與農業等領域也已採取共同政策。此外，由二十個歐盟會員國所採用共同貨幣——「歐元」（Euro）是國際金融市場上僅次於美元的交易貨幣。[8]在政治與外交上，歐盟發展共同外交與安全政策，至今已執行三十多個海外任務。歐盟在區域整合的成功經驗使其得以累積在國際事務上的影響力，成為重要國際行為者。

(一)歐洲統合的歷史脈絡

歐洲統合的進程與其特殊的歷史背景和國際結構的變遷有關。早在兩次世界大戰期間，由於經濟蕭條、極權主義蔓延以及戰爭等因素，歐洲一些有志之士開始反思「民族國家」與「民族主義」對和平的危害，從而催生「聯邦主義」思潮。冷戰與美蘇對峙也為戰後西歐整合提供契機，特別是西歐國家一方面苦惱於戰後經濟蕭條，另一方面又面臨國內共產主義滋長的威脅，因此亟需美國援助。對此，美國同意提供馬歇爾計畫（Marshall Plan）協助歐洲進行戰後重建，但是美國也要求歐洲需要共同決定計畫援助的款項分配，此一附帶條件為後來的歐洲統合提供結構的誘因。另外，戰後的西歐對外還須應付冷戰所帶來的安全挑戰，加上對民族主義的質疑與反省，一些政治菁英亦重新思考和平與繁榮的可行途徑。在此背景下，以德國和法國為主的西歐國家接受讓渡部分主權，透過統合的途徑來追求歐洲的和平安全與經濟發展。

---

[7]雖然脫歐公投早於2016年6月通過，但是英國國會一直到2020年年初才通過脫歐相關法案，自2020年1月31日起正式脫離歐盟。另外，英國與歐盟在2020年12月24日通過《英歐貿易合作協定》（UK–EU Trade and Cooperation Agreement），作為英國脫歐後與歐盟單一市場進行自由貿易的法制基礎，該協定於2021年1月1日正式生效。

[8]歐元區的創始會員國共有十一國，包括奧地利、比利時、法國、德國、芬蘭、愛爾蘭、義大利、盧森堡、荷蘭、葡萄牙、西班牙。希臘、斯洛文尼亞、賽普勒斯、馬爾他、斯洛伐克、愛沙尼亞、拉脫維亞與立陶宛、克羅埃西亞等國在達成趨同標準後加入。按照歐元區現行法制並無退出機制。

　　歐洲統合是一項偉大的政治工程，起源於法國的**舒曼計畫**（Schuman Plan）。1950年時任的法國外交部長舒曼（Robert Shuman）以當時法國經濟計畫委員會主委莫內（Jean Monnet）的構想爲藍圖，提出德、法兩國共同成立「**歐洲煤鋼共同體**」（European Coal and Steel Community, ECSC），將原屬於主權國家的煤鋼生產、製造與交易權力讓渡至高級公署等超國家機構（supranational institution），高級公署有權進行統籌規劃和立法決策。由於煤鋼是生產戰爭武器的重要原料，舒曼計畫有助於削弱德法兩國發生戰爭的可能性，背後當然也涉及政治與經濟利益算計。對法國而言，法國將重振重工業作爲戰後經濟復甦的重心，希望確保法國鋼鐵業能自德國魯爾區（Ruhr）取得穩定的煤礦供應。德國則由於失去主權，需要在戰後重新獲得國際社會認可，同時也希望儘早從盟軍取回魯爾區以重建經濟，因此也贊成此議。歐洲統合就在德、法兩國經濟與安全的雙重需要下，邁開關鍵的第一步。

　　回顧歷史，歐盟的發展雖然源自西歐政治菁英對整合運動的深刻認知與承諾，但是其成功也是奠基於功能部門的合作，而非較爲空泛的聯邦制構想。歐洲統合近七十年來的發展歷史呈現在以下幾個重要的框架條約與組織建構（**圖14-3**）。[9]1992年簽署的《馬斯垂克條約》（又稱《歐洲聯盟條約》或TEU）爲歐洲統合開啓新的里程碑，正式進入歐盟時代。《馬斯垂克條約》的背景和冷戰結束以及兩德統一等國際體系變遷有關，歐洲各國再次嘗試將經濟整合擴大到政治層面，並建立以三大支柱爲基礎的歐洲聯盟。第一支柱爲「歐洲共同體」，指的是共同體時代的組織架構；第二支柱是「共同外交與安全政策」；第三支柱則是「司法暨內政事務合作」。此外在經濟整合方面，爲了落實歐洲單一市場的目標，該條約亦進

---

[9]受限於篇幅的關係，本節無法一一介紹關於歐洲統合的各種嘗試，如1950年的歐洲防衛共同體、1954年的西歐聯盟等。此外，歐洲統合亦涉及到極爲繁雜的條約、組織架構與運作等技術性問題，在此亦無法深究。歐盟網站（http://europa.eu/index_en.htm）對於這些條約提供了許多有用的分析、整理與比較，European Navigator（https://www.cvce.eu/en）則以數位化的形式保存並提供了許多第一手的文獻，亦極具參考價值。

一步推動經濟與貨幣聯盟，並自1999年元旦起正式啓用歐元。之後的《阿姆斯特丹條約》、《尼斯條約》以及《里斯本條約》等，從決策程序、組織架構以及任務深化等方面都進一步改善歐盟的機制與運作，也因此深化統合的路徑。

1951年	法國、德國、義大利、荷蘭、比利時、盧森堡簽署巴黎條約，建立歐洲煤鋼共同體
1957年	簽署羅馬條約，建立歐洲經濟共同體與歐洲原子能共同體
1963年	英國第一次申請遭拒
1965年	空椅危機（隔年通過盧森堡妥協） 簽署布魯塞爾條約（又稱合併條約）
1967年	英國第二次申請遭拒
1970年	啓動歐洲政治合作
1973年	第一次擴大：英國、丹麥、愛爾蘭加入
1979年	歐洲議會進行直選
1981年	地中海區域擴大I：希臘加入
1986年	地中海區域擴大II：西班牙、葡萄牙加入簽署單一歐洲法
1992年	簽署馬斯垂克條約，建立歐洲聯盟
1995年	EFTA擴大：奧地利、瑞典、芬蘭加入

1997年　簽署阿姆斯特丹條約

1999年　啟動歐元制度（2002年元旦歐元實體貨幣開始流通）

2001年　簽署尼斯條約

2004年　簽署歐盟憲法條約（隔年遭到法、荷公投否決）
　　　　東南歐擴大I：波蘭、捷克、匈牙利、斯洛文尼亞、拉脫維亞、立陶宛、愛沙尼亞、馬爾他、賽普勒斯、斯洛伐克加入

2007年　簽署里斯本條約
　　　　東南歐擴大II：羅馬尼亞、保加利亞加入

2009年　里斯本條約生效

2010年　希臘首先爆發主權債務危機（簡稱歐債危機）
　　　　義大利、愛爾蘭、西班牙、葡萄牙也陸續陷入危機

2013年　巴爾幹半島南擴：克羅埃西亞加入

2016年　英國通過脫歐公投，啟動里斯本條約第50條

圖14-3　歐盟大事記

　　其中值得一提的是《里斯本條約》，該約於2009年12月生效，是歐盟現行的主要框架條約。《歐盟憲法條約》失敗後，會員國決定放棄共同憲法的嘗試，回歸以往修改條約的方式繼續推動統合進程，《里斯本條約》因此捨棄憲法條約中諸如「憲法」、「盟旗」、「盟歌」的字眼，維持「對外關係暨安全政策高級代表」頭銜，不再稱其為歐盟的「外交部長」，以淡化「超國家憲政體制」的意涵，降低會員國的主權疑慮。不過

《里斯本條約》仍有一些提高決策效率和改善原有的協調機制所進行的變革，例如設立「歐盟高峰會議常任主席」，允許高級代表領銜歐盟對外行動部並主持外交部長理事會，此外更進一步提高歐洲議會立法權限，以及簡化歐盟理事會投票方式等。

(二)解釋歐洲統合的兩大理論途徑

如何解釋歐洲統合的進程？以統合的「成因」或「本質」來說，現今理論仍然離不開新功能主義與政府間主義兩大範疇，也就是區域整合／統合是採取「由下而上」路徑或是「由上而下」路徑的問題。[10]對此，新功能主義與政府間主義各有洞見，然而兩者均無法完全解釋歐盟的歷史發展。

作為第一個專門探討歐洲統合進程的理論，新功能主義是為了解釋歐洲統合的重要歷史進程而來，例如關稅壁壘的移除、單一市場的建立，或是「歐元」的成立等，新功能主義提出具有說服力的解釋，但是事實上整合的方向與決定權仍然掌握在各國政府手上，例如共同體的建構、條約的締結與修改、共同政策的推動以及執行等，往往涉及會員國的政治角力，使得政府間的談判時常冗長而困難，因此政府間主義有時更能就高階政治（high politics）場域提出有說服力的解釋。

儘管新功能主義與政府間主義各有其優點，但是也都有其解釋力的侷限。以英國脫歐公投為例，新功能主義無法解釋為何英國在加入歐盟逾四十年後，未能出現人民忠誠自國家移轉至超國家機構的結果；另一方面，過於重視高階政治與主權的政府間主義，受到論述邏輯過於單一的限制，難以說明脫歐公投背後政治經濟與社會心理層面的複雜聯繫，以及由於國際經貿環境的變化所加深的政治與社會分歧，這是國際、區域與國內層次因素交錯影響的結果。因此對於理論的應用，除了關注其對整體的解

---

[10]關於歐盟的「運作」，則較屬制度主義、多層次治理、政策網路，以及各式強調國內政治因素之理論範疇，在此無法一一論及。

釋力之外，也須注意個別案例背後的局部性與脈絡性。

(三)歐盟當前的主要問題

雖然歐盟自從1990年代初期開始，在制度建構與統合進程上都快速發展，但是近年來受到歐債危機、全球經濟衰退、新冠疫情以及大國戰略競爭的影響，歐盟整體經濟復甦緩慢，造成民眾對分配與認同等議題更加敏感，極右民粹主義也趁勢興起，對歐盟的發展甚至歐洲統合的未來走向都帶來更多的不確定性。

◆新冠疫情與歐盟經濟復甦計畫

歐元是歐盟最重要的政經整合成就，也是歐盟具有全球影響力的重要憑藉，因此歐債危機雖然是由邊陲經濟體所引發，結果卻是撼動整個歐洲與世界經濟秩序。[11]歐債危機看似起因於歐元區國家政府赤字與債務過高所致，但是除了希臘以外，其他發生危機的國家並非由於缺乏財政紀律，而是由全球金融風暴以及低經濟成長等環境與結構性因素所引發。因此歐債危機凸顯的是單一貨幣體系缺乏單一的金融監理以及泛體系回應機制的問題，也就是會員國的貨幣政策高度集中化，但是經濟與財政政策卻高度分化的問題（陳蔚芳，2022：53），一旦發生危機，容易在短時間內迅速引發骨牌效應。

歐債危機後歐盟一度進行歐元區的制度改革，但是在新冠疫情爆發以前，歐盟著眼於建立財政「紀律」聯盟，而非完整的、全面性的財政「資源共用」聯盟，無法透過財政資源移轉來調和不同經濟體之間的差距。雖然法國總統馬克宏（Emmanuel Macron）上任後曾積極推動歐元區的財政聯盟，呼籲成立歐盟財政部與財政部長，但是遭到德國與荷蘭等財

---

[11]有關歐債危機前因後果的詳細討論，請參考羅至美（2013）。〈歐洲主權債務危機之解析〉。《問題與研究》，第52卷第1期，頁67-100。羅至美（2014）。《檢視區域經濟整合的效益：德國、法國、英國的歐盟經驗》。台北：五南圖書。羅至美（2015）。〈希臘債務危機再現〉。《問題與研究》，第54卷第3期，149-56。

政紀律較爲保守的國家反對，這些國家認爲遵守財政紀律是歐元區國家應各自承擔的責任。不過隨著新冠疫情爆發，對歐洲單一市場帶來嚴重的經濟衝擊，迫使歐盟不得不對振興經濟採取新的思維，「新冠債券」（corona bonds）便在此背景提出。

2020年4月歐盟經濟與財政理事會通過五千四百億歐元紓困方案，同年7月歐盟高峰會議通過決議，啓動「復甦基金」（recovery fund），是「下世代歐盟」（Next Generation EU，簡稱NGEU）經濟振興方案的核心，由執委會代表歐盟所有會員國向外發行總額七千五百億歐元的債券，其中三千九百億爲贈款（grants），三千六百億爲低利貸款，提供給經濟受疫情衝擊最爲嚴重的會員國、地區及相關部門，於2028年開始償還，爲期三十年。受到俄烏戰爭的影響，執委會於2022年底宣布在NGEU的框架下，於2023年將再發行八百億歐元的長期債券，用於援助烏克蘭和振興歐盟經濟。

NGEU的提出有幾項重要意義。首先，疫情對歐洲單一市場造成系統性的重大衝擊，會員國難以獨力應付危機，必須從歐盟層次來思考因應之道並採取共同行動；其次，這是單一貨幣體系建立以來歐盟首次以整體名義向國際市場進行融資，也是執委會首次被賦予對外融資權，象徵超國家主義在共同財政領域的突破，開啓了在特殊情況下，超國家機構能以彈性方式擴大財源的先例。再者，以歐盟名義發行債券意謂著會員國共同承擔舉債，是會員國首次進行「債務共同化」（debt mutualisation）的嘗試，因此一度遭到財政紀律較爲嚴謹的會員國反對，也再度突出歐盟內部的「南北問題」，這個分歧不只與會員國對財政政策的偏好不同有關，也反映內部經濟發展差距。另外，NGEU也使會員國和超國家機構對歐盟財政與金融改革的矛盾再度浮上檯面，一方面意謂著貨幣優先和財政優先兩種發展路線的分歧，也反映超國家主義與政府間主義的角力。最後，NGEU得以通過再次展現德法軸心的關鍵力量，德國從一開始抱持反對態度到後來的妥協，既有對歐盟整體經濟復甦的需求，也有避免歐盟進一步分裂的考慮，更代表在歐盟重大議題上，德法必須攜手合作的重要性。

◆俄烏戰爭

　　俄羅斯與烏克蘭的歷史文化和地緣政經關係歷史悠久且錯綜複雜，也造成獨立後的烏克蘭外交政策在親俄羅斯與親歐盟之間擺盪。2004年烏克蘭爆發橘色革命，而後採取西向外交政策，並自2008年開始與歐盟進行聯繫協定（Association Agreement）的談判，俄烏關係也在這個背景下日趨動盪。2013年11月烏克蘭前總統亞努科維奇（Viktor Yanukovych）宣布暫緩與歐盟聯繫協定進程，引發親歐民眾不滿，隨後爆發廣場革命（Maidan Revolution），不但導致亞努科維奇政府垮台，俄羅斯也趁機併入克里米亞，直到2015年明斯克協議（Minsk Protocal）後才有所緩和。2017年烏克蘭通過立法，將加入北約與歐盟作為其戰略外交和安全政策目標，2019年烏克蘭更將此入憲，2020年9月總統澤連斯基（Volodymyr Zelensky）宣布將與北約發展特殊夥伴關係，一連串的舉動引發俄羅斯嚴重關切，並導致俄羅斯自2021年3月下旬開始在俄烏邊境大量增兵，也造成俄烏邊界緊張情勢不斷升高。2022年2月24日由俄羅斯普丁以「非軍事化」和「去納粹化」為由，動員俄軍入侵烏克蘭，在烏克蘭激烈抵抗下演變為大規模戰爭（簡稱俄烏戰爭）並持續至今。

　　俄烏戰爭不僅造成嚴重的地緣政治和經濟危機，也考驗歐盟的戰略自主能力（strategic autonomy）。雖然歐盟至2023年2月底已對俄羅斯發起十輪制裁，涵蓋外交黑名單、能源、金融、航空、軍用設備、先進半導體技術等領域，但是期間會員國對於如何追加制裁時常難以達成共識，例如匈牙利一度反對對俄羅斯實施石油禁運，賽普勒斯、希臘和馬爾他則擔憂對俄羅斯石油設置價格上限將影響其航運業；另外會員國對於烏克蘭是否加入北約也缺乏共識，曾處於鐵幕之下的波羅地海國家和波蘭對烏克蘭較為同情，在國際場合多次為其發聲，但是其他大國皆未表態支持烏克蘭加入北約，德國總理舒爾茲（Olaf Scholz）甚至曾言烏克蘭加入北約一事不在既定議程。

　　雖然歐盟對俄羅斯制裁仍然持續，歐盟也透過聯盟層次和會員國層

次持續對烏克蘭提供經濟和軍事援助，但是對於緩解情勢的作用有限，也再次迫使會員國思考如何強化其戰略自主能力，尤其是加強安全與防務領域的能力建構。據此，歐盟在2022年3月發布《安全與防務戰略指南》（*Strategic Compass for Security and Defence*），目標是強化歐盟至2030年的戰略與安全能力，包括建立規模達五千名的快速反應部隊，執委會也陸續提出歐洲防務投資計畫（EDIP）與歐洲防務產業聯合採購計畫（EDIRPA），以提升歐盟整體應對地緣政治危機的韌性。然而，安全和防務涉及會員國核心主權，亦牽涉歐美特殊關係，屬於積極整合的一環，在缺乏充分共識的情況下始終是整合進展相對緩慢的政策領域，雖然歐盟機構被賦予更多協調和提案權限推動共同防務能力建構和防務市場整合（Hoeffler, 2019），但是最終決定權仍在會員國手上，在政府間主義主導下難有顯著進展。

綜上所述，在歐盟應對重大情勢變遷的過程中仍不時反映政府間主義和超國家主義的角力，從後疫情時代的經濟振興方案來看，可見超國家主義在金融和財政領域的突破，但是在回應俄烏戰爭的衝擊時，政府間主義依然是主要力量。不過，歐洲統合為何發生以及如何發展，反映歐洲國家對內外環境的挑戰所做出的回應，其本質是以集體力量來解決現實環境中的實際問題，進而維護與促進國家利益，是國際結構的變動與國內政經情勢交互作用下的產物，這也說明了歐洲統合運動是在不時發生的危機與挑戰中緩步前進、修正與補強其根基，如何有效利用既有體制回應挑戰，是鞏固歐盟治理正當性以及維持其全球政經影響力的關鍵。

五、北美的經驗及其發展

歐洲、北美與東亞是全球三大主要市場。相較於國家數量眾多的歐洲與東亞區域，北美大陸只有三個國家，是組成較為簡單，但總規模高達1.2兆美元的巨型市場。相較於起步較早的歐洲市場，北美市場整合一直要到冷戰結束以後，美國、加拿大與墨西哥才於1992年正式簽署協定，

建立北美自由貿易區（North American Free Trade Agreement, NAFTA）。
NAFTA於1994年起生效，本質上是1988年美加自由貿易協定的擴張，美
國總統川普上任後要求以新版的美墨加自由貿易協定（USMCA）取代原
有的NAFTA，三國於2018年11月底簽署USMCA，2020年7月生效，象徵
二十五年歷史的NAFTA正式走入歷史。

(一)歷史與特色

　　北美區域主義的發展與歐洲的經驗頗為不同。與第二次世界大戰後
的歐洲相較，北美諸國並沒有區域內和平與安全的需要，也沒有共產主義
的威脅，因此在結構層次上，北美區域主義的推動缺乏政治動機，區域主
義的發展主要是對國際經濟環境，尤其是全球化浪潮的回應。

　　美國雷根政府在上任之初即提議與南北鄰國共組自由貿易區，剛開
始加拿大與墨西哥並未接受，但是受到石油危機後續效應和拉美債務危機
的影響，加墨兩國後來不得不重新調整對與美國經濟整合的態度。一般而
言，當經濟不景氣時，美國容易受其國內產業遊說而採取保護主義，限制
他國貨物對美國的出口。為了能夠穩定進入美國市場，加拿大與墨西哥自
1980年代中期開始尋求與美國進行經濟整合的可行性。在產業界與經濟自
由主義者的推動下，美加兩國首先於1988年簽訂雙邊自由貿易協定。而墨
西哥在國際經濟分工體系下享有廉價勞動力與內需市場快速發展的優勢，
並且地理鄰近美加，因此是兩國在思考擴大自由貿易協定時的首選。

　　從國家層次來看有兩點需特別注意。首先，作為開發中國家的墨西
哥，為了參與NAFTA所做的妥協與改革。墨西哥在1982年至1983年間，
遭逢其自革命以來最嚴重的經濟危機，被迫採行自由化政策以吸引外國直
接投資，參與NAFTA可視為墨西哥自由化的決心，墨西哥也接受由美國
所設立的條件與標準，包括若干原被視為不得退讓的議題。例如墨西哥同
意私人投資者對於不履行債務的政府，可藉由世界銀行或聯合國尋求具拘
束力的仲裁，打破拉丁美洲「所有涉及外國投資的爭議僅能在當地法庭處
理」的傳統，使外國投資者更有保障。在非投資議題方面，墨西哥的改革

還涉及選舉、基本工資門檻、童工、健康、安全與環境法等面向。為確保
NAFTA能被忠實執行，墨西哥更同意建立一個由三方部長級代表組成的
委員會，以管理或判定與條約詮釋或施行有關的爭議。這也是史上第一次
開發中國家接受能課徵罰金與提起貿易制裁以保證條約運行的爭端處理機
制。

當然美國對NAFTA的態度也很關鍵。除了前述兩國產業結構的差異
之外，美國尚有以下三種考量（Mattli, 1999: 185-187）。第一，歐洲整合
在1980年代快速發展，對重大商業利益造成威脅，因此NAFTA在相當程
度上是一種對歐洲整合進程的回應；第二，NAFTA有助於促進北美貿易
創造效果，並從市場整合的規模效應增進跨國公司的競爭力；第三，間接
解決墨西哥的非法移民問題。1980年代墨西哥的經濟危機使非法移民問題
更形惡化，雖然美國曾採取更嚴格的邊境管制與僱傭限制，但是成效不
彰，美國因此改從經濟整合來促進墨西哥經濟，當墨西哥就業機會增加，
將會減低墨國非法移民的動機。

(二)「NAFTA 2.0」？美加墨協議（USMCA）的發展

以全球新自由主義為背景的NAFTA在美國總統川普上任後面臨重新
談判的壓力。高舉「美國優先」大旗的川普在上任三天後便宣布退出《跨
大西洋夥伴關係協定》，之後陸續退出軍控、環境、人權等國際建制。在
川普看來，由於多邊貿易體制不符合美國的利益，因此在貿易保護主義的
原則下，美國也提出若不重新談判NAFTA的內容便退出的立場，加墨兩
國迫於壓力，也不得不與美國重新談判以修改NAFTA。三國在2018年底
在阿根廷G20峰會中完成簽署，於2019年12月10日簽署修約議定書，被稱
為「NAFTA2.0版」的《美國－加拿大－墨西哥協議》（簡稱USMCA）
於2020年7月1日正式生效。

與原有的NAFTA相比，USMCA仍然允許大多數貨物在三國之間得
享有免關稅的待遇，原有的爭端解決機制也被一字不差地保留，但是
USMCA要求加拿大開放更多乳品市場、增加汽車業在北美地區的自製

率、提高汽車工人薪資待遇等規定，都被視為保護美國貿易利益與促進美國就業機會。另外，USMCA設有落日條款，協議效力為十六年，到期需重新獲得授權，此外三國每六年必須協商以決定是否更新協議內容。因此，儘管USMCA的簽署看似有助於全球貿易秩序的穩定，但是落日條款的不確定性不利於北美地區跨國供應鏈的大型投資計畫。

至於加拿大與墨西哥為何同意談判新協議，可從結構層次與國家層次加以分析。從結構層次來看，川普的美國優先原則與貿易保護主義姿態導致美國接連退出全球多邊機制，為了避免在NAFTA框架下的北美市場整合也走入歷史，加墨兩國不得不同意談判。就國家層次而言，美國近年來由於經濟自由化造成國內貧富差距日益嚴重，白人就業困難，加上美墨邊境的非法移民問題始終未能緩解，造成美墨關係日趨緊張，美墨的分歧遠大於美加或加墨之間的分歧，因此美墨能否就關鍵問題取得共識才是北美市場能否持續整合與開放的基礎。對於墨西哥來說，雖然在加入NAFTA後內部市場開放程度大幅提高，但是也大為加深對於美國市場的依賴，而若以雙邊協議取代現有的多邊協議，在當前的實力對比以及對美市場依賴程度而言，墨西哥很可能被迫做出更多讓步，因此墨西哥同意談判以求將美國留在多邊協議的框架之下。

(三)歐盟與北美市場整合的比較

在實踐上，歐盟與北美市場整合的異同可以簡述如下。就相異的部分而言，首先，雙方歷史經驗不同。歐洲統合有其二次大戰與冷戰的背景，因此除了歐陸各國本身的意願之外，美國因素，特別是馬歇爾計畫的作用也十分重要。相反地，在北美的個案中此一外部因素並不存在。第二，政治整合的有無。歐洲深受兩次世界大戰的影響，重新反思民族國家的角色，使得政治整合一直存在於歐洲統合的議程上。反之，北美市場整合並沒有稀釋或讓渡其主權的意圖，相較於強大的美國，加拿大與墨西哥對於超國家決策體系更持疑懼的態度。第三，整合的程度不同。由於北美缺乏政治整合意圖，NAFTA與USMCA在組織與行政層次上遠較歐盟簡

略,即使是在經濟方面,北美的市場整合程度也不如歐盟,例如歐盟有共同關稅,北美則允許會員國對第三國(區域之外)制定各自關稅。

　　儘管如此,歐盟與北美市場整合仍有兩大相同的部分。一方面,都受到國際經濟環境的影響,例如1982年以後的經濟蕭條促使美歐國家尋求內部市場整合。另一方面,在知識或觀念層次上都受到自由經濟思想的影響,例如NAFTA背後深受產業界、企業與經濟自由主義者的影響,但是需要特別指出的是,自由經濟的思想固然受到商業、政治甚至學術菁英的支持,但其影響力未必及於一般民眾,尤其是近年來政治民粹主義在歐美勃興,便反映全球化下菁英與民眾日益深化的鴻溝,不但助長貿易保護主義的勢力,國家利益此氛圍下也較政府間主義與新功能主義所預設的更複雜、更動態以及更具衝突性。

六、亞洲區域主義的發展

　　亞洲區域整合發展較晚,並且與歐洲從中心擴大到外圍的整合過程不同,亞洲是由外圍到中心的整合過程,另外亞洲的區域化程度也相當有限,主要是區域國家刻意推動的結果,與以下幾個因素有關。首先,亞洲區域主義在過去長期是由東協等開發中國家積極提倡,多數國家在戰後才擺脫殖民地身分,抗拒涉及主權讓渡的整合模式,也難以接受具有拘束力的多邊決策架構。其次,歐美地區的最終消費市場皆為各自區域的國家,往往依靠區域貿易協定作為提升貿易的制度性支撐,但是亞洲地區在冷戰期間受到美蘇對峙結構的影響,缺乏高度制度化的區域貿易協定,主要是依靠市場既有的生產網絡,因此儘管區域內的貿易與金融活動熱絡,卻很難說亞洲市場已經走向某種程度的整合。另外是外部霸權的角色,特別是美國對亞洲政經和安全事務的介入,不可避免地影響亞洲區域主義走向。

　　中美自21世紀以來逐漸走向競爭大於合作的關係,也更加積極地競爭各自在亞太地區的影響力,促使東亞區域主義迎來快速發展的時代。本節除了介紹在頗有歷史的APEC(Asia-Pacific Economic Cooperation)

與東協（The Association of Southeast Asian Nations），也說明由日本接手的「跨太平洋夥伴全面進步協定」（Comprehensive and Progressive Agreement for Trans-Pacific Partnership, CPTPP）、由東協主導的「區域全面經濟夥伴」（Regional Comprehensive Economic Partnership, RCEP）以及中國大陸主導的「一帶一路倡議」（Belt and Road Initiative, BRI）、美國拜登政府提出的「印度—太平洋經濟框架」（Indo-Pacific Economic Framework, IPEF）之發展與特色。

(一)亞太經濟合作（APEC）

亞太經濟合作（APEC）會議成立於1989年，最初由澳洲所提倡，是亞太地區最重要的經濟合作論壇，現有二十一個成員經濟體。APEC以經貿合作為主軸，在「自願性」及「彈性」的原則下，透過成員間的對話和共識決策，推動「貿易暨投資自由化」、「商業便捷化」與「經濟暨技術合作」。東南亞國家最初由於擔心美國會主導APEC而有所保留，但是出於被美國市場邊緣化的擔心，東南亞國家最後也同意加入，期望利用APEC將美國嵌入區域合作的框架，確保能夠進入美國市場。不過東南亞國家也堅持協商一致的原則以降低被美國主導的可能性，使得APEC呈現「開放地區主義」特色，允許成員大幅保留自由裁量權。受到911事件影響，APEC一度將反恐與全球安全列為議程焦點，加上成員間的經濟發展程度差異很大，對於如何落實區域自由化越來越難取得共識，因此近年來APEC對於亞太區域經貿自由化貢獻不若以往突出。受到中美貿易爭端的影響，APEC在2018年領袖峰會後無法提出閉幕宣言，這是APEC成立以來之首見，美國也利用APEC平台，連同紐澳日等盟國提出發展援助計畫，協助南太平洋國家改善基礎建設，顯示亞太區域的國家一方面隨著大國競逐影響力而受惠，但是也使區域整合走勢受到大國權力結構影響更深。

(二)東南亞國家協會（ASEAN）

東南亞國家協會（簡稱東協或ASEAN）於1967年8月8日在曼谷成立，目前共有十個成員國，宗旨為促進地區的和平穩定、經濟成長、社會進步與文化發展。1990年代開始，東協面臨一系列需要聯合行動的新問題，例如印尼森林大火引發地區環境危機、1997年亞洲金融危機與柬埔寨政變、1999年的東帝汶危機，以及越來越多的跨國犯罪和恐怖主義威脅，加速東協自千禧年以來的整合進程。

東協在2007年正式通過憲章，將促進地區和平、安全和穩定，維護東南亞的無核化，杜絕大規模殺傷性武器，建立共同市場等目標寫入憲章，並以憲章為基礎推動東協共同體。根據決議，東協共同體包括「政治安全共同體」（維護區域內和平，建立非核區）、「經濟共同體」（推動市場整合與開放，調和成員國之經貿法規，縮小發展差距）與「社會文化共同體」三大支柱，其中以「經濟共同體」最受矚目，已於2016年1月1日率先上路。在亞洲新興市場中，除了中國大陸和印度，東協擁有超過六億人口，是一個具有強大潛力的市場，因此東協能否在經濟共同體的框架下促進市場開放，改善基礎建設以及區域發展不均等問題，是檢視其區域整合成效的關鍵（Bae, 2017）。

(三)跨太平洋夥伴全面進步協定（CPTPP）

CPTPP前身是「跨太平洋夥伴關係」（TPP），著眼於建立「高標準、涵蓋範圍與區域廣泛，以及堪稱21世紀的FTA典範」，目標是實現「亞太自由貿易區」（Free Trade Area of the Asia Pacific, FTAAP）。TPP原為汶萊、智利、新加坡與紐西蘭於2005年在APEC框架內簽署的多邊自由貿易協定，美國於2008年加入，澳大利亞、秘魯、越南與馬來西亞等國也先後加入。美國在2009年11月正式提出擴大該計畫，更名為TPP，並積極主導談判進程，加拿大、墨西哥與日本隨之加入。

TPP曾被視爲歐巴馬時代美國亞太再平衡政策的經濟支柱，推動排除中國大陸，但是涵蓋美國與其他環太平洋國家的協定。一方面，WTO的多邊談判進程一再延宕，歐巴馬政府轉而尋求新的貿易體制，TPP成員占全球貿易總額的40%，勢必對現行全球貿易體系與規則產生引領作用。另一方面，自從中國大陸加入東協+N機制，雙方合作日漸加深，美國企圖透過推動TPP稀釋中國大陸的影響力。

然而川普上任後以保障美國就業爲由退出TPP，後在日本積極推動下，除美國以外的十一個會員國於2017年11月APEC領袖會議達成共識，同意以CPTPP的面貌再出發，2018年3月完成簽署，同年12月正式生效。CPTPP延續TPP的精神，是一個「高標準與全面的」自由貿易協定。與其他自由貿易協定很少涉及勞工和環境保護不同，CPTPP涵蓋安全標準、技術貿易壁壘、動植物衛生檢疫、競爭政策、智慧財產權、政府採購、爭端解決、勞工和環境保護等規定，標準之高和覆蓋領域之廣遠遠超過一般自由貿易協定。雖然拜登政府上任後未重返CPTPP，不免導致其整體經貿效益和規模受到影響，但是CPTPP對所有符合高標準的國家或地區採取開放的態度，維持向外擴張的空間。英國於2021年2月提出申請，2023年3月底獲准加入，台灣與中國大陸則於2021年9月提出申請，另外烏拉圭、厄瓜多、哥斯大黎加等國亦申請加入。雖然台灣在高標準經貿體制和自由貿易價值觀較具優勢，但是中國大陸對東南亞國家影響力不可小覷，加上美中戰略競爭難解，台灣的入會前景不確定性仍高。

(四)區域全面經濟夥伴（RCEP）

「區域全面經濟夥伴」（RCEP）協定由東協主導，可視爲「東協加N」模式的延伸，於2013年起開始談判，原先參與談判的有東協十國以及與東協簽署自由貿易協定的六個夥伴國（中、日、韓、紐、澳和印度），印度於中途退出，其餘十五國在2020年11月完成簽署，2022年1月1日生效。RCEP與CPTPP成員重疊性很高（**表14-2**），兩者都有助於加強亞太經濟體整合，主要的差別在於是由已開發國家（CPTPP）還是開發中國家

表14-2　CPTPP與RCEP成員國

同時參與CPTPP與RCEP	僅參與CPTPP	僅參與RCEP
日本、紐西蘭、澳大利亞、馬來西亞、新加坡、汶萊、越南	智利、祕魯、墨西哥、加拿大	中國、印度、韓國、印尼、菲律賓、泰國、寮國、緬甸、柬埔寨

（RCEP）所主導。由於中國大陸加入CPTPP的可能性很低，因此RCEP是中國大陸所加入的在亞太地區最大且最重要的區域整合機制。

　　RCEP成員國約占全球總人口50%，是亞洲參與成員最多、規模最大的區域貿易組織。雖然起步較晚，不過談判初期進展較快，主要原因在於RCEP各參與國與東協早已簽署相關協定，因此RCEP可視為已有協議的「升級版」。由於是在既有的基礎上加強整合，因此成員間本就較易取得共識，並且RCEP並不如CPTPP是以建立「高標準」的貿易規範為目標，CPTPP重心是「積極整合」，RCEP重心則在於「消極整合」，因此RCEP談判障礙較低。此外，RCEP目的也在於促進區域的平衡發展與產業升級，縮小區域內部發展差距，因此對發展程度較差的國家提供特殊與差別待遇，給予較長的調適期，降低自由化與市場開放的衝擊。

　　儘管RCEP由東協所發起，但是中國大陸在其中也積極扮演推動的角色。RCEP原先談判進程較TPP快，給TPP意向成員帶來不少壓力，特別是在美國退出TPP後，其他成員為了避免北京藉由RCEP主導亞太自由貿易區的進程，因而快速完成CPTPP談判並使之生效。RCEP後期談判進程較為緩慢的原因與中印貿易長期失衡以及雙方在關稅立場上的分歧有關（Sarma, 2020）。中印兩國由於地緣政治和邊界問題而時常處於政治緊張，在製造業和服務業貿易也互有競爭，印度長期透過關稅保護來扶植國內鋼鐵、紡織等工業，擔憂減免關稅將導致與中國大陸的貿易逆差更形擴大（Seshadri, 2019），因此最終選擇退出RCEP。

　　RCEP由亞洲國家所主導，是占世界1/2人口以及全球1/3 GDP的巨型自由貿易協定，有助於緩和貿易保護主義對全球經貿自由化的衝擊，對北京而言不但免於被孤立，也是其發揮區域影響力的憑藉。對其他成員而

言，巨型區域貿易協定有助於從市場穩定亞太局勢，牽制大國單邊主義，亦可利用其制度化機制敦促中國大陸進行結構改革，承擔區域合作的責任，降低大國對抗的風險。

(五)大國權力競逐下的東亞區域整合

東亞區域整合受到大國權力結構，特別是中美關係的影響而有非常複雜的發展樣貌和結構限制，區域整合倡議往往不單單取決於市場需求，而是深受政治因素影響，其發展也離不開政治力的介入。一方面，中國大陸提出「帶路倡議」（BRI）並加入RCEP，另一方面，美國從歐巴馬政府積極推動TPP，到川普政府退出CPTPP，再到拜登政府提出「印度─太平洋經濟框架」（IPEF），在在顯示雙方對不對稱權力結構的顧慮，都企圖在強權競爭結構下獲取對自身有利的戰略優勢。

BRI是習近平在2013年秋季訪問哈薩克與印尼時提出，包括「絲綢之路經濟帶」與「21世紀海上絲綢之路」，簡稱「帶路倡議」或BRI，是中國大陸所主導的區域發展計畫，也是其經略周邊外交與歐亞大陸的全面性國際戰略，由於具有廣泛的地緣政治與經濟效應而引發諸多關注。為此北京並成立「亞洲基礎設施投資銀行」與「絲路基金」，為相關基礎建設項目提供融資，前者不但是首個由亞洲國家主導的國際金融組織，北京也有意建立一套有別於現行國際金融機構，且能自我主導的規範和運作標準。然而近年來對於「帶路倡議」是中國版全球化抑或債務陷阱外交的討論，顯示出西方國家對於北京的不信任。

由於美國在CPTPP和RCEP均缺席，拜登政府因而提出IPEF以牽制北京影響力持續擴張。2021年10月美國在東協峰會後首次拋出IPEF構想，2022年5月啟動，首批成員國有美、日、韓、紐、澳、印度和東協七國，占全球經濟40%，企圖打造最大的區域貿易協定框架，其重點有四，包括供應鏈韌性及安全性、數位貿易公平性、基礎設施及綠色能源、稅收及反貪腐。不論是強調經貿安全的IPEF還是以國防安全為主軸的印太四方安全對話（QUAD），都可視為美國為了在印太地區與中國大陸抗衡而組建

同盟（Bush et al., 2022）。

　　值得注意的是，中美競爭加劇也為亞太地區迎來區域主義蓬勃發展的時期，促成兩個巨型區域貿易協定談判。儘管中美競爭導致貿易保護主義昂揚甚至全球化的退卻，也有論者擔憂不同協定之間的制度衝突（Koga, 2023），不過平心而論，開放與自由的貿易環境仍是促進經濟增長的基礎，保護主義與單邊主義不但容易引發全球性的經濟衰退，也會加劇大國權力政治的風險，東亞作為全球經貿活動的重心，區域內新興市場的發展與投資環境穩定仍然需要區域國家採取開放與合作的貿易政策，若RCEP與CPTPP能夠成為相互包含的巨型經貿網絡，不但有助於促進亞太區域主義進程，也能緩和大國權力競逐對市場的衝擊。

七、結語

　　從跨洲性的比較以及國際體系的角度而言，亞洲、歐洲以及美洲在區域主義發展過程中有一些共同性與差異性。這三個地區在權力結構上，都有一個外在霸權——美國的干涉與影響，同時內部也都存在區域大國的權力平衡的問題，例如歐洲的法國與德國，法國與英國，亞洲的中國大陸與日本，中國大陸與印度等。而在東亞區域整合過程中，不但受到來自美國的干涉最深，也存在著中美競爭和對抗的獨特問題。換言之，大國之間的權力結構與區域主義發展具有高度關聯性，當區域內大國競爭加劇，自然引發外部大國干涉，避免區域霸權興起。不論是歐巴馬政府推動TPP或是川普政府退出TPP，還是拜登政府提出IPEF，都是為了牽制中國大陸影響力，避免其主導亞洲區域主義的走向。

　　短期來看，區域整合受到地緣政經情勢變遷的影響出現新的動力，但是在大國戰略競爭加劇的長期趨勢下，標榜推動自由國際秩序的新區域主義不再是區域主義的發展主軸，大國也將藉由推動區域主義來建構並鞏固各自偏好的體制、規範和價值觀。對歐洲來說，俄烏戰爭導致戰爭重回歐洲大陸，也為單一市場在後疫情時代復甦的前景帶來更多不確定性，雖

然促使會員國思考債務共同化和防務市場整合的可行性，可謂超國家主義的突破，但是長期而言，政府間主義在財政或是防務等政策領域的積極整合仍是主導力量。

就北美而言，USMCA為美加墨市場整合提供更與時俱進的條款，在NAFTA時期已形成的金融貿易互賴網絡也牽制美國走向單邊主義，顯見多邊主義所形成的互賴網絡仍有其韌性，但是USMCA要求至少每六年重新審視規定，並設有落日條款，為協議的走向增添些許不確定因素，另外USMCA禁止與「非市場經濟」國家達成貿易協議，意圖防止加墨各自和中國大陸簽訂貿易協定，不但不同於新區域主義所強調的開放性和包容性，更顯示在大國戰略競爭的體系結構下，區域貿易協定亦成為強權競逐影響力的角力場。

最後，東亞的區域整合進程仍會受到國際權力格局變化的牽動。一方面，中國大陸過去所運用的「大國市場戰略」，也就是以大幅開放其國內市場與擴大區域發展援助計畫作為推動區域整合的機制，近年來遭遇不少質疑與抵制，一些國家重新審視過去與中國大陸所簽訂的合約，加上受到新冠疫情的衝擊，也促使北京檢討其原有的戰略布局與推動模式。另一方面，面對中國大陸崛起的挑戰，美國重新檢視其長期倚重的新自由主義貿易策略，改採更強調國內導向和更傾向保護主義的做法來維護其利益，例如拜登任內的財政部長葉倫（Janet Louise Yellen）曾言美國過於仰賴國外供應鏈已成為弱點，應該採取更保護主義式的政策，將更多關鍵產品的供應鏈轉移到國內或盟友來確保其國家安全。

不過美中競爭更加白熱化的結果也給予中小型國家前所未有的發展機會，例如東協和日本都是大國在東亞權力競逐的受益者。東協推動RCEP，不但為其市場創造更大的規模經濟效應，也使東協得以成為東亞區域整合的要角；日本在美國退出TPP以後積極推動CPTPP，使CPTPP成為日本在區域發揮領導力的平台。日本同時加入CPTPP、RCEP、IPEF和QUAD等區域機制，東協及其會員國也是RCEP、CPTPP和IPEF成員，符合複合型區域主義強調的避險，複雜的多邊網絡也有助於降低大國競爭所

可能引發的衝突強度；藉由區域機制的槓桿力量，不但提高日本和東協在東亞區域整合的影響力，也有機會在美中競爭格局中扮演關鍵的中間力量。

問題與討論

一、區域經濟整合有哪五個發展階段？

二、請說明「貿易創造」以及「貿易移轉」為何有助於區域整合？

三、何謂消極整合與積極整合？對區域整合有何啟示？

四、新功能主義主張的「外溢」效果是什麼？請問政府間主義如何
　　反駁新功能主義？

五、試論述新區域主義（new regionalism）的特徵及其表現形式，並
　　說明當前新區域主義退卻的原因。

六、有人認為，經濟整合應在經濟發展程度相近的國家之間進行。
　　你是否同意？為什麼？

七、美中戰略競爭持續走向白熱化將對區域主義的發展產生哪些影
　　響？

八、政治民粹主義與貿易保護主義是當前區域主義的兩大障礙。試
　　論述兩者對於區域整合的影響？以及區域可能的回應之道？

九、你認為全球供應鏈重組是否可能成為全球化的阻礙？為什麼？

十、我國仍未加入CPTPP和RCEP，也尚未受邀參加IPEF，若長期缺
　　席巨型區域貿易機制，對我國經貿戰略布局將產生哪些影響？

參考書目

宋興洲（1995）。〈區域主義與東亞經濟合作〉。《政治科學論叢》，第24期，頁1-48。

張亞中著（1998）。《歐洲統合：政府間主義與超國家主義的互動》。台北：揚智文化。

朱景鵬（1999）。〈區域主義、區域整合與兩岸整合問題之探討〉。《中國大陸研究》，第42卷第8期，頁71-94。

郝培芝（2004）。〈亞歐會議形成的結構性動力與意義〉。《問題與研究》，第43卷第1期，頁125-144。

蔡東杰（2005）。〈全球化浪潮下的區域主義發展：反制或助力？〉。《全球政治評論》，第11期，頁61-78。

童振源（2006）。〈東亞經濟整合與台灣的戰略〉。《問題與研究》，第45卷第2期，頁25-57。

蘇宏達（2010）。〈從自由政府間主義解析里斯本條約的發展過程〉。《問題與研究》，第49卷第2期，頁1-38。

盧倩儀（2010）。〈整合理論與歐盟條約修改之研究：以歐盟憲法條約與里斯本條約為例〉。《政治科學論叢》，第46期，頁111-158。

王啟明（2010）。〈區域間主義與國際社會化——以歐盟、北美與東亞區域（三元體）互動之探討〉。《國際關係學報》，第30期，頁105-135。

羅至美（2013）。〈歐洲主權債務危機之解析〉。《問題與研究》，第52卷第1期，頁67-100。

羅至美（2014）。《檢視區域經濟整合的效益：德國、法國、英國的歐盟經驗》。台北：五南圖書。

羅至美（2015）。〈希臘債務危機再現〉。《問題與研究》，第54卷第3期，頁149-56。

羅至美（2016）。〈民粹右翼政黨於2014年歐洲議會選舉的興起與對歐洲統合的意涵〉。《理論與政策》，第19卷第1期，頁29-64。

陳蔚芳（2022）。〈歐盟財政改革的制度面分析：從歐債危機到新冠疫情〉。《百年變局裡的歐盟：疫情治理與經濟外交》，台北：台大出版中心，頁53-74。

Balassa, Bela (1961). Towards a Theory of Economic Integration. *International*

Review for Social Science 14(1), 1-17.

Baldwin, Richard E. (1997). The Causes of Regionalism. *The World Economy, 20*(7), 865-888.

Bae, Kai-Hyun (2017). ASEAN as a Community of Managerial Practices. *Global Governance, 23*(2), 245-263.

Bush, Richard C. et al. (2022). *An America Strategy for the Indo-Pacific In An Age of U.S.-China Competition: Enhancing Alliances, Economic Engagement and Regional Stability*. Washington: Brookings Institutions.

de Melo, Jaime & Arvind Panagariya (1992). The New Regionalism. *Finance and Development, 29*(4), 37-40.

Ford, Robert & Matthew Goodwin (2017). A Nation Divided. *Journal of Democracy, 28*(1), 17-30.

Garzon, Jorge F. (2017). Multipolarity and the Future of Economic Regionalism. *A Journal of International Politics, Law and Philosophy, 9*(1), 101-135.

Grugel, Jen. & Wil Hout (1999). *Regionalism Across the North/South Divide*. New York: Routledge.

Hall, Peter & Rosemary Taylor (1996). Political Science and the Three New Institutionalisms. *Political Studies, 44*(5), 936-957.

Hettne, Björn, Andras Inotai, & Osvaldo Sunkel (eds.) (1999). *Globalism and the New Regionalism*. Basingstoke: Palgrave Macmillan.

Hoeffler, Catherine (2019). Differentiated Integration in CSDP Through Defence Market Integration. *European Review of International Studies, 6*(2), 43-70.

Hout, W. (1996). Globalization, Regionalization and Regionalism: A survey of Contemporary Literature. *Acta Politica, 31*(2), 164-181.

Kang, Yoo-Duk (2016). Development of Regionalism: New Criteria and Typology. *Journal of Economic Integration, 31*(2), 234-274.

Koga, Kei (2023). Institutional Dilemma: Quad and ASEAN in the Indo-Pacific. *Asian Perspective, 47*(1), 27-48.

Mansfield, Edward D., & Helen V. Milner (1999). The New Wave of Regionalism. *International Organization, 53*(3), 589-627.

Mattli, Walter (1999). *The Logic of Regional Integration: Europe and Beyond*. Cambridge: Cambridge University Press.

Park, Jong H. (1995). The New Regionalism and Third World Development. *Journal of Developing Societies, 11*(1), 11-25.

Rosamond, Ben (2000). *Theories of European Integration*. London: Palgrave.

Russo, Alessandra (2016). Comparative Regionalism: still emerging, already to be reformed? *International Politics Reviews, 4*(1), 7-16.

Sarma, Nandini (2020). Free Trade after RCEP: What Next for India? *ORF Issue Brief 353*, 1-21.

Seshadri, V. S. (2019). RCEP and India: What Next? *Indian Foreign Affairs Journal, 14*(2), 87-102.

Soderbaum, Fredrik (2015). Early, Old, New and Comparative Regionalism: The Scholarly Development of the Field. *KFG Working Paper, 64*, 1-28.

Tinbergen, Jan (1954). *International Economic Integration*. Brussels: Elsevier.

Viner, Jacob (1950). *The Customs Union Issue*. London: Carnegie Endowment for International Peace.

Wilson, Jeffery D. (2018). Rescaling to the Indo-Pacific: From Economic to Security-Driven Regionalism in Asia, *East Asia: An International Quarterly, 35*(2), 177-196.

Chapter 15

全球環境政治

譚偉恩（Wayne Tan）

中興大學國際政治研究所教授

政治大學國際事務學院外交學研究所博士

一、前言

　　全球環境政治（Global Environmental Politics, GEP），作為一個國際關係的次領域，大約發軔於1940年代中期，由於所關注的對象涉及生態環境與人類政經活動的關聯和互動，研究者往往需要對政治科學以外的其他專業知識有所涉獵，此一特徵讓GEP具有明顯的跨學科領域屬性。由於多數GEP的研究者側重如何改善國際性的環境受創或生態損害，因此強調合作（cooperation）與治理（governance）的重要性[1]，並認為生態環境的惡化並非只是單純一國內部之事務，其成因可能源自境外，而造成之影響也可能殃及鄰國[2]。不過，生態環境的問題就算跨越了國界，也不見得一定要被侷限於政府間模式的國際合作；相反地，在主權國家之外還有許多其他非國家行為者（non-state actors, NSAs）對跨國性的環境問題發揮積極影響，並且運用「權力」以外的因素（像是理念、知識）推動國際環境合作或相關治理的落實[3]。在此情況下，強調「互助」和借助非權力因素的若干非現實主義觀點在GEP獲得發揮之空間，同時現實主義在GEP的聲量明顯不如它在傳統安全領域[4]。

　　除了理論層面的探討外，GEP的研究者對若干問題懷抱濃厚興趣，像是導致全球生態環境惡化的原因為何？為什麼有些生態問題形成了國際合作或全球治理，而有些則否？為什麼有些環境議題的跨國合作或治理成效

---

[1] 受到「公地悲劇」的啟示，絕多數的GEP研究者在立場上傾向支持國際制度／建制（international institutions/regimes）和全球治理（global governance）。例如Bodansky, 1999: 596-597; Cashore & Bernstein, 2022: 2-4.

[2] 一個經典的例子是許多發展中國家境內的電子廢棄物或醫療垃圾係來自已開發國家的不當轉移。然而，在國際貿易的形式下，此種「特殊產品」的跨境移動經常衝擊到《巴塞爾公約》所預保護之法益。詳見Ray, 2008: 3-25.

[3] 非國家行為者雖然很多時候並非國際關係的主角，但其在GEP所發揮的作用是不容忽視的。Greta Thunberg和Vanessa Nakate均是以個人之力引起全球關注氣候變遷和促動改變的例證。

[4] 但現實主義在GEP所發揮的「實際影響力」未必衰退。

比較好，有些則僅止於形式上的制度？哪些行為者或是因素關鍵性地左右了跨國環境議題在合作或治理上的成敗？諸如此類的問題對於研究GEP都非常重要，但往往不太容易被釐清，也難以提供國關學習者確切之答案。吾人只能確定，這些問題與長期存在的國際關係無政府狀態有關，同時涉及權力、制度或觀念等變數（variables）何者更為重要之辯論。同時，也與國家及市場的關係為何，以及「永續發展」（sustainable development）的真諦究竟是什麼等問題有所交集。而這些問題本身也從來沒有在國關領域形成普遍共識或眾家接受之通說見解。值得留意的是，GEP研究者中有人因為看到主權國家與人類中心的思考不斷對地球生態構成各式各樣之威脅，因此大力倡議去國家化與**生態中心主義**（Ecocentrism），並對資本主義下的生產消費模式進行批判，這樣的立場已在GEP形成一家之言，稱為綠色政治學派（Green Politics School）[5]。

　　本章先行簡述GEP至今約莫半世紀之研究發展歷程，進而將過程中較具代表性或影響力的觀點進行分類。在三種主要的類型中，由於觀察生態環境的切入點不同，側重的面向亦有所別。GEP的學習因此不單單是跨學科領域的，還要在相同領域內對不同立場的相左見解加以評估，當中有些樂觀，有些悲觀，有些保守，有些激進。三種類型中的第一類是「國家、國際合作、全球治理」；在傳統主權國家中心論的架構下探討解決環境問題的最佳方法與可能性，同時對這些方法與可能性進行效益的檢視或分析（Karns & Mingst, 2015）。第二類是「非國家行為者與非物質性因素的結合」，一方面延續與深化全球治理在GEP的應用，一方面對現實主義的**國家中心論**（state-centrism）與權力優位思考進行反省或提出挑戰。第三類是「集體行動的政治經濟學」，在不刻意區分或強調特定類型的行為者前提下，將研究聚焦在有關環境政治的經濟分析，從國際層面、國內層面，甚至是比較方法論的角度來解釋GEP的現況及成敗。上述三種分類的本身當然或多或少有其周延性之不足，各類別間的界線也非壁壘分明；然而，

---

[5]Roger Hildingsson, Annica Kronsell, and Jamil Khan (2018).

此種分類有助讀者掌握GEP此一次領域的整體雛型和研究現況。本章另外列舉四項人類與生態環境互動下所產生的安全問題（溫室氣體排量的管制、綠色能源與核電、糧食安全與水資源、疫病的擴散暨防治），這四個問題正對我們賴以維生的台灣及許多主權國家構成一定程度之衝擊，但迄今為止國際合作不足，全球治理成效不彰。最後，以回顧及前瞻兩個維度提供一些建議，為本章做一總結。

二、GEP的研究發展歷程

GEP的研究歷程大致可分為三個時期：分別是：1940年代中期到1970年代初（第一階段）；1970年代中到1980年代末（第二階段）；1990年代初到2023年3月（第三階段）。以下逐一簡要說明，請同時參考**表16-1**。

(一)第一階段

二次大戰結束後，國家間的經貿與人員往來又再度漸趨頻繁，公共空間（特別是公海）的環境維護成為各國漸漸重視之共同事務，其中沿岸國對於周邊海域航行船隻所拋棄之垃圾與濫排之油污特別感到困擾。貨輪因為載運量大且運費低廉，成為這個階段許多國際運輸的首選交通方式，

表16-1　GEP的研究發展歷程

階段	關注的面向、主要的研究或其他特徵
1940s中到1970s初	人類使用或利用海洋所帶來之負面影響、國際海洋油污的治理、國際海洋法學者的投入
1970s中到1980s末	環境永續發展的治理（例如海洋、臭氧層）、各類國際制度的角色及功能、科技對環境的利弊之辯
1990s初到2023/03	全球暖化與極端氣候的因應、非國家行為者的參與（例如知識社群）、跨學門領域的研究嘗試（例如氣候變遷與衝突研究、氣候變遷與公衛安全）

資料來源：筆者自行整理。

但也同時對海洋生態環境開始造成衝擊。自1945年開始，海洋油污的問題受到國際社會越來越多的關注，當時沒有任何一份政府間的協議文書對於污染海洋的行為加以明確規範，直到1954年5月《防止海上油污污染國際公約》（*International Convention for the Prevention of Pollution of the Sea by Oil*, OILPOL）在倫敦通過，國際社會才有了第一份管理海洋環境的共同行為規範。然而，將近七年後的3月18日，一艘利比亞籍的油輪Torrey Canyon因人為疏失在英吉利海峽（English Channel）觸礁，船身破裂導致近12萬噸原油外漏，英法兩國為此蒙受巨大損失，同時受污海域附近半年內約有高達15,000隻左右的海鳥死亡[6]。這起重大環境意外事故喚起全球沿岸國對原油外漏問題之重視，也意識到欠缺國際制度因應類此問題的嚴重後果，特別是有關肇事責任之釐清與環境損害的賠償問題。顯而易見但又十分諷刺，似乎唯有重大跨境環境公害事件的發生才能為國際立法管制開啟機會之窗——《對於公海油污污染意外事件之介入公約》（*International Convention Relating to Intervention on the High Sea in Cases of Oil Pollution Casualties*）於1969年制訂，緊接著1973年在倫敦召開的海洋污染國際會議上又通過《防止船舶污染國際公約》（*International Convention for the Prevention of Pollution from Ships*）。圍繞防止海洋生態受到人為破壞的國際環境制度便是在1940年代中到1970年代初這段期間逐漸形成，並同時引起國際關係與國際公法學界的重視和投入。

(二)第二階段

本階段的GEP研究仍然與海洋環境的維護密不可分，因為耗時八年的第三次聯合國海洋法會議（the third United Nations Conference on the Law of the Sea）就是在這個階段奠定了基礎。會議過程中有許多關於海洋資源的使用與保全是前述第一階段始終未能在主權國家間達成共識的爭議，特

---

[6]Torrey Canyon Oil Spill: The Day the Sea Turned Black. *BBC News* (March 17th, 2017), via at: https://www.bbc.com/news/uk-england-39223308

別是對沿岸國12浬以外海域中的生物性資源應如何規範，以及大陸礁層範圍內的自然資源（包括海床、底土和其他非生物資源）應如何建立一套管理機制，成為與會各國談判的重點。不過，除了海洋環境的問題外，GEP在這個時期還關注國際制度在跨界環境議題上能發揮什麼作用，以及「永續發展」的問題（Ruggie, 1975）[7]。然而，對於經濟水準較差的發展中國家（developing countries）來說，環境保護與經濟發展的交互作用更令它們關切，特別是國際環境制度大多是由北方已開發國家（developed countries）主導制定的，這些規範的諸多內容往往不利於或限制了發展中國家追求經濟成長之機會，因對發展中國家來說無異於一種負擔，讓它們沒有參與或配合的誘因，因為它們在全球經貿舞台上的潛力與競爭力會因為維護環境而受到箝制[8]。

本階段還有一個特點，就是許多與生態保育或環境維護有關的概念或實踐在此時期獲得國際社會較為積極地響應。舉例來說，國際自然保育聯盟（the International Union for Conservation of Nature, IUCN）、聯合國環境計畫署（the United Nations Environment Programme, UNEP）、世界野生動物基金會（the World Wildlife Fund）於1980年合作出版《世界保育策略》（*World Conservation Strategy*），倡議世人應同時關心生態、社會、經濟等多個面向，才有可能在經濟發展與環境永續間取得平

---

[7] 對此概念主要有兩派相左立場的辯論；一派認為「發展」是必須的，但要有節制，不能在世代之間產生權利上的不公平，即當代人的發展權中有一部分是對未來世代的保護責任。另一派則比較悲觀，認為「永續」只是一個綴辭，重點還是聚焦在「發展」本身。而只要「發展」才是真正的重點，環境的保護就不可能被落實，因此永續發展並無法解決地球生態惡化的問題。

[8] 事實上，環境保護與經濟發展一直是許多國家在選擇上的兩難。表面上許多已開發的工業化國家很重視環境保護，但若回顧其過去的國家歷史，經常會有一段環境受到嚴重污染的「黑暗期」。只是那個時候，國際間對於環境保護的意識和相關資訊的流通不如今天，因此當時那些傷害環境的行為沒有受到太多的非難。正因為如此，很多國際性的環境保護公約或制度都會將平等（fairness）、公平（equity）、分配正義（distributive justice）的問題列入考量。

衡[9]。三年後，聯合國第38屆大會決議成立世界環境與發展委員會（World Commission on Environment and Development, WCED），並制定「尋求轉變的全球議程」（A Global Agenda for Change），以促進經濟及社會發展程度處於不同階段的國家進行合作，共同維護地球生態之永續。在上述兩份文件的基礎上，1987年WCED發表《我們的共同未來》（*Our Common Future*）報告書，正式賦予「永續發展」一個具體明確定義，即「既能滿足人類現今需求，又不會損害子孫後代滿足他們相同需求之發展模式」。此定義清楚表明人類不該為任何一項資源的開發或利用而犧牲自己的下一個世代或地球上任何其他物種的存續。至於「永續發展」的內涵則細分為：(1)社會層面，主張公平分配，以滿足當代及後代全體人民的基本需求；(2)經濟層面，在不破壞地球生態系統之前提下讓各國依據自身需求追求經濟成長；(3)自然層面，強調人與自然環境和其他物種間的和諧與依存關係。

除了「永續發展」此項概念的充實化之外，國際合作在這個階段也獲得為數頗多之實踐，代表性示例是抑制惡化臭氧層物質的管理機制。而這樣的發展也使得國際環境建制（international environmental regimes）躍居為GEP領域中的顯學（Schiele, 2014）。這些涉及環境保護的原則、規範、規則和決策程序一方面對締約方的義務進行規劃，一方面將如何執行的程序加以明確；然而，國際關係終究還是無政府狀態，在沒有更高的共同權威可以凌駕所有主權國家之前，國際環境建制中的義務就很難避免不與某些國家的利益產生衝突，此時建制的有效性就會面臨挑戰，並且往往結果是令人失望的。

總體而言，第二階段是GEP的黃金發展期，有許多管理跨國環境議題的概念、主張、實踐、學說陸續在此時期相應而生；這些支持者或實踐者並不同意無政府狀態必然會導致跨國環境議題無解之結果；相反地，他們

---

[9]IUCN, *World Conservation Strategy*, via at: https://portals.iucn.org/library/sites/library/files/documents/WCS-004.pdf

對現實主義關於集體行動問題的悲觀解釋提出質疑，並從賽局理論著手，提出一些解決環境污染或改善環境惡化的方法（Young, 1989: 349-375; Ward, 1993: 203-235）[10]。

(三)第三階段

兩個關鍵因素主導了本階段的GEP研究：一是冷戰結束後隨著資本主義與市場經濟的普及而加速之全球化現象，一個是氣候變遷的國際合作從《聯合國氣候變遷框架公約》（*United Nations Framework Convention on Climate Change, UNFCCC*）於1992年通過至今，長達逾三十年的時間裡歷經重大起伏[11]。這兩個因素使得更多GEP的研究者轉向對「非國家行為者」進行研究（Keck & Sikkink, 1998），或是從新的角度來思考全球生態環境惡化的問題，例如：風險社會（Beck, 1999）、綠色理論（Eckersley, 2013）、氣候俱樂部（Weischer, Morgan, & Patel, 2012）、裂解式的暖化治理（譚偉恩、郭映庭，2018）。

在上述這些新發展中，有幾個特色值得我們留心。首先，非國家行為者的研究讓國際政治與社會學有了更多交流。學者Paul Wapner針對環境運動與全球公民政治參與的研究顯示，由各國人民組成的環保團體對於強化主權國家遵守國際環境規範具有正向影響力。更重要的是，這些環

---

[10] 但還是有一些問題沒有辦法獲得周延的解釋或澄清，例如：為什麼在以主權國家為基礎的合作模式中建立起來的那些環境建制似乎無法真正解決棘手的生態惡化問題？或為何沒有辦法讓所有的主權國家都參與，或是對已經參與其中的國家施加建制的絕對拘束力。詳見Radoslav Dimitrov, 2003.

[11] 其中最值得一提的是，UNFCCC第十五次締約國會議（COP15）的失敗，讓「後《京都議定書》」時期的全球氣候治理無以為繼。國際社會後來寄希望於COP17，但2011年會議開幕之際對於「後《京都議定書》」時期應以何方法因應日益嚴峻的全球暖化，各國依舊難以形成共識，導致COP17會期延長，最終勉強以暫延《京都議定書》的方式，設置「第二承諾期」作為緩兵之計來繼續拖延時間；毋寧，國際社會最遲可拖到2015年才完成接替《京都議定書》的新協定，也就是後來的《巴黎協定》。然而，《巴黎協定》不具法律約束力的問題引起了不少質疑。參考：Doelle, 2010; 譚偉恩, 2015; Falkner, 2019。

保團體並非僅是對政府施壓，而是本身就具有政治能動性，將公民政治的力量導入傳統國際關係（1995: 311-340）。其次，風險概念與社會關聯性的研究應用到GEP，以學者Darryl Jarvis的研究為例，全球化為主權國家帶來更多風險，不僅使疆界喪失保護領土上人民與自然資源的能力，還同時讓政府經常要服從外國政府或企業的要求，而不是保護或服務本國人（2007: 23-46）。第三，全球暖化在治理上遇到瓶頸，使得國際關係的研究者開始反省「全球治理」的必要性。學者張亞中認為（2001：23），相互依賴的理論和實踐固然可見於全球治理中，但現實主義對於全球治理所提出的質疑不容否認；那些真正對合作結果發揮影響的多半還是來自強國或北方國家的NGOs。事實上，碳排大國會不會認真履行減碳的義務或政治承諾取決於它們本身的利益與能力，而不是碳排小國是否認真參與全球暖化的治理。這並非意謂小國的搭便車行為對於國際合作毫無負面影響，而是強調碳排量不高的國家並非左右碳排大國是否踐行抗暖義務的關鍵變數。譚偉恩和郭映庭進一步對碳排大國進行研究，發現以碳排大國為基礎的特定雙邊或有限多邊合作模式不但能提供傾向抵制減碳工作的發展中國家相對具體的減碳誘因，而且能促進這些發展中國家與已開發國家在調適與減緩氣候變遷上的務實合作（2018: 15-20）。

三、關於GEP的文獻分類

(一)國家、國際合作、全球治理

此類文獻將重點聚焦於生態環境與國家安全的關聯性，以及思考用什麼樣的方式來幫助主權國家減緩、調適、解決各種跨國環境問題帶來的負面衝擊。提及國家安全，不免聯想到現實主義；基於無政府狀態的難以

克服[12]，理性的國家當以「自助」（self-help）來確保自己的生存安全。然而，此種現實主義的安全觀也極容易讓主權國家對生態此種公共財進行過度使用，而非節制性的利用。Garrett Hardin關於公地悲劇（the tragedy of the commons）的研究對此有很深入的解說，也提醒世人應該對國家使用自然資源的行為加以限制，並且還要能對違反限制規範的國家進行制裁（1968: 1243-1248）。因為如果沒有制裁，國際間的任何環境保護制度都無法有效地約束主權國家出於自利而過度使用自然資源的行為。

不過，公地悲劇未必是一定會發生的劇本，Joanna Burger和Michael Gochfeld的研究指出，如果生態資源的地理範圍不是全球，而是僅限於特定區域，同時區域中的國家具有同質性時，透過合作分工的方式共同管理與使用生態資源之情況是存在的（1998: 4-13）。此種觀點成功建立GEP與國際合作或全球治理的聯繫，並對國家和非國家行為者的具體行為提出許多管理上的構想（Young, 2008）。晚近，甚至還進一步出現地球系統的治理（earth system governance）[13]。這些有關合作或治理的討論圍繞在國家彼此互助關係的形成以及互助之後的效果，其中國際制度與國際法的學者比較關注互助之具體內容與制度設計（institutional design），從而對參與者的遵約（compliance）情況進行分析（Chayes & Chayes, 1998）；而對非國家行為者感到興趣的政治科學家聚焦於跨國企業如何回應生態議題的合作或治理，以及公民社會或非政府間組織如何施展專業知識或透過觀念在合作或治理的過程中發揮一定程度之影響力（Bernauer & Betzold, 2012: 62-66）。

---

[12] 對於無政府狀態，社會建構論者提出十分獨到的「文化性」理解，學者Bernstein將這樣的觀點引入GEP的研究，從「社會演化」（socio-evolution）的角度對環境規範的變化加以分析，進而指出1970年代「成長極限」、1980年代「永續發展」、1990年代「自由環境主義」，這些不同的概念是支撐各種環境建制的核心，同時反映出不同時代人們對於環境問題的集體社群認知。所以，國際環境建制或相關國家間的合作與絕對獲益沒有必然關係，主權國家會不會合作也不是因為無政府狀態或是憂心相對獲益的問題。詳見：Bernstein (2001)。

[13] 相關的說明與資訊可參考其官方網站，網址：http://www.earthsystemgovernance.org

上述強調「互助」觀點的文獻與現實主義的想法有別，認為合作才是較為理性之選擇，因為妥善維護生態環境是最符合所有國家的長期利益，而約束彼此行為的共同「制度」比起個別國家擁有的「權力」更適合達成此一目標。此外，學者Peter Haas提出*知識社群*（epistemic communities）的概念，認為此種非國家行為者在環境事務上的專業見解（例如：如何防止生物多樣性消失、如何封存有毒廢棄物、用何種分解技術處理有機污染物質等）具有一定之影響力，能夠協助各國政府以更有效的方式解決跨國生態環境問題。不過，強調互助的研究文獻本身也存在相左觀點，特別是國際社會究竟有沒有必要設立一個世界性的環境保護組織？支持者認為，一個共同的全球環境組織（Global Environmental Organization, GEO）有其必要，不但能削弱無政府狀態下主權國家自利性過度使用生態公共財之問題，還可以對破壞生態或違反國際環境規範的行為加以制裁。懷疑者則認為，GEO最好的狀態不過就是如同貿易領域中的世界貿易組織（World Trade Organization, WTO），就算有效也不可能完全阻止國家破壞或減損環境的搭便車行為。同時，參與GEO的國家如果和參與WTO的國家高度重疊時，法律義務的衝突將會逼迫國家更加明確的在經濟利益與環境保護間做出選擇，屆時GEO恐怕難以獲得多數國家的遵守，無異於自取其辱（Charnovitz, 2002）。

　　除了GEO設立與否的爭辯外，生態環境的變化與主權國家間的關係兩者間是否存在某種值得吾人留心的聯繫？在Thomas Homer-Dixon的一系列相關研究中指出，生態環境惡化或因此導致的資源匱乏與國際暴力衝突事件的發生具有正向的共變關聯性（1999），但Indra de Soysa的研究卻完全指出相反的結果（2015），認為資源豐富的情況反而比較容易帶來行為者間的暴力衝突。二十多年之後，這個問題似乎還是沒有形成定見，但學界（政治科學、環境科學、經濟學等等）漸漸凝具之共識是，氣候變遷逐漸加劇一國境內發生武裝暴力衝突的風險（3-20%）。儘管其它因素（例如：政府效能、貧富落差）在過程中也發揮了相當程度的影響，但氣候變遷發揮的影響持續存在且有增加的趨勢。

(二)非國家行為者與非物質性因素的結合

相較於第一類研究文獻，以下介紹的文獻在屬性上有不少是跨學科領域的，並且將研究重心轉移到公民社會、環境運動、觀念、知識等面向。此類文獻的作者關注非國家行為者是如何影響國際環境議題的談判、如何對特定國家的環境政策或是國際性的環境制度發揮影響力[14]，以及主權國家和跨國企業要怎麼回應來自公民社會的環保訴求？**環境民主**（environmental democracy）或生態公民（ecological citizens）等較重視基本人權或人類安全的論述，也是在此類文獻中有較多闡釋。

此類文獻另外還有一個特徵，就是經常在內容中帶有關於規範、意識、認同，甚至是文化等非物質因素的討論，並藉由建構這些話語（discourse）在GEP的存在，來制衡長期被現實主義或其它物質本體論的國關理論所建立起的話語霸權。在這之中，有些學者特別強調知識社群或跨國倡議網絡之影響力，認為具有專業環境知識的非國家行為者能以超越傳統國際合作的方式為地球生態帶來更好的管理（Arts, 2006）。**全球環境治理**的概念於是相應而生，在質疑傳統以主權國家為中心的合作模式之餘，強調弭平階級間的上下隸屬和資訊與資源的水平分際，並同時對所謂的實證科學、資本主義等長期被視為理所當然的刻版觀念或制式思考進行深層的批判。舉例來說，若干學者對當代的工業化、生產方式，還有經濟成長之定義提出質疑（Bulkeley et al., 2014）。近期則有關注消費行為對生態的影響，或是對消費文化進行根本性的檢視（Dauvergne, 2011）。不過，第二類文獻最主要的討論是聚焦資本主義與南北結構失衡的現象，尤其是關注和反省北方國家的經濟活動如何對南方國家的生態環境造成破壞，或是有無可能以較為友善環境生態的方式進行經濟活動。綠色國家、永續經濟等概念可作為代表（Tienhaara, 2006: 371-373）。

---

[14] 甚至在一些非民主政體或言論管制程度較高的國家，也能發現非國家行為者在環境事務上發揮的影響力。參考：Crotty & Ljubownikow (2022)。

比較可惜的是，此類文獻中的許多觀點迄今仍無法成為GEP的主流，同時對於真實世界中的生態環境也貢獻甚微。何以如此？一個十分關鍵的原因在於，訴諸抽象或非物質本體的那些論述並無法實際解決客觀存在之環境問題，即便論述內容中對於主權國家或當前國際合作的質疑是言之有物。毋寧，只「破而不立」是無法迎合國家需要的；此外，全球治理只是引入多元身分的行為者來參與生態環境的管理或維護，並不是（也不能）取代主權國家在過程中之優勢地位。

(三)集體行動的政治經濟學

　　政治經濟學在GEP的研究主力是對國際貿易與跨國企業進行深入的觀察：前者有大量文獻對於貿易自由化的各種實踐或WTO對生態環境的影響進行討論，並在觀點上傾向認為當代的貿易活動是導致地球生態受損的根本性原因（Feridun, Ayadi, & Balouga, 2006）。近十年，糧食危機的問題也被納入這個區塊，將南方國家在全球生產鏈中的劣勢或邊緣地位與它們國家的生態惡化和糧食匱乏進行聯繫。然而，貿易究竟是否該為全球目前瀕危的生態情況負責？這可是一個在學界持續不斷存在的爭辯。國際貿易讓不同國家進行有效率的生產和效益最大的交換，各司所長之後能各取所需，同時也確實減少全球貧窮的人口總數，故而難以否認其貢獻。此外，WTO雖然是以促進貿易自由化為目標的政府間組織，但在其約束會員的許多協定文本中不乏維護生態環境之考量，甚至還設有例外條款，讓其會員得基於環境保護之必要而免除履行貿易自由化的條約義務。

　　相較於國際貿易，跨國企業的研究文獻試圖提醒吾人注意此種以營利為目的之非國家行為者對於國際環境事務的談判與制度設計具有相當程度的影響力（Clapp, 2003）。過去，這種影響多半是負面的，導致跨國企業受到許多輿論的非難，但近十年左右開始有學者對企業及社會責任和「私性質的治理」等問題進行研究（Lister, 2011）。值得注意的是，跨國企業雖然是不該被小覷的行為者，但它與主權國家的關係究竟如何？誰又影響誰多一點呢？政治經濟學者中較多認為跨國企業影響了許多主權國家

（Tan, 2015）；舉例來說，爲了獲得跨國企業的青睞，許多國家不得不降低本國環保標準或以較寬鬆的法令作爲吸引跨國企業投資的策略。然而，如果進一步細究，此種例子中的國家似乎又以南方的發展中或低度發展國家爲主，同時所吸引的外資在類型上屬於製造業與技術質量較低的產業。

　　除了國際貿易與跨國企業外，全球環境問題的出現多半是源自許多個人行爲的不當。因此，說服或教育人們改變行爲就被直覺式地認爲是一種處理全球環境問題的方法。很可惜這在事實上是完全行不通的，因爲大規模時空尺度下的環境問題均是結構性的，同時這樣的環境問題本身還有其獨特性，倘若聚焦在個人行爲的調整，既不會產生明顯改變，甚至還可能造成反效果（DeSombre, 2018）。諷刺的是，絕多數國際合作或全球治理的實踐都以這樣的思維在運行，以致事倍功半（有些甚至是成效極差）。事實上，全球生態環境的改善或相關問題的解決應該要思考如何讓目前個體行爲背後的誘因與身處的結構產生轉變，只要能找到讓這兩個因素產生變化之方法，就算個人在主觀上沒有意識（或欠缺意願），其行爲仍會發生變化，且在結果上將有助於地球整體生態的維護（DeSombre, 2018）。針對這點，有文獻指出，雖然很多的「個人」加總起來是可能對環境惡化的現況帶來一些改變（例如整個國家的人民都以步行代替駕車，該國的碳排量是有可能減少），但前提必須是「很多的個人」，而不是單一或少數的個人。這也就是提醒我們，把焦點放在單一個人行爲的改變是低效的。因爲就算「個人」改變了行爲，但其身處的時空結構沒有發生任何變化，絕多數的個體還是會維持本來的行爲模式，生態環境因此不會有明顯改善，甚至根本不會有任何改善。同時，那些少數改變行爲的個體宛如傻子，犧牲自己的便利，增加自己的辛苦，而其節省下來的資源或任何對環境的友善之舉，最終被不改變行爲的個體用來滿足自身私利。事實上，任何生態環境的問題均存在所謂的外部性（externality）。然而，外部性這個現象通常是被「一般人」感受到，而不是被「製造外部性的人」所感受。舉例來說，車輛的使用者完全享受省時與省力之便利，但車輛造成的空污問題及排放出來的碳量卻是未使用車輛者所不得不接受的結果。

所以，除非是個體自身能力不足導致無法使用車輛，不然在客觀條件許可之情況下，使用車輛才是對自己最有利的選擇。因此，儘管人人都知道對每一個個體自身利益最好的選擇極可能最終會對這些個體所處的環境（社會、國家、地球）造成最壞之結果，公地悲劇的上演仍難以避免。

克服公地悲劇當然要靠「合作」，但合作之後的結果必須是要能讓多數個體在行為上做出調整，而且這樣的調整最好是朝向趨同（convergence）或至少不能彼此衝突。實踐上應如何為之？這得先瞭解個體的行為在合作以前是用「什麼方式」來獲取資源，而這種方式會帶來怎麼樣的集體性環境損害。掌握這兩個核心問題之後，才有可能知道「什麼方法」能夠（或不能夠）去改變個體的行為。此處再以使用車輛為例，如果有能力享受私轎者不需因為自己使用車輛而面臨溫室氣體所帶來的這項集體成本時，就不太可能有誘因去使用一個成本相對為高的交通方式（電動車或以再生能源為動力基礎的交通工具）或讓自己較不方便的交通選擇（搭公車）。換句話說，造成問題的人不一定會承受問題所帶來之痛苦。倘若破壞環境者不會受害，便容易欠缺誘因去維護環境；此即許多跨國環境問題的本質，而且這樣的特性在空間與時間上又可能被拉得很遠很長。試想一下，2023年農曆春節那些在桃園國際機場等著搭機出國旅遊的人與之後某國或某地被洪水淹沒或被熱浪侵襲的人之間有什麼關聯性？又或者為什麼此刻多數活在地球上的人們極難（或不願）去改變自己使用化石能源的習慣，讓全球均溫升幅難以被控制在攝氏1.5度以內[15]？

上述例子充分說明個人為什麼會欠缺意願去做友善環境的行為，除非我們在制度設計上能想出誘因，讓個人萌生維護環境的意願。不過，政治經濟學的GEP文獻提醒我們，即便個人會因為做出友善環境的行為而當下立即受益，這樣的情況也可能其實不需親自為之，就可以實現，也就

---

[15] 2022年COP27會議期間，各國代表仍以攝氏1.5度的溫控目標在進行談判，但已有文獻指出這個目標已幾乎不可能達成。人們不願面對的真相是，全球不到1/10的國家能夠捨棄化石能源，而俄烏衝突爆發後，歐洲國家拚命建設進口天然氣所需的設備足以說明，即便是最為強調節能減碳的歐洲，也找不到任何立即性的替代能源。

是所謂的搭便車問題（free rider problem）。因此，「友善環境行為的誘因欠缺＋搭便車問題→個體行為改變的困難」。如果再把「慣性」（路徑依賴）這個原因也一併列入考量[16]，那麼許多像全球暖化這樣的跨國環境問題就幾乎是無藥可解。這既是集體行動的困境，更是GEP難以爭脫的宿命[17]。

四、代表性個案暨台灣現況

此處挑選四個即時且重要的全球環境問題，它們不但被各國政府高度關注，也同時是台灣切身面臨之挑戰。在無政府狀態的事實沒有改變以前，這四個環境問題的國際合作或全球治理在成效上均十分有限，非國家行為者或許發揮了一些作用，但主權國家（特別是政治、經濟、科技實力優越的大國）仍然是問題能否獲得有效解決之關鍵。經由概覽此四個問題的現況和初步的比較觀察，讀者可以發現四個問題都存在某程度的結構失衡，短期內也難見改善之曙光。因此，根據前述「集體行動的政治經濟學」文獻，這些環境問題不但難以在個體層次上促動實質的行為調整，在國家或全球層次上亦無策略能對之進行有效性管理。

(一)全球暖化與碳排量之管制

1988年，政府間氣候變遷專家小組（Intergovernmental Panel on Climate Change, IPCC）在世界氣象組織（World Meteorological Organization, WMO）及聯合國環境計劃署（United Nations Environment

---

[16] 有研究指出，人們每天超過半數以上的行為是習慣性的（Verplanken & Wood, 2006）。以交通為例，碳排量占全球溫室氣體的25%左右，但各種人們使用交通工具的選擇幾乎都是一種習慣。慣性行為的好處是節省人們思考與評估的時間，但其缺點就是很難改變，因為一旦變動，調適的成本與過程中的不便利必然會出現。

[17] 我們幾乎很難否認，當前全球生態環境的惡化與人類的經濟活動密切相關，因此環境政治的問題在本質上有不可忽略的經濟面向。

Programme, UNEP）的合作下設立。IPCC的法源依據是聯合國大會的
43/53號決議[18]，旨在以科學專業揭露氣候變遷對全球環境造成之實際衝
擊，以及各國在不同的空間與相近的時間下因爲氣候變遷而可能面臨之社
會動盪、政治風險與經濟損失。正因爲如此，IPCC既不是一般的政府間
官方單位，也不宜將之認定爲NGO，其成員雖然是科學領域的專家，但
公布的報告內容並非只是科學評估，還包括供各國決策者參考之執行摘
要。由IPCC的組成得以窺見，1990年代之後以UNFCCC爲基礎開展出來
的國際氣候合作與暖化治理是一個充斥「技術政治」（technopolitics）的
場域（Allan, 2017）。

　　1994年UNFCCC正式生效，隔年第一屆締約方會議（Conference of
the Contracting Parties, COP）在柏林召開。此後每年11月到12月間國際
社會固定舉行全球氣候談判會議，[19]藉由COP這個平台交換意見，折衝
樽俎，最後設定因應暖化和削減人爲溫室氣體排放量的各種相關規範。
迄目前爲止，COP已召開二十七次（第二十八次將在2023年11月30日於
杜拜舉行），其中有幾次COP的談判結果較爲關鍵，影響目前UNFCCC
架構下的治理模式和未來發展，它們分別是：COP3通過之《京都議定
書》（*the Kyoto Protocol, KP*）；COP11訂定的「蒙特婁行動計畫」（the
Montreal Action Plan）[20]；COP15達成之「哥本哈根協商」（Copenhagen
Accord）[21]；COP18決定以「多哈氣候路徑」（Doha Climate Gateway）

---

[18]UNGA Res. 43/53, "Protection of Global Climate for Present and Future Generations of
Mankind", via at: https://www.ipcc.ch/site/assets/uploads/2019/02/UNGA43-53.pdf

[19]COP26因爲COVID-19疫情而延後一年，於2021年在格拉斯哥（Glasgow）召開。

[20]這一年因爲KP生效，故同時舉行了第一次KP的締約方會議（MOP1）。本年開始的國
際氣候談判也同時進入「後京都建制」的準備階段，針對2012年之後KP的碳排減量目
標進行協商。

[21]"Accord"不是具有法律拘束力的「協定／協議」（agreement），並非國際公法上的條
約。「哥本哈根協商」的主要內容包括宣誓全球均溫較前工業化時代的升幅不應超過
攝氏2度，並考慮將長期目標設爲1.5度。另外，協商內容中指出，已開發工業化國家在
2010年和2012年間應提供300億美元支援開發中國家因應極端氣候。然而，協商內容並
未設制減量標準與預定年限，故而根本未針對「後京都機制」之建立做出實際貢獻。

延長KP的效力到2020年；COP21通過的《巴黎協定》（*Paris Agreement, PA*）結合COP24為PA量身打造的《實施細則》（*Rulebook*）確認要在2020年前有效實施PA，並確認各國氣候計畫之透明度與查核方法[22]；COP27訂定之「夏姆錫克執行計畫」（Sharm El Sheik Implementation Plan）。

在上述不同的COP會議結果中，KP的誕生與失效，以及目前承擔全球抗暖重責大任的PA有必要再稍加做一些說明。

KP是UNFCCC的具體執行機制，所規定的第一承諾期是由2008年到2012年，COP15原本預定要設計一個新機制作為2012年後第二承諾期（即所謂的「後京都建制」）的具體減量目標與履行方式，但最後僅勉強完成「哥本哈根協商」，即一個「沒有共識的協商」。詳言之，協商的主軸是設法讓與會國家做出個別的國內承諾（domestic commitments），而非在彼此間形成共同的國際承諾。在這樣的前提下，各國得依自身實際情況做出碳排減量的聲明，然後決定要以法律形式的規範還是政策形式的計畫為之。這種「國內承諾」模式與國際環境法上具有拘束效力且內容詳盡的KP相比，只能說是一紙具有政治性質的共識聲明[23]。不過，「哥本哈根協

---

[22] 然而，2019年COP25最後產出的文件與PA預設的情境相差甚遠。學界、實務界、公民社群幾乎一致對會議結果感到失望。究其原因實與PA第6條的「碳規範」密不可分，因為對於碳管理及相關交易的權利與義務難以形成國際共識。中、印、巴等碳排大國和美、歐、小島國家之間的利益衝突難以調和；這些碳排大國希望有關碳認證的規定能適用於PA第6.4條，因為它們的民間企業已進行許多投資，但美歐與小島國家認為這些碳排大國所謂的排放認證會產生道德風險與市場供需失衡的危機。

[23] 從國際公法的角度來看，協議／協定（agreement）、公約（convention）、議定書（protocol）等名稱，是一般常見的國際條約用語，而所謂「條約」（treaty）應依據《維也納條約法公約》第2條有關用語的規定來進行評斷。儘管條文中沒有對「條約」的實際名稱予以限制，但具體權利義務的載明，或者說是法律上拘束力之呈現，乃是一份國際法律文件不可或缺的必要之點。協商（accord），係指國家間意見溝通後的諒解，性質上未必屬於國際法上的「條約」，是否為條約必須以上述《維也納條約法公約》進行檢驗。準此，COP15在最後緊要關頭公布的「哥本哈根協商」就不是嚴格法律上意義的條約。因為，UNFCCC網站上公布的官方版原文中沒有明確與具體的權利義務規定，加上當時的秘書長潘基文已公開表示，要設法在2010年將「哥本哈根協

商」的政治彈性與軟法（soft law）性質似乎後來漸漸成爲國際社會回應暖化治理的一種潛規則。一方面，被期待有拘束力且能接替KP的「後京都建制」無法在COP15全球氣候談判會議上獲得多數國家支持，另一方面後來COP21通過的PA間接肯定了此種「國內承諾」的治理模式；有學者（例如Cinnamon Piñon Carlarne、Luke Grunbaum）認爲這是一種從「由上往下」（top down）修正爲「由下往上」（bottom up）的轉向。

值得注意的是，本來應由國家自行提交的自主決定預期貢獻（Intended Nationally Determined Contributions, INDCs）在最後通過的PA內容中（第3條）把「預期」移除，改爲國家自主決定的貢獻（Nationally Determined Contributions, NDCs），並載明所有締約方將承擔（undertake）並通報（communicate）協定內容中第3、第4、第6到第9條所規定之事項，以實現第2條的執行目標。此外，第4條第九項要求各國每五年要提交一次NDCs。這個在許多新聞或評論中被認爲是COP21的一項成就，而大加讚揚。惟事實上，PA是要求（第4條十三項）各國的NDCs必須要符合整體性（integrity）與透明度（transparency），且隨時可以調整NDCs（同條第十一項），這意謂著溫室氣體的具體減排量多少是由每個國家「自訂」。

表面上，目前已生效的PA沒有如同KP對締約方進行附件一與非附件一的分別[24]，而是「每個國家」都有減量目標（義務）。這種規範方式極易讓人誤解COP21是一場成功的全球氣候治理談判；當然，如果以達成一個法律形式上（de jure）的全球氣候共識來看，PA的確比過去幾次的談判

商」轉化爲具有法律拘束力的條約。

[24] 「附件一國家」包括：OECD國家、歐盟和十二個經濟轉型國等，其責任爲將CO_2及其他溫室氣體的排放回歸「本國之1990年水準」。至於「非附件一國家」，即所有不在「附件一」名單內的UNFCCC締約國，其責任爲進行本國溫室氣體排放資料統計，並在《國家通訊》中說明本國國情、提供溫室氣體的統計，以及規劃採行之防制步驟的一般性說明。基於UNFCCC採取「共同但有區別性的責任」原則，凡被公約列爲「附件一國家」的工業先進締約方必須率先採行減量措施。

都要成功[25]。但從實際有效性（de facto）來看，這樣的氣候協定並無法抑制暖化。這點只要看看COP21之後的幾次談判和地球當前平均溫度的變化，便可得證。事實上，雖然全球暖化的嚴重性已被各國知悉，但並非每個國家均面臨相同的極端氣候衝擊。其次，就算國家受到的衝擊程度相同，彼此在因應災變與承受損害的韌性也不盡相同。這些差異導致近三十多年的全球氣候談判一直處於僵局狀態。不可否認，多邊主義架構下的國際合作為過去或是現在的世界秩序做出一定貢獻，但普世性的多邊制度不代表參與其中的國家會必然遵循，因為每個國家真正想要優先解決的問題未必一致。在自我國家利益必須得到實現，或至少不能白白犧牲的考量下，任何關於暖化治理的多邊國際談判要在近兩百個國家間「異中求同」，是件可能性極低的事。因此，PA的生效並非證明多邊治理架構的成功，反而是凸顯不同的行為者在全球環境合作與治理過程中濃厚的政治妥協及利益折衝。

　　至於有助落實PA的「夏姆錫克執行計畫」同樣不值得吾人期待，因為內容中根本沒有載明全球「應」逐步減少所有化石能源的使用（以2020年為例，全球消耗的能源中近80%是此類），也沒有制定更積極的NDCs。比較欣慰的是，境內森林資源豐富的國家，像是巴西、印尼、剛果開始承諾要立法保障自己的森林生態系，懲制非法伐林；而巴西更宣誓要在2030年落實零砍伐。此外，COP27設立了「損失與損害基金」（loss and damage fund），用以幫助易受氣候變遷衝擊的低度發展國家。然而，基金的實際運作細節仍待確認，較富裕的已開發國家是否會兌現此承諾，還有待觀察。事實上，國際環境制度中並非沒有調適基金（adaptation fund）、綠色基金（Green Fund）等融資管道，但這些機制均迴避了氣候變遷的責任（liability）與賠償（compensation）問題；但若堅持要究責，北方國家更無意願出資解決問題，著實是一個進退維谷的窘境。值得注意

---

[25]Paris Climate Change Agreement: The World's Greatest Diplomatic Success. *The Guardian* (December 14th, 2015), via at: https://www.theguardian.com/environment/2015/dec/13/paris-climate-deal-cop-diplomacy-developing-united-nations

的是，UNEP在《2022排放差距報告》（*Emissions Gap Report 2022*）中指出，全球溫室氣體排量在2021年已高達528億噸，比疫情爆發前的2019年還高，以此排量估算，21世紀末的全球均溫將比現在至少高出攝氏2.8度左右。毋寧，就算各國能夠踐行目前提交的NDCs，地球溫度增加的範圍也會高出攝氏2度。

　　氣候變遷的公地悲劇至此看來已難避免，除非人類社會能根本性且在即短時間內改用再生能源，並於建築上全面導入節能技術，還有在交通產業方面以零碳排作為目標。國際再生能源署（International Renewable Energy Agency, IRENA）在其《2022世界能源轉型展望》（*2022 World Energy Transitions*）中列出幾種途徑，可作為各國減少自身碳排量的參考，分別是：使用再生能源、提高單位能源使用的效率、改用氫能作為電池燃料、研發碳捕捉和封存技術。這些途徑值得碳排量頗高的台灣借鏡。根據行政院環保署的資料，台灣溫室氣體排放總量自1990年138,119,000公噸的二氧化碳當量上升至2017年298,658,000公噸的二氧化碳當量，排量增幅超過116%。此外，依據國際能源總署（International Energy Agency, IEA）官網上的統計數據，我國2020年總碳排量為255百萬公噸的二氧化碳當量，比1990年增加了133.35%，其中石油與煤占最大比例，其次則是天然氣[26]。由此可知，台灣的碳排量自1990年以來基本上是持續增加，但在同一時間範圍內，國家整體的經濟成長卻未必與碳排量的上升具有正相關。此意謂著，拒絕減少碳排是因為「憂心經濟成長受阻」的說法在台灣顯然站不住腳。學者周桂田（2012）曾對此提出建言，認為應把減排溫室氣體當作台灣檢視產業結構與能源使用狀況之契機，並藉此機會提升國家競爭力。目前全球相對多數國家均在摸索如何邁向低碳經濟與進行能源消費結構的轉型，就連在北京的中共當局也早在2017年10月，共產黨的第十九次全國代表大會中提出，要將「低碳量和高效能」作為能源政策的方向，並已於這幾年和若干國家在低碳科技展開合作，台灣因此不能不正視

---

[26] 詳見：https://www.iea.org/countries/chinese-taipei

「低碳經濟」這個議題。

2022年2月我國的《溫室氣體國家報告》（核定本）公布，說明修正《溫室氣體減量及管理法》爲《氣候變遷因應法》的原委，同時承諾「自主遵循」PA的規範，定下「2050淨零排放目標」。爲因應上開重大氣候政策之調整，行政院統籌相關部會成立「淨零排放路徑專案工作組」，分由：去碳能源、產業及能源效率、綠運輸及運具電氣化、負碳技術、治理等五個工作要項，進行全國性的碳排減量。然而，一國氣候政策之推動無法忽略地方性的民生經濟和產業發展，若中央與地方無法協力，減碳工作效率必差，同時可能危害中央與地方的和諧，或是造成不同地方彼此間發展條件上的不公平。舉例來說，台中市曾先於全國制定與通過《溫室氣體排放源自主管理辦法》，針對轄域內的高碳排行爲加以列管，但鄰近縣市若未能跟進或提供配套措施，會造成「碳排成本外移」的問題。對此，台中市府於2022年開始修定《發展低碳城市自治條例》（已送市議會審議），希望藉由公私協力與納入調適專章的模式來改善現存的挑戰。

全球暖化帶來的各種安全威脅可以說是各國均在面臨的共通問題，但如何解決它或是抑制它造成之損害，卻是需要透過合作與分工的難題。以最爲關鍵的碳排量控管來說，各國的利益便已經幾乎無法調和，COP召開的次數近三十次，但做出的貢獻乏善可陳。儘管目前國際上已形成「去碳化」（decarbonization）的氛圍，但何國應爲之、減排多少量、用什麼方法等等，均欠缺共識。一個不願面對的真相是，自2005年KP生效以來，國際社會治理氣候變遷的合作成效其實非常不理想，而這個問題即便在2016年11月PA生效後也沒有好轉之趨勢。目前多邊主義模式下的全球暖化治理已經空洞化，世人應跳脫每年召開COP的迷思（Sabel & Victor, 2022: 1-4; 151），設計一個能促使碳排大國調整其行爲的氣候治理方案；毋寧，全球環境問題的解決最終仍無法缺少「大國」與「權力」的加持。

(二)氣候變遷下的能源選擇：擁核或反核？

與航空運輸多少有些相似，核能的使用在多數時候是安全的，或至

少可以說當意外沒有發生時，人們對它的排斥感並不高。然而當意外一旦發生，空難事件與核災事故牽涉的人命損失往往是以數百計，後者甚至可能是至少以數萬計，且波及到生態環境與下一世代的健康。正因為核災導致成的損失往往異常重大，人們主觀上對於核能發電的風險容許性非常小，甚至在某些因素影響下會主張反核或甚至廢核。然而，如果慮及伴隨全球暖化的各種衝擊、傳統能源的儲量有限（或開採不易）以及對環境造成的沉重負擔，不少國家在能源政策上最後還是務實地採取擁核立場（或可能程度不一的「以核養綠」）。

事實上，自從1956年第一座核能電廠開始商業運轉以來，核能發電幾度被視為是廉價和安全的電力來源，在工業國家廣受歡迎，當時民間也沒有什麼反核聲浪，但1979年的美國三哩島核事故（the Three Mile Island accident）重挫了核能產業的前景。雪上加霜的事件在1986年尾隨而至，當時蘇聯車諾比（Chernobyl）核電廠的反應爐發生爆炸，爐心外露，引發的火勢將輻射塵導入空氣中，隨著氣流散布在蘇聯西部、歐洲和若干北半球地區。根據統計，從1986年至2004年間，全球因車諾比核災事故而死亡的人數高達985,000人[27]。上述三哩島與車諾比的核災事故直接衝擊了美蘇兩國的核能產業，特別是在時間成本上對業者構成龐大壓力，因為政府與民間審查核能的期間被大幅拉長。此情形漸漸成為一種國際趨勢，越來越多的公民團體開始要求自己本國的政府減緩或根本廢除核能發電的政策。不過，日本311福島事件的發展提醒我們不能只思考核能與環境安全的面向，經濟安全同樣不能忽視。詳言之，福島核災後雖然重大的傷亡讓日本舉國陷入恐核狀態，但對於是否應停止使用核電，日本依舊面臨極為艱難的抉擇。事實上，核電的取捨與經濟發展密切相關，以日本自身的能源結構與供應條件來看，零核電是一個非常勉強與不務實的選擇，因此2022年經濟產業大臣西村康稔公開表示，核電是日本追求能源安全及實現

---

[27]Najmedin Meshkati (1991). Human Factors in Large-scale Technological Systems' Accidents: Three Mile Island, Bhopal, Chernobyl. *Industrial Crisis, 5*(2), 133-154.

碳中和的關鍵，而2022年迄今，日本已重啟逾十座以上的核電廠。類似的能源問題在台灣也同樣存在，晶圓相關的科技產業是台灣出口貿易的主要部分，攸關國家總體經濟表現，而晶圓的生產過程仰賴大量且穩定的供電。以台灣自身的能源結構和近幾年再生能源的使用情況觀之，零核電政策之後必然會出現電力供應不足的問題[28]。由於俄烏衝突爆發後，國際社會對使用核能的立場出現轉折，而能源結構與我國相似的南韓在新能源政策的方向上已擬定於2030年前將核能發電的占比提升至30%以上。

從上述說明便可明白，為何台灣關於「非核家園」之爭辯一直沒有停歇，而2023年3月14日停機的核二廠必然會引起後續能源問題，例如南北電網失衡、碳排量增加、電費調漲等等。從環境生態與安全的角度來看，台灣核能的缺點在於所有核電廠的設施或發電機組皆是建築在海岸線上，極有可能因地震而受到海嘯侵襲，釀成類似日本福島事件的巨災。此外，目前有三座核電廠距離人口密集的台北非常近，一旦意外發生，人員死傷和其他浩劫性後果必然十分重大。政治上，有人認為，由於台灣與北京當局並沒有完全排除武裝衝突的可能性，核電廠或許有可能成為軍事衝突中的潛在目標。最後，也是不少環境專家憂慮的問題，台灣並沒有良好技術來處理和儲存核廢料，這對環境安全和永續發展顯然是項威脅（黃東益，2014）。

務實以觀，能源問題不宜簡化在「是」或「否」間進行選擇，而是要基於多方考量在不同的能源取得管道下規劃出最佳的勝利組合（win set）。在當前台灣綠能或再生能源還無法因應電力需求之際，我們是否已有確實可行的方法能在核電之外滿足國人用電需求？如果不行，以訴求環境安全為理由廢止核能的相關政策是否正當性與說服力充足？此外，台灣有必要認真參考外國的實踐，然後反思自身情況，而非情緒性地反核或理盲式去擁核。以德國為例，雖然該國是堅定地選擇廢核，但這背後是

---

[28] 參考：經濟部能源局，「我國電力需求零成長可行性評估」，2014年3月24日，網址：https://www.energypark.org.tw/news/news/60-news-report/1304-2018-08-24%2010-29-16-1304.html

全德國人民付出高昂電價支撐起來的成就。電價問題在德國內政上爭論不斷，中小企業苦不堪言，全國因廢核政策而承擔的相關總金額逾上兆歐元[29]。俄烏衝突爆發後，歐洲多國陷入能源供應危機，德國也是其中之一，故而推遲2022年全面廢核的預定方案。針對核電去留，德國政府已在2023年年初時表示，會設立專家小組對此問題進行審查，並強調該國未來電動車的發展將需透過核能發電來維持。顯而易見，在面對能源危機與缺電壓力時，不會有任何國家的政府依舊堅持廢核政策，同時民間社會也負擔不起零核電的高昂電價。因此，台灣若真有心朝「非核家園」邁進，宜先找到情況與己類似但成功轉型為綠能的國家（Hu, 2013），然後細心研究台灣可借鑑之處，再去推動可行的綠電政策。

(三)極端氣候下的糧食安全與水資源

儘管人類的糧食來源變得多元且需求選擇上更為彈性，同時生產糧食的技術也較以往明顯提升，但全球糧食體系正變得越來越脆弱。暖化和變化無常的極端氣候是主要的原因，它們惡化了糧食的生長條件。與2014年進行的氣候模擬結果相比，最新的研究指出，氣候變遷可能於2030年對全球玉米的生產造成極大衝擊，預估將比目前的生產水平下降20%（Jägermeyr et al., 2021: 873-885）。由於玉米同時是重要的糧食作物與經濟作物，產量的減少不僅衝擊物價，也會對以玉米為主食的地區構成糧食危機。IPCC在2019年的《氣候變遷與土地》（*Climate Change and Land*）報告書中指出，若不採取有效的因應措施，全球糧食產能到了2050年將至少下降5%，而多數的糧食生產者，特別是那些小規模耕地與低度工業化生產的農民（peasants），會是氣候變遷的第一線受害者，而低所得收入的糧食消費者則是另一個主要受威脅的群體（IPCC, 2019: Ch. 5）。

---

[29]Mathew Karnitschnig (2014). Germany's Expensive Gamble on Renewable Energy. *Wall Street Journal* (August 26th, 2014), via at: https://www.wsj.com/articles/germanys-expensive-gamble-on-renewable-energy-1409106602

　　事實上，糧食安全（或不安全）的原因是複合式的；糧食產地因氣候變遷而歉收、新興經濟工業體國家的需求加劇、全球人口增長，以及北方工業國家將玉米等穀物用來研發生質能源等因素，都是目前威脅國際糧食安全的成因。換句話說，當前的糧食危機係受到多種因素加工所致，有自然的、人為的、經貿的以及政治因素等等。2007年，第33屆世界糧食安全委員會（the 33rd Session of the Committee on World Food Security）召開後，糧農組織（Food and Agriculture Organization, FAO）對糧食安全的內涵進行了調整與補充，強調「一個沒有飢饉的世界是多數人能夠透過他們自己獲取滿足他們生活動能與健康需求之食物，同時有一個社會安全網絡去保障那些資源缺乏的人也能得到足夠的飲食」（Rome, 7-10th May 2007）。由此定義觀之，當前全球糧食不安全的情況相當嚴重，估算約有3億4,520萬人無法獲得生活所需的足夠糧食。這個數字是2020年的兩倍以上，與COVID-19疫情爆發前相比，幾乎增加了2億的不安全人口，是一個令人震驚的數字。為何當前國際關係的糧食問題比以往任何時刻都更加嚴峻？除了上述已經提及的複合式原因外，武裝衝突是導致糧食不安全的一大因素，[30]全球70%的飢饉人口生活在發生武裝衝突的地區，而2022年的俄烏衝突進一步顯示大規模及長時間的武裝衝突如何迫使人在流離失所與收入中斷的過程中成為糧食不安全的脆弱群體。[31]當然，吾人不能忘記氣候變遷是全球糧食不安全急劇惡化的根本性主因；極端氣候直接衝擊動植物的生態系、減損農林漁牧業的生產力，讓地球糧食的供給能量下滑。

　　有一點非常值得吾人注意，即氣候變遷正同時在加劇地球水資源匱乏的危機及與水資源相關的災變（尤其是洪水和乾旱）。持續升高的地球均溫打亂了降雨模式和整個水圈的規律，但水和氣候之間有著密不可分之關係；當地球氣候被溫室效應嚴重干擾之後，不穩定的非常態降雨模式、

---

[30]而糧食不安全又進一步惡化此種衝突獲得解決的可能性或是過程中的暴力程度（Brück & d’Errico, 2019）。

[31]俄烏衝突的影響之一是國際市場上的能源價格上漲，連帶導致全球肥料的供應吃緊，從而更進一步惡化衝突期間的國際糧食生產和供應（Behnassi & El Haiba, 2022）。

面積縮減的極地冰川、不斷上升的海平面，還有洪水及乾旱等災難性變化最終都負向式的反饋到水圈。地球上目前只有0.5%的水資源是適合人類使用的淡水，如果氣候變遷的問題繼續惡化下去，淡水資源的供應必然會匱乏。過去二十年內，全球土壤的平均濕度，還有陸地上的含水量（包括雪地和冰川在內）大約以每年1釐米的速度在下降，然而考量到人類社會目前約有70%的淡水資源係用於農業，糧食不安全的因應實有必要納入水資源安全的戰略思考（WMO, 2022）。

　　根據上開說明，台灣的糧食安全問題真正應關切的是，如何在本身脆弱度頗高的情況下制定出足以因應各種影響糧食生產與水資源短缺的安全政策[32]。氣象方面的統計資料已證實台灣的氣候呈現暖化趨勢，不但季節降雨型態改變、沿岸地區海平面上升、極端的天氣事件發生頻率及強度也均有增長。在此情況下，台灣這片土地上的農業面臨越來越大的衝擊。靠天吃飯是農業必然的宿命，儘管近年智能科技開始與許多農業活動結合；同時，科技農業帶動了一波國內農業轉型，但陽光、空氣、土壤、水四大生產元素難以被人為科技取代，年均溫越來越高的台灣不可能僅憑農業智能化與科技化，就躲過田間生物多樣性削減和農作產量下降的危機。舉例來說，2020年的夏季缺雨又炎熱，完全沒有颱風，超過攝氏36度的高溫天數長達近兩個月。農地高溫加速稻田中水分蒸發，感染稻熱病的機率大增，從玉里、池上到中南部的若干鄉鎮相繼傳出災情。除了高溫及缺水的問題外，台灣近五年旱澇交替之現象也更加頻繁；顯然地，氣候變遷對台灣農業的生產、農產品供應之穩定、整體國家的糧食安全，均構成確切且直接的衝擊。面對如此嚴峻之處境，氣候變遷下的台灣農業毫無疑問是脆弱的，如何因應與調適考驗著政府的智慧及能力，更關乎國人的糧食安

---

[32] 我國位處亞熱帶島嶼型氣候區，在許多氣候變遷的研究文獻中被評估屬於「高風險」的全球暖化受害者。世界銀行（World Bank）早於2005年的評估報告中就指出，台灣是風險最高的地區之一，而較為近期的文獻又再次確認了此情形（Wu et al., 2019: 5351-5366）。

全，而「綠色消費」或許是一帖值得採用的解方[33]。

(四)暴雨和乾旱下的疫病危機

氣候變遷會對人類病原性疾病（Human Pathogenic Diseases, HPD）產生影響的論點已經在大氣科學與流行病學等專業知識領域中得到廣泛確認；雖然兩者間的聯繫程度深淺還需要藉由更多資料來加以明確化，但已經有一些文獻開始分析暴雨和乾旱這樣的極端氣候危害對目前已知的HPD產生了怎樣的影響。研究結果發現，在375種具有傳染力的疫病中，有218種因為極端氣候而增強了傳染力，也就是在分析的疫病樣本中有將近六成因為氣候變遷而加劇了對人類衛生安全（health security）的衝擊（Mora et al., 2022: 869-875）。鑑於氣候變遷確實會提高HPD發生之頻率與傳播途徑的多樣化，人類要在流行病學與公衛政策上避免疫情（pandemic）爆發已然無望，科學家遂建議減少溫室氣體的排放與設計能對HPD進行即時監控之機制，作為防止或抑制疫病跨越國境擴散的方法（Brilliant et al., 2023: 140）。

由於全球暖化情況加劇，暴雨導致的洪災和乾旱促生之野火在強度和規模上都越來越大。暴雨和乾旱直接導致的人命及財產損失易估算，但間接誘發的相關疫疾風險卻往往為人們所輕忽。然而，暴雨和乾旱為許多致病物質或傳染性疾病的傳播提供了「友善」的條件。在地球年均溫不斷上升的過程中，越來越多國家的氣候變得適合病菌的滋生。2022年3月，IPCC在報告中指出，倘若國際社會沒有立即的暖化治理行動，跨境傳染病散播的風險將升級；毋寧，疫病會擴散到新的地區（但有些疫病可能會在原生區域減少），或是在原本已受控制的地區開始激增。而目前還未侵入人類社會的疾病有可能會從動物移轉到人類社群[34]，形成所謂的「共病

---

[33] 目前對於「綠色消費」學界已發展出較為完整和系統性的3R3E準則（曾倫崇、張永富、林佳姿，2010：62-76），即減量（reduce）、再利用（reuse）、回收（recycle）、經濟（economic）、生態（ecology）、公平（equity）。

[34] 例如：洪水會讓攜帶屈公病毒（Chikungunya Virus）或瘧原蟲屬（Plasmodium）的病

時代」（譚偉恩，2021）。文獻指出，像暴雨或乾旱這樣的極端氣候不易於公共衛生品質的維護，並可能導致蟲源型、食源型和水源型疾病的增加，例如登革熱、黑熱病、弧菌病、霍亂等。其中，以埃及斑蚊和白線斑蚊為主要病媒的登革熱自1950年以來在全球增加了8.9%；毋寧，地球各地越來越適合此種疫病的滋生。特別值得注意的是，在1990年之前，歐洲幾乎沒有登革熱的病媒蚊，但近幾年有幾個歐洲國家境內已被發現此種病媒的出沒。此外，過去十年間，瘧疾又開始重現於歐洲地區；舉例來說，2012年希臘陸續發生瘧疾感染的案例、波羅的海地區的弧菌病感染率也有所上升、南歐和東歐國家則是令人驚訝地出現西尼羅河病毒（West Nile virus）的患者，即便公衛水準或經濟水準較高的法國和義大利也發生了在地型的茲卡病毒（Zika virus）病例。

　　儘管氣候變遷加劇疫病傳播及威脅人類衛生安全的問題已開始獲得重視，但目前致力於此問題的緩解（mitigation）或調適（adaptation）相關研究並不豐富，所以如何強化既有的公衛基礎建設和醫療上的應對能量，避免易受上述疫病影響的脆弱群體在氣候變遷之下淪落為安全喪失者，是WHO與各國政府的當務之急。本文認為，雖然像暴雨和乾旱這樣的氣候危害會增加諸多疾病擴散的風險，但疫病是否會演變成一國境內的疫情（epidemic）或是升級為全球大流行（pandemic），取決於國家或國際社會在預防醫學、公衛治理、衛生外交上的實際作為。以台灣為例，地理位置處於熱帶與亞熱帶之間，本即適合病媒滋生和傳染性疾病的擴散，在全球暖化衝擊下，過去十年境內登革熱及屈公病的公衛問題已引起政府多次關注。其中，2015年本土登革熱確診病例數單是在台南市就超過20,000例以上，究其原因主要是老舊社區的公衛設施不足和人口密度過高。對此，政府於2016年設立了國家蚊媒傳染病防治研究中心；2018年衛福部在《因應氣候變遷之健康衝擊政策白皮書》中強調，極端氣候已對台

媒蚊數量增加，而乾旱會讓帶有漢他病毒（Hantavirus）的齧齒類動物（蝙蝠或老鼠）轉向人類棲地覓食。

灣民眾健康造成影響，在全年夏季均溫不斷升高之趨勢下，我國日本腦炎、恙蟲病、腸病毒、桿菌性痢疾的發生率和患者數都有攀升趨勢。最新的研究還發現，野生動物在因應氣候變遷的過程中會進行棲地遷徙，從而發生不同物種間的接觸，此情況有助於病毒跨物種傳播之風險。易言之，在氣候變遷的持續影響下，病毒跨物種傳播（cross-species transmission or host jump）的風險越來越高，而台灣在類此研究中被評定為具有中等級別的風險地區（Carlson et al., 2022: 555-562）。

五、結論

隨著諸多跨國生態環境問題的產生，擁有且實質統治一定領域（陸海空）範圍的主權國家必然得有所因應。回顧自1940年代至今的實踐情況，國際社會形成許多因應特定環境議題的合作，從條約到組織、從區域到全球、從主權國家相互間到融入許多非國家行為者於其中；值得注意的是，多數時候的合作或治理成效均不甚理想。對此，GEP的文獻指出，與大國的積極杯葛或是消極不配合密切相關。此種說法易使人產生誤解，因為在GEP這個隸屬國際關係的次領域中，「大國」的定義需要微調，即不以軍事或經濟等傳統指標（indicators）來評估一個國家的影響力，而是應以主權國家是否在特定的跨境環境議題中占有不可或缺的角色為斷。舉例來說，同為金磚國家，很少有文獻將印度視為與俄羅斯或中國等量其觀的「大國」，但是在討論全球暖化與碳排量管制的時候，絕對不可以少了印度的參與，否則全球碳排管理的有效性近乎難以達成。

一項跨國環境問題的治理，不論是以政府間的方式進行國際合作，還是將國家與非國家行為者融入在一塊兒以實施全球共治，都絕對不可以少了「大國」。這裡我們可以看到，GEP文獻上認為主權國家沒有那麼重要，或是現實主義不再那麼具解釋力的說法，都是一種片面性的理解。因為這類文獻過於聚焦在形式上的那些國際合作或全球治理，而沒有進一步思索這些集體行動背後的實質有效性如何，以及什麼因素主導了這些集體

行動的有效性高低。此外，當客觀上有越來越多國際環境合作或是全球環境治理的實踐出現時，研究國際制度與國際法的學者有義務協助世人分辨遵約（compliance）、履約（implementation）、違約（violation）間的細膩之別（Simmons, 2010），避免時常被專業度或資訊量不足的媒體所誤導。詳言之，參與之行為者（尤其是主權國家）數量很多的合作或治理並不等於「有效的」合作或治理，而在國際環境條約上簽署的締約方可能僅僅只是以訂定國內法的方式完成形式上的遵約義務，但根本沒有具體的執行那些本國法律（舉例來說，《巴賽爾公約》就存在這樣的情況），所以跨國性的環境問題才會一直得不到有效改善。最後，政治經濟學和批判屬性較強的GEP文獻提醒我們，某些國家不履約的問題極可能與國際經貿活動有關，未必是純然國家的自主決定；更確切地說，若干南方國家在失衡、不對稱或不公平的全球資本結構中選擇不履約的決定才是較符合自身利益的理性選擇，只不過個體的理性終局會導致集體面臨環境上的災難。

　　整體而言，GEP對原本國家中心論或是人類本位的思考進行了許多反省，讓吾人可以用現實主義以外的視角，或是以地球生態不可分的認知來觀察全球生態環境變遷的成因、過程和結果。本文認為，人民是一個主權國家成立與存在的必要條件，沒有人民的國家殊難想像其存在。據此，所有被宣稱的「安全」利益，無論是國家安全或國際安全，最終都應回饋與落實在「人的安全」之上。又因為人類本來就是地球生態的一部分，仰賴地球上許多資源維繫其生命並繁衍後代，故而人類既沒有理由輕視其它地球上的物種，也不具有恣意剝奪生態資源之正當性。1987年永續發展概念的提出實為人類對自身行為設下的損益平衡點，提醒世人莫忘在只有一個地球的情況下，不要因為科學知識的累積與科技研發的進步，忘卻自己與地球生態系統難以二分之事實，進而懂得有所節制，以愛惜生態環境的發展方式來實現人類自己合理的發展需求。諷刺的是，三十多年過去，全球溫室氣體的排放總量有增無減，綠色能源的普及依舊遙遙無期；當糧食與水資源的供應壓力隨著極端氣候頻生而不斷增加時，卻鮮少有國家從COVID-19疫情大流行的慘痛教訓中反省自己在發展經貿活動時對生態環

境的不永續行爲。莫非GEP的學術研究與實務發展是兩條平行線,而後者要等到雨林中最後一棵樹被砍伐、海洋中最後一條魚被捕撈、國境內最後一條河被污染時,才會自責與後悔在每一次環境合作或治理中的無所作爲。

問題與討論

一、全球環境政治（GEP）的研究歷經哪幾個階段，有什麼側重的研究議題或是代表性的觀點？

二、GEP領域中的諸多議題（排除氣候變遷導致的武裝衝突）係屬於非傳統安全的研究範疇，現實主義對於這些非傳統安全議題是否仍具解釋力？

三、為何跨國性的生態環境問題很容易發生「公地悲劇」？

四、一項跨國性的環境問題（例如：全球暖化）如果能在主權國家間形成共同的制度（例如：《巴黎協定》），就是成功的國際合作或有效的全球治理嗎？

五、在GEP中有哪些非國家行為者（NSAs），它們可以發揮什麼樣的影響力？這些行為者與主權國家的關係一定是對立的嗎？

六、生態環境的維護是否必然與經濟發展的目標有所衝突？國家的政策要如何在二者間進行選擇？

七、台灣本身的地理位置使其在極端氣候下面臨頗高的脆弱性，您認為哪一種因為氣候變遷而加劇的安全威脅對台灣的衝擊最大？

八、我國立法院已三讀通過《氣候變遷因應法》，並於2023年2月15日開始施行。然而，我國不是UNFCCC或PA的締約國，請問這樣做是否有必要？會不會妨礙國家的經濟發展？

九、何謂人畜共通的傳染性疾病？它與氣候變遷的關係為何？

十、台灣的糧食作物是否因為極端氣候而在產量上受到影響？此種影響是否危害到台灣的糧食安全？有什麼方法可以緩解這樣的問題？

參考書目

周桂田（2012）。〈聯合國永續發展與台灣永續發展困境與出路——反身性治理創新〉。《新世紀智庫論壇》，第60期，頁60-78。

張亞中（2001）。〈全球治理：主體與權力的解析〉。《問題與研究》，第40卷第4期，頁1-24。

黃東益（2014）。〈談「核」容易？：從烏坵選址看我國當前低放射性廢棄物最終處置問題〉。《國立台灣科技大學人文社會學報》，第10卷第1期，頁45-66。

曾倫崇、張永富、林佳姿（2010）。〈台灣綠色消費永續發展之研究〉。《創新研發學刊》，第6卷2期，頁62-76。

譚偉恩（2015）。〈COP21：《巴黎協定》評述〉。《戰略安全研析》，第128期，頁49-56。

譚偉恩、郭映庭（2018）。〈多邊主義合作的空洞化：論全球暖化治理中「裂解模式」的興起〉。《國際關係學報》，第45期，頁1-28。

譚偉恩（2021）。〈新興議題：人畜共通的傳染性疾病〉。《國際關係理論與全球實踐》。台北：五南，頁289-301。

Allan, Bentley B. (2017). Producing the Climate: States, Scientists, and the Constitution of Global Governance Objects. *International Organization, 71*(1), 131-162.

Arts, Bas (2006). Non-state Actors in Global Environmental Governance: New Arrangements beyond the State. In M. Koenig-Archibugi, M. Zürn (eds.), *New Modes of Governance in the Global System* (pp. 177-200). London: Palgrave Macmillan.

Bates, Bryson et al. (2008). *Climate Change and Water*. Intergovernmental Panel on Climate Change. Via at: https://archive.ipcc.ch/pdf/technical-papers/climate-change-water-en.pdf

Beck, Ulrich (1999). *World Risk Society*. Cambridge: Polity Press.

Behnassi, Mohamed & Mahjoub El Haiba (2022). Implications of the Russia-Ukraine War for Global Food Security. *Nature Human Behavior, 6*, 754-755.

Bernauer, Thomas & Carola Betzold (2012). Civil Society in Global Environmental Governance. *The Journal of Environment and Development, 21*(1), 62-66.

Bodansky, Daniel (1999). The Legitimacy of International Governance: A Coming Challenge for International Environmental Law? *American Journal of International Law, 93*(3), 596-624.

Bourguignon, François (2016). Inequality and Globalization: How the Rich Get Richer as the Poor Catch Up. *Foreign Affairs, 95*(1), 11-15.

Brilliant, Larry et al. (2023). Inevitable Outbreaks: How to Stop an Age of Spillovers From Becoming an Age of Pandemics. *Foreign Affairs, 102*(1), 126-140.

Bulkeley, Harriet, Liliana Andonova, Michele Betsill, Daniel Compagnon, Thomas Hale, Matthew Hoffman, Peter Newell, Matthew Paterson, Charles Roger, and Stacy Vandeveer (2014). *Transnational Climate Change Governance*. Cambridge: Cambridge University Press.

Burger, Joanna, and Michael Gochfeld (1998). The Tragedy of the Commons 30 Years Later. *Environment: Science and Policy for Sustainable Development, 40*(10), 4-13

Carlson, Colin et al. (2022). Climate Change Increases Cross-species Viral Transmission Risk. *Nature, 607*, 555-562.

Cashore, Benjamin & Steven Bernstein (2022). Bringing the Environment Back In: Overcoming the Tragedy of the Diffusion of the Commons Metaphor. *Perspectives on Politics*, 1-24.

Charnovitz, Steve (2002). A World Environment Organization. *Columbia Journal of Environmental Law, 27*(2), 323-361.

Chayes, Abram, and Antonia Chayes (1998). *The New Sovereignty: Compliance with International Regulatory Agreements*. Cambridge MA.: Harvard University Press.

Clapp, Jennifer (2003). Transnational Corporate Interests and Global Environmental Governance: Negotiating Rules for Agricultural Biotechnology and Chemicals. *Environmental Politics, 12*(4), 1-23.

Crotty, Jo & Sergej Ljubownikow (2022). Environmental Governance in the Russian Federation: Firms and Regulator Perception of Environmental NGOs. *East European Politics*, DOI: 10.1080/21599165.2022.2138352.

Dauvergne, Peter (2011). Globalization and the Environment. In John Ravenhill (ed.), *Global Political Economy* (3rd ed.) (pp. 450-480). Oxford: Oxford University Press.

DeSombre, Elizabeth (2018). *Why Good People Do Bad Environmental Things*.

Oxford: Oxford University Press.

de Soysa, Indra (2015). Oil and the New Wars: Another Look at the Resource Curse Using Alternative Data. *Development Studies Research, 2*(1), 64-76.

Dimitrov, Radoslav (2003). Knowledge, Power, and Interests in Environmental Regime Formation. *International Studies Quarterly, 47*(1), 123-150.

Doelle, Meinhard (2010). The Legacy of the Climate Talks in Copenhagen: Hopehagen or Brokenhagen? *Carbon & Climate Law Review, 4*(1), 86-100.

Eckersley, Robyn (2013). Green Theory. In T. Dunne, M. Kurki, & S. Smith (eds.), *International Relations Theories: Discipline and Diversity* (pp. 266-285). Oxford: Oxford University Press.

Falkner, Robert (2019). The Unavoidability of Justice – and Order – in International Climate Politics: From Kyoto to Paris and beyond. *The British Journal of Politics and International Relations, 21*(2), 270-278.

Feridun, Mete, Folorunso Ayadi, and Jean Balouga (2006). Impact of Trade Liberalization on the Environment in Developing Countries: The Case of Nigeria. *Journal of Developing Societies, 22*(1), 39-56.

Hildingsson, Roger, Annika Kronsell, and Jamil Khan (2019). The Green State and Industrial Decarbonisation. *Environmental Politics, 28*(5), 909-928.

Homer-Dixon, Thomas (1999). *Environment, Scarcity, and Violence*. Princeton, NJ: Princeton University Press.

Hu, Mei-Chih (2013). Renewable Energy vs. Nuclear Power: Taiwan's Energy Future in Light of Chinese, German and Japanese Experience since 3.11. *Asia-Pacific Journal, 11*(23), 1-13.

IPCC (2019). Climate Change and Land: An IPCC Special Report on Climate Change, Desertification, Land Degradation, Sustainable Land Management, Food Security, and Greenhouse Gas Fluxes in Terrestrial Ecosystems. Via at: https://www.ipcc.ch/srccl/chapter/chapter-5/

Jarvis, Darryl (2007). Risk, Globalisation and the State: A Critical Appraisal of Ulrich Beck and the World Risk Society Thesis. *Global Society, 21*(1), 23-46.

Jägermeyr, Joans et al. (2021). Climate Impacts on Global Agriculture Emerge Earlier in New Generation of Climate and Crop Models. *Nature Food, 2*, 873-885.

Karns, M., & K. Mingst (2015). *International Organizations: The Politics and Processes of Global Governance*. Boulder, CO.: Lynne Rienner.

Keck, Margaret and Kathryn Sikkink (1998). *Activists beyond Borders: Advocacy*

Networks in International Politics. Ithaca: Cornell University Press.

Lister, Jane (2011). *Corporate Social Responsibility and the State: International Approaches to Forest Co-Regulation*. Vancouver, BC: University of British Columbia Press.

Mora, Camilo et al. (2022). Over Half of Known Human Pathogenic Diseases can be Aggravated by Climate Change. *Nature Climate Change, 12*(9), 869-875.

Ray, Amit (2008). Waste Management in Developing Asia: Can Trade and Cooperation Help? *The Journal of Environment & Development, 17*(1), 3-25.

Ruggie, John (1975). International Responses to Technology: Concepts and Trends. *International Organization, 29*(3), 557-583.

Sabel, Charles & David Victor (2022). *Fixing the Climate Strategies for an Uncertain World. Princeton*. New Jersey: Princeton University Press.

Schiele, Simone (2014). International Environmental Regimes and Their Treaties. In Simone Schiele (ed.), *Evolution of International Environmental Regimes: The Case of Climate Change* (pp. 11-57). Cambridge: Cambridge University Press.

Simmons, Beth (2010). Treaty Compliance and Violation. *Annual Review of Political Science, 13*, 273-296.

Tan, Weien (2015). State-Centric Realism Eclipsed: TNCs as the Rising Powerful Actors in the Age of Trade Liberalization. *Journal of Politics and Law, 8*(4), 223-232.

Tienhaara, Kyla (2006). Mineral Investment and the Regulation of the Environment in Developing Countries: Lessons from Ghana. *International Environmental Agreements: Politics, Law and Economics, 6*, 371-394.

Tilman Brück and Marco d'Errico, "Food Security and Violent Conflict: Introduction to The Special Issue," *World Development*, Vol. 117 (May 2019): 167-171.

Verplanken, Bas, and Wendy Wood (2006). Interventions to Break and Create Consumer Habits. *Journal of Public Policy & Market, 25*(1), 90-103.

Wapner, Paul (1995). Politics Beyond the State: Environmental Activism and World Civic Politics. *World Politics, 47*(3), 311-340.

Ward, Hugh (1993). Game Theory and the Politics of the Global Commons, *Journal of Conflict Resolution, 37*(2), 203-235.

Weischer, Lutz, Jennifer Morgan, and Milap Patel (2012). Climate Clubs: Can Small Groups of Countries Make a Big Difference in Addressing Climate Change? *Review of European, Comparative & International Environmental Law, 21*(3),

177-192.

WMO (2022). *State of Global Water Resources: Report Informs on Rivers, Land Water Storage and Glaciers*. Via at: https://public.wmo.int/en/media/press-release/state-of-global-water-resources-report-informs-rivers-land-water-storage-and

Wu, Yi-chao et al. (2019). Climatology and Change of Extreme Precipitation Events in Taiwan based on Weather Types. *International Journal of Climatology, 39*(14), 5351-5366.

Young Oran (1989). The Politics of International Regime Formation: Managing Natural Resources and the Environment, *International Organization, 43*(3), 349-375.

Young, Oran (2008). The Architecture of Global Environmental Governance: Bringing Science to Bear on Policy. *Global Environmental Politics, 8*(1), 14-32.

認知作戰、網路平台與國際傳播

賴祥蔚（Weber H. W. Lai）

台灣藝術大學廣播電視學系教授

政治大學政治學博士

　　2022年爆發的俄烏戰爭，是第二次世界大戰之後在歐洲發生的最大規模軍事衝突，廣受世人關注。從國際關係與戰爭史的角度來看，俄羅斯進軍烏克蘭這場戰事的國際傳播面向深受關注，因為「認知作戰」（cognitive warfare）被高度發揮，許多戰爭影像與資訊透過網路快速到處流傳，試圖影響輿論，卻陸續被發現其中多有移花接木等假訊息與不實內容，不只網路遊戲的戰爭畫面被挪用，甚至還透過了以假亂真的深偽（deepfake）換臉技術，假造烏克蘭總統出面宣布投降的影像。美國智庫「自由之家」（Freedom House）認為發生俄烏戰事已經成了「不實資訊的實驗場」。除了隨著戰爭廣傳的不實資訊，交戰雙方以及各自盟邦境內的新聞媒體，也經常提供立場鮮明的報導。認知作戰頓時成為人人朗朗上口的名詞，國際傳播也因為此一當紅議題而受到普遍關注。

　　在此同時，網路平台造成的資訊流通不公平的問題，也引起廣泛關注，包括澳洲政府在2021年強硬立法，迫使FaceBook等國際網路巨擘改變無償使用在地新聞內容的慣例；同年，法國針對Google在補償在地新聞內容與演算法不透明等原因，重罰五億歐元；2022年，歐盟通過《數位服務法》（DSA），也被認為主要是鎖定擁有「守門」權力的國際級網路平台，這些幾乎都是境外業者。這些新科技與新挑戰，本質上正是網路時代的國際傳播。

　　回顧來看，國際傳播的發展已經有上百甚至上千年的歷史，在第一次世界大戰更發揮了強大了宣傳作用。然而，全世界開始高度關注國際傳播的近因，其實是2016年的美國總統大選，因為有來自包括俄國在內的境外勢力，透過假帳號在社群媒體發布所謂的「假新聞」，因而影響了選情。臉書2017年4月也證實有此跡象，並且承認大約3-4%的臉書帳號是假帳號。從此以後，假新聞就成了國際傳播中的重要議題，包括英國也指控來自俄羅斯的假帳號試圖分化英國社會。在我國，政府從2018選舉開始宣稱有境外的假新聞企圖影響輿論，並且把政府支持度下滑與選舉大敗，歸咎於假新聞。到底真相如何，有待探討。不容否認的是：網路時代，假訊息廣受關注，深層結構涉及認知作戰與網路平台的守門權力，在在使得當

代的國際傳播研究,面臨空前未有的挑戰。

一、國際傳播的發端

國際傳播的濫觴,如果從中國的歷史來看,可以追溯至春秋戰國,甚至是更早的傳說時期;從西方當代主權國家與國際關係的角度來看,可以從17世紀近代民族國家的登場算起,尤其是1648年簽訂、奠定了民族國家基礎的《西伐利亞條約》(*Treaty of Westphalia*);從國際媒體發展的角度來看,可以訂為法國「哈瓦斯通訊社」成立的1835年;從國際傳播在國際關係上開始發揮重要功能的這一點來看,則可以從第一次世界大戰算起,不過國際傳播理論的受到重視,則要等到20世紀中期才開始。

前述的哈瓦斯通訊社是最早成立的國際通訊社,但是在1940年因為第二次世界大戰時德軍占領巴黎而宣告瓦解,原址在巴黎光復後另外成立了「法國新聞通訊社」(Agence France Press),通稱法新社。「通訊社」(news agency)的出現,促進了跨地區、甚至是跨國界的資訊快速交流,有助於世人得以在比較快速的時間內分享同樣的訊息。聯合國教科文組織(UNESCO)將通訊社區分為三大類:第一類是國際級的通訊社;第二類是國家級的通訊社,例如我國的中央通訊社;第三類則是針對經濟等專業議題的通訊社。當今國際級的通訊社有所謂四大通訊社,包括了美國的美聯社(Associated Press)與合眾社(United Press International)、英國的路透社(Reuters)與上述的法新社。在過去,許多國家的國際新聞有超過了八成都是倚賴這四大國際通訊社提供(Mowlana, 1997: 47-50)。國際通訊社與國際廣播是20世紀前期與中期最重要的傳播方式,不過如今隨著新傳播科技興起,情況已有改變。

國際廣播(international broadcasting)是透過電波進行國際宣傳,因為中波(medium wave)與短波(short wave)可以輕易跨越國界的限制,而且成本相對低廉,成為早期許多國家對外宣傳的重要傳播工具,尤其是戰爭時期的心戰喊話工具。戰爭結束之後,包括美國在內的許多國家,也

仍然持續利用廣播發送多國語言以進行國際宣傳任務，美國的國際廣播機構不少，其中以「美國之音」（VOA）最為知名。我國目前是由財團法人中央廣播電台（RTI）扮演國家電台角色，負責國際宣傳。

20世紀末，衛星電視與網路電視快速取代了傳統國際廣播的功能，衛星電視一度引領國際傳播的新風潮，英國的BBC、美國的CNN、日本的NHK以及中國大陸的中央電視台（CCTV）都發揮了強大的穿透力，在1996年成立的「半島電視台」，更是第一個提供非世界強權意見的國際電視台，其英語頻道（Al Jazeera English）提供了許多來自中東的觀點。不過國際廣播與電視的角色，很快又遭到了網路媒體興起的挑戰。目前仍有國家維持國際廣播的短波發射，但是德國之聲已率先展開了全網路的服務，完全放棄了傳統的短波國際廣播；我國的中央廣播電臺，則是陸續減少中波與短波的國際廣播，推出了網路影音等新媒體服務；中國大陸多軌並行，中央電視台提供國際頻道，同時推出中國網絡電視台（CNTV）；職司國際廣播的中國國際廣播電台也推動網路以及影音化。2016年12月31日中央電視台把旗下的國際傳播機構整併為中國環球電視台（又稱中國環球電視網，CGTN）。2018年3月21日中央電視台、中央人民廣播電台和中國國際廣播電台又合併成中央廣播電視總台，試圖進一步發揮綜效。

藉由國際傳播來接觸境外的人民與決策者，甚至以此改變他國的輿情與立場，被認為是外交的一環，廣獲研究者重視（Fortner, 1993）。傳統的國際傳播關切的是國對國的單向國際宣傳，研究者將國際宣傳定義為國家執行外交政策的工具，一個國家藉此來影響外國人民，或是特定的種族、階級、宗教、經濟或者語言團體之內部民眾的態度與行為；就此而論，傳統的國際宣傳要素包含：意圖改變他人態度、意見和行為的宣傳者、使用的文字、語言或者符號、媒體、受眾（Holsti, 1983）。如果宣傳目的是故意影響他國安定，則屬於「傷害性宣傳活動」，其中一類是意圖性的錯誤宣傳，另一類是選擇性的錯誤宣傳，前者是負面資訊或故意的假資訊，後者則是曲解或不平衡資訊（Addis, 1988）。

進一步來看，儘管數千年前已有國際關係，也有國際傳播可以探

討，但是現代國際傳播理論的建構則是直到1950年代才真正誕生，最開始關注的是冷戰期間的宣傳，在此之前，第一代研究者包括Lasswell等學者，從宣傳面向探討第一次世界大戰的情況，第二代研究者包括Lerner等學者，開始了國際傳播理論的建構。這些主流國際傳播研究的發端，深深受到美國外交政策的影響，西方學界對於國際傳播最早的應用背景是第一次世界大戰的國際宣傳技術與效果；在這之後，一直到第二次世界大戰前後，國際傳播的研究與應用隨著傳播科技的進步，先後出現了新的面貌，其後進入了冷戰時期，更產生了現代化理論與創新傳布等學術論述，影響了在此之後數十年的國際傳播理論發展，相關探討至今未歇。然而，早先的國際傳播論述經常反映出濃烈的美國價值，美國學者Lerner就認為所有的發展中國家，都應該以線性的進程去追趕美國的現代化模式（Lerner, 1958）。1970年代之後，第三世界國家提出的依賴理論也對於國際傳播理論的內涵帶來不少挑戰，而英國與美國相繼致力於國際的新自由主義，也使得國際傳播領域成了其恣意施展的領域。到了21世紀，進入網際網路的國際傳播世代，假新聞與社群媒體成為深受各界關注的研究課題。

最常獲得引述的國際傳播定義是：「跨越國境的傳播行為」（Fortner, 1993）。然而，國際傳播理論的詮釋難免涉及了不同的觀點，而傳播科技也已經改變了傳播的廣度。現有的國際傳播理論頗多反映出強烈的美國色彩，欠缺更廣闊的國際化以及多元的立場與觀點（李金銓，2022）；除此之外，隨著數位匯流時代網際網路的無遠弗屆，國境在網路上已經幾乎消滅，傳統以國界為分界基礎的國際傳播現實更已經產生重大改變，公民團體與個人都扮演了前所未見的重大角色，例如成立於2006年的國際性非營利組織「維基解密」（WikiLeaks）公布了許多重要國家的外交、軍事等機密文件，立刻就對許多國家的外交作為造成了衝擊；2010年至2011年發生在北非國家突尼西亞的「茉莉花革命」，透過推特等社群媒體發揮了極大的國際傳播影響，不只促成革命，還引起鄰近國家民眾的回響，被認為意義非凡；可惜後續衍生的內戰造成數十萬人喪生（Fukuyama, 2018）；擔任美國國家安全局雇員的史諾登（Snowden）在

2013年揭露美國國安局以「稜鏡計畫」（PRISM）進行廣泛的秘密電子監聽，消息一出立即影響國際外交，更成為當年十大國際新聞的第三名。境外假新聞透過網路傳播而影響輿情，這個命題本身會不會也是假新聞？這些都成為熱烈討論的話題，可見國際傳播的行為者與實際運作場域都已經產生許多變化，國際傳播理論當然更有必要重新檢視。

在網路世代由國際傳播引發或推波助瀾的許多重大事件都值得深入研究，以「茉莉花革命」為例，這場革命被某些西方媒體稱為「推特革命」，這是因為西方媒體的主流觀點認為反對突尼西亞獨裁政府的示威運動人士，正是透過網路社群媒體「推特」（Twitter）與「臉書」（Facebook）來發布相關訊息、宣言與感想心聲，並且藉以動員抗議群眾，結果不只在境內發揮了聯繫與號召的功能，更因為網際網路具有無遠弗屆的特性，因而也在國際傳播上發揮重要功能，一方面使得世人得以同步瞭解這項示威運動的意義、情況與最新進程，另一方面也吸引了國際社會的關注與支持，因而限制了獨裁政府施行大規模武力鎮壓的可能性。儘管有學者分析指出，突尼西亞網路的普及性其實不高，從這一點來看，主要的境內動員管道應該還是傳統電話而不是社群媒體，西方媒體強調推特所發揮的功能或是甚至以「推特革命」來稱呼這場示威運動，反映的其實是美國中心的思維與想像，未必符合實情。社群媒體在「茉莉花革命」所扮演的角色，有待更多研究探討；不過社群媒體在這次示威運動中發揮了重要的國際傳播效果，這一點倒是毋庸置疑。2016年美國總統選舉之後，假帳號與假新聞是否影響以及如何影響民意與「社群聆聽」（social listening，在台灣經常被稱為網路聲量或大數據），更是值得探討。

二、國際傳播的研究

國際傳播是國際關係之中相當重要的一環，國際傳播的學術研究，受到了國際關係現實的諸多影響。早先的國際傳播是國際政治中現實權力的反映，國際強權挾其優勢國力之助，不免會在有意或無意之間將其生活

方式、思想文化以及世界觀向其他區域推廣或散布。中國在封建時期的朝貢體系必然伴隨舊時代的國際傳播模式，而20世紀的現代化理論則反映了美國的國家利益。

國際傳播模式的演變，隨著國際現實與科技發展而迭有改變，最早是漫長的口語及紙本時期，然後進展到了電子時期，這段時期包括電報、電話、廣播與電視，其中廣播與電視帶來閱聽眾的「共時體驗」（synchronic experience），這是前所未有的巨大突破，如今進展到了網路時期，隨著行動高速上網與數位匯流的科技成熟，國際傳播面貌更是產生了顛覆性的改變。

國際傳播的研究已經有了可觀的進展，不少學者已經試著提出國際傳播模式的歸納與分類。有學者根據傳播科技進行劃分，也有學者從國際傳播的深度與廣度來進行劃分。依照科技的發展，可以把國際傳播分成三個不同時期：國際會議時期（1835-1932），電報、電話以及國際廣播為此時期的主要工具；國際宣傳時期（1933-1969），英國、德國與美國陸續成立了國際宣傳部門，透過國際廣播等傳播方式進行國際宣傳；傳播新科技時期（1970-），各國紛紛開辦國際電視頻道（Fortner, 1993）。隨著網際網路的普及，現在更進入了一個嶄新的時期：社群網路媒體時期。

從國際關係的基本局勢也可以劃分不同時期，國際傳播理念的發展演變有三個關鍵時期：1947年冷戰開始，國際傳播論述以發展傳播理論為主，為的是藉此圍堵以蘇聯為首的共產主義陣營；1960年代開始，國際關係學者開始結合國際傳播與行為主義研究途徑，進行公共外交的研究（劉笑盈、麻爭旗，2002）；1968年開始的激進主義也使得國際傳播與帝國主義及反帝國主義結合；1989年蘇聯瓦解，使國際傳播進入了全球化理論的盛行年代，彷彿意識形態的國際鬥爭已經終結（Sparks, 2007）。

前述三個時期國際傳播理論的主要代表，包括：傳播與國家發展、媒體帝國主義（media imperialism）以及全球化理論，分別代表三個不同階段，第一個階段是樂觀主義，媒體被看成「神奇的觸發器」，可以帶動社會發展；第二個階段是殖民主義；第三個階段則是全球化（Golding &

Harris, 1997）。

在此同時，全球化的推展也激起了非主流的觀點，例如從馬克思主義來反思，因而激盪出依賴理論，依賴理論又分成「依賴不發展」與「依賴發展」兩種觀點（李金銓，2014）。除此之外還有強調全球化之下的在地化。這些抗衡雖然引發了不少關注，但是還不能真正撼動國際傳播的主流論述。除此之外，網際網路世代的傳播，確時強化了全球化傳播，但是未必帶來國際鬥爭的終結，反而成了各國發動輿論戰的新戰場。

有學者不只考量傳播技術，還參考實際的行動主體而將國際傳播另外分成了三個與前述分界不同不一樣的發展時期：例如國際化（internalization）、全球化（globalization）與跨國化（transnationalization）。國際化階段大致對應冷戰時期，民族國家為行動主體，正逢東西方對抗、南北球對立，國際傳播的技術以中、短波廣播為主、衛星電視為輔，公民的身分認同為民族國家之公民，此階段的主要理論特色為「文化帝國主義」（cultural imperialism）；全球化階段處於後冷戰時期，在各國解禁的風潮之下，全球企業與全球媒體興起，扮演了國際傳播的重要力量，區域性遭到減弱，公民的身分認同陷入全球與在地的拉扯，此階段的理論特色是「文化全球化」（cultural globalization）；跨國化階段則進入多極化的國際關係格局，網際網路的高速時代來臨，促成網路社會與新興媒體的發展，使得國際傳播的行動主體從國家擴散到了社會乃至於個人，公民的身分認同具有創設性與流動性，此階段的主要理論特色則是「文化混同」（cultural hybridity）。然而，身分認同要邁向混同，或許充滿衝突，這正是當前世界政治的主要變數，包括白人民族主義等民粹主義抬頭，以及部分有色人種的民族主義走向極端（Fukuyama, 2018），這些也會影響國際傳播。

進入21世紀之後，國際傳播的研究重點應該轉向網際網路所帶來的新的變化與衝擊，不過這方面的研究因為場域跨越了國境，要進行實證研究的難度頗高，尤其是針對假帳號與假新聞，連帳號與新聞的真假有時都不易認定。牛津大學在2017年針對美國、德國、俄羅斯、中國大陸、台灣

等地的研究發現，政府與個人為了操縱民意，都經常使用社群媒體散布錯誤資訊與政治宣傳，這些訊息因為受到了社群媒體演算法的支持，所以營造出了高支持度的假象（Bradshaw & Howard, 2017）。

假訊息引起各國關注認知作戰。美國國防大學早在1995年就針對「資訊戰」出版專書；美國的「國家民主基金會」（National Endowment for Democracy）稱之為「銳實力」，定義如下：「利用爭議訊息，破壞社會既有網絡、並加深原本之對立（Cardenal et al., 2017）。」認知作戰超越傳統軍事手段，結合政治、經濟與訊息等，藉以影響對手的認知體系；中國軍方在2003年強調「三戰」，其中的「輿論戰」也是認知作戰。認知作戰雖然是新名詞，卻不是新觀念，戰國時期的《孫子兵法》就說：「凡伐國之道，攻心為上，務先服其心。」

認知作戰除了影響輿情，還包括軟、硬體：軟體是各種程式的使用，尤其是網路平台與通訊軟體，硬體則包括所有電子設備。美國多次指控華為等中國硬體廠商在硬體裝置後門以竊取資訊，並且發布貿易禁令，這不只是針對硬體問題，也是想繼續維持美國作為世界硬體產業霸權的地位。

傳統的國際傳播已經不容易研究，如果是跨國而針對極權或是威權國家進行實證研究，經常還牽涉了敏感的政治考量。到目前為主，許多進行國際傳播的機構，都還無法透過常見的市場調查去精確掌握海外閱聽眾的人數與特質。至於網際網路，針對社群媒體聆聽與網路聲量，結合人工智慧以進行文字探勘以及語意分析而發展出最新的社群輿情研究方法，越來越受重視，可以藉此辨識傳統手工操縱的假帳號。然而，AI人工智慧也有助於假帳號的晉級與難以被辨識。判別帳號與訊息來源時，可以透過「網際網路協定位址」（IP Address）來進行使用者是否來自境外的分析，但是如果使用者透過虛擬私人網路（VPN）來翻牆上網，當前技術仍不容易確認真實位址。

三、國際傳播的理論

　　國際傳播理論提供了看待國際傳播的視角，當然，任何理論都不免會反映特定的價值與觀點。現代化等主流國際傳播理論的誕生，有其源自於美國的學術傳承。當時美國學術界有兩個主要的傳播研究學派，一是芝加哥學派，一是哥倫比亞學派，其演變剛好反映了美國當時的社會情境，兩個學派關切的核心議題與研究方法頗不相同。芝加哥學派漸漸體認傳播對個人的影響力其實非常有侷限，在此同時哥倫比亞學派卻大談傳播可以促進現代化，這兩大主要理論儘管共存，但是深入探討卻會發現兩者之間其實未必相容。

　　相較於芝加哥學派重視社會詮釋，哥倫比亞學派則強調行為科學。前者以人類學研究途徑探討都市變遷與人際溝通，後者則試圖在微觀層面探討媒體的短期效果，想探討媒體如何改變個人或團體的態度與行為，結果卻不樂觀，大幅修正了過去認為媒體具有明顯且立即效果的「魔彈理論」。在此同時，麻省理工學院代表的麻工學派卻以無比的信心，斷言媒體具有宏觀的長期效果，從此開啟在國際傳播領域引領風潮數十年的現代化理論（李金銓，2022）。

　　現代化理論是美國政府積極鼓勵的產物，當哥倫比亞學派發現媒體的效果相當有限，麻工學派的政治社會學者卻剛好相反，積極主張媒體在促進第三國家發展能夠發揮神奇的效果。經典的著作是以「傳統社會的消逝」為名而發表的專書（Lerner, 1958），該書副標題則是「中東的現代化」，這本書被認為是「現代化理論」的代表作，奠定了國際發展傳播的主要基線；經濟學者發表《經濟成長的階段》一書（Rostow, 1960），詳細描述從傳統到發展的五個階段，以及各個階段的具體特徵，也是現代化理論的重要論述基礎；繼起探討的是傳播在政治發展中的重要角色（Pye, 1963）；具有里程碑意義的代表著作是《大眾媒體與國家發展》（Schramm, 1964），這本書由聯合國教科文組織資助，意義非凡，被

許多第三國家的決策者看成是邁向發展的指南與聖經。哥倫比亞大學的新聞擴散與愛荷華大學的農業傳播擴散，被整合成「創新傳布理論」（Rogers, 1962）。這些論述讓第三世界菁英誤以為學習西方經驗，這種簡單方案就可以解決困難的問題（李金銓，2022）。

對於發展中國家面臨的發展問題，現代化理論雖然提供了最簡單的解答，但是現代化理論其實沒有獲得實證研究的支持，甚至招致概念不當、無視不同社會文化背景、偏重美國中心、脫離實證等批評。前述研究者從不諱言現代化就是美國化，他們甚至相信從中東現狀到美國式現代化，應該會是直線發展。這些計畫後來遭受批評，形同是背後支持理論建構的西方強權之自我服務。

必須注意的是，哥倫比亞學派的研究成果，與麻工學派在倡議現代化理論的假設頗有衝突，前者發現媒體對於閱聽眾可以發揮的效果有限，後者卻強調媒體可以促進發展中國家的進步。這就顯示當代現代化理論所賴以建立的科學假設或許不無問題。尤有甚者，與現代化理論具有近親關係的創新傳布理論，至今在發展中國家仍然被許多學者奉為圭臬，但是深入檢視之後卻會發現其研究方法其實頗有問題（李金銓，2022）。

由美國主導而發展的國際傳播理論，一開始就牽涉了冷戰衝突，因此引起了共產世界與第三世界國家的質疑，到了1970年代又混合了南北緊張，這時候出現的依賴理論從馬克思主義獲得啟發，把剝削的概念引入國際互動之中，從理論上把現代化變成了剝削化，對於現代化理論形成了全新的挑戰，但是美國仍在第三世界散布現代化理論，想要以此來對抗共產世界的擴張。

由於傳播媒體沒有發揮預期中的發展功效，傳播與國家發展典範不免陷入了困境。大約在此同時，另一個替代性的典範出現，亦即媒體帝國主義。學者對於帝國主義的批判由來已久，主要是師承馬克思學說。就傳播的角色而論，1969年的《大眾傳播與美國帝國》（Schiller, 1969），讓媒體帝國主義儼然成為一家之言。媒體帝國主義是指一國家媒體的所有權、結構或內容，受制於其他國家媒體的利益，彼此之間的相互影響力極

不平等。美國爲媒體帝國主義之首惡。其他的用語包括了文化帝國主義（強調文化侵略）或是資訊帝國主義（強調資訊控制），有學者更以電子殖民主義來形容，相較於過去的重商殖民主義，電子殖民主義尋求的是透過閱聽眾的耳目來影響其態度、欲望、信念、生活型態或購買形式（McPhail, 1986）。媒體帝國主義以國家作爲分析單位，這讓一些學者不以爲然，他們認爲應該改以傳媒內容的商業化來作爲分析判準，尤其是美國式的商業化傳媒內容。晚近由於國際媒體之間的交叉控股，因此提及美國傳媒帝國主義已經不再適當，而應改稱帶著濃厚美國口音的跨國公司傳媒帝國主義（Herman & McChesney, 1997: 40）。西方媒體勢力的強大存在，確實讓許多非西方國家感到憂心，有些國家並採取發展國家（developmental state）的角色，試圖抗衡（賴祥蔚，2005）；因應網路趨勢，中國自建網路平台，不讓西方巨擘長驅直入，也是深化發展國家的角色。中國大陸的學界也積極思考建構自有特色的國際傳播理論（賴祥蔚，2020）。

　　同樣在1970年代，當若干國家感受到了國際傳播的流通失衡與潛藏的價值偏差，而試圖在聯合國教科文組織推動改變，1976年通過的第100號決議，要求成立委員會調查國際傳播問題。此一國際傳播問題研究委員會因主席爲馬克布萊德，因此廣被稱爲馬克布萊德國際委員會。該委員會的期中報告嚴厲斥責已發展國家大量對發展中國家輸入新聞或影片，對其造成永久性的新殖民主義，並且在期末報告中大力呼籲改變現狀，因而產生「新國際資訊與傳播秩序」（NWICO）的訴求，更試圖推動改變國際傳播秩序的實際改變。美國與英國則以「資訊自由」作爲立場來反擊NWICO對於現狀加以改變的企圖，並且在1984年與1985年先後退出聯合國教科文組織。成立於1964年的教科文組織，乃由會員大會作爲最高決策機構，每一會員國擁有相同的投票權；經費來自於會員國，但各國分攤的比例並不相同，尤其是美國一國就負擔了教科文組織四分之一的預算，因此美國與英國兩國相繼決定退出教科文組織，也帶走了美國對這個組織的重要財政支持，釜底抽薪，立刻造成該組織的財政出現問題，兩國以此施

壓，使得前述運動難以為繼。1990年代之後，聯合國教科文組織的立場又從先前宣稱的「資訊平衡」轉而偏向了「資訊自由」。直到2022年，歐盟在通過的《數位服務法》等法案，也可以看成是在網路平台守門的時代，繼續推動資訊平衡。

不平衡的國際資訊流通是一個事實，但是這是否就構成了帝國主義，有些學者不表認同，認為這言過其實，更何況受指控國家未必就一定占盡便宜。至於媒體帝國主義造成的文化侵略，學者認為，假設本土文化會被西方擴散的媒體產品消滅，其實是錯誤的，因為本土文化在面對外來文化時，除了單純的加以吸收之外，還有融入與抗拒等策略（Featherstone, 1992）。儘管如此，全球資訊流通的失衡，應該仍然是未來國際傳播的重要研究領域之一。

20世紀末期最受到關注的國際傳播理論無疑是全球化理論，雖然有學者倡議全球化應該促成「**文化多元主義**」（cultural pluralism）（Sreberny-Mohammadi, 1991），不過在實際上，全球化更多的延續了新自由主義的精神，一方面展現出資本主義的國際擴張，因此在政治經濟上催生了「世界貿易組織」（WTO），其後因為WTO推進不利而出現許多區域整合組織，在媒體方面則有全球化媒體霸權的登場，由於全球化媒體霸權是以美國為首的英語文化為主，不免引起了其他語言文化的在地化抗衡，例如歐盟的前身歐洲共同體在1989年透過「歐洲無國界」訴求，呼籲成員國儘量播放彼此的廣播電視節目；法國在1993年也針對WTO的前身GATT在貿易談判時提出了「文化免議」的主張，試圖對抗美國的壓力，以免高舉全球化旗幟的國際傳播，在實際上變成了單向的美國傳播。直到最近，歐盟仍然試圖透過強調要購買或製作在地節目等政策，來減緩美國影視產業藉著OTT TV等網際網路便利而扼殺歐洲的在地影視文化。關於資訊流通不平衡的問題，許多研究都已經證實了不平衡的存在。儘管若干研究顯示，觀眾喜歡收看自己國家或文化的節目，但進口節目仍大行其道。其中的原因除了進口節目的成本低廉，只占自製節目成本的十分之一之外，主要還是自製的節目不足。全球資訊的不平衡流通不只存在於已發

展國家與第三世界的發展中國家之間，也存在於已發展國家的陣營，美國則是全世界最大的節目輸出國。其中原因除了英語作為國際語言、私有化的傳播媒體在市場中比較具有競爭力，還有一個重要因素是美國媒體市場的經濟規模可觀。行動通訊與網路便利的跨境特性，讓資訊不平衡的問題更加複雜。

聯合國教科文組織在1970與1980年代分別進行了電視節目在國際上的流通分析，兩次分析都發現了單向流通與以娛樂節目為主等特徵。美國與西歐國家為輸出大國，但西歐國家本身又是美國節目的輸入國。傳播媒體全球化與資訊流通不平衡的負面影響主要在幾個領域：第一，價值，尤其是商業化價值對於消費、個體主義、個人選擇的強調。第二，公共領域被娛樂取代。第三，保守政治力量的強化，例如新自由主義有利於跨國企業，卻不利勞工。第四，地方文化的侵蝕，甚至是各國多元觀點的不平衡發展（Herman & McChesney, 1997: 153-155）。非美國的歐洲等國家，一方面需要美國傳播產業的幫助，另一方面又受到美國傳播產業的壓迫，這些發展剛好體現了依賴理論的「依賴發展」與「依賴不發展」等辯證關係。

國際傳播在網路時代的新發展，包括前述認知作戰與網路平台巨擘，對於現有理論帶來巨大的衝擊與挑戰，勢必促成原有理論的調整、顛覆與創新，有待投入更多的關注與研究。

四、國際傳播的未來

21世紀的國際傳播在理論與實務上都面臨了新的挑戰。實務上，網際網路與社群媒體已經改變了國際傳播的運作，各種資訊在網際網路上快速傳遞，使得國際傳播的行為者、傳播管道、受眾以及效果，都與過去迥然不同，而假新聞更成為重要的探討議題。不只各國元首等重要人物紛紛選擇優先在社群網路上發表重要宣言，第一時間就可以同步傳播到全世界，打破了過去國際傳播主要都被掌握在重要國際通訊社或是國家廣播與

電視等媒體的局面；還有越來越多民眾扮演自媒體的角色，只要所挖掘出來的內容具有足夠的感染力，一樣可以立刻向全世界廣為傳播，發揮重大影響力。

不僅國際傳播與國內傳播的界線逐漸被打破，連傳播與非傳播的界線也開始模糊。哈佛大學教授奈伊（Nye）在1990年提出了「**軟實力**」（soft power）的概念，意指在軍事與經濟之外，文化、價值與意識形態也具有重要影響力。以當代的情況來看，包括影視節目、文化創意產業等，都是軟實力的一環，也都能發揮國際傳播的效果，值得更深入研究。針對影視節目，許多研究早已指出，美國影片往往充滿刻板印象，甚至對刻板印象予以強化，例如女性、黑人等少數族群的形象常常受到扭曲。一個知名的跨國爭議發生在電影產業，這正是由美國所獨力主宰的地盤。這個知名案例的主角是美國迪士尼公司，在其「全球思維、在地行為」（Think global, act local.）的全球化行銷策略之下，在1998年推出了動畫電影作品《花木蘭》，這部電影改編自中國民間故事，為了加強劇情的衝突性與趣味性，不僅更改原本故事，更把花木蘭的戰爭對手「突厥」加以醜化，引來了突厥後裔國家土耳其的嚴重抗議。儘管如此，美國迪士尼公司仍然無動於衷，繼續全球放映，而土耳其則是在國內予以禁演。結果是全球影迷只看到電影裡突厥的惡形惡狀，渾然不知土耳其人的抗議與不滿。相較於前述案例的負面性，另一個正面案例是2003年推出的韓國電視連續劇《大長今》風行海外，不只有英語、日語及華語的配音，甚至還有阿拉伯語配音，影響力可觀。更值得注意的是，網路平台的權力無遠弗屆，在許多面向已經凌駕主權國家之上，國際傳播理論應該怎麼分析與詮釋這些新的國際傳播發展，有待更多思考。

相較於媒體帝國主義典範的擔心各地文化將會在全球化之下，出現同質化的現象，文化多元主義則對全球化情境中的異質發展與互動交流發展表示樂觀。抱持此一典範的學者強調文化平等，尤其反對以美國為主的西方國家文化為標準來論斷其他文化。他們相信，在全球化與地方化兩股力量的激盪下，傳播科技的變革與多元價值的競逐，將可以打破資本壟斷

與殖民神話,並促成文化的混雜化(hybridization)。

　　文化多元主義論者強調,不管是傳播媒體閱聽人還是商品消費者,其實都具有其自主性與能動性,因此分析焦點必須從過去所注重的文化生產面移轉到消費面。由於生產面與消費面均不可偏廢,就此而論,文化多元主義典範實在提供了一個有別於傳媒帝國主義典範的觀察角度,可以互補彼此之不足。傳播學者李金銓強調「國際傳播的國際化」,批評傳統的美國中心學術傳承太過偏頗,扭曲了國際傳播領域的發展,進而主張國際傳播研究必須真正國際化,新的起點應該是「世界主義」的精神,由各國學者各自從其在地的文化出發,據以提出對於國際傳播的新詮釋與新觀點,這樣才能為國際傳播提供新的研究動力與發展契機(李金銓,2022)。

　　網際網路的發展帶來許多新議題,先前聯合國特別關注的議題之一是數位落差。聯合國「經濟合作暨發展組織」(OECD)先針對數位落差提出報告,聯合國接連舉辦多場「資訊社會高峰會」(WSIS),探討重點之一就是數位落差。數位落差反映的是資訊秩序的嚴重失衡,不只國境之內有數位落差,國際之間更有數位落差,網路平台的守門權力更是凌駕主權國家。資訊失衡會對國際社會造成什麼影響,應該如何設法改善?當代國際傳播研究者都必須重視這些新興的重要議題。目前透過社群網路媒體等方法進行國際傳播,已經成為包括國家在內的許多組織與個人的重要實踐,各種訊息透過網路的傳播與影響,可以拉高到認知作戰層次,涉及國家安全的嚴肅課題;而網路世界以及新興的「元宇宙」(metaverse),則被少數幾家國際級的網路平台與科技公司掌控,應該如何面對與因應,更是未來國際傳播必須跨域整合的最新顯學。

問題與討論

一、何謂國際傳播？對於國際關係可能發揮什麼影響？

二、日常接觸的傳統媒體中，國際新聞呈現什麼樣貌？反映什麼觀點？

三、如何看待「境外假新聞」的議題？對國內輿論有什麼影響？

四、如何從國際傳播的角度來思考認知作戰？政策上如何因應？

五、數位落差，尤其網路平台的權力結構，會怎麼影響國際傳播？

六、資訊流通是否真的不平衡嗎？有無解決的可能？

七、網路平台對日常生活有什麼影響？與國際傳播有什麼關係？

八、歐盟《數位服務法》與國際傳播有什麼關係？

九、主要的國際傳播理論有哪些？理論的基礎與假設是否合理？

十、國際傳播的研究與理論，未來可能有哪些新的發展重點？

參考書目

李金銓（2022）。《國際傳播的國際化》。台北：聯經出版。

李金銓（2014）。〈傳播研究的典範與認同：一些個人的初步思考〉。《傳播研究與實踐》，4(1)，頁1-21。

劉笑盈、麻爭旗（2002）。〈關於深化國際傳播學研究的思考〉。《現代傳播：北京廣播學院學報》，1，頁8-41。

賴祥蔚（2020）。〈論國際傳播學的去西方化──一個對西方化傳播關的批判〉。《哈爾濱工業大學學報（社會科學版）》，22（2）：93-99。

賴祥蔚（2005）。《媒體發展與國家政策》。台北：五南圖書。

Addis, Adeno (1988). International propaganda and developing countries. *Vanderbilt Journal of Transnational Law, 21*(3), 493-520.

Bradshaw and Howard (2017). Troops, Trolls and Troublemakers: A Global Inventory of Organized Social Media Manipulation. *The Computational Propaganda Project*.

Cardenal, J. P. et al., (2017). *Sharp Power: Rising Authoritarian Influence*. Washington, D.C.: National Endowment for Democracy.

Featherstone, Mike (1992). *Global Culture*. Sage Publication, Inc.

Fortner, S. Robert (1993). *International Communication: History, Conflict, and Control in the Global Metropolis*. Belmont, CA: Wadsworth Publishing Company. 中文譯本：龐文真譯（1996）。《國際傳播》。台北：五南圖書。

Fukuyama, F. (2018). *Identity: The Demand for Dignity and the Politics of Resentment*. New York: Farrar, Straus and Giroux.

Golding & Harris (eds.) (1997). *Beyond Cultural Imperialism: Globalization, Communication & the New International Order*. Sage Publication, Inc.

Herman, Edward S., & Robert W. McChesney (1997). *The Global Media: The New Missionaries of Corporate Capitalism*. London and Washington: CASSELL.

Holsti, K. J. (1983). *International Politics: A Framework for Analysis*. Englewood, N. J.: Prentice Hall.

Lerner, Daniel (1958). *The Passing of Traditional Society: Modernizing the Middle East*. New York: Free Press.

McChesney, Robert W. (1998). *Capitalism and the Information Age: The Political Economy of the Global Communication Revolution*. New York: Monthly Review Press.

McPhail, Thomas L. (1986). *Electronic Colonialism: the Future of International Broadcasting and Communication*. Calif.: Sage.中文譯本：鄭植榮譯（1992）。《電子殖民主義》。台北：遠流出版公司。

Mowlana, Hamid (1997). *Global Information and World Communication: New Frontiers in International Relations*. London: SAGE.

Pye, L. W. (ed.) (1963). *Communications and Political Development*. Princeton, NJ: Princeton University Press.

Rogers, Everett M. (1962). *Diffusion of Innovations*. New York: Free Press of Glencoe.

Rostow, W. W. (1960). *The Stages of Economic Growth: A Non-Communist Manifesto*. Cambridge University Press.

Schiller, Hebert I. (1969). *Mass Communication and American Empire*. Boston: Beacon Press.

Schramm, Wilbur (1964). *Mass Media and National Development*. CA: Stanford University Press.

Sparks, C. (2007). *Development, Globalization and the Media*. London: Sage.

Sreberny-Mohammadi, Annebelle (1991). The global and the local in international communications. In James Curran & Michael Gurevitch (eds.), *Mass Media & Society* (pp. 118-138). London: Edward Arnold.

Chapter 17

國際秩序的未來

一、國際秩序的定義與構成因素

二、近代國際秩序的歷史發展

三、文明衝突與國際秩序：21世紀國際政治
　　的新趨勢？

四、重新回到無政府狀態？

張登及（Teng-Chi Chang）

台灣大學政治學系教授

英國雪菲爾大學政治學博士

政治大學東亞研究所博士

　　1991年蘇聯瓦解，兩極對峙的冷戰時代告一段落，世人普遍認為康德（Immanuel Kant）自由主義理念所提倡的「永久和平」終於到來（參閱本書第三章），自由國際秩序（Liberal International Order）已經贏得最後勝利。那時候便先後有文明衝突論者杭亭頓（Samuel Huntington）（詳見本章下節）與結構現實主義理論家華爾茲（Kenneth N. Waltz）、米爾斯海默（John J. Mearsheimer）等預言單極霸權（unipolarity）不可持久，未來美中的對峙尤其值得關注（Waltz, 1993: 44-79）。但這些問題要直到2001年911恐怖攻擊與2008年全球金融危機之後，才在海外受到熱烈討論。尤其是2016年美國史上最特立獨行的川普（Donald Trump）當選總統並退出眾多國際軍控、貿易、文教、氣候等建制，而後英國也在2020年完成「脫歐」立法程序，美國的「退群」與英國脫歐，才使國際秩序（international order）的本質與前途，一躍成為21世紀國際關係研究最重要的問題之一。

　　最近關於國際秩序的爭論，更有整合權力平衡、權力轉移、霸權穩定、國際建制、國際政治經濟學、地緣政治、文化霸權、帝國研究、國際關係史（參閱本書第一章）與後實證、「後西方／非西方」國關理論（post/non-Western IR theories，參閱本書第四章）等多個學科與議題的趨勢。關於秩序將走向何方，對各國外交戰略的選擇必定影響深遠。由於大國權力轉移與國際秩序的未來混沌未明，即便美中對抗越演越烈，他國不同程度的「避險」（hedging）行為依舊十分盛行[1]。

---

[1]「避險」是來自外匯操作與投資領域的概念，特點是在趨勢相反的兩個以上目標物同時下注，目的不是尋求獲利最大，而是避免巨大損失。避險行為特徵有三：(1)同時選擇相反的選項，這些選項可以是同一領域，也可以細化區分（例如政經分離），又稱為「兩面下注」；(2)對巨大的相反力量都不做出綁定的、絕對性的承諾；(3)對相反趨勢的激烈競爭，採取慢一步、小一步（fallback）的立場。例如中共2022年「二十大」與疫情解封、恢復正常外交後，周邊國家如巴基斯坦、越南、蒙古、柬埔寨、寮國、新加坡、馬來西亞首長與德國、澳洲、紐西蘭、西班牙、法國的總統、總理或外長等西方高官陸續訪華，都被認為多少有在美中之間「避險」的用意。避險概念與案例可參閱Cai (2013: 1-12)；張登及、金世勛（2017：63-79）。

有關國際秩序的辯論方興未艾。米爾斯海默、瓦特（Stephen Walt）等現實主義者堅信「多極」結構逐漸浮現，各國都更加擁護主權與獨特的認同，而不再賦權跨國機制，依賴單極結構的自由國際秩序已一去不復返。川普特立獨行，普京（Vladimir Putin）與習近平等領導人強勢作風，都只是加速自由國際秩序崩壞的戲劇性因素，沒有個別領袖的獨特揮灑，結局也差不多（Mearsheimer, 2019: 7-50）。但自由主義與古典現實主義理論支持者們則多認爲，川普言行損及西方主導的現行秩序，只是一個特殊現象，審愼明智的外交仍可維持美國在多極世界的優勢（Walt, 2019: 26-35; 2023）。至於「主流理論」[2]之外的知名學者如阿查亞（Amitav Acharya, 2017）則既不支持季辛吉（Henry Kissinger）式的現實主義多極共治方案，也不支持奈伊（Joseph Nye）自由主義式的預言。阿查亞斷言在現行「美國世界秩序」（American World Order）之後將出現的，是一個經濟相互依存、文化多元主義並行、國家與非國家行爲者共治的「複合世界」（Multiplex World）。

　　在華文圈中，中國大陸討論國際秩序的文獻歷來不少。這不僅是因爲中國外交理念本就主張與「第三世界」（現在多改用「發展中國家」）共同推動「國際政治經濟新秩序」（參閱本書第十二章），至俄烏戰爭一週年之際，中共更已陸續提出「全球發展倡議」、「全球安全倡議」、「全球文明倡議」、「人類共同價值」等一整套包括經濟、軍事和文化的論述，還贏得包括甫訪華的巴西新總統魯拉（Luiz Lula）與馬來西亞自由派新首相安華（Anwar Ibrahim）等發展中國家領袖的響應，與美國2022年開始主導的反中、俄的「民主峰會」（Summit for Democracy）所鼓吹的「規則爲基礎的秩序」（ruled based order）分庭抗禮。[3]更因爲中國的

---

[2]「主流理論」指現實主義、自由主義、建構主義三大理論及其所屬分枝，可參閱本書相關章節。阿查亞本身則以探討「非西方國關理論」之發展著稱，參閱張登及（2018: 221-244）。

[3]中國近來提出的「人類共同價值」，內容包括「和平、發展、公平、正義、民主、自由」六個主要訴求，明顯是要與西方「民主自由」爲核心訴求的「普世價值」競爭話語權，而將自身過去改革開放經驗強調的「和平發展」，以及社會主義重視的「公平

政策選擇，本身就是影響現行秩序未來走向最大的變數之一（唐世平：2019）。與此相較，國際秩序問題過去在台灣受到的關注很少，直到美國與中俄互相斷鏈、爭奪盟友並展開制裁戰，台灣才發覺自己也是國際秩序的熱點之一。台灣以前對秩序的關注滯後，三個主要原因可能包括：(1)小國的無力感；(2)輿論與媒體過去對國際局勢冷漠；(3)崇信單極結構與美國價值已是人類歷史的終點。這些看法見仁見智，但國際秩序的前途，的確是影響二戰後大國戰爭與和平最關鍵的因素。從理論發展與大國和戰前景來看，討論國際秩序，也是本書合適的總結。

一、國際秩序的定義與構成因素

清晰的概念是社會科學研究的基礎。人類社會生活中存在的各種現象無限多，也可以選用無限多的詞語來描述。但要促進知識的累積，就必須用簡明清晰的概念來界定重要現象，這個程序稱爲概念化（conceptualization），得到的結果是「定義」（definition）。

(一)國際秩序的定義

學界關於「國際秩序」的定義不少。例如現實主義者與外交家季辛吉（Henry Kissinger, 2015：xviii）認爲任何秩序都有兩個主要構成要件：一是規範國家行動界線的規則；二是迫使各方必須自制的均勢（即權力平衡，balance of power），缺一不可。同樣強調構成要件，建構主義者認爲秩序是一套與多數國家「認同分布」（distribution of identity）一致的意識形態。建構主義的定義顯然偏重認知、信念與價值，省略了均勢等權力因素（Allan, Vucetic and Hopf, 2018: 850）。自由主義理論家艾肯伯里（G. John Ikenberry）等則認爲秩序是「界定並指導國家間關係的規則與安排」，這是偏向強調秩序的機制面（Ikenberry and Nexon, 2019: 395-

---

正義」，加在西方高舉的「民主自由」之前。

421）。復旦大學學者唐世平（2019: 187-203）則強調秩序概念需注意經驗上的可操作性與可測量性。他把秩序界定爲因行爲者間的互動與結果受到制約，所導致的行爲可預期之程度。唐世平這個定義的核心，顯然是行爲「可預期性」的高低。

國際秩序的定義當然還有不少，但是上面這些例子夠新，也有相當的代表性。秩序可以從支持它的條件、機制與元素來定義，也可以從它表現出的特徵（例如可預期性）來定義。從宏觀角度來看季辛吉或阿查亞的界說，「世界」秩序又可以成爲「國際」秩序的上位概念。本章參考前面這些界說，認爲「世界秩序」有兩種類型：(1)世界政府；(2)國際秩序。前者是康德「永久和平」的實現，終結了國際政治「無政府狀態」（anarchy）的假定；後者承認「無政府狀態」仍是世界政治的主要特徵，國家仍是最重要的行爲者。儘管人類歷史上「國家」的型態，不限於西伐利亞體系（Westphalian system）指涉的「主權國家」（sovereign states）：城邦、部落聯盟、封建采邑、普世帝國、游牧行國都是國家型單元（參閱本書第一章）。本章不打算延伸討論到世界政府，所以焦點是缺乏世界政府，也就是無政府狀態持續下的世界秩序。其中國家單元仍是首要行爲者，以下統稱爲「國際秩序」。

本文直接界定國際秩序的特徵是「**不發生大國戰爭的狀態**」，這樣定義符合簡明清晰、具有可操作性的要求。無政府狀態的國際政治自然意味著國際衝突盛行；但沒有世界政府不表示我們時時刻刻生活在霍布斯（Thomas Hobbes）所說的恐怖殘忍的「自然狀態」（state of nature）。由於國家行爲者權力分布（distribution of power）極度不平均，所以大國戰爭會捲入的國家最多、戰爭災難最嚴重，行爲者更難受規範，結局也最不可預期，可以說就是徹底「無序」。例如三十年戰爭、拿破崙戰爭、戰國末期七國間的戰爭，以及兩次世界大戰。至於權力不對稱下，大行爲者與中小行爲者間的衝突或代理人戰爭，只要不上升至大國戰爭，國與國互動的競爭性與衝突性仍在可控範圍，本文認爲某種特定「秩序」仍舊存在。這樣我們就能把無政府下的有序（ordered anarchy），與無序的無政

府（disordered anarchy）先區分開來。

(二)國際秩序的構成因素：權力、理念、制度

分析了國際秩序（即「無政府下的有序」）的特徵，我們也應瞭解支持特定秩序存續的構成因素，本章將它們分為物質（material）和非物質（non-material）因素兩大類。秩序的核心物質因素是一個體系中，國家間**權力分布**。權力分布可再區分為**均勢**（balance of power）狀態和**層級**（hierarchical）狀態。國家間權力分布會受到各國經濟生產、軍事能力、科學技術與地緣政治等四大條件變化的影響。一旦權力分布型態劇烈改變，既有的國際秩序也會改變。例如極數（polarity）改變下的權力轉移（power transition），案例像是歷史上的秦滅齊楚、中古東亞的宋遼金和蒙古混戰後的蒙元統一、拿破崙戰爭、一戰之後四大帝國瓦解，以及蘇聯的終結，都使當時既有的秩序徹底改觀。

秩序的非物質因素則相當複雜，其基礎甚至可以直探萬事萬物存在的本質——本體論（ontology）及人與超自然（supernatural）的關係，而成為一種「世界觀」（Weltanschaung/worldview）式的哲學問題。柏拉圖（Polato）的觀念論（idealism）、基督教與伊斯蘭教的一神論、佛道思想中人與自然相互生成轉化的觀點、儒家「存而不論」的入世務實主義、神道教的泛神論、法家或馬克思主義的唯物論（materialism）都對人們如何看待「社會」的本質，當然包括「國際社會」，有深遠的影響[4]。自然而然，國際關係研究中的「國際政治思想」（international political thoughts，西歐也常稱為國際政治理論，以與「國關理論」區別），最常直接處理這些規範性（normative）問題（參閱本書第五章）。

---

[4] 此處必須注意，20世紀被革命政黨系統性整理出的官方馬克思主義，才開始強化簡單的「物質決定一切」的教條（機械唯物論）。馬克思本人在青年與中晚年對物質與理念的關係的看法頗有差異，他本人也反對人們稱他是「馬克思主義者」。簡要的說明，可參閱《財經》2016年第30期對學者史傅德（Fred E. Schrader）的一篇訪問，轉載處https://kknews.cc/zh-tw/culture/l95y2jg.html。

如果我們不從規範性角度切入，可以明快地認為，秩序的非物質因素之基礎單元即為「理念」（ideas），這與物質性因素的「權力」（power）正好形成對比，所以也可以稱為理念因素。這些理念表現為人與國家對待和平（peace）、平等（equality）、正義（justice）、財富（wealth）、自由（liberty）等重要規範價值的態度（參閱本書第五章）。一組高度系統化闡釋世界觀與這些重要價值彼此間關係，以及它們如何落實的理念系統，可稱為「意識形態」（ideology）；例如民族主義、保守主義、理想主義、新自由主義、生態主義、社會主義、無政府主義、女性主義、馬克思主義等等。國家與個人在不同時空條件下，會以不同的理念系統認知世界、建構身分；而國際上多種並存的理念系統，構成了建構主義理論所說的「理念分布」（distribution of ideas）或「認同分布」（Wendt, 1999: 309; Allan, Vucetic and Hopf, 2018: 839-840）。

　　對於一個特定的秩序而言，物質因素與非物質性因素不是割裂、相互孤立地存在。事實上，無論是在均勢還是層級體系，這兩大因素都是動態相連、相互構成的（Lake, 2009: 15-17）。本章採取的物質因素與非物質因素兩者間這種辯證（dialectic）關係的立場，較為接近新葛蘭西主義（Neo-Gramscianism）的國際秩序觀（Cox, 1986: 204-254）。而在物質因素限制或促進的條件下，被規則化甚至成文化地期待與實踐的理念，即構成「制度」（自由主義理論對國際制度的討論，見本書第三章）。國家可能創建制度或接受制度，一旦制度廣被採行，則會回過頭來正當化其基礎理念，甚至某種程度超越物質條件的限制，造成「制度霸權」（institutional hegemony），例如「美元霸權」（dollar hegemony，參閱本書第十一章）。借用批判性國關理論中的新葛蘭西主義的說法，統治集團透過建構特定意識形態以占據理念分布優勢，正當化其國內與國際政治經濟秩序的制度性安排，就成為「文化霸權」（cultural hegemony）（Rupert, 2013: 161）。與此同時，物質因素的改變，也會破壞相匹配的理念與制度。理念與制度的變遷和失調、崩壞，則不僅會破壞霸權的信用（credibility），更會加速原本支持它的物質條件的潰敗，以至整個秩序

本身的瓦解。

　　學者指出，霸權與秩序的觀念早在歐洲希臘時代與中國西周時期就已經出現（Ikenberry and Nexon, 2019: 395-421）。我們循著前文的架構，的確可以檢視希臘城邦與周代秩序的興衰。希臘原本是多極秩序，而後權力分布逐漸集中在強調自由與重視集權的雅典和斯巴達兩大集團並相互爭雄。當整個愛琴海地區經濟與軍事權力沒落，北方的亞歷山大帝國南侵兼併了希臘半島，繼而羅馬大軍進入，羅馬領袖們繼承希臘時代斯多葛學派（Stoicism）自然法理念並將之推廣到歐洲大部分地區，建立了長達四百年的羅馬帝國，其前兩百年盛世的歐洲國際秩序，史稱「羅馬和平」（Pax Romana）[5]。至於周人克商，先是憑藉軍事優勢分封親族，而後透過祭祀禮儀建立同心圓式的封建朝覲制度。周公制禮作樂取代商朝鬼神之治，則確立了天命觀與禮治理念。但春秋以後諸侯崛起，王室越發無足輕重，各諸侯國君主紛紛削弱本國貴族，改採集權的郡縣制與科層制以利資源動員和戰爭，於是權力從分散於數十諸侯，很快集中於幾個實施法家理念的大國，最後鑄造了結合儒家理念與法家制度的秦漢帝國（趙鼎新，2011）。這個東亞大帝國經歷分合治亂，至隋唐之際，已形成日本學者谷川道雄所說的「胡漢」大共同體（谷川道雄，2005：8-13）。盛唐還曾建立橫跨東亞、北亞與部分西亞的「天可汗」秩序，史稱之為「中華和平」（Pax Sinica）（Mahbubani, 2009: 9-41；王小甫：2008）。

　　「天下」沒有不散的筵席，「世界」沒有永恆的秩序（Haass, 2019: 22-30）。古代的羅馬和平或中華和平也都因為權力、理念與制度的變遷而消失，繼而出現其他立足於不同的權力分布和理念認同的新秩序。例如歐洲中古時代鑲嵌在羅馬教權中的封建制序，和之後宗教改革與絕對主權論興起下的西伐利亞秩序（Westphalian Order）。盛唐沒落，胡漢共

---

[5]兩百年之說起點為凱撒（Julius Caesar）之養子屋大維（Octavian）於紀元前27年獲得元老院封授奧古斯都（Augustus）稱號（意為神聖尊崇），終點為紀元180年羅馬哲學家皇帝奧里略（Marcus Aurelius）在北方戰亂爆發中逝世。相關史實參閱Scarre (2012: 16-27, 112-117)。

同體瓦解,東亞繼起的是宋遼「兄弟」並立,再之後則是蒙古和平(Pax Mongolica)。然而這些古代秩序遺留下的諸如自然法、天下觀等重要理念和制度,卻在不同時空中不斷轉化,對更晚出現的現代國際秩序變遷,都有很深的影響(甘懷眞,2008:9-41)。

二、近代國際秩序的歷史發展

(一)從西伐利亞體系到歐洲協商

如本書第一章所提,西伐利亞體系的核心理念即為不受干涉的最高主權。儘管當時這個主權是「君權神授」,而非契約論興起後,我們今天熟悉的「人民主權」。「主權」(sovereignty)的字根來自「君主」(sovereign),即有此意。而且17世紀絕對王權與主權國家的理念雖在歐洲興起,但其制度並未完全覆蓋政教體制複雜、「神聖羅馬帝國」仍然存在的東西歐,更不用說被歐洲「發現」與殖民的亞洲、非洲、拉美、澳洲。後面這些廣大的地域當時被西方認為開化有限,不具備國際法上完整法人的條件(即對固定疆域內的人口,實行實效管轄)。因為它們不適用主權原則,西方可以占有或殖民。法皇路易十四(Louis XIV)、拿破崙(Napoleone Buonaparte)、沙皇彼得大帝(Peter the Great)乃至德皇威廉二世(William II)、希特勒(Adolf Hitler)等都不乏重建凱撒的羅馬帝國之志願,因此歐洲在一戰之前反覆在帝國霸權和列強主權並立的秩序間徘徊。有學者於是指明,所謂1648年「西伐利亞秩序確立」只是一種「大爆炸」(big ban)式的幻想。以為今日大家習以為常的主權觀,是17世紀一夕之間出現並立刻普及,這與歷史現實差距很遠(Carvalho et al., 2011)。

法國「太陽王」路易十四爭霸18世紀的志業,表面上贏得了西班牙王位繼承戰爭,但卻得到內容繁瑣的1713年烏德勒支合約(Peace of Utrecht)。路易十四的孫子菲利浦雖成功繼承西班牙王位成為腓力五世

（Philip V of Spain），但合約禁止同為天主教陣營的西、法兩大國結盟，反而形成一個制衡法國的權力平衡。路易十四名義上贏得勝利，反覆征戰實則使法國由盛而衰；與此同時，英國經歷清教徒革命與光榮革命之後，又於1707年通過「聯合法案」（Acts of Union）順利合併蘇格蘭王國，英法形勢逆轉。

英國雖在18世紀後期在北美遭遇美國獨立革命的挫敗，但包括印度、南非、澳洲等其他地方的勢力範圍仍在擴充。海權優勢與工商業發展興盛，使英國在歐陸之外的多數地區成為「自由航行」、「自由貿易」制度的保衛者，加上強勢的英鎊支撐的金本位制（gold standard），創造了「英倫和平」（Pax Britannica）。法國再次短暫稱霸是在1789年大革命之後，由崛起的軍事強人拿破崙擊敗除英國以外多數的歐陸國家，並於1804年在全民公決通過後，加冕為法蘭西帝國皇帝。但拿破崙四處指派親貴到各國充任傀儡以鞏固權力轉移的策略非常拙劣，1812年出征俄國更是軍事上的重大失策。他雖屢敗屢戰，最終在1815年被英國威靈頓公爵（Duke of Wellington）領導的反法同盟在滑鐵盧擊潰。戰後反對共和制的大國王室政府代表們，在維也納會議（Congress of Vienna）就恢復領土、守護宗教、君權至上、制約法國等理念達成共識，新的均勢秩序被稱為「歐洲協商」（Concert of Europe）；其核心國家（俄、普、奧、英）組成擁護保守理念的「神聖同盟」（Holly Alliance）（波旁王朝復辟的法國王室後來加入，成為五國同盟）。「歐洲協商」的歐陸均勢秩序加上「英倫和平」在海上的作用，有效限制了歐洲大國戰爭的規模，直到一次大戰爆發（Kissinger, 1997: 59-83）。

(二)兩次世界大戰與國際秩序

從物質與理念因素來看，第一次世界大戰爆發根本的原因，是歐洲協商建立的均勢逐漸破壞，以及神聖同盟立足的觀念因素的瓦解。前者可以追溯到精於掌握歐洲權力平衡的奧國首相梅特涅（Metternich）與德國首相俾斯麥（Bismarck）相繼過世後，戰勝法國的德皇威廉的攻勢性政

策。這接著引發海上霸權英國的制衡，和德國擴充海軍的反制。後者則是炙熱的民族主義最終取代了歐洲王室掌握的神聖正當性，並由歐洲火藥庫巴爾幹半島的塞爾維亞民族主義份子，在1914年8月刺殺奧匈帝國太子觸發戰火。

　　一戰之慘烈史無前例，拖垮了英國霸權與金本位國際經濟秩序，同時將生產力早已超越英帝國的美國，正式帶上全球均勢的舞台。美國理想主義學者總統威爾遜（Woodrow Wilson）希望用富有康德（Immanuel Kant）「永久和平論」色彩的「十四點原則」理念，廢除祕密外交、確保國家平等、剷除專制制度、鼓舞民族獨立，但他的方案竟連美國國會都未能接受，種下巴黎和會之後國際聯盟（League of Nations）的敗因。理念脫離物質因素的基礎，實是現代現實主義理論奠基者卡爾（E. H. Carr）名作《二十年危機》（*The Twenty Year's Crisis*）批判理想主義的本旨。同時，1917年誕生的蘇聯無產階級「世界革命」的新理念，迅速在歐洲與亞、非、拉散布開來，成為後來中共戰勝國民政府，朝鮮半島與中南半島在戰火中誕生社會主義政權，導致東亞長期分裂與冷戰的遠因。至於現在中美的激烈競爭究竟可否稱為「新冷戰」，學界則尚無共識（Brands and Gaddis, 2021: 10-20）。

(三)東亞的天下秩序類型與朝貢體系的興衰

　　從波斯、羅馬、秦漢、隋唐、大食（阿拉伯）以來，歐亞大陸西、中、東、南都曾存在著多個帝國型的政權和相應國際秩序。他們經由陸路（絲路）與海路貿易往來，歷史悠久，物質文明與宗教理念相互影響。像是瓷器、香料與絲織品貿易、佛教與基督宗教分支的東傳，佛教甚至曾主宰中、日、韓朝廷政治。中間也發生過一些大範圍征戰，如阿拉伯帝國擴張、十字軍東征、蒙古西征等。但受限技術條件，使它們雖知道彼此存在、企圖從互動獲益，但尚未整合成我們今日所見複雜相互依存的全球國際體系，所以學者說這是全球國際體系前的「古典世界」（Buzan and Little, 2000: 111-240）。在古典世界裡，這些相距遙遠的大國互有所知，

卻自成格局，各有秩序。這些秩序的制度經驗與理念遺產，影響至今。例如今日中國再起（reemergence），雖是受蘇聯理念影響建立的社會主義國家，繼承了「五四運動」反對儒家傳統的遺產，但美國前國防部長馬蒂斯（James Mattis）卻於2018年宣稱，中國企圖恢復明代東亞的朝貢體系（tributary system）。

馬蒂斯的擔憂，根本基礎源自國際秩序物質因素的變化，也就是美中的權力轉移的過程，會影響原有權力結構之上的制度與理念的存續。米爾斯海默也曾認為中國崛起會改變秩序；但作為結構現實主義者，他不太關心物質權力結構之上的「理念」是什麼，只是指出中國會如同美國19世紀崛起在美洲執行門羅主義（Monroe Doctrine）一樣，建立東亞勢力範圍（Mearsheimer, 2014: 436-450）。但是對現在美中的競爭，人們也關心「模式之爭」、「共識之爭」（例如華盛頓共識與北京共識，參閱本書第十三章）。所謂模式與共識，背後即是制度與理念。如果北京不重蹈蘇聯推銷世界共產革命大敗的覆轍，中國國際關係史上曾發揮作用的朝貢制度會有什麼角色？歷史不會簡單重複過去，但理解歷史的遺產，一定有助展望未來（張登及、陳瑩義，2012）。

關於東亞的朝貢體系，指的是公元前後至19世紀中後期，東亞國家不同程度依循「天下」觀念進行政治與貿易互動，形成的大小國家不對稱並存的制度整體。這個國際體系的物質因素特徵，是特定中國王朝經常在權力分布中相對強大，在本區域形成層級（hierarchical）結構。無論治理「天下」的這個「中國」是「胡」是「漢」，是單數或複數，國號是唐、遼、宋、金、元、明、清，物質權力的優勢是承擔朝貢體系中心的必要條件[6]。至於其理念因素特徵，則是這些建號的強大單元在「中國」空間逐行正當統治所沿襲的天下觀，及這個儒家思想主導觀念下，行為者各自的

---

[6]古代「中國」如同羅馬，並非是17世紀的西伐利亞秩序下的主權國家，卻更接近各自所屬區域中的普世帝國。因之若干日本學者如崛敏一與谷川道雄，稱「中國」為「東亞世界帝國」。關於歷史中國的核心空間，筆者認為大致是北京—蘭州—昆明—廣州—上海五點直線相連所圍之區域。「中國」概念流變的整理，參閱張登及（2003: 308-313）。

「名分」（接近現代生活中理解的「角色」）。朝貢的禮儀規定與行為，則是名分的制度性特徵，因此有的歷史學文獻也稱它為「冊封體系」。這個物質能力與角色理念同時層級化的體系，有助於維持區域內關係長時間穩定。至於到底是物質層面的權力不對稱，還是理念層面的共享文化和名分，何者創造了穩定？或者說主宰「中國」的政權的主要策略是征伐還是王化？中國周邊的行為者共享或內化這種天下觀的真實程度有多少？學者們的看法也自然是見仁見智，畢竟漫長的千餘年歷史，要視具體案例論定（Kang, 2004: 165-180; Kelly, 2011; Kang, 2019: 1-29; 吳玉山：2018）。

天下觀的基礎是一種具有哲學和宗教色彩的世界觀，涉及到「天」（宇宙）的本質、「天人關係」乃至「天人感應」。於是古代多有用天文與災異示意「天意」的故事，警告奉天承運的中國「天子」要順天應人，因為「天行有常、天命無常」，天下的本體和「中國」的空間固然不變，但失去「天下民心」則會被「革命」，也就是「改朝換代」。上面這些東亞傳統社會熟悉的理念，雖然像是平凡無奇的教條，卻對理解此區域過去的國際秩序很有幫助。此處我們要釐清的，是對應朝貢體系所構成的「天下秩序」，也就是古代「中華和平」理念與制度面的內涵。以下再做一些簡要的說明（相關討論亦見本書第一章）。

日本學者渡邊信一郎（徐沖譯，2008）指出，中國古代朝廷禮儀體現的內外秩序有三個方面：天子與中央官僚的秩序、天子與地方郡縣的秩序、天子與四夷的天下秩序。其中樞則是天與天子（之國）的關係。學者陳欣之（2015：129-164）也指明，先秦思想家們就偏好用層級秩序而非「均勢」解決無政府失序的傾向。如前所論，「朝貢」行為本質上是依據儒家角色倫理，在親疏尊卑名分的禮儀關係的實踐，其理念內涵反映著一個抽象的「天下秩序」。天下秩序主要依賴三個政策工具來維繫層級中參與者的關係：冊封、和親、朝貢貿易。維繫秩序的朝貢禮儀行得通，是因為當時東亞統治者們一定程度認同儒家禮治與王道思想具有兩種效果：(1)使對象社會化：從認知、適應、模仿，到認同；(2)參與秩序、依循禮儀，有助於增加參與者的統治正當性。這包括中國王朝繁複實踐天下

之禮，向臣民證實天子永保天命、「天下歸心」；也包括周邊國家透過參與，再向其臣民或其他鄰國證實本國與中國王朝的盟好關係。

天下秩序理念當然不是千年不變的靜物，它會隨著前述歷史中國核心區域王朝物質力量強弱與文化認同的屬性而改變。如**表17-1**所示，物質層面上中國雖時常自視享有經濟與文化優勢，稱周邊他者爲「夷狄」，但歷史上中國軍事與經濟未必總是強大。在非物質層面，王朝菁英也可能如隋唐與滿清一樣是多民族複合，用複合身分與制度（天子兼具內亞草原「可汗」與中國「皇帝」雙重身分）吸引認同。有時統治菁英也可能堅持所謂「夷夏之防」，除禮儀之外，封鎖、拒絕過多的對外交往，避免高成本的「帝國過度擴張」（Chang, 2020）。

朝貢體系雖都有朝貢行爲與禮儀，不同時期國家單元的物質實力與天下秩序理念卻可能差異很大。同樣是實力強大，唐代初期歡迎西方（佛教最明顯）理念、藝文與器物，並開放周邊各族擔任重要公職，彰顯了「天下無外」的器識；明代則雖有鄭和巨艦，也僅是宣示敦化，卻排斥交流，堅守「漢家天下」的核心。清代後期朝廷被迫開埠並積極實邊、推行洋務，但菁英層接受船堅炮利的技術外，多半仍相當抵制西化。天下秩序與朝貢制度隨帝制中國物質實力衰落而潰敗，民國初年中國理念上追求

表17-1　中國與周邊關係和天下秩序的理念類型

中國與周邊單元身分認同的關係	中國與周邊單元的物質權力對比	
	華強夷弱	華弱夷強
合：華夷複合	複合天下（漢胡／胡漢天下）例證：隋唐與清代前期*	戰國天下（逐鹿天下）例證：魏晉南北朝、民國初年
分：華夷嚴防	漢家天下例證：明代、分裂天下	華夷嚴防例證：宋遼並立、清代後期

*說明：滿州入主中原，滿漢各族雖仍堅持許多本族群的傳統，但菁英層理念、文化、制度也有相當的揉合。在眾多歷史文獻與條約中，滿族統治層既是滿蒙草原主人、西藏宗教保護者，也是中國正統繼承者，天命承繼「華夷可變」。即令漢人剃髮，也是因爲「中外一家」。天命既改，百姓要守君民父子之義（張啓雄，2013；Rowe, 2013：27-28）。

資料來源：作者自行繪製。

西化的動機更強。但巴黎和會中國受挫，美英代表的資本主義、自由主義西化／現代化途徑，在許多爭取獨立的殖民地社會失去正當性，蘇聯提出的社會主義西化，在1940年代末獲得了中國戰場軍事的勝利，最後大陸進入兩極體系的蘇聯／共產主義軌道，台灣加入兩極的美國／資本主義軌道，雙方「分庭抗禮」，直到冷戰結束。

(四)兩極體系與美利堅和平

二戰結束後，戰前多極的國際權力分布，隨著軸心大國瓦解、英法慘勝、中國緊接著陷入內戰，只剩下兩個超級大國——美國與蘇聯。戰時羅斯福總統（Franklin D. Roosevelt）考慮國際聯盟理想化造成的失敗，設計了聯合國安理會「大國一致」（great power unanimity）制度，使戰勝方各大國共同承擔集體安全。美英也考慮兩次大戰的重要原因是國際經濟危機與金融秩序崩潰，遂以凱因斯（John Keynes）的改良自由主義理念爲藍圖，設計了布林頓森林體系（Bretton Woods System）的各項國際制度。尤其關鍵的是以美元霸權取代英鎊，以維護國際貿易與匯率的穩定（Nye, 2019: 71）（詳見本書第十一、十二章）。

但美英蘇戰時就對戰後秩序與勢力範圍各有盤算，對核武出現的意義也還在黑暗中摸索。隨著蘇聯鼓動東歐占領區的共黨們奪權，美國以馬歇爾計畫援助西歐抵禦各國共黨，杜魯門總統採行「杜魯門主義」（Truman Doctrine），以全球性軍事聯盟與條約（北約與美日、美韓安保爲中心，加上中東的「中部公約組織」與「東南亞公約組織」），對蘇聯集團進行圍堵；蘇聯後來也以華沙公約和經濟互助委員會（Council for Mutual Economic Assistance, COMECON，包括東歐各國、越南、古巴、蒙古等成員）反制（Gaddis, 2013: 19-52）。各有核武、軍隊和意識形態等完整霸權要素支撐的兩大陣營，也形成兩個層級體系。這兩個層級體系又共同構成了一種全球性的**兩極冷戰秩序**。兩強懼於核武的破壞性，核心國家間維持了「相互保證毀滅」的恐怖平衡。在集團邊緣與亞洲、非洲、拉美則以「代理人戰爭」（proxy war）相競爭，所以稱爲「冷戰」。後

來蘇聯在軍備競賽與經濟衰敗中垮台，美國領導的西方陣營勝出。1945年迄今西半球的繁榮，乃至冷戰結束後的全球主要大國不曾爆發大戰的狀態，史稱「美利堅和平」（Pax Americana）。戰後東亞新興工業國的經濟奇蹟、中國經改成功，甚至印度與東協崛起，莫不是這個秩序的受益者。也可以說，這是人類史上規則最明確、最開放和平的一套秩序（達巍，2022：1-5）。近代以來國際秩序變遷的特徵，可參閱**表17-2**。

冷戰結束，國際秩序的物質性因素的特徵變成明白無疑的單極結構，理念層面之爭也呈現為美式美國領導的「自由國際秩序」的勝利。北約與歐盟東擴，代表著這個秩序強勢且快速地擴展。但是蘇聯瓦解後爆發的前南斯拉夫內戰、索馬利亞內戰、亞洲金融海嘯、蓋達與伊斯蘭國恐怖主義蔓延、美國次貸危機、英國脫歐、阿富汗撤軍等，接連考驗甚至衝擊美利堅和平與自由國際秩序的穩定。

表17-2　近代以來國際秩序的變遷

	東亞天下秩序（14世紀至19世紀中）	歐洲協商與英倫和平（1815-1914）	門羅主義下的美洲（1865-1906）	一戰、戰間期、二戰（1914-1945）	兩極體系與美利堅和平（1945-1991）	後冷戰「單極片刻」？（1991-2008？）
覆蓋區域	東北亞、東亞、東南亞及部分內亞	歐洲與歐洲國家控制的海外殖民區域	美洲	全世界	全世界	全世界
物質性因素特徵	單極層級化	多極均勢	單極層級化	多極無政府	兩極層級化	單極層級化
理念性因素特徵	儒家天下觀	君主主權與基督教信仰	美式共和制度	理想主義、社會主義、帝國主義等多理念競爭	自由資本主義主宰西方，社會主義主導蘇聯陣營	自由資本主義經濟與個人主義民主政治
主要制度	朝貢禮儀	大國協商、權力平衡	不明顯	國際聯盟	聯合國體系及美國北約與蘇聯華約	美國主導下的聯合國體系與G7等機制
主要大國	中（明、清）	英俄德（普）奧法土日	美	美英蘇德日法中	美、蘇	美
理念內化	中→低	高→低	低	低→無	中→高	高→中

資料來源：作者參考唐世平（2019）另行改編。

這段時間，權力分布最大的變化即是「中國再起」，以及新興國家經濟規模歷史性地超越西方集團。蘇聯解體時，中國的GDP僅占全世界1.6%，到2000年也僅為3.6%，次於義大利居世界第八。十年之後中國超越日本成為世界第二，同一年出口即超越德國成為世界最大出口國。鄧小平時代強調經濟發展優先，著名的國策格言是「冷靜觀察、沉著應付、韜光養晦、絕不當頭、有所作為」。到了中共「十八大」（2012年中國共產黨第十八次全國代表大會）習近平接替強調「和諧世界」的胡錦濤為總書記後，中國經濟開始遠離過去高速增長，進入「穩中有憂」的中速「新常態」，對外政策也改為「更加奮發有為」，企圖實現「兩個百年」戰略目標，重新走回世界舞台中央（2021年是建黨一百年，希望初步實現人均GDP一萬美元的小康社會；2049年中共建國百年，希望全面實現「中國式現代化」，並追上已開發國家）。目前北京已在既有國際組織與建制中的重要人事與規則多所斬獲，並提出了「一帶一路」、「亞投行」、三大倡議（詳本章前言）的新機制、新公共財選項。雖然美中經濟規模仍約在3：2之比，中國核武數量更遠不及美、俄，但中國提出對秩序中規則與價值的修正（revisions），還有「人民幣國際化」等措施，已令美國十分憂慮。何況如蘭德公司的報告指出，俄國也對美國主宰國際秩序非常反感，覺得美國不僅拔除烏克蘭等鄰國的親俄政府，將北約推進到歐俄與高加索地區，甚至企圖顛覆普京當局。前國務卿希拉蕊女士（Rodham Hillary）曾警告西方要防範「蘇聯再起」；但美國要在尊重俄國勢力範圍的同時，繼續在東歐與高加索等地擴充北約盟國，還要避免俄中同盟再現，難度極大（Radin and Reach, 2017）。「單極」歷史一頁是否即將翻過，國際秩序未來的面目是什麼？（楊潔勉，2019）「美國至上」（American Primacy）如何延續？未來秩序如何運作？杭廷頓「文明衝突論」在90年代即提供有遠見的預期。

三、文明衝突與國際秩序：21世紀國際政治的新趨勢？

(一)自我與他者的認同政治學

　　始自冷戰結束時的文明衝突論是美國政治學會前會長杭廷頓（Samuel P. Huntington）對國際政治研究的重大貢獻。此論與冷戰後樂觀歌頌自由主義全勝的「歷史終結論」恰恰形成兩大爭論[7]。人不可能只依靠「理性」而生活。在無法確定「自我」（the Self）之前，人無法理性評估事態並採取行動。而確定「自我」必然需要對照的「他者」（the Other）。這種源自認同政治學的論點近似國際關係建構主義的主張，即「身分決定利益」。但杭廷頓將這個區分尖銳地二分化，且認為歷史上國際衝突的發展即沿著不同的「自我」理念之間的競逐前行。在18世紀之前，「自我」依照王室正統界定。法國大革命之後，新的「自我」是民族認同。一戰之後，自我認同的分界改由資本主義與社會主義意識形態主導。冷戰結束、蘇聯瓦解，全球化潮流盛行的20世紀末，宗教的力量重新復活，成為「文明」區辨自我與他者的最大動力。簡言之，他認為「文明」理念代表最大的「我們」，背後的主導力量則是宗教。

　　但關鍵在於文明看似是一種非物質的理念性力量，杭廷頓卻認為其背後仍是物質性因素在支撐，使得世紀末的國際政治被「文明政治」取代，國際秩序也正演變成「文明秩序」。所以儘管冷戰後文明與「自我」看似多元喧譁，但仍舊是物質實力強大的文明，才主宰國際政治舞台。

---

[7] 歷史終結論的代表人物是福山（Francis Fukuyama）。但後來福山（2014）也以一改對西方資本主義前景樂觀的看法，認為政治秩序的維持不僅有賴民主，還需要法治與能力強的政府。這樣的看法與北京清大學者閻學通（Yan, 2019）強調的「政治領導／改革力」（leadership）相近。閻氏認政治領導力是轉化物質性能力為真正可用「權力」的關鍵。

(二)文明核心國家、斷層線與文明戰爭

冷戰後的國際衝突來自對立的認同,因此多極化其實是一種「文明權力平衡」改變的象徵。這是由於西方文明衰退,全球缺乏一個主導文明的結果。杭廷頓因此認為,目前的國際危機在於精神文明,尤其是西方文明有道德敗壞、文化分殊和移民抗拒同化的問題。在經濟與軍事權力對比上,西方文明也面臨此消彼長的挑戰。杭廷頓為冷戰後的世界區分了九大文明,但他認為只有三個文明的興衰將事關重大:西方文明(基督新教)、中國文明(Sinic Civilization)與伊斯蘭文明。而每一個文明背後至少有一個文明**核心國家**,圍繞著核心國的文化相近的各國則形成文明集團(**圖17-1**)。不同集團則整合程度各有不同,像是伊斯蘭世界的整合度就較為落後,缺乏一個強有力的核心國家,遂淪入動亂。西方文明集團的核心,無疑指的就是美國。杭廷頓也旨出,一個文明核心國家要到欠缺核心的異文明區域進行干預,成功的難度較高。美國介入巴爾幹半島、中東與西歐介入北非的案例即是明證。

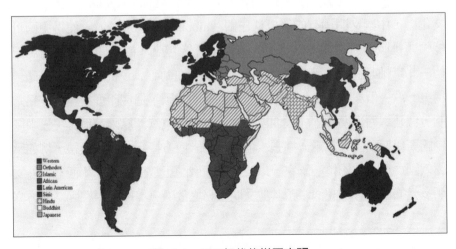

圖17-1 1990年後的世界文明

資料來源:引自Samuel Huntington (1997: 12-13)。

　　杭廷頓理論有兩個關於未來國際衝突重要的預言，至今歷久彌新。其一是指出文明斷層線（fault lines）是新世紀國際衝突的頻發區。另一個則是現實主義關於權力平衡說的改進版：文明均勢（balance of power among civilizations）。所謂斷層線是指不同文明的臨接線，但與其說是「線」，卻未必是像國界一般明晰。文明臨接處很可能是跨境族群犬牙交錯，核心國控制遞減的區域，甚至直接割裂一個國家，例如菲律賓南部、馬來西亞與泰國臨接處、印緬中臨接處、印巴交界與希臘、土耳其交界等等。斷層線衝突（fault line conflicts）往往易於從這些地方發生，但只要不危及文明核心國間的均勢，大致不影響全球文明秩序。文明均勢的變化則是文明核心國之間的權力移轉（power transition）。一些現實主義理論會用現狀「滿意度」來解釋權力移轉是否引發霸權爭奪戰（吳玉山，2011），但杭廷頓較早就用文明因素處理了崛起強國與現狀霸主是否和平面對權力更迭的問題，關鍵即在強權們是否屬於同一文明。這個解釋是：美英霸權交替因為是同一文明陣營的兩個核心國，衝突比較和緩。未來如有美中權力移轉，則涉及異質文明，容易爆發文明戰爭。

　　杭廷頓估計中國崛起，可能使21世紀是「中國的時代」[8]。但文明的歧異，使得核心國選擇制衡的可能性要比扈從（bandwagoning）大得多。文化上，中國文明固有的層級秩序觀（hierarchical order），使得中國可能領頭挑戰西方文明。外交上，北京也可能響應「德黑蘭－伊斯蘭馬巴德－北京軸心」，杭氏也稱之為「武器換石油軸心」。杭廷頓還曾假想一場美、歐、俄與中、日、伊斯蘭發生的文明大戰，造成印度獲益。作為防制，他建議西方要鞏固「大西洋社會」、吸納東歐西緣國家與拉美、限制中國與伊斯蘭國家的軍力擴張。但他也要求西方接受文明分界線，例如承認俄國為東正教的核心國家，以及其在南俄的正當權益，承認西方以外文明多元的事實，並認清干預其他文明事務之危險。美國尤應在團結西方文

---

[8]杭廷頓在《文明衝突論》一書中憂慮地認為，人類歷史上大部分時間裡，直到西元1800年為止，中國始終是世界最大經濟體。21世紀中葉以後，西方主宰兩百年的世界經濟史「光點」也將黯滅。

明時，藉由核心國家協商原則，以避免不同文明集團的衝突。

　　既然杭廷頓以宗教定義的文明概念來處理「中國崛起」可能帶來的威脅，自然引起若干相關的回應。石之瑜（2000）從心理學指出，人類在社會生活中總有關於我群的各種想像，但每一種想像必有對自我與他者的簡化與扭曲。且如同佛洛伊德（Sigmund Freud）「文明及其不滿」的命題，文明越成熟發展，對他者的扭曲與對本國自我的壓抑也隨之嚴重。此時接觸到與自己期待和想像不同的文明，壓抑與不滿即藉由對他者的攻擊獲得釋放。中國資深美國研究學者資中筠（2000：275）基於對美國歷史與國情的考察，認為文明衝突論是美國面對本國文化多元，白人主流地位喪失的危機感反映。主流社會憂心移民、文化多元與種族分裂將導致美國的「西方國家」性質消退，強化了找出敵人的心態。這種看法證諸歐巴馬（Barrack Obama）與川普時代美國社會內部劇烈對立的發展與對外的態度，有相當的遠見。還有批評者認為文明衝突論是一種「政治性」的理論，藏有杭廷頓欲為當代凱楠（George F. Kennan）之心機[9]。

　　上述批評自有其根據，何況所謂「東方」與「西方」文明在歷史上有許多互為發軔、相互影響處，截然以宗教與地緣政治劃分文明，當然過於簡化（Hobson, 2004）。過度強調這種我者與他者的建構性差別，可能如杭廷頓也曾擔憂的，「尋求認同就要找尋敵人」，會掉入薩伊德（Said, 2000）所說的**東方主義**（Orientalism）迷思的陷阱，還會變成自我實現的預言[10]。2001年美國911恐怖攻擊事件發生後，「西方文明」與

---

[9] 喬治‧凱楠（George F. Kennan）是美國著名的現實主義研究者，同時也是冷戰戰略的擘畫者之一。他曾在1946年任職美國駐蘇聯使館時，撰寫了著名的〈長電報〉（The Long Telegram），分析蘇聯行為的根源來自沙俄與共產主義的極權性，但也同時隱藏著深重的弱點。他建議美國採取長期堅毅的圍堵（containment）而非直接與蘇聯攤牌，則西方最後仍可勝出。

[10] 「東方主義」概念由著名巴勒斯坦裔美籍學者薩伊德（Edward Said）所提出。薩伊德考察來自近代西方文學、報導、遊記乃至考古文獻當中對中東與亞洲「他者」的再現（representation）與改寫。他認為這些對「東方」的描述普遍將「他者」刻板化為非理性、女性化、弱小的對象，並直接導致今日美歐「西方vs.伊斯蘭」的二元對立思維，也與本章所述「白人的負擔」形成強烈對照。

「伊斯蘭文明」的衝突不僅沿斷層線頻頻爆發,危機還以恐怖主義的形式漫及美歐許多西方「文明核心國」的首都大城,使美國小布希(George W. Bush)政府從防範中國崛起轉向大打「反恐戰爭」。與此同時,另兩個「非西方」文明核心國:俄國與中國也未能倖免,在中亞、高加索地區與新疆的伊斯蘭激進派也頻頻對俄、中發動恐怖攻擊,與兩國當局的強力壓制少數民族造成惡性循環。

這些嚴重的國際政治危機,延續到反全球化浪潮與民粹主義在全球興起,就算蓋達組織的賓拉登(Osama bin Laden)與伊斯蘭國的巴格達迪(Abu Bakr al-Baghdadi)先後被美軍打死,都未能平息。歐巴馬與川普都致力撤出中東,全力「重返亞洲」(pivot to Asia),經營印太(Indo-Pacific)戰略,以制衡中國,但又要避免俄國乘虛而入,實在陷入兩難。歐美過去奉行自由國際秩序,卻陷入經濟危機頻發下,移民、文化多元化導致進步─保守價值的分裂,各種「自我」與「他者」的激烈對立與民粹領袖的動員,甚至引發當前美中之爭是否是「文明衝突」的辯論,未來發展非常值得注意(Harris, 2019)。

四、重新回到無政府狀態?

(一)從「霸權之後」到「信用之後」

2019年法國總統馬克宏(Emmanuel Macron)總統作為G7巴黎峰會的東道主,會後向本國使節解釋他盡力調解美俄的原因:「西方統治時代行將結束。」(We are living the end of Western hegemony.)馬克宏接連在2018、2019、2023年訪華,要求北京擴大對外開放市場准入,負責調停俄烏戰爭。他也引借北京的支持向退出氣候變化巴黎協定的川普施壓,還曾主張俄國重返G7,以免美俄矛盾深化,加速西方集團的衰落。他更與同屬「歐洲派」的德國前總理梅克爾(Angela Merkel)簽署了「法德亞琛條約」(Franco-German Treaty of Aachen),當中規定一方領土遭受攻擊

時，兩國要全力支援對方，作爲美國疑歐、英國脫歐下，歐洲「戰略自主」（strategic autonomy）的預案。法國總統時常是喜好展現拿破崙或戴高樂（Charles de Gaulle）英雄形象的西方領袖，在美國看來多少有些桀傲古怪。但對比當前國際秩序的變化，馬克宏等的警告，仍有值得反芻之處。

從2001年911恐攻到2021年川普第一任期結束，正好是二十年。在這二十年裡，美國的物質與理念優勢有所下滑，國際秩序似乎進入了一個新的「二十年危機」的後端（前一次是卡爾所說的1919-1939，接著爆發二戰）。除了馬克宏，著名美國學者奈伊（Joseph S. Nye）也發現從1919年巴黎和會到2019年，正好是一百年。他於2019年發專文〈美國霸權的興衰：從威爾遜到川普〉（The Rise And Fall of American Hegemony From Wilson to Trump）（Nye, 2019），也絕非故做駭人之言。

其實根據霸權穩定理論（詳參本書第二章），霸權制度信用確立後，最終相對收益最大的還是建立秩序的霸主。早在卡特總統（Jimmy Carter）在任、越戰與石油危機剛結束，70年代末的美國國際關係學界就已經在盤算能力透支的美國，如何能在「霸權之後」（After Hegemony）讓現狀秩序與制度繼續運轉。他們發現即便美國國力有時衰退，只要核心理念與制度仍能幫助各國降低交易成本與不可預期性而非損人利己，美國信用就可持續，秩序也可以維持。依據同樣的邏輯，在基歐漢《霸權之後》問世三十五年後（Keohane, 1984），美國著名的《外交事務》（Foreign Affairs）刊發了像是遙相呼應的專文，題爲〈信用之後〉（After Credibility）。此文質疑川普雖然總是高喊「相信我！」（Believe Me!）的口號，但華府單方退出TPP（跨太平洋夥伴協定）、巴黎氣候協定、聯合國教科文組織、美俄中程飛彈條約、維也納公約國際法院管轄議定書的行動，可謂不及備載。美國單邊「退群」措施，導致除「五眼聯盟」（美、英、加、澳、紐五個英語系國家）外，當時包括西歐與日、韓在內所有傳統盟友都對中、俄採行避險，直到拜登（Joe Biden）上台，才重整西方聯盟旗鼓。川普當年可能相信他的商業談判技巧：「不可預測者

才是強者」。但依靠短期即興與極限施壓的外交，已使美國陷入國際信用透支、霸業受損的危機。目前川普有可能再度代表共和黨捲土重來，2024美國總統大選鹿死誰手，對國際秩序無疑影響重大（Yarhi-Milo, 2018: 77）。

(二)自由國際秩序的前景

　　歷史上不同的區域曾經出現各種國際秩序。國家單元構成的國際社會總是需要穩定的關係以維持交往，所以必然需要一組相互支持的物質與非物質條件，確保單元與行爲者知道交往的目標、原則與行爲的邊界，以及未來的可預期性。這些特定的目標與原則，正是一個國際秩序的理念性特徵。我們無法達成一種剛性的「世界政府」，所以需要秩序去制約隱含暴力的國際無政府狀態。我們熟知的戰後秩序被稱爲「自由國際秩序」，一般簡稱「西方秩序」。它的物質條件是一個西方霸權國（單極）或一組西方大國（均勢）的權力分布，加上三個理念性原則：(1)來自歐陸的西伐利亞主權國家制度；(2)肇因於英國海上霸權的自由市場經濟體制；(3)兩次大戰以來美國致力推廣的個人主義民主價值。上面三大原則都是來自西方，時間有先後，但順著全球化的潮流相互加強。與西伐利亞體系的制度相比，戰後的「自由國際秩序」其實爲時不算長，地理覆蓋也並未更大。西伐利亞條約的精神是打破「帝國」尺度後建立的民族國家與主權原則，直到英國取得海上霸主地位才增加了自由市場經濟體制。將市場經濟的個人主義精神導向「個人」的政治和社會權利並加以推廣，則是二戰以後的事。政治自由和社會權利，不但只是「西方秩序」漫長歷史中的一部分，至今還未覆蓋全世界多數國家與人口。而且像海洋自由（freedom of the sea）這樣的國際法權利，美英海權也不可能天眞認同「太平洋夠大」，讓西、荷、法、德、日、蘇、中一同享有（Nye, 2019: 72）。

　　自由國際秩序在蘇聯解體後前景曾經極爲樂觀，美英年輕的進步主義政治家柯林頓（Bill Clinton）、布萊爾（Tony Blair）更是老布希、柴契爾（Margaret H. Thatcher）等保守派人物退出舞台後，自由國際秩序的

光明象徵。不料隨著全球化與新科技的強力推進，秩序的邊緣到核心都出現顛覆的力量。這些力量使自由國際秩序的三原則從相互強化變成彼此抵銷。例如理應具有普世性的個人主義民主，實踐上普遍出現了部落主義（tribalism）的元素。資訊全球化和社群媒體的氾濫，表面上鼓勵多元主義與差異性的眾聲喧嘩，實際上深化了不同人群間的數字鴻溝，使人們對彼此世界觀差異的容忍度更低。加上體制與西方歧異的中國卻能在秩序中獲得甚多相對收益，更使美歐各國社會出現質疑繼續投資自由國際秩序的聲浪（Weiss and Wallace, 2021: 635-664）。

於是從秩序核心的西方到新興國家，不僅排外情緒盛行，甚至鼓舞了西方二戰後極力要撲滅的種族至上主義。民粹型政治人物歧視「他者」宗教、種族、性別的言行，有時還受到「同溫層」的祖護。結果是氣候、疾病、資安風險、核擴散等諸多全球治理危機應該要求降低的國家壁壘更得到強化，世貿、歐盟甚至聯合國這類多邊開放的體制卻逐漸邊緣化。自由市場經濟體制的空間，也在美國與主要夥伴、新興國家間扭曲簡化的「不公平貿易」互罵下日益縮水；取而代之的，是對抗性的供應鏈與雙邊或區域主義的貿易集團（參閱本書第十四章）。

或許我們對於仍在勉強運轉的自由國際秩序無須過度悲觀。一來特定秩序的衰敗是漫長的過程，其間仍有加以「管理」使之重組的可能；二來我們也看到各國學界仍不乏冷靜明智之士，不跟著空洞的理想主義或憤世的民粹主義起舞。他們看到大國對外政策的反覆，根源往往是國內社會的分裂和對立。最終世人應能瞭解，任何帝國或強權試圖按照自己面貌改造他國來建立秩序，凱撒做不到，拿破崙做不到，列寧（Vladimir Lenin）也做不到（Walt, 2019: 26-35）。反而是各國能否克服資訊時代的大眾政治帶來的誘惑與干擾，改善各自制度本身的弱點，共同在「自由」與「和平」間確保精準睿智的平衡，才是拒絕背信冒險的誘惑，及時使秩序的物質性與非物質性因素恢復協調，豐富其理念與制度信用的治本之道。筆者相信本書所有作者都會同意，國際秩序的未來事關和戰；這對大國的興衰固然重要，對小國的存亡更加重要。

問題與討論

一、國際秩序是否只是一個政治菁英與專業研究者才有能力討論的問題？國家的規模、經濟實力、人均收入或者其他因素，是否對其人民關心國際議題的程度有所影響？為什麼？

二、本章認為「世界秩序」包含「世界政府」與「國際秩序」兩部分，後者仍處在現實主義所假定的國際無政府狀態下，只是「無政府」仍可能有秩序。你是否認同這樣的區分？

三、霸權的存在是秩序中的必要之惡嗎？有沒有可能存在沒有霸權，甚至排除大國主導的國際秩序？如果無法排除強大行為者的作用，如何使其行為受到國際秩序的約束？

四、不同的國際關係理論，是否隱含著對不同類型國際秩序的偏好？

五、你認為你的國家在歷史上曾經處在哪些類型的國際秩序之下？它們帶來什麼影響？

六、宗教、哲學與政治價值等世界觀的差異，是否一定會導致秩序鬆動，使國家難以溝通、難以共存？什麼樣的條件或制度設計，可以緩和上述問題？

七、有學者研究國際秩序，認為層級（hierarchy）現象非常普遍，美國霸權與追隨它的中小單元間的關係也是「朝貢體系」；我們現在就是生活在「美式天下」。你認為這種推論的可能基礎是什麼？請嘗試思考作者會如何論證，並加以評價。

八、儒家思想似乎已大部分被20世紀中國甚至東亞多國追求現代化的政治運動所否定，請問前現代的「天下秩序」理念與當時東亞相應的制度，未來還有可能出現嗎？為什麼？

九、自由國際秩序所遭受的挑戰，主要來自權力分布改變，還是秩
序理念的改變？許多研究認為民粹主義的流行有損自由國際秩
序，你同意嗎？為什麼？

十、米爾斯海默（John J. Mearsheimer）等重要美國學者認為自由國
際秩序本身就是「大幻象」。1990年代末美國朝野對外強力推
廣它並要求各國複製奉行，是違反國家利益的戰略錯誤。請查
閱有關文獻，並嘗試與這個主張對話，提出自己的看法。

參考書目

王小甫（2008）。《隋唐五代史：世界帝國、開明開放》。台北：三民書局。

王志弘等譯（2000）。Edward W. Said（薩伊德）著。《東方主義》。台北：立緒出版社。

王義桅、唐小松譯（2014）。John J. Mearsheimer（米爾斯海默）著。《大國政治的悲劇》。台北：麥田出版。

甘懷真（2008）。〈導論：重新思考東亞王權與世界觀──以「天下」與「中國」為關鍵詞〉。收於甘懷真（編），《東亞歷史上的天下與中國》，頁1-52。台北：台灣大學出版中心。

石之瑜（2000）。《文明衝突與中國》。台北：五南圖書。

吳玉山（2011）。〈權力移轉理論；悲劇預言？〉。收於包宗和（編），《國際關係理論》，頁389-416。台北：五南圖書。

吳玉山（編）（2018）。《中國再起：歷史與國關的對話》。台北：臺大人文社會高等研究院出版。

李仁淵、張遠譯（2013）。William T. Rowe（羅威廉）著。《中國最後的帝國：大清王朝》。台北：臺大出版中心。

李永熾譯（1992）。Francis Fukuyama（福山）著。《歷史的終結與最後一人》。台北：聯經出版。

李濟滄等譯（2005）。谷川道雄著。《隋唐帝國形成史論》。上海：上海古籍出版社。

胡立平等譯（2015）。Henry Kissinger（季辛吉）著。《世界秩序》。北京：中信出版社。

唐世平（2019）。〈國際秩序變遷與中國的選項〉。《中國社會科學》，第3期，頁187-203。

夏江旗譯（2011）。趙鼎新著。《東周戰爭與儒法國家的誕生》。上海：華東師範大學出版社。

徐沖譯（2008）。渡邊信一郎著。《中國古代的王權與天下秩序》。北京：中華書局。

袁正清等譯（2017）。Amitav Acharya著。《美國世界秩序的終結》。上海：上海人民出版社。

張啓雄（2013）。〈東西國際秩序原理的差異：宗藩體系對殖民體系〉。《中

研院近史所集刊》，第79期，頁47-86。

張登及（2003）。〈「中國」概念的內涵與流變〉。收於張登及，《建構中國：不確定世界中的大國地位與大國外交》，頁308-313。台北：揚智文化。

張登及（2018）。〈國別學派與非西方國際關係理論〉。收於包宗和、張登及編，《國際關係理論入門》，頁221-244。台北：五南圖書。

張登及、金世勛（2017）。〈朝貢體系下中小國家的避險行為：朝鮮半島的兩個歷史案例初探〉。《政治學報》，第63期，頁63-79。

張登及、陳瑩羲（2012）。〈朝貢體系再現與「天下體系」興起？中國外交的案例研究與理論反思〉。《中國大陸研究》，第55卷第4期，頁89-123。

陳欣之（2015）。〈超越無政府狀態：先秦秩序取向政治思潮對國際關係典範的啓示〉。《政治科學論叢》，第63期，頁129-164。

黃中憲等譯（2014）。Francis Fukuyama（福山）著。《政治秩序的起源》。台北：時報出版。

黃裕美譯（1997）。Samuel P. Huntington（杭廷頓）著。《文明衝突與世界秩序的重建》。台北：聯經出版。

楊潔勉（2019）。〈非西方力量已過臨界點，但仍要30年才能和西方並駕齊驅〉。《現代國際關係》，第3期，網路全文：https://kknews.cc/media/qg88gyg.html。

資中筠編（2000）。《冷眼向洋：百年風雲啓示錄（上）》。北京：三聯書店。

達巍（2022）。〈跨越國際秩序的魯比孔河〉。陳東曉、達巍（等）著《俄烏衝突百日思：世界向何處去》，頁1-5。上海：上海國際問題研究院出版。

翟強、張靜譯（2013）。John Lewis Gaddis著。《冷戰》。北京：社會科學文獻出版社。

顧淑馨、林添貴譯（1997）。Henry Kissinger（季辛吉）著。《大外交》。海口：海南出版社。

Allan, Bentley B., Srdjan Vucetic and Ted Hopf (2018). The Distribution of Identity and the Future of International Order: China's Hegemonic Prospects. *International Organization, 72*(4), 839-869.

Brands, Hal and John Lewis Gaddis (2021). "The New Cold War: America, China and the Echoes of History", *Foreign Affairs, 100*(6), pp.10-20.

Buzan, Barry and Richard Little (2000). *International Systems in World History*.

Oxford: Oxford University Press.

Cai, Dexian (2013). Hedging for Maximum Flexibility: Singapore's Pragmatic Approach to Security Relations with the US and China. *Pointer, Journal of the Singapore Armed Forces, 39*, 1-12.

Carvalho, De, Benjamin, H. Leira and John M. Hobson (2011). The Big Bans of IR: The Myths that Your Teachers still Tell You about 1648 and 1919. *Millennium, 39*(3), 735-758.

Chang, Teng-chi (2020). "Governing Inter-ethnical / International Order for China: A Comparison of Tang's Mollification System and Qing's Mongolian Banner System", *Asian Ethnicity, 21*(2), pp. 305-319.

Cox, Robert W. (1986). Social Forces, State, and World Order: Beyond International Relations Theory. In Robert O. Keohane (Ed.), *Neorealism and Its Critics*, pp. 204-254. New York: Columbia University Press.

Haass, Richard (2019). How a World Order Ends: And What Comes in Its Wake. *Foreign Affairs, 98*(1), 22-30.

Harris, Peter (2019). Conflict with China Is Not about a Clash of Civilizations. *The National Interest*, June 2019, https://nationalinterest.org/print/feature/conflict-china-not-about-clash-civilizations-60877.

Hobson, John M. (2004). *The Eastern Origins of Western Civilization*. Cambridge: Cambridge University Press.

Ikenberry, G. John & Daniel H. Nexon (2019). Hegemony Studies 3.0: The Dynamics of Hegemonic Orders. *Security Studies, 28*(3), 395-421.

Kang, David (2004). Hierarchy, Balancing and Empirical Puzzles in Asian International Relations. *International Security, 28*(3), 165-180.

Kang, David (2019). International Order in Historical East Asia: Tribute and Hierarchy Beyond Sino-centrism and Eurocentrism. *International Organization*, https://doi.org/10.1017/S0020818319000274, pp. 1-29.

Kelly, Robert E. (2011). A 'Confucian Long Peace' in pre-Western East Asia? *European Journal of International Relations, 18*(3), 407-430.

Keohane, Robert O. (1984). *After Hegemony: Cooperation and Discord in the World Political Economy*. Princeton, Princeton University Press.

Lake, David A. (2009). *Hierarchy in International Relations*. Ithaca: Cornell University Press.

Mahbubani, Kishore (2009). *The New Asian Hemisphere*. New York: Public Affairs

Press.

Mearsheimer, John J. (2019). Bound to Fail: The Rise and Fall of the Liberal International Order. *International Security, 43*(4), 7-50.

Nye, Joseph S. (2019). The Rise and Fall of American Hegemony from Wilson to Trump. *International Affairs, 95*(1), 63-80.

Radin, Andrew and Clint Reach (2017). *Russian View of International Order*. Santa Monica: Rand Corporation.

Rupert, Mark (2013). Marxism. In Tim Dunne, Milja Kurki and Steve Smith (Ed.), *International Relations Theories: Discipline and Diversity*, pp. 153-170. Oxford: Oxford University Press.

Scarre, Chris (2012). *Chronicle of the Roman Emperors: the Reign-by-Reign Record of the Rulers of Imperial Rome*. London: Thames and Hudson.

Walt, Stephen M. (2019). The End of Hubris: And the New Age of American Restraint. *Foreign Affairs, 98*(3), 26-35.

Walt, Stephen M. (2023). "America Is Too Scared of the Multipolar World", *Foreign Policy*, March 2023, https://foreignpolicy.com/2023/03/07/america-is-too-scared-of-the-multipolar-world/.

Waltz, Kenneth N. (1993). The Emerging Structure of International Politics. *International Security, 18*(2), 44-79.

Weiss, Jessica Chen and Jeremy Wallace (2021). "Domestic Politics, China's Rise, and the Future of the Liberal International Order", *International Organization 75*(2), 635-664.

Wendt, Alexander (1999). *Social Theory of International Politics*. Cambridge: Cambridge University Press.

Yan, Xuetong (2019). *Leadership and the Rise of Great Powers*. Princeton: Princeton University Press.

Yarhi-Milo, Keren (2018). After Credibility: American Foreign Policy in the Trump Era. *Foreign Affairs, 97*(1), 68-77.

POLIS 叢書

國際關係總論

主　　編／張亞中、張登及
作　　者／張亞中、唐欣偉、廖舜右、盧業中、廖小娟、林炫
　　　　　向、郭銘傑、黃奎博、李大中、方天賜、周志杰、
　　　　　吳文欽、賴昀辰、蔡育岱、陳蔚芳、譚偉恩、賴祥
　　　　　蔚、張登及
出 版 者／揚智文化事業股份有限公司
發 行 人／葉忠賢
總 編 輯／閻富萍
特約執編／鄭美珠
地　　址／新北市深坑區北深路三段 258 號 8 樓
電　　話／(02)8662-6826
傳　　真／(02)2664-7633
網　　址／http://www.ycrc.com.tw
 E-mail ／service@ycrc.com.tw
 I S B N ／978-986-298-425-3
初版一刷／2003 年 11 月
六版一刷／2023 年 12 月
定　　價／新台幣 680 元

國家圖書館出版品預行編目（CIP）資料

國際關係總論 = International relations / 張亞
中, 唐欣偉, 廖舜右, 盧業中, 廖小娟, 林炫
向, 郭銘傑, 黃奎博, 李大中, 方天賜, 周志
杰, 吳文欽, 賴昀辰, 蔡育岱, 陳蔚芳, 譚偉
恩, 賴祥蔚, 張登及著；張亞中, 張登及主
編. -- 六版. -- 新北市：揚智文化事業股份
有限公司, 2023.12
　　面；　公分. -- (Polis 叢書)

ISBN 978-986-298-425-3（平裝）

1.CST: 國際關係　2.CST: 文集

528.107　　　　　　　　　　　112018424